아르마다

아르마다
세상에서 가장 빼어난 전쟁 연대기

2012년 7월 16일 제1판 1쇄 발행
2013년 4월 8일 제1판 2쇄 발행

지은이   개릿 매팅리
옮긴이   콜린 박, 지소철
펴낸이   이재민, 김상미

편집   이수경
디자인   달뜸창작실

종이   페이퍼릿
인쇄   천일문화사
제본   강원제책사

펴낸곳   너머북스
주소   서울시 종로구 누하동 17번지 2층
전화   02)335-3366, 336-5131   팩스 02)335-5848   등록번호 제313-2007-232호

ISBN 978-89-94606-13-2 03920
너머북스와 너머학교는 좋은 서가와 학교를 꿈꾸는 출판사입니다.

아르마다

세상에서 가장 빼어난 전쟁 연대기

개릿 매팅리 지음 | 콜린 박·지소철 옮김

너머북스

Vertooninge van de ontsachlyke Sp

te *Krygs vloot, in den Jaare 1588.*

1588년 아르마다의 위용을 그린 기록화. 암스테르담 역사박물관 소장.

등장인물

엘리자베스 1세

드레이크 경

스코틀랜드의 메리

| **영국** | *엘리자베스 1세(Elizabeth Ⅰ, 1558~1603 재위) 헨리 8세와 두 번째 부인 앤 불린 사이에서 태어났다. 남동생 에드워드 6세, 언니 메리 1세 다음으로 즉위하여 영국의 문화적, 경제적 번영기 '엘리자베스 시대'를 이끌었다. | *스코틀랜드의 메리(Mary of Scotland, 1542~1587) 스코틀랜드의 왕 제임스 5세와 프랑스 출신 왕비 기즈의 메리 사이의 외동딸로, 엘리자베스 1세 암살 음모에 가담했다는 혐의로 처형당했다. 그의 아들 제임스 1세는 영국 왕이 되었다. | *드레이크 경(Sir Francis Drake, 1540?~1596) 영국 데번셔 주에서 태어난 항해가이자 해군 제독. 1577년~1560년 세계일주에 성공했으며 무적함대를 물리치는 데 결정적 공을 세웠다. | *레스터 백작(Robert Dudley, earl of Leicester, 1532~1588) 엘리자베스 1세의 총애를 받는 신하였다. 1588년 전쟁 당시 육군총사령관으로 임명받았으나 갑자기 사망했다. | *월싱엄(Sir Francis Walsingham, 1532?~1590) 엘리자베스 1세 때 추밀고문관 및 국무장관이 되었던 노련한 정치가이자 외교가. | *존 호킨스(Sir John Hawkins, 1532~1595) 드레이크 경의 친척이자 1588년 당시 영국 해군의 재무관이자 감사관이었다.

존 호킨스

월싱엄 경

레스터 백작

|에스파냐| *펠리페 2세(Felipe II, 1527~1598) 에스파냐의 왕(1556~1598 재위)이자 포르투갈의 왕 (1580~1598 재위, 펠리페 1세). 신성로마제국 황제 카를 5세와 포르투갈의 이사벨 사이에서 태어나 에스파냐의 최고 전성기를 이끌었으며 가톨릭 세력의 안정화에 크게 기여했다. | *돈 알론소 데 구스만, 메디나 시도니아(Don Alonso de Guzmán, duque de Medina-Sidonia, 1550~1619) 구스만 가(家) 출신으로 펠리페 2세의 총애를 받아 해군 총사령관으로 임명되었다. | *파르마 공작(Alessandro Farnese, duca di Parma e Piacenza, 1545~1592) 1578년부터 에스파냐령 네덜란드의 총독으로 영국 침공을 계획했으나 실현하지는 못했다.

펠리페 2세

메디나 시도니아

파르마 공작

| **프랑스** | *앙리 3세(Henri III, 1551~1589) 앙리 2세와 카트린 드 메디시스 사이의 셋째 아들로 태어나 1574~1589년 재위하며 위그노와의 전쟁을 치렀다. 1588년 기즈 공을 암살했으나 그 역시 다음 해에 암살 당했다. | *카트린 드 메디시스(Catherine de Medicis, 1519~1589) 우르비노 공(公) 로렌초 데 메디치와 마들렝 드 라 투르 도베르뉴 사이에서 태어나 오를레앙 공 앙리(앙리 2세)와 결혼하여 왕비가 되었다. 앙리 2세의 사후에 섭정을 하며(1560~1574) 영향력을 행사했다. | *앙리 드 기즈(Henri I de Lorraine, 1550~1588) 정치가이자 군인으로, 프랑스 종교전쟁 당시 '파리의 왕'으로 불리며 시민의 사랑을 받았으나 정적인 앙리 3세에게 암살당했다. | *앙리 드 나바르(Henri de Navarre, Henri IV, 1553~1610) 위그노의 지도자로 1589년 앙리 3세가 암살당한 뒤 즉위하여 낭트 칙령을 반포하며 종교전쟁을 종식시켰다.

카트린 드 메디시스

앙리 드 나바르

앙리 3세

앙리 드 기즈

전투선

에스파냐 갤리언선

| **에스파냐** | *갤리언선(galleon)은 대서양의 표준적인 전함. 대개 선수에서 선미까지 2층 갑판 구조로 되어 있었고, 선체가 뭉툭하고 높은 배가 주를 이루었다.

| **영국** | *캐럭(carrack) 빠른 속력과 쉬운 기동성을 고려해 건조되었고 해적을 물리칠 수 있도록 대형 함포들을 장착하고 있어서 가끔 갤리언선과 혼동되기도 했다. *종범선(pinnace) 정찰, 연락, 연안 상륙 업무 등을 담당한 작은 선박이다. 이 외에도 소형 범선으로는 외대박이 범선, 쾌속범선, 크럼스터, 갤리어트선 등이 있었다.

영국 캐럭

영국 종범선

차례

머리말 17
책력에 대하여 22
선박과 대포에 관하여 24

1장_서막(序幕)   31
　　파서링게이, 1587년 2월 18일

2장_단순한 시민들   39
　　런던, 1587년 2월 19일

3장_여왕의 당혹감   53
　　그리니치, 1587년 2월 19일~22일

4장_기쁨의 날들은 가고   71
　　파리, 1587년 2월 28일~3월 13일

5장_영국 침공 계획   87
　　브뤼셀, 1587년 3월 1일~22일

6장_쓰디쓴 빵   102
　　로마, 1587년 3월 24일~30일

7장_명백한 하느님의 뜻   126
　　산 로렌소 데 엘 에스코리알, 1587년 3월 24일~31일

8장_"바람이 나에게 떠날 것을 명령한다"   145
　　런던과 플리머스, 1587년 3월 25일~4월 12일

9장_턱수염이 그슬리다   162
  카디스 만, 1587년 4월 29일~5월 1일

10장_"중요하지 않은 일"   186
  포르투갈 해안, 1587년 5월 2일~20일

11장_통 널과 보물   201
  세인트빈센트 곶과 아조레스 제도, 1587년 5월 21일~6월 18일

12장_팔 하나가 잘리다   214
  슬루이스, 1587년 6월 9일~ 8월 5일

13장_행복한 날   238
  쿠트라, 1587년 10월 20일

14장_승리의 활용   255
  프랑스, 1587년 10월 21일~12월 16일

15장_불길한 해   274
  서유럽, 1587년~1588년, 한겨울

16장_이 장려(壯麗)한 배들과 함께   295
  그리니치와 영국의 근해, 1588년 1월~3월

17장_"기적을 빌면서"   314
  리스본, 1588년 2월 9일~4월 25일

18장_바리케이드의 날, I   336
  파리, 1588년 5월 12일과 그 전 며칠 동안

19장_바리케이드의 날, II   355
  파리, 1588년 5월 12일과 그 후 며칠 동안

20장_무적함대 출항하다   372
  리스본에서 코루냐까지, 1588년 5월 9일~7월 22일

21장_"시간과 공간의 이점" 388
플리머스, 슬리브, 비스케이에서 북위 45도 사이, 1588년 4월 18일~7월 30일

22장_경기장에 입장하다 402
리자드에서 에디스톤까지, 1588년 7월 30일~31일

23장_첫 번째 유혈 416
에디스톤에서 스타트 포인트까지, 1588년 7월 31일

24장_"가공할 만한 거포의 위력" 429
스타트 포인트에서 포틀랜드 빌까지, 1588년 7월 31일~8월 2일

25장_공포를 불러일으키는 초승달 대형 447
포틀랜드 빌에서 칼레 영내까지, 1588년 8월 2일~6일

26장_불벼락 화공선 461
칼레 주변, 1588년 8월 6일~7일

27장_대형이 무너지다 476
칼레 영내에서 그라블린까지, 1588년 8월 8일

28장_때늦은 기적 488
제일란트의 모래톱과 북해, 1588년 8월 9일~12일

29장_"내 그대들의 장군이 되어" 496
틸버리, 1588년 8월 18일~19일

30장_드레이크 사로잡히다! 509
서유럽, 1588년 8월과 9월

31장_멀고 먼 귀향길 525
아일랜드 주변 북위 56도 근방의 북해에서 에스파냐 항구까지,
1588년 8월 13일~10월 15일

32장_거인의 최후   541
  블루아, 1588년 12월 23일

33장_신의 바람   555
  엘 에스코리알, 1589년 새해 첫날

34장_조금도 당황하지 않은   563
  리치먼드, 1589년 새해 첫날

에필로그   569
  뉴욕, 1959년 새해 첫날

옮긴이 후기 576
전체 자료에 관한 주 581
Notes 589

머리말

　내가 에스파냐 아르마다의 패배에 관해 책을 써보겠다는 생각을 처음으로 하게 된 것은, 이 주제에 관심을 가지게 된 다른 사람들도 그랬겠지만 세계의 이목이 다시 영국의 해안과 그 주변 바다에 쏠리게 된 1940년 6월이었다. 이미 많은 사람이 이 주제에 대해 글을 썼음에도 불구하고 내가 매력을 느끼게 된 것은, 이 해전을 보다 넓게 유럽이란 틀에서 다시 설명해보면 흥미롭지 않을까 하는 생각 때문이었다. 한때 그런 맥락에서 이 사건을 바라본 적이 있었지만, 이후 1914년까지 평화로운 시절이 이어지면서 이 관점은 점점 잊게 되었다. 앨프리드 머핸[1]과 제국주의 이론가들의 관점에서 보면, 1588년에 대두된 문제는 대양을 지배하는 문제, 아시아와 아메리카로 가는 신항로를 이용하는 기회의 문제였을 것이다. 그런 시각을 갖고 있는 사람들은 경제적 이해를 위해 전쟁을 하는 것이 합리적이며 온당한 것이지만, 상충하는 사상 체계의 상대적 타당성을 놓고 싸우는 것은 부조리할 뿐만 아니라 다소 충격적이기까지 하다고 생각할 것이다.

---

1) Alfred T. Mahan. 1840~1914. 〈해군력이 역사에 미친 영향(The Influence of Sea Power Upon History)〉을 저술해 해군의 필요성과 해군력의 중요성을 강조했는데, 서구 제국주의 국가들의 전략에 큰 영향을 주었다.

그러나 1588년의 사람들은 그렇게 생각하지 않았다. 그들에게는 영국해협에서 있었던 영국과 에스파냐 함대의 충돌은 빛의 세력과 어둠의 세력 사이의 아마겟돈, 사력을 다해 싸우는 결전의 시작이었다. 물론 어느 쪽이 어느 편인지는 각자 서 있는 위치에 따라 달랐지만, 유럽 전역에 선이 그어졌고, 비록 대부분의 나라들이 엄밀히 따지자면 전쟁에 직접 참가하지는 않았지만 실질적으로 중립국은 없었다. 전 유럽이 영국해협에서 벌어지는 전투를 숨죽이며 긴장 속에서 지켜보았는데, 그럴 수밖에 없었던 것이 그 전투의 결과에 영국과 스코틀랜드, 프랑스와 네덜란드의 운명은 물론 기독교계 전체의 운명이 달려 있다고 생각했기 때문이었다. 이데올로기 전쟁은 혁명적 전쟁이며, 국경을 초월하기 쉽고, 최소한 의도상으로는 언제나 그리고 그 전쟁에 참여한 사람들의 상상 속에서는 총력전이다. 이런 관점은 다른 어느 해, 예를 들면 1890년보다 1940년에 더 이해하기 쉬웠다.

1940년에 나는 적은 분량으로 책을 써서, 널리 인정되는 사실에 기초해 에스파냐의 영국 침공 성공 여부에 따라 달라졌을, 또는 달라졌을 거라고 느끼는 다양한 문제를 주로 다루고자 했다. 에스파냐의 영국 침공 계획은 대륙의 군사 강대국들이 유럽의 헤게모니를 장악하는 최초의 시도였고, 그런 시도는 이후 현대사에서 되풀이되었기 때문이다. 그런데 생각을 많이 정리하기도 전에, 다른 문제들 때문에 집필을 유보해야 했다. 작업을 재개하기 전에 나는 몇몇 사람과 사귀게 되었는데, 만나면 인사를 하는 정도의 사이였지만 그들을 몰랐다면 나는 그저 책상물림의 중년 역사학자에 지나지 않았을 것이다. 그들은 해군과 육해군 군사작전에 대해, 그리고 아르마다가 항해한 바다에 대해 상당한 지식을 갖고 있었다.

아르마다에 대해 다시 생각할 시간을 갖게 되었을 때, 집필을 빨리 끝내는 것은 더 이상 중요하지 않았지만, 아르마다 전쟁을 단순히 에스파냐와 영국 사이의 해전으로 보지 않고 근대사에서 처음 있었던 심각한 국제적 위기였다는 점에 초점을 맞춰 서술해보자는 생각에 여전히 마음이 끌렸다. 서두를 필요가 없었기 때문에, 나는 처음부터 다시 시작하기로 마음을 먹고서, 이번에는 기록보관소도 뒤지고 인쇄된 문서들도 검토하는 등 원(源)자료들을 연구하고, 또 내가 책에서 다루고자 하는 장소들을 직접 한 번 또는 여러 번 가보았다. 그런 과정을 거친 것은, 그럼으로써 내가 저자로서 더 도덕적으로 우월해진다고 믿었기 때문도 아니고, 어떤 깜짝 놀랄 만한 새로운 사실들을 밝혀낼 거라 기대했기 때문은 더더욱 아니다. 그저 내가 일을 즐기는 방식이었을 뿐이다. 또한 마이클 루이스[2] 교수가 쓴 〈항해사의 거울(The Mariner's Mirror)〉에 실린 훌륭한 연작 글 "아르마다의 대포(Armada Guns. 권 28–29, 1942~1943년)"를 통해, 나는 신선한 시각과 새로운 기록은 분명 오랫동안 자유롭게 인용되고 논의되면서 새롭고 의미 있는 해석을 낳을 수 있다는 확신을 갖게 되었다. 그리고 내 친구인 버나드 디보토[3]가 쓴 〈결정의 해 1846년(The Year of Decision 1846)〉(1943)와 〈광대한 미주리 횡단(Across the Wide Missouri)〉 원고를 군대에서 전역하고 얼마 뒤부터 읽기 시작했는데, 그러면서 디보토가 로키 산맥 서부의 역사를 통해 구현한 것의 반 정도만이라도 생생하게, 16세기 말에 일어난 밀접하게 연관된 역사적 사건들을 재구성하는 게, 행운만 따른다면 가능하지 않을까 하는 생각을 하

2) Michael Lewis. 1890~1970. 영국의 해군, 해전 역사학자
3) Bernard DeVoto. 1897~1955. 미국의 역사학자, 소설가

게 되었다.

결국 나는 깜짝 놀랄 만큼 새로운 해석을 찾아내지는 못했지만, 공개되지 않은 문서들을 발굴하고 이미 공개된 문서들을 재검토함으로써, 이제껏 사실로 인정받은 특정 견해들의 타당성에 의문을 던지고, 다른 견해들의 사실성을 입증할 새로운 증거들을 발견하게 되었다. 또한 그렇게 열심히 뛰어다닌 결과, 어느 정도 역사적 소통이 가능하고 울림이 있는 글귀들과 구체적인 시각 이미지를 떠올릴 수 있었고, 익숙한 이야기를 새롭게 조명할 수도 있었다. 따라서 비록 이 책의 주요 내용은 현재 학계에서 사실로 인정되는 것들과 별반 다르지 않다고 하더라도, 완전히 진부한 책으로 비춰지지 않을 만큼 기존의 책들과 다른 내용을 강조하고 잘 알려지지 않은 구체적 사실들을 충분히 담고 있다고 인정받기를 기대한다.

이 책은 전문가들이 아니라 역사에 관심이 있는 일반 독자들을 위해 썼기 때문에 각주(脚註)를 달지 않았다(본문의 각주는 역주임). 그러나 그 시대를 공부하는 학생들이 책장을 넘기면서 일부 관점과 주장의 근거들에 대해 궁금증을 느낄 수도 있다고 예상해서, 가장 많이 믿고 의지한 문서들과 책자들에 대한 개괄적인 정보를 첨부했으며, 그 뒤에는 각 장마다 주로 활용한 자료들에 대해 짧게 주(註)를 붙였다. 또한 일반적으로 사실로 인정된 바와는 다른 견해와 주장에 대해서는 그 근거를 특별히 언급해두었다.

풀브라이트(Fulbright) 프로그램에서 한 차례, 존 사이먼 구겐하임 재단(John Simon Guggenheim Foundation)에서 두 차례, 자료의 수집과 연구를 위해 지원을 해주었다. 영국과 유럽 각국, 미국의 많은 도서관 사서들과 큐레이터들, 기록보관인들의 도움을 부끄러움 모르고 받기만 했는데, 내가 여기에서 일일이 그들의 이름을 들어 감사를 표하지 않더라도 용서해주리라 믿는다. 나와 나의 학생들에게 베푼 많은 친절에 대해 시망카스 종합기록보존소(Archivo General de Simancas)의 리카르도 마그달레노(Ricardo Magdaleno) 박사와 직원들께, 그리고 이해와 호의로 많은 도움을 준, 워싱턴 시 소재 폴거 셰익스피어 도서관(Folger Shakespeare Library)의 루이스 라이트(Loise B. Wright) 박사와 직원 여러분께 특별히 감사의 말을 전한다. 따뜻한 관심과 격려를 주신 푸르스트너(J. T. Furstner) 해군 부제독, 그리고 네덜란드 해군 역사와 관련 기록과 자료에 관한 자신의 전문 지식을 내가 마음껏 활용할 수 있도록 한없는 아량으로 허락해주신 라이덴 대학교(University of Leiden)의 밀로(T. H. Milo) 교수께 감사드린다. 그분들의 도움이 없었다면, 너무도 짧은 네덜란드 방문에서 그토록 많은 결실을 얻지는 못했을 것이다. 친구 아이다 거쇼이(Ida Gershoy)와 레오 거쇼이(Leo Gershoy)는 원고를 거의 처음부터 끝까지 읽고서 대단히 유익한 제안을 많이 해주었으며, 지난 30년간 내가 쓴 거의 모든 글을 문장 하나하나 꼼꼼히 봐준 에드워드 맥(Edward Mack)은 이번에도 같은 수고를 아끼지 않았다. 또한 찰스 카터(Charles H. Carter)는 원고 전체를 다듬어주었고, 색인 작업에도 도움을 주었다. 미국 해안측지조사국(U.S. Coast and Geodetic Survey)의 조수·조류 부서에서 조석표(潮汐表)를 제공해주었고, 동료인 컬럼비아 대학교 천문학부의 얀 실트(Jan Schilt) 교수와 헤이든 플라네타륨(Hayden Planetarium)의 휴 라이스(Hugh Rice) 박사는 천체와 영국해협의 조수와 조류에 관한 복잡한 퍼즐을 푸는 데 도움을 주었다. 연구와 집필 모든 과정에 아내는 헌신적인 노력을 쏟았기 때문에, 항상 그렇듯 당연히 이 책도 나의 책인 동시에 아내의 책이라 생각한다.

G. M.

책력에 대하여

이 책에 나오는 날짜들은 특별한 언급이 있지 않는 한 전부 신력(新曆), 즉 오늘날 모든 사람이 사용하는 그레고리력(-曆, Gregorian calendar)에 따라 표기한 것이다. 신력은 교황 그레고리 8세가 1582년에 공표한 것이지만, 1587년 무렵에는 대부분의 서유럽에서 널리 사용되고 있었다. 물론 영국은 예외였다. 보수적인 영국인들은 완고하게 그 새로운 책력의 사용을 거부했기 때문에, 해협 건너에서는 3월 21일이 된 춘분(春分)이 그들에게는 이후 100년 이상 계속 3월 11일이었다. 그 결과 영국의 역사학자들은 항상 영국과 에스파냐 함대의 첫 번째 전투가 1588년 7월 21일에 벌어졌다고 말하는 반면 에스파냐 학자들은 언제나 7월 31일로 날짜를 적고 있다.

이런 이유로 인해 같은 글에서 영국과 유럽에서 일어난 일들을 모두 다루고자 하는 역사학자들이라면 누구나 이러지도 저러지도 못하는 난감한 상황에 처하게 되는 것이다. 어떤 역사학자들은 'July 21/31'처럼 표기해서 그 상황을 모면하지만, 대부분의 사람들은 분수로 오해할 수 있기 때문에 그런 표기법이 거슬린다고 여긴다. 결론적으로, 이 책에서 다루는 영국과 유럽에서 일어난 사건들의 순서가 중요할 경우가 많으며 두 책력을 번갈아 언급하는 것도 대단히 혼란스럽기 때문에 나는 구력과 신력 둘 중 하나를 선택할 수밖에 없었다. 내가 신력을 선택한 이유는 실제 계절과 부합하기 때문인데, 어떤 계절에는 열흘이면 낮과 밤의 길이에서, 그리고 예상되는 기상 상황 면에서도 차이가 많이 나는 게 사실이다. 유럽의 책력으로 표기된 날짜로 영국에서 일어난 사건들을 찾아보기가 힘들다는 독자들이 있다면, 10일을 빼서 구력의 날짜로 이해하면 된다. 물론 한 주의 요일은 똑같다. 로마에서든 런던에서든 일요일은 똑같이 일요일이다.

선박과 대포에 관하여

아르마다 해전에서는 사실상 유럽에 알려진 모든 종류의 선박이 양측 모두에서 동원되었고, 각각의 선박 이름은 물론 종류도 일일이 열거하기 힘들 정도지만, 그 선박들을 적절히 간단하게 분류하는 것은 가능하다.

갤리언선(galleon)은 대서양의 표준적인 전함이었다(306쪽 참고). 대개 선수에서 선미까지 2층 갑판 구조로 되어 있었고, 측면에는 주력 함포들이 배치되었으며 앞쪽과 뒤쪽 함루에는 빠르게 발사할 수 있는 경화기들이 집중 배치되었다. 갤리언선은 같은 톤급의 상선보다는 선체가 더 길고 낮았으며 폭이 좁았지만, 나중에는 선체가 보다 뭉툭하고 높은 배가 주를 이루었다.

무장상선들은 전선(戰線)에서 갤리언선의 역할을 대신했는데, 대부분 300톤(영국 단위)급 내외의 거함들로 컬버린포와 반(半)대포를 탑재할 수 있었다. 가장 위협적이었던 영국 레반트 회사(Levant Company)의 거함은 빠른 속력과 쉬운 기동성을 고려해 건조되었고 해적을 물리칠 수 있도록 대형 함포들을 장착하고 있었기 때문에, 가끔 지중해의 적들은 이 선박을 갤리언선과 혼동하기도 했다. 가장 큰 지중해 상선인 캐럭[4]은 선체가 높고 선수와 선미

---

4) carrack. 14~16세기 에스파냐와 포르투갈의 무장상선으로 돛이 3~4개 달린 항해용 선박

에 함루가 우뚝 솟아 있었고 선창(船倉)이 깊었다. 캐럭 중에는 포르투갈이 동인도 무역을 위해 사용한 것처럼 갑판이 3층 구조로 된 것도 있었다. 발트 해의 헐크선(hulk)인 우르카(urca)는 대개 캐럭만큼 선체가 크고 높지는 않았다. 버터통처럼 선체가 둥글어서 항해를 할 만했고 화물을 많이 실을 수는 있었지만 캐럭보다 느렸고 기동성도 떨어졌다.

정찰, 연락, 연안 상륙 업무 등을 담당한 작은 선박들을 영국인들은 보통 돛대의 크기나 모양과 관계없이 '종범선(pinnace)'이라고 불렀다. 나는 그런 선박들을, 양측 함대 모두 그 용어로 통일해 칭했다. 에스파냐 해군은 소형 함선들을 크기순으로 각각 사브라(zabra), 프라가타(fragata), 파타헤(pataje), 파타체(patache) 등으로 구분했다. 이 선박들은 영국의 종범선처럼 큰 배들보다 선체가 낮고 빠르고 다루기 쉬웠으며, 필요시에는 노를 저어 기동할 수 있었다. 각기 독립된 임무가 주어진 종범선들뿐만 아니라 큰 함선에 딸린 보트들도 양측 함대에서 모두 종범선이라고 불렀다. 이 보트들은 선미에 밧줄로 연결되어 견인하거나 갑판 위에 실었는데, 그 보트들에 배속된 선원들이 따로 있었던 것이 아니었으므로 그 배들의 명부도 기록에 남아 있지 않다.

주로 연안 활동에 사용되지만 전쟁에도 가끔 동원되었던 소형 선박 중에는 외대박이 범선, 쾌속범선, 크럼스터, 갤리어트선 등이 있었다. 이 선박들은 대개 앞과 뒤에 돛이 달렸지만, 크럼스터와 갤리어트는 큰 선박에 묶여 견인되는 경우가 많았다.

갤리(galley)와 갤리아스(galleass)는 순전히 전투용으로 건조된 함선이었다. 대개 돛을 달고 항해를 했지만, 전투에서는 노를 저어 기동하기도 했다. 갤리선(168쪽 참고)은 선체가 길고 낮으며 폭이 좁고, 함포 수가 적었다. 갤리아스는 갤리선의 장점인 속력과 갤리언선의 장점인 화력과 항해 능력을 결합하고자 만든 선박이었다. 그런 시도가 만족스러울 정도로 성공적이지는 않았지만, 그래도 강력한 전함이었던 것만은 분명하다. 아르마다에 속했던 나폴리의 갤리아스선들은 한 척에 약 50문의 함포를 장착했는데, 일부 크기가 큰 선박에는 군인과 선원 300명에 더해 노잡이 300명까지 승선해 있었다.

16세기의 대포들은 선박 이상으로 그 종류가 무척 다양했다. 주력 포인 육중하고 포구로 포탄을 넣어 발사하는 전장식(前裝式) 함선 파괴용 대포와, 인명 살상용 소형 후장식(後裝式) 포들은 크게 세 가지 유형으로 구분되었다. 포신이 물통처럼 대단히 짧고 뭉툭한 구포(臼砲)는 모르타르(mortar. 박격포)의 전신(前身)으로, 모르타르라는 이름도 구포의 일종에서 유래한 것이다. 두 번째로는 포신 길이가 중간 정도이며 몸통이 굵은 캐넌5) 종류가 있는데, 가장 대표적인 것이 반(半)대포이다. 포신의 길이가 약 2.7미터에, 구경이 15센티미터 정도인 이 땅딸막한 괴물은 약 14킬로그램의 구형 포탄을 직사거리로 450여 미터까지 날려 보낼 수 있었다. 18세기 캐로네이드(carronade)의 원조 격이라 볼 수 있다. 마지막으로는 컬버린(culverin) 종류가 있는데, 18세기의 장거리포들의 전신이다.

병기 이론가들은 컬버린포는 8킬로그램의 포탄을, 반(半)컬버린포는 약 4킬로그램의 포탄을 쏠 수 있으며, 유효사거리는 640미터, 최대사거리는 약 3.2킬로미터에 이른다고 밀하곤 했다. 그래서 배들이 "길버린 최대사거리"

---

5) cannon. 이하 '대포'로 번역함

만큼 떨어져 있다고 하면 서로 약 3.2킬로미터 정도 거리 안에 있다는 의미였고, "컬버린 유효사거리 절반"이라고 하면 대략 320미터 떨어져 있다는 뜻으로 쓰였다. 그러나 실제로는 컬버린과 반컬버린으로 불린 포들의 포구 직경, 포탄의 직경, 무게, 성능에 따라 이 거리는 상당히 달라질 수 있으며, 16세기에 사용된 무게와 치수의 엄청난 다양성 때문에, 그리고 대부분의 작가들이 정확성을 전혀 고려하지 않고 자유롭게 기록한 탓에 실제 거리를 가늠하기는 힘들다. 따라서 탄도학 전문가라도 자기가 말하는 보폭과 파운드가 정확히 어떤 단위인지 생각하지도 않고서, 그리고 자기가 베껴 쓰는 외국인의 주장이(이론가들은 모두 서로 표절했다) 자기와 같은 단위를 쓰는지 다른 단위를 쓰는지도 알지 못한 채, 이런저런 종류의 컬버린포가 9파운드의 포탄을 2,500보폭까지 쏠 수 있었다고 말할 수도 있는 것이다. 마이클 루이스 교수는 우리가 갖고 있는 아르마다 해전에 쓰인 포들에 관한 정보가 대체로 상대적이라고 설명한다.

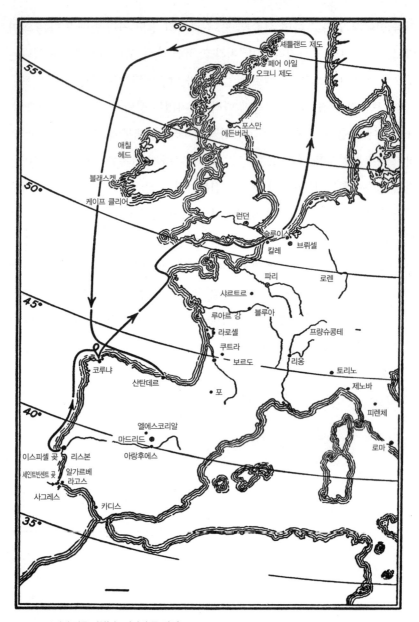

셰틀랜드 제도
60°
55°
페어 아일
오크니 제도
포스만
에든버러
애칠
헤드
블래스켓
50°
케이프 클리어
런던
슬로이스
칼레
브뤼셀
파리
로렌
45°
샤르트르
루아르 강
블루아
프랑슈콩테
라로셸
쿠트라
코루냐
보르도
리옹
토리노
산탄데르
제노바
포
피렌체
40°
엘에스코리알
로마
마드리드
이스피셸 곶
리스본
아랑후에스
셰인트빈센트 곶
라고스
알가르베
사그레스
카디스
35°

1587–1588년의 전투 지역(아르마다의 주 경로)

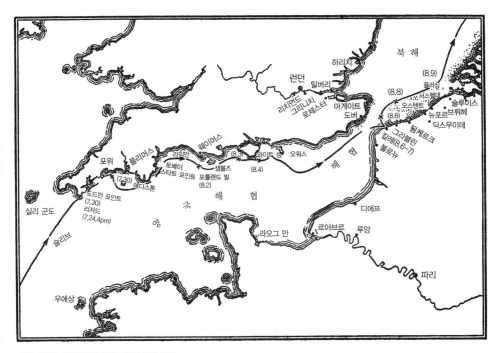

해협에서의 전투(1588년 7월 29일-8월 9일)

1장_서막(序幕)

파서링게이, 1587년 2월 18일

　일요일 저녁이 되어서야 영국 추밀원(樞密院)의 서기가 사형집행 허가서를 가져왔지만, 파서링게이[6]에 있는 커다란 공회당에는 수요일, 동이 트지 않아 높다란 창문의 윤곽이 보이지도 않는 새벽에 이미 모든 준비가 완료되었다. 슈루즈베리(Shrewsbury) 백작이 돌아온 것이 바로 전날이지만, 누구도 더 이상 지체되는 것을 원하지 않았다. 런던에서 어떤 전갈이 오고 있는 중일지 알 수 없던 데다가, 하루 더 기다릴 경우 그들 중 누군가가 마음이 약해지지 않으리라는 법도 없었던 것이다.

　홀에 있던 가구들은 모두 치워져 있었다. 중앙에 놓여 있는 장작불만이

---

6) Fotheringhay. 런던에서 북쪽으로 약 100킬로미터 떨어진 곳

벽난로 안에서 거세게 타오르며 오싹할 정도의 추위와 맞서고 있었다. 홀의 앞쪽 끝에는 높이 약 1미터, 폭 약 3미터, 길이 4미터 정도 되는, 마치 유랑 극단을 위한 무대를 축소해놓은 듯한 작은 단이 설치되어 있었다. 그 한쪽에는 단으로 올라가는 계단 하나가 있었고, 새로 깐 나무 바닥에는 검정 벨벳이 단정하게 덮여 있었다. 단 위에는 계단의 줄에 맞춰 역시 검은 천을 씌운, 등받이 높은 의자가 하나 있었고, 의자 약 1미터 앞에는 검은 쿠션이 하나 놓여 있었다. 쿠션 옆에는 작고 낮은 벤치 같은 것이 솟아 있었는데, 벨벳으로 덮여 있었지만 그것이 목재 단두대임을 짐작할 수 있었다. 아침 일곱시가 되자 단상 배치 책임자가 만족할 정도로 준비가 끝났으며, 늠름하게 모리온 투구[7]와 흉갑을 갖춰 입고 미늘창까지 단단히 거머쥔 파서링게이 주장관의 병사들이 자리를 잡았고, 이른 시간에 갑자기 명령을 받고 불려온 200여 명의 지역 기사와 귀족이 홀의 뒤쪽을 가득 채우고 있었다.

주인공은 세 시간 넘게 이들을 기다리게 했다. 그녀는 루아르 강가에 있는 화려하지만 권모술수로 가득한 궁전에서 프랑스의 왕세자와 결혼한 이후로 거의 30년 동안이나 더 중요한 정치적 교훈들을 배우는 데에는 거듭 실패했지만, 무대를 장악하는 법만은 터득했다. 그녀는 작은 옆문을 통해 들어왔다. 그녀는 사람들이 알아차리기도 전에 어느새 홀 안으로 들어와 단상을 향해 걸어가고 있었고, 두 명씩 짝을 지은 시종 여섯 명이 그녀 뒤를 따르고 있었다. 목을 쭉 빼고 자신을 구경하려는 관객들이 일으키는 소란과 흥분도 느끼지 못하는 듯, 그리고 자신을 안내하는 관리의 존재마저도 인식

---

7) 모자 같은 투구

하지 못하는 듯, 그녀는 마치 기도라도 하러 가는 사람처럼 조용히 걸으며 종교적 신념만을 생각했다. 아주 잠깐, 계단을 오를 때, 그리고 검은 천으로 덮인 의자에 앉기 전에 시종의 도움이 필요한 듯 보였지만, 설령 그녀의 손이 무릎에 놓이기 전에 떨렸다 하더라도 그 누구도 이를 보지는 못했을 것이다. 그런 다음 마치 군중의 환호라도 들은 듯(홀은 대단히 고요했지만) 그녀는 처음으로 고개를 돌려 자신의 관객들을 똑바로 바라보았는데, 그때 그녀가 미소를 지었다고 생각하는 이들도 있었다.

검정색 벨벳을 입은 그녀의 모습은 의자와 단을 덮고 있는 검정색 벨벳에 묻혀 잘 보이지 않았다. 그녀의 흰 손과 스카프의 황금장식, 스카프 밑의 적갈색 머리에 달린 금장식 또한 겨울날의 잿빛 햇살로 인해 그 광채를 잃고 있었다. 그러나 그녀의 목을 감싸고 있는 하얀 레이스의 섬세한 주름과 검정색 옷에 대비되어 도드라진 흰색 하트 모양의 장식, 그리고 커다란 갈색 눈동자와 작고 생각에 잠긴 듯한 입매를 한 그녀의 얼굴만은 선명하게 보였다. 바로 이 여인을 위해 리치오(Rizzio)와 젊은 바보 단리(Darnley), 헌틀리(Huntly), 노퍽(Norfolk), 배빙턴(Babington)을 비롯해 북쪽의 황무지와 교수대에서 수많은 무명(無名)의 남자들이 자신들의 목숨을 바쳤다. 또한 추종자들을 이끌고 황급히 국경을 넘어 영국에 온 이후로 항상 칼날처럼 영국을 위태롭게 해왔던 것이 바로 전설과도 같은 그녀의 존재였다. 그녀는 중세 기사 이야기에서 마지막으로 등장하는 포로가 된 공주이자, 한때 죽은 프랑스 왕의 왕비였으며, 망명한 스코틀랜드의 여왕이었고, 영국의 왕위 계승자였다. 자신의 권리를 제대로 누렸더라면 바로 이 순간에 그녀는 영국의 합법적인 여왕으로서 앉아 있었을 것이다. (그 자리에 침묵하고 있던 목격자들 중에도 틀림없이 그렇게 생각하는 이들이 있었을 것이다.) 그녀가 바로 스코틀랜드인들의 여왕, 메리 스튜어트(Mary Stuart)였다. 메리는 자신에게 고정된 좌중의 시선을 잠시 즐기다가 이내 검은 의자에 몸을 묻고는 재판관들 쪽으로 무심한 시선을 돌렸다. 그녀는 모든 사람이 자신만을 주시하고 있는 것에 만족한 듯했다.

메리와 함께 홀에 들어왔지만 전혀 주목받지 못한 켄트와 슈루즈베리 지역의 백작들은 서로 마주 보며 반대편에 앉았고, 추밀원의 서기는 자신이 읽어야 할 양피지 위에 쓰인 사형집행 허가장을 만지작거리며 목청을 가다듬고 서 있었다. 추밀원 서기는 그렇게 긴장할 필요가 없었다. 아무도 그에게 귀를 기울이고 있지 않았을 테니까. "완강한 불복종 (……) 반란 선동 (……) 여왕 폐하의 생명과 인격을 해하는 (……) 대역죄 (……) 사형." 메리 스튜어트나 홀에 있던 그 누구에게도 이 글귀들은 전혀 중요하지 않았을 것이다. 이것이 범죄에 대한 판결이 아니란 점은 모두가 알고 있는 사실이었다. 이 선고는 대부분의 사람들이 기억하듯, 사실 현재 대립하는 메리 스튜어트와 엘리자베스 튜더가 태어나기 전부터 시작되어 오랫동안 이어져 온 권력투쟁의 산물일 뿐이었다. 60년 전, 구교도 세력과 신교도 세력이 파벌을 형성한 이래로 항상 운명의 장난처럼 두 파벌 중 어느 한쪽, 혹은 전반적으로 두 파벌 모두를 여성이 이끌었다. 아라곤의 캐서린[8])과 앤 불린[9]), 메리 튜더[10])와 엘리자베스 튜더, 로렌의 메리[11])와 엘리자베스 튜더가 맞서

---

8) Catherine of Aragon. 1485~1536. 헨리 8세의 첫 부인이자 메리 튜더의 어머니

9) Anne Boleyn. 1507~1536. 헨리 8세의 두 번째 부인이자 엘리자베스 튜더의 어머니

10) Mary Tudor. 1516~1558. 재위 1553~1558. 에스파냐 왕 펠리페 2세의 부인이기도 했다.

왔고, 최근 30년 동안은 오늘 처형장에 선 메리 스튜어트와 엘리자베스 튜더가 대립해왔던 것이다. 아무리 명민한 정치가라도 이 숙명적인 적수가 도대체 어떻게 20년 동안이나 영국 땅에서 함께 지내면서 둘 다 살아남을 수 있었는지 의아하지 않을 수 없을 것이다.

엘리자베스가 무슨 수단을 썼든 간에 메리 스튜어트 역시 자신의 능력 안에 있는 모든 수단을 동원해 사촌을 파멸시키고 몰락시키고자 했다. 이 두 사람의 경우처럼 목숨을 건 결투에서 반칙이란 개념은 존재하지 않았다. 메리는 무력(武力)이 다하면 거짓말, 눈물, 속임수, 위협, 애원 등 약자가 사용할 수 있는 모든 무기를 동원했으며, 자신의 지위나 미모, 신앙을 내세워 사람들을 자신의 편으로 끌어들여 도움을 받았을 뿐만 아니라 그들의 목숨까지도 희생시켰다. 그런 수단들은 결국 양날의 칼이었음이 밝혀졌다. 그러나 지금 그들이 그녀의 목을 자른다 하더라도, 그녀는 이미 그들에게도 상처를 입혔으며, 영국의 감옥에 있으면서 스코틀랜드 왕위에 있을 때 할 수 있었던 것보다 훨씬 더 큰 혼란을 엘리자베스의 영토에 불러일으켰다. 그리고 이제 그녀는 한 번 더 타격을 가할 참이었다. 메리는 판결문의 끝 부분을 읽고 있던 서기를 따분하다는 듯 바라보았다.

피터버러(Peterborough)의 교구장은 서기보다도 훨씬 더 긴장하고 있었다. 첫마디부터 세 번씩이나 더듬는 교구장을 참고 지켜보던 메리는 한심하다는 듯 말을 가로막았다. "교구장님, 나는 지금껏 그렇게 살았듯이, 참되

---

11) Mary of Lorraine. 1515~1560. 메리 스튜어트의 어머니. 프랑스 기즈 가(家) 출신으로 스코틀랜드의 왕비였고, 스코틀랜드에서 프로테스탄트들을 강하게 억압했다.

고 신성한 가톨릭 신앙 안에서 죽을 것이기 때문에 그 점에 관해 내게 말하는 모든 것은 헛될 뿐만 아니라, 교구장님의 기도 역시 나에게는 별 도움이 되지 않을 것 같군요."

메리가 확신하는 것처럼 신앙은 그녀가 결코 손에서 놓지 않을 중요한 무기였다. 파서링게이에서 삼엄한 감시를 받고 있었지만, 변장한 채 영국해협의 항구들을 몰래 드나드는 용감하고 노련한 부하들이 메리에게 소식을 전하지 못할 정도로 감시가 철저했던 것은 아니었다. 그들은 북부와 서부가 가톨릭을 신봉하고 있으며, 이단자들의 본거지인 이곳 파서링게이와 중부, 심지어 런던에서조차도 점점 더 많은 사람이 구교인 가톨릭으로 돌아서고 있다고 전했다. 가톨릭인 그녀가 왕위 계승자로서 엘리자베스 사후에 별 마찰 없이 왕위를 이어받을 것으로 예상되는 동안에는 이 수많은 신봉자들이 조용히 침묵하고 있겠지만, 이교도인 엘리자베스가 정통파의 후계자인 그녀를 살해한다면 분명 분노한 그들이 봉기해서 이 모든 죄악을 쓸어버릴 것이 확실했다. 뿐만 아니라 바다 건너에는 스코틀랜드인들의 여왕을 살리기 위해 노력해왔던 것 이상으로 그녀의 죽음에 복수하고자 할 가톨릭 왕들이 있었다.

그간의 메리의 행적이나 면모에 대해서는 여러 가지 의견이 엇갈리기도 했지만 그녀가 독실한 가톨릭이었다는 것만은 논란의 여지가 없었다. 그러나 메리가 단순히 자신의 신앙을 간직한 채 죽는 것만으로는 충분하지 않다. 메리가 죽더라도 결투는 계속될 것이다. 그러므로 그녀가 단순히 가톨릭으로 죽은 것이 아니라 가톨릭 신앙을 위해 죽었다는 사실을 모든 사람에게 각인시켜야 했다. 아마도 그녀가 언제나 변함없는 가톨릭의 기둥이었던 것은 아니었을 것이다. 때때로 메리가 꾸민 음모들은 신앙에 대한 그녀의 헌신을 무색케 했다. 과거에 범한 실수들로 인해 그녀가 짊어져야 했던 마음의 짐들은 이제 번쩍이는 참수용 도끼의 궤적과 함께 영원히 사라질 것이고, 수군거리며 그녀를 헐뜯던 사람들도 입을 다물 것이다. 또한 그녀의 피는 그녀의 육성이 낼 수 있었던 것 이상으로 적들에 대한 복수를 외칠 것이 분명했다. "나의 종말은 나의 시작이다." 오랫동안 메리는 이런 모호한 좌우명을 즐겨 사용했다. 순교는 약속으로도, 위협으로도 유용할 것이다. 메리에게는 이제 마지막 장면을 제대로 연출하는 일만이 남아 있을 뿐이었다.

메리는 기다란 홀의 끝에 앉은 사람들까지 모두 볼 수 있게 십자가를 높이 치켜들고서 재판관들을 향해 반론을 외치기 시작했다. 의기양양한 그녀의 목소리는 피터버러 교구장의 목소리를 압도했다. 교구장도 따라서 목소리를 높이며 영국국교회의 기도문을 열성적으로 외웠지만, 더 높고 또렷한 목소리로 신비로운 라틴어 기도문을 외는 그녀의 목소리에 묻히고 말았다. 메리의 기도는 교구장이 기도를 마친 뒤로도 1분 넘게 계속되었다. 이제 메리의 기도는 영어로 바뀌어 있었다. 메리는 모든 영국 국민과 자신의 사촌인 엘리자베스의 영혼을 위해 기도했으며 자신의 모든 적을 용서했다. 기도가 끝나자 잠시 동안 시녀들이 그녀 주위에서 부산하게 움직였다. 검정색 벨벳 가운이 무릎 밑으로 떨어지자 진홍색 속옷과 페티코트가 드러났고, 홀연 그녀가 앞으로 걸어가자 머리부터 발끝까지 핏빛 순교자 같은 그 모습은 어두침침한 배경 속에서 대단히 충격적으로 보였다. 메리는 조용히 무릎을 꿇고 작은 단두대 위로 몸을 낮추었다. "In manus tuas, domine(주여, 당신의 손에)……." 그리고 두 번의 둔탁한 도끼질 소리가 들렸다.

아직 치러야 할 의식이 하나 더 남아 있었다. 사형집행인이 잘린 머리를 사람들에게 보이며 관례에 따라 할 말이 남은 것이다. 검은 천으로 얼굴을 가린 사형집행인이 몸을 굽혔다 세우며 울부짖듯 큰 소리로 외쳤다. "여왕 폐하 만세!" 그러나 그가 손에 든 것은 메리의 스카프와 그것에 핀으로 고정한 실제 머리처럼 정교한 적갈색 가발뿐이었다. 생명이 빠져나가 쪼그라들고 잿빛으로 변한, 듬성듬성 몇 올의 머리칼만이 남은 순교자의 머리가 단의 가장자리 근처에서 굴러다니고 있었다. 메리는 항상 어떻게 하면 적을 당황하게 만들 수 있는지를 알고 있었던 것이다.

2장_단순한 시민들

런던, 1587년 2월 19일

파서링게이에서 출발한 전령이 지나가는 길마다 축하의 화톳불이 활활 타올랐고, 메리의 처형 소식이 전해지자 런던 시민들은 기쁨의 종을 울리고 축포를 쏘면서 거리 곳곳을 환하게 밝혔다. 지긋지긋한 먹구름이 걷혔고 극심한 공포가 이제 영원히 사라졌다. 메리가 계속 살아 있다는 사실은 모든 런던 시민들의 삶과 엘리자베스 여왕의 즉위 이래로 영국이 이룩해온 모든 것에 대한 위협이었다. 국민들은 지난해 내내 메리의 처형을 요구하며 지속적으로 소요를 일으켰다. 메리가 살아 있는 한 그 무엇도 안전할 수 없었다.

무엇보다 걱정스러운 것은 지난번 생일로 엘리자베스가 쉰셋이 되었다는 점이었다. "엘리자베스의 교구에서 가장 유능한 중매쟁이"가 아직도 그녀에게 소개해줄 구혼자들이 있다 하더라도—그마나 앙주 공작 이후로는 구혼자가 전혀 없었지만—그녀가 아이를 갖게 될 거라 거짓말을 하는 사람은 이제 아무도 없었다. 엘리자베스는 튜더 왕조의 마지막 후손이었고, 그녀의 후계자인 메리 스튜어트는 그녀보다 10년이나 젊고 "상대적으로 건강"했다. 정치인들은 왕위와 관련해 다른 가능성들을 언제든 논의할 수도 있겠지만, 그들은 그런 가능성 중 어느 것에도 동의할 수 없었고, 그럴 의지도 없었다. 메리가 살아 있는 한, 그녀가 사촌인 엘리자베스의 왕위를 계승할 가능성이 농후했다. 추밀원에서 메리를 가장 원수처럼 여겼던 레스터 백작[12]과 버흘리 경[13], 대법관 해턴(Hatton)과 국무장관 월싱엄[14]조차도 스코틀랜드의 여왕이 자신들의 여왕보다 오래 살게 될 경우에 대비해 메리의 진영으로 합류할 퇴로를 열어놓으려고 했다. 그리고 프로테스탄트 진영에서 가장 목소리가 큰 그런 정치 지도자들이 다시 메리에게 자신들의 충성을 다짐하는 것이 현명하다고 생각한다면, 자기가 모든 책임을 지겠다고 할 사람들은 점점 줄어들 것이고, 불만을 품고 있는 북부의 귀족들과 유지들이 메리를 통해 자신들의 적들을 물리치고 그녀와 함께 가톨릭과 과거의 영예를 되찾고 싶어 할 것은 불을 보듯 뻔했다. 엘리자베스가 왕위를 계승한 이후로 영국에서는 봉건 특권층과 지방 보수주의자들의 잔여 세력을 중심으로, 에스파냐 음모자들과 선교사들의 간헐적인 부추김을 받아 가톨릭 복고 진

---

12) Leicester. 1532~1588. 엘리자베스의 대신이자 한때 연인. 아르마다 전쟁 동안 육군 총사령관이었다.

13) Burghley. 1520~1598. 엘리자베스의 친구이자 충실한 대신. 엘리자베스의 이복 언니 메리 1세[메리 튜더] 때 국무장관을 지내기도 했다.

14) Walsingham. 1530~1590. 1573~1590년 사이 영국의 국무장관. 엘리자베스 반대 음모를 추적하는 비밀첩보 조직을 만들기도 했다.

영이 형성되고 있었다. 정부는 북부에서 발생한 봉기를 유혈 진압함으로써 기세를 꺾기는 했지만, 불을 완전히 끄지는 못했다. 법적으로 정당한 왕위 계승자가 가톨릭이라는 사실이 은밀한 희망의 바람이 되어 그 불을 키우고 있었다. 메리가 살아 있는 한 잠재적인 정치 세력으로서 가톨릭 당파는 영국에서 결코 사라지지 않을 것이었다.

심지어 과거 메리 1세 시절에, 스미스필드[15])에서 벌어지는 신교도 화형식에서 풍기는 악취를 코를 막고 꾹 참으면서 즐겁게 성당에 다녔던 런던 시민들에게조차도, 또한 그것이 자신들의 사업과 가족을 지킬 최선의 방법이라면 조금도 싫은 내색 없이 다시 성당 미사에 갈 사람들에게조차도, 심지어 새로운 통치하에서 번영을 누리고 있음에도 불구하고 과거에 대한 약간의 향수를 간직하고 있는 소지주들과 지방 유지들에게조차도 가톨릭 정파의 존재는 무시무시한 위협이었다. 물론 영국에서는 종교법이 직접적으로 왕권의 영향을 받지만, 그렇지 않을 경우라도 가톨릭을 믿는 왕이 프로테스탄트 국가의 수장(首長)이 될 수는 없다는 사실을 스코틀랜드는 보여주었다. 또한 '아라곤의 캐서린'의 딸[메리 1세]이 다시 교회를 로마로 되돌려주었던 한 세대 전에 무엇이 사실이었든지, 엘리자베스 여왕 즉위 29년째가 되는 지금 영토의 변경 지역에서 무엇이 사실이든지, 영국의 심장부와 남부, 동부 지역, 번성하는 항구도시들, 그리고 거대도시 런던 자체는 프로테스탄트를 신봉하고 있었다. 너무도 많은 귀족과 소지주가 그 새로운 종교에 자신들의 정치적 운명을 걸고 있었고, 너무도 많은 상인과 무역업자가

---

15) Smithfield. 과거 런던 북쪽의 공개 처형장

교회 체제의 변화에 따라 자신들의 삶이 송두리째 흔들릴 수 있는 그런 삶을 살고 있었으며, 너무도 많은 자작농과 기술자가 석회 칠이 된 교회에서 제네바 밴드[16]를 목에 걸친 목사의 설교를 들어왔다. 새로운 세대가 어려서부터 영국국교회의 성경과 크랜머[17]의 공동기도서, 그리고 폭스[18]의 순교자 열전으로 교육받으며 자랐고, 가톨릭교도들과 에스파냐 사람들, 외국의 지배를 증오하고 두려워했다. 그녀의 개인적 이력과 주변 인물들의 성향을 고려한다면 그녀가 반드시 그럴 테지만, 만약 메리 스튜어트가 즉위하여 영국에서 로마가톨릭을 회복시키려 한다면, 와이엇(Wyatt)의 반란[19]같이 단발로 끝나는 국지적 봉기가 아니라 전면적이고 참혹한 종교전쟁이 발발하게 될 터였다.

내전이 어떤 것인지 런던 시민들에게 물어볼 필요는 없었다. 100년 동안이나 영국은 튜더 왕조가 끊긴다면 다시 왕권을 두고 경쟁 관계에 있는 파벌 간에 싸움이 일어나, 우리가 '장미전쟁'[20]이라고 부르는, 무정부 상태의 시대가 또 올지도 모른다는 두려움에 사로잡혀 있었다. 그러나 왕좌를 둘러싼 귀족들 간의 대결 중 최악이었던 요크(York) 가와 랭커스터(Lancaster) 가

---

16) 칼뱅파 목사가 목에 걸치던 흰 천

17) Cranmer. 1489~1556. 영국 프로테스탄트 종교개혁의 지도자

18) Foxe. 1516~1587. 프로테스탄트 작가

19) 1554년 메리 튜더의 종교 탄압에 반대해 프로테스탄트들이 일으킨 반란

20) 1455~1485. 튜더 정부가 탄생하기에 앞서 왕권을 둘러싸고 벌어진 치열한 내전. 싸움의 당사자인 요크 가문의 문장이 하얀 장미였고, 랭커스터 가문의 문장이 빨간 장미였던 데서 그 이름이 유래했다.

의 기나긴 싸움은 산문과 시로 기록되어 책과 연극으로 대중의 불안감을 이용해 대단한 인기를 끌고 있었지만, 종교 문제로 촉발되는 내전의 참혹함에 비한다면 그저 무장 폭동 정도에 불과하다는 것을 사람들은 알고 있었다. 런던 시민들은 네덜란드의 하를럼(Haarlem)과 안트베르펜(Antwerp)에 관한 이야기들은 너무 많이 들어서 놀라지도 않았으며, 20년 전에 플랑드르(Flanders)와 브라반트(Brabant)에서 벌어졌던 사건들과 현재의 모습들에 대해서도 많은 상인과 난민의 입을 통해 전해 듣고 있었다. 이제는 턱수염이 난 남자들이 어린 시절, 성 바르톨로메오 축일 전야21)에 대해 듣고 겁에 질렸었는데, 지금은 아이들만이 겁에 질려 있는 것은 아니었다. 피로 넘쳐나는 파리의 하수구와 루아르 강에 떠다니는 시체들, 잿더미가 된 노르망디22)는 단순히 옛날이야기만은 아니었다. 애처로운 목소리로 인정 많은 시민들에게서 동전 몇 푼 적선 받는 거지들 중에는 입스위치23) 감옥보다 먼 이교도 심문 감옥에는 한 번도 가본 적이 없는 이들도 있었고, 잘린 다리와 흉터도 참혹한 실상을 보여주기에는 부족했다. 그래서 교구의 목사들이 신도들에게 국민들이 적법한 통치자들의 권위를 부정하며 서로에게 칼을 들이대는 국가는 저주받은 국가라는 점을 상기시킬 때마다, 신도들은 입을 꾹 다물고 고개를 끄덕였으며, 그들이 자비로운 군주인 엘리자베스 여왕의 안녕을 위해 고개 숙여 기도할 때 그들의 음성에는 필사적이라고 할 정도의 진

---

21) 1572년 8월 24일 프랑스에서 일어난 프랑스 칼뱅파인 위그노들에 대한 학살

22) Normandy. 프랑스 북서부 지역

23) Ipswich. 런던에서 북동쪽으로 100킬로미터 떨어진 오르웰 삼각강이 시작되는 지점에 위치한 항구

지함이 담겨 있었다.

불안과 분열의 시대였던 16세기에 사람들의 가장 간절한 소망은 단합과 평화였으며, 사회 질서를 위해 효과적인 유일한 상징으로 그들이 열망했던 것은 군주의 존재였다. 따라서 대부분의 성직자들은 아무리 사악한 군주라 할지라도 그들의 존재는 신성한 것이며 군주의 성격이 어떻든지 복종의 의무를 다해야 한다고 가르쳤다. 한때 종파를 초월해 교회에 바쳐졌던 궁극적 충성은 점차 세속 군주들에게 옮겨지고 있었고, 이는 이후 사람들이 국민국가라고 생각하는 개념으로 발전하는 준비 단계였다. 유럽의 모든 국가처럼 영국에서도 왕권신수설이란 불경스러운 교리가 표면화되기 시작하고 있었다. 16세기는 군주들의 시대였던 것이다.

그러나 한동안 영국에서는 왕권신수설이란 일반적 교리가 한 개인에게 적용되는 모호한 개념으로 이해되고 있었다. 모든 영국인이 엘리자베스 여왕을 어떤 일반적인 기준으로 평가할 수 없는, 독특하며 불사조와 같은 존재로 생각했다. 그들이 그렇게 믿었을 뿐 아니라 이는 역사적인 사실이기도 하다. 실제로 엘리자베스 튜더와 영국 국민 간에 45년 동안이나 지속된 연애(戀愛)는 역사상 유래가 없었던 것이다. 지금은 그 관계가 어떻게 해서 시작되었는지 말하기도, 그 관계를 가능하게 한 모든 요소들을 분석하기도 쉽지 않다. 그러나 우리가 어떤 과장되고 수사적인 표현을 쓰든, 이 시기에 열정적인 연인 관계로 발전한 것만은 의심의 여지가 없다.

물론 양쪽 모두에서 허영과 계산, 이기심을 발견할 수는 있다. 그러니 어쩌면 그런 것들은 모든 연인 관계에서 꼭 필요한 요소들일 것이다. 정말 엘리자베스 튜더가 자신의 열망대로 영국을 통치하게 된다면, 그녀는 반드시 자국민의 사랑을 받아야만 했다. 왜냐하면 그것 말고는 그녀가 의지할 수 있는 것이 전혀 없었기 때문이다. 엘리자베스는 매우 불안정한 상황에서 왕위를 계승했다. 국고는 텅 비어 있었고 화폐가치는 땅에 떨어져 있었으며 사람들은 가난하고 절망에 빠져 있었고 서로 반목하며 분열되어 있었다. 영국은 바로 얼마 전에 유럽 대륙에 갖고 있던 마지막 발판이자, 번성했던 플랜태저넷(Plantagenet) 왕가의 마지막 유산인 칼레(Calais)를 잃어, 이제 더 이상 프랑스에게 패하지 않은 척할 수도 없었다. 몇 년 뒤 이웃 프랑스 왕국을 무정부 상태로 빠뜨릴 분열과 절망의 모든 징후가 보다 더 심각한 형태로 영국에서 나타나고 있는 듯했다. 한 세기 전, 이보다 덜 심각했던 외국의 위협과 내부 갈등만으로도 장미전쟁이 벌어졌었다. 유럽에는 영국의 우방국도, 동맹국도 없었다. 단지 자기들끼리 믿지 못해서 참고 있을 뿐, 약해지는 기미만 보이면 언제든 덤벼들려고 호시탐탐 기회만 엿보는 적들에 둘러싸여 있을 뿐이었다. 그리고 엘리자베스는 이렇게 위태로운 상황에서, 그것도 역대 어느 왕보다 불확실한 왕권을 갖고 왕위에 올라 결혼도 하지 않은 여왕으로 홀로 통치해야 하는 전대미문의 실험을 하려고 했던 것이다. 그녀는 외국의 위협을 막아내야 했고, 탐욕스럽고 야심만만한 귀족들과 유럽에서 가장 소란스럽고 고분고분하지 않은 것으로 악명 높은 백성들을 다른 통치 수단이 전혀 없는 상태에서 오직 자신의 지혜만으로 다스려야 했다.

성공한 군주국들이 효율적인 중앙집권적 전제주의 국가로 발전하고 있던 시절에도, 프랑스의 발루아(Valois) 왕가 중 가장 허약하다는 왕이 자신의 왕권이 가장 약했던 순간에도 삼부회(三部會)를 쥐락펴락할 시절에도, 엘리자베스는 유럽의 정치 이론가들이 만약 이 표현을 알았다면 "터무니없는 봉건적 시대착오"라고 묘사했을 법한 헌법에 의지해 평생 통치를 해야만 했다. 그녀의 통치권력은 평생 불확실했고 제한되었을 뿐만 아니라, 그녀의 연간 평균 세입은 에스파냐 왕인 펠리페 2세가 밀라노(Milan) 공작령 단 한 곳에서 거둬들이는 세입보다도 적었다. 엘리자베스에게는 소수의 근위병 외에는 상비군이 전혀 없었고, 치안대조차도 실질적으로 자치권을 갖고 있던 지방행정 장관들이 제공한 게 전부였다. 또한 비록 엘리자베스의 신변에 대한 위협이 가장 심했던 시기에 프랜시스 월싱엄 장관이 그녀를 보호하기 위해, 몇몇 역사가들이 놀라움을 금치 못하며 "전역에서 활동하는 방첩 조직망"이라고 묘사한 조직을 만들기는 했지만, 이 인상적인 방첩 시스템도 영국 내에서는 다방면에서 능력을 갖추긴 했지만 박봉을 받는 소수의 첩보원들이 조사를 담당하는 역할 정도에 국한되어 있었다. 일상적인 정보원들이 그들의 활동을 도왔으며, 월싱엄의 편지 배달 업무를 주로 담당하는 한 명의 부하 직원이 그들과 연결되어 있었다. 지휘관의 지적 능력과 자발적 조력자들의 열의를 제외하면, 그 조직은 규모나 효율 면에서 일급 외교관이라면 누구나 자신의 정보를 위해 운영할 만한 조직 정도의 수준이었으며, 피렌체나 베네치아의 정부가 도시 하나를 담당하기에도 부족한 치안 조직이라고 비웃었을 법한 수준이었다. 그러다 보니 엘리자베스 튜더가 힘으로 영국인들을 통치하는 것은 불가능했다. 따라서 그녀는 현명한 여성이 연인을 다루는 기교로 영국인들을 통치했던 것이다.

처음부터 엘리자베스는 영국인들의 환심을 사려 했고, 그들이 원하는 행동을 했으며, 감미로운 말과 약속으로 설득하기도 했다. 그녀가 빛나는 궁선에서 스스로를 아름답게 치장하고 사람들과 약간의 거리를 두고 지낸 것도, 느닷없이 상냥하고 친근하며 매력적인 여왕의 모습으로 매년 마차를 타고 수백 마일의 험한 길을 덜컹거리며 힘들게 달려가 좀 더 많은 백성이 자신을 가까이서 볼 수 있도록 했던 것도, 해마다 수십 회씩 열리는 잡다한 의식에서 라틴어 연설을 끝까지 참고 들었던 것도, 우스꽝스러운 축제에 참석하고 수십 군데의 장원을 방문해 우아하게 춤을 추었던 것도, 모두 영국 국민의 마음을 얻기 위해서였다. 그녀는 항상 그들이 듣고 싶어 하는 말을 했으며 그들이 원할 때 미소를 지음으로써 마음을 푸근하게 해주었다. 그녀는 뛰어난 직관에 의지해 연인답게, 그들이 원하는 모습으로 자신을 만들어나갔다. 그녀는 종종 콧대를 높이고 오만한 태도를 취하기도 했으며(여왕은 여왕다워야 하니까), 가끔씩 영국인들을 질투하고 불안하게 만드는 것도 잊지 않았다. 그녀는 애무를 하다가 별안간 따귀를 때리기도 했으며, 때로는 그들이 진심 어린 조언을 할 때도 냉소로 응대하며 군주의 일에 대해 참견하지 말라고 경고했다. 또한 자신은 그들이 없어도 잘해나갈 수 있지만 그들은 자신이 없으면 아무것도 할 수 없을 거라고 호언장담을 했으며, 연인끼리 말다툼을 할 때처럼 갑자기 한바탕 성질을 부리다가도 이내 언제 그랬냐는 듯이 온화해지기도 했다. 한마디로 말해 그녀는 영국인들이 결코 지루하지 않게 신경 쓰면서도, 자신이 세상 그 무엇보다 그들을 사랑한다는 점을 절대 잊지 않도록 자주 확신시키기 위해 노력했던 것이다. 엘리자베스의 행동에서 어디까지가 가식이고 어디까지가 진심이었을까? 솔로몬 왕조차 이보다 더 단순한 문제를 풀지 못했다고 고백했는데, 고작 역사학자가 그 질문에 답할 수 있을 거라 기대할 수는 없을 것이다.

영국 국민을 향한 엘리자베스의 구애가 온전히 진심에서 우러난 것만은 아닐지라도, 또한 그녀가 그밖에 다른 것에는 의지할 수 없음을 알았기에 영국 국민의 사랑을 받아야만 하는 절박함이 있었을지 모르지만, 영국 국민은 여왕에 대한 애정이 세월이 갈수록 점점 자신들의 이익을 위해 확고한 기반이 되어간다는 사실을 알게 되었다. 유럽이 외국과의 전쟁이나 내전으로 고통받는 동안에도 영국인들은 평화를 누리고 있었다. 왕실의 세금 징수원들이 호주머니를 뒤져 그들이 열심히 일해서 번 돈을 빼앗아가는 법도 없었다. 경기는 좋았고 사업은 호황을 누리고 있었으며 돈도 풍부했다. 사람들은 확신을 갖고 자신의 수익을 토지와 선박, 그리고 성장하고 있던 섬유와 금속 산업에 투자했으며, 덕분에 영국은 섬유와 금속 산업에서 사상 처음으로 세계에서 주목할 만한 위치를 차지하기 시작했다. 외국에서 전투를 치르다 고향에 돌아오는 이들 말고는 쇳소리 철컥거리며 거리를 지나가는 군인들은 찾아볼 수 없었고, 한밤중에 느닷없이 문을 두드릴 만한 사람은 이웃이나 마차꾼뿐이었다. 남자들은 평화롭게 맥주를 마실 수 있었고, 상식을 벗어나지 않는 거라면 자유롭게 자기 생각을 말할 수 있었다. 여왕이 요구하는 복종은 가끔 교구의 교회에 참석하라는 것이 전부임을 알았기에 안심할 수 있었다. 전반적으로 엘리자베스의 통치는 영국인들이 기억하는 한 가장 온화하고 관대한 것이었으며, 영국의 번영은 주변 국가들의 암담한 현실과 혼란에 대비되어 더욱 돋보였다. 그러나 사람이 세금을 적게 걷고 대체로 자신들을 가만히 내버려두는 정부를 경험할 수는 있겠지만, 그런 이유 때문에 정부를 열렬히 사랑하게 되지는 않는 법이다.

물론 연애란 둘이 하는 게임이다. 일면, 엘리자베스의 구애에 대해 국민들이 보여준 사랑의 반응은 그 시절에 돈이 많이 드는 집회를 여는 것뿐이었으며, 거의 틀림없이 그들 중 일부는 어떤 개인적인 이익을 바라는 소망을 보기 좋게 포장하려는 의도를 가지고 있었을 것이다. 그러나 그 시대의 모든 역사적 기록들을 잘못 읽지 않는다면, 양쪽 모두에게 그것이 게임 이상의 의미였음을 알 수 있다. 엘리자베스 여왕이 큰길을 지나갈 때 군중의 어깨 너머로만 여왕을 보았을 영국인들에게 그녀는 여전히 영국과 그들 모두에게 황금빛 미래의 주문을 외는 요정과 같은 여왕, "글로리아나(Gloriana)"였으며, 영국의 살아 있는 수호신이었고, 그들이 꿈꿔왔던 신과 같은 존재였다. 신비롭게 지켜진 그녀의 처녀성은 외국 군주들로부터 독립을 지키겠다는 맹세이자, 덜 행복한 국가들을 괴롭히는 불행으로부터 영국의 안전을 지키겠다는 맹세였을 뿐만 아니라, 영국 국민들 모두 그녀를 자신들의 연인이라고 여기게 만든 요소이기도 했다.

엘리자베스에게도 그 관계는 게임 이상의 의미였을 것이다. 그녀는 남편을 가져본 적도 없었고, 아이도 갖지 못할 것이었다. 의구심이 든다. 그녀가 자신의 국민들에게 바친 열정과 그에 대해 국민들이 준 사랑이 얼마나 그녀가 갖지 못한 것에 대한 보상이 되었을까? 또한 엘리자베스가 영국을 평화롭고 번영하는 나라로 만들었다는 이유 때문에 향수를 바른 궁정의 신하들과 지방의 지주들, 자작농들과 기술공들, 거친 손을 가진 뱃사람들과 투박한 노동자들까지 그녀를 그토록 사랑했을까? 그녀가 재임 초반에 자신에게는 그 무엇도—태양 아래에 그 어떤 세속적인 것도—국민과의 사랑만큼 귀중하지는 않다고 말했을 때, 그리고 재임 말기에 "여러분은 나보다 더 강하고 더 현명한 왕을 만났거나 앞으로 만날 수 있을지는 몰라도, 나만큼 여러분을 사랑할 왕은 결코 만나본 적도 없을 것이고, 앞으로도 만나지 못할 것이다."라고 말했을 때, 그 말을 사실로 믿었다고 해서 영국 국민들이 그녀를 그토록 사랑했을까? 엘리자베스와 영국 국민들의 관계는, 위대한 사랑이 다 그렇듯, 최후의 비밀을 간직하고 있다.

메리 스튜어트의 존재 때문에 영국인들이 느낀 위협이 단순히 엘리자베스 사후에 일어날 수도 있는 내전 정도였다면, 영국인들은 그저 막연한 걱정만 계속하면서 고개를 저으며 아무것도 하지 않았을 것이다. 그러나 그

스코틀랜드의 여왕이 국경을 넘은 이후, 가톨릭이자 왕위 후계자인 그녀의 존재 자체가 그들 여왕의 생명에 일상적인 위협이 되고 있다는 사실이 해가 바뀔수록 점점 분명해졌다. 미친 사람, 광신도, 고용된 악한은 가까이 다가가 칼과 권총을 사용하기만 하면 목적을 이룰 수 있었고, 엘리자베스는 자신의 안전에 대해 신경을 쓰지 않고 호위를 받지 않은 채 돌아다니는 것으로 유명했다. 엘리자베스의 목숨과 함께 정부 조직도 일거에 무너져버릴 것이다. 국무회의도, 행정장관도, 왕실 관리들도 없어질 것이며(여왕이 죽으면 모두 권한을 상실하게 되므로), 암살자들을 처벌할 법적 기관도 없을 것이고, 메리 스튜어트가 사촌의 왕위를 물려받기 전까지는 실제로 정부 기관이란 것 자체가 존재하지 않을 것이다. 영국 내 대부분의 가톨릭들이 그런 폭력 행위에 대해 다른 사람들과 마찬가지로 경악을 금치 못할 거란 사실은 중요하지 않을 것이다. 심지어 메리 자신이 그런 행동을 승인했는지의 여부도 중요치 않을 것이다. 거액의 현상금에 눈이 먼 한 사람이 영국의 역사를 바꿀 수도 있는 상황이었던 것이다.

북부에서 폭동이 일어난 이후 줄곧 갖가지 음모가 있었고 그에 관한 소문들이 나돌았으며, 최근 몇 년 동안에 그런 음모와 소문들은 봇물 터지듯 쏟아져 나왔다. 런던에서 그 어느 때보다 많은 소문이 떠돌았는데, 아마도 그것은 정부 내의 청교도 정파에서 실제 위협보다 더 끔찍하게 부풀려서 말을 했기 때문이기도 했겠지만, 그런 위험이 현실이 될 가능성은 충분했다. 자기가 여왕을 죽이겠노라 허풍을 떨던 만큼 정신 나간 젊은이가 엘리자베스로부터 약 100미터 떨어진 곳에서 권총을 손에 든 채 체포되었다. 또한 프랜시스 스록모턴[24]에게서 압수된 문서들을 통해 봉기와 메리의 해방, 여왕 암살, 프랑스 가톨릭 군대의 영국 침략 등 광범위한 가톨릭파의 음모가 발각되기도 했다. 이어서 윌리엄 패리(William Parry)가 로마교황청에서 엘리자베스 살해에 대한 면죄부와 더불어 상당한 액수의 포상금까지 약속받고서 거사를 위해 영국에 왔다가 발각되었다. 영국인들이 이 사건의 충격에서 채 벗어나기도 전에, 네덜란드의 델프트(Delft)에서 엘리자베스 다음가는 프로테스탄트의 정신적 지주인 오라녜 공25)이 암살당했다는 소식이 전해졌다. 지금까지의 시도들이 보기 좋게 실패했던 것과 달리, 부르고뉴 출신으로 프로테스탄트로 가장하고서 하인으로 일하던 제라드(Gerard)란 이름의 가톨릭 광신자가 오라녜 공을 그의 자택에서 저격하는 데에 성공했던 것이다. 사람들은 이 소식을 듣자 12년 전에 발생한 프로테스탄트의 세 거두 중 세 번째 위치에 있던 콜리니 제독26)의 살해 사건을 다시 떠올렸다. 이제 엘리자베스만이 남았다. 그리고 엘리자베스의 생명을 빼앗으려는 모든 시도에서 이익을 얻을 단 한 사람은 바로 메리 스튜어트였다. 그해 가을, 영국 전역에서는 엘리자베스를 지지하고, 왕좌를 노리는 모든 음모로부터 그녀를 보호하고, 여왕 폐하의 사람들에게 해를 입힐 만한 일을 실행하거나 획책할 자들에 대항해 음모자들과 이들의 조언자, 협조자, 선동자를 철저하게 박멸하기 위해 귀족들과 몇몇 주의 주요 인사들이 공식적으로 연맹을 결성

---

24) Francis Throckmorton. 1583년 에스파냐 대사인 멘도사와 투옥된 메리 스튜어트 사이에서 연락원으로 활동했으며 영국의 가톨릭을 규합해 엘리자베스 정부를 전복시키려다 체포되어 처형되었다.

25) Prince of Orange. 1533~1584. 네덜란드 독립군의 지도자로 빌렘 1세, 침묵공 윌리엄, 오랑주 공, 오렌지 공이라고도 한다.

26) Admiral Coligny. 프랑스의 해군 총사령관이자 위그노의 지도자로 성 바르톨로메오 축일 전야에 암살당했다.

했다. 필요하다면 살인에는 살인으로 보복하려고 했으며, 엘리자베스의 죽음에 대한 우려로 인해 내란에 대한 두려움도 배가되었고, 영국인들은 또다시 엘리자베스에게 해를 입히려는 음모가 발각된다면 메리를 처형할 생각이었다.

그로부터 채 2년도 안 되어 앤서니 배빙턴(Anthony Babington)의 음모(1586년)가 발각되었다. 그 당시에도 앤서니 배빙턴과 그의 친구들이 정말로 엘리자베스를 살해하려고 했으며 그럼으로써 스코틀랜드 여왕이 반드시 왕위를 계승할 수 있기를 바랐다는 점을 그 누구도 의심하지 않았으며, 지금도 그 점에 대해서는 의심의 여지가 거의 없다. 그 당시 사람들은 메리가 그 음모에 깊이 개입했다고 믿었지만, 그런 믿음을 뒷받침할 만한 증거는 충분하지 않다. 그러나 그녀가 그 음모에 대해 전혀 몰랐다 하더라도 런던 시민들에게 그녀의 결백은 별로 중요하지 않았을 것이다. 다른 모든 음모가 그러했듯이 그 계획도 결국 메리에게 이익이 될 것이고, 그녀가 살아 있는 한 엘리자베스 여왕의 목숨은 위태로웠던 것이다. 그렇기 때문에 메리의 처형 소식을 들은 런던 시민들은 종을 울리고 모닥불을 피웠으며 피리를 불고 작은 북을 치면서 거리를 돌아다녔던 것이다. 그 당시를 목격했던 한 사람은 이런 기록을 남겼다. "그들은 모든 사람이 평화롭게 살게 될 새 시대가 시작되었다고 믿는 것 같았다."

3장_여왕의 당혹감

그리니치, 1587년 2월 19일~22일

런던 시민들에게 무척 단순하게 보였던 그 사건이 그들의 여왕에게는 전혀 단순하지 않은 듯했다. 엘리자베스는 아직 그리니치[27])에 있는 궁전에 머무르고 있었다. 그녀의 궁전 중 가장 아름다운 이 궁전은 템스 강변까지 드넓게 잔디가 펼쳐져 있었고, 많은 창을 통해서는 대로와 평행으로 커다란 배들이 강을 오르내리는 모습을 볼 수 있었다. 바로 일주일 전에 이곳에서 엘리자베스는 메리의 처형을 허가하는 문서에 결국 서명을 했는데, 이 문서는 국민들의 우려와 추밀원의 논의를 고려해 그녀의 거부감이 누그러들 때까지 신임 국무장관인 윌리엄 데이비슨(William Davison)이 보관하고 있던

---

27) Greenwich. 런던 교외 템스 강가의 자치구

것이었다. 엘리자베스는 서명을 하면서 데이비슨에게 한때 여왕이었던 사람을 공개 처형하는 것보다는 좀 더 모양새 좋게 죽음을 맞이하게 할 방법이 있다고 일러두었다. 그러나 공개 처형이야말로 그녀의 대신들이 집착하고 있던 방법이었기 때문에 대신들은 여왕에게 더 이상 보고하지 않고 서기에게 필요한 문서들을 넘겨주었던 것이다. 이후 엘리자베스는 그 문서에 대해 아무 얘기도 듣지 못했지만, 만약 그녀가 11월 초부터 줄곧 처형 허가서에 그녀의 서명을 받기 위해 자신들이 갖고 있는 온갖 술수와 주장을 동원해 집단적, 개별적으로 그녀를 압박해왔던 신하들이 메리의 처형을 실행에 옮기지 않으리라 진심으로 믿었다면, 자신의 보좌관들에 대해 매우 예외적으로 오판을 한 셈이다. 그러나 정치에 대한 타고난 감각과 많은 경험을 지닌 그녀였기에, 파서링게이에서 곧 어떤 소식이 날아들지 분명히 알고 있었을 것이다.

슈루즈베리 백작의 아들이 24시간도 채 안 되어 멀고 먼 진흙탕 길을 달려와 그리니치 궁의 안마당에 지친 말을 세웠을 때, 엘리자베스 여왕은 막 사냥을 나가기 위해 말에 오르고 있던 참이라 그를 보지 못했다. 그래서 그 전령은 버흘리에게 메리의 처형 소식을 전했는데, 버흘리는 기쁨에 겨웠지만 수년 동안 엘리자베스를 보필하면서 몸에 밴 조심성으로 인해 이 소식을 그녀에게 전하는 것은 기꺼이 다른 사람의 몫으로 남겨두었다. 그러나 다른 대신들도 모두 그와 똑같은 생각이었다. 그 소식이 전해지자 런던에서는 종이 울렸고 엘리자베스 어왕이 궁으로 돌아오기 전부터 그리니치 궁 복도가 그 소식으로 술렁거리고 있었기 때문에, 그녀에게 이 소식을 알리는 것을 더 이상 미룰 수 없었다.

엘리자베스가 그 소식에 대해 보인 반응에 대해 두 가지 기록이 존재하는

데, 엘리자베스가 관련된 경우에 누구나 예상하게 되는 것처럼, 두 기록은 서로 모순된다. 데이비슨이 자신의 시련에 대해 애통해하며 기록한 바에 의하면, 이름을 알 수 없는 한 사람이 국무장관인 데이비슨에게 전하기를 엘리자베스 여왕은 스코틀랜드 여왕의 처형 소식을 듣고도 행동과 태도에 변화가 없었으며 어떠한 감정도 내비치지 않았다고 한다. 반면 메리의 아들인 스코틀랜드 왕 제임스 6세[28])에게는 파서링게이의 비극적인 소식을 접한 엘리자베스가 경악을 금치 못했으며 너무도 슬픔이 깊어 일찍이 그 어떤 경우에도 보인 적이 없는 비탄의 눈물을 흘렸다는 소식이 전해졌다.

이번만큼은 두 기록 모두 부분적이나마 사실일 수 있다. 자신의 생각과 감정을 드러내지 말 것, 그것은 이복 언니인 메리 튜더 재임 시절에 엘리자베스가 배운 교훈이었다. 만약에 자신이 서명한 허가서대로 사형이 집행되었다는 사실을 듣고 놀랐더라도(그리고 그녀가 느낀 놀라움이 감당하지 못할 정도가 아니었다면), 엘리자베스는 우선 본능적으로 여러 대신들이 모여 있을 때나 궁전의 공개된 장소를 오가는 구경꾼들이 있을 때에는 그 감정을 드러내서는 안 된다고 생각했을 것이다. 자신의 백성들이 기뻐하는 동안 그녀가 울었다 하더라도, 백성들이 볼 수 있는 곳에서는 울지 않았을 것이다.

물론 그녀가 나중에 보다 적절한 자리에서 눈물을 흘린 것은 사실이다. 엘리자베스는 눈물을 짜낼 필요가 있었다. 스코틀랜드 여왕의 처형으로 인해 야기될 모든 위험 중 가장 명백하고도 즉각적인 위험은 스코틀랜드에서 닥칠 것이었다. 제임스 6세를 기른 것은 대부분 메리의 적대자들이었다. 유

---

28) 1566~1625. 엘리자베스 사후에 제임스 1세로 영국 왕위에 올라 스튜어트 왕조를 열었다.

년기에 그를 주로 가르쳤던 뷰캐넌(Buchanan)은 신이 버린 여인 메리 스튜어트에 관한 책을 출간해 자기가 제임스 6세에게 미친 교육적 영향에 대해 자화자찬을 늘어놓았는데, 그 책은 누가 번역을 하든지 저속하고 모호한 현학적 글을 벗어나지는 못할 것이다. 그 책의 요지는 자기 자식의 아버지를 살해한 것이 메리가 저지른 가장 사악한 범죄 중 하나라는 것이었다. 뷰캐넌의 영향에서 벗어난 후에도 제임스는 자신의 어머니인 메리의 종교에 대해 별 관심을 보이지 않았는데, 어머니에 대한 그의 가장 큰 걱정은 영국이 그녀를 감옥에 안전하게 가둬두어야 한다는 것이었다. 어머니의 사망 소식을 접했을 때 그가 느낀 가장 솔직한 감정은 아마도 안도감이었을 것이다.

그러나 한 나라의 왕이 자기 어머니가 공개 처형되도록 묵인한다는 것은 수치스러운 일이었다. 더군다나 성깔 사나운 국민들이 오래전부터 자신들이 갖고 있던 국왕 처형의 특권을 국경 너머의 숙적(宿敵)이 빼앗은 것에 대해 그냥 넘어가려고 하지 않는 상황에서 왕이 가만히 있을 수도 없었다. 제임스에게 옛날 방식대로 불과 칼로써 영국인들에게 어머니의 죽음에 대해 복수하라고 부추기는 호전적인 스코틀랜드의 귀족들이 많았을 것이며, 외국에서도 영국 침략을 부추기는 시도들이 많았을 것이다. 메리는 가톨릭의 영웅이었고, 과거 프랑스의 왕비였으며, 지금 프랑스를 통치하는 왕의 형수였다. 또한 그녀는 막강한 힘을 지닌 기즈(Guise. 앙리 드 기즈. 이하 기즈) 공작의 사촌이자 정치적 동맹자였다. 스코틀랜드 외에도 많은 세력이 메리의 처형에 대해 분노했을 것이고, 그들 모두 복수의 전선에서 메리의 이들을 선봉에 세우고 싶었을 것이다. 엘리자베스도 스코틀랜드에서 반영(反英) 진영의 힘이 나날이 강해지고 있으며 메리가 영국인들의 손에 목숨을 잃었다는 사실만으로도 당장 전쟁을 벌여야 마땅하다는 주장이 점점 힘을 얻고 있다는 이야기를 들었다. 제임스가 자신에게 떠맡겨질 것 같은 위험한 명예를 회피하자면, 엘리자베스에게서 그럴 만한 명분을 받아야 했을 것이다. 메리를 위해서는 눈물 한 방울도 아깝다 했을 월싱엄 국무장관도 나중에는 엘리자베스에게 뇌물과 협박을 병행하며 스코틀랜드의 왕에게 조의금을 지불해야 하며, 매수 가능한 스코틀랜드인들에게 지갑을 활짝 열고, 북쪽 국경의 무장을 강화하기 위해 보다 강력한 조치를 취해야 한다고 설득했다. 월싱엄은 영국이 처한 여러 위험에 북쪽으로부터의 침략이 더해질 수도 있는 위기 상황에 대해 진정으로 우려했고, 그런 상황에 대해 무관심한 여왕을 보며 거의 미칠 지경이었다. 그러나 엘리자베스는 피나 황금보다는 눈물이 더 싸게 먹힌다고 생각했다. 그녀는 스코틀랜드의 중립을 위해 드는 가장 싼 대가 이상은 제임스에게 지불하지 않으려고 했다.

그러나 눈물은 치러야 할 대가의 시작일 뿐이었다. 금요일에 엘리자베스의 오랜 친구이자 새로 대법관이 된 크리스토퍼 해턴(Christopher Hatton)은 그녀가 자신의 분명한 허락도 받지 않고서 경솔하게 사형집행 허가서를 넘겨준 것에 대해 격노하며 데이비슨을 질책하는 장면을 목격했다. 토요일에 있었던 추밀원 전체 회의에서도 그녀는 분이 풀릴 때까지 노발대발하면서 대신들을 꾸짖었다. 그날 여왕이 한 말 중 기록에서 삭제된 부분을 볼 수 있다면, 대신들이 모골이 송연할 만큼 혼쭐이 나고 해군 제독과 벅허스트 경처럼 담대한 대신들, 심지어 버흘리 경까지도 잔뜩 주눅이 들어 눈물을 찔끔거리며 말을 우물거리는 모습을 생생히 떠올릴 수 있을 것이다. 시종들의 말에 의하면, 그날 엘리자베스의 분노는 너무도 대단해서 옆에서 지켜보기조차 힘들 정도였다고 한다. 그런데 이렇게 그녀가 자신의 감정을 분출하는 것은 매우 이례적인 모습이었다. 나중에 한 대신은 재위 기간을 통틀어 엘리자베스 여왕이 그토록 감정을 드러내는 모습은 본 적이 없다고 말했다. 그 사건에서 가장 중요한 대목은, 위엄 있는 대신들이 마치 회초리를 맞는 학생들처럼 겁에 질려 심한 질책을 듣는 정도에서 위기를 모면했지만, 엘리자베스는 한 사람만은 희생양으로 삼으려고 했다는 점이다. 대신들이 무릎을 꿇고 용서를 빌었음에도 불구하고, 데이비슨 장관을 체포해 당장 런던 탑에 가두라는 명령이 떨어졌다. 그것은 극단적인 조치였다. 데이비슨 정도의 지위에 있는 튜더 왕조의 대신 중 반역자의 문[29]을 통과한 뒤 무사히 돌아온 이는 거의 없었다. 엘리자베스는 데이비슨을 희생시키면 스코틀랜드인들을 달랠 수 있을 거란 생각에, "다수를 위해 한 사람을 희생시켜야 한다."고 한 스코틀랜드 친구의 냉소적인 말을 실행에 옮기고 있었던 것 같다.

그렇다고 해서 그녀가 메리 처형의 대가로 데이비슨의 목까지 벤 것은 아니었다. 그 운 나쁜 남자를 재판한 귀족들은 그의 유죄를 판결하며 1만 마크(mark)의 벌금과 엘리자베스의 뜻대로 런던 탑에 구금할 것을 명령했는데, 이 판결에 대해 스코틀랜드인들은 떨떠름해하면서도 어느 정도는 만족한 듯했다. 런던 탑에 구금되는 것은 대단히 불쾌한 경험일 수도 있겠지만, 한때 엘리자베스 자신도 경험한 바 있었던 만큼 비교적 가벼운 처벌이라고 볼 수도 있다. 데이비슨에 대한 처벌이 그리 가혹하지는 않았던 것 같다. 18개월 후, 더 큰 사건들 때문에 그에 대한 관심이 시들해지자 데이비슨은 조용히 석방되었으나, 그에게 부과되있던 무거운 벌금도 모두 면세되었으며, 장

---

29) Traitor's Gate. 런던 탑의 템스 강 쪽 문

관으로서 받는 봉급도 계속 지불되었다. 데이비슨이 후에 자신의 궁핍함에 대해 토로했지만 그것은 상대적인 의미에서의 궁핍함일 뿐이었다.

너무도 돌연히 역사에서 사라진 사람을 딱하게 여기지 않을 수 없겠지만, 그렇다고 해서 너무 불쌍히 여길 필요도 없다. 신임 국무장관으로서 했던 유일하게 주목할 만한 일이 그를 몰락의 길로 이끌었지만, 그런 일이 없었더라도 융통성, 심지어 줏대 없는 성향이 생존의 필수 조건 중 하나였던 정치 상황에서 완고했던 윌리엄 데이비슨이 얼마나 오래 버틸 수 있었을지는 의문이다. 사형집행 허가서에 서명한 직후 엘리자베스는 공개 처형을 하는 것보다는 좀 덜 모욕적으로 메리를 제거할 방법이 없는지에 대해 데이비슨에게 처음에는 에둘러서 이야기를 꺼냈다. 데이비슨은 그녀의 의중을 이해하려 하지 않았고, 이해했을 때에도 놀라지 않은 척 가장하려 들지도 않았다. 엘리자베스가 자신의 의중을 확실히 밝히자, 데이비슨은 그제야 마지못해 그녀의 지시대로 그 문제에 관해 편지를 써서 아미아스 폴레트(Amias Paulet) 경에게 보냈다. 그 후 아미아스는 법적 효력이 없고 사형집행 허가서도 없는 상황에서 응당 승인이 날 거라는 분위기만 믿고서 메리를 처형했다가는 지금 여왕을 보필하고 있는 꼼꼼하고 까다로운 청교도들에 대해 엘리자베스가 불같이 역정을 낼 것이 뻔하다며 짜증 섞인 답장을 보내왔다. 그녀의 신임 국무장관도 그녀의 질책을 피하지는 못했을 것이다. 변하고 있던 그 시대의 도덕관념에 대해 둔감한 역사학자들은 데이비슨의 태도에 대해 칭송하고 엘리자베스의 태도에 대해서는 비난해왔는데, 그들은 어떤 경우이든 메리는 목숨을 잃을 수밖에 없으며, 왕족의 암살에 대해서는 용인했지만 법적인 처형에 대해서는 관대하지 않았던 것이 그 시대의 관습이었음을 잊고 있다. 또한 그들은 데이비슨과 폴레트 모두 아주 약간 다른 상황에서 연합맹약(Bond of Association)을 근거로 지금 자신들이 거부하고 있는 행동을 실행에 옮겼다는 사실을 망각하고 있는 것이다. 그녀 주위에서 엄숙한 표정을 짓고 있던, 너무도 오랫동안 과도한 불안감에 긴장하고 있던 대신들이, 서로의 차이는 잠시 잊고서 엘리자베스를 되돌릴 수 없는 행동을 하도록 몰고 가려는 공통의 음모를 꾀한 것이며, 엘리자베스도 그런 점을 간파하고 있었다. 엘리자베스는 그들 모두를 옥죄고 있는 올가미를 제거할 기회를 데이비슨에게 주었던 것인데, 결국 데이비슨은 올가미를 더욱 잡아당기고 말았던 것이다.

엘리자베스는 적어도 한 번은 그에게 경고를 보냈었다. 아직 사형집행 허가서가 파서링게이로 전달되지 않고 그의 손에 있었을 때, 엘리자베스는 자신의 꿈 이야기를 데이비슨에게 한 적이 있었다. 그녀는 꿈에서 자신에게 알리지도 않고서 데이비슨이 취한 조치 때문에 스코틀랜드의 여왕이 죽었으며 너무도 슬프고 화가 났기 때문에 만약 그 자리에 데이비슨이 있었다면 가만두지 않을 거라고 말했다. 그런데도 데이비슨은 그냥 그 자리에 자기가 없어서 다행이라고 대꾸했을 뿐이다. 그 이전에도 그녀가 경고를 보낸 적이 있었을까? 데이비슨이 대법관에게서 사형집행 허가서에 필요한 국새상서(國璽尚書)를 받으러 출발할 때, 엘리자베스는 그에게 런던 하우스에 들러 몇 주 동안, 운 좋게도 생각보다 오래 병석에 누워 있는 프랜시스 월싱엄을 만나 서명이 된 사형집행 허가서를 보여주라고 지시했다. 그러면서 엘리자베스는 "그로 인한 슬픔으로 자칫 그의 목숨이 위태로울 수도 있다."는 말을 덧붙였다. 엘리자베스가 단지 스코틀랜드 여왕을 죽도록 증오하는 것으로 유명한 월싱엄의 성향을 두고 다소 잔인한 농담을 던졌던 것일까? 엘리자베스의 반어법은 그보다 더 복잡 미묘할 경우가 많았다. 아마도 그녀는 사형집행 허가서를 보여주기만 해도 활력을 되찾을 만한 병이 아니라면, 메리의 사망 소식을 듣더라도 동료의 병이 전혀 낫지 않을 거란 뜻으로 한 말이었을 것이다. 딱할 정도로 완고했던 데이비슨은 그런 암시를 눈치챌 수 있는 사람이 아니었다. 그러나 캠던30)은 데이비슨이 선택된 희생양이었으며, 그가 벼락출세하듯 높은 자리에 오르도록 놔두었던 시기심 많은 파벌들은 적어도 자신들 중 한 명은 메리의 파멸에 뒤이어 재앙을 맞게 되리라는 점을 예견하고 있었다고 주장했는데, 그 주장에 공감하지 않을 수 없다. 그도 그럴 것이, 데이비슨이 졸지에 추밀원에서 쫓겨나자, 남은 '선수'들이 그의 빈자리를 기꺼이 차지했던 것이다.

　엘리자베스가 데이비슨에 대해 취한 조치는 스코틀랜드인들의 반발을 무마하기 위한 것만은 아니었다. 그것은 전 유럽을 염두에 둔 것이었다. 엘리자베스는 메리의 시동생인 프랑스 왕에게 메리의 처형에 대해 자신이 느낀 놀라움과 분노, 슬픔 등에 대해 장황한 편지를 썼으며, 파리에 있는 자국 외교관들을 통해 그 자신의 심정을 프랑스인들에게 널리 알리도록 했다. 베네치아 주재 영국 대사는 엘리자베스가 단지 국민들의 요구를 들어준다는 뜻으로 허가서에 서명을 하고 그것을 데이비슨에게 건네준 것인데, 그 신하가 분별없이 권한 밖의 일을 저지른 것이라고 교황에게 전했다. 또한 엘리자베스 여왕은 데이비슨을 구금하고 관직을 박탈하도록 명령을 내렸으며, 성심을 다해 애도를 표할 생각이라는 말도 덧붙였다. 다른 나라의 정부에서도 비슷한 이야기를 전해 들었으며, 런던에서도 여왕의 측근들이 진심으로

---

30) William Camden. 1551~1624년. 영국의 역사학자

자신들의 행동으로 인해 벌어진 결과에 대해 놀라워하며, 진심으로 그 일이 여왕에게 미칠 영향에 대해 우려하는 듯했다. 그녀를 철천지원수로 여기는 멘도사(Mendoza)는 플랑드르의 옛 동지들의 보호를 받으며 파리에서 런던으로 돌아갈 날을 학수고대하고 있었는데, 심지어 그마저도 에스파냐 왕인 펠리페 2세에게 편지를 써서 영국 여왕이 메리의 죽음으로 인해 비탄에 빠져 몸져누웠다고 전했다. 엘리자베스는 필요할 때마다 놀라운 연기력을 발휘했는데, 만일 당시 그녀의 행동이 연기였다면 그것은 일생 최고의 연기였을 것이다.

그러나 그 모든 것이 연기였다고 단정해서도 안 된다. 엘리자베스처럼 성격이 복잡한 인물에 대해 판단할 때는 무슨 행동이든 너무 확신하지 않는 편이 더 안전하다. 혹자는 엘리자베스가 사형집행 허가서에 서명해 데이비슨에게 넘겨줌으로써 벌어질 가장 실현 가능성이 높은 결과로부터 자신을 숨기는 데에 확실하게 성공했는지, 또는 드러난 결과에 대해 보인 그녀의 놀라움이 순수한 감정이었는지 의심할 수도 있을 것이다. 또한 그녀가 정말로 사촌인 메리에 대해 애정을 갖고 있었다고 믿지 않을 수도 있을 것이다. 엘리자베스는 메리에 대해 적개심 외에는 다른 감정을 갖고 있지 않았으며, 만약 자신의 생명과 자신의 왕국에 대한 가장 치명적인 그 위협이 다른 방식으로 제거되었더라면 그녀가 슬픔을 제어할 수 있었을 거라 짐작할 수 있다. 그러나 엘리자베스가 통탄하는 바는 개인적 슬픔이나 양심의 가책과 별 관련이 없었을 것이다. 그녀를 덮친 이 사건에는 눈물을 흘릴 만한 충분한 이유가 있었다. 파서링게이에서 메리의 목에 도끼날이 내리쳐짐과 동시에 영국을 과거와 연결해주던 주된 사슬도 완전히 잘려 나갔음을 영국의 그 누구보다도 엘리자베스가 더 명확하게 깨달았을 것이다.

쉰셋의 나이에 자신이 대단히 성공적으로 이끌어왔던 과거를 버리고 한 번도 경험한 적이 없는 새로운 세계를 맞이하는 것은 쉽지 않은 일이다. 재임 초기 프랑스와 짧지만 쓰라린 전투를 치르면서 전쟁의 불확실성과 그로 인해 치러야 하는 분명한 대가에 대해 배운 뒤부터, 엘리자베스는 가능한 한 결과를 되돌릴 수 없는 결정은 죄다 피하고자 했다. 아주 약간만 틀어도 변할 수 있는 외교정책이 아니라면 아예 정책으로 삼지 않는 것이 그녀의 외교정책이었다. 그녀의 외교정책에서 하나의 일관성을 찾는다면 그것은 항상 일관성이 없다는 점이었다. "시간이 주는 유용함을 누려라." 그것이 그 시대의 정치에서 가장 중요한 금언 중 하나였다. 시간이 지나면, 너무도 많은 매듭이 풀렸으며, 절망적인 결정을 해야 할 필요가 없어지는 경우도 많았고, 변화무쌍한 세상에서 예기치 못한 변화들이 무수히 많이 벌어졌다. 그렇기 때문에 아주 영리한 정치인이라면 기꺼이 현명하게 소극적인 태도를 취하거나 신중한 기회주의자가 되려고 했던 것이다. 그러나 엘리자베스는 시간에서 덕을 보는 것만으로 만족하지 않았다. 그녀는 시간의 허를 찔렀으며, 어떨 때는 시간을 완전히 거스르는 듯 보이기도 했다. 그녀에게 항상 같은 면이 있다면 그것은 그녀가 항상 달랐다는 점이었다. 해가 갈수록 나날이 전 유럽이 경제적 파멸과 동족상잔의 분쟁을 향해 가파른 내리막길로 하염없이 내달리고 있었지만, 엘리자베스의 변덕스러움과 우유부단함 덕분에 영국은 시간을 초월한 듯 태평성대를 누리고 있었다. 영국에 주재하던 외교관 중에 오늘의 사실이 반드시 내일도 사실일 거라고 확신할 수 있는 이들은 없었다. 여왕이 언제든 변덕을 부리면 다시 모든 것이 어제의 상태로, 혹은 별다른 노력을 기울이지도 않고도 1년 전의 상태로까지 되돌려질 수 있었기 때문이었다. 유럽인들은 그녀의 대신들이 말하듯이 엘리자베스를 달처럼 항상 변하며, 퍽[31]처럼 교활하고, 수은처럼 속내를 종잡을 수 없는 인물이라고 생각했다. 복잡한 소용돌이 같은 그녀의 외교정책과 절벽 끝을 오가며 줄타기를 하듯 교묘하게 균형을 잡는 모습을 지켜보는 것만으로도 정치인들은 술에 취한 듯 현기증을 느낄 정도였다. 유럽에서 내로라할 만큼 강심장을 가진 남자들도 그녀를 흉내 내기는 힘들었을 것이다. 그러나 역사적 증거만으로 판단하자면, 분명 엘리자베스는 그런 모험을 즐기고 있었다.

엘리자베스가 풀어야 할 숙제는 기독교 국가 중에서 가장 통치하기 힘든 국가를 지배해야 한다는 점, 하나같이 자신들의 남성적 우월성을 주장하고자 혈안이 된 억센 신하들 사이에서 자신의 독립적인 의지와 판단을 고수해야 한다는 점, 어떤 남자도 '이래라저래라' 간섭하지 못하게 자신의 위치를 굳건히 해야 한다는 점이었다. 엘리자베스는 의도적으로 분명한 태도를 피하고 본능에서 우러나오는, 불가해하고 애매모호한 태도를 취하면서 자신을 신비화시키고, 여기에 여성적인 재치와 교활함을 더해 그 모든 문제를 풀고자 했다. 주위의 신하들과 조언자들, 각국 대사들과 외교사절들, 유럽 대륙의 왕들과 강대국들을 서로 견제하고 균형을 유지할 수 있도록 대단히 교활하면서도 교묘하게 짜 맞춤으로써, 자신은 항상 자유로운 상태를 유지하고자 했던 것이다. 오랜 세월 동안 엘리자베스는 자신이 안무한 화려한 발레극의 주연 무용수였다. 엘리자베스는 자신이 곡을 정하는 한 그 발레극을 잘 이끌어나갈 수 있다는 확신이 있었다.

그러나 아무리 마법을 써도 춤으로 얻을 수 있는 것은 시간을 피한다는 착각뿐, 그 이상을 얻을 수는 없었다. 사반세기가 넘는 세월 동안 엘리자베

---

31) Puck. 영국 전설 속 장난꾸러기 꼬마 요정

스가 주기적으로 특유의 발레 춤을 즐기며 위협적인 역사의 행군으로부터 영국을 지키는 동안에도, 그 평온한 세월의 흐름은 스스로 사건을 만들어가고 있었다. 엘리자베스는 우리가 "엘리자베스 시대의(Elizabethan)"라고 부르는 기질의 주인이 아니라 어머니였고, 대부분의 어머니들이 그렇듯 자기 자식들을 제대로 평가할 수는 없었다. 그녀에게서 받은 대담함에 결단력은 물론 그녀가 전혀 갖지 못한 풍부한 상상력까지 더해졌고, 야망을 실현하고자 하는 의지는 그녀가 통제하기 힘들 지경이었다. 엘리자베스는 자신의 신하들이 에스파냐의 영역으로 인정되는 바다에서 '여봐란듯이' 항해하며 활개 치는 모습을 보며 흐뭇해했다. 그러나 그녀가 그런 항해가 얼마나 중요한 의미를 지니고 있는지 이해하고 있었다고 보기는 힘들다. 형부인 펠리페가 저지대 국가들[32]에서 차지하고 있던 땅을 계속 불안정하고 종잡을 수 없는 상태로 유지함으로써 결코 에스파냐가 그곳을 기반으로 영국을 침범하지 못하도록 만들 수 있어서 엘리자베스도 기뻤지만, 펠리페가 신교도들을 신교도란 이유만으로 화형에 처하도록 결정하는 것에 동의할 수 없듯이 가톨릭이란 이유만으로 가톨릭들을 상대로 성전(聖戰)을 벌이고 싶어 하는 열망에는 찬성할 수 없었다. 냉정하고 의심이 많으며 현실적인 그녀가 보기에 영국 국민의 열정은 점점 에스파냐의 어두운 열정만큼이나 이해할 수 없는 것이 되고 있었다. 그러나 그런 열정의 추진력은 점점 더 그녀 자신의 행동의 자유를 보장해주던 미묘한 힘의 균형을 뒤흔들었다. 골든 하인드호[33]가

---

32) Low Countries. 유럽 북해 연안의 네덜란드, 벨기에, 룩셈부르크 등의 지역
33) Golden Hind. 프랜시스 드레이크가 지휘하던 배. 1580년 드레이크는 에스파냐의 선박 카카푸에고호를 약탈해 많은 보물을 빼앗았다.

의기양양하게 템스 강으로 귀환하며 불러일으킨 어떤 욕망 혹은 이상주의로 인해 점점 더 많은 영국 국민이 바다를 건너 네덜란드 너머에서 군복무를 하거나 총소리로 서인도제도 사람들의 잠을 깨우고 있었다. 평화를 감사히 여겼던 사람들이 이제는 점점 더 전쟁을 갈망하고 있었다. 또한 미묘하지만 필연적으로 추밀원 내 힘의 균형도 변했다. 한때는 전통적 귀족 가문 대(對) 신진 관료들, 종교적 보수주의자들 대 신교도들이 뒤얽혀 대립했지만, 지금은 그녀를 되돌릴 수 없는 길로 내몰아 결국 끝을 볼 수밖에 없게 만드는 힘과 영향력을 지닌 추밀원과 그녀가 대립하고 있었다.

물론 실제로도 역사는 힘을 가하고 있었다. 양립할 수 없는 힘의 충돌은 아무리 묘한 마법을 쓰더라도 영원히 유보될 수는 없는 것이었다. 에스파냐란 거인이 유럽 전역에서 육중한 발걸음을 한 걸음씩 옮길 때마다 충돌은 그만큼 가까워지고 있었다. 이제 더 이상 유럽에서 힘의 균형이란 존재하지 않았다. 오직 폭력으로 해결할 수밖에 없는 숙명적인 양자 대결만이 남은 것이다. 버흘리도 그 사실을 인정할 수밖에 없었고, 엘리자베스 역시 인정하는 바였다. 그래서 엘리자베스는 드레이크에게 전함을 맡겨 서인도제도를 공격하게 했으며, 영국 군대를 네덜란드로 파병해 레스터에게 지휘하도록 했던 것이다. 침묵공 윌리엄(오라녜 공, 빌렘 1세)의 암살로 인해 자기 발밑에 던져진 유럽 신교도 세력의 지도자 명패를 마지못해 집어든 것도 그 때문이었다. 그러나 엘리자베스가 좋아서 그런 것은 아니었다. 드레이크가 카르타헤나[34]까지 항해함으로써 에스파냐를 욕보이고 에스파냐 국민의 감정을

---

34) Cartagena, 에스파냐 남동부의 항구도시

상하게 만든 것은 사실이지만, 그로 인해 에스파냐의 힘이 약해진 것도 아니었고 영국이 얻은 소득도 신통치 않았다. 네덜란드에 파견된 레스터는 끊임없는 골칫거리, 아니 거의 끊임없는 재앙에 가까웠다. 그녀가 네덜란드의 금고에 물방울 떨어뜨리듯 양심적으로 보태준 돈(실제로 얼마나 적은 돈이 전달되었는지는 아무도 몰랐던 것 같다!)은 무능한 재원 관리 능력과 부정한 재무관들 탓에 밑 빠진 독에 든 물처럼 금세 사라져버렸다. 따라서 그녀의 군대는 마치 돈을 한 번도 받지 못한 듯 굶주리고 헐벗었으며, 네덜란드 반군은 갈수록 그녀의 동기를 의심하면서 영국의 지원이 불만족스러운 달마다 보다 더 정확하게 계산을 따지면서 자신들의 요구를 주장하게 되었다. 2년 만에 25만 파운드가 넘는 전쟁 비용이 들었고, 수천 명의 건장한 의용병과 용감한 젠틀맨이 목숨을 잃었다. 그리고 그들 중에는 그녀가 총애하던 필립 시드니(Philip Sidney)도 있었다. 그러나 그 모든 노력에도 불구하고 거침없는 에스파냐의 전진을 늦추지 못하는 듯 보였다. 1586년 7월에 월싱엄은 레스터 백작에게 다음과 같은 내용의 편지를 보냈다. "다음 두 가지가 여왕 폐하의 뜻에 너무도 반하는 것입니다. 하나는 전쟁이 영원히 계속될지도 모른다는 의구심이 커지고 있다는 점이고, 또 하나는 전쟁의 비용이 점차 증가하고 있다는 점입니다. 그래서 폐하께서는 지극히 심려하고 계시며 애초에 전쟁에 뛰어들지 말았어야 했다고 후회하고 계십니다." 그 이후로 상황은 전혀 나아지지 않았다. 그로부터 2주 만에 엘리자베스는 두 명의 반역자들, 윌리엄 스탠리(Sir William Stanley)와 롤런드 요크(Rowland York)가 데벤테르[35]와 주

---

35) Deventer. 네덜란드 아이셀 강가에 위치한 중세 교육, 종교의 중심지

트펜 요새(Sconce of Zutphen)를 에스파냐에 팔아먹어서, 그해에 얻은 보잘 것없는 성과마저도 전부 물거품이 되었다는 사실을 알게 되었다. 공교롭게도 바로 그날 파서링게이에서 메리의 처형 소식이 전해졌는데, 엘리자베스가 최근에 구성된 네덜란드의 사절단과 격한 회담을 막 마친 뒤였다. 네덜란드 사절단은 추가 자금과 병력 증강을 요청했지만, 엘리자베스는 매정하게 이를 거절하면서 자신은 네덜란드를 그렇게 가치 있는 땅으로 여기지 않는다고 쌀쌀맞게 말했다. 자신의 왕권으로도 뒷받침할 수 없는 끝없는 파멸적 전쟁에 뛰어들었다는 두려움이 바로 눈앞에서 현실화되는 듯했다. 버흘리와 레스터, 월싱엄과 데이비슨을 비롯해 그녀의 궁정 대신들은 모두 힘을 합쳐 그녀에 대항하며 계속 숙명적인 결정을 강요하는 듯했다.

스코틀랜드의 여왕에 대한 그들의 공격은 그 일부에 불과했다. 그동안 에스파냐와 벌인 전쟁은 선전포고도 없고 직접적으로 서로 맞붙은 적도 없는 국지전에 불과했다. 침묵공 윌리엄의 사망 이후에도 엘리자베스는 계속 모호한 태도를 유지하고자 안간힘을 쓰면서 자신의 장군들에게 갖가지 경고와 금지 조치들을 내렸고, 아직 영국과 에스파냐 사이에 이해의 접점을 찾을 수도 있으며 퇴로도 여전히 열려 있다는 환상을 유지하고자 노력했다. 그 속임수 게임에서 스코틀랜드의 여왕 메리는 20년이 넘는 시간 동안 게임의 열쇠를 쥔 중요한 인물이었다. 엘리자베스의 파멸이 메리의 승리를 의미하는 한, 에스파냐 왕 펠리페 2세는 영국과의 전면전에 대해 신중한 태도를 취할 것이었다. 메리가 잠시 세를 잃고 있기는 했지만 그녀는 뼛속까지 프랑스인이었고, 프랑스는 대대로 에스파냐 합스부르크 왕가의 반대 세력이었다. 에스파냐에게 어떤 빚을 지고 있든, 할 수만 있다면 메리는 프랑스와 기즈 가에 기대려 할 것이고, 결국 펠리페는 친프랑스 가톨릭 여왕이 영국 왕위에 오른다면, 불완전하게 장악하고 있는 식민지 네덜란드에 대한 지배와 유럽에서의 헤게모니 확장에 그 어떤 이교도보다도 더 큰 위협이 될 거라는 사실을 깨닫게 될 수도 있었다. 현명했던 펠리페의 부왕(父王)은 평생 동안 영국과 프랑스를 갈라놓는 것을 가장 중요한 정책으로 삼았고, 이 섬나라를 프랑스의 품에 안겨주는 위험을 감수하기보다는 에스파냐에 대한 영국인들의 숱한 냉대와 거절을 참는 쪽을 선택했다. 펠리페는 그 점에서 지금껏 자기 아버지와 같은 생각을 갖고 있음을 보여주었다. 엘리자베스는 펠리페가 계속 이러한 태도를 견지하기를 바랐으며, 또한 메리가 살아 있는 한 영국에 의해 상처 입은 그의 종교와 권위가 계속해서 그의 왕조의 이익과 절묘하게 균형을 유지해, 엘리자베스가 그렇듯이 그 또한 전쟁이라는 최후의 수단에 의지하지 않기를 바랐다.

　제아무리 영민한 외교적 적수들이더라도, 또한 추밀원의 측근들조차도 엘리자베스 튜더의 마음을 읽어내지 못했다. 그리고 지금은 그녀의 마음을 읽었노라 가장할 수 있는 이들조차도 없었다. 그녀는 언어를 사용해 의미를 숨기는 정치적 기술의 달인이었다. 공적인 문제들과 사적인 관계 위에 그녀는 특유의 활달한 낙서가 적힌 종이들을 한 겹 한 겹 덮었다. 자신이 내린 비밀스러운 결론에 대해 마치 뱀이 칭칭 똬리를 틀 듯 에둘러 말을 했으며, 암시를 주다가, 약속을 하다가, 부인을 하다가, 마침내는 오로지 자신의 목적에 부합하는 말만 하고는 주제에서 스르르 빠져나가곤 했다. 의회에서나 공적인 협상 자리에서 그녀는 때때로 마음껏 자기 할 말을 쏟아내기도 했으며 전혀 거리낌 없이 자신의 감정을 분출하는 경우도 있었기 때문에, 그녀를 가장 잘 안다는 사람들조차도 그녀가 퍼붓는 말에서 그녀의 진짜 의도를 아주 조금이라도 파악했다고 확신할 수 없었다.

그러나 우리가 엘리자베스에 대해 확신할 수 있는 단 한 가지가 있다면, 그것은 그녀가 전쟁을 끔찍이 싫어했다는 점이다. 통치자의 기술 중 여성이 남성에 뒤지지 않는다고 가장할 수 없는 것이 전쟁을 수행하는 능력이었기 때문이었을까? 전쟁에 동반되는 거친 폭력이 그녀의 섬세한 질서 감각에 위배되었기 때문이었을까? 혹은 단순히 돈이 많이 들기 때문이었을까? 혹은 본시 예측하고 통제하기 불가능한 것이 전쟁인지라 그로 인해 불안한 어린 시절 이래로 인생의 목표로 삼아온 것, 즉 언제나 자기 자신의 의지로 모든 상황을 지배하는 데 방해받지 않기를 원했기 때문이었을까? 이유야 어쨌든 엘리자베스는 전쟁을 몹시 싫어했다. 에스파냐와의 전쟁에 말려든 것은 자신의 의지에 반하는 것이었다. 그리고 그녀는 여전히 그 상황에서 빠져나갈 수 있기를 바랐고, 지금껏 메리가 살아 있는 한 중요한 출구 하나가 열려 있는 거라는 기대를 가지고 있었다. 메리의 목숨을 연장함으로써 자신의 목숨이 위태로워진다는 사실은 그녀에게 그다지 중요하지 않았다. 엘리자베스 튜더가 무엇을 염려했든, 그것이 자신의 목숨은 아니었다. 고조되고 있던 메리 처형에 대한 요구를 그녀가 결사적으로 반대한 것은 분명 진심에서 우러난 것이었다. 남아 있던 문이 이제 영원히 닫혀버렸기에, 그리니치 궁의 어두운 침실에 누워서 이제부터는 빠져나갈 수 있는 가능성이 점점 희박해지는, 끝이 보이지 않는 전쟁의 좁은 회랑(回廊)을 굽어보며 그녀가 흘렸을 눈물의 진정성을 의심할 필요는 없을 것이다.

4장_기쁨의 날들은 가고

파리, 1587년 2월 28일~3월 13일

파서링게이의 소식이 파리에 도달하기까지는 열흘이 걸렸다. 영국해협의 폭풍이나 진창투성이의 도로 형편을 감안하더라도 그런 소식이 그토록 더디게 전달되어서는 안 되는 것이었다. 그러나 프랑스 대사가 메리를 둘러싼 음모에 관계되었을지 모른다는 의심을 받고 있었기 때문에 공식적인 외교 통로는 단절되었고 해협을 오가던 배들도 항구에 묶여 있었다. 두 주일이 지나도록 런던에 있는 대사관에서는 어떤 소식도 전해지지 않았으며, 프랑스에 거주하던 영국인들이 처형이 집행되었다는 소식을 듣고 있었을 때도 프랑스 왕은 여전히 영국에 파견한 특별 대사가 형수인 메리의 처형을 연기할 만한 구실을 찾았으리라 기대하고 있었다.

그해 겨울 파리에서 영국 대사관 관계자들을 제외하고 메리의 처형 소식을 처음으로 알게 된 사람이 에스파냐 대사인 돈 베르나르디노 데 멘도사

(Don Bernardino de Mendoza. 이하 멘도사)였다는 사실은 그리 놀라운 일이 아니다. 프랑스 궁정에서 일어나고 있는 일 중 멘도사가 알지 못하는 것은 거의 없었다. 그러나 프랑스에는 그의 관심을 끌 만한 일이 별로 없었다. 국왕의 어머니인 카트린 드 메디시스[36]는 그에게 동감과 충고를 구하면서 가끔 친밀하게 잡담을 주고받는 사이였다. 그녀는 얘기를 하면서 무심코 비밀을 누설한 듯 가장했지만 사실은 치밀하게 계산된 행동이었다. 현명하게도 멘도사는 그녀가 하는 말을 거의 믿지 않았다. 국왕의 대신들은 멘도사를 매우 조심스럽게 대접하였고, 에스파냐 대사가 아닌 다른 나라의 대사였다면 콧방귀를 뀔 만한 질문에도 상세하고 친절하게 대답해주었다. 때때로 프랑스의 왕 앙리 3세도 그에게 자신의 정책에 대해 장황하게 설명하기를 즐겼는데, 멘도사는 그 장황한 말 속에서도 왕의 진의를 조금은 눈치챌 수 있다고 자화자찬하곤 했다.

그러나 멘도사는 그런 정보에는 거의 의지하지 않았다. 대사관에서 통상적인 첩보 활동을 하고 있었지만, 그 스파이들이 수집해 온 정보도 그저 그런 허섭스레기들뿐이었다. 멘도사가 파리의 외교관 중 누구보다도 정보에 밝을 수 있었던 것은, 그가 가톨릭 정통파 지지자들을 대표하는 사람이었고 또한 에스파냐 왕을 대신해 급진적인 반왕당파 음모 조직인 가톨릭동맹[37]

---

36) Catherine de'Medici. 1519~1589. 이탈리아 피렌체 태생. 앙리 2세의 부인. 장남 프랑수아 2세(재위 1559~1560)와 차남 샤를 9세(1560~1574), 그리고 셋째 앙리 3세 치세(1574~1589)에 강력한 영향력을 행사했고, 가톨릭과 위그노파의 전쟁을 교사했다.

37) 프로테스탄트에 대항하여 로마교황권을 지키고, 후원자인 에스파냐의 외교적 이해를 도모한 급진적 가톨릭 조직

의 비밀 자금 후원자로 활동하고 있었기 때문이었다. 가톨릭동맹의 유력한 우두머리인 기즈 공작 앙리와 그의 형제들은 에스파냐에서 흘러온 자금을 대부분 개인적인 용도로 사용했는데, 그 대가로 많은 정보를 제공하고 있었다. 마지못해 왕에게 충성하는 쪽을 택하고 있던 보다 덜 중요한 인물들은 많은 공을 들이지 않아도 멘도사에게 협조하고 있었다. 또한 멘도사는 파리 민중의 혁명 세력화를 꾀하고 있던 가톨릭 광신 집단 '파리 16인위원회'와 도 비밀리에 접촉하고 있었다. 망명한 스코틀랜드 가톨릭들이나 아일랜드 인들, 영국인들도 그들 신앙의 대변자인 이 에스파냐 대사에게 정기적으로 자신들이 들은 온갖 소문과 근심거리, 계획에 대해서 알려왔다. 또한 멘도사는 프랑스에 상주하는 헌신적이고 잘 훈련된 밀정들과 곳곳에 파견된 밀정들을 전적으로 신뢰했는데, 이들을 전략적으로 배치함으로써 폴란드에서 골웨이[38]에 이르기까지 모든 전선에서 가톨릭의 입지를 강화할 수 있었다. 당시의 증언과 정황상의 증거를 토대로 판단할 때, 분명 멘도사는 1587년 즈음에 자신이 왕에게 보고한 것보다 훨씬 더 밀접하게 가톨릭 음모자들과 관계를 맺고 있었다. 게다가 최근에는 믿을 만한 정보원이 하나 더 추가되었다. 파리 주재 영국 대사인 에드워드 스태퍼드(Edward Stafford) 경이 은밀히 사람을 시켜 "여왕 폐하에게 누가 되지 않는 범위에서" 에스파냐 왕에게 봉사하고자 한다는 말을 그에게 수차례 전해왔던 것이다. 이 방문객은 2월 28일 이른 아침에 다시 찾아와 열흘 전에 파서링게이에서 메리가 참수되었다는 소식을 처음으로 에스파냐 대사관에 전했다.

---

38) 아일랜드 서부의 항구도시

이내 모든 파리 시민이 이 소식을 알게 되었고, 갖가지 추측과 소문이 난무했다. 스태퍼드 대사가 영국의 공식적인 견해를 최종적으로 프랑스의 궁정에 알리기도 전에 가톨릭동맹의 선전자들은 이미 나름의 결론을 내린 상태였다. 가톨릭 신앙을 가진 정적을 사법 살인한 것은 영국의 '악녀'가 저지른 최악의 범죄란 것이었다. 또한 프랑스 왕인 발루아의 앙리도 이 살인에 적극적으로 관여하지는 않았더라도 방조한 죄가 있다는 주장이었다. 메리의 처형에 대해 프랑스 왕이 표할 분노가 단지 형식에 불과한 것임을 확신하지 못했다면, 영국의 여왕이 결코 그토록 대담한 조치를 취할 수는 없었을 것이기 때문이었다. 기즈 형제들에 대한 질투심과 신을 믿지 않는 정치가들의 감언이설에 넘어간 왕이 에스파냐와의 친교와 교회의 안전을 저버리고 영국의 여왕이나 위그노의 지도자인 앙리 드 나바르(Navarre) 같은 이단자들의 편에 섰다는 것이다. 가톨릭동맹의 대표자들은 무신론자들은 물론이고 신앙심이 해이해진 왕에게도 하느님이 곧 엄중한 심판을 내릴 것이라고 주장했다.

그해 겨울, 프랑스의 성직자들 대부분은 반역에 가까울 정도의 독설을 쏟아냈다. 광신적 수사(修士)들과 선동적인 사제들은 서로 경쟁이라도 하듯이 왕을 비방하고 빈정댔으며 끔찍한 소문을 퍼뜨렸다. '왕과 친한 누구누구는 은밀하게 신교를 믿는다더라. 또 누구누구는 악마에게 영혼을 팔았다더라. 이단과 사악한 미신의 독이 궁정 내부에 얼마나 깊이 스며들어 있는지 아무도 모른다. 파리의 지하실과 샛길 곳곳에 무장을 한 채 숨어 있는 위그노교도 1만 명이 언제라도 한밤중에 출몰해 가톨릭교도들의 목을 자를 것이다. (아마도 성 바르톨로메오 학살의 기억 때문에 그런 형태의 종교적 주장을 시작했던 파리의 시민들은 자신들에게 해가 될 수도 있는 소문들에 대해 특히 더 민감할 수밖에 없었을 것이다.) 미쳐 날뛰는 이교도들로부터 자신의 충직한 백성을 보호해야 할 왕이 왜 아무런 조치를 취하지 않았는지 그 이유는 추측할 수밖에 없다.'

파리의 종단(宗團)에서 너나없이 거의 반역에 가까운 그런 말들을 수군거렸지만, 영국에서였다면 그런 말을 들었다는 이유만으로도 귀가 잘렸을 것이다. 영국의 추밀원이었다면, 파리의 출판가에서 술렁이던 그런 식의 중상모략에 대해 재빨리 대처해서 작가들과 출판업자들에 대해 단호한 조치를 취했을 것이다. 파리의 언론과 출판은 언제나, 특히 소르본(Sorbonne) 구역 안에서만큼은 튜더 왕조의 런던보다 훨씬 더 자유로웠지만, 적어도 150여 년 전에 있었던 오를레앙(Orleans)과 부르고뉴(Burgundy)의 분쟁 이후로는 논객들이 정부의 견제도 받지 않는 상태에서 그렇게 소란스럽고 제멋대로 날뛴 적은 한 번도 없었다. 그럼에도 프랑스의 왕 앙리 3세의 귀에는 그런 소리들이 들리지 않는 듯했다. 자신이 식사를 하는 동안 신하들로부터 방해받지 않으려고 세워놓은 작은 울타리는 어쩌면 왕의 마음과 외부 세계 사이에서 해마다 높아져 가는 벽의 상징이었는지도 모른다.

폴란드의 왕으로 추대되었으며 젊은 시절부터 자르냑(Jarnac)과 몽콩투르(Montcontour)의 정복자, 위그노 처벌자, 신앙의 수호자로 이름을 떨치던 발루아의 앙리가 프랑스로 돌아와 왕위에 오른 지 13년이 조금 지났다. 그리고 지금껏 제대로 된 일은 하나도 없었다. 더 이상 감격적인 승리도, 심지어 짜릿한 한밤중의 학살도 없었으며, 오직 우유부단한 전략, 지루하게 계속되는 회담, 타협, 회피, 비열한 술책, 교착상태와 패배만이 이어질 뿐이었다. 왕국의 재정비를 위한 거창한 계획은 여전히 서류상에만 존재할 뿐이었다. 왕실의 빚은 항상 나날이 증가하고 있어서 점점 더 감당하기 힘들어지고 있었다. 당연히 왕실의 재정은 악화될 수밖에 없었다. 왕가의 권위는 그의 어머니가 섭정을 하던 시절보다 훨씬 더 빠른 속도로 무너지고 있었고, 넓은 영지들은 하나둘씩 위그노나 가톨릭동맹, 또는 이기적인 귀족들의 손아귀로 빠져나가고 있었다. 무정부 상태처럼 도적 떼가 창궐하고 내란이 계속되는 와중에 그나마 약간의 질서라도 유지할 수 있었던 것은 사병들의 순찰이나 시민 자위대의 협조 덕분이었다.

지난 13년의 세월은 쾌활하고 자신감이 충만하던 젊은이를 무기력하고 소심한 노인으로 변화시키기에 충분했다. 그의 두 손, 그 아름답고 앙상한 손은 여전히 쉴 새 없이 움직였는데, 그 움직임은 듣기 좋은 노래처럼 유려한 목소리에 맞춰 춤을 추듯 항상 우아했으며, 말을 하지 않을 때에도 항상 애완용 명주원숭이, 사탕과자, 강아지, 머프, 또는 잘생긴 젊은 남자의 머리칼과 귀를 만지작거리고 있었다.[39] 그러나 비록 방부 처리의 달인이 솜씨를 발휘한 듯 흰 피부에 홍조를 띤 혈색 좋은 모습으로 화장을 하고 있었지만, 그의 얼굴에는 시무룩한 정적이 감돌았다. 또한 그의 눈동자는 해가 갈수록 점점 생명력을 잃고 움푹 꺼져 들어갔으며, 병색이 깃든 채 음울해지고 자신감을 잃고 있었다. 발루아 가(家)의 마지막 상속자는 마치 남몰래 죽음과 맞서고 있는 사람처럼 보였다.

앙리는 자신의 왕국 안에 있는 명백한 적들을 무시하기로 했듯이 자기 안에 있는 적도 무시하기로 결정한 듯 보였다. 그는 여전히 왕다운 화려함과, 다른 왕들보다 능했던 우아한 근엄함을 갖추고 청중 앞에 섰다. 대신들의 말에 진지하게 귀를 기울였으며 지혜롭고 세심한 태도로 동치의 기술에 대

---

39) 앙리는 동성애자였다.

해 훈계했다. 또한 마치 그대로 지켜질 거라 예상한다는 듯 칙령들을 수정했으며, 자신이 실행할 수 있다고 생각하는 듯 개혁안들을 공들여 입안했다. 그는 마치 프랑스가 아직도 자기 아버지 시대처럼 강력하고 단합된 강대국인 양 외국 대사들에게 말을 했고 자국 대사들에게 편지를 썼다. 또한 그는 왕으로서의 임무와 종교적 역할을 수행할 때 마치 왕은 모든 비판으로부터 벗어나 있을 뿐만 아니라 어떠한 주목도 받지 않아야 한다고 생각했는데, 그래서인지 식탁 주위에 병풍처럼 쳐놓은 작은 난간은 마치 언제든 마음 내킬 때마다 자신을 가릴 수 있는, 정말로 꿰뚫어 볼 수 없는 벽처럼 여기는 듯했다.

1587년의 축제는 환락으로 가득했다. 앙리의 비서인 브륄라르(Brulart)는 늘 그랬듯 돈 걱정을 했지만, 화려한 무도회가 줄을 이었다. 무도회가 열리지 않는 시간에는 파티에 취한 사람들이 화려한 빛과 음악이 흐르는 루브르 궁에서 거리로 쏟아져 나와 흥청거리며 뛰어다니곤 했고, 국왕 폐하라는 사람은 갖가지 기괴한 의상을 입고서—대개는 시녀 복장으로—파리 시민들이 '왕의 귀염둥이들'이라고 부르는 젊고 잘생긴 조신(朝臣) 무리에 둘러싸여 소리 지르며 낄낄거렸다. 궁정 사람들은 한시도 잠을 자지 않는 듯했고, 술에 취하지 않은 시민들은 언제든 그 술에 취해 떠들며 돌아다니는 사람들과 마주치는 것과, 그들 중에서도 특히 더 주정을 부리며 난폭하게 구는 자들을 피해 다니는 것에 점차 익숙해져 갔다. 그런 환락이 중단되는 유일한 시간은, 앙리 3세가 느닷없이 서둘러 자리를 벗어나 화려한 축제 옷을 거친 참회용 가운으로 갈아입고서 그가 즐겨 찾던 생토노레(Saint-Honore) 교외에 있는 카푸생(Capuchins) 수도원에 갈 때뿐이었는데, 그곳에서 그는 온종일 단식을 하며 자신을 채찍질하고 울며 기도했다고 전해진다. 이런 그의 종교 의식이 지나치다 싶은 면은 있었지만 위선은 아니었다. 앙리가 이런 행동으로 대중의 여론을 무마하고자 했던 것도 아니었으며, 실제로 그렇게 되지도 않았다. 축제에서 우스꽝스러운 환락에 빠져들 때와 마찬가지로 수도원에서 고통스럽게 회개를 하고 있을 때도 앙리는 관객을 거의 의식하지 않고 자기비하의 열정에 빠져들 수 있었다. 어쩌면 그렇게 눈물을 흘리고 자신을 채찍질함으로써 하루 이틀 후에 있을 환락에 대한 열정이 보다 더 강렬해졌을지도 모른다고 추측할 사람도 있을 것이다.

그동안 앙리는 메리 스튜어트의 생명을 걱정하기는 했지만 유희를 그만 둘 정도로 걱정한 것은 아니었다. 그러나 그녀의 죽음이 알려지자 모든 유희는 갑작스럽게 중단되었다. 아마도 그것은 개인적인 슬픔 때문은 아니었을 것이다. 메리 스튜어트가 발루아 궁정에서 축배의 주인공으로 주목을 받을 무렵 그녀의 시동생이었던 앙리는 갓난아기에 불과했다. 메리가 자기 앞에 펼쳐질 어두운 운명을 맞기 위해 스코틀랜드로 떠났을 때 앙리는 겨우 열 살이었다. 그리고 그가 왕이 된 이후로 메리가 한 일이라고는 대부분 그에게 감당하기 힘든 액수의 돈과 감당할 수 없는 조치를 계속 요구하거나, 영국과의 관계를 악화시키고, 그녀의 친족인 기즈 가문에서 그를 닦달하거나 큰소리를 낼 만한 사건들을 저지른 게 전부였다. 앙리는 에스파냐-예수회-가톨릭동맹이 그에게 부여한 혐의들에 대해서는 확실히 무죄였다. 앙리는 특별 대사를 파견하여 힘닿는 한 메리의 목숨을 구하기 위한 모든 합법적인 조치를 취하도록 확실히 지시했으며, 그의 내사는 자신이 부여받은 임무를 성실하게 수행했다. 그러나 모든 노력이 수포로 돌아가고 그 불행한 여왕이 체스 판에서 사라진 지금, 앙리는 당연히 지난 세월 동안 라이벌이었던 기즈 가와 벌인 게임에서 메리가 중요한 역할을 했음을 회고했을 것이고, 메리의 죽음이 그들에게는 손실이지만 자신에게는 이익이 된다는 것을 깨달았을 것이다. 또한 이제 중요한 방해 요소가 제거된 이상 영국과의 관계가 적어도 차차 호전되리라 기대했을 것이다.

그런데도 왕실 전체가 메리의 죽음을 애도하도록 앙리가 조치할 수밖에 없었던 것은 체면과 정책적 목적, 그리고 백성들의 여론 때문이었다. 메리는 그의 형수이자 한때 프랑스의 왕비였고, 대중적인 인기와 막강한 권력을 쥔 기즈 형제들의 사촌이었다. 사람들은 그녀를 신앙을 지키기 위해 이교도의 손에 죽은 충실한 가톨릭교도라고 생각했다. 아직까지도 앙리의 궁전에는, 심지어 기즈 가문의 적 가운데도 그녀의 매력을 기억하는 사람들이 많았다. 앙리의 슬픔과 분노는 정치적인 목적에서 비롯된 것이었지만, 왕 주변에 있는 사람 중에는 진심으로 슬퍼하고 분노한 이들도 있었다.

궁전 밖, 파리의 거리에는 순수한 슬픔과 분노가 가득했다. 기즈 가문은 연애 사건이든 정치적인 행보든, 메리의 모험이 파리 시민들에게는 최대한 우호적으로 비춰질 수 있도록 항상 신경 써왔다. 메리가 앙리 2세의 며느리이자 프랑수아 2세의 아내였던 시절을 기억하지 못하는 수많은 사람들에게도 그녀는 오랫동안 그들이 가장 좋아하는 영웅이었다. 이제 그녀의 초상화는 검은 휘장에 싸여 창에 걸렸으며, 순교를 통해 영생을 얻은 그녀를 축복하고 그녀를 박해한 자들이 지옥에 떨어지길 기원하는 노래들이 거리 곳곳에서 울려 퍼졌다. 그다음 주, 파리의 거의 모든 교회에서 설교의 주제는 메리의 비극이었는데, 특히 설교에 능했던 한 목회자는 청중이 통곡할 정도로 감동을 불러일으키는 바람에 설교를 마치지 못한 채 연단에서 내려와야 했다. 군중은 영국에 대한 복수를 외치면서 루브르 궁전 밖에서 행진을 했으며, 앙리 왕은 영국 대사인 에드워드 스태퍼드에게 전갈을 보내 안전을 위해 대사관저를 떠나지 말라고 당부했다.

　이런 파리 시민들의 분노와 슬픔이 얼마나 진실한 것이었는지, 또 어느 정도가 선동에 의해 부추겨진 것인지는 추측만이 가능할 뿐이다. 프랑스의 다른 지역도 마찬가지지만, 파리 시민들의 마음에 자리 잡고 있던 두려움과 우려는 그 시기의 종잡을 수 없는 급속한 변화 때문에 생긴 것이었다. 화폐 가치는 앙리 2세 시대의 4분의 1에 불과했고, 물가가 매우 높았음에도 불구하고 과중한 세금과 미래에 대한 불확실성으로 인해 상인들과 장인들의 수입은 변변치 못했고 불안정했다. 한편, 교회와 정부 사이의 오랜 경계선도 완전히 무너졌고, 이전 시대의 가치는 도전받았으며, 왕에 대한 충성심도 흔들리고 있었고, 과거 끔찍했던 백년전쟁 시절처럼 왕국의 많은 지역에서 생명과 재산이 위협받고 있었다. 모호한 공포심과 불안을 배출하고자 하는 욕망은 프랑스의 모든 해악의 책임을 위그노들에게 전가하고 생존을 위해 투쟁하는 절망적 소수 집단들을 왕국을 전복하려는 음모 집단으로 가공하는 양상으로 표출되었다. 마치 한 번만 더 맹목적인 폭력을 휘두르면 맹목적인 폭력이 병폐인 세상을 치유할 수 있다는 듯이, 이교도들의 피를 요구하는 자신들의 외침을 듣는 것만으로도 불안감을 진정시킬 수 있었다. 이런 비이성적인 생각으로 인해 스코틀랜드 여왕 메리의 죽음에 대해 갖고 있던 파리 시민들의 심리적 뒤틀림은 극단적 히스테리로 발전했다.

　그러나 왕에 대한 충성심이 뿌리째 흔들리고 사람들이 맹목적인 감정의 폭풍에 이리저리 휩쓸릴 때는 언제나 그 폭풍을 타고 자신들의 이익을 추구하려는 정치적 파벌이나 정당이 있기 마련이다. 파리와 프랑스의 다른 가톨릭 신봉 지역의 사람들이 감정적 자극에 대해 비이성적으로 반응하더라도, 가톨릭동맹의 지도자들이 그런 대중심리를 교묘히 이용하려고 한 시도는 비이성적이지 않을 것이다. 서로 조화되지 않는 요소들을 결합하는 충동과 이해관계가, 강렬하며 왜곡된 감정들과 무관하다는 의미는 아니다. 그러나 가톨릭동맹의 목적, 그 진짜 목적은 분명하고 확고했으며, 이를 실현하기 위한 수단도 적절했다. 간단히 말해, 가톨릭동맹은 위그노와 갈리아주의자들[40]에 대항해 교황과 교황 지상권(至上權)을 옹호하는 성직자들의 종교적 지배력을 위해 헌신하며, 현재 프랑스를 통치하는 발루아 가(家)와 부르봉 가의 왕위 세습을 막아 기즈 가의 집권을 돕고, 지금 후원자인 에스파냐의 외교적 이해를 도모하기 위해 존재했다. 따라서 적은 모든 선한 가톨릭 프랑스인들의 적인 이교도들로 대표될 수 있었으며, 가톨릭동맹이 표방한 목표는 단지 정통 신앙을 위해 프랑스를 지키자는 것이었다.

운동을 시작하면서부터 가톨릭동맹의 설교자들은 영국에서 벌어지는 가톨릭교도들에 대한 박해를 가장 효과적인 주제 중 하나이며 앙리의 정부도 감히 반대할 수 없는 문제라고 생각했으며, 그와 동시에 영국의 상황처럼 이교도 왕세자가 집권할 경우 프랑스가 맞게 될 미래의 모습을 확실하게 강조해왔다. 그 당시 영국에 파견된 로마가톨릭 선교 사제들이 겪은 고난은 에스파냐에서 종교재판을 받는 영국인, 네덜란드인, 에스파냐인의 고난처럼 실제로 벌어지고 있던 사실이었고 끔찍한 것이었다. 그러나 오늘날에 와서 영국과 에스파냐에서 있었던 순교 중 어느 쪽이 더 과장되고 왜곡되었는지 말하기는 힘들 것이다. 호전적인 청교도 세력의 선전자들과 가톨릭동맹

---

40) 프랑스 가톨릭교회 신자 중 로마교황의 절대권을 반대하고 프랑스 교회의 독립과 자치를 요구했던 사람들

의 선전자들 모두 동종 신도들의 고통에서 같은 효용성을 발견했다.

이런 종류의 선전을 위해 메리의 처형은 더할 나위 없이 좋은 기회였다. 거의 2주일 동안 파리의 종단은 순교한 여왕의 순결함을 찬양하고 사악한 적들과 그녀를 배신한 부정한 친구들을 비난하는 소리로 시끄러웠다. 선전은 노트르담에서 열린 메리의 엄숙한 장례식에서 절정에 이르렀다. 이 행사를 위해 가톨릭동맹은 당시 최고의 설교자였던 부르주(Bourges) 주교를 연사로 내세웠다. 부르주 주교는 망자에 대한 의례적인 찬양을 한 후, 관례에서 벗어나 왕실이 아닌 로렌 가문, 특히 기즈 공과 그의 동생 마옌(Mayenne) 공작을 찬양하기 시작했다. 부르주 주교는 이들이야말로 프랑스의 스키피오[41]이자, 순교한 친족의 복수를 위해 용맹하게 전쟁을 수행할 명장들이며, 신성한 교회의 버팀목이며, 하느님의 고통받고 있는 백성들의 희망이자 기쁨이라고 찬양했다. 앙리 3세와 왕비는 비공식적으로 참석해 성당 트랜셉트 특별석에 앉아 있었는데, 그들을 한눈에 알아볼 수 있었음에도 불구하고 주교는 아랑곳하지 않고 찬양을 이어갔다. 발루아 가의 마지막 왕 앙리는 마치 자신의 장례식 조문과 후계자에 대한 찬양을 듣고 있는 게 아닌지 생각했을 것이다. 그러나 그가 중요 문상객이 아니라 망자였다면 지금처럼 그의 이름이 그토록 쓰디쓴 침묵 속에서 무시될 수는 없었을 것이다. 지난 13년간 그가 원하던 대로 이루어진 일은 하나도 없었지만, 앙리는 적어도 감당하기 힘든 불행을 극복하기 위해 프랑스식 군주제와 같은 실현하기 힘든 제도의 가능성을 시험해보았다. 그리고 민약 메리의 죽음으로 기즈 가의 압

---

41) Scipios. 한니발 전쟁에서 로마를 구한 명장

82

력이 완화되고, 에스파냐에 대항하기 위해 프랑스가 손을 잡을 수 있는 유일한 동맹인 영국과의 관계가, 적당한 외교적 냉각기를 거친 후 호전된다면 앙리는 또 한 차례 종단의 거센 압력이 몰아친다고 해도 유연하게 버텨낼 수 있을 것이었다.

3월 13일 노트르담에서 있었던 메리의 장례식에 참석한 외교관들은 메리의 죽음이 몰고 올 여파에 대해 다양한 견해를 갖고 있었다. 스태퍼드 대사는 메리의 처형이 프랑스의 왕실과 도시에 불러일으킨 분노에 대해 경악을 금치 못하며, 혹은 그런 척 가장해서 엘리자베스에게 소식을 전해왔다. 그러나 그의 편지들은 추밀원에 대한 여왕의 분노만을 부추겼기 때문에 결국 월싱엄은 짜증을 내면서 그 주제에 대해서는 더 이상 보고하지 말라고 명령을 내렸다. 반면 이탈리아의 목격자들은 로마, 베네치아, 피렌체에 보낸 서한에서 프랑스 국민들이 복수를 외치고 있다고 보고하면서도, 전반적으로 메리 처형으로 인해 영국의 상황이 호전되었다는 점에는 모두 동감했다. 영국은 내란의 태생적 우두머리를 제거했을 뿐만 아니라 프랑스가 영국 내정에 간섭할 합리적 명분도 제거했으며, 16세기 국제 안보상의 대안 중 하나였던 영-프 동맹의 가능성을 열었던 것이다. 에스파냐에 완전히 목을 매고 있지 않던 이탈리아인들 중에는 에스파냐의 세력이 이제 견제를 받을 거란 생각에 대해 기분 좋은 기대감을 느끼지 않는 이들이 없었으며, 또한 양립할 수 없는 종교적 논쟁에 대한 열정이 시들해지고 유럽인들이 다시 예측 가능한 권력 정치 게임으로 되돌아갈 시대가 도래하기를 대부분의 이탈리아인들이 은근히 갈망했기 때문에, 메리의 죽음이 미칠 영향에 대해 냉소적일 만큼 현실적 시각을 갖고 있던 이탈리아의 외교관들이 일종의 소원 성취의 기대감에 빠져 있었는지도 모르겠다. 그러나 파리에서 활동했던 영민한 정치인들은 대부분 그들과 같은 생각을 하고 있었던 것 같다.

멘도사는 그보다 더 깊이 들여다보고 있었다. 예수회 동지들과 마찬가지로, 이 에스파냐 대사 역시 벌써부터 스코틀랜드 여왕의 영향력을 그리 높이 평가하지 않고 있었다. 멘도사는 외국의 개입에 대한 확신이 없이는 영국 가톨릭교도들의 대규모 봉기는 절대 일어나지 않을 것이며, 외국의 전면적 개입 위협이 감지되자마자 메리는 목숨을 잃게 될 거라고 판단했다. 여전히 과거의 매혹적인 모습에 도취되어 있던 사람들에게 메리는 대단히 중요한 인물로 보였겠지만, 멘도사의 눈에는 이미 희생되어 체스 판에서 치워지기만을 기다리는 말일 뿐이었다. 그는 2년 전에 그의 적들이 그녀를 제거하기를 어느 정도는 기대했었다. 영국 침공이 개시되어야 할 최후의 순간(6개월 후? 1년 후? 혹은 2년?)까지 기다리지 않고 그들이 지금 메리를 처형함으로써 복잡한 게임의 한 측면이 단순해졌을 뿐이다. 멘도사는 전부터 영-프 동맹에 대해서도 평가절하하고 있었다. 완전히 의심을 떨치지는 못했지만 그나마 그가 프랑스에서 믿을 수 있는 세력은 가톨릭동맹과 그 지도자인 기즈 공작뿐이었다. 영국 침공의 순간에 프랑스는 발루아의 앙리가 아니라 기즈의 앙리가 지배하고 있을 것이다. 메리 스튜어트의 죽음은 프랑스 왕실의 권력 구조에 변화의 틈을 벌리는 지렛대 역할을 함으로써 그 목표를 실현하기 위한 추동력을 제공했다. 멘도사는 수천 명의 가톨릭동맹 성직자들이 공공연하게 알려준 소식을 들은 그대로 마드리드와 로마에 서신으로 전했다. 앙리가 퐁폰 드 베리에브르(Pomponne de Bellievre)를 엘리자베스 여왕에게 특별 대사로 보낸 것은 눈속임에 불과했으며, 사실 그의 임무는 메리의 처형을 막는 것이 아니라 오히려 메리의 살해 의지를 확고히 하는 것이었다는 내용이었다. 마드리드와 로마, 브뤼셀과 프라하에 있던 가톨릭동맹의 지지

자들과 예수회의 성직자들도 그 속임수가 사실이라고 확신했다. 신앙의 승리를 위해서는 백성들의 충성심 측면에서뿐만 아니라, 유럽인들이 보기에도 프랑스 왕의 입지가 확실히 약화될 필요가 있었다.

그러나 멘도사가 가장 신경을 쓴 곳은 프랑스가 아니었다. 그의 시선은 영국에 고정되어 있었다. 2년여 전, 영국 주재 대사로서의 그의 임무는 추방으로 끝이 났다. 그는 사전 통보도 없이 돌연 배에 태워져 펠리페 왕에게 돌려보내졌는데, 추방 이유는 그가 "영국을 어지럽히려는" 음모를 꾸몄다는 것이었다. 그는 마지막 순간에 그의 승선을 확인하기 위해 나온 추밀원 대신들에게 이렇게 말했다. "당신네 군주에게 전하시오. 나 베르나르디노 드 멘도사는 왕국들을 어지럽히기 위해 태어난 것이 아니라 왕국들을 정복하기 위해 태어났다고."

그때부터 줄곧 멘도사는 개인적인 복수이자 신앙의 승리를 의미하게 될 원대한 영국 침공 계획에 집착해왔다. 영국에서 추방되기 오래전부터 멘도사는 영국 침공을 옹호하는 대표적인 인물이었다. 멘도사는 펠리페 왕에게 영국과 스코틀랜드에 있는 가톨릭 세력이 충분한 힘을 갖고 있으며, 엘리자베스 휘하의 장군들이 태만하며 부패했고, 전투 경험이 없는 영국의 민병대들은 경멸스러울 만큼 나약하다는 점을 확신시키려고 했다. 따라서 그는 백성들로부터 "신중한 왕"으로 불렸어도 억울할 게 없던 펠리페 왕의 답답할 정도의 느린 일 처리와 못 말리는 조심성이 그 거사에서 가장 큰 걸림돌로 작용하리라는 점을 그 누구보다 잘 알고 있었다. 멘도사는 메리의 죽음을 펠리페 왕을 독려하는 용도로 활용하고자 했다. 메리의 처형 소식을 듣자마자 그는 펠리페에게 보고하기 위해 자신이 생각하는 영국과 프랑스, 그리스도교계의 예상 반응에 대해 정리하기 시작했다. 그 서신에서 그는 이제 더 이상 에스파냐가 영국을 정복한다고 해도 프랑스 왕비가 영국의 왕좌에 앉을 위험은 완전히 사라졌음을 펠리페 왕에게 상기시킬 필요조차 없었다. 뿐만 아니라 바로 얼마 전에 자신이 에스파냐에 보냈던, 메리가 서명한 중요한 문서에 대해서도 언급하지 않았다. 멘도사는 신앙심 수호와 명예 회복, 그리고 에스파냐의 자기방어를 위해서라도 영국이 저지른 이 마지막 잔학 행위에 대한 응징을 결심해야 한다고 썼다. 그는 펠리페에게 보내는 편지를 이렇게 매듭지었다. "따라서 폐하께서 가능한 한 빨리 영국 침공을 서둘러주시기를 기도하겠습니다. 폐하께서 영국과 스코틀랜드, 이 두 왕국의 왕위를 받아들이시는 것이야말로 명백한 하느님의 뜻이라 생각되기 때문입니다."

5장_영국 침공 계획

브뤼셀, 1587년 3월 1일~22일

펠리페 왕에게 편지를 썼던 바로 그날, 멘도사는 에스파냐의 식민지인 네덜란드의 총독 알레산드로 파르네세(Alexander Farnese), 일명 파르마(Parma) 공작(이하 파르마)에게도 메리의 죽음에 대해 알렸다. 그러나 브뤼셀의 동절기용 진영에 머물고 있던 파르마는 이미 그 소식을 듣고서, 네덜란드 반란으로 인해 복잡하게 얽힌 군사적 문제를 포함한 유럽의 상황에 대해 이런저런 가능성을 재고해보고 있었다. 가뜩이나 변덕스러운 상황에 이제 분통 터지는 변수 하나가 더해진 것이다. 메리가 국경을 넘어 엘리자베스에게 구금당한 해에 불만이 쌓여 있던 네덜란드인들이 처음으로 에스파냐 왕에 대항해 무장봉기를 일으켰다. 그때부터 줄곧 펠리페 왕은 막대한 비용과 국력을 쏟아붓고 많은 장군과 관료의 생명과 명예를 희생시켜가면서 저항하는 식민지인들을 복종시키고자(물론 로마가톨릭에 대한 복종도 포함해) 노력했다. 메리 스튜어트의 존재는 주기적으로 그 문제를 복잡하게 만들었다. 네덜란드에 있는 군대를 동원해 메리를 구출해야 한다는 압력 때문에 펠리페 휘하의 군 지휘관들은 식민지에서의 전쟁에 집중할 수 없었고, 에스파냐의 개입에 대한 우려로 인해 영국과의 관계도 악화되었다.

파르마는 1577년 12월에 네덜란드에 있던 삼촌 오스트리아의 돈 후안(Don Juan)과 합류했는데, 당시 모험심 강한 영웅이었던 돈 후안은 좁은 해협을 건너 메리를 구출하고 승승장구 런던까지 쳐들어가 엘리자베스를 폐위시키고 영국에서 가톨릭 신앙을 회복하겠다는 생각에 사로잡혀 있었다. 그런 위업을 통해 얻을 수 있는 확실한 보상은 단 하나였다. 단리(Darnley) 경 헨리 스튜어트와 보스웰(Bothwell) 백작 같은 이들과도 결혼했던 메리 스튜어트가 레판토 해전[42]의 영웅인 그와의 결혼을 주저할 이유는 없었다. 돈 후안의 임무는 반란을 일으킨 네덜란드를 평정하는 것이었는데, 그 목적은 생애 마지막 몇 달 동안 그 어느 때보다 요원해 보였다. 에스파냐는 드문드문 몇몇 도시만 장악한 상태였고, 봉급을 제대로 받지 못한 군대는 조직이 와해되기 일보직전처럼 보였으며, 사령관인 돈 후안은 죽어가고 있었다. 하지만 스코틀랜드와 영국의 가톨릭교도들, 교황, 프랑스 기즈 가, 에스파냐 왕이 결탁하여 메리와 돈 후안을 지원하려는 음모의 수레바퀴는 삐걱거리면서도 계속 돌아가고 있었다. 돈 후안은 네덜란드에 파견되기 전에도 펠리페 왕에게 이런 편지를 쓴 적이 있었다. "모든 이들이 믿고 있듯이 네덜란드

---

42) 1571년 에스파냐는 투르크와 벌인 이 해전에서 승리함으로써 지중해와 대서양의 제해권(制海權)을 완전히 장악했다.

의 소요를 진정시킬 유일한 해결책은 폐하께 전적으로 충성하는 사람이 영국을 다스리게 하는 것입니다. 만일 그 반대의 상황이 발생하면 네덜란드는 파탄 날 것이며 폐하께서는 그곳을 잃게 될 것입니다." 그것이 돈 후안이 최후까지 견지했던 태도였던 것 같다.

이런 주장은 10년 전보다 1587년 3월에 더욱 큰 설득력을 얻게 되었다. 10년 전과는 달리 지금은 여왕이 비용을 대는 영국 군대가 네덜란드에 들어와 있는 상태였고, 대부분의 유럽 정치가들이 보기에도, 그리고 네덜란드 반란군 스스로 자주 언급했듯이(항상 같은 말을 하지는 않았지만) 영국의 지원은 네덜란드 독립에서 가장 중요한 버팀목이었기 때문이다. 또한 파르마의 지휘로 네덜란드에서 원하는 에스파냐의 목표가 마침내 이루어지기 시작했기 때문이기도 했다.

정치와 외교 면에서 파르마는 자신이 가장 위대했던 적수인 오라녜 공에 필적할 만한 인물임을 증명했다. 그러나 그는 최초로 젊은 나이에 지휘관이 될 만큼 전쟁에 관한 한 최고였다. 그의 군인다운 면모 중 동시대 사람들이 주로 칭송했던 것은 그의 군인다운 외모, 용기, 육체적 강인함, 그리고 위험과 역경을 부하들과 함께하고자 했던 자세 등이다. 그만큼 자주 언급되지는 않았지만, 적들을 당황하게 만들었던 그의 기민함과 시기적절한 작전 수행, 그리고 일단 대가를 치를 만하다고 결심하면 목표를 위해 끝까지 매달리는 그의 인내심과 끈기 역시 칭송할 만했다. 그뿐 아니라 그의 이지적 분석력이나 조직력도 전술의 수준을 한 단계 높일 만한, 16세기 당시로서는 보기 드물게 수준 높은 것이었으나 그리 잘 알려지지는 않았던 것 같다. 파르마는 지형지세를 이용하는 면에서 타의 추종을 불허하는 감각을 지니고 있었다. 그래서 병사들은 창을 들고 싸우기보다는 삽질을 하는 시간이 더 많다고 투덜대기는 했지만, 파르마는 언제 물길을 바꾸고, 제방을 무너뜨리고, 운하를 새로 파야 피를 흘려서 얻는 승리보다 더 확실하게 원하는 결과를 얻을 수 있는지를 잘 알고 있었다. 파르마의 머릿속에는 네덜란드의 전략적 지도와 모든 육로와 수로를 통한 수송과 연락망이 펼쳐져 있었다. 그래서 위대한 알바[43]를 비롯한 전임 사령관들은 물론 오라녜 공까지도 낯선 수풀 속을 헤매는 애송이 병사들처럼 네덜란드의 복잡한 지형 속에서 이리저리 헤매고 다녔던 데 비해, 파르마의 모든 움직임은 현실적이고 치밀한 계획에 따라 계산되고 통제되었다.

한편, 에스파냐 군대의 이름으로 모인 이질적 용병 집단은 파르마의 손에 의해 새로운 잠재력과 새로운 결속력을 지닌 군대로 변해갔다. 믿음직스럽지 못한 민간인 지원부대에 불과했던 공병(工兵)들과 공성(攻城) 포병들도 무시하지 못할 전문 부대로 거듭났다. 서로 다른 장비, 조직, 전술, 언어, 군사적 전통을 가진 에스파냐, 이탈리아, 독일, 왈룬[44] 출신의 군인들이 하나로 뭉쳐 정교한 기계처럼 일사불란하게 움직였다. 파르마가 태어나기 전부터, 아니 그의 할아버지인 카를 5세[45]가 처음으로 화약 냄새를 맡기 전부터 에스파냐 보병은 두려움의 대상이었고 유명했다. 전문적이었기에 무적이었던, 막강 에스파냐 육군은 파르마의 공헌이 있었기에 명성을 얻을 수 있었고 전설로 남을 수 있었다.

---

43) Alba. 1567년 네덜란드에서 일어났던 프로테스탄트 반란을 진압한 에스파냐 장군
44) Walloon. 벨기에 남부
45) 신성로마제국 황제 카를 5세(재위 1519~1558)이자 에스파냐의 왕 카를로스 1세(재위 1516~1556)이기도 했다.

그렇게 변모된 군대를 이끌고 파르마는 남부에 있는 반란군의 기지들을 체계적으로 정복해나가기 시작했다. 플랑드르[46]와 브라반트[47]의 주요 소도시들이 연이어 항복했고, 마침내 파르마는 북유럽의 거대 항구도시이자 무역의 중심 도시인 안트베르펜을 손에 넣을 준비를 마쳤다. 양쪽 모두 그 어떤 전투와 비교할 수 없을 만큼 뛰어난 공격과 수비 전술을 구사하며 치열한 전투를 벌였고, 반란군은 영웅적으로 버텼지만 결국 1585년 8월에 안트베르펜은 함락되고 말았다. 이보다 한 해 전인 1584년 7월, 한 가톨릭 광신자가 오라녜 공을 델프트에 있는 그의 집 계단에서 사살했다. 네덜란드에게 오라녜 공의 죽음은 안트베르펜 함락보다 더 큰 타격이었다. 파르마는 홀란트와 제일란트[48]의 재정복을 준비하고 있었다. 에스파냐에서 가장 정보에 밝은 왕의 대신들은 그 전쟁의 마지막 국면은 그리 오래가지 않을 거라 확신했다.

그러나 오라녜 공의 죽음과 안트베르펜의 함락은 결국 네덜란드 전쟁에 영국을 끌어들이는 결과를 낳았다. 영국은 이미 네덜란드에 인적, 물적 자원을 지원하고 있었고 이것만으로도 충분히 에스파냐의 분노를 사고 있었는데, 마침내 엘리자베스의 대신들은 북해 건너에서 에스파냐 군대가 완전히 승리한다면 영국에 크나큰 위협이 될 거라고 엘리자베스를 설득하는 데 성공했다. 엘리자베스는 네덜란드와 모호한 조약을 체결하고 그 대가로 브릴과 플러싱[49]에 영국 군대를 주둔시킬 권리를 획득했는데, 그 두 곳은 펠

---

46) 북해 연안의 벨기에 저지대

47) 벨기에 중부 지역

48) 16세기 네덜란드의 대표적인 두 지역

리페가 파르마의 군대를 투입해 영국을 침략하려고 들 때 그 교두보가 될 가능성이 가장 큰 항구들이었다. 1586년, 아직 군사행동이 시작되기 전에 엘리자베스는 궁정에 있던 귀족 중 가장 총애하는 레스터 백작, 로버트 더들리(Robert Dudley)를 지휘관으로 명하고 5,000명의 보병과 1,000필의 말을 네덜란드로 보냈다.

그 영국군(용감한 블랙 존 노리스 경이 이끌던 베테랑 용병부대는 제외하고, 레스터의 징집병들만)의 자질에 대해서는 평가가 엇갈린다. 영국인들조차도 이들을 훈련도 못 받고, 제대로 무장도 못 갖추고 반쯤 벌거벗은 비천한 불량배, 부랑자로 즐겨 표현하곤 했다. (이들 중 한 분대는 무기라고는 활과 화살밖에 갖추지 못했고, 다른 한 중대 지휘관이 자신의 부하 중 셔츠를 입은 사람은 3명뿐이라고 기록한 것으로 보아 이러한 표현은 사실이었던 것으로 보인다.) 네덜란드인들도 도둑질과 싸움질에 관한 한 레스터 군대를 따라올 군대는 없을 거라고 비아냥거렸다. 그러나 파르마는 이 영국군과 한 번 전투를 치러본 뒤로는 결코 이들을 과소평가하지 않았다. 영국 보병 중 최초로 전투에 임한 부대는 뫼즈 강[50] 근처의 미끌거리는 진흙탕 속에서 2시간 동안이나 창으로 무장한 에스파냐 정예군에 밀리면서 고전했지만, 결국 물러난 쪽은 전투 경험이 부족한 영국 징집병들이 아니었다. 필립 시드니(Philip Sidney) 장군의 전사로 우리가 기억하고 있는, 치열했던 원스펠드(Warnsfeld) 전투를, 네덜란드에 있던 병사들은 창을 앞세우고 돌격하는 중무장 기병들이 몇 배나 많은 수의 경무장

---

49) 네덜란드 연합군 본거지가 있던 항구도시
50) Meuse. 남동부 프랑스에서 남부 네덜란드를 거쳐 북해로 흐르는 강

기병들과 권총 사수들을 뚫고 들어가 쓰러뜨리거나 무력화시킬 수 있음을 실제로 증명한 전투로 기억했다. 그때부터 파르마는 영국의 중무장 기병대를 만만하게 보지 않았으며, 또한 주요 요새의 전력에 대한 평가를 적은 파르마의 기록에서 영국 요새에 대한 내용이 그토록 자주 발견된다는 점은, 그가 중무장 기병뿐만 아니라 다른 영국 부대에 대해서도 결코 경계를 소홀히 하지 않았음을 보여준다.

영국군이 증원되고 영국의 재정 지원이 늘어났으며 네덜란드군의 사기도 고양된 탓에, 1586년에 벌인 군사작전에서 파르마는 모두가 기대한 만큼 대단한 성과를 거두지는 못했다. 그는 보급로를 계속 확보하고 주트펜 공략에 매달렸지만 겨울이 닥칠 때까지도 북부에서 힘의 균형은 깨지지 않았다. 적은 그를 브라반트 지역에 고립시켜 아사 직전으로 몰아갈 만큼 강했지만, 파르마는 특유의 기민함과 대담함, 탁월한 전술을 적절히 활용해 겨우 주도권을 유지할 수 있었을 것이다. 영국의 개입으로 인해 홀란트와 제일란트의 주요 지역을 공략하는 것은 한참 뒤로 미룰 수밖에 없었고, 그래서 파르마도 네덜란드 정복의 열쇠는 영국 침공에 있다는 돈 후안의 주장을 되풀이할 수밖에 없었을 것이다.

파르마가 그런 주장을 열성적으로 펴지 않았던 것은 영국 침공에 대해 그의 삼촌만큼 확신을 갖고 있지 않았기 때문이기도 하며, 그가 네덜란드 정복에 보다 관심을 갖고 있었기 때문이기도 했을 것이다. 파르마가 남긴 문서에는 정치적, 군사적 상황이 기록되어 있으며, 지형지세와 경제적 상황, 재정 상태와 병참, 보급, 병력과 무기 규모, 훈련 상태 등의 가시적인 요소뿐만 아니라 적군과 아군을 망라해 각 부대와 개개인의 야망과 질시, 공포와 증오, 충성심 등 심리적인 요소까지도 상세하게 분석되어 있다. 그가 문서에 분석해놓지 않은, 심지어 어머니에게 보낸 편지에서도 드러내지 않은 유일한 이야기는 자신의 속마음이었다. 그러나 파르마가 네덜란드를 위해 모든 것을 바칠 만큼 네덜란드를 중요하게 여겼다 해도 그리 놀랄 만한 일이 아니다. 그의 어머니가 네덜란드를 지배했었고, 명망 높던 할아버지도 그러했다. 파르마는 지금까지 어느 나라에서보다도 인생의 많은 시간을 네덜란드에서 보냈고, 거의 10년 동안 네덜란드에 모든 것을 바쳐왔다.

이후 역사에서 드러나듯 파르마는 근대 벨기에 형성의 초석을 마련한 인물이다. 그의 책략과 실행 덕분에 에스파냐는 네덜란드의 17개 주 중 남부의 10개 주를 다시 정복할 수 있었다. 그러나 아직까지는 미완의 정복이었다. 유럽에서 가장 비옥했던 땅은 기아에 직면해 있었다. 너무도 많은 군대에 짓밟혔기에 그 풍요롭던 땅은 잡초와 덤불이 무성한 황무지로 변해가고 있었고, 산업도시들도 활력을 잃어 반쯤 비어 있는 상태였다. 아직도 "국적과 언어를 초월한 모든 상인이 이용하는"이라는 현판이 자랑스럽게 걸려 있고, 한때 세계 곳곳에서 찾아온 온갖 언어를 사용하는 사람들로 북적대던 안트베르펜의 금융 거래소에서는 여전히 몇몇 고리대금업자들이 돈에 쪼들리는 선장들의 쓸 만한 물건들을 노리며 어슬렁거리고 있었다. 안트베르펜의 거대 항구에서는 미처 떠나지 못한 화물선들이 부두에 발이 묶여 하릴없이 썩고 있었는데, 그 배들은 네덜란드의 함대가 스헬데 강[51] 하구를 봉쇄하고 있는 한 계속 그곳에서 썩게 될 것이다. 다시 정복한 지역에서 새롭게 부를 축적하고 옛 영광을 되찾기 위해서, 그리고 무엇보다 생존을 위해서는

---

51) 네덜란드 남서부를 거쳐 북해로 흐르는 강

바다로 나가는 길을 뚫고 네덜란드의 반란을 하루빨리 진압해야 했다. 파르마가 남긴 문서를 면밀히 살펴보고 유추해보면, 그가 네덜란드에서 이루고자 했던 원대한 포부가 바로 이것이었음을 알 수 있다.

펠리페가 처음 영국 침공에 대해 그의 의견을 물었을 때, 파르마는 성과가 불확실한 일에 손을 댔다가 막대한 손해를 입을 수도 있다고 경고하며, 기다려야 한다고 설득했었다. 네덜란드에 주둔하고 있는 에스파냐 군대가 영국에 투입된다면, 프랑스는 과거에도 수차례 시도했듯이 무방비 상태인 남부 지역으로 진군해 들어오고 싶은 유혹을 느낄 것이다. 한창 북해의 맞은편 땅에서 힘든 전쟁을 치르고 있는 동안 자신이 점령한 땅이 적의 손에 넘어가고 자신의 근거지마저 유린될지도 모른다는 생각은, 파르마처럼 뼛속까지 군인인 사람에게는 악몽이었다. 설령 기즈 공과 가톨릭동맹이 자신의 측면과 후방을 엄호해줄 거라 믿을 수 있다 하더라도, 에스파냐에서 오는 함대와 공동작전을 수행해야 한다는 문제가 남아 있었다.

한때 파르마는 자신의 군대만으로 영국을 기습 공격할 계획을 궁리해본 적이 있었다. 적이 알아차리기 전에 플랑드르를 출발해 어둠을 틈타서 바지선을 타고서 영국에 상륙한다는 생각이었다. 그러나 그런 기습공격의 가능성은 이미 사라진 지 오래였다. 이제 그의 군대는 함대의 지원 없이는 영국에 상륙할 수 없었다. 망망대해에서, 또는 폭이 너무 넓어 쇠사슬로 막을 수 없고 해안포대로 방어할 수 없는 내륙의 운하에서도 네덜란드인들은 무적이었다. 호위함대는 에스파냐에서 올 수밖에 없었다. 또한 호위함대가 왔다하더라도 그다음엔 어디에 정박할 수 있겠는가? 브릴이나 플러싱을 손에넣지 않는 한 파르마에게는 규모가 큰 항해용 선박들이 안전하게 정박할 수 있는 수심이 깊은 항구가 한 곳도 없었다. 그것은 그를 호위할 함대가 해협을 건너기 전까지 정박할 항구가 없다는 의미였을 뿐만 아니라 영국해협에서 폭풍을 만나거나 영국군의 포격을 받아 에스파냐 함대가 심하게 타격을 입더라도 급히 피할 만한 곳이 전혀 없다는 의미였다. 점점 더 많은 사람이 영국을 정복하지 않고서는 네덜란드 반란을 진압할 수 없다고 펠리페를 부추기고 있었던 반면, 파르마는 영국 침공이 성공하려면 먼저 네덜란드를 완전히 정복해야만 한다는 믿음을 더욱 굳히고 있었다.

또한 파르마는 비록 영국의 개입으로 1586년의 전투에서 고전을 하기는 했지만 앞으로도 이러한 상황이 지속되리라고는 생각하지 않았다. 레스터 백작이 얼마나 야전에 적합한 능력을 갖추고 있었는지 모르지만, 영국 추밀원에서 그는 동료들을 이간질하고 반목시키고 격분시키는 면에서는 거의 천재적인 재능을 보여주었다. 레스터는 일천한 전투 경험에도 불구하고 자신의 지위만을 내세워 모든 것을 해결하려고 들었다. 오라녜 공의 휘하에서 혁혁한 전공을 세운 불굴의 백전노장 블랙 존 노리스 경은 레스터의 오른팔이 되었어야 했지만, 레스터에게서 직위를 박탈당해 영국으로 귀환하면서 다시는 그의 밑에서 복무하지 않겠노라 이를 갈았다.

네덜란드군에는 또 한 명의 유능한 야전 사령관, 호엔로(Hohenlo) 백작이 있었다. 거칠고 호탕해서 치열한 전투에서나 술판에서도 단연 최고였던 그 용병 사령관은, 레스터 백작이 처음 홀란트에 도착했을 때 그의 가장 소란스러운 옹호자였다. 그런데 그로부터 몇 달이 지난 후에, 호엔로의 친구들은 그가 다시 레스터와 만나게 되면 피를 보게 될 거라 우려했는데, 그때 호엔로는 레스터 휘하 장교들의 직위를 박탈하고, 그의 수비대를 진영에서 쫓아내고, 레스터 편에 선 군인들이라면 영국군이든 네덜란드군이든 가리지 않고 모두 몰아내기 위해 혈안이 되어 있었다. 그 시간에 레스터 백작은 영국에 가 있었다. 영국에서도 그의 일 처리는 네덜란드에서만큼이나 위태로 웠는데, 비록 엘리자베스를 알현한 자리에서 네덜란드에서 영국이 품었던 희망과 자신의 행운마저 스스로 망쳐버린 현 상태에 대해 해결책을 찾지는 못했겠지만, 적어도 레스터는 자신이 이 세상에서 정말로 두려워하는 한 사람의 노여움을 누그러뜨릴 수는 있었을 것이다. 레스터가 궁정을 방문한 뒤 엘리자베스를 만난 홀란트 대사는 레스터가 자기 방식대로 네덜란드인들에게 전쟁을 치르도록 강요함으로써 그들 사이에 존재하는 파벌 간의 대립을 자극해 거의 내전이 발생할 지경이라고 불평을 늘어놓았다.

파르마는 이 모든 사실을 알고 있었다. 그는 네덜란드의 모든 도시, 영국 런던, 심지어 엘리자베스 여왕의 궁정 내부에도 정보원을 두고 있었다. 파르마가 전쟁을 성공적으로 이끌어올 수 있었던 비결 중의 하나는 바로 정확한 정보였으며, 그런 정보를 바탕으로 영국의 개입이 느슨해질 거라 기대할 수 있었던 것이다. 그러나 파르마가 영국의 영향력을 심각하게 여기지 않았던 데에는 군사적 판단도 작용했다. 11월에 영국으로 떠나기 전, 레스터는 가톨릭교도로 알려진 두 명의 장교에게 방어선에서 가장 중요한 주둔지인 데벤테르와 주트펜 요새의 지휘를 맡겼는데, 최근에 빼앗은 이 두 곳 중 특히 주트펜 요새는 주트펜 안에 진주해 있는 에스파냐 군대를 정찰하고 공격하기 위해 건설한 것이었다. 이 결정에 대해 네덜란드인들은 격렬하게 반발했다. 가톨릭교도들이 자신들의 방식으로 예배를 보는 것 정도는 레스터 백작의 정치적 엄정주의의 예외로서 눈감아줄 수도 있지만, 이들을 믿고 군사적 요지의 지휘관 자리를 맡기는 것은 용인할 수 없었던 것이다. 레스터는 부하 장교들의 충성심에 자신의 목숨을 걸겠다며 오만한 태도로 이들의 반발을 일축했다. 이들이 실제로 레스터의 목숨을 요구하지 않은 게 천만다행이었다. 1587년 1월 28일, 윌리엄 스탠리 경은 데벤테르의 성문을 활짝 열어 에스파냐군을 맞아들이고는, 휘하에 있던 아일랜드 경무장 보병 1,200여 명을 이끌고 투항해 에스파냐를 위해 싸울 것을 맹세했던 것이다. 바로 그날 롤런드 요크(Rowland York)도 주트펜 요새를 적에게 팔아넘겼다.

알려진 바에 의하면 요크는 종교만큼이나 자신의 세속적 이익도 중시하는 사람이었다. 그러나 윌리엄 스탠리는 돈에 매수될 사람이 아니었다. 그는 장미전쟁 이전부터 튜더 가(家)와 긴밀한 관계를 맺으며 영화를 누려온 유서 깊은 명문가 출신이었고, 지금까지 엘리자베스에게 충성을 바쳐왔다. 또한 그는 레스터의 신임과 총애를 받고 있었을 뿐만 아니라, 레스터의 뒤를 이을 네덜란드 총사령관이나 아일랜드 총독 감으로 거론되고 있던 터였다. 에스파냐에서 무엇을 제시하건 스탠리가 매수당할 이유는 전혀 없었으며, 파르마 또한 스탠리와 협상할 때 돈 얘기는 오간 적이 없다고 펠리페에게 보고했다. 스탠리는 자신의 신념에 따라 행동했던 것이다. 국경을 초월해 신교와 구교가 충돌하는 혼돈의 시대를 살았던 다른 사람들처럼, 윌리엄 스탠리 역시 국가에 대한 충성과 종교적 신념 사이에서 갈등했으며, 데벤테르를 넘겨주기 훨씬 전부터 자신이 결정을 하게 되리라는 것과 무엇을 선택하게 될지 이미 알고 있었다. 데벤테르를 에스파냐에 넘기고 나서 몇 주 후에 그는 한 영국군 장교에게 에스파냐군에서 중요한 직책을 맡아보지 않겠느냐고 제안했는데, 그 장교가 양심을 팔아 부유한 반역자가 되느니 차라리 충성스러운 서시가 되겠노라고 화를 내며 서절하사, 스탠리는 그의 선택을 칭찬하며 이렇게 말했다. "나의 방면[放免. 스탠리는 견딜 수 없는 딜레마로부터의 탈출을 이렇게 표현했다.]도 바로 그런 원칙에 따른 것이다. 전에는 악마를 섬겼지만 이제 나는 하느님을 섬긴다."

네덜란드에 피신해 있던 영국의 가톨릭 망명자들은 영국의 가톨릭교도들이 스탠리와 같은 신념을 갖고 있다고 파르마에게 자주 확신시켜주었으며, 파르마도 에스파냐를 돕는 것이 하느님을 섬기는 길이라고 생각하는 사람들과 대가만 충분하다면 기꺼이 악마를 섬길 거라 생각하는 사람들이 있는 한 내년에는 올해보다 훨씬 더 상황이 좋아질 거라 믿었다. 파르마는 펠리페에게 다음과 같은 내용의 편지를 보냈다. "지난여름 군사작전의 목표였으며, 흐로닝언[52]과 이 모든 [북부 내륙] 지역의 정복을 위해 반드시 차지해야 하는 주트펜 요새와 데벤테르가 아주 적은 비용으로 이제 폐하의 소유가 되었습니다. 그러나 그보다 더 기쁜 소식은, 이 반역의 영향으로 영국인들과 네덜란드 반란자들 사이에 심각한 의심의 씨가 뿌려져서 앞으로 누굴 믿어야 할지 아무도 모르게 될 거란 사실입니다."

유럽에서 가장 뛰어난 장군 파르마는 전반적인 상황이 자신에게 유리함을 직감하며 기나긴 임무를 끝마칠 날도 멀지 않았다고 생각했다. 그는 펠리페가 에스파냐에서 충원해주기로 한 인원과 애초에 자신이 예상했던 비용의 절반만으로도 내륙에 있는 저항군의 소굴을 소탕하고 해안도시에 살고 있는 네덜란드인과 반란군의 내통을 차단할 수 있을 거란 확신이 들었다. 만일 반란군이 여전히 현실을 파악하지 못하고 덤벼든다면, 바로 그때가 홀란트와 제일란트에 대해 최후의 대공세를 펼 순간이 될 것이다. 힘든 싸움이 될 테지만, 안트베르펜 전투만큼 힘들지는 않을 것이며, 파르마는 안트베르펜도 함락시킨 바 있다. 그렇게 되면 북해의 항구들을 확보하고 홀

---

52) Groningen. 네덜란드 북동부지역

란트의 선박들을 손에 넣어 해군력을 강화할 수 있을 것이며, 에스파냐의 왕이 그때에도 여전히 영국을 정복하고 싶어 한다면 승리는 거의 그의 손에 있다고 해도 과언이 아닐 것이다. 파르마는 이것이 지금 당장 영국을 침략하는 것보다 훨씬 더 승산 있는 모험이라고 생각했을 것이다.

그럼에도 불구하고 메리의 처형 소식을 접한 파르마는 펠리페에게 에스파냐의 명예와 가톨릭 신앙에 대한 이 새로운 도발로 인해 영국 정복은 이제 피할 수 없는 단계로 접어들었다고 편지를 썼다. 어쩌면 파르마는 펠리페가 메리를 구하지 못했기 때문에 그녀를 위해 복수를 해야만 한다는 의무감을 느낄 거라 정말로 믿었는지도 모른다. 혹은 단순히 펠리페 입장에서는 그녀를 구하는 것보다는 복수를 하는 편이 훨씬 쉬울 거라 짐작했을 수도 있다. 이유야 어쨌든, 파르마는 메리의 죽음이 그의 작전 계획에 결정적인 변화를 가져온 것처럼 펠리페에게 편지를 썼을 뿐만 아니라 실제로도 그렇게 행동했다. 데벤테르의 함락 이후, 그의 눈은 줄곧 북쪽을 향해 있었다. 북동쪽으로는 이젤 강변의 숲지대와 흐로닝언으로 통하는 길목을 확보하고, 북서쪽으로는 위트레흐트와 암스테르담까지 공략할 생각이었다. 그러나 3월 초부터는 지도를 보면서 스헬데 강의 모든 지류를 연구했고, 그가 내린 첫 번째 명령은 병력을 남서쪽으로 이동시키고 군수품을 플랑드르로 옮기라는 것이었다. 플러싱 같은 수심이 깊은 이상적인 항구를 확보하지 못했기 때문에 네덜란드 주둔군이 에스파냐에서 출병한 함대를 맞으려면 최소한 바다로 나길 수 있고 바지신을 집결시킬 수 있는 힝구가 있이야 했다.

---

53) Bergen-op-Zoom. 북해와 스헬데 강이 만나는 곳에 위치한 네덜란드 항구

스헬데 동부의 베벤란트 배후에 자리 잡고 있는 베르겐오프좀[53] 같은 곳은 되어야 하고, 서플랑드르의 오스텐트나 슬루이스(29쪽 지도 참고) 같은 항구라면 훨씬 더 좋을 것이다.

항구를 확보하는 동안 파르마는 어떤 식으로든 영국과 평화회담을 진행하려고 할 것이다. 엘리자베스 여왕은 전쟁보다는 대화를 선호했고, 에스파냐가 평화협정에 열의를 보일수록 총공세가 시작될 때 영국이 보다 덜 방비가 되어 있을 것이기 때문이었다. 파르마는 메리 스튜어트의 처형 소식을 듣는 순간부터 곧 영국 정복이 시작되리라 믿어 의심치 않았다.

6장_쓰디쓴 빵

로마, 1587년 3월 24일~30일

메리 스튜어트의 사망 소식을 접한 날 밤, 멘도사는 잠자리에 들기 전에 급히 보낼 편지 세 통을 받아 적게 했다. 첫 번째 편지는 그의 군주인 펠리페에게 보내는 것이었고, 두 번째 편지는 파르마에게 보낼 것이었는데, 파르마와는 자주 연락을 주고받고 있었기에 그에게 보내는 편지는 짤막했다. 다른 한 통은 로마 주재 에스파냐 대사인 엔리케 데 구스만(Enrique de Guzmán), 일명 올리바레스 백작(이하 올리바레스)에게 전하는 것이었다. 각각의 편지가 도착할 장소인 마드리드, 브뤼셀, 로마는 멘도사가 영국의 심장에 씰러 박고 싶어 하는 쐐기의 삼각 날로 여기는 곳이었다. 함내를 발진시키고 육군을 진군시키려면 먼저 마드리드에서 최후의 명령이 떨어져야만 했다. 브뤼셀은 멘도사 자신이 일찍이 복무한 적이 있고 그 스스로도 세계 최강이라고 힘주어 자랑하는 강력한 침략군이 주둔하고 있는 곳이었다. 그리고 로마가 있었다. 멘도사는 사제들을 정치에 끌어들이는 것을 별로 좋아하지는 않았지만, 이 영국 정복에서 사제들이 없어서는 안 된다는 점을 오래전부터 깨닫고 있었다.

멘도사가 보기에 올리바레스는 사제들을 어떻게 다루어야 하는지를 잘 알고 있는 사람이었다. 올리바레스는 조금도 위축됨이 없이 당당한 자세로 추기경들을 대했다. 또한 전임 교황인 그레고리 13세[54]나 현 교황 식스토 5세[55]에게도 로마에 있는 어느 누구도 감히 그럴 수 없을 정도의 단호한 태도를 취해왔다. 올리바레스도 멘도사처럼 펠리페의 더딘 결정에 대해 조급해 있었고, 비록 멘도사와 같은 개인적인 원한은 없었지만 그 또한 영국과 끝장을 보고 싶어 안달이 나 있었다. 확실히 그는 현재 상황에서 멘도사가 필요한 모든 것을 믿고 맡길 수 있을 만한 인물이었다.

그럼에도 메리 처형 소식을 접한 순간 멘도사는 머릿속에서 강렬한 종소리가 울리는 느낌을 받았다. 그 느낌은 너무도 강렬해서 말로 설명할 수는 없었지만, 뭔가 위기가, 어떤 중대한 전환점이 다가오고 있다는 직감이었다. 이번에는 정말로 에스파냐의 외교력으로 로마에서 할 수 있는 모든 것이 하나라도 무시되어서는 안 되며, 이제껏 얼마나 강조되어왔든 상관없이 모든 점이 확실하고 분명하게 처리되어야 했다.

하나하나, 멘도사는 중요한 점들을 되짚어보았다. 우선, 스코틀랜드의 여왕은 순교했다는 점이 중요했다. 가톨릭교도였기 때문에, 그리고 영국 가

---

54) 재위 1572~1585
55) 재위 1585~1590

톨릭교도들의 소중한 희망이었기 때문에 살해당한 것이다. 교황은 그 점에 대해 티끌만큼의 의심도 없어야 할 것이다. 뿐만 아니라 그녀는 순교 직전은 물론 그 전 수개월 동안 이교도인 아들을 단호히 물리쳤으며, 영국 왕위 후계 권리와 영국 국민들을 돌볼 의무를 가톨릭 수호자인 에스파냐 왕에게 양도한다는 뜻을 유언으로 남긴 바 있다. 멘도사는 이런 내용을 그녀가 직접 밝힌 편지 사본을 갖고 있었으며, 에스파냐와 로마에도 각각 한 부씩 보관되어 있었다. 또한 프랑스의 왕이 교활하다는 사실을 교황이 깨닫게 하는 것도 중요했다. 앙리가 메리의 목숨을 구하기 위해 특별 대사를 파견했다는 주장은 명백한 사기였다. 실제로는 특별 대사를 통해 엘리자베스에게 메리의 처형을 서두르도록 재촉했는지도 모른다. 멘도사는 마치 대화를 직접 듣기나 한 것처럼 이를 사실이라고 확신했다. 이제 누군가 간담이 서늘하게 겁을 주지 않는다면 그는 이교도들과 손을 잡고 에스파냐를 해하려고 들 것이다. 가톨릭교회가 프랑스에서 믿을 수 있는 것은 기즈 공작과 로렌 가문뿐이라는 사실을 교황에게 상기시켜야 할 것이다. 더불어, 이제 영국 침공이 눈앞에 다가왔으므로, 교황은 영국의 가톨릭교도들을 각별히 배려하고 보호해야 할 것이다. 일단 파르마의 군대가 영국에 상륙하게 되면 그곳의 가톨릭교도들이 유용한 존재가 될 테지만, 그러려면 그들을 이끌 인물이 필요했다. 그러므로 영국인 망명자 윌리엄 앨런(William Allen) 박사를 즉시 추기경으로 임명해, 그가 교황의 특사로서 상륙군과 동행할 수 있도록 해야 한다. 영국의 가톨릭들은 모두 공공연히 혹은 은밀히 앨런 박사를 믿고 따를 것이다. 그렇게 멘도사는 침침한 눈으로 난로의 잉걸불을 응시하며, 사각거리는 비서의 깃펜 소리에 맞춰 메마른 목소리로 그 길었던 날의 마지막 편지를 구술했다. 오랜 기다림 끝에 적군을 발견한 에스파냐 창병부대가 전진을 서두르지는 않지만 새로운 긴장감에 단단히 대형을 갖춘 듯이, 견고한 문장들이 계속 이어졌다. 긴 편지였다.

멘도사의 심부름꾼들만큼 열심히 말을 달리는 이들도 없었다. 그러나 이 계절, 파리에서 로마까지 가는 가장 빠른 지름길은 진창이었고 산길에는 아직 눈도 녹지 않았으며, 남쪽으로 멀리 돌아가는 길에는 위그노들이 습격할 위험이 상존하고 있었다. 그래서 멘도사의 심부름꾼은 3월 24일 아침이 되어서야 폰테 시스토 다리를 건너고 줄리아를 거쳐 에스파냐 대사관 뜰에 도착할 수 있었다. 그나마 멘도사가 보낸 다른 심부름꾼들보다 그가 훨씬 빨리 도착한 것이었다.

올리바레스는 즉시 행동에 돌입했다. 그날 오후, 그는 교황의 국무장관인 카라파(Caraffa) 추기경을 만나 멘도사의 주장에 자신의 생각을 몇 가지 더해 전달했다. 이 제안 중 하나는, 물론 거의 요구에 가까웠지만, 교황이 성 베드로 대성당에서 메리를 위해 추모 미사를 집전하도록 하는 것이었다. 또 하나는, 이제 이교도 여왕에 대한 즉각적인 복수가 그 어느 때보다 절박해지고 있으므로, 유입이 지연되고 있는 아메리카의 은 수입을 보충할 수 있을 만큼 충분히 교황이 에스파냐에게 자금을 대부해주어야 한다는 요청이었다. 물론 이것은 에스파냐 병사들이 영국 땅에 처음으로 발을 딛게 되면 지불하겠노라고 교황 자신이 약속했던 금화 백만 더컷[56] 중 일부로 계산할 수도 있다는 주장이었다. 1년이 넘도록 올리바레스는 교황이 약속한 그 금액의 얼마라도 현금으로 받아내기 위해 노력해왔다. 그와 카라파 추기경

---

56) 중세 유럽 여러 나라의 각지에서 발행된 금화

은 오랫동안 그 문제를 논의해왔다. 메리의 처형 소식에 상당히 큰 충격을 받은 카라파 추기경은 올리바레스의 제안을 즉시 교황과 논의하겠노라 약속했다. 그날 저녁 무렵에 식스토 5세도 파서링게이에서 있었던 처형 소식을 들었다. 그러나 그 사건에 대해 그가 무슨 말을 했는지는 알 수 없다.

설령 기록이 남아 있다고 하더라도 특별히 도움이 될 만한 내용은 아니었을 것이다. 그가 생존했을 당시에도 그러했지만 오늘날까지도 식스토 5세의 성격과 정치에 관한 사실은 말의 거품 밑에 감추어져 있다. 그중 일부는 다른 사람들의 입에서 나온 말이다. 그의 재위 기간 내내 로마는 식스토 5세에 대한 소문들로 시끄러웠다. 악의적인 소문, 섬뜩한 소문, 경이로운 소문, 그냥 터무니없고 믿을 수 없는 소문 등등 갖가지 소문이 나돌았다. 그만큼 그는 로마인들을 매료시켰고, 지난 5년 동안, 말하는 조각상인 파스키노(Pasquino)와 모르포리오(Morforio), 그리고 그들과 대화하는 사람들에게는 다른 이야깃거리가 없는 듯했다. 외교사절들 역시 식스토에게 지대한 관심을 갖고 있었다. 각국의 외교관들은 그와 관련된 일화들, 특히 주로 그가 가장 분별없고 경솔하게 행동한 순간을 아주 자세히 묘사하며 떠들고 다녔는데, 아마도 그럼으로써 그를 약간 두려워하는 자신들의 소심함에 대한 심리적 보상을 얻었던 것 같다. 그러나 그의 성격을 감추었던, 그리고 아직까지도 알지 못하게 하는 언어의 연막을 친 것은 주로 교황 자신이었다. 자발적으로, 무의식적으로, 감정 그대로, 언뜻 보기에도 전혀 숨김없이 많은 말을 띠벌렸지만, 그럼에도 제대로 드러낸 것은 거의 없다. 의도적으로 속이려고 했다기보다는, 감정을 표출할 배출구를 찾지 못하도록 막는 엄격한 내적 통제로 인한 긴장을 말을 많이 함으로써 풀었으리라 추측할 수도 있을 것이다. 기록에 남아 있는 그의 발언, 또는 그와 관련된 소문과 일화를 통해서는 교황의 나라들에 평화와 질서를 회복해주고 로마에 수로를 건설한 이 위대한 통치자의 참모습을 발견하기 어렵다. 식스토 5세를 알기 위해서는 그가 한 말이 아니라 그가 한 행동을 살펴보아야 한다.

예컨대 식스토는 엘리자베스를 찬양하는 말을 자주 했다. 얼마나 대단한 여자인가! 정말 대단한 여왕이다! 겨우 자그마한 섬 절반을 통치하면서도, 기독교계에서 가장 위대한 국가의 두 왕을 멸시하지 않는가. 얼마나 담대하며 기지 있는 여자인가! 그녀가 가톨릭이기만 했다면 다른 사람은 제쳐놓고 기꺼이 그녀와 친구가 되었을 텐데! 식스토는 에스파냐의 펠리페에 대해서도 자주 언급했는데, 우스갯소리로 불만을 표현하기도 하고 때론 격한 분노를 표출하기도 했다. 그러나 식스토가 엘리자베스가 잘되기를 바라고 펠리페가 잘못되기를 바랐다고 성급하게 결론지어서는 안 될 것이다. 함께하는 길이 아무리 서로에게 괴롭고 힘들더라도, 펠리페는 그에게 영원한 동반자였던 것이다. 기독교계의 통합을 다시 이루는 것이 두 사람이 함께 해내야할 사명이었다. 펠리페는 없어서는 안 될 동지였고, 엘리자베스는 명백한 적이었다. 가톨릭 군주들에게 저항하는 이교도들이 있는 곳마다 영국의 음모와 돈이 개입되어 있다는 사실을 식스토는 알고 있었다. 프랑스와 네덜란드, 그리고 최근에 스코틀랜드에서도 일어난 프로테스탄트의 혁명은 영국의 지원에 힘입은 것이었다. 또한 독일과 스칸디나비아의 프로테스탄트 군주들은 영국이 자신들의 국경에서 떨어진 안전한 거리에서 가톨릭 군대의 진군을 막아주리라 기대하고 있었다. 식스토가 펠리페를 우습게 여겼을 수도 있고, 자신의 영달을 위해 그에게 영국을 멸망시키라고 압박했을 수도 있다. 그러나 식스토는 그 문제가 기독교계 전체의 운명이 걸린 중요한 문제임을 알고 있었고, 트리엔트 공의회57)의 그 어떤 교황도 루터 이후 프로테스탄트에게 빼앗긴 모든 지역에 옛 신앙을 회복하는 문제에 대해 식스토만큼 전력을 기울이지는 않았다. 말로는 요란하게 엘리자베스를 찬양했을 수도 있지만, 식스토는 가능한 모든 수단을 동원하여 그녀를 폐위시키려는 시도를 지원하고자 했다. 그가 메리의 죽음에 대해 무엇을 느끼고 어떻게 말했든 간에, 그에게 정말로 중요한 문제는 단 하나뿐이었다. 이 사건이 굼벵이 같은 에스파냐 왕을 자극할 수 있을 것인가? 파서링게이의 소식이 전해진 후 몇 주 동안 취한 행동을 보면 식스토는 그러리라 생각했던 것 같다.

24일 밤이 되자, 올리바레스가 멘도사를 통해 들은 소식이 이런저런 경로를 통해 프랑스, 베네치아, 피렌체 등의 주요 로마 주재 대사관들과 여러 추기경들에게 전해졌고, 이들은 로마의 여러 지붕 밑에서 식스토가 품고 있던 의문들에 대해 다양한 관점에서 의견을 나누었다. 그 어느 곳보다 뜨거운 토론이 벌어졌던 곳은 에스파냐 대사관에서 멀지 않은 곳에 있는 영국대학 옆, 길가에서 안으로 약간 들어가 있고 안에는 가구가 듬성듬성 있던 주택이었다. 올리바레스는 각 대사관에는 갖은 방법을 다 써서 소문이 새어나가게 했던 반면에, 이 허름한 집으로는 자신의 심부름꾼을 직접 보내 직접 쓴 편지와 함께 소식을 전했는데, 분명 카라파 추기경을 만나기도 전에 취한 조치였을 것이다. 그 집에 살고 있던 인물은 멘도사가 진지하게 올리바레스에게 추천한, 두에[58]에 있는 영국 대학의 설립자이자 학장이었고, 로마에 있는 영국 대학의 공동 설립자인 윌리엄 앨런 박사였다.

---

57) 1545~1563년까지 3회에 걸쳐 북부 이탈리아의 도시 트렌토에서 열렸던 종교회의. 가톨릭의 개혁이 결의되었고, 교황권이 지상 최고의 권리임을 인정했다.
58) 프랑스 북부 석탄 지대의 산업 중심지

영국 대학은 앨런이 살던 시대와 거의 같은 모습으로 여전히 로마 몬세라토 거리에 남아 있지만 옆에 서 있던 그 작은 집은 사라졌다. 그러나 고문서 여기저기에 남아 있는 기록을 통해 그 집의 모습을 어렴풋이나마 엿볼 수 있다. 출입문은 거리로 곧장 통해 있었고, 그 옆으로는, 아마도 그냥 지붕이 덮인 통로였겠지만, 어두운 안마당으로 통하는 좁은 골목이 있었다. 출입문을 열고 집에 들어서면 방문자들이 그를 기다리거나 하인들이 밤에는 잠을 자고 하루 종일 웃고 떠드는 현관이 있었다. 분명 이 방 뒤편에는 부엌이 있었을 것이다. 집의 정면으로 난 2단 층계를 오르면 꼭대기에 앨런 박사가 쓰던 방이 있었다. 그곳에는 커다란 탁자와 걸상, 긴 의자, 교황이 선물한 커다란 궤, 벽걸이 책장 등이 놓인 서재가 있었고, 낮고 둥근 아치형 문 안쪽으로 초라한 침대, 침대 위 벽에 걸린 십자고상, 옷걸이만으로도 꽉 차 보이는 수도원의 독방처럼 생긴 작은 방이 있었다.

그 집의 소박함은 부분적으로는 가난에서 비롯된 것이었다. 앨런 박사의 수입은 보잘것없었고 지출할 곳은 많았다. 그러나 커튼이나 의자 한두 개 정도는 더 마련할 여유가 있었을 것이다. 몇 년 후 한동안 추기경으로 재직하는 동안에도 그는 세간을 불리지 않았다. 그러나 이것은 자신의 금욕을 과시하기 위한 것은 결코 아니었다. 윌리엄 앨런은 그런 것과는 거리가 먼 사람이었다. 그보다는, 비록 이곳에서 2년 정도 살았지만, 이 중간 기착지에서 정착할 생각이 없었기 때문일 것이다. 보다 최근의 망명자들이 살던 거주지에서도 그와 비슷한 성향과 모습을 누구나 목격했을 것이다.

윌리엄 앨런이 마지막으로 영국을 본 것이 22년 전이었다. 그 22년 동안 그는 옥스퍼드에도 가보지 못했는데, 그곳에서 그는 젊은 나이에 명예로운 지위에 올랐고 서른 살이 채 되기도 전에 양심을 지키기 위해 희생을 감내

해야 했다. 또한 랭커셔 로살(Rossall)에 있는 아버지의 집에 가본 지는 그보다 더 오래되었는데, 지금보다 더 젊었을 때 병을 앓아 고향을 그리는 마음이 너무도 간절해서 그의 벨기에인 주치의가 집에 가지 않으면 죽을지도 모른다고 말했지만 그때도 가지 못했다. 영국을 떠난 이래 앨런은, 그보다 더 일찍 망명길에 올랐던 다른 이들이 느꼈던 것처럼, 낯선 집에서 오르내리는 계단이 얼마나 가파른지, 망명자들이 먹는 빵이 얼마나 쓰디쓴지 뼈저리게 배워왔다.

　망명 기간 내내 앨런은 언젠가는 다시 고향에 갈 수 있을 거란 희망을 한시도 버린 적이 없으며 그 희망을 실현하기 위해 끊임없이 방법을 모색하며 노력했다. 1561년에 옥스퍼드에 있는 세인트메리스홀(St. Mary's Hall)의 교장직을 사임했을 때, 당시 대부분의 영국 망명자들이 그랬듯이 그 역시 망명 기간이 그리 오래 계속되지는 않을 거라 생각했던 것 같다. 망명자들 일부는 벌써부터 그해 여름 스코틀랜드로 건너간 프랑스 왕의 젊은 미망인 메리에게 희망을 걸고 있었다. 또 다른 이들은 교황이 칙령을 내려 프랑스나 에스파냐, 또는 양국 모두에게 영국 여왕을 강제 폐위시키게 할 거란 이야기를 떠들기 시작했다. 그러나 대부분의 망명자들은 좀 덜 폭력적인 방법을 원했다. 하느님이 앤 불린의 딸을 제거하거나, 아니면 그녀의 마음을 부드럽게 바꿀 거란 생각이었다. 망명자들 중 낙관주의자들, 심지어 일부 경험 많은 정치인들조차도 이 마지막 기대가 가장 가망성이 크다고 생각했다. 여사 혼사시 영국처럼 소란스러운 나다를 오래 통지힐 수는 없을 깃이고, 그녀와 결혼할 가능성이 가장 큰 구혼자들은 모두 가톨릭이었다. 일단 결혼만 한다면 여왕은 청교도들의 영향력에서 벗어날 수 있을 것이고, 영국은 다시 로마와 화해할 수 있을 것이다. 수년 동안 영국 망명자들은 이런 희망을 버리지 않았다.

그러나 시간이 지나면서 그들의 기대에 먹구름이 드리워지기 시작했다. 앨런 자신도 1562년 영국에 돌아갔을 때 가톨릭 신앙이 점점 외면받고 있는 것을 발견하고 큰 충격을 받았다. 자신들을 가톨릭교도라고 생각하는 많은 사람들이 사제들의 동의하에, 심지어 권유를 받으면서 영국 성공회 예식에 참가하고 있었던 것이다. 1565년 영국을 떠날 때, 결국 이것이 마지막 작별이 될지 몰랐겠지만, 앨런은 자신의 조국이 다시 가톨릭의 품으로 돌아오게 될 경우 잘 교육받은 성직자들이 꼭 필요하게 되리라고 확신했다. 두에에서 그가 영국 대학 설립에 일조했던 것도 바로 그런 생각 때문이었다.

그 후 북부의 봉기가 있었고, 봉기가 실패한 후 또다시 극심한 고난과 절망에 빠진 많은 가톨릭교도들이 망명길에 올랐다. 그들은 엘리자베스 치세에 종교 문제로 벌어진 최초의 유혈 사태를 목격했으며, 북부에서 교수형과 재산 몰수가 계속되면서 그들의 삶은 더욱 피폐해졌다. 대부분의 망명자들은 네덜란드에 남았지만, 복수를 다짐하며 파리와 마드리드, 로마로 이주한 이들도 있었다. 그러나 그들의 목소리를 들어준 것은 로마뿐이었다. 펠리페는 네덜란드의 불안한 상황, 무어인들의 반란, 에스파냐의 바다에서 활개를 치는 투르크 해군의 제압 등, 신경 쓸 일들이 많았다. 또한 그는 영국이 심각한 도발을 해오고 있었지만 어떤 대가를 치르더라도 영국과 평화를 유지하고 싶어 했다. 뿐만 아니라 프랑스가 종교 문제로 계속되고 있는 내전을 끝낸다면 에스파냐보다 더 영국을 공격할 가능성이 커 보였다. 그러나 비록 영국을 제외하고는 아무도 귀를 기울이지 않았음에도, 교황 비오 5세[59]는

---

59) Pius Ⅴ. 재위 1566~1572

1570년 2월 25일에 엘리자베스를 이단이자 참된 신앙의 박해자로 규정하고 그녀를 파문한다는 내용을 담은 "천상의 통치(Regnans in excelsis)" 칙령을 포고했다. 뿐만 아니라 비오 5세는 지금껏 교황의 권리로 강조되기는 했지만 실행된 적은 드문 권리를 근거로, 엘리자베스에게서 "가짜 왕권"을 박탈하고 영국인들은 그녀에게 충성할 의무가 없다고 선포했으며, 차후 그녀의 법과 명령에 절대 복종하지 말 것을 명령하며 이를 어길 경우 파문의 고통이 따를 거라 경고했다.

그 칙령은 안 그래도 민감한 문제에 기름을 붓는 결과를 낳았다. 한 가톨릭 망명자는 그 문제에 대해 버흘리 경에게 "나는 의회의 법률보다는 교회의 교리를 믿어야 할 것 같습니다."라고 완곡하게 말하기도 했다. 그러나 그 칙령을 따른다는 것은 신교도들이나 가톨릭교도들 모두 자기 나라의 법 대신 국제적 지배 권력에 복종하는 것을 선택한다는 의미였다. 그렇기 때문에 네덜란드 식민지의 펠리페 정부, 프랑스의 발루아 정부, 영국의 튜더 정부를 비롯해 각국의 정부들이 그런 교황의 권한을 부정했던 것이고, 그런 선택을 한 사람들을 반역자, 반란자로 규정해 그에 상응하는 조치를 취했던 것이다. 그러나 16세기에는 가톨릭과 신교도 할 것 없이 종교적 양심 때문에 비밀 음모나 무장 반란을 포함해 모든 수단과 방법을 동원해 자신들의 신앙을 지키고자 했던 이들이 많았다. 비오 5세의 칙령은 영국의 가톨릭들을 그런 길로 불러내는 듯했다.

그 칙령은 분명 처음부터 윌리엄 앨런에게는 중요했을 것이다. 정확히 언제부터 그것을 그가 종종 편지에서 '잃어버린 조국'이라고 불렀던 것을 되찾기 위한 유일한 구원책이라고 결론지었는지는 알 수 없다. 1575년경 앨런은 무력을 동원해서 스코틀랜드의 여왕 메리를 구출하고 그가 폭군과 찬탈자로 여기게 된 여자를 축출하려는 음모에 이미 깊이 가담하고 있었다. 1577년 친구인 니컬러스 샌더(Nicholas Sander)가 "기독교계의 안녕은 단호한 영국 공격에 달렸다."고 그에게 편지를 썼을 때, 앨런이 이 주장에 동의했으리라 확신할 수 있다. 샌더가 아일랜드에 가서 반란을 주도하다 최후를 맞은 뒤, 엘리자베스에 반대해 외국의 개입을 주장하는 영국 망명자들의 최고 대변자가 된 인물이 바로 앨런이었기 때문이다.

샌더의 역할을 물려받은 이후 10년 동안 앨런은 많은 실망과 좌절을 맛보았다. 성공 가능성이 컸던 음모들도, 기대했던 성전(聖戰)들도 하나둘 무위로 끝나고 말았다. 1582년 앨런은 이런 기록을 남겼다. "만일 이번에도 영국 침공이 시작되지 않는다면 내 삶은 영원히 비참할 것이다." 몇 달 뒤 그 공들여 준비한 계획은 실패로 끝났고, 그로부터 몇 달 만에 그는 다시 참을성 있게 또 다른 계획을 세우고 있었다. 그 계획마저 실패한다면 결국 그는 절망한 나머지 정치를 그만둘 것처럼 보였지만, 바로 그런 생각을 비친 편지에서 그는 새로운 계획의 추진을 발표했다. 그러는 동안에도 그는 그런 문제들에 대해 토론하고 글을 쓰고 해결책을 찾으려 했으며, 두 개 대학의 행정을 감독했고, 많은 책자를 인쇄하고 비밀리에 배포하는 일을 추진했으며, 사제들과 학생들, 심부름꾼들과 망명자들을 영국에 드나들 수 있게 돕는 지하활동을 활발하게 전개하고 있었다. 분개한 영국 정부는 그의 책들을 찾아내어 불태웠다. 그러나 앨런은 약 12종의 책 2만 권 이상이 영국에서 나돌고 있다고 추정했다. 영국 왕실의 관리들은 앨런이 지방에 심어놓은 사제들을 찾아내 잔혹하게 고문했으며, 그들 중 일부는 목 매달기, 내장 꺼내기, 사지 절단 등 옛날 중세에 행해지던 갖가지 역겨운 방법을 동원해 처형했고, 또 일부는 강제로 배에 태워 국외로 추방했다. 그러나 1587년에도,

300명이 넘는 사제들이 여전히 영국 전역에서 귀족들과 주요 젠틀맨들의 집에 생존해 있으며 신실한 신앙심을 간직한 채 해방의 그날이 오기만을 기다리고 있다고 앨런은 확신했다.

그러나 이런 것들은 사소한 승리일 뿐이었다. 본격적인 전쟁은 아직 시작되지 않았고, 오래된 슬픔도 누그러지지 않았다. 앨런은 편지에서 평신도들과 사제들에게 이렇게 심경을 밝히고 있다.

우리의 죄로 말미암아 충성과 감사를 바쳐야 할 조국을 떠나 신에게 봉사할 시간을 낭비하고 있다는 데에 대해, 그리고 조국이 아니라 이국인들 아래서 일하고 있다는 사실에 대해서 우리가 얼마나 비통해하고 있는지 하느님께서는 알고 계실 것입니다.

앨런과 그의 동료들이 아무리 자신들의 신앙을 고수하더라도, 가톨릭을 믿는 인물이 왕좌에 오르지 않는 한 그들의 종교는 영국 안에서 결코 용인되지 않을 것이다.

또 다른 근심거리이자 거사를 서둘러야 할 이유가 있었는데, 영국 망명자들 모두 느끼는 바였지만, 특히 앨런은 자신이 그 걱정을 키운 장본인 중 하나였기 때문에 더욱 절실히 느낄 수밖에 없었다. 앨런이 영국으로 파견한 성직자들은 처음부터 가톨릭 신도들을 설득해 이교도들을 멀리하고 영국성공회의 예배에 참석하는 대죄를 짓지 않도록 하는 임무를 부여받았다. 그레야만 가톨릭교도들의 대오(隊伍)가 유지될 수 있을 거라는 게 앨런의 생각이었다. 이는 정말로 열성적인 가톨릭이라면 스스로 떳떳하게 자신의 신앙을 밝혀야 한다는 의미였는데, 북부의 봉기와 교황 비오 5세의 칙령, 리돌피 음모[60], 성 바르톨로메오의 대학살 이후 몇 년 만에 취해진 이 조치로 인해 프로테스탄트들의 여론은 분노로 들끓었다.

영국 정부는 더욱 가혹한 박해로 응수했다. 1580년, 그레고리 8세는 사태를 악화시킨 전임 교황의 칙령에 대해 석명(釋明)을 해달라는 요구를 받았다. 이에 그는 "사정 변경(rebus sic stantibus)"이란 이름으로, 엘리자베스와 그녀를 따르는 이단 선동자들은 여전히 파문 상태이며 저주의 대상이지만, 상황이 변하지 않는 한 가톨릭들은 그녀에게 복종하고 여왕으로 받아들이더라도 파문되지는 않을 거란 내용의 칙령을 발표했다. 칙령이 실행되어 모든 신실한 가톨릭들이 반란의 의무를 명령 받을 때까지만 그렇다는 의미이다. 요컨대, 가톨릭교도들은 첫 번째 절호의 기회가 오면 엘리자베스를 타도하는 것이 자신들의 의무임을 명심하고 있는 한, "모든 공적 문제들"에서 여왕에 대한 영원한 충성을 맹세해도 괜찮다는 것이었다. 버흘리 경은 이 발표에 흠칫 놀라 새로운 반역죄를 만들어냈는데, 그 법은 명백한 반역적 말과 행동뿐만 아니라 "마음에 품은 은밀한 반역 의도"까지도 겨냥한 것이었다. 가톨릭들에 대한 박해는 또다시 심해졌다.

앨런은 고문대나 교수대를 두려워하지 않는 영국 사제들이 줄어들 거라 우려하지는 않았다. 그러나 신교도들은 교수형보다 더 효과적인 무기를 갖고 있었다. 1559년에는 국교회 일요 예배에 참석하지 않는 자에게는 주당 12펜스의 벌금이 부과되었다. 그러던 것이 1580년이 되자 벌금이 한 달에

---

60) Ridolfi Plot. 엘리자베스를 타도하고 메리를 영국 왕위에 올리기 위해 이탈리아 상인 리돌피와 영국 가톨릭 귀족 노퍽이 꾸민 음모

20파운드로 인상되었고, 다달이 그런 큰 금액을 지불할 수 있는 것은 소수의 부자들뿐이었으므로 의회는 벌금을 연체한 자들의 토지와 동산을 압수할 수 있는 법을 승인했다. 영국에서 가톨릭을 부활시키려는 모든 계획에서 앨런이 가장 의지했던 것은 토지를 소유한 가톨릭 귀족들이었다. 그러나 지주 계층의 그 누구도 그렇게 부담스러운 벌금을 무릅쓰면서 언제까지나 자신의 지도력을 유지할 수는 없었다. 교황 칙령의 실행이 지연될수록 가톨릭 신앙의 핵심 세력이 빈곤과 불능에 빠지게 될 위험은 더욱 커질 것이었다. 그와 동시에, "교회분리주의자들", 즉 국교회 예배에는 참석하지만 옛 신앙에 동조하는 영국인들이 완전히 가톨릭에 등을 돌릴 위험도 더 커질 터였다. 앨런은 그들에게도 크게 의존하긴 했지만, 그가 의도적으로 신앙을 고백한 가톨릭교도들로부터 그들을 분리해왔기 때문에, 해가 갈수록 로마와의 유대는 물론 영국 내의 공인된 로마 추종자들과의 유대는 점점 약해질 거란 점을 알고 있었다. 신성한 응징의 날이 더 지체된다면 영국의 가톨릭 세력은 도움이 되지 않을 정도로 약화될 수도 있으며, 그들의 지원이 없다면 외국의 침공은 실패할 수밖에 없을 거라 생각했다.

그렇기 때문에 앨런은 10년 동안 내내 영국 침공을 서둘러야 한다고 촉구했던 것이다. 그러나 조금이라도 가능성이 보인다 싶으면 항상 그래 왔듯이, 그는 아직 기회가 있다고 생각했다. 오래전부터 생각해온 청사진이 그의 머릿속에 정리되어 있었다. 오래전부터 품었던 꿈이 그의 뇌리에서 꿈틀거렸다. 영국은 사면이 트인 섬이었고, 배가 정박할 만한 안전한 항구도 많았다. 또한 빼앗아 취할 수 있는 가축과 갖가지 식량 자원이 풍부했다. 도시들에는 주둔군도 없으므로 실질적으로 무방비 상태나 다름없었다. 어느 도시든 사흘만 포위해도 버티지 못할 것이었다. 영국인들은 전쟁에 익숙하지 않기 때문에 전투 경험이 많은 에스파냐 병사들의 적수가 되지 못했다. 그러나 그보다 더욱 중요한 점은 그들 중 3분의 2가 가톨릭이거나 은밀한 가톨릭 신앙의 지지자들이란 사실이었다. 신앙을 밝힌 가톨릭들은 즉시 가톨릭 군대에 가담할 것이다. 그들은 지금 자신들이 엘리자베스 여왕에게 복종할 의무는 없지만 단지 무서워서 복종할 뿐임을 알고 있었다. '교회분리주의자들' 중 일부도(앨런은 그들이 보낸 편지들을 가지고 있었다) 종교적 양심이나 열망, 혹은 여왕과 그 측근들에 대한 증오심 때문에 가톨릭 편에 합류하게 될 것이다. 그 밖의 사람들은 대부분 멀찍이 떨어져 결과를 기다리며 사태의 추이를 지켜볼 것이다. 여왕의 총애와 신임 덕택에 출세한 자들과 권력에 눈이 먼 자들만이 여왕을 지키려고 나서겠지만, 그런 자들과 청교도들이라고 불리는 비열한 종파, 모두 남부와 동부 지역에 사는 이들 무리는 안락한 생활과 탐욕으로 타락해 있었다. 힘든 삶을 살며 아직까지 무기를 사용할 줄 아는 북부와 서부의 강건한 가톨릭들과는 상대가 되지 못했다. 이제 앨런의 눈에는 그들의 모습이 떠올랐다. 웨스트몰랜드 귀환을 환영하는 네빌(Nevile) 형제와 그들의 친척들, 친구들과 소작인들을 이끌고 말을 타고 달려올 다크레스(Dacres), 살해당한 아버지의 복수를 위해 고향 퍼시에서 봉기하는 노섬벌랜드의 아들들, 대의를 위해 힘을 합친 몬태규(Montague)와 몰리(Morley), 러벌(Lovell)과 스토턴(Storton), 그리고 가능성은 좀 낮지만 합류한다면 더 큰 힘이 될 옥스퍼드, 더비, 컴벌랜드, 사우샘프턴, 그리고 어쩌면, 속전속결로 런던 탑 공략에 성공한다면, 애런델에서도 서둘러 반란군 대열에 하워드(Howard) 가문의 기(旗)를 더하려고 할 것이다. 그리고 이 모든 귀족들과, 감탄하며 뒤따르는 옛 친구들과 친족들, 말고삐를 움켜쥔 그의 손에 경의를 표하는 동료들, 그 모든 사람들에 에워싸인 채 추기경 복장을 한 한 남자, 바로 교황의 특사가 말을 타고 등장하는 것이었다. 그러나 윌리엄 앨런은 그 추기경의 얼굴을 제대로 보기도 전에 자신을 책망하며 꿈에서 현실로 돌아왔을 것이다.

그날 저녁에도 여느 날과 마찬가지로 옆 대학교에서 예수회 사제인 로버트 파슨스(Robert Parsons)가 앨런의 쓸쓸한 서재로 찾아왔다. 지난 몇 년 사이에 영국에서는 파슨스의 이름이 앨런의 이름만큼이나 유명해져 있었다. 파슨스는 에드먼드 캠피온(Edmond Campion)과 함께 영국에서 선교 활동을 했었는데, 이 두 사람이 침략군이었더라도 그렇게 영국 당국을 바짝 긴장시키지는 못했을 것이다. 이후 파슨스는 가공할 만한 영향력을 지닌 정치 평론가로 부상했다. 그러나 앨런의 경우 적들조차도 좋은 평가를 마다하지 않았지만, 파슨스는 이미 사람들로부터 좋지 못한 평판을 받고 있었는데, 아마도 그가 기이한 종파로 인식된 예수회의 일원이었다는 점도 원인 중 하나였을 것이다. 대부분 그들에 대해 전혀 알지 못하는 사람들 사이에서 예수회 교파는 어두운 비밀을 지닌 교활한 사람들이라는 인식이 널리 퍼져 있었기 때문이다.

이 두 사람은 평판만큼이나 외모와 기질도 무척 달랐다. 앨런은 영국 북부의 젠틀맨답게 키가 크고 다리가 곧고 길었으며, 행동거지도 품위 있고 당당했다. 버터처럼 노란빛을 띠던 머리털과 수염은 희끗희끗 변하고 있었고, 얼굴에는 갖가지 근심과 지난 3년간 앓아온, 그리고 앞으로 7년을 더 앓게 될 질병의 고통으로 인해 주름살이 파이고 있었다. 그러나 다소 좁고 높은 이마, 정교하게 조각한 듯 길고 높은 코, 북풍이 부는 청명한 날의 모어캠브 만(灣)의 바다처럼 푸른 눈을 지닌 그의 얼굴은 여전히 "상냥함과 온화함으로 가득" 차 있었다. 천천히 점잖게 말을 했지만, 말을 더듬지는 않았고, 차분한 권위가 느껴졌으며, 손짓은 거의 쓰지 않았다. 그의 인내심은 경이로울 정도여서 거의 화를 내는 법이 없었다. 대부분의 사람들이 첫눈에 그를 좋아하고 신뢰하게 되었으며, 많은 이들이 그를 진실하게 대했다. 영민함과 탁월한 지성이 느껴지지는 않았지만, 그는 "위대한 일을 하기 위해 태어난" 타고난 지도자였다.

파슨스는 앨런보다 14년 연하였고 계층과 출신 지역도 확연히 달랐는데, 한때는 청교도였다가 가톨릭으로 개종한 것으로 전해진다. 땅딸막한 체구, 까무잡잡한 피부색, 굵은 머리털, 투명한 갈색 눈동자는 영국 어디에서나 볼 수 있는 것이었지만, 특히 남서부 지방 사람들에게서 주로 발견되는 특징이었다. 이들의 용모에서는 켈트족의 분위기가 느껴졌지만, 사실 이들의 조상은 켈트족이 처음 이주해 오기 전부터 이곳에서 살고 있었고, 스톤헨지나 로빈 굿펠로[61], 콴톡 힐스[62]만큼이나 역사가 오래되었다. 파슨스는 네서 스토위[63]에서 태어났는데, 그의 부친은 대장장이였다고 전해진다. 큰 손과 발, 떡 벌어진 어깨와 두툼한 가슴을 보면 그가 학자가 되지 않았다면 대장장이로 성공했으리라 짐작할 수 있다. 파슨스는 머리도 컸고, 이목구비가 모두 크고 투박하게 생겨서, 가만히 있으면 마치 생기다 만, 거의 야수의 얼굴 같아 보였다. 그러나 사람들은 그가 아무것도 안 하고 가만히 있는 모습을 거의 보지 못했다. 활달하고 큰 몸동작과 감미롭고 부드러운 목소리는 그의 설득력 있는 이야기에 걸맞은 웅변가다운 풍모를 더해주고 있었다. 파

---

61) Robin Goodfellow. 영국 민화의 장난꾸러기 꼬마 요정
62) Quantock Hills. 영국 서남부 서머싯 지역에 있는 언덕
63) Nether Stowey. 영국 남서부 서머싯에 위치한 마을

슨스의 연설을 들은 사람들은 그를 쉽게 잊지 못한 반면, 투박하고 촌스럽다고 느낀 그에 대한 첫인상은 쉽게 잊었다. 수련 기간 동안 받은 훈련을 통해 파슨스는 자신의 따지기 좋아하는 다혈질 성격을 최소한 밖으로는 드러내지 않는 법을 터득했으며, 비록 불안정할 때도 있긴 하지만, 힘든 과정을 겪으며 자제력도 익힐 수 있었다. 그의 능력은 지금까지 알려진 것 이상이었다. 파슨스는 분노와 조소로 가득한 팸플릿만이 아니라 가장 순수하고 감미롭고 감동적인 기도서를 영어로 쓸 수 있는 능력도 갖고 있었다.

앨런과 파슨스는 겉으로 보기에는 파트너로 생각되지 않을 만큼 어울리지 않았지만, 지난 6년 동안 파슨스는 앨런의 오른팔이 되어왔다. 파슨스는 특별 사절로 활동하면서 에스파냐 왕과 교황을 만났고, 앨런을 제외하면 그 누구보다도 깊이 영국 침공과 관련된 음모와 협상에 관여해왔다. 쓸 만한 측근들 중에서도 파슨스의 언변과 글 솜씨가 가장 뛰어났으며, 가장 재치 있고 가장 창의력이 풍부했다는 사실이 부분적이나마 두 사람의 친밀함에 대한 설명이 될 수 있을 것이다. 그 누구보다도, 심지어 앨런 자신보다도 더 열정적으로 파슨스가 외국 개입의 절실한 필요성을 믿고 있었다는 점도 앨런이 그를 선택한 이유 중 하나였을 것이다. 또한 두 사람은 망명자들 중 가장 변절의 가능성이 적다는 점, 각자가 나름의 방식으로 지금까지 그들을 피해갔던 순교를, 그리고 아마도 순교 이상으로 영국 땅을 단 한 번이라도 다시 밟아보기를 간절히 원한다는 점에서 공통점을 갖고 있었다. 그러나 두 사람 사이에는 이보다 더 깊은 무언가가 있었다. 각자가 믿고 있는 성격과 능력은 상호보완적이었기 때문에 두 사람이 결합하면 단순한 합(合) 이상의 힘을 발휘할 수 있었을 것이다. 마치 자신에게 부족하고 가질 수 없는 것을 상대에게서 알아본 것처럼, 그리고 마치 둘이 함께 중세 영국과 같은 견고한 사회의 축소판을 이룬 것처럼 보였다.

어찌 되었든 우리는 이 두 사람이 적어도 10년 동안 완벽한 화합 속에서 함께 일했다는 사실을 알고 있으며, 또한 서로를 처음 만난 순간부터 에스파냐 무적함대의 생존자들이 구사일생 항구로 돌아오고 나서도 오랫동안, 앨런이 로마에서 죽어가고 파슨스가 에스파냐에서 고뇌에 빠져 있을 때까지도, 그들을 아는 사람 중에는 두 사람 사이에서 불화가 있었다고 언급했던 이는 없었다.

1585년 가을에 함께 로마를 여행한 이후로 그들은 동지로서 함께 일했다. 예를 들자면 최근에는 전 영국 왕 에드워드 3세[64]와의 관계를 따져서 메리 스튜어트 다음으로 펠리페가 영국의 왕위에 가장 근접해 있는 정통파 후계자임을 입증하기 위해 계보학 연구에 함께 몰두했다. 앨런과 파슨스는 펠리페가 참고할 수 있도록 그 연구 문서를 보냈다. 그런 다음 그들은 윌리엄 스탠리가 데벤테르를 파르마에게 넘겨준 일을 옹호하기 위해 영어로 팸플릿을 함께 쓰기 시작했다. 그들이 데벤테르의 소식을 들은 것이 겨우 3주 전이었으므로, 아마도 올리바레스에게서 전갈을 받고 나서 작업에 착수했을 것이다. 책은 그로부터 3주 후에 인쇄되었다.

내용은 짧았지만, 쓰기에 녹록한 책은 아니었다. 앨런과 파슨스가 표방한 책의 목표는 스탠리와 그의 연대 내 가톨릭 병사들이 현재 자신의 입장에 대해 갖고 있을 양심의 가책을 해결해주는 것이었다. 스탠리가 자신에게 방어의 임무가 맡겨진 네덜란드의 도시를 에스파냐군에게 넘겨준 것은 과

---

64) 재위 1327~1577

연 옳은 일이었는가? 또한 엘리자베스 여왕에게 충성을 맹세하고서도 정작 지금은 적진에 가담해 있는 병사들의 경우는 어떠한가? 그러나 이 책의 실제 목적은 그보다 더 큰 것이었다. 이 책은 네덜란드에서 복무하고 있던 영국 가톨릭들뿐만 아니라 영국에 있는 모든 공식, 비공식적인 가톨릭들을 겨냥하고 있었으며, 앨런은 성경과 교회법을 적절히 인용하면서 자신이 지금까지는 단지 암시만 해왔던 내용들을 노골적으로 표현하고자 했다.

교회와 교황께서 엘리자베스를 이단이자 교회의 적으로 선포하여 그녀를 파문하고 폐위한 이후에 여왕이 왕국 내에서 선포한 모든 법적 조치는 하느님과 인간의 법에 의해서 전부 무효가 된다. 마찬가지로 여왕이 선포한 그 어떤 전쟁 또한 합법적일 수 없다. 어떤 사람도 합법적으로 이단자인 여왕을 위해 복무하거나 도움을 줄 수 없으며, 만일 그러한 일이 생기면 그자 또한 파문될 것이다. (……) 왜냐하면 하느님과 단절한 사람은 그의 백성에게라도 어떤 맹세나 충성심을 요구할 수 없기 때문이다.

따라서 앨런은 자신의 조국에 대해서도 국내이건 국외이건 종교로 인해 빚어진 모든 전투에 참가하는 영국인들이 스탠리의 연대처럼 행동하고,

전능하신 하느님과 지상에서 가장 위대하고 정의로운 군주[물론 펠리페]에게 봉사하고, 비실 네 없는 상군[파르마]의 위하에서 수복할 만한 소력자가 되고 (……) 우리 백성들이 다시 그리스도의 교회에 복종하도록 하고, 저주받아 마땅한 용납할 수 없는 이단의 속박에서 우리의 가톨릭 친구들과 동포들을 구해낼 수 있기를 원했다.

만일 앨런의 희망대로 메리 스튜어트의 죽음이 마침내 결단의 순간이 다가온 것임을 의미한다면, 이 원고를 신속하게 마무리하고 인쇄해서 영국에 비밀리에 배포하는 일은 무엇보다 중요했다.

앨런과 파슨스는 다른 문제들에 대해서도 즉시 행동 방향을 결정해야만 했다. 그들은 이 중대한 문제에 관해서 그동안 너무도 자주 논의를 해왔고, 또한 가능한 모든 상황을 가능한 모든 각도에서 신중하게 숙고했었다. 일상의 정치에서 그들은 현실주의자들이었다. 앨런과 파슨스는 메리가 영국의 감옥에 갇힘으로써 구출 가능성이 희박해지자 그녀의 중요성을 평가절하했다. 또한 이미 그 전부터 그들은 기즈 가와 프랑스 세력을 그들의 고려 대상에서 지워버렸고, 급습을 해서 구하지 못한다면 스코틀랜드의 여왕은 침략군대가 영국 땅을 밟기도 훨씬 전에, 아니 공격 함대가 출항을 하기도 전에 죽을 거라고 오래전부터 믿고 있었다.

그날 밤 그들은 다음 날 아침에 에스파냐 대사관으로 찾아가 대사와 공조할 필요가 있는 구체적인 행동들에 대해 충고와 지시를 해달라고 요청하기로 결정했다. 아마도 파슨스는 주요 문제들을 정리하여 대사가 에스파냐에 전달할 문서의 초안을 온건한 문투로 작성했을 것이다. 얼마 전부터 앨런과 파슨스는 이것이 올리바레스를 다루는 가장 간단한 방법임을 알고 있었다. 그래서 올리바레스가 그들을 매우 신중하고 현명하며 기독교인다운 겸손함을 지니고 있다고 높이 평가해왔던 것이다.

또한 파슨스는 로마교황청에 대해서도 즉각 작업에 착수했다. 그는 자신이 가장 신뢰하고 있던 추기경들 서너 명의 의중을 타진해볼 작정이었다. 교황 식스토는 그가 할 수 있는 한 가장 엄혹한 태도로 메리의 죽음에 대해 비난 성명을 발표해야만 할 것이다. 프랑스가 메리의 죽음에 대해 무관심했거나 오히려 더 나쁜 태도를 취했다는 소문이 여러 경로를 통해 교황의 귀에 들어가면 교황의 입장이 훨씬 편해질 것이다. 또한 메리의 아들인 제임스 6세를 가톨릭으로 개종시키는 새로운 프로젝트도 있었다. 그러나 그 일은 시기적으로 추진하기 부적절했을 것이다. 지나친 열성을 보임으로써 펠리페 왕의 의혹을 사거나, 너무 냉담한 태도를 취함으로써 교황을 분개시키지 않으려면 이 일은 매우 조심스럽게 추진해야만 했다. 또한 이번 기회에 앨런을 추기경으로 추대하는 작업을 다시 한 번 추진해야 했다. 이것은 언제나 파슨스의 특별한 임무였다.

앨런은 파르마와 영국 망명자들에게 서신을 보내고, 프랑스의 랭스를 경유해 영국으로도 당장 꼭 필요한 말을 전하고, 간접적으로 접촉하고 있는 스코틀랜드의 귀족들에게도 같은 말을 전할 예정이었다. 그러나 무엇보다 먼저 해야 할 일은 펠리페에게 편지를 보내는 것이었다. 영국의 악녀가 저지른 극악무도한 죄악에 대해 벌을 내려달라는, 정중하지만 강경한 어조의 권고가 될 것이었다. 그러나 그 편지에는 네덜란드에 주둔한 영국 군대에 관한 이야기나 최근에 서인도제도를 공격한 영국의 드레이크에 관한 언급은 전혀 하지 않을 생각이었다. 앨런은 그 정도의 사리판단은 할 수 있는 사람이었다. 거기에는 펠리페 외에는 그 누구에게도 구원을 기대할 수 없는 영국 가톨릭들의 비참한 상황과 하느님과 기독교계에 대한 왕으로서의 임무, 그리고 승리가 신앙의 수호자를 비껴갈 수는 없다는 확신만을 적을 것이다. 수년간 앨런은 스코틀랜드의 메리를 일컬어 "가장 경외하는 여왕"이라고 칭해왔는데, 이는 그의 충성심이 엘리자베스에서 그녀에게로 옮겨 갔다는 표시였다. 라틴어에서는 위대한 왕에게 쓰는 인사말은 반드시 매우 모호한 관습적인 표현을 쓰도록 되어 있지만, 앨런은 편지의 말미에 자신의 입장을 명백하게 드러냈다. 그는 "폐하의 충성스러운 하인이자 백성인 윌리엄 앨런"이라고 서명했다. 메리가 사망한 지금, 앨런은 에스파냐의 펠리페를 자신의 합법적인 왕으로 모실 준비가 되어 있었던 것이다.

7장_명백한 하느님의 뜻

산 로렌소 데 엘 에스코리알 , 1587년 3월 24일~31일

멘도사가 에스파냐로 보낸 급보는 아마도 로마에 보낸 것들과 거의 같은 시간에 도착했을 것이다. 3월 23일 밤, 베네치아 대사도 마침내 메리의 사망 소식이 엘 에스코리알(El Escorial. 28쪽 지도 참고)에 전해졌다는 말을 들었다. 그랬을 것이다. 파리에서 마드리드로 가는 길은 로마로 가는 길보다 더 험했고, 가스코뉴[65)]는 특히 더 위험한 지역이었고 옛 카스티야[66)] 지역도 거칠고 험했지만, 이 길은 로마로 가는 길보다 거리가 더 짧았다. 에스파냐로 보낸 사자(使者)가 먼저 출발했으므로, 대사관의 마구간에서 가장 좋은

---

65) Gascony. 프랑스 남서부 대서양 연안 지역으로 에스파냐와 접경하는 주
66) Castile. 에스파냐 중북부

말을 골라 탔을 것이고, 그가 국경에 도착하자마자 편지가 담긴 가방은 왕실 파발마 편으로 신속히 남쪽으로 전해졌을 것이다. 그러나 확인할 수 있는 사실은 아니다. 신경은 썼겠지만, 펠리페가 부하들이 실수하거나 빼먹은 기록들을 펜을 들고 일일이 고칠 수는 없었을 것이다. 이 급보에는 수신 날짜가 기록되어 있지 않았다. 엘 에스코리알에서 육로로 약 30마일 떨어진 마드리드의 각국 외교관들은 3월 31일까지도 메리의 사망에 대해 전혀 알지 못한 채 그저 추위에 떨고만 있었는데, 눈비로 길이 질척거리고 미끄럽지 않을 때에도 궁정의 소식이 전해지는 데 일주일이나 걸려 이미 케케묵은 소식이 되는 경우가 허다했다. 외교관들이 기다리면서 할 수 있는 일이라고는 그저 에스파냐 왕이 산 위에서 뭘 하고 있는지 궁금해하는 것뿐이었다.

그 소식이 언제 도착했는지는 모르지만, 펠리페는 3월 31일까지 아무런 조치도 취하지 않고 있었다. 거기에는 몇 가지 이유가 있을 수 있다. 외교 행낭이 엘 에스코리알에 도착하면, 그 내용이 아무리 긴급한 것일지라도 일단 담당 관리가 접수를 하고, 역시 정해진 담당 서기가 번역을 한 뒤에 펠리페가 깨어 있는 동안 대부분의 시간을 보내는 작고 어두운 방에 있는 긴 탁자 위 지정된 귀퉁이에 원본과 함께 놓아두게 되어 있었다. 그 긴 탁자 위에는 온갖 종류의 공식 문서들이 쌓여 있었다. 거기에는 대사들이 보내온 서신과 총독과 군 사령관들의 보고서, 관세와 재정, 지방행정에 관련된 보고서들은 물론이고, 청원서와 진정서, 법원 판결, 조선소와 화폐 주조창과 광산 등의 회계 기록, 왕실 지출 내역 등도 포함되어 있었다. 카스티야와 아라곤 왕국, 펠리페의 영지인 나폴리, 시칠리아, 밀라노, 프랑슈콩테[67]와 벨기에 지역의 여러 주, 멕시코와 페루, 브라질, 번성하는 인도의 고아와 아프리카의 소팔라[68], 대서양과 인도양의 섬들, 그리고 얼마 전부터는 포르투갈에서도 날마다 서류들이 쏟아져 들어오고 있었다. 역사가 시작된 이래 에스파냐의 펠리페 2세만큼 넓은 땅과 바다를 통치한 이는 없었다. 온갖 종류의 왕국, 공국, 자치주, 영지를 통치하며 그만큼 많은 작위를 소유했던 사람도 일찍이 없었다. 그리고 분명, 그토록 많은 서류를 읽어야 했던 사람도 이제껏 없었을 것이다. 펠리페는 이르건 늦건 간에, 전부 다는 아니더라도 막대한 양의 서류를 읽었고, 서류의 가장자리 여백에 아주 작은 글씨로 빈틈없는 통치자다운 평을 달았고 철자나 문법상의 사소한 실수도 교정해놓았는데, 이런 주석을 후대 사람들이 본다면 그의 근면함에 깜짝 놀라 소름이 돋을 것이다. 그런 그였기에, 자연히 일이 밀릴 때도 있었다. 멘도사가 그토록 서둘러 보낸 서신이 며칠이 지나도록, 심지어 몇 주가 지나도록 왕의 책상 위에 놓인 채 읽히지 않았다 하더라도, 이것이 그런 식으로 취급된 최초의, 또는 최후의 급보는 아니었을 것이다.

그러나 중요한 급송 문서들은 상당히 빨리 확인하는 게 보통이었다. 펠리페가 행동을 미루고 있었다면, 십중팔구 그것은 신중하게 생각하는 그의 습관 때문이었을 것이다. 사안에 대한 찬반양론을 모두 꼼꼼하게 검토하길 좋아했는데, 되도록이면 요점을 글로 정리하고 관련 서류들까지 참고해서 판단하고자 했다. 궁정 회의에서 그는 대신들의 말을 경청했지만, 말은 거의하지 않았다. 그러나 회의가 끝나면 안심이 될 만큼 많은 서류 더미를 앞에 두고 말없이 웅크리고 앉아서, 등불이 가물거리고 비서가 한쪽 구석에서 하

---

67) Franche-Comte. 쥐라 산맥 북쪽 프랑스 동부의 주
68) 현 모잠비크 중부 지역.

품을 해대는 동안, 천천히 그러나 단호하게 혼자 결정을 내렸다.

　이런 성향을 비롯해 펠리페의 내면을 잘 드러내는 상징적인 존재가 바로 산 로렌소(San Lorenzo) 수도원이다. 펠리페는 아버지가 네덜란드에서 벌인 전쟁에 참가하고 있을 때부터 산 로렌소를 꿈꿔왔다. 처음부터 그의 꿈속에는 에스파냐에 수도원을 결합한 왕궁이 있었다. 에스파냐에 돌아오자마자 펠리페는 적당한 장소를 물색하기 시작했다. 그는 말뚝 하나 박기도 전에, 구덩이 하나 파기도 전에 엘 에스코리알이란 초라한 마을의 언덕을 직접 걸으며 산에서 솟는 샘물을 마셔도 보고, 차가운 공기를 가슴 깊이 들이마시기도 하고, 바람과 비를 뺨에 느껴보기도 했다. 일단 마음을 굳히자, 펠리페는 자신이 고른 장소로 일꾼들을 서둘러 데려왔으며, 다소 당황하며 마음 내켜하지 않는 히에로니무스파[69] 수도사들도 함께 데려왔다. 그때부터 펠리페는 이곳을 벗어날 수 없었다. 그는 장엄한 톨레도나 부드럽고 발랄한 분위기의 아랑후에스(28쪽 지도 참고)보다 이런 전원풍의 소박함을 좋아했으며, 교구 성직자의 예비 침실이나 임시변통으로 목재로 지은 수도원의 작은 방을 쾌적한 궁정보다 더 편안하게 여겼다. 산 로렌소를 건립하는 20년 동안 펠리페는 건축가와 함께 끊임없이 건축 계획을 심사숙고했으며, 현장 지휘자와 함께 비계(飛階)를 오르내렸고, 지금껏 신하들에게 보였던 것보다 더 큰 관심을 기울이며 자상하게 인부들을 격려했다. 산 로렌소의 주요 외형과 세부적인 설계 중 많은 부분이 그의 머리에서 나왔다.

---

69) 히에로니무스는 347~420년에 살았던 성서 번역자이자 수도원 지도자였으며, 라틴 교부 중 가장 학식이 높고 영향력 있는 인물이었다.

애초부터 펠리페는 건축물의 중심부에 자신의 아버지와 자신의 뼈가 묻히고, 세상이 끝날 때까지 수많은 사람들이 매일 그곳에 찾아와 영혼의 위로를 얻을 수 있는 성스러운 교회를 세우고자 계획했다. 그런 생각을 품은 뒤부터 펠리페는 줄곧 자신의 무덤이 완성되기도 전에 죽을지도 모른다는 두려움에 사로잡혀 있었던 듯하다. 그가 너무나 조바심을 내며 작업을 재촉했기 때문에, 대신들은 왕이 고작 수도원 하나에 왕국 전체에 쓰는 것만큼이나 신경을 쓴다고 투덜거렸다. 펠리페의 대리인들이 베네치아에서 또 하나의 그림을, 플랑드르에서 또 하나의 태피스트리를, 또는 나폴리나 로마에서 또 한 점의 고전적 조각 작품을 구할 수 있더라도 내부 장식은 절대 마무리되지 못하겠지만, 마지막 돌이 놓이고 마지막 타일이 깔린 지는 벌써 2년이 넘었다. 펠리페는 자신의 꿈 안에서 살기 시작했다. 마치 의복처럼 그가 두르고 있던 이 거대한 석조 건축물은 펠리페의 독특한 자아를 잘 보여주었는데, 유럽에 지어진 그 어떤 건축물도 한 개인의 영혼을 이토록 잘 반영한 적은 없었다.

건물은 산 밑자락에 자리 잡고 있었는데, 뒤로는 과다라마[70]의 들쭉날쭉한 바위 능선이 가파르게 솟아올라 있었고, 완만하게 이어지던 산록은 갑작스럽게 건물 앞에서 끊겨 있었다. 수도원은 마치 에스파냐의 평원을 찬양하기 위해 기단(基壇) 위에 세워진 기념물처럼 보인다. 건물의 높이나 넓게 트인 전망, 북쪽의 황량한 풍경, 그리고 건물을 둘러싸고 있는 빛과 공기, 고요함으로 인해 이곳에서는 사람을 압도할 만한 고독과 고립감이 느껴신나.

---

70) Guadarramas. 에스파냐 마드리드 북서쪽에 솟아 있는 산맥

장식이 없는 육중한 벽은, 그 지역의 화강암으로 만들어서인지 마치 산에서 자라 나온 것처럼 보였다. 그리 많지 않은 창문들은 안으로 움푹 들어가 있어서 마치 동굴의 입구나 대포의 포구 같아 보인다.

건물의 중심부에는 수도원 교회의 둥근 지붕이 솟아 있다. 교회의 외형은 성 베드로 대성당을 떠올리게 하는데, 동시대 사람들이라면 누구나 닮은 점을 느꼈을 것이고, 아마도 애초부터 비슷하게 지으려고 했던 것 같다. 펠리페는 독일의 선거후(選擧侯)들의 투표로 누구라도 신성로마제국의 황제가 될 수도 있지만 자신은 신의 선택으로 '황제'가 되었으므로 신성한 존재이며 교황에 버금간다고 생각했다. 그런 생각을 반영한 그 교회는 라이벌인 로마의 교황청보다는 규모가 작았지만, 바티칸과 성 베드로 대성당을 제외한다면 16세기 유럽에서 규모 면에서 엘 에스코리알에 견줄 만한 건축물은 없었다. 산 로렌소 수도원과 성 베드로 대성당 모두 확실히 궁정과 교회를 결합한 양식의 건축물이었다. 둘 다 1580년대 유럽에서 유행하던 최신 건축양식을 적용한 현대적인 건물들이었고, 반종교[가톨릭] 개혁의 정신을 표현하고 있었다. 그러나 유사성은 여기에서 끝난다. 펠리페 시대에 산 로렌소의 교회 내부는 성 베드로 대성당처럼 화려하거나 사치스러울 정도로 장중하지는 않았다. 또 외형적으로도 성 베드로 대성당처럼 모든 사람을 반기고 포용하는 것 같은 개방적인 분위기도 없었다. 산 로렌소 교회는 요새 깊숙이 위치한 성채나 밀집대형 한가운데에 솟아 있는 성스러운 깃발처럼 육중한 벽에 둘러싸인 수도원의 중앙에 격리되어 있었다. 성 베드로 대성당은 이단에 대한 로마의 종교적 반격, 그리고 가톨릭 신앙에 대한 확신과 자신만만함의 상징이었다. 반면 산 로렌소 교회는 세속의 검(劍)으로 전쟁을 통해서 정통 신앙을 수호하겠다는 의지의 상징이었다.

그 위대한 수도원이 실제로 펠리페에게는 무슨 짓을 해서든지 유럽을 망치고자 하는 사악한 이단자들에 대한 저항과 위협의 상징이었다는 것은 그저 상상한 이야기만은 아니다. 펠리페는 사고나 지연이 발생하면 꼭 이단첩자들의 간계 탓으로 돌리면서 실제로 종종 그렇게 말했다. 그런 생각으로 지은 건물이니 요새를 닮을 수밖에 없었을 것이다. 중앙에 교회이면서 동시에 수없이 많은 사람이 펠리페와 그의 친족들의 명복을 비는 무덤이 있어야 한다는 것, 전체 건축에도 영향을 미친 그 당위성이 우리에게 말해주는 것은 펠리페의 종교적 견해뿐만이 아니다. 자신과 가족이 기독교계에서 그 누구와도 다른 독특한 위치를 차지하고 있다는 생각도 반영한 것인데, 이는 그가 선택한 높은 장소가 자신의 백성 중 가장 위대한 이들보다 자신이 더 위에 있다는 생각을 반영하고 있는 것과 일맥상통한다. 그러나 엘 에스코리알은 펠리페의 공적 자아의 공적 이미지 이상의 것을 보여주고 있다. 수도원 교회 바로 옆에 있는 거대한 건물의 은밀한 심장부에는 몇 개의 작은 방이 숨겨져 있었다. 그중 가장 중요한 방들은 일종의 서재나 작업실이라고 할 수 있는데, 채광은 괜찮은 편이었지만 왠지 균형이 잡혀 있지 않다는 느낌이 든다. 그 안쪽에는 높은 제단 옆 교회 쪽을 향해 작은 창문이 나 있는 골방 같은 침실이 하나 있었다. 수도원, 궁정, 무덤은 단지 은둔과 도피, 은신의 장소를 숨기기 위한 많은 눈가림에 불과하다.

단지 고립을 보장해준다는 것만이 펠리페가 엘 에스코리알을 선택한 이유는 아니었다. 거기 산 로렌소를 지은 비위투성이의 황량한 산기슭 위에는 산 로렌소 말고는 사람이 살 만한 곳이 없었고, 주변에는 더 이상 뭘 지을 만한 공간이 남아 있지 않았다. 뿐만 아니라 건물 자체가 거대했던 것만큼 펠리페의 계획도 커서, 그는 다양한 활동과 학교, 도서관, 작업장, 병원 등으로 가득 채웠기 때문에, 확대된 히에로니무스파 수도사들의 집회와 축소된 왕실도 겨우 자리할 수 있었을 것이다. 조정(朝廷)이 마드리드나 바야돌리드[71]로 옮겨지자마자 펠리페에게 달라붙어 떼를 쓸 신하들이나 탄원자들, 자기 뜻을 관철시키려는 자들이 머물 만한 공간도 없었다. 그의 예의 없는 사촌들, 귀족들, 그리고 그가 나타나기만을 기다리며 성가시게 구는 종속국들과 동맹국들의 사절단들도 이곳에서는 그에게 호의를 강요할 수도 없었고, 문전에다 살림을 차릴 수도 없었다.

그러나 펠리페는 그 격리된 건물 안에서조차도 더욱 고립되려고 애썼다. 그는 왕의 신분에 어울리지 않는 작은 방들에서 해가 갈수록 더 많은 시간을 보냈는데, 이 방들은 애초부터 사람들이 접근하지 못하게 할 의도로 만든 것이었다. 방들은 매우 작았고, 복도도 너무나 좁아서 많은 사람이 한꺼번에 몰려드는 것은 불가능했다. 사람들의 접근도 쉽게 통제할 수 있었고, 각 방들을 한눈에 볼 수 있었기 때문에 뜻밖의 방문자와 마주칠 일도 없었다. 펠리페는 매우 가정적인 사람이었지만 그의 가족은 다른 곳에 살고 있었다. 또한 펠리페는 수도사들에게 대해 애정과 신뢰를 갖고 있었지만, 성가대석으로 들어갈 때는 비밀 문과 비밀 계단을 통하곤 했다. 심지어 그의 거처로 통하는 공식 출구조차도 폐쇄적이고 은밀했다. 일단 그 안에 들어가면 펠리페는 혼자만의 자유를 누릴 수 있었다. 중세 시대 내내 그랬듯이, 16세기에도 프라이버시는 은자(隱者)가 갖는 당연한 특권이었다. 위대한 사람일수록 삶의 대부분을 많은 사람에 둘러싸여 사는 것이 당연했다. 나이가

---

71) Valladolid. 에스파냐 중북부의 도시

들수록 그에게 수도사 기질이 있다고 사람들이 느끼게 된 것은, 아마도 몸에 밴 그의 경건함 때문이라기보다는 점점 커진 그의 프라이버시에 대한 열망 때문이었을 것이다.

일면 그에게 수도사 기질이 있었던 건 사실이다. 눈이 충혈되고, 삭신이 쑤시고, 손가락이 뻣뻣해지는 고행을 감수하면서 스스로에게 부과한 에스파냐 제국의 서기장 업무를 수행하는 그의 태도에서 진정 수도사의 고행이 느껴진다. 나이가 들면서 펠리페는 이 일을 위해 전통적으로 왕의 오락이었던 사냥과 춤, 향연뿐만 아니라 그가 진정으로 사랑했던 것들, 꽃과 그림, 시골로 가는 소풍, 자식들과 함께하는 시간까지 하나둘씩 포기했다. 또한 통치자로서 매번 중요한 결정을 내릴 때마다 품을 수밖에 없었던 의구심이란 고뇌는 분명 종교적 명상이었을 것이다. 하느님이 왕에게는 다른 사람들보다 더 많은 것을 기대하며, 특히 다른 왕보다도 에스파냐 왕에게 훨씬 더 많은 것을 기대한다고 펠리페가 진정으로 믿었다는 것을 우리는 알고 있다. 그는 자신이 혼자 감당해야 할 엄청난 짐에 대해 의식하고 있었다. 아마도 기도 시간을 알리는 찬송 소리를 들으며 독방 같은 작은 방에서 느끼는 고독은, 홀로 고뇌하는 수도사들에게 필요했던 것만큼, 하느님이 자신에게 무엇을 기대하는지 고민하던 그에게도 꼭 필요한 것이었으리라.

알려진 바에 의하면 펠리페는 그 작은 방 안에서 일주일을 보내는 동안 영국과 관련된 글은 단 한 줄도 쓰지 않았으며, 메리를 위한 장례식에 대해서 고해 담당 신부와 상담한 것을 제외하면 그 누구에게도 자문을 구하지 않았다. 자문할 사람이 더 이상 없었기 때문이 아니었다. 영국의 선동가들이 근 20년 동안이나 에스파냐 침공을 촉구해왔던 데 비해, 펠리페가 영국 침공 계획에 대해 심각하게 고려한 것은 4년 정도밖에 안 되었다. 계획은 그의 머릿속에서, 그리고 방대한 자료들 속에서 명확한 형태를 갖추기 시작했고, 에스파냐 내에서의 준비는 진행되고 있었으며, 여기에 밀접하게 관련된 관리들은 왕의 계획에 대해 현 단계에서 알 필요가 있는 만큼은 이미 알고 있었다. 그러나 과연 언제쯤 다음 단계에 진입할 것인지, 언제쯤 무겁고 더딘 행정 시스템이 전시 태세로 돌입할 것인지에 대해서는 오직 펠리페만이 알고 있었다.

1580년대 초, 펠리페가 포르투갈 군사 원정에서 돌아오고 나서 얼마 뒤, 그리고 엘 에스코리알의 지붕 위에 마지막 타일이 얹히기 얼마 전에, 영국 침공 계획은 확고해지기 시작했다. 포르투갈을 획득함으로써 대서양에서 에스파냐의 힘은 엄청나게 확장되었다. 포르투갈인들은 대양의 개척자였다. 그들은 인도양에서 이집트와 투르크의 전투용 갤리선들을 함포로 괴멸시키고 제해권을 기반으로 제국을 이루었다. 뿐만 아니라 아프리카와 브라질 해역에서도 포르투갈의 갤리언선들은 영역을 침범한 프랑스와 영국, 에스파냐 함대들을 격파했다. 에스파냐의 포르투갈 정복 전쟁의 마지막 국면이었던 아조레스[72] 함락 작전에서도 포르투갈에서 만든 갤리언선들을 지휘한 에스파냐의 제독이 포르투갈의 왕위 승계자가 프랑스의 항구들에서 보충한 함대에 맞서 두 차례나 혁혁한 전과를 올리기도 했다. 이 해전들은 대서양을 주름잡던 함선들 사이에서 벌어졌는데, 에스파냐는 두 번째 전투에서 자신들이 프랑스의 배들은 물론 영국의 배들을 상대로 승리했다고 생각했다. 그 승리에 한껏 고무된, 레판토 해전의 백전노장, 돈 알바로 데 바산

---

72) Azores. 포르투갈 앞바다에 있는 군도

(Don Alvaro de Bazán), 일명 산타 크루스(Santa Cruz) 후작(이하 산타 크루스)은 왕이 한마디 명령만 내리면 영국 해군 전체와 맞붙어보겠다고 큰소리쳤다.

이에 대해 펠리페는 영국 정복에 해군력이 대략 얼마나 필요한지 물었다. 펠리페는 진지하게 실질적인 질문을 한 것이었고, 산타 크루스가 뽑은 최종 견적을 보면 그가 영국의 해군력에 대해 지나치게 평가절하하지 않았음을 알 수 있다. 산타 크루스는 이용 가능한 모든 갤리언선(당시의 전함들)과 가능한 한 규모가 크고 중무장한 상선을 포함해 큰 배 150척, 비축과 보급을 위한 우르카 선박(대형 화물선) 40척, 전령과 정찰, 추적을 위한 무장 쾌속 순양선을 비롯한 각종 보조 선박 320척 등 총 510척과 그 외에 갤리선 40척, 갤리아스선 6척, 총 3만 명의 선원과 6만 4천 명의 군대를 요구했는데, 이것은 지금껏 유럽의 바다에서는 본 적이 없는 엄청난 규모의 해군력이었다. 또한 이러한 군수물자와 더불어 화승총, 갑옷, 창, 화약, 포탄, 밧줄, 닻, 비스킷, 쌀, 기름, 절인 생선 등 8개월 동안의 군사작전에 필요한 모든 것을 계산에 넣었는데, 산타 크루스는 겨우 380만 더컷으로 이 모든 것을 구입할 수 있을 것이라고 계산했다. 그 이후로 펠리페가 매년 선박과 군수품을 사들이는 데 쏟아부은 돈으로 판단해보면, 산타 크루스는 차라리 3800만 더컷이라고 말하는 편이 더 나았을 것이다. 물론 그것도 충분하지는 않았지만 말이다. 그러나 다른 모든 재정 부담과 점점 늘어나는 부채의 압박 때문에 380만 더컷이든 3800만 더컷이든 어차피 펠리페가 감당할 수 있는 한계를 넘어선 금액이었다. 뿐만 아니라 더 많은 돈을 퍼붓는다고 해도 그 모든 함선을 준비하려면 몇 년이 걸릴지 장담할 수 없는 상황이었다. 산타 크루스가 요구하는 500여 척의 배를 모으자면 에스파냐와 이탈리아에 있는 항구의 배가 모두 바닥날 지경이었다. 수행해야 할 임무에 비추어 보면 그의 계산은 타당한 것이었지만, 경제적 현실 면에서 보면 터무니없는 것이었다.

펠리페는 수중에 또 다른 견적서를 가지고 있었는데, 그것은 최고의 해군 제독이 제시한 것과 비교하기 위해 가장 뛰어난 육군 사령관에게서 받은 견적서였다. 산타 크루스는 전군이 자신의 지휘 아래 해군 병력으로 통합되어 에스파냐에서 출항하기를 원했다. 그러나 파르마는 유리한 조건만 충족된다면 해군력은 전적으로 배제하는 게 좋다는 입장이었다. 파르마는 보병 3만 명과 기병 4천 명만 있으면 영국 가톨릭들의 도움을 받아 충분히 그 임무를 수행할 수 있으리라고 생각했다. 바람과 조류만 도와준다면 벨기에 서부에 있는 뉴포르(Nieuport)와 북프랑스에 있는 됭케르크(Dunkirk)에서 바지선을 이용해 하룻밤 사이에 모든 병력을 영국에 상륙시킬 수 있다는 생각이었다. 나중에 나폴레옹 보나파르트와 아돌프 히틀러도 이와 똑같은 생각을 하게 된다. 파르마는 자신의 계획이 성공하자면 반드시 완벽한 기습작전이 되어야 한다는 조건을 달았다. 그러나 어떤 방법으로 34,000명의 병력과 700에서 800척에 이르는 바지선이 플랑드르 해안에 집결하는 것을 영국인들이 눈치채지 못하게 할 것인지에 대해 파르마가 언급한 기록은 어디에서도 찾을 수 없다. 아마도 파르마는 작전이 시작되면 영국 함대가 나타나 앞을 막더라도 네덜란드에 있던 증원군이 즉시 달려올 테니 별 문제가 되지 않을 거라고 생각했을 수도 있다. 펠리페는 그 맹점을 파악하고 있었다. 그는 파르마의 계획서 중에서 완벽한 기습의 필요성을 강조하고 있는 부분에 이렇게 휘갈겨 써놓았다. "거의 불가능함!"

그의 가장 뛰어난 두 지휘관이 제출한 계획서를 바탕으로 펠리페는 독자적인 계획을 수립했다. 이 계획에 의하면 파르마는, 아마도 그가 요청한 병력에는 못 미치겠지만, 이탈리아에서 육로로 증원 병력을 받도록 되어 있었다. 공격 시기가 다가오면 파르마는 군대와 바지선을 이끌고 플랑드르 해안에서 명령을 기다리게 될 것이다. 한편 산타 크루스는 리스본에서 전투함대, 즉 영국 해군과 맞서 싸우고 막강한 에스파냐 보병부대를 호송하거나 호위하기 위한 무적함대를 모집할 것이다. 에스파냐 함대는 영국을 향해 항해하다가 영국해협으로 진격하게 될 것이다. 파르마의 군대가 출항하면 에스파냐 함대는 파르마의 바지선들과 합류하여 그들을 템스 강 입구의 공격 지점까지 호위해줄 것이었다. 일단 파르마의 바지선들을 안전하게 호위하고 에스파냐에서 이끌고 온 보병들을 영국에 상륙시킨 다음에, 산타 크루스는 파르마가 필요한 경우 언제든 해상으로 연락을 취할 수 있도록 대기하게 될 것이다. 영국 함대가 싸움을 걸어오거나 상황이 유리하게 돌아갈 경우에는 적과 맞서 싸워 무찔러야겠지만, 어디까지나 에스파냐 함대의 주요 임무는 상륙 군대를 안전하게 호위하는 것이 되어야 한다. 산타 크루스가 이 계획을 제대로 이해했는지에 대해서는 알 수 없지만, 파르마는 완전히 이해하고 있었다. 마치 멘도사가 적어도 메리가 죽기 반년 전부터 자신의 역할과 관계된 모든 것을 이해하고 있었듯이 말이다.

여러 측면에서 이것은 훌륭한 계획이었다. 우선, 영국의 힘이 분열되지 않고서는 그 정도 규모의 침략군으로는 섬 전체를 정복하기 힘들겠지만, 파르마의 계획과는 달리 영국 가톨릭들에게 크게 의존하지 않았다. 전체 침공 병력을 에스파냐에서 이끌고 오는 대신, 바로 해협 건너편에 주둔하고 있는 파르마의 베테랑 군인들을 이용하고자 한 것도 경제적인 생각이었다. (산타 크루스가 요구한 병력을 파르마가 전부 조달할 수 있거나 이를 수송할 선박들을 모두 구할 수 있다면!) 또한 육상 전투에서는 대적할 자가 없는 파르마의 능력을 활용하자는 것도 매우 바람직했다. 동시에 펠리페는 파르마에게 해상 연락망과 퇴각 수단을 남겨둠으로써, 영국을 정복하느냐 아니면 그의 전체 병력을 잃느냐 하는 무모한 도박을 피할 수 있을 것이었다. 또한 함대의 역할을 축소하고 단순화함으로써, 당장 끌어 모을 수 있는 해군력만으로도 그 역할을 충분히 감당하리라 기대할 수 있었다. 물론 이것은 실수나 돌발적인 사고의 가능성을 거의 배제한, 매우 까다롭고 다소 유연하지 못한 계획이었다. 그러나 지휘관들의 실력과 충성심을 믿고 있던 펠리페에게는 이것이 최선의 계획처럼 생각되었을 것이다.

그럼에도 불구하고 아직까지는 에스파냐가 출정에 필요한 모든 준비를 갖출 수 있을지에 대해서는 회의적인 분위기가 감돌았다. 상당한 양의 비스킷과 말린 생선, 범포(帆布)와 삭구(索具)에 대한 계약이 진행되고 있었고, 보병 병력을 새로이 모집하고 있었으며 기존의 병력도 재정비해 최상의 전력을 갖추었다. 독일과 이탈리아에서는 펠리페의 대리인들이 대형 함포와 대포, 컬버린포 등은 물론 소형 무기에 불과한 소총과 머스킷에 이르기까지 함선에 실을 수 있는 놋쇠나 철로 만든 것은 전부 구하고 다녔다. 안달루시아73)와 비스케이의 항구들은 작전에 투입되도록 용선 계약을 했거나 압력을 받아 라구사, 나폴리, 제노바, 프랑스, 덴스커, 한자74) 등에서 보내온 잡다한 선박들로 혼잡을 이루었다. 리스본에서는 새로 건조한 갤리언선에 돛대가 세워졌고, 낡은 배들의 수리가 끝났다. 그러나 아직까지 함선들 대부분에는 함포와 승무원이 배치되지 않았다. 해안 여기저기에서 벌어지고 있

---

73) 대서양과 지중해에 면한 에스파냐 남부 지역

74) 독일의 북부 도시들과 외국에 있는 독일의 상업 집단으로 상호 교역의 이익을 지키기 위한 조직

던 이 소란으로 무언가 대단한 일이 준비되고 있음을 충분히 짐작할 수는 있었지만, 아직까지는 영국과 운명을 건 결투를 곧 벌이게 될 거란 긴장감은 거의 느낄 수 없었다. 그해 봄에 마드리드에 주재하고 있던 이탈리아 대사들, 즉 베네치아와 제노바, 피렌체의 대사와 교황이 보낸 두 명의 사절은 이것이 영국 침공을 위한 준비인지 아닌지에 대해 결론을 내리지 못하고 있었다.

어쩌면 펠리페 역시도 아직 결심을 못 하고 있었는지도 모른다. 영국의 도발은 이미 그를 자극하기에 충분했다. 드레이크는 무례하게도 에스파냐의 해안과 서인도제도를 공격했고, 네덜란드에는 레스터의 군대가 주둔하고 있었으며, 영국 내 가톨릭들의 상황은 악화되고 있었다. 영국에서 엘리자베스의 이복 언니인 메리 튜더와 결혼한 이래로 펠리페는 영국 가톨릭들에게 특별한 책임감을 느끼고 있었다. 교황은 그에게 행동을 권유했고, 영국인 망명자들은 서둘러달라고 간청했으며, 그의 자문위원 중에서도 주전파(主戰派)가 우세했다. 자신이 언젠가 글로 썼던 것처럼, 아마도 펠리페는 단지 이처럼 중요한 일에서는 신중하게 발걸음을 내딛는 게 더 낫다는 이유로 일의 진행을 늦추고 있었을 것이다.

또 한편으로는, 영국 침공과 관련된 많은 것이 펠리페를 망설이게 했을 것이다. 우선 비용 문제가 걸렸다. 멕시코와 페루에서 캐 오는 은을 전부 쏟아부어도 매년 부채는 늘어만 갔다. 해마다 그에게 들어오는 세입 중 일부는 저당을 잡혔으며, 네덜란드에서 밑 빠진 독에 물 붓듯 새어 나가는 현금에 대한 이자율은 계속 높아만 갔다. 한때 호르무즈와 인도의 부를 독점하고 있었던 부국으로 소문난 포르투갈도 실상 에스파냐보다 나을 것이 없거나 더 심각한 상태로, 파산 직전에 놓여 있음이 밝혀졌으며, 펠리페는 해군이 육군보다 더 비용이 많이 든다는 점을 알고 있었다.

비용보다 훨씬 더 심각한 문제는 불확실성이었다. 어떤 전쟁이든 위험이 따를 수밖에 없으며, 그래서 신중한 사람은 전쟁을 끔찍이 싫어하는 것이다. 펠리페는 자신이 절대로 전쟁을 추구하지 않았으며, 방어를 위해서가 아니면 결코 싸우지 않았고, 한 번도 이웃 나라를 강탈하거나 억압하기 위해 자신의 힘을 사용한 일이 없었다고 믿고 싶었다. 파슨스 신부는 펠리페에 대해 이렇게 경멸적인 말을 쓴 적이 있었다. "그는 마치 불에 덴 적이 있는 어린아이가 불을 무서워하듯 전쟁을 두려워한다." 특히 펠리페는 영국과의 전쟁을 두려워했다. 펠리페는 한때 자기의 아내였던 메리 튜더가 왕이었던 나라에 대해서 잘 알고 있었고, 자신의 계획, 또는 그 어떤 전쟁 계획이라도 결과를 예측할 수 없는 도박의 요소가 수반된다는 사실을 충분히 이해하고 있었다. 영국을 정복하는 것이 얼마나 쉬울지 주장한 문서들의 가장자리에 그는 적어도 한 번 이상 짧게 "터무니없음!"이라고 휘갈겨 적기도 했다. 그가 메리 튜더의 남편이었을 무렵 한번은 이런 글을 쓰기도 했다. "영국은 지금과 마찬가지로 앞으로도 영원히 해상에서 강력한 세력으로 남을 것이다. 왜냐하면 왕국의 안전이 바로 여기에 달려 있기 때문이다." 가장 경험이 많은 그의 함장들이 보고했듯이 영국은 전부터 해상에서 강한 전력을 유지해왔으며, 이들과 맞서고자 한다면 위험을 감수해야만 했다.

또한 영국 침공 작전이 성공해 승리하더라도 오히려 패배할 때보다 훨씬 더 큰 위험이 뒤따를 것처럼 보였다. 만일 그의 군대가 영국을 정복할 때까지 메리 스튜어트가 살아 있다면, 그녀가 영국의 여왕이 되어야 할 것이다. 적어도 메리는 가톨릭이었다. 최근까지 그녀는 펠리페의 환심을 샀고, 아마도 그에게 정말로 감사할지도 모른다. 그러나 메리의 정신은 프랑스인의 것이었고, 펠리페는 부왕에게서 영국과 프랑스의 연합이 그의 왕조에 최대의 위협이 된다는 점을 배웠다. 에스파냐가 돈을 들이고 피를 흘려서 결국 프랑스 왕이 다시 유럽에서 가장 강력한 왕이 된다면 애통한 아이러니가 아닐 수 없을 것이다. 비록 영국에 신앙을 복구하기 위함이라고는 하지만, 과연 하느님이 그렇게 많은 것을 요구하신단 말인가?

이제 적어도 그런 위험은 사라졌다. 펠리페에게 이 문제가 얼마나 중요했는지 알 수는 없으며, 멘도사가 보낸 편지를 읽고 고민을 하면서 무엇을 생각했는지도 알 수 없다. 우리가 알 수 있는 것은, 며칠 동안이나 그의 펜이 서류에 거의 닿지도 않고 그의 비서들이 아무 일도 하지 못하고 대기하고 있다가, 느닷없이 3월 31일에 엘 에스코리알의 비밀스러운 심장이 고동치기 시작했다는 사실이다. 짧은 공문들이 정신없이 하달되었다. '산타 크루스는 봄이 다 가기 전에 출항 준비를 마치도록 하라. 카르타헤나와 말라가[75]에 있는 선박과 비축 물품들을 서둘러서 리스본으로 보내라. 비스케이의 조선소에 그들이 요구한 25,000이스쿠두를 선금으로 주고, 서둘러서 배를 건조하게 하라! 바르셀로나의 갤리선 군수 공장들에 있는 무기들과 비축 물품들을 검토하고 대서양 함대가 전투 준비를 갖추는 데 필요한 것은 여유가 있는 대로 다 제공하도록 하라.' 비슷한 명령이 나폴리에도 내려졌으며, 제노바에서 오기로 되어 있던 초석[76]의 운반이 왜 지연되고 있는지 추궁하는 공문도 발송되었다. 파르마에게 보내는 짤막한 비밀서신에서 펠리페는 이미 합의

---

75) 지중해의 항구도시들
76) 화약의 원료

된 계획들이 최근의 사건들로 인해 매우 빠른 속도로 실행될 것이라고 전했다. 멘도사에게 보낸 편지 또한 이 정도로 짤막했다. 멘도사가 맡은 임무는 파리 주재 스코틀랜드 대사를 찾아가 메리의 죽음에 대해 위로의 말을 전하는 것이었다. 다른 문제들에 대해서는 새로운 지침이 없었는데, 아마도 멘도사는 이를 자신의 조언이 받아들여진 것으로 여겼을 것이다.

같은 날 밤 펠리페는 좀 더 분명한 어조로 쓴 두터운 편지 뭉치를 로마로 보냈다. 펠리페는 파르마와 멘도사에게 보내는 편지를 위그노들이 가로챌 수도 있다는 점을 결코 간과하지 않았다. 그들은 아무리 성스러운 봉인일지라도 서슴없이 찢을 것이고, 난해한 암호문도 금방 해독해낼 것이다. 그러나 로마로 보낸 행낭은 그런 위험에서 자유로웠다. 그래서 로마로 보내는 행낭에는 카라파 추기경에게 전하는 진심이 담긴 인사장과 펠리페가 아직 읽어보지 않은 편지에서 복종을 약속한 윌리엄 앨런에게 전하는 상세한 지침들 외에도, 올리바레스 대사에게 보내는 편지와 문서들이 가득했다. 올리바레스의 임무는 교황한테서 즉시 대부를 받을 수 있도록 다시 힘을 쓰는 것이었다. 그리고 프랑스의 왕 앙리는 믿어서는 안 된다는 점을 교황에게 상기시켜야 했다. 또한 펠리페의 영국 왕위 요구가 정당함을 입증하는 모든 서류들을 교황에게 보여주며 그를 영국 왕으로 인정하는 은밀한 약식 임명식을 요구할 것이다. 물론 펠리페는 영국 왕위를 자신의 딸에게 물려줄 것이다. 그는 왕국을 더 갖고 싶은 욕심이 없었다. 그러나 스코틀랜드의 여왕이던 메리의 비참한 죽음으로 인해 그는 그 어느 때보다 더 열성적으로 영국 침공을 추진하게 되었던 것이다.

명백하게 교황청에 보일 의도로 쓴 또 다른 편지도 있었다. 그 편지에서 펠리페는 이렇게 썼다. "나는 [메리 스튜어트의 죽음을] 매우 슬퍼하고 있습니다. 왜냐하면 그녀는 그 나라들[영국과 스코틀랜드]을 다시 가톨릭 신앙으로 이끌 가장 적합한 도구가 되었을 것이기 때문입니다. 그러나 지혜로우신 하느님께서 다른 식으로 운명을 정하셨으므로, 당신이 뜻하시는 바를 이루시기 위해 다른 도구를 세우실 것입니다." 이것이 바로 펠리페의 고독한 명상이 낳은 최종적인 열매였다고 이해해도 될 것이다. 그 열매의 힘으로 펠리페는 닥쳐올 갖가지 시련을 이겨낼 수 있었고, 다른 사람이 주저하고 뒷걸음질을 치더라도, 마치 어떤 환영에 이끌린 사람처럼, 몽유병자처럼 계속 흔들림 없이 전진할 수 있었던 것이다. 아마도 펠리페는 결정을 내리면서 멘도사가 보낸 편지의 한 구절에 다시 눈을 돌렸을 것이다. "따라서 폐하께 이 두 왕국의 왕위를 물려주시는 것이 명백한 하느님의 뜻인 듯합니다."

8장_"바람이 나에게 떠날 것을 명령한다"

런던과 플리머스, 1587년 3월 25일~4월 12일

펠리페가 엘 에스코리알의 은거지에서 메리의 죽음이 가져올 결과에 대해 숙고하는 동안, 영국에 있는 그리니치 궁의 한 귀퉁이에서는 펠리페만큼 고민을 하지 않고도 신이 지상에서 자신에게 부여한 임무에 대해 확신하고 있는 한 뱃사람이 초조하게 서성거리고 있었다. 그는 펠리페보다 훨씬 오래 전부터 두 나라 간의 전쟁이 바로 명백한 신의 뜻임을 깨닫고 있었다. 에스파냐 왕과 마찬가지로 프랜시스 드레이크는 지상에서 그가 수행해야 할 핵심 사명을 자신의 아버지한테서 배웠다. 그의 아버지는 비록 영국 데번셔[77] 에 있는 한 교구의 예비 목사에 불과했지만, 펠리페가 신성로마제국의 황제

---

77) Devonshire. 영국 남서부 데번 주의 구칭

이던 부왕의 말을 가슴 깊이 간직했듯이 드레이크 또한 부친의 말을 가슴에 새기고 있었다. 펠리페와 드레이크는 성격과 기질은 많이 달랐지만, 자신들이 품고 있던 근본적 확신에 대해 의심하지 않고 경건하게 따랐다는 점에서는 매우 비슷했다.

드레이크는 평신도 설교사였던 아버지, 에드먼드 드레이크(Edmund Drake)에게서 청교도 신앙의 기본을 배웠다. 그는 세상에서 일어나는 모든 일은 하느님의 뜻에 의한 것이라고 믿었다. 그리고 하느님께서 분명히 뜻하시는 한 가지는 로마교황과 그가 이룬 모든 것을 전부 멸하는 것임을 확신했다. 그러므로 로마교회와 그 신봉자들에 대한 확고한 적개심이야말로 자신이 하느님의 편에 있으며, 하느님이 선택한 사람 중 하나라는 것을 증명하는 확실한 징표라고 생각했다. 그렇기 때문에 에스파냐 왕을 상대로 개인적인 전쟁을 벌일 때에도 자신이 마치 구약성서 속의 영웅처럼 최고의 후원 아래 우상숭배자들을 결딴내고 있다는 그의 확신에는 결코 흔들림이 없었다.

그러나 드레이크가 개인적으로 에스파냐와 벌인 전쟁 자체는 누구에게서 물려받은 것도 아니었고, 공적 또는 종교적 의무감과 같은 추상적인 동기에서 시작된 것도 아니었다. 그것은 마치 구약성서에 나오는 필리스티아 사람들에 맞선 삼손의 사적인 전쟁처럼 마음 깊이 자리하고 있던 개인적인 불만에서 터져 나온 것이었다. 젊은 시절 드레이크는 부유한 무역상인 존 호킨스(John Hawkins)와 함께 산 후안 데 울루아[78]의 항구에 있었는데, 존

---

78) San Juan de Ulúa. 멕시코에 있는 요새

호킨스의 무장상선들이 함정에 빠져 뉴에스파냐[79] 함대의 공격을 받고 무참히 패한 적이 있었다. 드레이크는 피신했다가 생존자들과 함께 물이 줄줄 새는 소형 범선[주디스호] 한 척을 타고서 플리머스로 돌아왔는데, 그 배를 타고 함께 돌아온 이들이 그가 아는 유일한 생존자들이었다. 호킨스도 유일하게 남은 다른 한 척의 배를 타고 탈출해 구사일생 영국으로 돌아왔는데, 그 전투의 결말에 대해 한 말은 "그날 밤 주디스(Judith)호는 끔찍한 고통 속에 우릴 남겨두고 떠나갔다."는 것이 전부였다. 호킨스는 드레이크를 비난하지는 않았지만, 드레이크는 사람들이 에스파냐 군대가 두려워 함장을 버렸다고 자신을 욕할 것이며, 자신의 명예가 땅에 떨어졌다고 생각했다. 확실한 것은, 그가 재정적으로 엄청난 손해를 입었다는 점이었다. 자신이 모은 얼마 안 되는 돈을 그 항해에 투자했다가 전부 날려버린 것이다.

바로 다음 해부터 드레이크는 자신이 입은 금전적 손해와 실추된 명예를 회복하는 일에 착수했다. 불명예스럽게 플리머스로 돌아온 이래로 18년 동안 그는 몇 차례 대단한 성과를 거두고 귀국한 적이 있었다. 첫 번째 금의 환향은 1573년 8월 어느 일요일에 있었는데, 당시 그는 소수의 데번셔 출신 젊은 선원들과 함께 탈취한 에스파냐 프리깃함[80]을 타고서 놈브레 데 디오스[81]의 입구에서 금을 가지고 고향에 돌아왔다. 가장 큰 성과를 거뒀던 것은, 1580년 가을 골든 하인드호를 기선으로 한 소함대를 이끌고 레임

---

79) 남미, 중미, 서인도제도 등의 옛 에스파냐령

80) 상하의 갑판에 28~60문의 대포를 갖춘 쾌속 범선

81) Nombre de Dios. 중미 파나마의 산 블라스 만 지역

헤드[82]를 떠나 세계 일주를 하다가 에스파냐 배들과 태평양 여러 지역을 약탈한 뒤 영국으로 돌아온 날이었다. 이 항해를 통해 얻은 금과 은, 보석, 향료, 비단 등으로[83] 항해 투자가들에게 4,700퍼센트의 배당금을 지불하고 엘리자베스에게 그 이상의 양을 바쳤으며, 자신도 막대한 수익을 손에 쥘 수 있었다. 최근에는 강력한 소함대를 이끌고 이베리아 반도의 항구 여기저기에서 에스파냐 왕에 대한 도발을 감행했으며, 서인도제도에서 에스파냐 상선들과 항구를 기습 공격했다. 영국의 무역상들은 1파운드당 5실링의 손해를 보았기 때문에 이 항해를 실패작으로 여겼으나, 이러한 사실도 에스파냐인들에게는 그리 위안이 되지 못했다. 1586년에 페루와 멕시코에서 수탈한 은이 전혀 대서양을 건너지 못하는 바람에 세비야의 일부 대상(大商)들은 파산 직전에 몰렸고 펠리페의 은행가들은 당황하여 쩔쩔매고 있었다.

엘리자베스는 최근 있었던 드레이크의 몇 차례 항해에 자신의 배들을 빌려주고 수익에서 왕실의 지분을 챙겨 갔지만, 그 얘기만 나오면 항상 자신은 드레이크의 계획에 대해서 알지도 못했고 그의 행동에 대해 책임이 없다고 발뺌했다. 엘리자베스의 이러한 태도 때문에 에스파냐 측은 드레이크를 해적으로 여기게 되었다. 그러나 드레이크는 자신이 에스파냐 왕과 전쟁을 하고 있다고 생각했다. 자신의 이름으로 펠리페 왕에게 도전장을 보낸 적도

---

82) Rame Head. 콘월 동남쪽에 있는 높은 언덕으로, 항해를 떠나던 영국인들이 마지막으로 보는 영국 땅으로 생각한 곳
83) 약 6톤, 360,000페소 상당의 보물을 탈취

여러 번 있었다. 드레이크에게 이 두 사람 사이의 전쟁은 산 후안 데 울루아에서 공격을 받으면서 이미 시작된 것이며, 둘 중 하나가 죽거나, 아니면 자신이 병들고 부상당한 부하들과 함께 거의 다 부서진 작은 배 주디스호를 타고서 플리머스 항으로 '기어서' 돌아왔을 때 느꼈던 만큼의 치욕을 에스파냐 왕에게 안겨줄 때까지 그 전쟁을 계속할 작정이었다.

한 개인이, 그것도 한낱 기사 따위가 기독교계에서 가장 강력한 왕과 대적하여 전쟁을 벌이겠다는 발상은 중세 기사의 모험소설에나 나올 법한 것이었다. 16세기의 현실 세계에서는 그런 발상을 하는 사람을 당연히 돈키호테처럼 미쳤다고 생각했을 것이다. 그러나 분명 미친 사람은 아니었음에도 불구하고 드레이크 자신이 그런 일이 가능하다고 믿을 수 있었던 것은, 평범한 정상인의 범주를 뛰어넘는 지독하리만큼 강한 자신감이 그의 천성이었기 때문이다. 그런데 놀라운 점은 유럽 전체가 드레이크의 시각을 받아들이기 시작했다는 사실이다. 온갖 수다쟁이들과 팸플릿의 필자들, 심지어 유능한 정치가와 외교관들조차도 에스파냐와 영국 사이의 해전을 마치 펠리페 왕과 프랜시스 드레이크가 벌이는 개인적인 결투인 양 얘기하기 시작했던 것이다. 독일과 스칸디나비아의 프로테스탄트 군주들, 위그노 영주들, 그리고 에스파냐를 적으로 삼고 있던 다른 모든 세력은 이미 1581년부터 드레이크의 초상화를 얻기 위해 영국에 사람을 보내기 시작했다. 곧, 다부진 체격과 넓은 어깨, 싸움꾼다워 보이는 뻣뻣한 갈색 턱수염, 혈색 좋고 쾌활해 보이는 얼굴, 태연하게 앞을 응시하는 크고 선명한 푸른 눈을 지닌 드레이크의 모습은 줄곧 그들과 함께 있었던 것처럼 친숙해졌다. 나중에 영국과 에스파냐의 해군이 영국해협에서 맞붙었을 때 독일과 프랑스, 에스파냐와 이탈리아 사람들은 마치 영국 해군 함대가 드레이크와 다름 아니라는 듯 그의 이름을 썼다. "일요일에 드레이크가 목격되었다. (……) 드레이크가 엄청나게 많은 배를 침몰시켰다. (……) 드레이크가 많은 수의 배를 잃었다. (……) 드레이크는 와이트 섬을 떠났다. (……) 드레이크가 칼레 앞바다에 나타났다. (……) 드레이크가 패했다. (……) 드레이크가 승리했다." 마치 엘리자베스 여왕의 함대에는 드레이크 외에 다른 사령관이 전혀 없는 듯, 심지어 그 함대가 여왕의 것이 아닌 듯 온통 드레이크의 이름뿐이었다. 이미 밀정들과 서기들도 영국 함대의 움직임이 이 낯선 해적의 변덕에 좌우되는 것처럼 적고 있었다. "드레이크가 병력을 모으고 있다. (……) 드레이크가 매복해서 주력함대를 급습하려고 한다. (……) 드레이크가 브라질을 불시에 습격할 것이다."

런던에서 그리니치로, 그리니치에서 그레이브젠드로, 그리고 또다시 런던으로 분주히 오가는 동안 드레이크는 사람들 사이에 퍼진 이 믿음이 사실이기를 진심으로 소원했을 것이다. 드레이크는 선원들의 말과 남쪽에서 들려오는 소문들을 통해 에스파냐에서 거사를 위한 준비가 한창이라는 사실을 알게 되었고, 그의 친구이자 후원자인 엘리자베스의 국무장관 프랜시스 월싱엄 경으로부터 그에 대한 자세한 이야기를 전해 들었다. 드레이크는 카리브 해에서 펼친 작전을 통해 배웠듯이 기습공격을 통해 에스파냐의 전쟁 준비를 방해하는 법을 자신이 알고 있다고 생각했다. 이번엔 그의 개인적인 전쟁이 영국 전체의 전쟁이 될 것이며, 자신이 충분히 강력하고 신속하게 공격할 수만 있다면 에스파냐 왕의 원대한 계획은 그의 무직함내가 돛을 올리기도 전에 산산조각이 날 거란 생각이었다. 그러나 그녀 주변의 남자들이 아무리 자주 그 사실을 유감스러워했더라도, 영국은 한 여성이 통치하는 나라였고, 엘리자베스 여왕의 명령이 떨어지지 않으면 함대는 출항할 수 없었다. 3월도 다 지나고 있었고, 드레이크는 몇 달째 그 명령이 떨어지기만을 기다리고 있었다. 한때는 엘리자베스가 하루에 아홉 번이나 그의 알현을 허락한 적도 있었다. 그러나 이젠 몇 주 동안이나 그녀의 얼굴도 못 본 채 기다림이 계속되고 있었다.

드레이크의 전기 작가들은 드레이크가 서인도제도 항해에서 돈을 벌어오지 못하고 허비만 하고 돌아왔기 때문에 엘리자베스가 그에게 화가 나 있었다고 설명한다. 그녀가 실망한 것은 당연했다. 1586년의 겨울에는 이런 저런 일들로 인해 평소보다 많은 돈이 필요했기 때문에, 아마도 엘리자베스는 카리브 해에서 드레이크가 운 좋게 보물을 실은 상선들을 노획해서 자신에게 많은 이익을 가져다주기를 바랐을 것이다. 그러나 당시 엘리자베스의 대신들은 그런 이유보다는, 그녀가 스코틀랜드 여왕의 운명에 대해 너무나 고심했고, 그다음엔 메리의 처형 때문에 이성을 잃을 정도의 슬픔과 분노에 휩싸여 있어서 다른 사소한 문제들은 돌아볼 겨를이 없었다는 설명에 마음이 더 기울었다.

아마 이 두 가지 설명 모두 상당히 진실을 담고 있을 것이다. 메리가 처형된 지 한 달이 지난 후에도 엘리자베스는 여전히 깊은 슬픔에 잠겨 우울해했으며, 걸핏하면 대신들에게 성질을 부렸고, 관례적인 오락 활동마저 멀리하고 있었다. 이즈음에 스코틀랜드인들의 분노는 더 잦아들어 있었고, 엘리자베스가 보여준 비탄의 모습은 프랑스인들에게 긍정적인 인상을 주기 시작하고 있었다. 여왕은 에스파냐와 프랑스, 또는 에스파냐와 스코틀랜드의 동맹 가능성을 차단하기 위해 최선을 다할 필요가 있었다. 그러는 동안, 어쩌면 에스파냐의 공격을 최소한 지연시킬 수 있을지도 모를 일이었다. 2월 말과 3월에 걸쳐 여왕은 슬픔이 좀 가셨는지, 월터 롤리[84)가 잡아온 에스파냐의 죄수를 시켜 자신이 1월에 에스파냐 왕에게 직접 했던 제안에 더해, 다시 적절히 우회적인 통로를 통해서 추가적인 제안을 하기도 했다. 또한 얼마나 많은 대신들이 이 사실에 대해 알고 있었는지 확실하진 않지만, 이와 동시에 엘리자베스는 파르마와 조심스럽게 협상을 계속 진행했다. 모든 상황을 파서링게이에서 도끼가 내려쳐지던 날 이전의 불안한 균형 상태로 되돌릴 수만 있다면, 그 과거의 불확실성을 회복하기 위해 최선을 다하려고 했을 것이다.

한편, 보다 실현 가능성이 높은 기회가 간과될 수는 없었다. 에스파냐는 세 전선에서 영국을 위협하고 있었다. 우선, 네덜란드가 있었다. 파르마의 군대가 플랑드르 해안을 점령하려 하고 있었으므로, 네덜란드인들에게 엘리자베스가 필요한 만큼이나 그녀에게도 네덜란드인들이 필요했다. 엘리자베스는 지금껏 네덜란드의 반란군 지도부가 무례하고 인색했다고 생각했다. 영국 파견군은 지금까지는 군사적으로나 재정적으로나 대 실패작이었다. 그러나 어떻게든 굶주리고 있는 영국 군대를 위해 더 많은 돈을 구해야 하고, 네덜란드인들에게 다시 확신을 줘야 하며, 동맹을 재건해야 한다. 비록 메리가 처형된 후 여전히 시무룩하고 화가 나 있긴 했지만, 엘리자베스는 그다음 달 중에 시간을 내어 이 문제들을 살피기 시작했다.

또한 그녀는 시간을 내어 두 번째로 가장 위험한 곳인 프랑스에 대해서도

---

84) Walter Raleigh. 1552?~1618. 영국의 군인, 탐험가, 시인, 산문작가. 위그노전쟁에 참가하고 아일랜드 반란을 진압한 공으로 기사 작위를 받았다. 북아메리카를 탐험, 플로리다 북부를 '버지니아'로 명명하고 식민을 행했으나 실패했다.

주의를 기울였다. 프랑스의 왕 앙리 3세는 비참한 실패만 거듭하다가 하나의 외교적 성공을 거두었다. 그것은 아무도 그를 당연히 자기편이라고 여기지 않았다는 점이었다. 어느 쪽이든 그를 전혀 신뢰할 수 없는 사람이라고 생각했다. 멘도사와 펠리페는 앙리가 에스파냐 함대의 공격 출항 날짜에 맞춰 영국과 나바르[85]와 손을 잡을 가능성이 높다고 믿었다. 반면 스태퍼드와 월싱엄, 아마도 엘리자베스 자신도 그가 언제든 에스파냐와 기즈 가와 결탁할지 모른다고 우려했다. 한 가지 점에서만큼은 영국과 에스파냐 정치가들의 생각이 같았다. 그것은 프랑스 왕은 무력을 사용해 다뤄야 한다는 생각이었다. 에스파냐는 가톨릭동맹을 무력의 수단으로 삼았다. 엘리자베스 내각의 주전파들은 독일의 신교도 군대를 활용해 프랑스 내 위그노 세력을 강화하는 방법을 선호했다. 엘리자베스는 어쩌면 이번만큼은 돈이 아니라 종교적인 목적을 위해서 싸우도록 독일 군주들을 설득할 수 있지 않겠느냐고 안타까운 어조로 말했지만, 그녀도 그게 정말로 가능하리라 믿지는 않았을 것이다. 그녀는 한숨을 쉬면서 5만 파운드의 보수금을 지불하는 데 동의했다. 그리고 독일 군주들이 요구하는 금액이 10만 파운드로 올랐을 때에 잠시 주춤하기는 했지만 계획을 철회하지는 않았다. 더불어, 엘리자베스는 무리를 해서라도 빈털터리인 위그노 지도자 나바르에게 더 많은 돈을 보내려고 애썼다. 월싱엄이 모든 신교도의 공동의 목적이 중요하다고 역설했지만, 엄청난 비용을 지불할 수밖에 없는 여왕의 쓰라린 속을 달래지는 못했다. 그러나 그녀는 현재와 같이 위험한 상황에서는 계속 프랑스를 자국에서 정

---

85) Henry de Navar. 앙리 드 나바르. 앙리 4세. 재위 1589~1610. 부르봉 왕가의 시조이다.

신없게 만들 수만 있다면 그만한 대가를 지불할 만하다는 점을 인식하고 있었다.

그럼에도 가장 심각한 위협, 해상을 통한 에스파냐의 공격 위협을 피하는 문제는 여전히 풀어야 할 숙제였다. 영국이 해상 공격에 대해 무방비 상태였던 것은 아니었다. 16세기에 전시도 아닌데 전투함대를 계속 배치하는 국가는 어디에도 없었지만, 엘리자베스의 해군은 존 호킨스 덕분에 그 어떤 국가보다 더 전투태세가 잘 갖춰져 있었고, 가장 저렴한 가격에 건조되고 수리된 우월한 함선들을 보유하고 있었다. 경험 많은 엘리자베스의 함장들은 어디에서 마주치건 에스파냐군을 무찌를 수 있다고 자신했지만, 에스파냐 근해에서건 영국해협에서건 전면적인 해상 전투는 위험부담이 너무 크고 비용도 많이 들 것이었다. 프랜시스 드레이크는 그보다 더 부담이 적은 방법을 자신이 알고 있다고 생각했으며, 자신이 에스파냐의 해안을 급습함으로써 에스파냐군을 그들의 항구에 묶어둘 수 있다고 호언장담했다. 엘리자베스는 형부였던 펠리페를 더 자극하는 것에 대해서도 주저했고, 꼭 써야 할 곳이 아니면 돈을 한 푼도 더 쓰지 않으려 했다. 또한 여왕은 드레이크처럼 선동적인 인물은 자신을 다시는 헤어날 수 없는 지경으로까지 몰아갈 수도 있음을 알고 있었다. 그러나 에스파냐 함대의 침공을 단 1년만이라도 지연시킬 수 있다면, 그동안 상황이 어떻게 변할지 누가 알겠는가? 또한 어쩌면 그 원정이 한 개인의 모험인 것처럼 재정 지원을 할 수도 있을 것이고, 그러면 그녀가 진행 중인 평화 협상에 치명적인 손상을 주지는 않을 것이며, 돌이키지 못할 단계로까지 빠져들지 않아도 될 것이다.

최종 계획에는 엘리자베스가 개입한 흔적이 고스란히 드러나 있다. 드레이크는 엘리자베스 여왕의 함선 여섯 척을 받는데, 그중 네 척은 최상급 갤리언선이었고 두 척은 종범선이었다. 그의 계획에 참가하게 될 배의 수에 대해 런던의 상인들과 합의할 수 있는 권한도 부여받았다. 해군 사령관도 자신의 갤리언선과 종범선 한 척을 보내겠다고 제안했으며, 드레이크도 자기 소유의 선박 네 척을 플리머스 항에 대기시켜두고 있었다. 이 소함대는 해적질을 해서 이익을 나눌 목적으로 항해하도록 예정되어 있었는데, 그럼으로써 어떤 면에서 그 항해가 개인의 상업적 이익을 위한 모험의 성격을 띠었다고 보일 수 있었다. 그러나 드레이크의 명령서에는 이 항해의 목표가 "에스파냐 함대의 침략 계획을 꾸짖고, 이들이 리스본에 집결하는 것을 차단하고", 더 나아가 "에스파냐의 항구 안에서 그들 함대의 선박들을 훼손하는" 것이며, 그 방법은 자신이 결정한다고 적혀 있었다. 이 목적을 위해 그는 엘리자베스에게서 권한을 위임받았다. 마침내 에스파냐 왕에 맞선 그의 사적인 전쟁은 영국의 전쟁이 되고 있었던 것이다.

드레이크가 프랜시스 월싱엄과 머리를 맞대고서 계획의 실행이 지연될수록 추밀원에서 계획의 축소와 변경을 요구하는 목소리가 커질 가능성에 대해 의논하지 않았다면, 그건 이상한 일일 것이다. 드레이크는 자신의 임무가 3월 15일(영국 구력. 로마력으로는 3월 25일)에 시작되었다고 기록했지만, 그보다 며칠 전에 멘도사의 정보원들은 드레이크가 여왕의 함선들을 집결시켜 전쟁 준비를 완료했다는 정보를 들었다. 그로부터 사흘 뒤에 드레이크는 런던 상인들과 합의서에 서명을 했고, 여왕의 함선들은 그레이브젠드에서 닻을 올렸다. 그러나 드레이크는 그 함선들과 함께 출항하지 않았다. 아마도 그리니치에서 엘리자베스를 면담하기 위해서였을 것이다. 그리고 그것은 비밀면담이었을 것이다. 그 후에 드레이크는 아내와 함께 서둘러 도버로 가서 종범선을 이용해 기함(旗艦)으로 옮겨 탔다. 임무를 부여받은 지 열흘 뒤에 그는 자신의 함대를 이끌고 플리머스 해협으로 향했다.

드레이크는 그곳에서 단 일주일만 머물렀는데, 그동안에도 그는 미친 듯이 일했다. 자신의 함선 네 척의 마지막 준비를 감독하고 여왕의 함선들에 식량을 선적하는 일도 마무리해야 했는데, 너무 서둘러서 날림으로 처리되었던 게 분명하다. 왜냐하면 런던 상인들의 함선들에 비해 그 플리머스에 정박해 있던 분견 함대와 왕실 함대에 전쟁 물자들이 훨씬 허술하게 공급되었음이 드러났기 때문이다. 그것 말고도 여러 문제들이 있었다. 아마도 그 소문은 플리머스에서 퍼졌던 것 같은데, 아무리 비밀 임무라 해도 그 정도의 소문이라면 퍼질 수 있을 것이다. 소문인즉, 그들의 공격목표가 약탈할 만한 무역도시들과 비옥한 식민 농장들이 있고 금은보석이 가득한 상선들과 마주쳐 지독히 가난한 선원들을 부자로 만들 만큼 엄청난 에스파냐 은화를 얻을 기회가 있는 서인도제도와 에스파냐의 주요 항로도 아니고, 방비가 허술한 브라질 해안도 아니며, 심지어 아조레스도 아닌, 카디스와 리스본의 항구들이라는 것이었는데, 그 두 곳은 요새들과 무장 함선들로 가득해서, 사람들은 그곳에 가면 죽도록 고생만 하고 얻을 것은 거의 없다고 생각했다. 적어도 우리가 알고 있는 것은, 드레이크의 목적지가 아마도 카디스일 거라는 소문이 처음 멘도사의 귀에 들어갈 무렵, 드레이크의 선원들이 배를 버리고 도망가기 시작했으며, 그 수가 워낙 많아서 그러는 것도 당연했겠지만, 드레이크가 배신자의 소행 때문이 아닐까 의심했다는 사실이다. 이번엔 일정이 너무 촉박했기 때문에 그가 할 수 있는 일이라고는 플리머스 시역 관헌에 도망자들을 잡아 투옥할 것을 통고하고, 해군 사령관에게 편지를 써서 여왕 폐하께 충성하는 일에 심각한 위협이 되는 사태에 대해서는 엄한 처벌을 내려야 한다고 촉구하는 것뿐이었다. 드레이크는 군인들로 당직 순번을 짜서 더 이상의 이탈을 막았다. 4월 1일(영국의 구력 기준)에 런던 상인들의 분대 함대인 머천트 로열(Merchant Royal)호와 네 척의 함선들이 도착함으로써 마침내 출항 준비가 마무리되었다.

다음 날 아침 그는 기함인 엘리자베스 보나벤처(Elizabeth Bonaventure)호의 선실에서 자신의 친구인 월싱엄에게 작별 편지를 썼다. 문장들은 평소와 마찬가지로 불안정했지만, 주체할 수 없는 열정으로 가득 찬 편지였다. 그는 자신의 군대에 대해 다음과 같이 썼다.

…… 우리 모두는 이제껏 그 어떤 함대도 우리만큼 한마음 한뜻으로 뭉치지는 못했을 거라 확신합니다. 모든 성원이 하나로 뭉쳐 그리스도의 적과 그의 졸개들에 맞서 우리의 자애로우신 여왕 폐하와 우리의 조국을 위해 싸울 수 있게 허락하신 점, 하느님께 감사드립니다. 또한 이 임무에서 저와 운명을 함께할 중요한 역할을 맡은, 대단히 사려 깊고 진실하며 그 누구보다 능력이 뛰어난 버러(Borough) 함장, 페너(Fenner) 함장, 벨링햄(Bellingham) 함장을 보내주신 점, 하느님께 감사드립니다. 존경하는 각하께서 지금 우리 함대가 돛을 올린 모습을 보시고, 우리가 어떤 결의를 가슴에 품고서 이 작전에 임하는지 아신다면, 그 모습에 기뻐하실 뿐만 아니라, 웬만한 힘으로는 결코 우리를 분열시키지 못할 거라 느끼실 겁니다.

(……) 더 이상 허비할 시간이 없음을 꼭 이해하시리라 믿으며…….

그다음엔 "다른 작전들에서도 바라는 바가 아니었듯이, 나쁜 물이 든" 자들이 있을지도 모른다는 가능성과, "위험한 일에는 발을 들이려고 하지도 않으면서 우리 정부의 선택을 좌지우지하다시피 하는, 결코 살아서 보지 않도록 하느님께 빌고 싶은 그런 자들이 누군가를 험담하는 것은 부당하다"는 불평을 모호하게 빗대어 표현하고 있다. 이 글을 쓰고 있던 순간에는 드레이크가 자신의 현재 부하 중에서 어떤 식으로든 그의 경력에 오명으로 꼬리표처럼 따라붙게 될, 어둠 속에 숨어 반역을 노리는 적들이 구체적으로 누군지는 알 수 없었을 것이다. 나중에 그는 자신의 부사령관인 버러 함장이 그런 자 중 한 명임을 확신하게 된다.

편지를 쓰면서, 아마도 드레이크는 자신의 적이자 월싱엄의 적이기도 한 추밀원의 주화파(主和派)들뿐만 아니라 (여왕 폐하는 제외하고) 에스파냐와의 전쟁을 원치 않은 모든 이들을 염두에 두었을 것이다. 월싱엄이 드레이크에게 여왕이 마음을 바꿔 그의 지휘 권한을 제한할 수도 있음을 미리 경고했던 것일까? 자신이 일을 서둘렀음을 강조한 대목은 마치 그가 누군가의 재촉으로 서둘렀을 거란 느낌을 갖게 한다. 분명 월싱엄은 엘리자베스가 파르마와 벌이는 일련의 협상들이 조심스럽게 한 단계 진전되고 있으며, 여왕이 에스파냐 해안을 공격하기 위해 그 협상들을 위태롭게 하지는 않을 것임을 알고 있었다. 그러나 이제 드레이크의 명령을 변경하는 그 어떤 지시도 그에게 닿을 수 없었다. 그는 의기양양하게 이런 말로 편지를 끝맺고 있다. "바람이 나에게 떠날 것을 명했습니다. 우리의 함선들은 이제 항해에 나섰습니다. 하느님께서 당신을 경외하며 살도록 허락하셨으니, 이제 우리는 조국에서 그랬던 것처럼 바다 건너에서도 하느님께서 여왕 폐하의 편임을 적들에게 확인시켜줄 것입니다. 서둘러라! 여왕 폐하의 훌륭한 함선 엘리지베스 보나벤처호 선상에서, 1587년 4월 2일."

실제로 엘리자베스 여왕은 마음을 바꿨다. 엘리자베스의 대신이 새로운 명령서를 들고 황급히 플리머스로 달려왔다. 이 명령서의 요점은, 에스파냐 왕이 그들 사이에 일어난 최근의 충돌과 불쾌한 행동에 대해서 화해할 수 있기를 바라고 있으며 일을 확대하기를 원치 않는다는 소식을 엘리자베스 여왕이 듣고 드레이크에게 다음과 같이 명한다는 것이었다.

에스파냐의 항구를 무력으로 침략하는 것, 항구에서 에스파냐의 마을이나 선박에 폭력을 가하는 것, 그리고 에스파냐 영토에 어떠한 적대행위도 금한다. 그렇지만 이 명령에도 불구하고, 폐하는 그대와 그대의 부하들이 바다에서 에스파냐의 선박과 마주칠 경우 전리품을 얻기 위해 최선을 다하는 (물론 그대의 몸에 흐르는 기독교인의 피를 생각해서 어느 정도 자제해야겠지만) 것에 대해서는 기꺼워하실 것이다.

드레이크나 자신의 호전적인 백성들이 어떻든 간에, 엘리자베스는 자신이 에스파냐 왕과 전쟁을 하고 있지 않다는 점을 분명히 밝히고 싶었던 것이다.

만약 드레이크가 이 명령서를 받고 여기에 따랐다면, 그의 원정은 당연히 매우 다른 양상으로 전개되었을 것이다. 그러나 일부 전기 작가들이 이야기를 극적으로 만들기 위해 꾸며서 썼던 것일 뿐, 실제로 드레이크가 그렇게 아슬아슬하게 간발의 차로 명령서를 받지 못한 것은 아니었다. 그 철회 명령서 원본이 서너 개 있지만, 추밀원의 대신들이 서명한 첫 번째 철회 명령서로, 플리머스에 보내졌을 원본은 4월 9일 날짜로 추인되어 있다. 바로 그날(로마력 4월 19일), 파리에 있던 멘도사는 드레이크가 이미 출항했다는 소식을 들었다. 그리니치에서 그의 출항 일정에 대해 그토록 고려하지 않고 있었다는 것은 이상한 일이다. 종범선이 추밀원의 명령서를 가지고 그를 쫓아 출발했을 때는 드레이크가 바다로 나간 지 이미 9일이나 지난 후였다. 그 전에 출발했다고 해도 그를 따라잡기는 거의 불가능했다. 그 종범선을 다시 영국해협 쪽으로 돌아가게 만들었던 폭풍은 분명 며칠 전 피니스테레[86]에서 드레이크의 함대를 뿔뿔이 흩어지게 했던 바로 그 폭풍이었을 것이다. 그렇더라도, 그 종범선이 영국해협 인근에서 항해하다가 물에 빠진 뚱뚱한 포르투갈 상인을 구해줬다는 사실은 그 배의 선장이 자신의 임무가 그다지 긴급한 것은 아니라고 짐작할 수 있었다는 추측을 가능하게 해준다.

한 저명한 역사가는 이 철회 명령이 "전쟁 지휘관으로서의 엘리자베스의 면모를 특징적으로 보여주는 것"이라고 평했다. 물론 그는 여자가 남자들의 일에 개입하는 것에 대해 반대하는 자신의 입장을 피력한 것일 뿐이다. 엘리자베스의 대신 중 상당수가 그와 같은 생각을 하고 있었다. 그럼에도 그 명령 철회 해프닝을 자세히 들여다볼수록, 그런 태도야말로 평화 시나 전시나 똑같은 일관된 엘리자베스의 특징이라고 느끼지 않을 수 없다. 그렇게밖에 느낄 수 없는 이유는, 우선 그녀의 의중이 수수께끼처럼 감추어져 있다는 것인데, 의도적으로 드러내지 않으려고 했다는 느낌이 강하다. 그 명령서에 쓰인 언어 역시 명확하지 않고 애매모호하다. 오로지 전리품에 대해 왕실이 받게 될 배당을 특별히 언급한 재정 처리 부분만이 명확하게 표현되어 있을 뿐이다. 그 명령서는 엘리자베스가 직접 작성했을 가능성이 있다. 어쨌든 결과적으로는 (그런 식으로 의도했든 아니든, 물론 의도적이라는 느낌이 들지만) 이 사건으로 인해 엘리자베스는 시로 모순되는 두 가지 징책을 동시

---

86) Finisterre. 에스파냐의 서북부에 있는 가장 서쪽 끝의 갑

에 추진하며 자신에게 유리한 방향으로 상황을 전개할 수 있게 되었다. 월싱엄은 여왕이 드레이크에게 에스파냐의 어떤 항구에도 진입하지 못하도록 금했다는 내용의 편지를 파리 주재 영국 대사인 스태퍼드 대사에게 보낼 수 있었고(스태퍼드가 이 사실을 곧장 멘도사에게 전할 것이라는 점을 월싱엄이 알고 있었던 것일까?), 또한 버흘리는 자신의 명예와 양심을 걸고, 파르마의 협상 대표인 데 루(De Loo)에게 여왕이 에스파냐에 대한 어떤 적대행위도 금지한다는 명령서를 분명히 드레이크에게 보냈으며, 이 명령서를 제대로 전달하지 못한 함장은 자신의 잘못을 반증하지 못할 경우 엄벌에 처해질 거라 항변할 수 있었을 것이다. 이 모든 사실을 뒷받침할 공적인 증거도 있었기에 영국과 에스파냐가 전쟁 상태에 있는 것이 아니라는 허구를 계속 사실인 양 주장할 수 있었으며, 네덜란드에서도 협상을 계속할 수 있었다. 또한 드레이크는 전적으로 자유로운 상태에서 기분 내키는 대로 온갖 수단을 동원하여 에스파냐 함대의 집결을 방해할 수 있었다. 엘리자베스는 드레이크가 그 누구 못지않게 이번 항해의 목적에 대해 잘 알고 있으리라 생각했을 것이다.

9장_턱수염이 그슬리다

카디스 만, 1587년 4월 29일~5월 1일

4월 29일 수요일 오후 4시. 과거 카를 5세가 자주 머물렀던 아랑후에스의 사냥용 오두막 정원은 화창했을 것이다. 카스티야 라 누에바의 고원 어디에도 아랑후에스만큼 꽃이 만발한 곳은 없었고, 1년 중 5월이 시작될 무렵이 가장 아름다웠다. 펠리페는 대개 이곳에서 5월을 보냈는데, 그가 아랑후에스의 5월을 놓친 것은 포르투갈을 정복하기 위해 원정에 나섰을 때뿐이었다. 당시에 그가 적은 글에는 정원에 있는 꽃들과 나이팅게일의 노랫소리를 즐기지 못하는 데 대한 아쉬움이 담겨 있다. 올해는 마드리드에서 흥갑히지 않을 만큼 일을 미무리히지미자 서둘러 이곳으로 빌터왔나. 봄닐 늦은 오후의 햇살은 지병인 통풍의 고통을 잊게 해주었기 때문에, 펠리페는 매일 이맘때쯤 꽃을 보기 위해 정원을 찾았다. 그가 정원을 거닐고 있을 무렵, 파리에서 급보가 날아들었다. 멘도사가 보낸 것으로, 4월 12일에 드레

162

이크가 약 30척의 함대를 이끌고 플리머스를 출발했다는 소식이었다. 멘도사는 드레이크의 임무가 에스파냐 함대의 집결을 방해하는 것임이 거의 확실하며, 그의 첫 번째 공격 목표는 아마도 카디스가 될 것이라고 적었다. 어쩌면 펠리페는 그날 평소보다 더 많은 시간을 정원에서 보냈을지도 모른다. 혹은 통풍이 심해 다른 날보다 더 일찍 잠자리에 들었을지도 모른다. 이유야 어쨌든, 그는 멘도사가 보낸 급보를 다음 날 아침이 되어서야 읽었다. 전날 읽었다 하더라도 어차피 때는 이미 늦었지만 말이다.

4월 29일 수요일 오후 4시, 윌리엄 버러 함장이 드레이크의 기함, 엘리자베스 보나벤처호로 건너갔다. 군인으로서 원칙을 중시했던 윌리엄 버러는 영국 해군 부제독이었는데, 지금은 드레이크의 부사령관이자 새로 건조한 엘리자베스의 갤리언선 중 하나인 골든 라이온(Golden Lion)호의 함장을 맡고 있었다. 그가 사령관의 신호를 받고 기함에 올랐는지는 기록이 없기 때문에 알 수 없으며, 기함의 선미 갑판에서 그가 본 인물들이 누구였는지도 확실히 알 수는 없다. 그곳에서 일종의 회의가 열렸는데, 속도가 느린 배들은 대부분 아직도 수평선 위에 돛대만 보일 만큼 뒤처져 있었기 때문에 전체 회의는 아니었을 것이며, 분명 윌리엄 버러가 익숙한 형식의 회의도 아니었을 것이다.

회의를 소집한 이유는 뻔했다. 둥글고 낮은 갑(岬) 위에 세워진 도시 카디스가 이제 곧 모습을 드러낼 것이고, 적당히 불어오는 남서풍에 함대의 돛들이 불룩해져 있었다. 드레이크의 뒤로는 18일 전 플리머스에서 이끌고 온 함대가 전력 손실이 거의 없이 대열을 갖추고 있었다. 피니스테레 해역에서 폭풍우를 만나 뿔뿔이 흩어진 적이 있었지만, 전반적으로 항해는 빠르고 순조로웠다. 그 폭풍우 속에서 종범선 한 척을 잃기는 했지만, 몇 가지 노획한 것들도 있었다. 그중에는 포르투갈의 소형 쾌속 범선이 있었으므로 카보 다 로카[87] 해안에 집결한 함대의 함선 수는 약 26척이었을 것이다. 이 중에는 여왕의 함선 4척, 즉 엘리자베스 보나벤처호, 골든 라이온호, 드레드노트(Dreadnought)호, 레인보(Rainbow)호도 포함되어 있었다. 여왕의 함선들은 정교하고 튼튼한 갤리언선으로, 각각 400~500톤 급이었으며 많은 함선 공격용 대포로 무장하고 있었다. 런던 레반트 상사 소유의 대형 범선이 3척 있었는데, 이것들은 여왕의 갤리언선에 맞먹을 정도로 컸으며, 레반트 해상 무역의 위험성 때문에, 비록 여왕의 갤리언선보다는 황동 대포의 수는 더 적고 무쇠 대포의 수가 더 많기는 했지만, 그에 못지않게 중무장을 하고 있었다. 제2열에는 150톤에서 200톤이 조금 넘는 전투함 7척, 정찰, 신호, 연락 업무 및 근해에서 임무를 담당하는 11~12척 정도의 작은 배가 있었다. 이 작은 배들은 프리깃함이나 종범선들로, 25톤에 불과한 것부터 거의 100톤에 달하는 것까지 크기가 다양했지만, 모두 대양 항해가 가능한 배들이었다. 아마도 갤리선들을 제외하면, 에스파냐도 그렇게 많은 수의 전투함을, 그리고 에스파냐 주변의 모든 해역에서 발생하는 해전에 적합한 전투함들을 실전 배치하고 있지는 않았으리라 추측된다.

　카디스를 첫 번째 공격지점으로 결정한 것은, 그 전에 결정하지 않았다면, 아마도 카보 다 로카에 집결했을 때일 것이다. 항해 도중 붙잡은 네덜란드 상인 두 명은 카디스에서 엄청난 양의 물건들을 배에 싣고 있는데, 리스본에 집결한 에스파냐 함대를 위한 선저인 거라고 전했다. 이제, 선미 갑판

---

87) Cabo da Roca[Rock of Lisbon]. 포르투갈의 서쪽 끝 리스본 해안의 봉우리

에서 드레이크가 버러에게 오후에 카디스로 진격해야 하는지, 아니면 아침까지 기다려야 하는지 물었다. 버러는 아마도 기다려야 한다고 대답했을 것이다. 아침이 오기 전 바람이 잦아들 수도 있겠지만, 한 차례 작전회의를 갖고 전술을 완전히 짠 상태에서 날이 새는 8시까지 카디스 만 밖에서 닻을 내리고 기다려야 한다고 말했던 듯하다.

드레이크는 이렇게 말했다. "이것이 내 생각이오. 아침까지 우리를 기다리게 만들 요소들이 있긴 하지만, 우린 한시도 지체하지 않을 것이오." 버러의 충고에도 불구하고 회의는 그걸로 끝이었다. 다시 골든 라이온호에 돌아온 버러의 눈에 사령관의 모습이 들어왔다. 드레이크는 여전히 카디스 항구 쪽을 바라보며 서 있었고, 그 뒤로 함대의 나머지 선박들이 기함 쪽으로 가까이 모여들고 있었는데, 그 대형이 한 번도 본 적이 없는 기묘한 형태였기에 버러의 얼굴은 어두워질 수밖에 없었다. 그러나 드레이크는 함대가 자신의 뒤를 따르면 그뿐, 대형이야 어떻든 별로 신경 쓰지 않았다. 그는 기습공격의 이점을 알고 있었고, 그 이점을 손에 쥔 이상, 계속 누릴 생각이었다.

4월 29일 수요일, 오후 4시. 카디스는 더할 나위 없이 평온했다. 지역 유지들 대부분과 시민들이 유랑극단의 희극 공연을 관람하고 있었다. 그 커다란 광장 다른 한편에서는 그보다 더 많은 사람들이 음악에 맞춰 대담한 묘기를 부리는 곡예사들의 서커스를 구경하고 있었다. 열두 나라 정도에서 온 선원들이 거리를 메우고 있었으니 술집도 손님들로 들끓었을 것이다. 이 즐거운 군중 사이에서 거대한 선박들로 구성된 선단이 항구를 향해 다가오고 있다는 소문이 천천히 퍼져 나갔다. 곡예사와 희극배우에게 쏠려 있던 사람들의 관심이 그 소문 쪽으로 옮겨 갈 무렵, 선두에 있던 함선이 이미 항구 입구에 있는 '헤라클레스의 기둥'이라는 이름의 기념물을 지나고 있었다.

어떤 이들은 다가오고 있는 배들의 대형으로 보아 비스케이 함대사령관인 후안 마르티네스 데 레칼데(Juan Martínez de Recalde. 이하 레칼데)와 그의 용감한 전사들일 거라고 말했지만, 또 다른 이들은 함선의 수가 너무 많다며, 아니라고 말했다. '그렇다면 적들이 틀림없었다. 프랑스나 영국, 어쩌면 그 끔직한 드레이크일지도 모른다.'

현실을 깨달은 카디스 주민들이 이구동성으로 말했듯이, 다행히 항구를 지키는 병력이 있었다. 돈 페드로 데 아쿠냐(Don Pedro de Acuña)가 지휘하는 함대가 일상적인 순찰을 하다가 며칠 전 지브롤터[88]에서 카디스 항에 들어와 있었는데, 여덟 척의 갤리선과 한 척의 갤리아스선으로 구성된 이 함대는 세인트빈센트 곶까지 가서 레칼데 함대와 합류할 예정이었다. 그중 두 척의 갤리선은 임무 수행을 위해 카디스 만 위쪽에 있는 푸에르토 레알에 가 있었지만, 함대의 나머지 함선들은 항구 내 오래된 성 가까이에 정박해 있었다. 아쿠냐가 만 아래쪽 입구로 배들을 민첩하게 빼내고, 갤리선 1척으로 파견해 아직 해협에 있던 낯선 배들을 시험해보도록 한 것으로 미루어보아, 이 갤리선들은 준비 태세를 잘 갖추고 있었던 게 분명하다. 임무를 부여받은 갤리선은 청동으로 된 충각[89]을 번뜩이며 힘차게 노를 저어 나아갔다. 돛대 꼭대기에는 에스파냐 기가 휘날리고 있었고 선수루(船首樓)에는 화승총과 창으로 무장한 병사들이 대열을 맞추어 배치되었다. 그 배는 선제공격을 하려고 했지만, 사정거리에 닿기도 전에 배 주위로 포탄이 쏟아지기 시

---

88) Gibraltar. 이베리아 반도 남단의 해협, 또는 지브롤터 해협을 향해 남북으로 뻗어 있는 반도
89) 衝角. 적함에 부딪쳐 구멍을 뚫기 위해 배 앞쪽에 달았던 장치

작했다. 엘리자베스 보나벤처호와, 아마도 선두진영에 있던 다른 갤리언선 중 일부가 포격을 시작했을 것이다. 만약 드레이크가 평소 습관대로 했다면, 아마 이때쯤 영국 깃발을 올리고 선미 갑판에서 전투 개시를 알리는 나팔을 불도록 명령했을 것이다.

카디스는 공황 상태에 빠져 있었다. 영국인의 약탈과 시가전을 예상한 시장은 여성과 어린이, 노약자에게 오래된 성채로 피신하라고 명했다. 그러나 그 요새의 지휘관은 싸울 능력이 없는 민간인들 때문에 방어 작전이 방해받는 것을 원치 않았으므로 성문을 전부 잠가버렸다. 성문이 닫혀서 복도나 다름없는 좁은 통로의 한쪽 끝이 막혔지만, 사람들은 무엇 때문에 도망치는지도 모르면서 계속 통로로 밀려들었다. 사방이 꽉 막혀버리자 공포와 흥분이 고조되었고, 뒤쪽에 있던 사람들은 성문 앞쪽에 갇힌 사람들을 계속 밀어붙이고 있었다. 그 요새의 지휘관이 자신의 잘못을 깨닫고, 성채 아래쪽 거리와 광장에 모여 있던 사람들에게 무슨 일이 벌어지고 있는지 알게 되었을 때는 이미 여성과 어린이 25명이 압사한 뒤였다.

그 혼란의 와중에도 서둘러 방어군이 소집되었고, 이들에게 있는 무기를 전부 다 지급해서 방어 요충지에 배치시켰다. 급히 편성한 기병대가 긴장감 속에서 남쪽 성문을 통해 나와 푸엔탈을 순찰하기 시작했다. 이곳은 만의 위와 아래를 반으로 가르는 지점으로 성벽을 세우지 않은 바위투성이의 황무지였다. 시장은 이곳이 영국군이 상륙을 시도할 가능성이 가장 큰 곳이라고 생각했다. 그는 자신의 가장 뛰어난 보병 중대를 보내 기병대의 순찰을 지원하도록 했고, 다른 중대는 성문을 지키도록 했다. 이런 준비들이 진행되는 중에도 해안 쪽에서는 대포 소리가 계속 들려왔다.

해협에서는 가장 규모가 큰 영국 함선들이 먼저 아쿠냐의 갤리선들과 교전을 벌이고 있었는데, 그 싸움의 결과는 어느 편에서 보든 거의 확실했을 것이다. 그때 카디스 만에서 세계 해전 역사의 새로운 페이지가 열리고 있었다고 말하지 않을 수 없다. 누구도 대서양이 지중해에 맞서 승리하리라 예상하지 못했으며, 지난 2000년 동안 바다를 지배해온 갤리선의 영광이 막을 내리는 순간이었다. 그렇게 말할 수밖에 없긴 하지만, 자칫 오해할 수도 있을 것이다. 갤리선은 파괴적인 청동 충각을 장착한 길고 날렵한 배로, 전투선으로서는 가공할 만한 것이었다. 선수루는 군인과 대포로 가득 차 있었고, 각각의 함선이 바람에 상관없이 (최소한 잔잔한 바다에서는) 빠르고 거침없이 전진하고 정확히 조종할 수 있었으며, 합동 전술을 구사할 땐 마치 수중발레를 하듯 바다 위를 선회하고 회전할 수 있었다. 그러나 갤리선이 위력을 발할 수 있는 것은 같은 갤리선에게뿐이었다. 청동 충각은 갤리선 간의 전투에서는 노를 모조리 부러뜨리거나 적선의 측면에 치명적인 손상을 가할 수 있는 무서운 무기지만, 제정신을 가진 갤리선 함장이라면 거대한 범선에다가 충각을 부딪치려고 들지는 않았을 것이다. 갤리선의 놋쇠 대포도 사정은 마찬가지였다. 갤리선끼리의 전투에서는 상대 갤리선의 북적거리는 갑판에 포탄을 쏟아부어 아수라장으로 만들 수도 있었고, 또 지중해의 무역상품을 운반하는 작은 상선들을 위협하는 데도 그만한 크기면 충분했다. 그러나 일반적으로 에스파냐 갤리선에 장착된 놋쇠 대포 다섯 문 중에 네 문은 살상용이었고 나머지 하나는 함수포(艦首砲)였는데, 그마저도 기껏해야 4·6피운드 정도에 불괴했다. 반면에 드레이그의 함대에서 가장 육중한 갤리언선 7척은 모두, 한쪽 측면에 장착된 대포들만으로도 아쿠냐의 전함대가 발사할 수 있는 포탄을 합한 것보다 더 많은 포탄을 훨씬 더 멀리까지 쏠 수 있었다.

갤리선은 거대한 함포로 무장한 범선에 대항해 싸우도록 만들어진 것이 아니었으며, 한 번도 이겨본 적이 없을 뿐만 아니라, 압도적으로 우세한 병력을 가지지 않은 이상 상대편 배에 올라탄다고 해도 제압하기는 거의 불가능했다. 갤리선은 선체가 너무 낮고 충격에 부서지기 쉬웠으며, 포 공격에 취약했고, 장착하고 있는 대포의 수도 너무 적었다. 포르투갈인들은 16세기 초반에 이미 대형 범선의 전투 우월성을 입증한 바 있다. 당시 포르투갈의 무장상선들은 투르크와 이집트의 전쟁용 갤리선들에 맞서 연이어 승리를 거두었다. 바로 1년 전에도 영국인들은 대형 범선의 우월성을 또 한 차례 목격한 바 있다. 근동(近東) 지역의 항구들에서 돌아오던 레반트 상사 소속의 대형 상선 5척이 판텔레리아[90] 연안에서 시칠리아 경비대 소속의 에스파냐 갤리선 10척에게 저지를 당했다. 교섭을 시도했지만 결렬되었고, 이내 피할 수 없는 전투가 시작되었다. 상선 1척이 에스파냐 갤리선 2척을 상대해야 했는데, 결국 갤리선들은 만신창이가 되어서 퇴각했고 상선들은 흠집 하나 나지 않은 채 유유히 지나갈 수 있었다. 드레이크를 따라 카디스 만으로 들어온 배 중에는 이때 전투에 참가했던 무장상선도 3척 포함되어 있었다. 만약 에스파냐 갤리선의 수가, 드레이크가 보고한 대로 12척이 아니라 20척이었다고 해도 사정은 크게 달라지지 않았을 것이다. 얕은 바다로 재빨리 피하거나 바람이 불어오는 방향으로 노를 저어 도망간다면 거의 항상 대형 범선의 공격을 피할 수는 있었겠지만, 갤리선으로 영국 갤리언선과 맞서 이길 수는 없었다.

---

90) Pantelleria. 이탈리아의 시칠리아와 튀니지 사이에 있는 화산섬

처음에는 그런 사실을 깨닫지 못했을지도 모르지만, 아쿠냐도 이내 자신이 얼마나 절망적인 열세에 놓여 있는지 알게 되었을 것이다. 아쿠냐는 위풍당당하게 전투를 시작했지만, 아쿠냐 함선들의 함수포들이 사거리를 확보하기도 전에 영국 함선들이 배를 측면으로 돌려 포격 자세를 취했고 이내 포탄이 비 오듯 쏟아지기 시작했다. 아쿠냐는 일단 배를 돌려 항구에서 멀리까지 달아났다가 되돌아와서 다시 공격을 시도했는데, 아마도 좀 더 작은 배들을 목표로 삼았을 것이다. 그러나 대형 영국 함선들이 다시 포격 자세를 취했고, 아쿠냐는 또 한 번 퇴각해야 했다. 아쿠냐의 임무는 항구에 정박해 있는 배들이 비교적 안전한 장소인 만 위쪽으로 이동할 만한 시간을 벌기 위해 영국 함대의 진입을 지연하는 것이었다. 아마도 아쿠냐는 영국의 갤리언선 중 몇 척이라도 위험한 모래톱이 즐비한 카디스 만의 동남쪽 해안 근처로 꾀어낼 수 있기를 바랐을 것이다. 그러나 영국 함대는 아쿠냐의 갤리선들을 몰아내는 정도에 만족했다. 갤리선들의 앞 갑판에는 사상자들이 널브러져 있었고, 갤리선 두 척은 너무 심하게 파괴되어 드레이크가 그 배들을 침몰시켰다고 생각할 정도였다. 결국 아쿠냐는 만신창이가 된 함대를 이끌고 상테메리 항의 여울 뒤쪽 안전지대로 도망가야만 했는데, 이곳은 카디스에서 북동쪽으로 4마일 이상 떨어진, 만 아래쪽 반대편에 있는 곳이었다.

카디스의 정박지도 마을과 마찬가지로 혼란과 공포에 휩싸여 있었다. 그 징박지는 깃가지 종류의 배들로 가득했는데, 당시에 약 60여 척의 배들이 정박하고 있었던 것으로 추정된다. 그중 일부는 물론 리스본의 에스파냐 함대에 합류할 배들이었는데, 와인과 비스킷을 가득 실은 둥근 욕조 모양의 대형 화물선인 우르카선 5척도 포함되어 있었다. 또한 영국 침공 함대에 합류시킬 목적으로 에스파냐가 징발한 네덜란드의 노후한 대형 선박들도 여러 척 있었는데, 이 배들은 일시적으로 돛이 제거된 상태였다. 그러나 카디스는 1년 내내 분주한 항구였다. 프랑스와 네덜란드, 발트 해의 항구들로 가려고 지중해에서 온 배들이 세인트빈센트 곶으로 떠나기 위해 적당한 바람을 기다리며 정박해 있었다. 또한 동쪽으로 떠나는 대서양의 배들도 지브롤터 해협을 지나기 전에 이런저런 이유로 잠시 멈추어 쉬고 있었다. 뿐만 아니라 1년 중 항해에 적절한 시기가 있었으므로 그 시기에 맞추어 아메리카 대륙으로 가는 함선들과 합류하기 위해 기다리고 있는 배들도 있었다. 심지어는 화물을 싣고 브라질로 가다가 항로를 잃은 포르투갈 바크선도 있었다. 그리고 카디스는 헤레스 포도주의 수출항이었기 때문에 고급 포도주를 실은 몇몇 국가의 배들도 정박해 있었는데, 이 포도주는 에스파냐와의 기나긴 전쟁 동안에도 영국의 애주가들이 애용했을 정도로 품질이 뛰어났다.

온갖 배들이 북새통을 이루고 있는 와중에도 필사적인 탈출이 계속되었다. 덩치가 가장 작은 선박들은 갤리선들이 정박해 있던 옛 요새의 방파제에서 앞다투어 빠져나갔다. 해협을 잘 알고 있거나, 무게가 가벼워 여울을 건널 위험을 감수할 수 있는 배들도 만 위쪽에 있는 안전지대로 서둘러 도망쳤다. 그러나 상당수의 대형 선박들은 미처 선원들이 귀선하지 못해 항해를 못하거나, 돛이 준비되지 않았거나, 너무 놀라서 아무 조치도 못 한 채 허둥대기만 하거나, 옆에 정박된 선박들 사이에 갇혀 탈출하지 못했다. 이들은 늑대 냄새를 맡고 덜덜 떠는 양 떼처럼 뒤엉긴 채 닻도 올리지 못하고 파도에 흔들리고 있었다.

그러나 한 척만은 달랐다. 정박지의 가장자리에 700톤이나 나가는 거대한 배가 한 척 있었는데, 이 선박은 레반트[91]무역을 위해 건조하고 무장한 것이었다. 당시 영국 함대 선원들이 이 배의 모양을 보고서 라구사[92] 배를 지칭하는 "아르고시(argosy)"라는 이름으로 불렀던 것으로 보아, 이 배는 아마도 원래 라구사에서 건조되었을 것이다. 그러나 당시 이 무장상선은 제노바 선주 소유였고 그곳에서 용선계약을 맺었으며, 선장 또한 제노바 사람이었다. 이 배는 코치닐[93], 로그우드[94], 피혁, 양모를 가득 싣고 이탈리아로 귀항하는 중이었다. 모든 승무원이 배에 탑승하고 있었던 것을 보면, 조류가 바뀌고 뭍에서 바람이 불어오기 시작하면 바로 출항하여 지브롤터를 지나서 고향으로 돌아가려고 대기하고 있었던 게 분명하다. 그 배의 선장이 어떤 이유에서 전투를 결심하게 되었는지는 알 수 없지만, 드레이크의 기함과 대형 범선들이 에스파냐 갤리선들을 도망가게 내버려두고 정박지를 향해 돌진하고 있을 때, 이 '아르고시'는 포문을 활짝 열고서 일제히 포격을 가하며, 정박하고 있던 상선들을 약탈하려는 영국의 작은 함선들을 공격하고 있었다.

　700톤급의 레반트 무장상선은 결코 만만한 상대가 아니었다. 그러나 여왕의 갤리언선들은 유리한 지점을 선택한 뒤(정박지의 좁은 수로에서는 작전을 펼칠 만한 공간이 거의 없었음) 조직적인 공격을 가해서 완강하게 저항하는 이 제노바 상선을 산산조각 내버렸다. 후에 영국군은 카디스 만의 해저에 가라

---

91) 그리스와 이집트 사이의 바다를 면하고 있는 동부 지중해 연안의 국가들

92) 유고 남부의 항구

93) 연지벌레의 암컷을 말려서 만든 진홍색 염료

94) 중미나 서인도제도에서 나오는 것으로 콩과의 나무

앉은 40문의 훌륭한 놋쇠 대포에 대해 아쉬움을 표하기도 했지만, 배가 가라앉기 전에 이 대포들을 취할 수는 없었다. '아르고시'는 침몰하기 시작할 때까지도 포격을 멈추지 않았던 것이다. 그 배의 승무원 중 다시 땅을 밟은 사람이 있는지는 알 수 없지만, 영국인들이 이 상선의 국적을 끝내 알아내지 못한 것으로 판단해보건대 드레이크의 함선에서 구해준 사람은 없었던 모양이다. 그 제노바 선장의 이름이나 생사 여부에 대해서도 알려져 있지 않다. 만일 그가 에스파냐 사람이었고, 펠리페 왕의 갤리언선 지휘관으로서 전 영국 함대에 맞서서 침몰하는 순간까지 장렬히 싸웠던 것이라면 그의 용기는 응당 칭송받았을 것이다. 그러나 제노바의 선주(船主)와 화주(貨主)들은 결코 그의 행동을 반가워하지 않았을 것이다. 만일 그가 어찌어찌해서 살아서 고향으로 돌아갔다고 해도 제노바는 영국과 전쟁 상태에 있지 않다는 말을 듣게 되었을 것이며, 바다를 바라보며 중립국 선박을 해협의 바다 밑에서 꺼내 오는 것보다는 포획심판소[95]에서 꺼내 오는 것이 더 쉽다는 금언을 곱씹었을 것이다.

'아르고시' 침몰로 항구에 있는 다른 선박들의 저항도 끝났다. 드레이크는 선박들 사이에 자신의 함대를 정박시킨 후, 그가 노리던 전리품과 옮길 만한 가치가 있는 화물을 선별해내고 파괴할 배들을 비우는 작업에 착수할 수 있었다. 밤이 되자 영국군은 먼저 노후한 배들의 닻줄을 끊고 불을 질러 밀물에 떠내려가게 놔두었다. 이내 불타는 배들이 카디스 만을 환하게 밝혔고, 카디스의 하얀 건물 벽들이 붉게 물들었다.

---

95) 해상 포획의 효력을 심판하기 위해 교전국이 설치하는 특별재판소

그러나 모든 과정이 아무런 저항 없이 진행되었던 것은 아니었다. 오래된 요새에 있던 대포들이 간헐적으로 불길을 내뿜었고, 영국 함대가 점점 더 정박지 안으로 다가옴에 따라 마을 아래편의 항구 쪽에 있던 두 번째 포병 부대들도 포문을 열었다. 그러나 이 두 포병 부대는 항구를 완전히 통제할 목적이 아니라, 무단 상륙하려는 무어인들을 쫓아버릴 목적으로 배치한 것이었기 때문에, 영국 함대는 그들에게 거의 신경도 쓰지 않았다. 신경 쓰이는 것은 오히려 갤리선들이었다. 밤이 되기 전에 푸에르토 레알에서 온 갤리선 두 척이 푸엔탈 너머로 조심스럽게 모습을 드러내더니, 목표물이 눈에 띄기만 하면 무차별 사격을 퍼붓기 시작했다. 작전 대형에서 측면을 맡고 있던 런던 무장상선들이 수차례 이들을 몰아냈지만, 그때마다 갤리선들은 거포의 사정거리 밖으로 재빨리 달아났다가 얼마 후에 다시 나타나서는 가장 근거리에 있는 영국 종범선에 작은 포탄을 퍼부어댔다. 상테메리 항에서 온 갤리선들도 같은 식으로 영국군을 괴롭혔다. 이들은 한 번에 2척씩 나타나서 비교적 안전한 얕은 바다 쪽에 자리를 잡고는 함수포로 멀리까지 포탄을 쏘아댔다. 이런 측면공격을 통해 에스파냐 갤리선들은 한 차례 작은 승리를 거두었다.

밤의 장막이 내리자마자 전위에 선 갤리선 두 척이 영국 함대의 후위에서 훨씬 떨어져 있던 포획된 포르투갈 국적의 범선을 급습했는데, 아마도 이 범선은 속도가 너무 느렸든지, 경계를 게을리했든지, 아니면 뭔가 단독 행동을 하고 있었던 듯하다. 갤리선들은 그 선박을 차단했는데, 그때까지도 정박지에 있던 그 누구도 후위에서 무슨 일이 벌어지고 있는지 알아채지 못했다. 포르투갈 범선은 항복하라는 에스파냐의 요구에 콧방귀를 뀌며, 마치 자기가 갤리언선이라도 되는 듯 작은 포들을 쏘아댔지만, 이런 배들은 갤리선의 손쉬운 먹잇감일 뿐이었다. 갤리선들은 그 범선의 갑판이 초토화될 정도로 무시무시하게 사격을 가했기 때문에, 에스파냐 병사들이 그 포획된 범선에 올랐을 때 살아남은 영국 승무원들은 고작 다섯 명에 불과했다. 전투를 마친 에스파냐의 갤리선들은 이 포로들과 되찾은 노획물을 카디스로 옮겨두었다.

그날 밤 이 한 번의 충돌을 제외하고는 요새의 공격이나 갤리선 때문에 영국 측이 피해를 입은 사건은 없었다고 알려져 있다. 목요일 동틀 무렵에 선박 파괴 작업이 거의 마무리되자, 드레이크는 자신의 소함대 대부분을 이끌고 만의 위쪽 입구에 있는 푸엔탈 너머의 새로운 정박지로 향했다. 드레이크는 전날 저녁에 배들이 그쪽 항로로 달아나는 것을 보았다. 또한 생포된 선원들에게서 그 정박지 안쪽 깊숙한 곳에 산타 크루스 후작 소유의 대단히 크고 멋진 갤리언선 한 척이 있다는 사실을 알아냈다. 이 함선은 대포를 장착하고 군인들을 승선시키기 위해 비스케이의 조선소를 출발해 바로 얼마 전에 카디스로 도착한 것이었다. 아마도 이 배는 영국 침공 함대의 기함으로 쓰기 위해 만들어졌을 것이다. 이 배를 파괴한다면 카디스 급습에서 최고의 전과(戰果)가 될 것이었다.

드레이크는 푸엔탈 맞은편 정박지에 엘리자베스 보나벤처호를 세우고 바지선으로 옮겨 타고는 런던 함선 중 가장 큰 머천트 로열(Merchant Royal)호와 종범선, 프리깃함들의 호위하에 만의 위쪽으로 향했다. 드레이크는 산타 크루스의 그 거대한 갤리언선을 직접 불태웠고, 그의 종범선 몇 척은 전날 저녁에 겨우 푸엔탈의 후미진 곳까지밖에 도망치지 못한 소형 선박들을 불태웠다. 그사이 나머지 종범선들은 만의 위쪽 끝을 정찰하러 나갔는데, 푸에르토 레알을 방어하는 포진지와 여울 뒤쪽, 그리고 카디스와 본토를 연결하는 목교(木橋)가 놓인 리오 데 산티 페트리(Rio de Santi Petri)라고 부르는 좁은 해협에 40척 정도의 선박들이 정박해 있었다.

카디스를 방어하는 병사들과 시민들은 긴장감 속에서 영국인들의 이 모든 움직임을 숨죽이며 지켜보고 있었다. 그들은 걱정 때문에 뜬눈으로 밤을 지새우며 보초를 섰는데, 항구에서는 불타고 있는 배에 대한 걱정보다 혹시 있을지 모를 영국군의 상륙에 대한 걱정이 더 컸다. 그들은 영국 소형 선박들의 모든 움직임이 상륙을 위한 준비 과정이라고 확신했다. 영국 종범선들이 리오 데 산티 페트리의 입구로 접근했을 때, 그들은 드레이크가 상륙작전의 첫 단계로 이곳의 교량을 불태워 본토에서 에스파냐 지원군이 건너올 수 없게 만들 것이라 생각했고, 그래서 에스파냐 갤리선 두 척이 그 종범선들을 쫓아버렸을 때 안도의 한숨을 내쉴 수 있었다.

이미 상황은 그다지 나쁘지 않았다. 동틀 무렵, 헤레스에서 밤새 행군해 온 보병 중대가 카디스에 도착했고, 그로부터 약 두 시간 뒤에 약간의 기병이 포함된 또 다른 중대가 도착했다. 카디스 만 주변은 군대의 움직임으로 부산스러웠다. 도시는 행진하는 군대가 일으키는 먼지로 가득 찼고, 나팔 소리가 멀리까지 울려 퍼졌으며, 오렌지나무의 무성한 잎 사이로 창날이 반짝이고 있었다. 위대한 돈 알론소 데 구스만 엘 부에노, 일명 메디나 시도니아(Medina Sidonia) 공작(이하 메디나 시도니아)도 그가 소집할 수 있는 모든 병력을 이끌고 카디스를 지키려 달려오고 있었다. 카디스는 아직까지는 안전하다고 할 수 있었다.

새로운 희망으로 사람들은 분주해졌다. 푸엔탈 입구 양쪽에 청동으로 만들어진 구형 컬버린포가 각각 한 문씩 배치되었는데, 포신이 5미터나 되고 한 문의 무게가 족히 서너 톤에 달하는 대형 대포였다. 이 대포들은 18파운드나 되는 철제 포탄을 2마일이 넘는 먼 거리까지 쏘아 보낼 수 있었다. 만약 항구의 포병대에 이런 대포들이 있었다면, 상황은 상당히 달라졌을 것이다. 사기가 오른 시민군은 힘을 모아 이 거대한 청동 컬버린포 중 하나를 푸엔탈의 거친 황무지 너머 만 하부의 위쪽이 내려다보이는 작은 바위 언덕으로 옮겨놓았다. 만의 건너편에는 영국 함대의 거대한 함선들이 정박해 있었는데, 가장 가까이에 있는 골든 라이온호는 겨우 1마일 정도밖에 떨어져 있지 않았다.

그 시각, 골든 라이온호의 선장이자 함대의 부사령관인 윌리엄 버러는 승선해 있지 않았다. 그는 여러 가지 일로 심기가 불편해 있었다. 포획한 선박의 창고에서 포도주와 비스킷을 분배하는 문제도 불만이었고, 여울 사이의 좁은 해협에 위치해 있는 함대의 대열이 적의 갤리선이나 화공선의 공격에 노출되어 있다는 점도 불안했다. 또한 종범선이나 소형 선박이 만의 아래쪽 어귀에서 하고 있는 일들에 대해 드레이크로부터 일말의 설명도 없었다는 점도 못마땅했다. 그러나 무엇보다도 마음에 안 드는 것은 작전회의가 열리지 않았다는 점이었다. 드레이크가 해협이나 요새에 대한 사전 조사도 없이, 그리고 조언을 받거나 공식 명령도 내리지 않은 상태에서, 어떤 위험이 기다리고 있을지도 모르는 낯선 항구로 무턱대고 쳐들어가면 나머지 함대들이 뒤죽박죽 줄줄이 그 뒤를 쫓아가는 이런 식의 행위는 버러의 생각으로는 재앙을 자초하는 것이나 마찬가지였다. 물론 지금까지는 모든 일이 상당히 순조롭게 진행되어왔다는 것을 버러도 인정할 수밖에 없었지만, 이제 전리품을 옮기고 바다로 나가는 것 외에 무슨 더 할 일이 남았다는 말인가? 줄곧 전투만 벌이고 대화는 거의 없고, 해도를 검토하거나 명령을 전달하기 위한 회의도 없고, 공격 경로를 신중하게 따져보는 일도 없고, 상급 장교들의 의견을 존중하지도 않는 이 모든 상황이 버러의 눈에는 비정상적으로 보였던 것이다. 버러는 드레이크가 주디스호보다 더 큰 배를 지휘해본 적도 없던 시절에 자신은 함대를 이끌고 발트 해에서 큰 전투를 벌여 승리를 거뒀다는 사실을 사람들에게 상기시키려는 게 아니었다. 또 영국 해군의 부사령관으로서의 위엄을 내세우려는 것도 아니었다. 다만 일이 어떻게 진행되고 있는지 진심으로 알고 싶었을 뿐이다. 그는 상황을 파악하기 위해 보트를 타고 직접 노를 저어서 엘리자베스 보나벤처호로 건너갔다.

기함에 도착한 버러는 드레이크가 종범선들과 머천트 로열호를 이끌고 만 위쪽으로 갔다는 말을 들었다. 그게 엘리자베스 보나벤처호의 선원들이 아는 전부였다. 반항적인 말을 하지는 않더라도, 버러의 입에서 고운 소리가 나오지는 않았을 것이다. 그는 다시 보트를 타고 산타 크루스의 갤리언선이 수평선 근처에서 불타고 있는 푸엔탈 너머로 가서 머천트 로열호에 올라 드레이크의 행방에 대해 물었다. 선원들은 사령관이 이미 만 아래쪽으로 돌아갔다고 대답했다. 마침내 버러는 엘리자베스 보나벤처호에 있는 그의 상관을 만날 수 있었지만, 드레이크와는 말이 통하지 않는다는 사실만을 깨달았을 뿐이다. 버러는 자기 배로 돌아왔지만, 그의 기분은 전혀 나아지지 않았다.

버러가 배를 비운 사이에, 반대편 갑(岬)에 있던 에스파냐 포수들은 사정거리에 들어온 골든 라이온호를 겨냥해서 포신을 맞추었다. 제아무리 컬버린포라 해도 650미터 이상 떨어져 있는 목표물을 겨냥할 때는, 엘리자베스 시대의 포병들이 적절히 표현했듯이, '닥치는 대로' 발사해야만 했다. 그러나 골든 라이온호는 위험할 정도로 너무 가까이 있었다. 대포 한 발이 골든 라이온호의 수선(水線) 쪽을 관통했고, 함선에 있던 함포 지휘관의 다리가 절단되었다. 버러가 자신의 배에 승선했을 때, 배의 갑판장은 이미 닻을 올리고 사정거리 밖에 있는 상테메리 항 쪽으로 함선을 이동시키기 위해 준비하고 있었다. 버러는 이동을 승인했다. 선체에 구멍이 뚫린 것만으로도 충분히 안 좋은 상황이었지만, 또 운 나쁘게 포탄에 맞아 돛대가 부러지거나 자칫 화약고가 폭발할 수도 있었기 때문이었다.

골든 라이온호가 영국 함대에서 상당히 멀리 떨어져 홀로 만 아래쪽으로 이동하는 모습이 보이자, 이번엔 에스파냐 갤리선들이 공격을 시작했다. 갤리선 6척이 돛도 올리지 않은 갤리언선 1척에 치명적인 타격을 가하는 것은 어려운 일도 아니었다. 특히 갤리선 중 몇 척이 갤리언선의 선미 쪽으로 가까이 갈 수 있다면 가능성은 더욱 커질 것이다. 갤리선들은 3척씩 2열로 나뉘어 넓게 대열을 펼쳐서 목표물이 빠져나가지 못하도록 조심스럽게 접근했다. 선두의 두 함선들이 일제사격을 퍼부으면, 마치 기병대처럼 서로의 간격을 벌려서 뒤에 있는 함선 두 척이 앞으로 나와서 일제사격을 할 수 있게 했다. 버러는 선체를 돌려 갤리선들을 향해 측면 함포를 쏘면서 힘겹게 저항했다. 골든 라이온호가 춤추듯이 움직이는 갤리선 6척을 상대로 힘겹게 싸우고 있는 사이에, 기록이 없어서 사실을 확인할 수는 없지만, 분명 남쪽에서 바람이 불어오기 시작하면서, 자신의 부함장이 위험에 처한 것을 본 드레이크가 갤리언선 레인호와 무장상선 6척, 그리고 자신의 종범선을 보내 골든 라이온호를 지원할 수 있었다. 바람에 돛이 부풀어 오르고 뒤에서 지원 함선들까지 다가오자, 버러는 역공을 시작했다. 그는 배를 만 바깥쪽으로 움직여서 갤리선들이 상테메리 항으로 도망가지 못하도록 차단한 후, 포격을 가했다. 결국 갤리선들은 해협 바깥쪽의 가장자리에 있는 라스 푸에르카스 암초 뒤로 도망쳐야 했다. 갤리선들이 도망가자 버러는 카디스의 옛 요새와 상테메리 항을 방어하는 포병대 사이의 중간지점에 자신의 함대를 정박시켰다. 나중에는 자신에게 불리한 위치가 되긴 했지만, 그 당시엔 아무도 버러의 전술을 비난하지 않았다. 사실 그 위치는 절묘한 계산의 결과 선택된 것이었다. 갤리선들은 바람이 불고 있는 한, 어느 쪽으로든 암초 뒤에서 나올 경우 양쪽에 포진된 영국 함대의 저지를 받게 될 것이기 때문에 꼼짝도 할 수 없게 되었던 것이다.

그러나 그 순간 드레이크의 관심은 버러의 위치보다는 바람에 있었다. 아침에는 바람이 변덕스러웠으나 정오가 조금 지난 지금, 해야 할 일은 모두 다 끝마쳤고 함대의 출항 준비도 완료되었는데, 버러를 만 아래쪽 어귀까지 실어다 준 바람은 잦아들고 있었다. 아직 푸엔탈 건너에 머물고 있던 분대가 돛을 펼쳤고, 드레이크의 기함이 이동해 그 종대의 선두로 자리를 잡았다. 그들은 육지에서 계속되는 헛된 포격을 조롱이라도 하듯 영국 깃발을 휘날리고 나팔을 불고 북을 쳐댔다. 그러나 골든 라이온호가 아침에 정박했던 곳에 접근하기도 전에 돛의 펄럭임이 잦아들었고, 영국 함대는 방향도 제대로 잡지 못한 채 마치 기름처럼 잔잔한 바다 위를 둥둥 떠다녔다.

그 후 12시간 동안 바람 한 점 없었다. 어떤 의미에서 눈부신 성과를 거둔 기습이 다소 민망하면서도 황당하게 끝나게 될 상황이었고, 또 어떤 의미에서는 가장 성공적인 끝맺음을 가능하게 할 만한 상황이기도 했다. 정오 무렵 메디나 시도니아가 300명이 넘는 기병과 보병 3,000여 명의 지원 병력을 이끌고 카디스에 입성했다. 시민군은 전날 밤 속수무책으로 당했던 일과 그들이 느꼈던 공포에 대한 복수심을 불태우며 어떤 식으로든 영국 함대에 피해를 주고자 했다. 항구의 두 요새에 배치된 대포 중 최대사거리가 영국 함선들까지 미칠 수 있는 것들은 끊임없이 포탄을 쏘아댔다. 또한 갑에 설치된 컬버린포의 포수들도 포격을 다시 시작했는데, 이번엔 엘리자베스 보나벤처호를 겨냥했다. 메디나 시도니아의 입성에 사기가 고무된 푸엔탈 요새 수비대는 또 다른 컬버린포를 힘겹게 해안 쪽으로 끌고 가 멀리 정박해 있는 드레드노트호와 머천트 로열호를 겨냥했다. 또한 바람이 없는 바다에서도 유일하게 움직일 수 있는 배인 갤리선들도 다시 발레를 추듯 선회 기동을 시작했다. 부두에서는 시민들과 선원들이 오래된 요새 밑에서 되는 대로 그러모은 작은 배들에 불에 잘 타는 것들을 가득 실었다. 그들은 그 배들에 불을 지르고, 조류를 타고 영국 함대 쪽으로 떠내려가게 했다. 갤리선들도 여기에 협력하여 화공선들을 보다 유리한 위치로 끌어가면서 영국 함대가 화공선들을 침몰시키지 못하도록 엄호 포격을 가했다. 에스파냐 측의 이런 공격 형태는 어둠이 짙어질수록 더욱 활기를 띠어갔다. 카디스 만은 전날 밤처럼 불타는 선박들로 환하게 빛나고 있었다.

그러나 이런 모든 시도는 수포로 돌아갔다. 비록 영국 함대가 최악의 조건에서 잘 알지도 못하는 여울과 얕은 바다 한가운데 갇혀 꼼짝도 못 하고 있었지만, 해안의 대포들이나 갤리선, 화공선마저도 이들에게 손톱만큼의 해도 입히지 못했다. 배 한 척, 사람 한 명 상하지 않았다. 갑 위에 설치된 컬버린포도 아침의 운 좋은 명중을 재연하는 데 실패했다. 해안의 컬버린포 역시 영국 함대 주위에 물만 튀겼고, 도시의 포대는 훨씬 더 비효과적이었다. 그러나 카디스 포대의 포격술이 형편없었던 데에는 그럴 만한 이유가 있었다. 16세기에는 화약이 너무나 비쌌기 때문에 평시에 포격 연습을 하는 것은 권장되지 않았다는 사실을 기억해야 한다. 또한 화약의 질도 믿을 만한 게 아니었으며, 같은 종류의 대포라도 아주 똑같지는 않았을 뿐만 아니라 각 대포에 지급된 포탄도 크기가 같지 않은 경우가 빈번했기 때문에,

포격의 명중을 위해 중요한 요소인, 대포알의 직경과 대포의 구경 사이의 차이인 유극(遊隙)도 제각각일 수밖에 없었다. 결과적으로, 일정한 구경과 길이의 대포에 일정한 방법으로 일정한 크기의 탄환을 장전해서 일정한 거리를 발사한다는 공식은 훈련 교본에나 나올 얘기였다. 실제로는 가장 숙련된 포수라 하더라도 같은 대포로 또 한 번 포격을 할 경우, 다시 목표물을 정확히 맞힐 것인지, 아니면 트림하듯 몇백 미터도 못 날아가 툭 떨어져버리고 말 것인지, 그도 아니면 발사하기도 전에 포가 터져서 자신과 옆에 있는 동료가 죽게 될 것인지 쉽게 예측할 수 없었다. 목표물이 멀리 있다면 효과적으로 타격을 가할 가능성은 희박했다.

영국 함대가 해안포의 포격에도 무사할 수 있었던 것이 적들의 빈약한 무기와 형편없는 포격술 때문이었다면, 갤리선과 화공선의 공격을 피할 수 있었던 것은 그들 자신의 선박 조종술과 민첩함 덕분이었다. 갤리선들이 아무리 날쌔게 움직이며 그들 주위를 에워싸더라도 매번 사정거리에 미치기도 전에 달아날 수밖에 없었다. (적절한 순간에 닻을 올리고 선원들이 재빠르게 돛의 밧줄을 당기고 늦춘 덕분에 항해선들은 넓은 호를 그리며 짧은 시간에 배를 회전시킬 수 있었다.) 최악의 위협이었던 화공선의 경우에도, 선원들이 보트를 타고서 능란하게 화공선들을 끌고 밀어서 얕은 바다로 떠내려가 불타게 했다. 한편 "오늘 밤 에스파냐 사람들은 저희 배를 스스로 불태워서 우리 일을 대신해주고 있군."이라고 한 드레이크의 농담이 함대 전체에 퍼져 웃음소리로 왁자지껄했다. 목요일 밤에도 영국군은 진날과 마찬가지로 거의 잠을 자지 못했시만, 즐거워하며 그 밤을 보냈을 것이다. 그 열두 시간의 경험으로 인해 그들 중 누구도 해안 포병대나 갤리선, 심지어 화공선조차도 다시는 두려워하지 않게 되었을 것이다.

마침내 자정이 조금 지날 무렵, 영국 함대가 해협을 통과하기에 충분할 정도의 미풍이 육지에서 불어오기 시작했다. 총 여덟 척으로 구성된 아쿠냐의 갤리선 함대와 갤리엇 한 척, 그리고 프리깃함으로 추정되는 배 한 척이 드레이크의 함대를 쫓아왔는데, 분명 드레이크의 함대를 미행하라는 메디나 시도니아의 명령을 받았을 것이다. 동틀 무렵, 갤리선들이 포격을 시작했고 드레이크는 전투를 위해 닻을 내렸다. 그러나 아쿠냐는 드레이크의 도전을 받아들이지 않았다. 아마도 그는 기껏해야 뒤처져 있는 함선의 진로를 차단해 공격하는 정도만 바랐을 것이다. 전투를 벌이는 대신 그는 드레이크에게 찬사의 말을 적은 편지와 함께 포도주와 사탕절임을 선물로 보냈고, 이 두 지휘관은 중세의 기사 이야기에나 나올 법한 정중한 인사를 교환한 후, 포로 교환 문제를 협의하기 시작했다. 양측의 보트들이 잔잔한 바다를 몇 차례 오가는 사이 상쾌한 미풍이 불기 시작했고, 드레이크는 작별 인사의 손짓을 하며 세인트빈센트 곶을 향해 유유히 떠나갔다.

　드레이크는 자신이 카디스 항에서 선박 37척을 침몰시키거나 불태우거나 나포했다고 추산했다. 자발적으로 이 원정에 참가했던 로버트 렝(Robert Leng)이란 이름의 젠틀맨은 "약 30척"이라고 생각했으며, 카디스에 머물고 있던 한 익명의 이탈리아인도 그와 같은 수치를 증언했다. 선전 목적이 아닌, 펠리페 왕에게 보고하기 위해 작성한 에스파냐 측의 공식 기록에 따르면, 에스파냐는 선박 24척을 잃었으며 그로 인한 손실은 총 172,000더컷이었다. 아마도 소형 선박들을 얼마나 포함하느냐와 공격에 실패한 에스파냐 화공선들을 계산에 넣느냐 마느냐에 따라 수치가 다를 수 있을 것이다. 이 소식을 듣고 곰곰이 생각한 후에 펠리페는 다음과 같이 말했다. "손실은 그다지 크지 않으나, 그들의 대담무쌍한 도발 기도야말로 진실로 심각한 문제이다."

사실 물질적 손실도 그렇게 적은 것은 아니었다. 설사 일부 상선들이 중립국 소속이었고 리스본으로 향하던 화물도 그리 많지 않았다 하더라도, 산타 크루스에게 보낼 보급품들이 상당량 있었고, 우르카 선박들과 네덜란드 선박들은 분명 에스파냐 함대에서 수송과 보급의 임무를 맡게 될 것들이었다. 또한 산타 크루스의 거대한 갤리언선은 에스파냐 함대 중에서 가장 가공할 만한 전투선 중의 하나가 되었을 것이다. 카디스에서 자신이 에스파냐 왕의 턱수염을 그슬려놓았다고 드레이크가 말했을 때 영국인들은 단지 허풍이라고 생각하지는 않았다. 그러나 드레이크는 자신의 공적을 가급적 겸손하게 표현하고자 했던 것 같다. 레판토 전투가 끝났을 때 투르크의 술탄은 이런 말을 했다. "베네치아인들이 짐의 함대를 가라앉힌 것은 단지 짐의 턱수염을 살짝 그슬려놓은 것에 불과하다. 수염은 곧 다시 자랄 것이다. 그러나 짐이 키프로스를 함락시킨 것은 그들의 한쪽 팔을 자른 것이다." 드레이크도 수염이 다시 자랄 것임을 알고 있었다. 카디스 습격에 관해 월싱엄에게 보고한 서신에서 그는 다음과 같이 썼다.

저는 지금껏 에스파냐 왕이 영국을 침략하기 위해 날마다 그렇게 치밀하고 엄청난 준비를 해왔다는 사실은 그 누구도 듣지도, 알지도 못했으리라 확신합니다. (……) 만약 그들이 집결하기 전에 이것을 제지하지 못한다면 영국은 몹시 위험해질 것입니다. (   ) 신께서 허락하신 이 임무를 통해 우리는 이들의 계획을 바꿔놓을 것입니다. (……) [그러나] 방어를 위해 가능한 모든 준비를 하는 것이 대단히 시급합니다. (……) 저는 에스파냐 왕이 거느린 거대한 병력에 대해 감히 쓰기도 두렵습니다. 영국에, 특히 바다에 강력한 방어 태세를 갖추어야 할 것입니다!

그런 다음 그는 편지 말미에 "서섹스 해안을 잘 살피십시오."라는 불길한 예언을 덧붙였다. 세인트빈센트 곶을 향해 나아가면서 드레이크는 본격적인 임무가 이제부터 시작된다는 사실을 깨닫고 있었다.

10장_"중요하지 않은 일"

포르투갈 해안, 1587년 5월 2일~20일

드레이크는 분명 카디스에서 후안 마르티네스 데 레칼데가 드레이크 함대 절반 정도 규모의 함대를 이끌고 세인트빈센트 곶 부근 해역 어딘가에 있을 거란 소문을 들었을 것이다. 5월 2일 카디스 서쪽 방향으로 키를 돌렸을 때, 드레이크는 아마도 에스파냐에서 산타 크루스 다음으로 유명한 뱃사람인 레칼데를 찾으려고 했을 것이다. 드레이크가 그의 행방을 찾지는 못했지만, 강력한 영국군을 피해 리스본으로 퇴각해 있으라는 펠리페의 긴급명령을 전달하기 위해 역시 그를 찾고 있던 에스파냐 전령선 한 척을 나포했다. 드레이크는 함대를 날개 모양으로 펼치고는 다시 북동 해안 쪽으로 방향을 돌렸다. 그러나 이미 너무 늦었다. 영국 함대의 전력에 대해 소문을 들은 레칼데가 펠리페의 명령을 이미 예상했던 것이다. 드레이크가 세인트빈센트 곶을 돌고 있을 때, 튼튼한 비스케이 배 7척과 종범선 5척으로 구성된 레칼데의 함대는 리스본을 방어하는 요새들로 둘러싸인 타구스[96]에 정박하기 위해 강어귀로 들어가는 파도의 흐름을 타고 있었다.

5월 9일, 레칼데가 달아나버렸다는 사실에 만족한 드레이크는 그를 쫓던 일을 돌연 그만두었다. 드레이크의 신호에 따라 각 배의 선장들이 작전회의를 위해서—물론 대개는 드레이크의 명령을 받는 게 전부였지만—기함에 올랐을 때, 드레이크는 그들에게 사그레스(28쪽 지도 참고) 성과 근처의 여타 유력한 고지를 획득하기 위해 세인트빈센트 곶으로 다시 돌아갈 거라고 말했다. 이유는 설명하지 않았다. "용감한 그의 부하들과 함께 대업을 이루려는 사령관의 결정에 끼어드는 것은 그의 명예를 침해하는 것이다." 아마도 그 항해를 이용해 책을 써서 돈을 벌 희망을 안고 모험에 참여했던 것으로 보이는 로버트 렝의 말이다. 또한 드레이크를 가장 존경했던 빅토리아 시대의 유명한 해전 역사학자는 "그는 타고난 전략가였기 때문에 그 유명한 세인트빈센트 곶의 두드러진 중요성에 대해 완전히 이해하고 있었다."고 주장했다. 그러나 중세 기사 이야기나 읽고 내린 판단과 넬슨[97]의 작전에 대해 읽고서 내린 판단 외에, 우리는 드레이크의 부사령관이자 조심성 많은 전우(戰友)인 윌리엄 버러의 못마땅한 견해에 대해서도 알고 있다. 드레이크의 계획을 들은 그날 저녁, 버러는 드레이크에게 대단히 불경한 편지를 보냈는데, 그 편지에서 그는 드레이크가 차지하고 싶어 하는 사그레스의 관개

---

96) Tagus. 이베리아 반도에서 가장 긴 강으로, 에스파냐와 포르투갈 경계를 흘러 대서양으로 빠져나간다.

97) Horatio Nelson. 1758~1805. 트라팔가르 해전의 승리로 유명한 영국의 해군 제독

시설은 "내륙으로 반 마일이나 떨어진 곳에 있는 조그만 물웅덩이일 뿐이고" 성안에 있는 놋쇠 무기들도 차지할 만한 가치가 있는지 의심스럽다고 말하며, 반대 의사를 표했다. 또한 "사령관님의 목적을 달성한다 하더라도 결국 얻는 게 무엇일까요? '나는 이렇게 에스파냐 왕의 땅 위에 서 있노라.' 말하며 만족을 느끼게 될지는 몰라도, 이것은 중요한 일이 아닐 뿐만 아니라 누구에게도 도움이 되지 않을 것입니다."라는 말도 덧붙였다.

버러도 세인트빈센트 곶의 중요성에 대해서는 추호도 의심하지 않았지만, 추밀원에서 명령한 것이 바로 그 부분이었음을 누구든 다 인식하고 있다는 말을 하고자 했던 것이다. 버러는 드레이크에게 그가 해야 할 일은 세인트빈센트 곶을 항해하면서 에스파냐 군대의 준비 작업을 방해하는 것이라고 말했다. 사그레스 상륙 작전은 위험할 뿐만 아니라 불필요하며, 영국 해군 총사령관도 그런 시도에 대해 특별히 경고한 바 있었다. 아마도 버러를 가장 화나게 했던 것은, 드레이크가 또다시 당연히 거쳐야 할 작전회의도 없이 독단적으로 이러한 결정을 내렸으며, 지금까지 함대의 부사령관인 자신이 드레이크에게서 직접 듣기도 전에 하급 장교들의 떠들썩한 논쟁을 통해서 그의 계획에 대해 알게 되었다는 점일 것이다.

지금은 누구든 드레이크가 그런 결정을 내린 이유에 대해 버러가 대단히 오해하고 있었다고 말할 수 있다. 버러는 마땅한 정박지를 확보하지 않아도 충분히 오랜 기간 동안 세인트빈센트 곶을 항해하며 임무를 수행할 수 있을 거라고 믿었던 것처럼 보이며, 훗날 영국의 함상들이 인근 기항지가 없이도 상당히 오랜 기간 동안 이와 비슷한 작전을 수행하는 경우가 많았던 것도 사실이다. 그러나 엘리자베스 시대의 전함들은 이후에 만들어진 배들처럼 오랫동안 바다에서만 지낼 수 있는 능력을 갖고 있지 않았다. 따라서 드레이크가 여름 내내 그 해역에서 머물고자 했다면, 적들의 사격에 위협받지 않을 안전한 정박지가 있고 청소나 수리를 위해 배를 기울일 만한 곳이 있으며, 선원들이 해변에서 휴식을 취할 수 있는 곳이 최적의 장소였을 것이다. 카리브 해를 항해하면서도 드레이크는 언제나 그런 장소들을 찾아다녔다. 물론 이러한 행동의 기저에는 약탈품을 찾는 늙은 해적의 욕망도 있었을 것이고, 불구대천의 원수인 에스파냐 왕의 영토에 어떤 표시라도 남기고 싶은 욕망도 있었을 것이다.

날씨 때문에 상륙 작전은 5월 14일로 연기되었고, 공격 목표도 사그레스가 아닌 라고스(28쪽 지도 참고)로 바뀌었는데, 라고스는 해변을 따라 카디스 동쪽 방향으로 15마일 정도 떨어진 거리에 있는 안락한 항구도시였다. 이곳은 한때 번성한 도시였지만, 최근에는 무역이 상당히 쇠퇴해 있었다. 점령 이후에 어떻게 그곳을 계속 지킬 수 있을 거라 예상했는지는 알 수 없으나, 아마도 드레이크는 그곳의 방어가 허술할 거라고 예상했던 것 같다. 해질 무렵 드레이크는 라고스의 서쪽 만에 함대의 닻을 내리게 했고, 새벽녘에는 아무런 방해도 받지 않고 병사들을 상륙시켰다. 육군 중장 앤서니 플래트(Anthony Platt)는 상륙군 1,100명을 해변에 일렬로 정렬시키고는, 척후병들을 맨 앞에 세우고, 그 뒤로 화승총 사수들을 두 줄로 배치했으며, 양쪽 측면과 뒤쪽에도 이들을 각각 두 줄씩 배치하고, 중앙에는 창병들을 세웠다. 이들의 모습을 본 포르투갈인들은 전문적 전투대형에 감탄했다고 한다. 상륙부대는 이 대형을 유지하며 평평하고 넓은 평원으로 이어지는 길을 택해 출발했고, 마치 육군 사령관 앞에서 열병식을 하듯 의기양양하게 파이프를 불고 북을 쿵쿵 치면서 라고스 땅을 행진해갔다.

상륙 작전은 아무런 저항도 받지 않았지만, 이들을 지켜보는 눈이 없었던 것은 아니었다. 행진을 시작하고 얼마 지나지 않아 침략군은 일단의 말을 탄 무리가 자신들의 측면에서 그림자처럼 따라오고 있음을 알게 되었는데, 그들은 거칠지만 군인처럼 보이지는 않았으며, 말도 좋았고 말을 타는 것에도 익숙해 보였다. 말 탄 무리는 머스킷총의 사정거리를 벗어날 정도로 거리를 유지했지만, 상륙군이 도시에 가까워질수록 말을 탄 감시자들의 숫자도 늘어났고 내륙 쪽 고지대에서도 보병의 움직임이 관측되었다. 라고스의 성벽을 따라 내륙으로 행진하는 동안 영국 부대는 라고스의 방어 태세가 보고 받은 것보다 훨씬 더 강력하다는 사실을 알게 되었다. 여기저기서 연이어 포탄이 날아왔고 돌멩이가 쏟아져 내렸으며 머스킷총과 화승총이 불을 뿜어댔다. 영국군도 일제히 사격을 퍼부었지만, 성벽 뒤에 있는 적들에 대항하는 것은 역부족이었다. 결국 영국군은 다시 왔던 길로 퇴각해서 만 쪽으로 돌아올 수밖에 없었다. 수비대를 지휘하던 알가르베(Algarve)의 총독 돈 에르난 테예르(Don Hernan Teller)는 적이 후퇴했다는 사실에 놀라워하면서도 한편으로는 안도했다. 성벽을 따라 줄줄이 걸린 군대 깃발은 수비대의 빈약한 실제 전력을 감추려는 위장에 불과했으며, 에르난 테예르는 노련한 전투부대처럼 행군해오는 영국군에 대항해 자신의 농부들과 어부들이 얼마나 오래 버틸지 자신하지 못했던 것이다. 그는 자신이 보유하고 있는 보병으로는 적을 대적할 수 없음을 알고 있었다. 그러나 영국군이 퇴각하는 것을 보고는 기병 200명을 직접 이끌고 나가 이미 평원에 나가 있던 기마 수비대에 합류했다.

상륙 보트로 돌아오는 두 시간 내내 영국군은 불편하고 힘들었다. 수비대의 머스킷 사수들은 성벽이나 올리브 나무 뒤에서 그들에게 총격을 퍼부었다. 부상으로 실려 가는 병사들의 수도 늘어갔다. 비정규군으로 보이는 기병들은 영국군 주위를 에워싸며 위협을 가했기 때문에 영국군은 수차례 퇴각을 멈춘 채 방진을 짜서 이들을 물리쳐야만 했다. 이들은 영국군이 해안에 도착한 후 영국 함선들의 함포가 불을 뿜을 때까지 계속 따라오면서 괴롭혔다.

윌리엄 버러는 상륙작전이 위험하다는 자신의 경고가 옳았음이 그 상륙 실패로 확인되었다고 목소리를 높일 만한 처지에 있지 않았다. 드레이크는 자기 부사령관이 보낸 편지에 대해 생각하며 48시간 동안 속을 끓였다. 그 편지가 무례한 것은 틀림없지만, 당시 튜더 왕조 시대의 영국 육군과 해군의 자유분방하고 느슨한 분위기를 생각한다면 그것을 항명(抗命)이라거나 심지어 군법을 어긴 것이라고 규정할 사람은 거의 없었을 것이다. 천재였던 드레이크는 다른 대부분의 사람들처럼 판단하지 않았다. 그는 자신이 카디스 항으로 진입하는 것을 버러가 막고 싶어 했다고 기억(물론 그다지 정확한 것은 아니었겠지만)했다. 또한 드레이크는 카디스 만 위쪽에 있던 배들을 다 불태우기도 전에 버러가 황급히 빠져나갔다는 점을 (이것 역시 그리 정당한 평가라고는 할 수 없지만) 떠올렸다. 그리고 얼마나 심한 원한을 품고 있었는지 우리는 추측할 수밖에 없지만, 드레이크는 카디스 만에서 버러 때문에 자신의 기함 엘리자베스 보나벤처호가 거의 12시간 동안이나 지옥 같은 컬버린포의 포격을 받게 되었던 기억을 떠올렸다. 드레이크는 버러가 도망가지 말고 그곳에 남아 있었어야 했다고 생각했던 것이다. 드레이크는 바람도 없던 그 저녁에 버러도 나름의 문제가 있어 힘들었다는 점은 기억하지 못한 채(어쩌면 아무도 말을 해주지 않았던 탓일 수도 있지만), 버러가 완전히 안전한 상태에 있었다고 잘못 생각해 그가 기함에서 떨어져 있던 거리를 실제보다 3배 이상으로 오해하고 있었다. 드레이크의 생각이 전부 사실이었다 해도, 또 아무리 화가 나 있더라도, 다른 사령관들이라면 대부분 버러의 행동을 단지 소심함이나 어리석음의 소치라 판단했겠지만, 드레이크는 더 깊이 들여다보고 있었다. 그는 대의에 헌신하는 모든 신실한 신교도들을 쳐부수고 파멸시키기 위해 혈안이 되어 있는 친(親)에스파냐, 친교황 세력의 광범위한 음모가 영국에 있다고 생각했다. 드레이크는 자신이 에스파냐 왕과 맞서겠다고 세상에 밝힌 이래 줄곧 그 음모 세력의 청부업자들이 자신의 출세와 성공을 감시하고 방해했으며, 때론 정체불명의 적들이 여왕에게 그를 비방하고, 선원들의 탈영을 선동하고, 에스파냐의 도시와 선박에 그의 습격이 임박했음을 미리 알려주었다고 믿었다. 때론 드레이크 자신의 통찰력 덕분에 정체가 드러난 악한들도 있었는데, 토머스 다우티(Thomas Doughty)가 대표적인 예로, 그는 골든 하인드호가 태평양으로 진입하기 전 세인트줄리안 만에서 '사악한 마법사'란 죄목으로 드레이크의 손에 참수되었다. 사실 토머스 다우티의 주된 범죄, 또는 최소한 오늘날의 관점에서 유죄라고 입증될 만한 유일한 죄목은 드레이크가 월권을 하며 멋대로 명령을 내린다는 자기 생각을 넌지시 비친 것뿐이었다. 버러도 바로 그와 같은 행동을 한 것이었다. 또한 버러는 드레이크가 여왕 폐하에 대한 충성의 관례를 어겼다는 비난까지 했다. 예전에 드레이크는 불경스러운 설교를 했다는 이유로 자기 배의 목사를 갑판에 쇠사슬로 묶고 자물쇠를 채워놓은 적이 있었는데, 그는 선원들을 모두 소집하고는 "손에 슬리퍼 한 켤레를 든 채 궤짝 위에 다리를 포개고 앉아" 목사에게 이렇게 말했었다. "프랜시스 플레처(Francis Fletcher), 나는 이 자리에서 그대를 하느님의 교회에서 파문하며 모든 은혜와 영광을 박탈하노라. 나는 사탄과 그의 모든 사자에게 그대의 이름을 알리는 바이다." 이런 사람이, 아무리 나이와 경력이 많은 선배라 하더라도 하급자가 하는 해군의 에티켓에 대한 훈계를 순순히 받아들일 리 만무했다. 그는 한동안 심사숙고한 뒤, 엘리자베스 보나벤처호 선상에서 약식 군법회의를 열었다. 드레이크는 참가자들에게 버러의 편지 중 일부를 읽어주고는, 육군 특무상사인 마천트 대위(Captain Marchant)에게 골든 라이온호로 가서 버러의 지휘권을 빼앗고 그를 체포하여 선실에 구금하라는 명령을 내렸다. 버러는 라고스에 대한 공격이 진행되는 동안, 그리고 이후 한 달 동안 선실에 갇힌 채로 매일 자신의 목숨을 걱정하면서 지내야만 했다.

버러를 그곳에 감금한 뒤 드레이크는 아마도 그에 대해 잊어버렸던 것 같다. 라고스 상륙작전에서 아무런 성과도 얻지 못한 병사들이 배에 올라타자마자, 드레이크는 닻을 올리게 하고 먼바다까지 나갔다가, 다시 사그레스 해안으로 진입했다. 드레이크의 부대가 사그레스 해변에서 꼬불꼬불한 절벽 길을 올라 바람 부는 황량한 갑으로 떼 지어 몰려가고 있을 때에도, 테예르 장군은 여전히 라고스로 지원부대를 보내달라고 요청하고 있었다. 영국군의 새로운 작전은 아주 다른 분위기에서 진행되었다. 모든 것이 너무나 활발하고 효율적이며 단호하게 진행되어서, 마치 라고스에 대한 공격은 양동작전(陽動作戰)이 아니었을까 생각될 정도였다.

사그레스 성으로 가는 길에 요새화한 봉건영주의 장원 하나가 가로막고 있었지만, 영국군이 그곳에 도착했을 때는 비어 있었기 때문에 상륙군은 거침없이 밀고 들어갔다. 당시에는 그 성 주위를 사그레스 곶 끝의 뾰족하게 솟은 절벽이 둘러싸고 있어서 마치 왕관을 쓰고 있는 듯 보였다. 이곳의 동쪽에는 절벽 밑 해안가를 따라 형성된 작은 도시가 자리 잡은 만이 있었고, 남쪽으로는 멀리 떨어진 아프리카의 만곡 쪽으로 바다가 펼쳐져 있었으며, 서쪽에는 3,000마일이나 드넓게 펼쳐진 대서양에서 밀려온 파도가 넘실대고 있었다. 서북쪽의 멀지 않은 곳에는 세인트빈센트 곶이 돌출해 있었는데, 그곳은 이베리아 반도, 그리고 유럽의 서남쪽 귀퉁이에 해당했다. 바로 이곳이 그 옛날 '항해왕'으로 불리던 포르투갈의 엔히크 왕자[98]가 절벽 위에 앉아 미지의 바다를 응시하던 곳이었다. 엔히크 왕자는 몽상가에다가 수도사 같은 금욕적인 태도로 잘 알려진 인물이다. 왕자는 가파른 절벽으로 둘러싸인 이 작은 고원 위에 드레이크가 발견하게 되는 가장 오래된 건물들을 세웠는데, 그의 관저와 도서관, 천문학자들이나 선원들을 위한 시설이 갖추어진 그곳은 '빌라 두 인판트(Vila do Infante. 왕자의 마을)'라 불렸다. 바로 이 절벽 꼭대기에서, 전설처럼 전해지던 동방의 땅과 미지의 대륙으로 가는 바닷길을 유럽 사람들에게 열어주게 될 계획들이 탄생했다. 어떤 면에서 보면 그때까지 드레이크가 세계를 탐험하며 이룬 모든 것은 엔히크 왕자가 품었던 꿈의 작은 부산물에 불과한 것이었다.

사그레스 성은 이제 더 이상 왕족의 거처도, 학문과 진취적 모험의 중심지도 아니었고, 그저 무어인들의 습격으로부터 어촌 도시를 보호하기 위한 삼류 요새일 뿐이었지만, 성의 북쪽 면에는 튼튼한 성벽이 솟아 있었기 때문에 유일한 진입로인 그곳은 갈매기들 말고는 접근하기도 힘들었다. 성벽은 12미터 높이까지 돌로 두텁게 쌓여 있었는데, 성벽 사방의 끝에는 적당한 간격으로 네 개의 원형 탑이 있었고 중앙에는 성문 누각이 있었다. 각 탑과 경비초소 벽에는 포신이 긴 대형 놋쇠 대포 '포팅게일 슬링'이 회전 받침대 위에 장착되어 있었는데, 이깃은 무게 약 200그램 정도의 포탄을 날려서

---

98) 1394~1460. 대서양 원정을 비롯한 항해를 적극 지원했다.

300미터 이상이나 떨어져 있는 사람도 죽일 수 있는 파괴력을 갖고 있었다. '포팅게일 슬링'은 후장식 대포였기 때문에 상당히 신속하게 포탄을 발사할 수 있었다. 이러한 성이었기에, 성을 지키는 사람들이 아무리 소수라고 해도 공성포(攻城砲)를 갖추지 못한 군대에게는 거의 난공불락의 요새라 할 수 있었다.

드레이크는 먼저 성에 항복할 것은 권유했지만 정중하고도 단호한 거절을 받자, 머스킷총 사수들과 화승총 사수들에게 계속 총을 쏘아서 수비대를 성벽의 총구로부터 몰아내라고 명령했다. 송진을 적신 섶단이 대포나 폭약을 대신했는데, 드레이크는 성벽에서 총탄 세례가 퍼부어지는 와중에도 성문에 이 섶단을 쌓는 위험한 작업을 부하들과 함께했다. 2시간 동안 계속된 공격으로 거대한 성문은 곧 무너질 듯한 숯 덩어리로 변했고, 영국 머스킷총 사수들의 총알 세례로 성문 안쪽의 수비대도 괴멸되다시피 했다. 수비대 중 많은 수가 죽거나 부상을 당하고 자신의 몸에도 두 발의 총알이 박히자 수비대 대장은 항복을 결심했다. 드레이크는 그에게 관대한 조건을 제시했다. 성안의 군인들과 민간인들은 무기를 제외한 개인 재산을 모두 챙겨서 안전하게 떠날 수 있었다. 오후 서너 시경 영국군은 성을 완전히 점령했으며, 이들의 급습이 성공했다는 소식에 놀라고 겁에 질린 인근의 강력한 방어진지들과 세인트빈센트 곶 주변의 작은 성들과 수도원들은 총 한 방 쏴보지 않고 항복해버렸다.

과거, 현재, 그리고 다가올 미래의 모든 유럽 식민 제국들의 요람이었던 '항해왕' 엔히크의 성을 자신이 점령했다는 사실을 드레이크가 알고 있었는지는 확실치 않다. 그러나 알았다고 하더라도 그는 아마 신경 쓰지 않았을 것이다. 드레이크에게 중요했던 것은 자신이 세인트빈센트 곶의 주변 지역에서 적군을 모조리 쓸어냈다는 것과, 자신이 선택한 정박지가 내려다보이는 요새를 확보했다는 점이었다. 또한 아마도 에스파냐 왕의 땅에서 전쟁을 벌여 승리했다는 점 역시 그에게는 중요한 의미였을 것이다. 드레이크에게는 사그레스 성을 점령할 생각이 전혀 없었다. 단지 그 성에서 사람들을 몰아내고 자신에게 위협이 되지 않도록 만들려고 했을 뿐이다. 성에 배치된 놋쇠 대포 8문과 북쪽 벽에 있던 포팅게일 슬링 5문, 그리고 항구 쪽을 향해 설치된 대형 포 3문, 반(半)대포 1문과 컬버린포 1문, 반컬버린포 1문 등을 절벽에서 해안 쪽으로 굴려 내린 뒤에 배에 싣도록 명령했다. 드레이크는 해변으로 돌아가는 마지막 부대에게 성안의 모든 건물을 불태우게 했다. 지붕도 없이 시커먼 뼈대만이 남게 된 건물 중에 엔히크 왕자의 저택과 홀과 정자, 도서관도 있었다.

닷새 뒤, 영국 함대는 리스본 해안, 좀 더 정확히 말하자면 카스카에스 해안, 타구스 강 북쪽 어귀를 지키는 요새의 포 사정거리 밖에 있었다. 리스본에는 펠리페의 조카이자 포르투갈 총독인 알베르트(Archduke Albert of Austria) 추기경이 살고 있었다. 또한 리스본에는 나이 많은 산타 크루스 후작의 사령부도 있었는데, 그는 이 위급한 상황에 대해 불안과 분노를 느끼고 있었다. 적 함대가 바로 코앞까지 와 있는데도 자신의 휘하에 있는 포르투갈 갤리언선 12척은 약속받은 새 대포도 지급받지 못한 상황이었고, 쓸만한 선원이나 전투에 나설 병사와 포사수도 거의 없었기 때문이었다. 전날 영국군이 뱃머리를 북쪽으로 향하고 있다는 소식이 전해지자, 알베르트 추기경과 산타 크루스는 황급히 회의를 한 후 드레이크의 목표가 부유하지만 방어가 허술한 도시인 세짐브라(Sezimbra)일 것이라는 데 동의했다. 리스본 주변의 병력이 부족함에도 불구하고, 리스본 성에서 화승총 사수들을 데려오고 레칼데 함대에서 군인들을 차출해 급하게 세짐브라 수비를 강화했다. 그리고 리스본 항구 방어를 맡고 있던 활용 가능한 가장 빠른 배인 레칼데의 갤리선들을 세짐브라 서쪽에 위치한 이스피셸 곶(Espichel, 28쪽 지도 참고) 부근에 배치했다.

그러나 영국 함대는 세짐브라 쪽은 쳐다보지도 않고 바다 멀리에 멈추어 있었다. 산타 크루스의 동생인 돈 알론소 데 바산 휘하의 7척을 비롯한 리스본의 갤리선들은 드레이크의 행로를 앞질러 가 세인트줄리안 성의 대포의 보호를 받으며 전투대형으로 정렬하고 있었다.

그곳은 중요한 군사적 요지였다. 그곳은 타구스 강 하구의 모래톱이 있는 곳인데, 이 모래톱을 사이에 두고 북쪽과 남쪽 끝에 각각 좁고 통과하기 힘든 해협이 있었다. 북쪽 해협이 더 깊고 안전해서 사람들이 주로 그쪽을 이용했는데, 여기에는 세인트줄리안 성의 포병 부대가 주둔하고 있었다. 강 건너편에는 '옛 요새'라고 불리는 요새에 배치된 병력이 북쪽 해협보다 좁은 남쪽 어귀를 지키고 있었다. 일단 그곳을 통과하면, 다음 방어 기지인 벨렘에도 부대가 주둔하고 있기는 하지만 해협 쪽에 비해 전력이 떨어지기 때문에 드레이크의 함대 정도의 규모와 전력을 갖춘 함대라면 리스본의 항구에 치명적인 피해를 입힐 수도 있었고, 어쩌면 도시 전체를 약탈할 수도 있었다. 산타 크루스는 드레이크같이 결단력 있는 지휘관이라면, 그리고 리스본으로 접근하는 수로를 잘 아는 키잡이만 있다면 양쪽 어느 해협이라도 돌파할 수 있다는 것을 잘 알고 있었다. 남쪽 해협은 좁고 굴곡이 심해 통과하기 힘든 곳이었지만, '옛 요새'에 배치된 대포들은 수도 적을 뿐만 아니라 성능도 좋지 않았다. 세인트줄리안 성의 대포들은 이보다 훨씬 파괴력이 좋았지만, 북쪽의 해협은 남쪽보다는 통과하기 쉬워서 갤리언선들이 빠른 서풍과 조류를 타고 일렬로 항해한다면 약간의 피해만을 입고 통과했다가 다시 빠져나오는 것도 가능했을 것이다.

드레이크의 전술 특징을 잘 알고 있던 산타 크루스가 보다 더 심각하게 여겼던 또 다른 위험이 있었다. 세인트줄리안 요새는 해안 쪽으로 접근하는 적에게는 더할 나위 없이 위협적인 요새였다. 그러나 육지 쪽 방어는 대단히 취약했다. 성의 서쪽 너머로는 물이 얕은 카스카에스 만이 있었는데, 어촌 마을이 산재해 있는 그 서쪽 끝 해안은 카스카에스 요새의 대포들이 그 물망처럼 방어하고 있었다. 그러나 그 두 요새 사이에는 거의 연중 내내 파도가 잔잔하고 암초도 거의 없고 경사도 완만한 길고 굽은 해변이 펼쳐져 있었는데, 그 해변 중 2마일 정도는 카스카에스와 세인트줄리안 요새 양쪽 모두의 사정거리에서 벗어나 있었다. 그런데 바로 이 해변의 맞은편에 영국 함대가 닻을 내리고 있었던 것이다.

산타 크루스는 영국 함대가 이스피셸 곶을 돌고 있다는 소식을 듣자마자 바로 세인트줄리안 성으로 갔다. 그에게 드레이크의 공격을 받아넘길 수 있는 무기는 단 하나밖에 없었다. 지금 성의 포대 아래쪽에서 출격을 기다리고 있는 그의 동생 바산의 갤리선 7척이 그것이었다. 만약 영국군이 카스카에스 만으로 상륙을 시도한다면, 바산의 갤리선들은 단숨에 얕은 바다로 돌진해 그들이 해안에 이르기도 전에 상륙 보트들을 흩어놓거나 산산조각 내게 될 것이다. 만약 영국군이 북쪽 해협 입구를 통과하려고 한다면, 갤리선들이 기로막고 시간을 끄는 동안 그곳의 육상 포대들이 포격을 가하여 해협에서 영국 함선 몇 척을 침몰시킬 수도 있을 것이다. 만약 드레이크가 꼬불꼬불한 남쪽 해협의 비밀을 알고 있고, 그래서 그쪽으로 향한다면, 갤리선들은 최소한 자살 공격에 투입될 수도 있을 것이다. 갤리선들은 어떤 식으로건 의미 있는 성과를 얻을 것이다. 한편 이 지역의 유지들은 포르투갈인들로 구성된 민병대를 조직하고, 수백 명의 에스파냐 화승총 사수들로 이들의 전력을 보강하여 카스카에스 만의 해안을 따라 배치시켰다. 알베르트 추기경은 도보로 꼬박 하루가 걸리는 곳까지 사람을 보내서 지원부대를 요청했다.

사실 드레이크는 어느 쪽 해협도 수로를 잘 아는 키잡이가 없었다. 또 전투태세를 갖추고 있는 해안 수비대나 갤리선 양쪽 모두는 말할 것도 없고, 둘 중 하나와도 맞서서 위험한 상륙작전을 감행할 만큼 병력도 충분하지 않았다. 그는 단지 일이 돌아가는 형편을 살펴보기 위해 리스본으로 왔던 것이다. 이렇게 상대편의 응수를 떠보는 전술로 수차례 재미를 보았던 것이다. 설령 이곳에서 아무런 이득을 취할 수 없다고 하더라도, 최소한 펠리페의 코앞에서 그에게 도전했다는 만족감은 얻을 수 있었을 것이다. 기습공격을 할 만한 기회도 없고, 자신이 해안에서 나포하거나 뒤쫓고 있는 작은 선박들을 미끼로 갤리선들을 넓은 바다로 유인해내는 것도 불가능하다는 것을 깨달은 드레이크는 전쟁포로 교환 협상을 시도했다. 리스본에는 영국인 전쟁포로가 한 명도 없다는 대답을 들었는데, 드레이크는 그렇게 생각하지 않았지만, 아마도 이것은 정직한 대답이었던 것 같다. 그러자 드레이크는 산타 크루스에게 나와서 한번 붙어보자고 도전장을 던졌다. 제대로 준비를 갖추지 못해 그의 도발에 응하지 못하는 그 늙은 뱃사람이 얼마나 통렬히 자신의 무력함을 자책할지 알기라도 하는 듯이 말이다. 별 성과 없는 전갈을 주고받다가, 카디스에서와 마찬가지로 바람 때문에 중단되었다. 북쪽에서부터 강풍이 불어오자 영국 함대는 바람을 등지고 세인트빈센트 곶으로 돌아갔다. 리스본 앞바다에서 벌인 시위로 별다른 성과를 얻지는 못했지만,

이곳에서 이루어지던 무역을 방해하고, 적을 자극하고 불안하게 만들고, 간담을 서늘하게 만들기에는 충분했다. 그리고 이런 것들은 드레이크가 좋아하는 일이었다.

11장_통 널과 보물

영국 함대는 사그레스에서 열흘을 머물면서 배들을 청소하고, 훈증 소독하고, 샅샅이 점검했으며, 배의 밑바닥에 고인 물을 퍼내고, 바닥짐도 새로 깔았다. 250명의 선원들로 북적이는 엘리자베스 보나벤처호 정도 크기의 갤리언선은 7~8주 항해를 하다 보면 악취가 날 정도로 더러워질 수 있었고, 이보다 작은 배들도 상태는 더 나을 게 없었다. 엘리자베스 시대의 사람들은 배가 더러워질수록 선원들의 건강이 나빠진다는 사실을 알고 있었다. 이미 함대에는 아픈 선원들이 너무 많았다. 가능한 한 많은 환자를 해변으로 옮겨 최선의 방법으로 치료했으며, 상태가 몹시 나쁜 환자들은 나포한 선박에 실어 영국으로 돌려보낼 준비를 했다. 그러는 동안 바다에 나가 있는 배들, 특히 임무에 가장 적합한 종범선들은 조직적으로 연안을 오르내리며 주변 바다를 휩쓸었다. 이들은 북쪽으로 10~15리그[99]를 올라갔다가 다

201

시 돌아오고, 그다음에는 동쪽으로 그만큼의 거리를 이동했다가 돌아오면서 맞닥뜨리는 배들을 모조리 침몰시키거나 불태우거나 사그레스 항으로 끌고 왔다.

그러나 그것도 그다지 신나는 일이 아니었다. 라고스에 10척의 갤리선 함대가 도착했지만, 칭찬해주고 싶을 정도로 신중해서 바다로 나와 싸우려고 하지 않았고, 종범선들이 분주하게 오가며 포획한 전리품들도 시시한 것들이었다. 바다에서 나포한 배에다가 세인트빈센트 곶 해안에서 파괴한 배까지 합하면 100척을 훨씬 넘는 엄청난 숫자였지만, 그중 60톤 이상 나가는 큰 배는 두어 척에 불과했고 대부분 돈이 될 만한 배들이 아니었다. 종범선들에 희생된 배는 크게 두 부류로 나눌 수 있었다. 절반 이상은 알가르베[100]와 안달루시아의 참치 어장에서 고기잡이를 하던 배들이었다. 드레이크는 발견하는 모든 어선은 물론 해안의 어촌 마을과 심지어 그물까지 체계적으로 파괴해서 번성하는 그 지역의 어업에 치명적인 피해를 입혔는데, 그렇게 함으로써 그 사람들이 "자신들을 지켜주지 못한 통치자들에게 저주를 퍼부을" 거라 생각했다. 그들이 누군가를 저주하기는 했을 것이다. 또 다른 부류의 선박들은 에스파냐 연안을 돌아다니며 일상적인 화물을 운반하던 작은 연안화물선, 바크선과 작은 범선이었다. 화물의 대부분은 "쇠테와 통 널, 또는 그와 비슷한" 통을 만드는 물건들로, 카디스 항이나 타구스 강의 해협으로 향하는 것들이었다. 드레이크는 이 가치 없어 보이는 노

---

99) 1리그는 약 5킬로미터

100) Algarve. 포르투갈 리스본에서 대서양을 따라 200킬로미터 떨어진 해안 지역

획물들의 가치를 알고 있었다. 그는 월싱엄에게 보내는 편지에서 다음과 같이 쓰고 있다. "쇠테와 통 널은 1,600에서 1,700톤은 족히 나갈 만한 양이었습니다. 이것들을 저장용 통으로 만들면 용량이 25,000에서 30,000톤 이상 될 것입니다. 저는 이것들을 모두 불 질러서 잿더미로 만들어버리도록 명령했습니다. 이제 에스파냐 왕은 바크선이 부족해질 뿐만 아니라 식량과 물을 비롯해 상당한 양의 보급품을 못 쓰고 버리게 될 것입니다." 당시의 해군에게 이런 저장용 통은 물과 포도주뿐만 아니라 소금에 절인 고기, 생선, 비스킷과 각종 식량을 보관하기 위해 반드시 있어야 할 필수품이었다. 견고한 통을 만들기 위해서는 잘 말린 양질의 통 널이 필수적이었다. 이 물건들은 결코 여분이 많지 않았으며, 게다가 에스파냐 함대의 출항 준비로 인해 이미 공급이 달리는 실정이었다. 만일 에스파냐 함대가 마침내 출항하게 되었을 때 물통이 새거나 악취가 난다면, 또는 곰팡이 핀 통 널과 허술하게 만든 통 때문에 많은 음식이 상하고 있음을 알게 된다면, 그들은 사그레스를 뒤덮은 연기를 원망하게 될 것이다. 아마도 에스파냐에게는 이 통 널들을 태운 것이 카디스 만에서 배를 태운 것보다 더 치명적인 타격이었을 것이다.

그러나 한동안은 세인트빈센트 곶에 영국 함대가 주둔해 있다는 사실이 에스파냐에게 가장 큰 타격이었다. 리스본에서 산타 크루스는 병사와 선원, 대포와 기타 보급품이 부족해 움직이지 못하고 있었다. 그에게 급히 필요한 대포와 포탄, 화약과 비스킷, 지중해의 항구 열두 곳에서 모집한 선원들, 나폴리 연대에서 차출한 정예군을 실은 배들은 지중해에서 오고 있는 중이거나, 말라가와 카르타헤나, 지브롤터에서 머뭇거리고 있거나, 그렇지 않으면 기껏해야 카디스 근해 이내로는 들어오려고 하지도 않았다. 이 배들은 '레반트' 함대를 구성하는 무장상선들과 거대한 나폴리 갤리아스선 4척, 그리고 시칠리아 갤리선 몇 척의 호위를 받고 있었는데, 이들이 도착하기만 한다면 산타 크루스의 전력에 엄청난 도움이 될 것이었다. 아랑후에스에 있던 펠리페는 거의 매일 최신 보고를 받으면서 충성스러운 메디나 시도니아에게 새로운 명령들을 소나기처럼 퍼부어댔다. 세비야의 강에 있는 배들을 즉시 리스본으로 보내라. 드레이크가 세인트빈센트 곶을 돌아다니는 동안에는 아무도 이동해서는 안 된다. 드레이크가 세인트빈센트 곶을 떠났으므로 긴급하게 필요한 무기와 병사를 갤리선에 싣고 속히 리스본으로 달려오라. 드레이크가 다시 세인트빈센트 곶으로 돌아왔으니 갤리선들은 대기하고, 병사들은 옮길 수 있는 무기나 군수품을 모두 챙겨 육로를 통해 리스본으로 행군하라.

한편, 드레이크와 그의 수석 참모였던 것으로 추정되는 페너(Fenner) 함장은 자신들이 주둔한 위치의 장점을 잘 알고 있었다. 페너 함장은 그의 편지에서 현재까지 벌인 함대의 작전들과 자신이 알고 있는 에스파냐군의 특성에 대해 명확히 평가한 후(그가 알고 있던 것은 거의 진실에 가깝다.), 다음과 같이 결론지었다.

우리는 우리에게 엄청난 이익이 되고 적들에게는 엄청난 손해가 되는 이 곳을 차지하고 있다. 이곳을 획득한 것은 큰 축복이었다. 우리가 파악한 바에 의하면 리스본에 집결한 에스파냐 함대는 약 스물다섯 척의 일반 선박과 일곱 척의 전투 갤리선뿐이다. 나머지 배들은 우리에게 가로막혀 있으며, 그 함선들이 합류하지 못하면 주력함대는 구성될 수 없다. 또한 그들은 모든 면에서 보급이 부족하기 때문에 집결하지 못할 것이다. (……) 시작이 좋았던 것처럼,

하느님께서 그에 못지않은 결과를 허락하실 거라 굳게 믿으며, (……) 또한 승리는 수가 많은 쪽이 아니라 하느님께서 기뻐하시며 손을 뻗는 곳에 있음을 믿는다.

같은 날 드레이크는 월싱엄에게 편지를 썼다. 진리의 적들과 바알[101]과 다곤[102]의 숭배자들에 맞서 거둔 승리를 엄숙한 성서적 분위기로 묘사하다가 갑자기 직설적인 산문체로 목소리를 바꾸고 있다.

신께서 기꺼이 우리에게 먹을 것과 마실 것을 내리시는 한, 그리고 우리의 배와 바람과 날씨가 허락하는 한, 대신께서는 분명 세인트빈센트 곶 주변에 있는 우리의 소식을 듣게 되실 겁니다. 우리는 이곳에서 매일 여왕 폐하와 대신께서 앞으로 내리실 명령을 기다리고 있으며 앞으로도 기다릴 것입니다.

여왕 폐하께서 적절한 시기에 이 몇 척의 배들을 보내신 것에 대해 우리 모두는 하느님께 감사드립니다.

만약 우리에게 여왕 폐하의 두 번째로 좋은 배들이 6척 더 있었다면, 에스파냐 함대의 병력이 집결하는 것을 훨씬 더 잘 막아낼 수 있었을 것이며(드레이크는 이미 전력 증강을 요청했음이 분명하다.) 다음 달 정도에는 모든 곳에 있는 펠리페의 배들을 빼앗거나 파괴할 수 있을 것이고, 그때가 되면 에스파냐 함대의 군인들은 집으로 돌아갈 수밖에 없을 것입니다. 짧은 소견으로 판

---

101) Baal. 고대 페니키아, 가나안인이 숭배한 번식과 자연의 신
102) Dagon. 다간이라고도 한다. 페니키아와 필리스티아인이 숭배한 대지와 곡식의 신

단해보건대 저는 이 거대한 왕국을 그에 어울리는 그런 지경으로까지 몰고 갈 자신이 있습니다.

우리의 시작은 성공적인 것이었지만, 모든 것이 완전하게 마무리될 때까지 끝까지 그렇게 계속하는 것만이 진정한 영광을 가져올 것입니다. (······) 비록 보잘것없지만 우리가 에스파냐 해안에서 이룬 시작에 대해서 하느님께 재차 삼차 감사드리는 바입니다.

이 편지들은 둘 다 5월 24일에 쓴 것인데, 드레이크는 30일에 간단한 메모를 첨가했다. 카디스 만 습격 후에 자신의 편지를 전하려고 보냈던 됭케르크 배를 다른 지원 함선들과 함께 자신에게 돌려보내 달라는 내용이었다. 그러는 사이에 그 서신들을 전하고, 병들거나 부상당한 병사들을 영국으로 후송할 배들이 준비를 갖추어갔고, 마침내 6월 1일에 닻을 올렸다. 함대 전체가 함께 출항해 세인트빈센트 곶의 서쪽까지 그 배들을 호위했다. 귀국하는 선박들이 북쪽으로 방향을 바꾸어 멀어져 가자, 남은 함대는 해가 지고 있는 방향으로 돌아서서 광대하게 펼쳐진 대서양을 마주했다. 그리고 다시는 사그레스 만으로 돌아오지 않았다.

함대는 아조레스로 가고 있었다. 세인트빈센트 곶에서 갑작스럽게 떠난 이유는 수수께끼이다. 우리가 아는 한, 귀국길에 오른 배에 있던 그 누구도 드레이크가 주둔지를 떠날 거란 암시를 주지 않았다. 실제로 그의 서신만 보더라도, 자기가 두 달 더 그곳에 있을 거라 말하며 증원 요청까지 하지 않았던가. 드레이크가 "끝까지 그렇게 계속하는 것만이 진정한 영광을 가져올 것입니다."라고 편지에 쓰고 있을 때에는 분명 자신도 고작 닷새만 더 머물리란 것을 알지 못했다. 심적 갈등이 있었던 것일까? 보급 물자가 부족했거나 선원들이 병이 나서 그렇게 느닷없이 떠난 것은 아니었을 것이다. 그 정도로 뛰어난 지도력과 고집이 센 사람이 부하 장교들이나 선원들의 압력에 굴했을 리도 없다. 그렇다면 왜 함대의 모든 배가 신선한 물을 제대로 다 채우기도 전에, 환자들을 모두 수송선에 태워 귀환시키기도 전에 그렇게 황급히 떠났던 것일까? 어쩔 수 없이 우리가 다른 무엇보다 중요한 새로운 목표에 대한 정보를 드레이크가 들었기 때문이었을 거라 가정한다고 해도, 여전히 풀리지 않는 수수께끼가 있다.

포르투갈의 동방 식민지에서 거둬들인 향료와 동양의 상품들을 해마다 실어 오는 에스파냐 무장상선 산 펠리페(San Felipe)호가 아라비아 해의 고아[103])에서 출발해 포르투갈로 귀환하고 있다는 소식이 모잠비크와 상투메에서 차례로 인도회사[104])로 보고되었다. 펠리페 왕은 드레이크가 이 배에 대한 소문을 듣게 될까 봐 노심초사하고 있었다. 아프리카 서부 무역을 담당하는 상선들이 지금쯤 라고스 근해까지 오고 있거나, 또는 세인트빈센트 곶을 지나 리스본으로 오고 있을 것이고, 그중에 분명 그 거대한 무장상선을 목격한 배들이 있을 것이기 때문이다. 만일 산 펠리페호가 아프리카 해안의 물살을 헤치고 오는 대신, 인도에서 돌아오는 포르투갈 배들의 일상적인 항로를 따라오고 있다면, 베르데 곶[105])으로부터 맞바람을 비스듬히 받으며 동북쪽 무역 항로를 가로질러 아조레스로 항해하다가 다시 서풍을 받

---

103) Goa. 인도 서남해안 지역으로 당시 포르투갈의 영토

104) 유럽 각국, 특히 영국과 네덜란드가 신대륙에서의 경제활동과 식민정책을 위해 특권을 주었던 회사

105) Cape Verdes. 아프리카의 서부 끝에 있는 곶

으며 리스본으로 향할 것이다. 이 배에 대한 정보가 드레이크의 귀에 들어
갔다면, 그에게 남은 일은 무장상선의 예상 항속을 계산한 뒤 어디쯤에서
배를 가로막을지 선택하는 것뿐이었다. 아니나 다를까, 6월 18일 엘리자베
스 보나벤처호가 아조레스의 상미겔 섬[106] 해안에 모습을 드러냈을 때, 엘
리자베스 보나벤처호와 그 섬 사이에서 그 거대한 무장상선이 순풍에 돛을
달고 항해하고 있었다. 이 정도로 계산이 정확했으니, 드레이크가 선실에
마술 거울을 두고 있어서 세상의 모든 바다에서 움직이고 있는 배들을 볼
수 있다고 에스파냐 사람들이 생각할 만했다.

그런데 산 펠리페호와 마주치기 전에 드레이크는 함선 몇 척을 잃었다. 6
월 3일에 심한 폭풍우가 휘몰아쳐 48시간 동안이나 계속되었던 것이다. 함
대를 수습했을 때는 여왕의 갤리언선 모두와 개인 소유의 갤리언선 세 척,
드레이크 소유의 토머스(Thomas)호, 해군 사령관이 파견한 화이트 라이온
호, 윌리엄 윈터(William Wynter) 경 소유의 미니온(Minion)호, 그리고 몇 척
의 종범선만이 남아 있었다. 그러나 런던 선박은 전부 사라지고 없었다. 나
중에야 그들이 모두 템스 강으로 안전하게 돌아갔다는 사실을 알게 되었다.

다음 날, 항해 중인 배 한 척을 목격한 드레이크는 골든 라이온호와 종범
선 스파이호에게 이 배를 추격하라고 명령했다. 그런데 얼마 지나지 않아
스파이호가 홀로 돌아오는 모습이 보였다. 스파이호에는 마천트 선장이 승
선해 있었다. 마천트가 쫓아갔던 배는 영국 선박으로 밝혀졌지만(혹시 함대
를 이탈한 런던 선박 중 하나가 아니었을까?), 전임 선장인 윌리엄 버러의 사주를

---

106) São Miguel. 북대서양 아조레스 군도에서 가장 큰 섬

받은 골든 라이온호의 선원들이 항명을 하며 함대에 합류하기를 거부하고 영국으로 돌아가는 중이라고 보고했다. 자신이 품었던 최악의 의심이 사실로 입증되었다고 생각한 드레이크는 군법회의를 소집해 버러에게 반역죄로 사형을 선고하고는, 마음속에서 그를 깨끗이 지워버렸다. 여기까지가 알려진 역사이다. 골든 라이온호의 그 누구도 반란죄로 처벌받지 않았으며, 버러를 비롯해 모든 선원이 급료와 포상금을 받았다는 기록은 남아 있다. 그러나 그 작전과 관련된 기록은 넘쳐나는 반면, 버러를 반역자로 낙인찍은 자들이 귀국한 뒤에 열린 사법 조사 위원회의 문서들은 어디에서도 찾아볼 수 없었다.

런던 선박들이 사라지고 골든 라이온호가 탈영하면서 드레이크의 함대는 갤리언선 6척과 종범선 몇 척으로 규모가 작아졌지만, 이보다 더 약한 전력으로도 무장상선 산 펠리페호 정도는 충분히 제압할 수 있었을 것이다. 산 펠리페호가 드레이크 함대에서 가장 큰 갤리언선을 페르슈롱 말[107] 옆에 선 조랑말처럼 보이게 만들 정도로 거대했고, 영국 함대에서 가장 큰 배 3척을 합한 것보다 용적 톤수가 더 컸던 것도 사실이다. 그러나 귀향 중인 포르투갈 무장상선들이 대부분 그랬듯이, 이 배의 선원들도 허약하고 병들어 녹초가 되어 있었으며, 배의 주갑판[108]에는 화물이 빼곡히 들어차 포문을 사용할 수 없는 상태였다. 또한 선수루와 후갑판에 있는 놋쇠 포들은 인도양이나 바버리 해변[109]에서 해적들을 물리치는 데는 적합했지만, 결코

---

107) Percheron. 프랑스 북부 페르슈 지역이 원산지인, 세계에서 몸집이 가장 큰 품종의 말
108) 3~4층의 배에서, 위에서 두 번째 갑판
109) 지중해에 면한 북아프리카의 해안

드레이크 함대의 거포를 상대할 만한 무기는 아니었다. 산 펠리페호의 선장은 명예를 손상하지 않을 만큼만 싸우고 나서 품위 있게 항복했다. 선장과 선원들은 상미겔이나 어디든 자신들이 원하는 곳으로 데려다줄 배 한 척을 얻었고, 드레이크는 이런 종류로는 역사상 최초인, 엄청난 전리품을 챙겨 플리머스로 향했다.

산 펠리페호에는 만족스러울 만한 양의 금과 은, 몇 개의 보석 상자 외에도 후추와 계피, 정향, 옥양목, 비단, 상아 등이 가득 차 있었다. 전체 값어치가 거의 114,000파운드에 달했는데, 이것은 카디스 만에서 나포하거나 침몰시키고 불태운 모든 선박과 화물을 합한 가치의 세 배가 넘는 금액이었다. 에스파냐에 있는 모든 통 널과 어선을 전부 내다 팔아도 그만한 돈을 받을 수는 없었을 것이다. 후에 런던 상인들은 자신들의 선박이 이 배를 획득하는 데 아무런 기여도 하지 않았음에도 불구하고 자신들의 몫을 나누어주어야 한다고 고집을 부렸는데, 이들에게 떼어준 것을 제외해도 드레이크의 몫은 17,000파운드 이상이었고 엘리자베스 여왕의 몫도 40,000파운드가 넘었다. 이제 드레이크의 기함만 한 크기의 갤리언선은 2,600파운드면 새로 건조할 수 있었고, 이런 배를 한 달 동안 대여하는 것도 28파운드면 충분했다. 여왕의 배에 있는 선원 한 명의 급료와 식량에 드는 비용은 한 달에 14실링이었고, 175파운드 정도면 엘리자베스 보나벤처호 선원 모두의 한 달 급료와 식비를 해결할 수 있었다. 17,000파운드라는 액수는 평균적인 귀족의 재산과 맞먹는 것이고, 40,000파운드면 군대를 전쟁에 내보낼 수 있었다. 산 펠리페호의 획득 덕분에 드레이크와 그의 여왕 모두 그 항해의 의미를 상업적인 모험으로 '포장'할 수 있었다.

16세기의 현실에 비추어보면, 드레이크의 전기를 쓰는 현대 작가들은 불

필요하게 그 산 펠리페호 약탈 사건을 창피하게 여기고, 드레이크와 동시대를 산 사람들은 전혀 필요하다고 여기지 않을, 공연한 해명을 하고자 하는 강박증을 갖고 있는 듯하다. 그런 해명 중 하나는 "배고픔과 질병 때문에 드레이크가 주둔지를 떠나야 했다"는 것이다. 실제로 골든 라이온호의 항명자들은 자신들에게는 식량이 조금밖에 남아 있지 않았고 환자도 46명(아마 전체 선원 중 5분의 1 정도였을)이 있었으며, 자신들 모두 매우 적은 양의 질 낮은 음식을 먹은 결과 허약하고 무기력해졌다고 주장했다. 그랬을 수도 있다. 골든 라이온호는 처음부터 그 함대의 의붓자식 같은 존재였던 것 같다. 그러나 여왕의 배들은 항해를 시작할 때 3개월 분량의 식량을 공급받았을 것이고, 그중 한 척인 골든 라이온호는 겨우 아홉 주 남짓 항해하다가 귀환했다. 뿐만 아니라 여왕의 배들은 카디스에서 빼앗은 상당한 양의 포도주와 비스킷, 기름에 대한 우선권을 갖고 있었고, 다른 지역에서 나포한 선박과 해안 습격으로 얻은 식량을 취할 기회도 많았다. 바로 5월 말까지도 드레이크나 페너 모두 식량 보급에 대해서는 전혀 걱정하지 않았던 것으로 보이며, 런던 무장상선들 역시 자신들이 9개월 치 식량을 공급받았다고 수차례 주장했던 것으로 보아 식량이 부족하지는 않았을 것이다.

바로 이 런던 무장상선들의 행동이 그 수수께끼의 핵심이다. 드레이크를 위한 또 다른 변명은, 그가 함대의 대다수 함선들에 의해 "버림을 받아" 세인트빈센트 곶으로 돌아갈 수 없었다는 것이다. 앞서도 말했지만, 여기에서도 런던 선원들이 풍부하게 식량을 배급받았고 선박도 견고했다는 점을 기억해야 한다. 폭풍우가 지난 뒤에 어떤 곤경에 처해 있었다고 판단할 근거도 전혀 없다. 또한 그들이 통 널을 불태우는 일에 다소 싫증을 느꼈다면, 더더욱 보물찾기를 포기하려고 하지는 않았을 것이다. 그 항해가 명분상 상업적 모험이었던 것은 바로 그들 때문이었는데도, 그때까지 이렇다 할 수익을 건지지 못한 상태였음을 상기해야 한다. 항해 도중 함대를 피니스테레 곶까지 흩어지게 했던 폭풍우가 지나간 뒤, 그 럭던 무장상선들은 다른 배들과 마찬가지로 함대에 다시 합류하는 데에 전혀 문제가 없었다. 이상하게도 그들은 이번에는 함대에 합류하기 위해 아무런 노력도 하지 않았던 것 같다. 오히려 드레이크가 함대의 집결에 관해 명령을 내리지 않은 듯, 어쩌면 심지어 자신의 행선지나 자신이 그곳에서 찾고 싶어 하는 것마저도 밝히지 않은 듯 보인다. 너무도 황급히 떠나야 했기 때문이었을까? 기습공격을 성공하기 위해 꼭 필요했기에 절대 비밀에 부치고 싶었던 것일까? 아니면 한순간 그 늙은 해적이 값진 약탈품을 너무 많은 동료와 나누면 안 된다는 본능에 사로잡혔던 것일까?

적어도 우리는 드레이크에게 얼마나 많은 배가 있었든지 간에, 그 거대한 포르투갈 상선을 빼앗은 후에 그가 세인트빈센트 곶으로 돌아가지는 않으려고 했을 거라 확신할 수 있다. 그 근거로, 우선 그는 이미 18일 동안이나 그 곳에서 멀어져 왔기 때문에 최적의 바람을 만나더라도 다시 돌아가려면 1주일 이상은 걸렸을 것이다. 에스파냐군이 정상적으로 서둘렀다면 산타 크루스는 이미 전력상 드레이크 함대가 상대하기 거의 불가능한 전투함대에게 출격 명령을 내렸을 것이다. 그러나 가장 중요한 점은 드레이크가 그 산 펠리페호를 잃을지도 모르는 모험을 할 수는 없었다는 것이다. 16세기의 전쟁은 사실상 돈 싸움이었고, 만약 펠리페 왕이 자신의 재산을 되찾는다면 500,000 더컷을 보존하는 셈이 되었을 것이다. 프랜시스 드레이크는 이 선박의 화물이, 과거 여러 해 동안 인도에서 운반된 포르투갈의 모든 화물과 마찬가지로, 전부 은행업자들에게 저당 잡혀 있었다는 사실을 알지는 못했을 것이다. 이 은행업자들은 치솟는 대부 이자에 대한 보상으로 지불 능력이 없는 식료품 도매업자들을 계속 지원했던 것이며, 실상 식료품 도매업자들이 포르투갈 왕의 동방 제국이나 마찬가지였다. 산 펠리페호를 잃음으로써 펠리페 왕의 재정적 곤경은 더욱 악화되었겠지만, 그 배를 되찾았다 하더라도 그의 유동자산은 거의 증가하지 않았을 것이다. 드레이크는 이 사실을 몰랐지만, 그 약탈품의 배당이 엘리자베스 여왕에게, 그리고 그녀의 해군에게 어떤 의미였을지는 분명히 알고 있었다. 자신의 배당에 대해서는 신경을 쓰지 않았다 하더라도, 드레이크에게 그토록 엄청난 전리품을 잃을 지도 모를 위험을 감수할 배짱은 없었을 것이다.

산 펠리페호의 전리품을 계산하며 흥분한 나머지, 그 누구도 "모든 것이 완전하게 마무리될 때까지 끝까지 그렇게 계속하는 것만이 진정한 영광을 가져올 것입니다."라고 한 그의 멋진 말을 기억하지 않았다. 뿐만 아니라 오늘날까지 한 번도 드레이크에게 불리한 증거로 기억되지 않았다. 그리고 사실 드레이크가 세인트빈센트 곶에 더 오래 머물렀다고 해도 대단한 성과를 거두지는 못했을 수도 있다. 7주 동안의 항해로 선원들이 병으로 쓰러지지는 않았더라도, 또 7주 후에는 대부분의 선원들이 병에 걸렸을 것이다. 16세기에는 어떤 나라의 배든지, 선원들로 가득한 배에서는 흔히 일어난 일이었기 때문이다. 드레이크는 이미 에스파냐의 계획을 충분히 망쳐놓았기 때문에, 그가 떠난 뒤에도 한 달 동안은 보급품의 이동이 거의 없었으며, 드레이크 함대의 세인트빈센트 곶 주둔 여부와 상관없이 에스파냐 함대는 그해에 영국 침공을 위해 출항할 수 없었다.

12장_팔 하나가 잘리다

슬루이스, 1587년 6월 9일~ 8월 5일

카디스 만에서 드레이크의 급습으로 피해를 입은 사람 중에 명망 높은 옥수수 무역상 한 명이 있었다. 그는 북부 독일 태생이었지만, 지금은 서플랑드르에 있는 딕스무이데(Dixmuide)의 주민으로 귀화한 사람이었다. 얀(Jan 그의 이름을 플랑드르 식으로 읽자면) 비케게르데(Wychegerde)는 원래 발트해산(産) 밀의 중개무역을 주로 했지만, 그 시절의 약삭빠른 상인들 대부분이 그랬듯이 돈이 될 만한 일은 모두 다 했다. 플랑드르어뿐 아니라 에스파냐어에도 능했던 비케게르데는 때때로 에스파냐나 지중해 무역에 자기 돈을 부어 부기를 하기도 했는데, 불행하게도 카니스에서 드레이크가 빼앗은 뒹게르크 선박에 그가 개인적으로 돈을 투자했던 화물이 실려 있었다. 또한 그는 때때로 라인 강 주변의 도시들에 판매할 미완성된 영국산 직물의 위탁판매를 맡거나, 암스테르담으로 보낼 부르고뉴 와인의 선적을 맡기도 했다.

그리고 부업으로 군납업자로 활동하며, 파르마에 대한 존경심이나 에스파냐 왕에 대한 헌신을 드러내기 위해, 통상적으로 터무니없이 비싼 납품 단가를 아주 약간 할인해주면서 배고픈 에스파냐 군대에게 식량을 대주기도 했다. 비케게르데는 비스킷용 발트 해산 밀뿐만 아니라 홀란트와 제일란트에서 들여온 버터, 치즈, 소금에 절인 생선까지 공급했기 때문에 우월한 경쟁력을 갖고 있었다. 네덜란드의 도시들에서는 통상적인 식량만을 에스파냐군에게 공급했기 때문인데, 그들 주장에 따르면 그래야 그들 나름의 전쟁 목적을 이룰 수 있는 돈을 벌 수 있다는 것이었다. 얀 비케게르데는 식량 보급을 명분으로 파르마와 맺은 관계 외에 또 다른 관계를 맺고 있었다. 그는 프랜시스 월싱엄의 가장 용감하고 영리한 스파이 중 하나였던 것이다.

그 전쟁의 현 단계에서 플랑드르의 무역상으로 사업을 계속 해나가기 위해서는 고난을 감내해야 했다. 그해 6월 비케게르데는 합법적인 무역상으로 가장하고 바다로 나갔다가 운 나쁘게 로셸레이 사략선[110])에게 붙잡히고 말았다. 그가 월싱엄의 첩자라는 사실을 알았다면 아마도 자비를 베풀었을지도 모르지만, 가톨릭 상인으로 위장하고 있었기에 이 위그노 해적들은 비케게르데를 기분 좋게 약탈했다. 개인 짐은 물론 마지막 동전 한 닢까지 다 빼앗긴 그는 불로뉴의 해변에 버려졌고, 셔츠만 걸친 채 고향으로 돌아가야 했다. 딕스무이데에 도착하자마자 비케게르데는 브뤼헤에 있는 파르마의 기지까지 무사히 가고 싶다면 기다렸다가 무장한 에스파냐 군대의 호위를 받는 마차 행렬에 합류하는 게 나을 것이라는 경고를 들었다. 주변 곳곳에

---

110) 私掠船. 교전국의 정부로부터 적선을 공격하고 나포할 권리를 인정받은 무장한 개인 선박

서 교전이 벌어지고 있어 어떤 길을 통해서 가더라도 안전하지 못했다. 또한 양쪽 군대에서 이탈한 탈영병들과 황폐해진 토지를 버리고 떠나온 농부들이 떼로 몰려다니면서, 혼자서 또는 삼삼오오 무리 지어 여행하는 사람들의 길을 막고 살해하는 일이 매일 발생하고 있었다.

호위대가 동행하더라도 안전이 보장되는 것은 아니었다. 오스텐트[111]의 영국 수비대는 외곽 곳곳에서 매복해 있다가 마차 행렬을 습격하곤 했다. 실제로 비케게르데가 합류하기로 한 첫 번째 호위대도 딕스무이데를 벗어나자마자 바로 매복 공격을 받았다. 비케게르데는 월싱엄에게 에스파냐군 사망자가 25명이었으며 영국 측은 단 한 명밖에 사망자가 없다고 보고하면서, 영국 부대가 감탄할 만한 솜씨로 마차들을 깨끗이 쓸어버렸다고 보고했다. 그는 사람들이 오스텐트 수비대를 너무도 두려워해서 이삼백 명 정도 되는 군인의 호위를 받지 못할 때에는 감히 이동할 엄두조차 내지 못하고 있으며, 이번에도 영국군이 총을 쏘자마자 왈룬군 2개 중대가 도망을 쳤다고 덧붙였다. 비케게르데는 매복 공격의 기술에 딱 한 가지 결함이 있다고 지적했다. 다음부터는 호위대의 전위를 차단할 수 있는 위치에 매복해야 한다는 지적이었다. 이렇게 하지 않았기 때문에 영국군이 앞쪽 마차에 타고 있던 옥수수 무역상들을 놓쳤고, 그래서 이들이 1만 내지 1만 5천 플랑드르 파운드의 돈을 지갑에 고스란히 넣고서 딕스무이데로 도망칠 수 있었다는 말이었다. 비케게르데는 다음 호위대를 기다렸다. 그는 한시바삐 브뤼헤로, 그리고 가능하다면, 슬루이스 앞에 있는 파르마의 기지로 딜러가야 했다.

---

111) Ostend. 벨기에 북서부의 항구

말을 타고서 전속력으로 달려가면 불가능한 일은 아니었겠지만, 순진한 주민까지 돈 냄새를 맡을 수 있을 정도로 부자연스럽게 서두를 만한 배짱은 없었다.

월싱엄은 브뤼헤 포위 작전에 대한 좀 더 정확한 정보들을 원했지만, 비케게르데가 그것에 대해 보고할 수 있었던 것은 4주나 지나서였다. 봄 초부터 파르마가 플랑드르에 마지막 남은 반란군 요새들을 칠 것이라는 소문이 무성했다. 그러나 파르마는 6월에 자신의 사령부와 야전 부대의 병력 절반 정도를 브뤼헤로 이동시켰고, 이 집결은 너무나 신속하게 이루어져서 허를 찌른 전술이라고 부를 만한 것이었다. 한때 저항의 심장부였던 플랑드르의 거의 모든 지역이 이미 파르마의 수중에 떨어진 상태였다. 플랑드르의 대의원들은 네덜란드 독립정부에서 이미 대표회의 의석을 잃었다. 안트베르펜 함락 이후 홀란트와 제일란트의 독점 무역상들은 플랑드르의 대도시들을 구해주어야 할 자매도시가 아니라 짓밟아야 할 경쟁자로 생각하고 있었다. 그러나 플랑드르의 서북쪽 구석에 있던 두 도시, 오스텐트와 슬루이스는 아직도 저항을 계속하며 버티고 있었다. 두 도시 모두 전략적 요충지였고, 서로를 지원해줄 수 있을 만큼 아주 가까운 거리에 있었다. 오스텐트는 북해에 면한 모래언덕에 굳건히 자리 잡고 있었지만, 한때 플랑드르에서 가장 큰 항구였던 슬루이스는 즈빈[112]이 봉쇄된 이후로 궁지에 몰리기 시작했다.

오스텐트는 영국 수비대가 방어하고 있었고, 슬루이스는 자체 민병대를

---

112) Zwyn. 벨기에 안트베르펜의 교외 지역

주축으로, 호전적인 칼뱅파 망명자들과 웬만해서는 자신들의 고향 밖으로는 1마일도 나가려 들지 않는 플랑드르와 왈룬 출신 사람들이 힘을 보태고 있었다. 두 지역의 수비대들은 브뤼헤 주변에 있는 에스파냐 진지를 조롱하듯 괴롭히고 있었지만, 두 도시 모두 성벽 둘레에 빠짐없이 군사를 배치할 만큼 병력이 충분하지는 못했고, 포위에 대비한 식량이나 물자도 부족한 실정이었다. 파르마가 7천, 또는 1만 4천, 1만 8천 정도의 병력을 이끌고 근처에 와 있다는 사실을 알게 되자, 화들짝 놀란 두 지역의 지휘관들은 네덜란드 독립정부와 헤이그에 있는 벅허스트 경(Lord Buckhurst), 플러싱[113]의 영국 총독, 월싱엄, 레스터, 그리고 물론 엘리자베스에게까지 전령을 급파해 식량과 군수품, 지원부대를 보내줄 것을 호소했다.

네덜란드 독립정부는 플랑드르인들이 스스로 방어하도록 내버려두고 싶어 했지만, 영국은 이 사태를 더 심각하게 받아들였다. 레스터가 없는 동안 엘리자베스 여왕의 대리직을 맡고 있던 헤이그의 벅허스트 경은 즉각 명령을 내려 오스텐트의 영국 수비대에게 지원군과 군수물자를 보냈으며, 슬루이스에도 지원하기 위해 상부에 허가를 요청했다. 그가 허가서를 받기도 전에, 플러싱 총독 윌리엄 러셀 경이 시민들의 열광적인 협력에 힘입어, 그의 생각에 두세 달은 충분히 버틸 만한 식량과 물품을 슬루이스로 보냈다. 러셀 경은 파르마가 처음에 오스텐트로 향한 것은 위장전술일 뿐이며 지금은 슬루이스를 위협하고 있다는 것을 알고는, 자신의 직권으로 전투 경험이 많은 로저 윌리엄스(Roger Williams) 경에게 영국 보병 네 개 중대를 이끌고 오

---

113) Flushing. 네덜란드 독립군 본거지가 있는 홀란트 항구도시

스텐트를 떠나 위기에 처한 슬루이스를 지원하러 가라고 명령했다. 한편, 영국에 있던 엘리자베스는 레스터가 요청한 자금과 병력을 모두 제공할 것을 승인하고 있었다. 그녀는 아직도 파르마와의 협상에서 뭔가 좋은 결과가 나올 수 있기를 희망하고 있었지만, 회담에서 주고받는 말을 완전히 믿을 만큼 어리석지는 않았다. 에스파냐군이 플랑드르 해변을 1마일 차지할 때마다 영국에도 그만큼 위험이 더해지는 것이었다. 엘리자베스는 레스터에게 슬루이스는 반드시 구해야 한다고 당부했다.

파르마가 오스텐트로 병력을 이동시켰던 것은 위장전술이 아니라 그들의 전력을 탐색하기 위한 것이었다. 파르마는 기습공격으로 그 도시를 점령하고자 했다. 그러나 그가 그곳에 도착했을 때는 둑이 무너져 모든 진입로가 물에 잠겨 있었고, 지원부대가 상륙하고 있었다. 또한 연안에 모습을 드러낸 영국 함대는 에스파냐 왕의 적들이 바다의 지배자로 남아 있는 한 오스텐트는 결코 굶주림으로 항복하지는 않을 것임을 상기시키고 있었다. 방어 태세도 무척 견고해 보였으므로, 결국 전략회의에서는 철수를 결정했다.

다음 날 파르마는 부대를 셋으로 나누어 북쪽과 동쪽으로 이동시켰다. 한 부대는 오스텐트와 슬루이스 사이의 연결 통로를 방어하고 있던 작은 요새 블랑켄베르크를 함락시키러 갔고, 다른 하나는 브뤼헤에서 이어진 간선도로를 따라 진격했으며, 파르마가 직접 이끄는 마지막 부대의 임무는 도시의 동쪽 방면을 포위하고, 슬루이스의 북쪽 즈빈으로 통하는 이젠디이크(Yzendijke) 운하에 다리를 놓는 것이었다.

이 첫 번째 목표가 모두 마무리되자, 파르마는 다시 전략회의를 소집했다. 파르마의 부하 지휘관들은 지도를 주의 깊게 들여다보고 자신들이 본 지형을 떠올리며 고개를 저었다. 안트베르펜 때보다 더 열악한 상황이었다.

슬루이스는 마치 조각그림 퍼즐처럼 뿔뿔이 흩어져 있는 섬들의 한복판에 자리 잡고 있었다. 이 섬들은 복잡한 그물망처럼 연결된 해협과 인공 수로들로 분리되어 있었는데, 이 수로들은 보통의 운하보다 폭이 훨씬 더 넓었으며, 대부분 하루에 두 번 물이 가득 차 있다가 거센 조수가 밀려왔다 나가면 역시 하루에 두 번 두터운 개펄이나 수렁 같은 늪지로 변해버렸다. 실타래처럼 얽혀 있는 이 수로들을 통과해, 한때는 500척이나 되는 큰 배들이 닻을 내리기도 했다고 전해지는, 수심이 깊은 슬루이스의 정박지로 가는 가장 좋은 물길은, 까다롭기는 하지만 다닐 수는 있는 해협을 통과해 즈빈 강어귀로 나가는 것이었다. 오래된 성 하나가 슬루이스의 정박지를 방어하고 있었는데, 이 성은 최근에 전력이 보강되었고, 둑길과 나무다리로 슬루이스와 연결되어 있었다. 도시로 이어지는 모든 진입로는 수로로 분리되어 있었는데, 그 어떤 군대든 그 도시를 포위하려 든다면 이 미로처럼 복잡한 수로 속에 사분오열 고립될 위험을 감수해야 했다. 파르마의 장교들은 포위가 길어질 것이고, 얻을 수 있는 이익에 비해 치러야 할 대가가 더 클 것이며, 군대 전체를 잃을 수도 있는 심각한 위험이 따른다는 것에 의견일치를 보았다. 그들은 이번에도 철수를 건의했다.

이번에는 파르마가 동의하지 않았다. 자신이 모든 위험과 역경을 그들과 함께 나눌 것임을 장교들에게 굳이 말할 필요는 없었다. 그는 신속하고 용이하게 이루어질 수만 있다면 오스텐트를 점령하고 싶었다. 하지만 슬루이스 역시 반드시 점령해야 하는 곳이 있다. 슬루이스는 그가 원하는 수심 깊은 항구와 가장 가까운 곳이기도 했지만, 그보다는 브뤼헤와 동플랑드르를 잇는 수로 연결망을 비스듬히 가로지르는 곳에 있어서 영국 침략을 위한 병참에 필수적인 요지이기 때문이었다. 물론 영국 침략에 대해 전혀 모르고 있던 그의 장교들에게 이 말을 할 수는 없었다. 그러나 파르마의 오랜 동료 중 몇몇은 슬루이스를 둘러싼 미로 같은 운하들이 바로 파르마가 풀면서 희열을 느낄 만한 군사 기하학 문제임을 분명히 알고 있었을 것이다. 파르마는 이 특이한 네덜란드의 방어물을 어떻게 자신만의 공격 방식에 활용해야 하는지 알고 있었다. 그는 슬루이스를 방어하는 플랑드르의 사령관도 알고 있는 것처럼 모래로 뒤덮인 척박한 땅 카드잔트(Cadzand) 섬이 자신의 작전에서 가장 중요한 지점이란 것을 이미 꿰뚫어보고 있었다.

카드잔트는 서쪽으로 즈빈 해협을 접하고 있었고, 그 맞은편 멀리 슬루이스의 오래된 성이 있었다. 동쪽 수로 건너에는 파르마가 확보하고자 집착하는 섬이 하나 있었는데, 밀물이 되면 사나운 급류가 흐르는 곳이었지만 물이 완전히 빠지고 나면 여기저기 물웅덩이가 널린 늪지로 변했다. 6월 13일 아침, 파르마는 선발 부대를 이끌고 수로를 건넜다. 모두 무기가 젖지 않도록 무기를 머리 위로 들고서 진창을 헤치며 힘겹게 나아갔는데, 진흙과 물이 가슴팍까지 차오른 병사들도 있었고, 운 나쁘게 미끄러져서 머리부터 발끝까지 진흙으로 범벅이 된 병사들도 있었다. 파르마 역시 온몸이 진흙투성이였다.

그로부터 거의 24시간 동안, 파르마의 군인들은 카드잔트의 황량한 모래 언덕에 모여 있었다. 식량이라고는 축축한 비스킷 몇 조각이 전부였고, 몸을 숨길 차폐물도 없었고, 옷을 말리거나 몸을 덥힐 수 있는 연료 같은 것도 전혀 없었으며, 심지어 마실 물조차 없었다. 파르마가 기다리고 있던 바지선들은 뚜렷한 이유도 없이 늦어지고 있었다. 카드잔트에는 나무 한 그루, 오두막 한 채도 없었다. 비가 내리고 있었다. 총기의 화승(火繩)도 젖었고, 화약도 젖어 있었다. 또한 그들이 건너온 해협에 물이 차서 동료들로부터 고립되어 있었다. 만약 적이 공격해 왔다면(그들은 언제든 바다에서 공격받을 수 있는 상황이었다.), 지치고 굶주리고 추위에 떨고 있던 그들은 차가운 칼과 창만 가지고 공격을 막아내야 했을 것이다. 병사들이 너무도 심하게 불평을 쏟아냈기 때문에 그들에 대해 잘 알지 못하는 사람이라면 곧 반란이 일어나리라 예상했을 것이다. 그러나 이렇게 투덜거리면서도 이들은 막사를 설치하고 머스킷 사수들을 보호할 참호를 팠다. 창과 총을 든 병사들이 견고한 대형을 갖추고서 이들을 호위하고 있었는데, 정찰 중이던 네덜란드 독립군 바지선들은 그 모습을 보고는 재빨리 노를 저어 사정거리 밖으로 달아났다.

그즈음 이젠디이크 운하를 따라오면서 교전을 벌이느라 예정보다 지연되었던 파르마의 바지선들이 도착하기 시작했다. 그러나 다음 날에도 카드잔트는 로저 윌리엄스 경이 이끄는 영국군이 슬루이스로 진입하는 것을 막아낼 수 있을 만큼 충분한 전력을 갖추지는 못했다. 윌리엄스를 호위하던 제일란트 소형 군함 2척은 연방 포를 쏘아 에스파냐 머스킷총 사수들을 참호에서 몰아냈으며, 윌리엄스의 함대는 내포(內浦)로 진입하면서 파르마의 배 중 상당수를 침몰시키거나 포획했다. 그러나 바로 다음 날 전세가 역전되었다. 밤새 파르마의 소중한 공성포 부대가 배치되어 해협을 통제할 수 있게 된 것이다. 영국 지원함대의 함선 두 척이 아침 간조 시간에 맞춰 플러싱으로 돌아가려는 순간에 느닷없이 포탄이 빗발치듯 날아들었다. 영국 함선의 함장들은 포진지로부터 가능한 한 멀리 벗어나려고 배의 방향을 돌렸다기 그만 두 배 모두 좌초시키고 말았다. 여전히 썰물이었고 에스파냐군 포의 사정거리 안에 있었기 때문에 두 배의 함장과 선원들은 헤엄을 치고 물살을 헤치고 걸어서 바닥이 낮은 작은 너벅선에 닿았고, 그 배를 타고서 간신히 포격을 피해 플러싱으로 돌아갈 수 있었다. 파르마는 그 두 척의 제일란트 전함을 자신이 무장하고 있던 작은 함대에 더해 카드잔트 포병대 앞쪽에 있는 해협의 수심이 가장 깊은 곳에 정박시켰다. 수심이 얕은 곳에는 수직으로 말뚝을 박아서 방책(防柵)을 세웠으며, 지나가는 적의 배들을 수심이 얕은 곳으로 유인하기 위해 물길을 따라 표시해놓은 부표와 경계표를 모두 제거하거나 위치를 바꾸어놓았다. 결국 플러싱의 영국 총독은 슬루이스로 가는 항로가 봉쇄되었다고 보고할 수밖에 없었다.

이것은 얀 비케게르데가 브뤼헤에서 파르마의 기지로 가기 약 3주 전에 일어난 일이었다. 그 당시 네덜란드 독립정부는 아무 조치도 취하지 않았고, 플러싱에 있는 영국인들도 어떻게 손을 쓸 수가 없었다. 파르마는 슬루이스 주변 지역에 대한 지배력을 점차 강화해나갔다. 그러나 레스터 백작이 마침내 자금과 병력을 확보하여 영국에서 돌아오고 있었다. 그가 가장 먼저 해야 할 일은 파르마 군대에 맞서 슬루이스를 구하는 것이었다.

비케게르데의 임무는 슬루이스를 포위하고 있는 파르마 군대의 전력을 파악하는 것이었다. 비케게르데는 마치 병참 장교가 계산을 하듯 체계적으로 이 일을 수행해나갔다. 에스파냐군은 네 개 진영으로 나뉘어 있었는데, 서로 지원하기 힘든 상황이었기 때문에 독립적인 방어를 위해 각각 요새를 구축하고 있었다. 그중 하나는 그때까지 주요 전투들이 벌어진 브뤼헤의 입구 바깥쪽에 있었고, 또 하나는 슬루이스의 포격 사정거리에서 벗어난 카드잔트 섬에 주둔하고 있었는데 이곳에 파르마의 본부가 있었다. 세 번째 진영은 카드잔트와 강을 사이에 두고 있는 세인트앤스아일랜드(St. Anne's Island)에 슬루이스의 오래된 성을 마주 보며 자리 잡고 있었고, 나머지 하나는 운하를 가로지른 곳에 겐트(Ghent) 출입구를 등지고 있었다. 비케게르데는 네 진영에 있는 에스파냐인, 이탈리아인, 독일인, 왈룬인 병력을 모두

합하면 5천에서 6천 명 사이로, 아마 5천에 더 가까울 거라고 판단했다. 그때까지 월싱엄이나 레스터가 받은 보고에는 어떤 때는 이보다 두 배, 또는 세 배로 계산되었기 때문에, 설령 월싱엄이 레스터에게 비케게르데의 보고를 전했다고 해도 레스터는 이를 믿지 않았을 것이다. 그러나 파르마가 펠리페에게 보낸 비밀서한들을 살펴보면, 비케게르데의 계산이 놀랄 만큼 정확했음을 확인할 수 있다.

비케게르데는 에스파냐군이 이전에 보고된 것보다 수는 적지만, 모두 일급 전사들로 구성된 파르마의 정예부대로서, 빈틈없고 신중하고 전투 경험이 많아서 갑작스러운 공격에도 놀라거나 당황하지 않는다고 경고했다. 실제로 이들은 성벽 위에서 적들이 목구멍까지 들여다보고 있는 상황에서도 물이 반쯤 찬 참호 안에서 묵묵히 작업을 진행했으며, 머스킷 총탄이 우박처럼 쏟아져도 허기질 때나 등 뒤로 비가 내리칠 때와 비슷한 정도의 불평과 욕설을 할 뿐이었다. 이들은 결코 유리한 상황을 놓치거나 불필요한 모험을 하지도 않았다. "그들은 일사불란하게 질서를 유지하며 (……) 그들의 가장 큰 장점은 밤낮으로 빈틈없이 상황을 살피면서 신중하게 전술을 결정한다는 데 있습니다."

그러나 파르마의 군대는 그들 못지않게 뛰어난 적수를 상대하고 있었다. 파르마는 펠리페에게 보낸 편지에서, 자신은 지금껏 이보다 더 용감하고 교활한 적들을 만나본 적이 없노라고 적고 있다. 그의 보병들은 삽질을 할 때마다 물이 뿜어져 나오는 진창을 퍼내다가 이들의 총탄 세례로 인해 물러나야 했고, 최근에 힘겹게 얻은 참호도 이들의 야간 돌격대에게 빼앗겨버렸으며, 브뤼헤 입구에 양측이 파놓은 대적 갱도(對敵坑道) 안에서는 앞도 보이지 않는 상황에서 느닷없이 일대일 칼싸움을 벌여야 했다. 파르마는 이 모든 일에 대해서, 비케게르데가 파르마 군대에 대해 표현했던 불경스러운 언어로 똑같이 찬사를 늘어놓았다. 파르마 측의 인명 피해는 이미 심각한 수준이었다. 많은 장교가 중상을 입었는데, 이 중에는 그의 가장 유능한 부관이자 베테랑 전사인 라 모테(La Motte)도 포함되어 있었다. 에스파냐군이 괄목할 만한 전과를 거두기도 전에, 파르마가 브뤼헤에 준비하라고 명령한 병원 침대 1,500개가 부상자들로 전부 채워질 것처럼 보였다.

그럼에도 불구하고 비케게르데는 지원군이 구해주지 않으면 슬루이스는 항복하지 않을 수 없을 거라 확신했다. 파르마는 숨 돌릴 틈도 주지 않고 수비대를 압박하고 있었으며, 병력이나 탄약도 월등했다. 눈치 빠른 비케게르데는 이미 수비대의 사격 빈도를 가늠해 보면서, 그들이 화약 공급 부족을 우려하고 있을 거라 추측하고 있었다. 비케게르데는 지금이라도 함대를 동원해 지원 공격을 하면 아주 쉽게 슬루이스를 구할 수 있다고 확신했다. 영국군이 강력하게 공격을 한다면 파르마의 소함대는 더 이상 해협을 봉쇄할 수 없을 것이고, 소형 전함들이 벌 떼처럼 밀어닥친다면 카드잔트의 에스파냐 포병대가 이 중 몇 척은 침몰시킬 수 있을지 몰라도 전세를 뒤집지는 못할 것이었다. 그러나 이러한 시도는 빨리 실행되어야 했다. 에스파냐군이 브뤼헤 30여 곳에서 거대한 나무다리를 건설하고 있다는 소문이 돌고 있기 때문이다. 그 다리를 건설하는 기술자들은 해로를 통해 슬루이스를 공격하기 위한 것이라고 말했다. 그러나 얘기를 들어보면, 3년 전 파르마가 스헬데를 함락하기 위해 사용한 것처럼, 지붕이 있고 총알이 뚫리지 않는 벽을 설치해 바지선 위에 띄운 부교(浮橋) 종류인 것 같았다. 안트베르펜의 운명을 결정지은 바로 그 다리였다.

레스터 백작과 영국군 3,000명을 실은 함대가 플랑드르 해안을 따라 이동하고 있을 때, 비케게르데는 분명 브뤼헤에서 그 부교에 대해 알아보고 있었을 것이다. 슬루이스의 성벽에 있던 수비대 병사들도 시위를 벌이듯 이 동하는 이 대규모 영국 함대가 블랑켄베르크의 주변에 나타나 플러싱 항으로 들어갈 때까지의 모든 과정을 지켜보았을 것이다. 아주 시력이 좋은 사람이라면 돛대에 달린 깃발과 문장(紋章)까지도 알아보았을 것이다. 슬루이스 수비대는 원군이 도착했음을 알리고 싶었던지, 자신들을 포위하고 있는 에스파냐군의 머리 위로 한차례 총탄과 대포 세례를 퍼부었다. 에스파냐군도 대응 사격을 가했는데, 함대가 스헬데의 서쪽 어귀로 진입할 때 레스터는 천둥 같은 대포 소리를 들을 수 있었고 에스파냐 진영 쪽이 연기로 자욱해져 있는 것을 볼 수 있었다. 이때가 파르마가 카드잔트를 점령한 지 23일이 지난, 7월 2일이었다.

그러나 그로부터 23일이 지난 후에야 슬루이스의 수비대는 자신들을 구해줄 거라 기대한 그 영국 지원부대를 다시 볼 수 있었다. 그사이에 일어난일은 대부분 나빴다. 이들은 브뤼헤 입구에서 몰려온 에스파냐 공성군(攻城軍)을 물리치느라 필사적으로 싸워야 했다. 베레 중대의 돌격대는 또 다른에스파냐군의 공격을 막아내며 몇몇 적군을 포로로 잡았고 공성포를 손에넣을 뻔하기도 했다. "위대한 보루"인 그 오래된 성과 성 밖의 참호들은 계속되는 공격에 대항해 근근이 버텨나가고 있었다. 그러나 성벽 둘레를 따라작업을 하고 망을 보고 전투를 수행할 병력이 항상 부족했으며, 사상자들을대체할 병력도 없었다. 그런 상황에서 파르마의 부교(浮橋)들이 도착하기 시작했다. 이 중 두 개는 브뤼헤 입구에 포진한 부대와 오래된 성 맞은편의 세인트앤스아일랜드에 주둔한 부대 사이에 설치해 부대 간 통행이 가능하게했다. 또 다른 두 개의 다리로는 동쪽의 부대를 연결했다. 블랑켄베르크를 지나 즈빈으로 끌고 온 부교들을 길게 이어서 카드잔트 섬과 세인트앤스아 일랜드를 연결했다. 이로써 해협이 봉쇄된 것은 물론, 이제 카드잔트에 있는 병력과 무기까지 동원해 그 오래된 성과 슬루이스 시를 공격할 수 있게 된 것이다.

파르마의 첫 번째 작전은 오래된 요새에 대한 공세를 배가하는 것이었다. 슬루이스 수비대 사령관 흐루네벨트(Groenevelt)는 가용한 모든 병력을 동원해 첫 번째 공격을 격퇴했다. 그리고 다행히도 때마침 그는 에스파냐의 계략이 숨어 있음을 깨달았다. 슬루이스와 요새는 긴 나무다리 하나만으로 연결되어 있었다. 일단 수비대가 모든 전력을 요새 방어에 투입하기만 하면, 파르마는 이 교량을 불태우거나 폭파시킨 다음 그가 새로 설치한 부교를 통해 슬루이스의 다른 쪽으로 우회해 공격하기만 하면 될 것이었다. 그러면 수비대는 전혀 손을 쓸 수 없을 것이다. 한밤중이 되자 요새를 지키던 흐루네벨트의 부대는 은밀하게 빠져나와 도시로 후퇴했다. 이들 중 제 발로 설 수 있을 만큼 몸이 성한 병사들은 200명 정도밖에 되지 않았다. 후위를 맡은 병사들은 성에 불을 지른 다음, 다리를 건넌 후 그 다리마저 불태워버렸다.

파르마는 실망하기는 했지만 고집스럽게 밀어붙였다. 성의 약한 지점들을 면밀히 조사하고, 포병대를 성벽 가까이로 이동시켰다. 파르마 역시 시간이 촉박하다고 느끼고 있었다. 분명 네덜란드 독립군과 영국군이 곧 이동해올 것이고, 최근에 설치한 부교 덕분에 부대 간의 연락과 지원이 수월해지기는 했지만, 그렇다고 해도 운하들이 복잡하게 얽힌 이곳에서 전투를 벌이는 모험을 할 수는 없었다. 만일 구원 부대의 수가 매우 많고 이들이 결연하게 공격해온다면, 포위군은 물론 어쩌면 그의 군대 전체가 큰 타격을 입을 수도 있을 것이다. 적군은 스헬데 강어귀와 바다를 장악하고 있기 때문에 어느 방향에서 갑자기 쳐들어올지 모를 일이었다. 그러나 파르마는 적의 결정적인 이점을 자신에게 유리하게 이용하는 방법을 알고 있었다.

파르마는 포병대를 앞으로 전진시키고, 피로 물든 브뤼헤 문 앞에 공격을 집중했다. 산티아고 축제가 열리는 날 아침, 포위군은 최후의 포격을 시작했다. 정오 무렵, 성문 입구는 곧 무너질 듯 파괴되었고 성벽 여기저기에는 구멍이 뚫렸는데, 그중 몇 군데는 20명이 어깨를 나란히 하고 올라갈 수 있을 만큼 컸다. 파르마는 이틀 전에 부상을 입어 다리를 절면서도 정찰을 위해 직접 성벽으로 다가가 도시 쪽을 바라보았다. 갓 지은 듯한 반달 모양의 토루(土壘)에 언뜻 보기에도 쉽사리 제압하기 힘들 만큼 많은 수의 수비대가 모여 있는 모습이 그의 눈에 들어왔다. 거세게 몰아붙이면 그 방어망을 뚫을 수도 있을 것이다. 그러나 전에도 경험했기 때문에, 자기 부하들도 상당히 많이 잃게 될 거란 점을 파르마는 알고 있었다. 필사적으로 서둘러야 할 상황이었지만, 그렇게 엄청난 희생을 치를 수는 없었다. 결국 철수를 알리는 나팔소리가 울렸고, 파르마는 사령부로 돌아왔다. 파르마는 반달 모양의 둑 너머에 포격을 가하면서 그와 동시에 겐트 방향에서 접근해 사다리를 이용해 공격함으로써 수비대의 전력을 분산시키고 혼란을 유도했다.

그날 밤 슬루이스의 종탑에서 불빛들이 깜박이는 것이 포위군의 눈에 들어왔다. 이들이 이제까지 본 것보다 더 많은 불빛이 새로운 모양새로 깜빡이리고 있었다. 기드킨드의 에스파냐 초병들은 독립군의 총사령부가 있는 플러싱에서도 이에 답하는 불빛이 연방 깜박이고 있다고 보고했다. 포위된 도시는 절망적으로 울부짖으며 구원을 호소하는, 어쩌면 마지막이 될지도 모를 메시지를 보내고 있었고, 그에 대한 응답을 받고 있었던 것이다.

이때가 7월 25일 밤이었다. 다음 날 아침, 슬루이스와 플러싱 사이에 있는 스헬데의 해협 입구는 제일란트와 홀란트, 그리고 영국에서 온 전함들과 수송선들의 돛대로 온통 하얗게 물들었다. 종범선들이 에스파냐 부대와 소규모 교전을 벌이며 서서히 즈빈 강어귀로 다가오고 있었고, 그들 뒤로는 제일란트 해군 사령관인 나소의 저스틴(Justin of Nassau), 영국 해군 총사령관인 에핑엄(Effingham)의 찰스 하워드(Charles Howard. 이하 하워드), 네덜란드 오라녜 가(家)의 젊은 수장(首將)인 모리스 공(Prince Maurice), 그리고 엘리자베스의 위대한 육군 사령관 레스터 경의 함대 깃발들이 휘날리고 있었다. 파르마가 이 소식을 듣고 생각을 정리하고 있는 동안, 네덜란드 저항군이 스헤르토헨보스[114]를 위협하고 있다는 소식이 전해졌다. 동플랑드르에 주둔하고 있는 에스파냐군의 오른쪽 측면 전체가 위협을 받고 있었던 것이다. 파르마는 신속하면서도 신중하게 병력을 재배치하기 시작했다. 네덜란드 독립군과 영국군의 의도를 파악하기 전까지는 슬루이스를 공격할 수 없었다. 파르마가 냉정을 유지할 수 있었던 것은, 이전에도 승리와 패배 사이의 칼날 위에서 균형을 잡아본 경험이 많았기 때문이었다.

네덜란드와 영국군이 의도하는 바는 그들 자신도 잘 알지 못했던 듯하다. 레스터는 배 바닥이 낮아 얕은 물로 다니기 적당한 배들을 끌고 곧장 즈빈 해협 쪽으로 진입해서, 함포로 파르마의 부교를 파괴한 다음 슬루이스 쪽으로 쳐들어가고 싶었다. 그러나 이런 작전을 수행하자면 네덜란드의 선박과 네덜란드 수로안내인들이 필요했다. 나소의 저스틴은 자신의 전함들이 위

---

114) s'-Hertogenbosch. 플랑드르 지역에 있는 마을

험에 처하게 되는 것을 바라지 않았고, 수로안내인들 또한 고개를 저었다. 그들은 한사리[115]와 북서풍을 타지 않는다면 해협을 돌파하는 것은 불가능할 거라고 말했다. 조류가 변하고 적당한 바람이 불자면 한 주를 기다려야 했다. 그러자 레스터가 자신의 부대를 카드잔트에 상륙시켜 에스파냐 포대를 공략하고 부교를 파괴하자고 제안했다. 그러나 동원 가능한, 바닥이 평평한 바지선은 모두 홀란트와 제일란트의 소유였기 때문에, 네덜란드 독립정부의 허가 없이는 사용할 수 없었다. 저스틴은 흔쾌히 문서를 작성해 허가를 요청했다. 또한 그는 영국군에게 오스텐트에 상륙해 모래언덕을 따라 블랑켄베르크까지 진군해서 파르마의 군대를 유인해내라고 제안했다. 영국군이 그 작전을 성공하면 네덜란드군이 해협을 돌파하겠다는 생각이었다. 레스터는 마지못해 동의했다. 레스터의 첫 번째 시도는 바람 때문에 실패했지만, 마침내 자신의 병력 대부분과 윌리엄 펠럼(William Pelham) 휘하의 보병 4,000과 기병 400을 오스텐트에 상륙시켰다. 슬루이스 해안에 구조 함대가 나타나고서 1주일 후의 일이었다. 다음 날 영국군은 블랑켄베르크로 진격했고, 레스터와 하워드의 함대는 해안을 따라 이동하며 바다에서 이들을 엄호했다. 에스파냐군은 흙으로 만든 방벽 뒤에서 단지 대포 2문만으로 블랑켄베르크를 방어하고 있었는데, 영국군이 오기 직전 제방을 무너뜨린 덕분에 겨우 한숨을 돌리고 있었다. 그러나 오스텐트를 방어하는 에스파냐 부대는 소수에 불과했기 때문에 파르마는 심각하게 우려하지 않을 수 없었다. 만약 블랑켄베르크가 함락된다면, 슬루이스 앞에 있는 자신의 진지도 위협받을 것이고 무사히 후퇴하기도 힘들어질 수 있었다. 파르마는 지원 병

---

115) 음력 보름과 그믐 무렵 밀물이 가장 높은 때

력 800명을 블랑켄베르크로 급파하고, 그의 전 부대도 가능한 한 빨리 이들을 따라 이동할 수 있도록 준비시켰다. 그러나 블랑켄베르크로 전진하던 펠럼은 무너진 제방과 그 너머에 있는 대포들을 보면서 심상치 않음을 느끼고 행군을 멈추었고, 갤리언선의 갑판에 있던 레스터도 동쪽에서 다가오고 있는 에스파냐 병사들의 철제 가슴받이에서 반사되는 빛을 보고 있었다. 레스터는 자신들보다 수천 배나 강할지도 모르는 가공할 베테랑 전사들로 구성된 파르마의 전위대가 훈련도 제대로 받지 못한 자신의 징집병들을 순식간에 포위해 쓸어버릴 거라고 생각했다. 레스터는 급히 펠럼에게 전령을 보냈고, 영국 상륙군은 질서정연하게 오스텐트로 철수한 뒤 다시 배를 타고서 이내 슬루이스 해안에 있는 연합군에 합류했다. 이제 파르마는 군대를 재편성할 필요가 없었고, 네덜란드 함대도 이동하지 않았다.

다음 날 저녁, 마침내 연합군이 해협을 장악할 모든 조건이 충족되었다. 바다에서는 사리가 시작되었고, 바람은 북서쪽에서 세차게, 그러나 너무 강하지 않게 불어왔다. 전함들은 두 열로 늘어섰고, 나소의 저스틴이 그 선봉에 섰다. 전함들의 임무는 가능한 한 멀리까지, 지원군과 보급품을 실은 외대박이 범선과 쾌속 거룻배들을 호위하는 것이었다. 레스터 백작은 에스파냐 포대에서 아무렇게나 날아오는 포탄에는 신경 쓰지 않고, 해협의 수심과 경계표를 확인하면서 바지선에서 직접 노를 저었다. 그는 슬루이스 안으로 진격할 때까지 구원 부대를 직접 지휘할 작정이었다. 그리고 네덜란드군은 파르마의 부교를 불태우고 내포(內浦)로 가는 물길을 트기 위해 화공선(火攻船)을 띄웠다. 부교 위, 머스킷 총알 막이 난간에는 왈룬 병사 1개 중대가 배치되어 있었다. 점점 다가오는 배의 선창에서 화염이 혀를 날름거리듯 타오르고, 배 전체가 완전히 불덩어리로 변하기 시작했을 때 분명 그들은 극도

231

로 긴장했을 것이다. 2년 전 안트베르펜에서도 그런 식으로 화공선이 조류를 타고 부교 쪽으로 떠내려온 적이 있었다. 당시 대담한 에스파냐의 창병들이 불을 끄기 위해 화공선으로 뛰어내렸는데, 바로 그때 배 전체가 폭발해버렸다. 보기와 달리, 단순히 불이 붙은 배가 아니었던 것이다. 배의 내부에는 벽돌이 쌓여 있었고 화약과 돌덩이, 작은 쇳조각이 가득 차 있었다. 그 단 한 번의 폭발로, 많은 격전을 치렀을 때보다 더 많은 수의 사람들이 죽거나 부상을 입었다. 그 "안트베르펜의 지옥 불"을 본 사람은 결코 그 장면을 잊지 않았을 것이다. 부교의 방어를 지휘하던 렌티(Renty) 후작도 그 장면을 목격했었다. 또한 렌티는 그 당시 파르마가 두 번째 폭발 화공선 공격에 어떻게 대응했는지도 기억하고 있었다. 화공선이 점점 빠르게 다가오자 렌티는 화공선이 부딪힐 부교의 부분을 분리하라고 명령했다. 다리가 둘로 나뉘어 뒤로 젖혀졌고, 화공선은 그 사이로 빠져나가 슬루이스의 내포 끝에서 그냥 혼자 불타버렸다. 그 화공선 안에는 화약이 없었던 것이다.

바지선들을 지휘하던 레스터가 바로 그 화공선 뒤에 있었다면, 해협을 돌파했을 수도, 또 어쩌면 그 부교를 파괴했을 수도 있었을 것이다. 그러나 레스터는 1마일 이상 떨어진 곳에 있었다. 너무 멀리 떨어져 있어서 무슨 일이 일어나고 있는지 알 수 없었을 뿐만 아니라, 하필 그때 제일란트의 수로 안내인과 핏대를 올리며 입씨름을 하고 있었다. 말다툼이 채 끝나기도 전에 부교는 원래 모습으로 돌아왔고, 물살은 잠잠해졌으며, 바람도 서서히 남쪽으로 방향을 바꾸고 있었다. 슬루이스를 구했어야 할 연합군 함대는 수치스럽게도 다시 플러싱 항구로 돌아와야만 했다.

영국군이 두 주에 걸쳐 실행했던 어리석은 작전들은 포위 상태에 놓여 있던 슬루이스 수비대의 사기에 상당한 영향을 미쳤다. 당시 슬루이스에서 영국군 대대를 지휘하고 있던 로저 윌리엄스 경의 편지에서 당시 상황을 생생히 엿볼 수 있다. 윌리엄스는 과거 15년 동안 대부분의 시간을 네덜란드의 전쟁터에서 보낸 직업군인이었다. 웨일스 출신인 그는 '자기 동료들이나 적들이 자신이 어디에 있는지 알아볼 수 있도록' 양쪽 군대를 통틀어 가장 긴 깃털 장식을 투구에 꽂고 다니던 콧대가 높은 싸움닭 같은 존재였다. 그는 냉철한 판단력과 불같은 성미, 직설적인 화법과 불굴의 용기, 심지어 군사 지식을 동원해 현학적으로 말하는 습관까지도 플루엘렌 장군[116]과 너무도 흡사해서, 혹자는 윌리엄 셰익스피어가 그와 개인적 친분이 있었든지, 아니면 그를 잘 아는 사람으로부터 그에 관한 이야기를 많이 들었을 거라 믿지 않을 수 없을 것이다. 윌리엄스는 포위 초기에 엘리자베스에게 보낸 편지에서 의기양양하게 그 상황을 알리고 있다. "지켜야 할 땅은 넓고 우리의 인원은 그다지 많지 않지만, 우리는 하느님께서 우리를 돌보실 것을 믿으며 또 우리에게 이곳을 지켜낼 만한 용기가 있음을 믿습니다. (……) 1에이커의 땅을 적군 천 명의 목숨, 그리고 우리 자신의 목숨과 바꿀 것입니다. (……) 폐하와 조국을 향한 저희의 충심과 정직함을 헤아리셔서 여왕 폐하께서 저희에게 원병을 보내주시리라 믿어 의심치 않습니다." 그러나 구조 작전이 지연되자, 윌리엄스는 월싱엄에게 보낸 편지에서 나소의 젊은 지도자 모리스 공과 그의 이복형제 저스틴의 형편없는 군사 지식 탓에 네덜란드 독립군은 아직 빼앗기지 않은 도시들의 절반을 잃게 될 것 같다고 투덜거렸지

---

116) Captain Fluellen. 셰익스피어의 희곡 〈헨리 5세(King Henry V)〉에 등장하는 영국군의 지휘관

만, 그의 어조는 여전히 자신감에 차 있었다. "제가 여러 전쟁에 참전해봤지만, 이보다 더 용감한 지휘관들이나 의욕에 찬 병사들을 본 적이 없습니다. (……) 11시경에 적들이 바퀴 달린 참호[머스킷 총알에 뚫리지 않는 방패가 덮인 수레를 이렇게 표현함]를 동원해 우리 요새의 해자(垓字)로 침투해왔습니다. 우리는 출격해서 그들의 수레들을 찾아내어 그들의 포대 쪽으로 쫓아버렸습니다. 그리고 어젯밤까지 해자를 지켰습니다. 오늘 밤에 그들이 또 쳐들어온다 해도, 지키지 않으면 큰 피해를 입을 것이기에, 하느님의 은혜로 그것을 지킬 것입니다."

같은 날 윌리엄스는 레스터에게도 편지를 보내 갤리어트 전함과 바닥이 평평한 함선들을 이끌고 과감하게 슬루이스의 해협으로 진격해오라고 재촉했다.

제가 이제껏 여러 번 보아왔듯이, 장군의 해군이 맡은 임무의 4분의 1만이라도 해낼 수 있다면 에스파냐군은 장군의 해군을 막을 수 없을 것입니다. 장군께서 해협으로 들어오기 전에 우리가 먼저 배를 몰고 나가 적들과 싸워서 그다지 큰 위험이 없음을 보여드리겠습니다. 장군께서는 이곳에 [어떤 배신자도 없으며], 다만 전쟁에 임할 때 불명예스럽게 살아남기보다는 차라리 죽음을 택할 용감한 지휘관들과 용감한 병사들만이 있음을 세상에 증언하게 되실 것입니다.

열흘 후에 다시 레스터에게 보낸 편지에서, 그는 구원 부대의 전술적인 윤곽을 제시하면서 마치 플루엘렌 장군 같은 말투로 다음과 같이 덧붙이고 있다.

위험이 없이 치러지는 전쟁은 있을 수 없음을 상기해야 합니다. 우리는 장군께서 하고자 하는 바를 신속하게 수행하시기를 간청합니다.

다시 한 주가 지난 뒤, 마침내 슬루이스의 성벽에서 구조 함대의 모습을 볼 수 있었지만, 사흘 동안 그들은 아무런 행동도 취하지 않았다. 그때 윌리엄스는 이렇게 적고 있다.

첫날 이후 우리는 (……) 열두 중대 중 아홉 개 중대가 온종일 경계를 서고 있으며, 오늘까지 18일째 그들 중 절반 이상이 손에서 무기를 놓지 않고 있습니다. (……) 우리의 중대장 열, 소대장 여섯, 하사관 열여덟, 사병 약 육백 명이 죽거나 부상을 당했습니다. 지금껏 용감한 군인들이 이런 식으로, 단지 손쉬운 구원이 없어서 희생된 적은 없었습니다. (……) 이제 우리에게는 세 번의 소규모 전투를 치를 만한 화약도 없습니다. 제 자신, 이렇게 많은 용감한 부하들을 죽음으로 이끈 것을 생각하면 그저 죽고 싶을 뿐입니다. '지혜는 값비싼 대가를 치르고 얻기 전에는 결코 좋은 것이 아니다.'라는 옛말이 진리임을 깨달았습니다. 그러나 살아남은 전우들과 저는 이 깨달음을 위해 너무 많은 대가를 치르고 있는 것 같습니다.

그리고 원망이 가득한 추신에는 이런 말이 담겨 있다.

윌리엄 펠럼 경과 그 외 모든 이들은 파르마 공이 얼마나 맹렬히 갖은 수단을 총동원해 전투에 임하고 있는지 알지 못하는 것 같습니다. 그들은 자신들의 카드에서 단지 슬루이스라는 도시만 보았지, 양측의 전력과 전황은 보지 못하고, 가엾은 자기 전우들의 고통도 느끼지 못하는 듯합니다.

 이 편지를 전한 뒤 도시는 8일을 더 버텼고, 그 기간에 200명 이상이 희생되었다. 숯덩이로 변한 화공선의 늑재(肋材)에서 아직 연기가 나고 있던 그날, 슬루이스 수비대 총사령관 흐루네벨트는 협상을 요청했다. 파르마는 관대한 조건을 제시했다. 수비대는 총 1700명 중 800명이 사망했고 200명은 서 있을 수도 없을 만큼 심한 부상을 입었는데, 남은 병력은 자신의 무기와 짐, 그리고 군인으로서의 명예를 챙겨서 행진을 하며 성을 나설 수 있었다. 파르마는 용감한 적을 존경했다. 그는 자기 대대의 잔여 병력 앞에 서 있던 로저 윌리엄스를 찾아냈다. 윌리엄스는 한 팔에 삼각붕대를 하고 있었고 그의 멋진 투구 깃털은 부러져 있었다. 파르마는 윌리엄스의 군인 정신을 칭찬하고는, 신교도나 영국인에 대항해 싸울 필요가 없는, 그에게 적합한 지휘관 자리를 찾아주겠다고 제안했다. 그러자 윌리엄스는 만약 자신이 앞으로 엘리자베스가 아닌 누군가에게 충성을 바치게 된다면, 그것은 프로테스탄트의 대의를 위해 힘겹게 싸우고 있는 위그노의 영웅, 나바르의 앙리 군대일 거라고 정중하게 대답했다. 용맹한 적장이, 부하들을 헛되이 희생시킨 것에 대해 느꼈던 자신의 통절함을 어렴풋이나마 이해하고 동정했다는 사실을 알았다 하더라도, 그것이 윌리엄스의 마음에 위로가 되지는 못했을 것이다. 당시 윌리엄스는 더 이상 그 누구를 위해서도 싸울 마음이 없었다. 너무 가난해서 바꿔 입을 힌 미디조차 구힐 수 없었던 그는 영국으로 돌아가는 길에 월싱엄에게 다음과 같은 편지로 작별을 고했다. "저는 전쟁이 지긋지긋합니다. 만약 제가 앞으로 삶을 선택할 수 있다면, [군 생활을] 그만두고 무역상의 미망인과 결혼하라는 귀하 부인의 권고를 따를 것입니다."

물론 그는 그 같은 일은 결코 하지 않았다.

　파르마 역시 로저 윌리엄스만큼이나 지쳐 있었다. 그 포위 공격으로 거의 700명 가까운 부하들이 목숨을 잃었고, 그가 공격 직전에 충원한 병력보다 더 많은 수의 병사들이 부상을 당했다. 파르마는 펠리페에게 보낸 편지에 이렇게 쓰고 있다. "제가 네덜란드에 온 이래로 이번 슬루이스의 포위 공격만큼 난관과 걱정이 많았던 작전은 한 번도 없었습니다." 그러나 미래의 영국 침략을 생각한다면, 그 목표는 그만큼의 대가를 치를 만한 가치가 있었다. 어쩌면 파르마도 투르크의 술탄이 떠벌렸던 말을 속으로 되뇌고 있었는지도 모르겠다. 그가 막 잘라낸 적의 이 한쪽 팔은 턱수염이 그슬린 것에 대한 보상이 되고도 남을 것이었다.

13장_ 행복한 날

쿠트라, 1587년 10월 20일

나바르의 왕과 그의 군대는 위험에 처해 있었다. 위그노 군대의 본진이 느닷없이 그들 앞에 나타난 막강한 가톨릭 군대를 피해 달아날 수 있는 가능성은 희박했다. 그들이 살 수 있는 실낱같은 희망은 단 하나, 위그노군 전체가 감당하기 힘든 불리한 전투에 목숨을 걸고 임하는 것뿐이었다. 그러나 그런 모험을 감행한다면 십중팔구 수적인 열세에 있는 그 군대 전체와 고귀한 부르봉 가문의 지휘관들이 전멸할 것이고, 결국 프랑스는 물론 유럽 전역의 프로테스탄트 저항운동에 치명타가 될 것이다. 그에 비하면 슬루이스 함락은 그저 작은 손실 정도에 불과했다. 가톨릭 입장에서는 에스파냐의 펠리페 왕이 슬루이스 같은 도시 여섯 개 정도와 바꿀 만큼 커다란 승리가 아닐 수 없었다.

나바르는 언제나처럼 대담하게, 위그노 군대의 정수라고 할 만한 엄선된 정예부대를 이끌고서는, 가톨릭 군대가 그를 묶어두고 싶어 했던 비스케이 해안을 벗어나 적의 전방을 가로질러 베르주라크[117) 구릉지대로 향하고 있었다. 대다수의 정예부대와 나바르 자신, 그의 부르봉 가(家) 사촌인 콩데(Condé)와 수아송(Soissons), 그리고 유명한 위그노 장군들 다수는 10월 19일 밤에 쿠트라(Coutras)라는 작은 마을에서 숙영을 했는데, 쿠트라는 드론(Dronne) 강과 일(Isle) 강 사이에 있는 마을(28쪽 지도 참고)로, 투르(Tours) 북쪽으로부터 푸아티에(Poitiers)를 거쳐 보르도(28쪽 지도 참고)에 이르는 길목에 있었다. 20일 어스름 새벽에 위그노 장군들은 멀리 마을 북쪽 숲에서 들려오는 총소리에 놀라 잠을 깼다. 그리고 그토록 피하려고 애써왔던 주아외즈(Joyeuse) 공 휘하의 강력한 왕실 군대가 야음을 틈타 쫓아와서 이미 아군의 경계 부대와 교전을 벌이고 있다는 사실을 알게 되었다. 한 시간 안에, 아니 어쩌면 그보다 짧은 시간 안에, 주아외즈는 위그노 군대가 어제 오후 건너왔던 드론 강과 오늘 아침 건널 예정이던 일 강이 갈라지는 막다른 곳에 그들을 보기 좋게 몰아넣게 될 것이다.

위그노군에게는 너무 불리한 상황이었다. 위그노들이 주둔하고 있던 쿠트라는 집들이 여기저기 흩어져 있어서 방어하기도 어려웠으며, 두 강 사이의 좁은 쐐기 모양 땅 가운데에 걸쳐 있었다. 주아외즈의 가톨릭 군대는 이미 그 막다른 골목의 입구를 봉쇄하고 있었다. 설상가상, 후위 부대인 기병 1개 중대와 일부 화승총 사수들은 아직 드론 강도 건너지 못했고, 선발대인 경무장 기병대와 보병 2개 연대, 그리고 위그노 군대가 보유하고 있던 포의

---

117) Bergerac. 프랑스 남서부 도르도뉴 강 연안 지역

전부인 대포 3문은 이미 일 강을 건너 도르도뉴의 우군 요새들로 향하고 있었다. 지금이라도 서두르기만 한다면 나바르와 그의 사촌들, 지휘관들, 그리고 기병 대부분은 그곳을 빠져나가 일 강의 좁고 깊은 여울을 건너 선발대를 따라갈 수 있었다. 그러나 대다수의 보병들은 뒤에 남아서 자신들의 목숨을 담보로 기병대가 빠져나갈 시간을 벌어야 할 것이었다. 이렇게 한다면 적어도 지휘관들은 목숨을 건질 수 있었다. 그 후로 어느 누가 그들을 따르려고 할지는 또 다른 문제이지만 말이다. 반면, 만일 그들이 도망가지 않고 그곳에서 싸우다가 패하게 된다면 지위 고하를 막론하고 어느 누구도 목숨을 부지하기는 어려울 것이다. 그들 뒤로 흐르고 있는 두 강은 걸어서 건너기엔 너무 깊었고, 헤엄치기에는 물살이 너무 셌으며, 쿠트라 끝에 있는 하나뿐인 다리는 폭이 너무 좁았다. 게다가 주아외즈의 가톨릭 군대는 자비심이라고는 티끌만큼도 없는 자들이었다.

슬루이스 함락으로 프로테스탄트의 저항이 약화된 상태에서 이 위그노 군대와 그 지휘관들이 괴멸된다면 그 저항은 거의 회복할 수 없는 불능 상태에 빠질 것이었다. 산발적인 저항이야 여기저기서 계속되겠지만, 프랑스에 있던 프로테스탄트의 중추 세력은 무너질 것이고, 한동안 미래는 기즈-로렌 가문과 가톨릭동맹의 급진적 광신도들, 그리고 이 둘의 재정 후원자인 에스파냐 왕의 차지가 될 것이었다. 만일 이런 일이 일어난다면, 네덜란드 반란군에게는 지옥 같은 날이 될 것이고, 아마도 등 떠밀리듯 역할을 맡게 된 프로테스탄트 연맹의 총사령관이자 재정 후원자인 잉글랜드의 엘리사베스에게는 훨씬 더 끔찍한 날이 될 것이다. 위그노의 저항 세력이 붕괴되고 부르봉 가의 혈통도 끊기게 된다면, 분명 앙리 3세는 완전히 기즈 공과 가톨릭동맹의 손아귀에 놓이게 될 것이고, 더 이상 파르마의 측면에 대한 위협은 없을 것이며, 또한 프랑스 해협의 항구들은 영국 침공을 위한 안전한 발판으로 이용되고, 프랑스 선박과 병력을 활용해 에스파냐 함대의 전력을 증강할 수 있을 것이다. 이런 목표를 어느 정도라도 달성하기 위해 에스파냐 외교관들은 발루아 가의 마지막 왕위 계승자가 사망한 이래로, 예수회의 노련함과 가톨릭 설교단의 달변, 로마교회의 권위, 그리고 반종교개혁운동을 주도하는 모든 적극적이고 전투적인 가톨릭 세력들을 규합하고 조종하는 데 총력을 기울였다. 에스파냐의 외교관들이 이 세력들을 더욱 쉽게 조종할 수 있었던 것은, 그들 자신이 그 사람들에게 감명을 받고 고무되었기 때문이며, 또한 에스파냐의 힘이야말로 전 유럽에 참된 신앙을 회복시키도록 선택받은 도구이며 에스파냐의 이익은 곧 가톨릭교회의 이익이라는 믿음을 갖고 있었기 때문이었다.

프랑스 주재 에스파냐 외교관들이 지난 2년 동안 반종교개혁 세력들을 대단히 성공적으로 조종한 결과, 이제 위그노들은 이전처럼 신앙의 승리와 하느님 왕국의 건설을 위해 싸우는 것이 아니라 단지 자신들의 목숨을 부지하기 위해 싸우는 처지가 되었다. 나바르의 부관들이 최근에 표현했듯이, 그들은 모든 유럽인이 출연한 비극에서 주연배우 역을 맡을 운명이었다. 1585년 7월에 그들은 등 떠밀리듯 다시 그 무대에 올랐다. 발루아 가의 마지막 상속자가 사망한 지 13개월, 네덜란드의 오라녜 공이 암살자의 총탄에 쓰러진 지 1년, 기즈 형제와 가톨릭동맹의 지지자들이 주앵빌에서 비밀조약을 맺고서, 펠리페가 네덜란드, 아마도 영국의 이교도들을 상대하는 동안 펠리페가 프랑스에서 필요로 하는 내전을 일으키기로 약속한 지 7개월이 지난 때였다. 1585년 7월, 가톨릭동맹에 의해 궁지에 몰린 앙리 3세는 종교적 관용을 약속한 왕실 칙령을 폐지하고, 칼뱅파 개혁교회를 불법으로 규정하는 새로운 칙령을 발표했다. 9월에 새로 부임한 교황 식스토 5세는 나바르의 앙리를 타락한 이단으로 규정하며, 그의 영지를 빼앗고 봉신들에게는 그에 대한 충성의 의무를 면제하며, 그의 프랑스 왕위 계승 자격을 박탈한다는 강력한 내용의 교서를 발표했다.

이로써 "세 앙리의 전쟁", 즉 프랑스의 왕이자 발루아 가의 마지막 남자 생존자인 앙리 드 발루아(앙리 3세), 살리카 법전[118]에 따른 프랑스 왕의 상속자이자 나바르의 왕인 부르봉 가의 앙리 드 나바르(나바르), 그리고 외국 혈통이 반쯤 섞인 로렌 가의 앙리 드 기즈(기즈) 간의 전쟁이 시작되었다. 그러나 그 전쟁으로 이득을 챙길 수 있었던 것은 기즈밖에 없었다. 로렌 가문은 샤를마뉴 대제(742~814)의 후손이기 때문에, 기즈가 위그 카페[119]의 후손에 비해 프랑스의 왕위 상속에서 우선권이 있다고 말하는 사람들도 있었다. 정상적인 상황이었다면 어느 누구도 그런 소리를 입 밖에 내지 않았을 것이다. 그러나 당시는 프랑스의 왕위 상속자인 나바르가 이단으로 선포되었고, 위그노파의 우두머리로 인정되는 상황이었다. 교회 설교자들에게 계속 세뇌되어온 파리의 민중은 프로테스탄트가 왕이 된다면 반란을 일으키겠다는 기세였다. 에스파냐 왕에게서 재정적 후원을 받고 있는 가톨릭 동맹의 실력자들은 프랑스 왕 앙리가 찬성하든 반대하든 개의치 않고 이교도와의 전쟁에 목숨을 바치기로 결심한 상태였다. 그래야 자신들의 신앙과 탐욕 모두가 충족될 수 있기 때문이었다. 이처럼 강력한 동기들이 얽히면

---

118) 여성의 왕위 계승권을 부인하는 프랑크족의 전통법
119) Hugh Capet. 940~996. 프랑스 카페 왕조의 시조

서, 성 바르톨로메오의 학살 이래로 가장 참혹한 "세 앙리의 전쟁"이 시작된 것이다.

나바르의 앙리는 항쟁을 위해 세 규합에 나서는 한편, 왕의 새로운 칙령에 대해서는 왕에 대한 자신과 위그노 종파의 충성에는 변함이 없다고 억울함을 호소했다. 또한 교황의 교서에 대해서는, 파스키노 조각상[120]에나 붙일 법한 "M. Sixte"[121]란 호칭을 대담하게 쓰면서 교황에 대한 분노와 조롱을 섞어서 의기양양한 편지로 화답했다. 나바르는 전략적 요충지를 골라 견고히 방어하고 거기에 게릴라식 공격 전술을 결합하는 능수능란한 군사작전을 통해, 최소한 가톨릭 세력의 진격을 늦출 수 있었다. 그러나 그가 나중에 입버릇처럼 말했듯이, 그해 가을에 그의 콧수염은 근심으로 인해 하얗게 세어버렸다. 적군이 출정해 있는 동안에는 말안장 위에서 내려오지 않았고, 결국 그의 호리호리하고 강단 있어 보이던 몸은 피로로 인해 피골이 상접할 정도로 말라버렸다. 나바르는 그 자신과 그의 대의명분, 그의 사람들이 심각한 위험에 처해 있음을 알고 있었다.

기즈 가의 앙리 다음으로 프랑스에서 위그노들에게 가장 위험한 가톨릭적은 루아르 강 이남에서 왕실 군대를 지휘하고 있던 안 주아외즈였다. 이 젊고 잘생긴 청년은 20대 중반이 되기 전에 공작으로, 왕비 여동생의 남편, 즉 왕의 동서로, 광대한 영지의 영주이자 넓은 지역의 통치자로, 그리고 프랑스의 해군 사령관으로 벼락출세를 했다. 이처럼 급격한 신분 상승을 이룰

---

120) Pasquino's statue. 15세기에 로마에서 발굴된 기원전 3세기 것으로 추정되는 조각상으로, 당시 교황을 풍자하는 은유로 시나 산문에서 자주 사용되었다.

121) 'M'은 추기경 시절의 이름 'Montalto'의 줄임말

수 있었던 결정적 요인은, 아마도 앙리 3세가 잘생긴 젊은 남자라면 사족을 못 쓸 정도로 좋아했다는 점일 것이다. 그러나 머리를 길게 기르고 온몸에 향수를 뿌리고서 왕의 주변에서 점잔을 빼거나 낄낄거리던 총신 중에 주아외즈만큼 잘생긴 사람은 많이 있었다. 이들 중에는 주아외즈만큼 용기 있는 자들도 있었고, 몇몇은 그에 못지않게 호전적이고 건방졌다. 앙리의 다른 총신들과 주아외즈의 가장 중요한 차이점은 앙리가 선호할 만한 또 다른 점, 즉 권력에 대한 열정이 그에게 있었다는 것이다. 그의 특징인, 다른 사람들이나 상황을 개의치 않는 뻔뻔함, 터무니없는 자신감, 그리고 알량한 관대함 등은 (왕뿐만 아니라) 동시대의 사람들에게 너무도 강하게 각인되었던 지, 그에게 어떤 또 다른 두드러진 기질이 있었는지는 기록으로 남아 있지 않다.

　주아외즈는 궁정에서 벌어지는 말다툼이나 술잔치에 뛰어들 때와 똑같이 무모한 격정에 휩싸여 가톨릭동맹의 대의명분에 자신을 내던졌다. 주아외즈도 자신의 후원자이자 주군인 앙리가 가톨릭동맹을 미심쩍게 여기고 있으며, 탄식하며 마지못해 위그노를 불법화하는 칙령에 서명했다는 사실을 분명 알았을 것이다. 아마도 주아외즈는 형식적인 가톨릭에서 느닷없이 열렬한 가톨릭으로 변했던 것 같다. 그의 아내가 그녀의 사촌인 기즈 형제들을 지지하도록 영향을 미쳤을 수도 있다. 어쩌면 단지 25세가 되기 전에 프랑스를 그의 발밑에 놓아준, 그를 애지중지하는 친구 앙리한테서 독립을 주장하고 싶었기 때문일지도 모른다. 여러 시긴들을 살펴보면, 심지어 왕권의 상실로 이어질 일련의 정책 결정에서도 그가 왕을 언제든 좌지우지할 수 있다는 오만한 자신감을 가질 만했다고 짐작할 수 있다. 앙리는 전쟁이란 중요한 무대에서 주아외즈를 자신의 부관으로 삼았으며 그에게 훌륭한 야전군을 할당해주었을 뿐만 아니라, 그 뒤에 주아외즈가 그 야전군 병력 다수를 전투에서 잃었을 때에는 그에게 더 강력하고 훌륭한 다른 군대를 맡겼다. 바로 이 두 번째 군대가 쿠트라에 있던 나바르를 궁지에 몰기 위해 19일 자정부터 계속 샬레의 도로를 따라 남쪽으로 진격해오고 있었던 것이다.

나바르는 지금까지 주아외즈와 맞붙기보다는 교묘히 피해 다니려고 했다. 나바르는 그해 여름 내내 이런 전략을 취하면서, 다른 한편으로는 끊임없이 주아외즈의 가톨릭 군대를 괴롭혀 이들의 분열을 꾀했다. 나바르의 프로테스탄트 군대는 전면전에서는 거의 한 번도 승리한 적이 없었으며, 몇 년 동안 정규전은 시도조차 하지 않았다. 그러나 이들은 능숙한 게릴라 부대였고, 이전에도 그랬듯이 그해 여름에도 위그노들은 백여 차례의 소규모 전투에서 거의 항상 승리를 거두었다. 주아외즈가 새로운 군대를 이끌고 전쟁터로 돌아왔다는 소식을 들은 나바르는 라로셸(La Rochelle. 12쪽 지도 참고)과 이보다 작은 프로테스탄트 도시인 푸아투(Poitou)와 생통주(Saintonge) 방어에 필요한 군대만 제외하고 모든 위그노 군대를 집결시켰다. 그들은 가톨릭 군대가 눈치채지 못하게 몰래 그들의 앞쪽을 가로질러서, 언덕과 골짜기로 첩첩이 둘러싸인 도르도뉴로 진군할 예정이었다. 그곳의 남쪽으로는 포(Pau. 28쪽 지도 참고)와 나바르의 공국이 있는 베아른(Béarn)이 있었다. 나바르는 그곳에서 전력을 보강하고, 언덕 위에 위치한, 충성을 맹세한 요새 12곳에서 안전을 확보할 수 있었다. 그곳을 근거지로 삼아 주아외즈의 군대를 괴롭힐 수도 있었고, 아니면 그들이 시간만 허비하면서 요새들을 포위하도록 내버려두고서 자신은 북쪽으로 가로질러 가서 동료들과 동맹 세력이 이미 루아르 강 상류 쪽으로 이끌고 오고 있을 (군자금의 일부를 엘리자베스 여왕이 지원하는) 독일과 스위스의 용병들과 합류할 수도 있었다.

나바르는 거의 항상 신속하게 이동했고, 이것은 지휘관으로서 그가 지닌 가장 두드러진 특징 중 하나였다. 그러나 이번만큼은 너무 느렸다. 나바르는 주아외즈의 주력부대가 족히 20마일은 떨어져 있을 거라 생각했지만, 실제로는 10마일도 채 안 되는 거리에 있었다. 또한 그는 안락함에 익숙한 왕실의 조신들이 아침에 전투를 벌이기 위해 거의 밤을 새워가며 달려오리라고는 꿈에도 생각하지 못했다. 이제 그는 전초기지가 침공받고 있다는 사실을 알려주는 시끄러운 총소리를 들으며, 비록 자신은 아직까지 도망갈 시간이 있다 하더라도 병력 대부분을 뒤에 남겨두어야만 한다는 유쾌하지 않은 현실을 깨닫고 있었다.

나바르가 잠깐 동안이라도 탈출할 마음을 품었다는 기록은 전혀 없다. 오히려 그는 자신의 부관들에게 이곳이야말로 그 자신이 전투를 위해 선택한 곳이라는 인상을 심어주었다. 아마도 그런 선택을 할 수밖에 없었을 것이다. 그는 자신이 위그노파의 지도자일 수 있는 것은, 자신이 왕위 계승권을 갖고 있거나 다소 민망하게 다시 프로테스탄트로 개종했기 때문[122]이라기보다는, 모든 전투에서 기꺼이 목숨을 걸고 선봉에 서고자 했고 이 기나긴 게릴라식 군사작전에서 공작이나 사령관의 모습이 아니라 비정규군 경무장 기병대의 근면한 중대장처럼 처신한 덕분이란 점을 알고 있었던 것이다. 만일 그가 부하들에게 닥쳐올 위험을 외면하고 혼자서만 도망간다면, 그 결과는 군대 하나를 잃는 것에서 그치지 않고 왕위를 향한 여정에서 그가 의지

---

122) 나바르는 성 바르톨로메오 학살 때 가톨릭으로 개종했다가 앙리의 어머니 카트린의 암살 음모를 피해 나바르 공국으로 돌아갔던 적이 있다.

할 수 있는 유일한 지지 기반을 영원히 상실하는 결과를 초래할 수도 있을 것이다.

나바르는 이 전투에 대해 낙관하고 있는 듯했지만, 휘하 지휘관들의 부대 배치에 대해서는 불만스러웠다. 지금도 마찬가지지만, 당시에도 쿠트라는 샬레 리부른(Chalais-Libourne) 거리를 따라 집들이 빽빽이 줄지어 늘어선 기다란 형태의 동네였다. 당시 이 길의 중간쯤에서 동쪽으로 접어들면 약 60년 전에 지어져 이미 여기저기 무너져 내린 방어용 성이 하나 있었는데, 이 성의 좌측으로는 드론 강을 가로질러 일 강으로 통하는 서쪽 길이 이어지고 있었다. 기록만으로는 어떤 방식이었는지 분명히 알 수 없지만, 위그노들은 그 동쪽과 서쪽 길을 따라 전투대형을 짜기 시작했는데, 화승총 사수들을 마을의 가옥들 안에 배치하고 그 성의 외곽을 빙 둘러 방어진을 쳤다. 그러나 그곳은 공간이 협소했고 그나마 마을에 난 길 때문에 둘로 나뉘어 있었다. 나바르는 그런 식의 병력 배치를 용인할 수가 없었다. 총소리가 점점 가까워져 이제는 채 1마일도 떨어져 있지 않은 숲 가장자리에서 요란하게 들리고 있었음에도 불구하고, 나바르는 부사령관에게 마을의 북쪽 끝에 있는 탁 트인 초원으로 부대를 이동시키라고 명령했고 그곳에서 군대를 재배치하기 시작했는데, 그때 적은 이미 거의 그들의 코앞까지 와 있는 상황이었다.

이런 상황이 전개되는 사이, 위그노군의 포대가 일 강을 건너다 말고 나바르의 명령을 전해 듣고는 서둘러 본대로 돌아왔다. 18파운드 급을 포함해 총 3문의 청동 대포들이 새로운 전선의 왼쪽, 모래가 덮인 언덕 위에 자리를 잡았는데, 아주 높은 위치는 아니었지만 그 작은 들판 어디든 내려다보고 포격할 수 있는 유리한 위치였다. 그 포대가 이 언덕 위에 채 오르기도 전에, 그리고 위그노군의 보병 중 일부가 여전히 오른쪽에서 전열을 갖추느라 분주하고, 기마병은 아직 좁은 길을 지나고 있거나 측면이 비어 있는 기병대 위치로 방향을 틀고 있는 동안, 주아외즈 군의 전위대가 숲에서 나와 탁 트인 원형의 초원으로 우르르 몰려들기 시작했다.

"이 중대한 시기에 곤경에 처해 있던 나바르 못지않게 주아외즈도 힘든 상황에 처해 있었다." 위그노 군대가 쿠트라에 도착했고 자기 눈앞에서 몰래 빠져나갈 예정이라는 사실을 주아외즈가 알았을 때는 거의 자정 무렵이었다. 주아외즈의 군대는 여러 마을에 분산되어 잠을 자다가 한밤중에 일어나, 칠흑 같은 어둠 속에서 좁은 도로와 발 디디기도 조심스러운 산길을 따라 목적지로 행군해야 했는데, 폭이 너무 좁아 한 줄로 지나가야 하는 길도 많았다. 위그노군의 전초 기지로 쳐들어간 기병대 뒤로는, 기병과 보병이 혼합된 구불구불한 행렬이 샬레의 길을 따라 수 마일에 걸쳐 이어졌다. 따라서 양측 사령관 모두 우왕좌왕 대열을 갖추지 못하는 자신의 군대와 적의 출현 때문에 당혹했고, "양쪽 군대 모두 상대가 무엇을 의도하고 있는지 알지 못한 채" 각각 초원의 양쪽 끝에 군대를 배치했는데, 마치 서로 동의라도 한 듯이, 서로를 못 본 체하면서 각자의 대열이 정비되고 병사들의 전투 준비가 끝날 때까지 기다렸다. 해가 막 떠오르고 있을 때, 주아외즈의 경무장 기병대가 숲에서 나와 대형을 갖추고 있는 적들 앞에 눈부신 모습을 드러냈다. 나바르 부대의 대포가 포격을 개시한 것은 이로부터 2시간 후였다. 그의 포대는 주아외즈의 포대보다 초원에 더 늦게 도착했지만 더 빨리 자리를 잡았다.

나바르는 더 유리한 위치를 점하고 있었고, 병력을 배치하는 면에서도 더 능숙했다. 나바르는 오른쪽에 4개 보병연대를 배치했다. 그 앞쪽으로는 성채의 공원에 딸린 토끼 사육지의 가장자리에 깊은 도랑이 있어, 주아외즈의 기병대가 공격해오기 어려운 곳이었다. 또한 울퉁불퉁한 둔덕이 많고 관목이 무성했기 때문에, 그 뒤에 숨어서 총을 쏜다면 그들에게 창병이 부족하더라도 별 문제가 되지 않을 것이었다. 왼쪽에는 이보다 훨씬 적은 수의 보병대대가 배치되었는데, 전체 대형에서 약간 뒤로 물러난 형태로, 작은 실개천 뒤에 자리하고 있었다. 위그노 중무장 기병대는 네 대대로 나뉘어 6열로, 혹은 그 이상씩 촘촘하게 중앙에 포진해 있었다. 이 기병대대 사이사이에는 정예의 화승총 분대들이 배치되었는데, 적들이 20보 안으로 다가오기 전까지는 사격을 자제하고 있다가 일시에 집중사격을 퍼부으라는 명령을 받았다. 동틀 무렵까지 적들과 소규모 접전을 벌이던 라트레뮈(La Trémoïlle)의 경무장 기병대는 가장 후열에 배치된 중무장 기병대대와 토끼 사육지에 배치된 보병연대들 사이에 포진했다. 이것은 대단히 교묘한 전투대형이었다. 위그노군은 이 전투대형에서 얻어낼 수 있는 모든 이점을 활용해야 하는 상황이었다.

맞은편의 주아외즈는 이와 유사하지만 보다 단순한 전투대형을 짰다. 그는 양쪽 측면에 각각 왕실 보병 2개 연대를 배치했는데, 좌측의 보병연대들은 최소한 맞은편 위그노의 4개 보병연대와 전력이 비등했고, 우측의 보병연대들은 실개천 너머에 배치된 적 보병대대보다 훨씬 강력했다. 중앙에는, 위그노군의 경무장 기병대 맞은편에 경무장 기병대를, 위그노 중무장 기병대 맞은편에 그 유명한 왕실 중무장 기병대, 장 다름 도르도낭스(gens d'armes d'ordonnance)를 배치했는데, 대대별 종대가 아니라 긴 2열 횡대로 일자진(一字陣)을 폈다. 이 왕실 중무장 기병대는 주아외즈가 직접 지휘했다. 그는 이들을 이끌고 압도적인 공세를 펼치면 단숨에 위그노군을 제압할 수 있으리라 기대했다. 주아외즈는 장교들에게 단 한 명의 이단자도, 심지어 나바르조차도 살아서 전쟁터를 빠져나가지 못할 거라 단언했다.

약 200여 미터의 평지를 사이에 두고 양측의 기마병들이 한동안 서로를 노려보고 있었다. 기름기로 번들거리는 더러운 가죽옷과 빛이 나지 않는 낡은 철제 갑옷을 걸친 위그노들은 그저 평범한, 전투에 지쳐 있는 병사들로 보였다. 그들이 몸에 걸친 갑옷은 흉갑과 투구뿐이었고, 그들이 갖고 있는 무기는 대부분 날이 넓은 검과 권총이 전부였다. 전해 내려오는 이야기 속에서는 나바르가 이 전투에 긴 흰색 깃털 장식을 꽂고 영웅다운 멋진 의복을 입고 나간 것으로 묘사되고 있다. 그러나 그날 고삐를 쥔 나바르의 손에서 그리 멀지 않은 곳에서 말을 타고 있던 아그립파 오비녜[123)는 나바르가 주위의 오랜 동지들과 거의 똑같은 옷을 입고 똑같은 무기로 무장했다고 회고했다. 위그노들은 입을 굳게 다물고 말 위에 앉아 있었는데, 모든 기병대대가 바위처럼 꿈쩍도 않고 절도 있게 서 있었다.

맞은편 왕실 군대의 대열은 잔물결이 일듯 반짝이며 계속 꿈틀대고 있었다. 대열의 한쪽이 앞으로 튀어나오면 다른 한쪽이 뒤로 물러나고, 기병들은 마치 경주의 출발점에 선 기수들처럼 유리한 위치를 차지하기 위해 서로 밀치고 부딪히고, 말들은 앞발을 치켜들기도 했으며, 때때로 대열에서 이탈해 동료들과 인사를 나누거나 적에게 욕을 퍼붓기도 했다. 궁정의 총신들도 프라투로 향하는 주아외즈의 여정에 동참하고 있었다. 120명이 넘는 영주외 소귀족이 주이외즈 기병대의 선봉에 섰는데, 그들 대부분은 무장한 히인

---

123) Agrippa d'Aubigne. 1552~1630. 프랑스의 시인, 역사가

들을 데리고 있었다. 주아외즈가 그들에게 무장하도록 고집을 부린 장창들은, 길쭉한 삼각기와 작은 기들, 그리고 귀족 숙녀들의 명예를 위한 갖가지 색깔의 리본 매듭으로 장식되어 아주 화려했다. 또한 넓적다리 보호대, 목가리개, 챙이 있는 투구 등, 그 누구도 더 이상 전장에서 그보다 많은 보호장구들을 볼 수 없을 정도로 다양하고 많은 갑옷과 투구가 등장했는데, 하나같이 그 표면에는 진기한 문양들이 양각이나 음각으로 뚜렷하게 새겨져 있었다. 훗날, 반대편에 있던 오비녜는 프랑스 역사상 이들처럼 번쩍거리고 온통 금박으로 뒤덮인 군대는 일찍이 없었노라고 기록했다.

이 휘황찬란한 기병대는, 작은 언덕에 자리를 잡은 나바르 군의 대포 3문이 포격을 개시할 때까지도 대열 정비를 마무리하지 못하고 있었다. 거의 직각으로 발사된 포탄은 가톨릭 군대의 대열 여기저기에 구멍을 내놓았다. 일급 포병들이 지휘하고 베테랑들이 쏘아대는 위그노의 포들이 포탄 18발을 발사해 적에게 심대한 타격을 주는 동안, 주아외즈의 포병대는 고작 6발만을 발사할 수 있었고, 그나마 모두 헛방이었다. 주아외즈의 부관 라바르뎅(Lavardin)이 "더 기다리면 패합니다!"라고 다급하게 소리쳤고, 그제야 공격 나팔 소리가 울렸다.

가톨릭군의 좌측에 있던 라바르뎅이 먼저 공격을 개시했다. 그의 부대는 라트레뮐의 경무장 기병대와 그 뒤에 포진한 튀렌(Turenne)의 기병대대까지 압도적인 기세로 밀어붙여 대열을 무너뜨리고 그들을 마을의 길까지 몰아갔다. 튀렌은 자신의 기병 중 일부를 다시 모았지만(최근에 합류한 18명의 스코틀랜드 프로테스탄트 지원병들이 그를 둘러싸고 결사적으로 싸웠다.), 아침에 그토록 용감하게 싸웠던 경무장 기병 중 일부는 꽁무니를 빼고 달아나버렸다. 그들로 인해 결국 마을과 인근 지역에는 나바르가 패했다는 소문이 퍼졌고,

가톨릭들이 "이겼다!"고 외치는 소리가 위그노 병사들의 귀에까지 들려왔다. 왼쪽에 있던 위그노 보병대는 공격을 받다가 죽느니 공격을 하다 죽는 편이 낫다고 생각했다. 그들은 일제히 개천을 건너 저돌적으로 적진을 향해 진격했다. 그들은 왕실의 보병연대가 사태를 이해하기도 전에 이미 적진 한복판까지 들어가 창을 휘두르거나, 맨손으로 자빠뜨린 다음 검과 단도로 공격하며 백병전을 벌였다. 당황한 가톨릭 군대의 대열이 무너졌고, 결국 그 전쟁터의 좌측에서는 적과 아군이 뒤섞여 난투극이 전개되었다. 그사이에 오른쪽으로 배치되었던 위그노 보병대도 활발하게 교전을 벌이고 있었는데, 토끼 사육지에서 적의 공격을 막아내면서도 라바르뎅의 기병대에게 간헐적으로 일제사격을 가했다.

그러나 전투의 승패는 어차피 중앙에서 결정되는 것이었다. 주아외즈의 공격 나팔 소리가 울려 퍼지자 번쩍거리는 대열이 전진하기 시작했다. 장창들이 적진을 향했고 창에 달린 삼각기들이 대열 앞에 그림자를 드리웠다. 북소리처럼 이어지던 가톨릭군의 말발굽 소리가 이내 우레와 같은 소리로 바뀌었다. 위그노의 경험 많은 병사들은 이렇게 수군거렸다. "너무 일찍 오는데." 주아외즈의 공격 나팔이 울린 것은 위그노 중무장 기병대의 군목(軍牧)들이 막 기도를 끝마칠 때였다. 위그노 중무장 기병대는 여전히 움직임 없이 말 위에 앉은 채, 위그노 식의 전쟁 찬가를 불렀다.

> La voici la heureuse journée
>
> Que Dieu a fait à plein désir
>
> Par nous soit joye démenée……

즐거운 날이 왔도다.

신께서 충심으로 바란 그날이,

이날에 우리 기뻐 뛰자⋯⋯.

　이것은 "이날은 여호와께서 정하신 날이니, 이날에 우리가 기뻐하고 즐거워하리로다."라는 구절로 시작하는 성경의 시편 118편을 찬송가로 옮긴 것이었다. 위그노 기병대들은 한 치의 흐트러짐 없이 노래를 부르면서 천천히 전진해 나갔다. 그들의 윙윙거리는 노랫소리가 질주하던 가톨릭 기병대의 귀까지 들리자, 주아외즈 바로 옆에서 말을 달리던 한 귀족 총신이 신이 나서 이렇게 외쳤다. "하, 저런 겁쟁이들! 지금 벌벌 떨고 있구먼. 고해성사를 하고 있잖아." 그러자 주아외즈의 다른 쪽 옆에 있던 고참 장교가 대꾸했다. "경! 위그노들이 저런 소리를 낼 땐 죽을 각오로 싸우겠다는 뜻입니다." 그 말이 떨어진 지 1분도 채 안 돼 위그노 화승총 사수들이 일제히 사격을 퍼붓기 시작했고, 밀집대형의 위그노 기병대대가 갑자기 박차를 가하며, 질주하는 적들의 대열을 격파해 들어갔다.

　이 일격이 전세를 결정지었다. 똘똘 뭉쳐서 달려든 중무장 기병대가 가톨릭 선봉대를 뿔뿔이 흩어놓았고, 위그노 병사들은 그 흩어진 적의 기병대를 측면에서 포위하기 시작했다. 격렬하고 필사적인 전투가 일이 분 계속되었다. 콩데 공작이 말에서 내리자, 운 좋은 적장도 분명 전쟁터를 한번 둘러본 뒤에 역시 말에서 내려 조금 황당해하는 콩데에게 항복의 표시로 자신의 손목 가리개를 바쳤다. 전투 중에 적 1명을 권총으로 사살하고 또 다른 적의 창 밑동에 머리를 맞았던 나바르는 자신이 방금 격퇴시킨 적군의 기수인 샤스토 르나르(Chasteau Renard) 영주를 발견하자, 이 오랜 적수의 허리를 껴 안고 기뻐하며 "이교도여, 항복하라!"고 외쳤다.

전장의 또 다른 곳에서는 주아외즈가 탈출을 시도하다가 한 무리의 위그노 기병대에게 퇴로가 차단되었다. 주아외즈는 자신의 칼을 땅에 내던지며 이렇게 소리쳤다. "내 몸값은 10만 크라운이다." 그러나 그를 붙잡은 병사 중 한 명이 그의 머리에 총알을 관통시켰다. 그동안 부상당한 위그노들을 전장에서 사살하라고 명령하고, 수백 명의 포로를 목매달았으며, 정당한 전쟁의 법칙을 믿고 항복한 위그노 수비대를 학살했던 가톨릭군의 사령관 주아외즈에게 자비를 베풀 여지는 거의 없었다. 사실, 앙리가 격노하며 개입하기 전까지 왕실 군대의 어느 누구에게도 자비가 베풀어지지 않았다. 3,000명의 사병과 400명 이상의 기사와 귀족이 학살되었다. 오비녜는 16세기 프랑스에 있었던 세 번의 다른 전쟁에서 죽은 것보다 더 많은 수의 공작, 후작, 백작, 남작이 이 전투에서 목숨을 잃었다고 생각했다. 그토록 빛나던 주아외즈의 가톨릭 군대는 완전히 괴멸되어 아무것도 남지 않게 되었다. 나바르는 이 전투를 끝내면서 이렇게 말했다. "적어도 오늘 이후로는 그 누구도 우리 위그노가 큰 전투에서 한 번도 승리한 적이 없다고는 말하지 못할 것이다."

14장_승리의 활용

프랑스, 1587년 10월 21일~12월 16일

전투에서 승리하는 것과 그 승리를 활용하는 것은 별개의 문제이다. 승리한 위그노들은 쿠트라에서 허락된 최고의 은총을 어떻게 활용할 것인지를 두고 서너 가지로 의견이 나뉘었다. 푸아투의 귀족들은 빼앗긴 도시와 성을 탈환하고 루아르 남부에 있는 가톨릭 본거지를 소탕하자는 의견에 모두 찬성하고 있었다. 과거 그 지역에 있었던 광대한 공작령과 같은 독자적인 영역을 구축하길 꿈꾸었던 콩데 공작 역시 같은 생각이었다. 그러나 가스코뉴 출신 위그노들은 서남부에 여전히 가톨릭 군대가 있으며, 그 마티뇽 (Matignon) 장군이 이끄는 약 4,000명의 가톨릭 병력이 실제로 주아외즈 군대와 합류하기 위해 북쪽으로 행군해오고 있다는 점을 강조했다. 그들의 진로를 우회하여 마티뇽의 가톨릭 군대가 보르도에 귀환하기 전에 습격한다면 오랜 세월 만에 처음으로 기옌[124] 지역에서 가톨릭 야전군을 완전히 몰아낼 수도 있을 것이다. 그러나 나바르 작전참모 중 가장 지혜로운 이들은 그들 앞에는 실제로 하나의 길밖에 열려 있지 않다고 생각했다. 엘리자베스가 그토록 많은 자금을 투자했고 더 많이 투자하기로 약속한 대규모 용병 군대가 지금 이 순간 어딘가에서 루아르 강 상류로 다가오고 있을 것이다. 도나 남작(Baron von Dohna) 휘하의 강력한 기사단인 8,000명의 독일 기병대와, 거의 같은 수의 독일 용병 보병부대 란츠크네히트(Landsknecht), 거기에 부이용(Bouillon) 공작이 모집하고 지휘하는 약 18,000명의 스위스 용병들까지 합세한 이들 용병부대는, 지난 30년 동안 프랑스로 들어온 외국 군대 중 가장 강력했으며, 게다가 이미 4,000 내지 6,000명의 위그노들이 합세해 전력이 더욱 보강된 상태였다. 만일 나바르가 즉시 그들과 합류해 자신의 군대까지 합쳐 더욱 강력해진 군대를 이끌고 파리 공략에 나선다면 프랑스 왕은 항복하든지 항전을 할 수밖에 없을 것이며, 그러면 오랜 세월 이어진 그 지루한 내전을 첫눈이 내리기 전에 승리로 마감할 수 있을 것이다. 나중에 쉴리(Sully) 공으로 불리게 되는 막시밀리앵 드 베튄(Maximilian de Béthune)과 같은 신앙심이 투철한 위그노들은 이토록 결정적인 기회를 놓친 나바르를 결코 용서하지 않았다.

그 기회를 잡는 대신 나바르는 한동안 쿠트라에 머물며 부상병(부상병 대부분은 적군이었고 위그노 측의 사상자들은 놀랄 정도로 적었다.), 포로들의 몸값, 전리품 등과 같은 문제들을 처리했다. 그러다가 느닷없이 말을 타고서 소수의 수행원들만 데리고 작은 도시 포(Pau)로 달려갔는데, 노획한 구아외즈 군의

---

124) Guyenne. 프랑스 남서부 피레네 산맥 북쪽의 광활한 지역

깃발을 자신의 현재 정부(情婦)인 아름다운 코리상드(Corisande)의 발치에 바치기 위해서였다. 자신의 군대는 해산해서 각자 귀향하도록 조치했다. 개혁종교의 근엄한 전사들은 실망감과 슬픔으로 고개를 저을 수밖에 없었다. 나바르가 그 미녀에게 사족을 못 쓴다는 사실, 그리고 좀 노골적으로 말하자면, 그가 악명 높은 호색한이라는[125] 사실을 모르는 이는 없었다. 그러나 30대 중반의 남자이고 왕자이자 베테랑 사령관이며, 프랑스에서 하느님의 교회를 보호할 임무를 맡고 있는 책임자가 계집과 뒹굴기 위해 승리의 결실을 내던지고 자신의 군대를 혼란 속에 방치하며, 마치 사랑 때문에 정신이 이상해진 소년처럼 행동한다는 것은 정말로 무척 불행한 일이었다. 이는 나바르의 치명적인 약점이었으나, 결국 그의 추종자들 대부분에게는, 분통이 터질지는 몰라도 이해해줄 만한 약점이었다.

아마도 그게 그 이야기의 전부였을지도 모른다. 그러나 보다 복잡한 설명을 가능하게 하는 근거들이 있다. 당시 코리상드와의 사랑은 시들해지고 있던 상태였고, 쿠트라에서 획득한 적군의 깃발은 사실상 작별의 선물이었다. 또한 그는 대개의 경우 목적지가 정해지면 도착할 때까지 내달렸는데, 그땐 특이하게도 짧은 거리만을 달리고는 예정된 경로에서 조금 벗어난 곳에 있는 한 문사(文士)의 대저택에서 하룻밤 묵으면서 그와 이야기를 나누었다. 우리 중에도 미셸 에켐 드 몽테뉴[126]와 저녁 시간을 함께 보내며 담소를 나눌 수만 있다면 많은 것을 갖다 바칠 사람이 있겠지만, 나바르가 단지 그와

---

125) 나바르는 평생 약 50명의 정부를 사귄 것으로 전해진다.

126) Michel Eyquem de Montaigne. 1533~1592. 〈수상록(Essais)〉으로 유명한 프랑스의 사상가이자 문필가

즐거운 대화를 나누기 위해 가던 길을 멈추었다고 믿기는 힘들다. 나바르는 앙리의 신하인 몽테뉴가 비록 가톨릭이고 왕에 대한 충성심이 굳건하지만, 평화와 관용의 옹호자이며 매우 온건한 사람이라는 사실을 알고 있었다. 또한 친구로 부를 수 있는 사람이라고 믿었다.

그날 밤 두 친구가 난롯가에서 무슨 얘기를 나누었는지는 결코 알 수 없겠지만, 나바르가 앞으로의 계획에 대해 상세히 설명했다면, 아마도 그 내용은 다음과 같은 것이었으리라. 콩데 공작과 그 지역의 위그노 소귀족들은 푸아투에서 군사작전을 감행하기를 갈망하지만, 콩데가 그곳 또는 여타 어느 곳에서라도 자신의 영역을 구축하도록 돕는 것은 국왕의 이익에 부합하지 않으며, 이 문제에 관한 한 나바르의 이익이 곧 국왕의 이익이나 다름없었다. 이와 마찬가지로, 충성스러운 가톨릭이지만 온건하며 국왕의 충성스러운 신하인 늙은 마티뇽을 격퇴할 경우, 기엔 지역에는 아마도 광신적이고 야심에 찬 가톨릭동맹의 누군가가 그를 대신해 배치될 것이다. 지금까지 프랑스 서남부에서 벌어진 피비린내 나는 포위 작전과 잔혹한 상호 공격만으로도 이미 충분했다. 더 이상의 전투는 고통과 적대감만 더할 뿐이며, 프랑스에서 평화가 회복되는 날은 더욱 요원해질 뿐이다. 이 점에서도 앙리의 이익과 나바르의 이익은 일치했다. 누가 봐도 명백한 결과겠지만, 나바르가 도나의 독일 용병부대와 합세해 파리로 진군한다면, 프랑스의 왕과 그의 명백한 상속자인 나바르 사이의 전면전 외에 다른 결과가 있겠는가? 또한 그로 인해 이익을 얻게 될 자들이 누구이겠는가? 이 혼란기를 이용하여 왕국의 영토나 국왕이 가진 권위의 일부를 차지하고자 하는 탐욕스러운 귀족들이나, 가톨릭동맹이나 위그노들, 정치꾼들이 아니겠는가?

나바르가 무슨 말을 더 했을지 추측하기란 어려운 일이 아니다. 내전이 종식되고 평화를 회복해야 왕권도 회복되며, 그러기 위해서 필요한 전제는 푸아티에 칙령의 온건하고 관용적인 조건들로 복귀하고, 왕으로 하여금 자신의 의지에 반하여 그 칙령을 철회하게 강요한 기즈 가문의 권력을 제어하는 것이었다. 아마도 북쪽에서 벌인 군사작전으로 인해 기즈의 명성은 이미 손상되었을 것이고, 평화를 위해, 또는 숙적 에스파냐에 맞선 전쟁에서 왕국을 단합시키기 위해 더 필요한 조치들이 있다면, 이제 국내 평화를 망친 주범으로 비난받는 앙리 왕이 자신의 사촌이자 충성을 맹세한 신하인 나바르의 헌신적인 노력에 의지하는 것뿐이었다.

쿠트라 전투 직후 포로로 잡힌 한 총신은 그를 사로잡은 위그노 병사에게 "이 전투에서 이겼다고 해도 너희가 얻은 것은 아무것도 없다. 너희가 국왕 폐하를 분노하시게 만들었으므로."라고 말했다. 그러자 거친 프로테스탄트 병사는 "하! 그렇다면 하느님께서 내게 일주일에 한 번씩 왕을 그렇게 화나게 할 기회를 주셨으면 좋겠구나!"라고 대꾸했다. 나바르의 생각도 포로로 잡힌 그 총신의 생각에 가까웠다. 언젠가 한 번 나바르는 자신의 군주인 프랑스의 왕에 맞서 싸우느니, 차라리 이를 피해 세상 끝까지라도 가겠노라 말한 적이 있다. 이는 순수한 존경심에서 우러나온 말이었다. 아마도 나바르는 친구인 몽테뉴에게도 이와 같은 말을 했을 것이다.

나바르가 무슨 말을 했건, 그가 그 저택을 떠나고 얼마 지나지 않아 몽테뉴는 말을 타고 북쪽으로 향했다. 통풍과 신장 결석을 앓아 대부분의 시간을 집 안에서만 생활하던 쉰네 살의 이 늙은 성주가 패잔병과 탈영병이 득실대는 위험한 길을 차가운 가을비를 맞아가며 프랑스를 종단하다시피 달렸던 것은, 어쩌면 단지 자신의 수필집 개정판에 대해 출판업자와 논의하기 위해서였을 수도 있다. 현대의 몽테뉴 전기 작가들 대부분이 그렇게 믿고 있는 듯하다. 그러나 빈틈없는 외교관 멘도사는 그렇게 생각하지 않았다. 비록 나바르와 몽테뉴가 최근 나눈 대화를 듣지도 못했고, 몽테뉴가 이전에 적어도 한 번은 가톨릭 측과 나바르의 연락책 역할을 한 적이 있다는 사실에 대해서도 알지 못한 것으로 보이지만, 마티뇽의 친구인 동시에 나바르의 정부 코리상드의 친구인 몽테뉴가 궁정에 들어갔다는 소식을 듣자마자 멘도사는 즉시 이 사람이 어떤 은밀한 정치적 임무를 띠고 왔다고 판단했다. 물론 멘도사는 항상 최악의 경우를 의심해보는 경향이 있었으며, 앙리 왕이 관련된 일에 대해서는 더욱 그러했던 것도 사실이다.

몽테뉴가 프랑스의 왕에게 그의 명백한 후계자인 나바르의 전갈을 전했는지, 만일 그랬다면 그것이 어떤 내용이었는지 우리가 알 수는 없을 것이다. 자신의 세세한 개인사에 대해서는 수다스럽게 모두 털어놓던 몽테뉴도, 정치적인 목적을 지닌 이 짧은 여행에 대해서는 마치 한 가문의 고문 변호사처럼 입을 굳게 다물었다. 그러나 그가 어떤 제안이나 전갈을 전달했다 하더라도, 그것은 시기상 너무 늦은 일이었다. 쿠트라 전투 이후 몇 주 동안 일어난 사건들로 인해 앙리 왕은 다시 한 번 정세를 주도할 수 있는 고삐를 놓쳐버렸던 것이다.

어쨌거나 앙리는 쿠트라 전투의 결과에 대해서 그다지 분개하고 있지는 않았던 것 같다. 조신들은 그의 애정과 신뢰가 이미 에페르농(Epernon) 공작 쪽으로 옮겨 갔으며, 이전에 총애하던 주아외즈의 존재와 그에게 권력을 쥐어줬던 일에 대해 수치심을 느끼고 있다고 수군거렸다. 외교관들은 주아외즈가 가톨릭동맹에 가담한 이래로 그가 승리를 거둘 때마다 가톨릭동맹의 족쇄는 점점 왕을 옥죄었을 거라고 지적했다. 파리의 영국 대사 스태퍼드의 보고에 의하면, 심지어 앙리 왕은 쿠트라 전투가 있기 얼마 전에, 만일

주아외즈가 나바르를 격퇴한다면 이는 국가의 재앙이 될 것이라고 말했다 한다. 앙리가 그렇게 생각했건 아니건, 그의 계획은 분명 주아외즈의 승리에 의존하는 것이 아니었으며, 오히려 그가 패배하는 것이 그 계획을 위해 더 이로웠을 것이다.

앙리는 상당히 조심스럽게 1587년의 군사작전을 계획했다. 비록 자신이 진지하게 믿고 있는 것과는 달리, 유명한 자르냑(Jarnac)과 몽콩투르의 승리[127]에 직접적으로 이바지한 바는 별로 없었지만, 앙리는 다른 대부분의 문제와 마찬가지로, 군사적인 문제에 대해서도 문외한은 아니었다. 그 군사작전을 위한 그의 시나리오를 추측해보는 것은 어렵지 않다. 주아외즈는 루아르 강 남쪽에서 분주하게 작전을 수행하게 될 것이다. 아마도 앙리 왕은 그곳에서 나바르가 주아외즈의 콧대를 꺾어놓으리라 예상했을 것이다. 그동안 도나와 그의 독일 용병부대는 동북부에서 프랑스를 침공하고 있을 터였다. (앙리는 엘리자베스와 도나 사이에서 오간 협상들과 스위스인들과 부이용 공작의 협상들에 대해 모두 알고 있었다. 사법과 재정, 행정, 육군, 해군 등이 모두 쇠퇴하고 있었을지는 모르지만, 프랑스의 외교단만큼은 아직도 거의 여느 때와 마찬가지로 훌륭하게 가동되고 있었다.) 독일 용병들은 로렌 강을 건널 것이고, 그곳에서 얼마간 머무르게 될 수도 있을 것이다. 그럴 경우 당연히 로렌 가문의 앙리 기즈는 자신과 가문의 영토를 보호하기 위해 달려올 것이다. 사실상 북쪽 국경 지대를 지키는 것이 그의 임무가 될 것이다. 따라서 그는 병력이 충분하지 못할

---

127) 1569년에 있었던 프랑스 내전. 당시 앙주 공이었던 앙리는 샤를 9세의 가톨릭 군대를 이끌어 위그노들을 물리쳤다.

것이다. 아마도 자신의 역량으로 모을 수 있는 병력 이상은 아닐 것이다. 왕실에서 약속한 증원군은 당연히 도착하지 않을 것이다. 프로테스탄트 군대가 기즈를 순식간에 박살 내든, 아니면 거세게 몰아붙여 영지의 한 도시에서 그를 포위하든, 또는 그가 다리 사이에 꼬리를 감추고 프랑스로 도망을 쳐 오든, 십중팔구 그는 패배를 하거나 굴욕을 당할 수밖에 없을 것이다. 운이 좋다면 죽임을 당하거나 포로가 될 수도 있을 것이다.

그 가톨릭동맹의 패배는 곧 왕의 행동 개시를 알리는 신호가 될 것이다. 그해 여름 동안 앙리는 강력한 예비부대를 에탕프[128]에 집결시켰는데, 당시의 추산으로 약 40,000명에 이르는 대군이었다. 그중 일부는 독일 군대가 루아르 강을 건널 만한 모든 지점을 방어하기 위해 배치했다. 에페르농이 이끄는 선봉대와 앙리 자신이 이끄는 본대를 비롯한 나머지 병력은 나바르와 독일 군대의 합류를 막기 위해 준비를 갖추었다. 그의 부관들이 대패하든, 혹은 퇴각해 그와 합류하든 앙리는 그 순간이 오면 자신이 무대의 중앙에 나서서 프랑스를 위협하는 폭풍을 물리칠 만반의 준비가 되어 있었다. 앙리는 승리를 자신했으며, 기즈의 패배에 뒤이은 단 한 번의 승리만으로도 그는 다시 프랑스의 왕으로 추앙받을 것이다.

쿠트라 전투의 극적인 결과는 분명 예상치 못한 것이었지만 그래도 앙리의 시나리오에 부합할 만한 것이었다. 그러나 그가 쿠트라 전투 소식을 듣기 전부터, 이미 북쪽에서는 사태가 매우 안 좋은 방향으로 전개되기 시작했다. 무이용과 스위스군은 한동안 로렌에 미물며 기즈 가문의 도시들을 함

---

128) 파리에서 약 50킬로미터 떨어진 외곽

락시키고 주변 지역을 남김없이 약탈할 예정이었다. 그러나 도나와 독일 용병들은 즉각 프랑스로 진격해 들어가고자 했다. 도나는 호레이쇼 팔라빈치노(Horatio Pallavincino) 경을 통해 영국 여왕과 그렇게 하기로 약속을 했다고 고집을 부렸다. 뿐만 아니라 그 독일인들은 로렌 지역도 결국 독일제국의 일부라는 이유로, 그곳을 공격하기를 꺼렸다. 그리고 마침내 기즈의 사촌인 로렌 공작은 자신의 농노들에게 옮길 수 있는 모든 식량과 물자를 확보해 요새화된 도시들로 모이게 했으며, 적들에게 도움이 될 만한 식량과 마초(馬草)를 체계적으로 제거하는 조치를 취했다. 이제 용병들에게는 로렌보다 프랑스에 먹을 것이 더 많을 것이고, 고생도 덜할 것이다. 그래서 도나의 기병들과 어설프고 지휘관도 없다시피 한 나머지 용병들은 로렌 사람들은 신경 쓰지 않고서 머뭇머뭇 프랑스로 침입해 들어갔다. 결국 기즈는 전투를 벌일 필요도 없었고, 쉽게 버틸 수 있다고 생각해 정해두었던 지점에서 포위될 이유도 없었다.

스위스와 독일 군대는 넓게 아치형으로 대열을 이루며 남진해 마른 강과 센 강이 교차하는 곳까지 진격했다. 그러나 그들은 논쟁을 벌인 끝에 루아르 강 상류를 향해 난 고지대 도로 쪽으로 진로를 잡지는 않기로 결정했다. 대신 그들은 그곳의 평원을 장악했는데, 한 프랑스 역사 기록자의 말을 옮기자면, 그들은 그곳에서 그들이 평생 동안 보아온 것보다 훨씬 많은 쇠고기, 닭고기, 달걀, 흰 빵, 그리고 질 좋은 와인을 보게 되었다. 서두를 것 없이 편하게 행군을 하고, 먹을 것이 풍부한 살기 좋은 농촌이 펼쳐져 있고, 약탈할 물건이 많고, 싸움은 거의 하지 않는 것. 그야말로 용병들이 좋아하는 종류의 군사작전이었다. 이 작전에서 결점은 단 두 가지뿐이었다. 우선, 늦여름의 무더위 때문인지, 또는 낯선 음식이나 독한 적포도주 때문인지 병든 군인의 수가 지속적으로 늘어가고 있었다. 환자들이 뒤에 남겨진다면 당연히 분노한 프랑스 농부들에게 머리를 두들겨 맞을 것이기 때문에 군대답지 않게 약탈물만 잔뜩 실은 긴 수레의 행렬에 행군도 하지 못하는 환자들까지 더해져 더욱 부담스러운 상태였다. 또 하나의 결점은, 나바르가 충고한 대로 울퉁불퉁한 산길 대신 평원을 통한 길을 선택한 탓에, 루아르 강에 접근하던 프로테스탄트 군대가 프랑스 왕의 주력군에게 제지를 당했다는 것이었다. 에페르농은 연이은 소규모 교전에서 신속하고 능숙한 작전을 펼쳐 용병 군대의 정찰부대들을 격퇴했으며, 프랑스 왕이 그들에 맞서 몸소 출정하고 있다는 소식을 듣자 스위스 용병들은 당황하며 더 이상의 진격을 거부했다. 프랑스 왕의 명령하에 그들과 대치하고 있는 군대는, 전통에 따라 프랑스의 주권 수호를 위해 가톨릭을 믿는 스위스에서 모집된 병력들로, 그들이 절대 공격하지 않겠다고 맹세한 스위스 주(州)들을 상징하는 깃발을 내걸고 있었던 것이다. 그들은 자신들이 입대할 때 기즈 공작과 그의 로렌 가문 친족들에 대항해 싸우기로 맹세했고, 결코 프랑스의 왕에 맞서 싸울 필요도 없고, 싸우지도 않을 것을 약속받았다고 말했다. 어쨌든 그들은 벌써 몇 달째 임금을 받지 못했다. 이 문제와 관련해서는 독일 용병들도 마찬가지였다. 무질서하고 툭하면 싸우려 들고 군기가 다 빠진 이 용병들은 한 주 한 주 지날수록 점점 더 군대라기보다는 대규모 도적 떼처럼 행동했다. 이제 그들은 서로에게 책임을 전가하며 분열되기 시작했고, 언제든 고향으로 돌아갈 듯 보였다.

이것은 앙리가 예견한 바와 정확히 맞아떨어지는 상황이었을 뿐만 아니라, 아마도 앙리는 그 상황을 염두에 두고 계획을 세웠을 것이다. 그러나 앙리도 30,000명 남짓한 도나의 군대가 이때까지도 5,000에서 6,000명에 불과할 기즈의 병력을 아직 제거하지 못했을 거라고는 예견하지 못했을 것이다. 기즈는 로렌 강을 향해 진격하는 독일군 주위를 계속 조심스럽게 맴돌면서, 파리에 전시해 과시할 만큼의 깃발과 포로를 확보하기 위해 급습을 감행했다가 재빨리 뒤로 빠지는 전술을 펴고 있었다. 독일 용병들이 프랑스로 침입했을 때, 기즈는 그들의 우측으로 대략 5리그 정도의 거리를 유지하며 조심스럽게 이들을 따라왔다. 이것은 경무장 기병으로 구성된 아군의 척후병들과 연락을 유지하고 독일인들이 서쪽으로 약탈하러 다니는 것을 방해할 수 있을 만큼 가까운 거리였으며, 동시에 어떤 기습을 당해도 안전을 확보할 수 있을 만큼 먼 거리였다. 그러나 도나는 전혀 서두르지 않았다. 기즈 군대 정도의 병력은 그의 진군을 방해할 만큼 심각한 위협이 되지 않았고, 또 그때 파리는 도나의 전략적인 목표가 아니었기 때문이다. 앙리 3세가 예견했던 대로 도나는 감히 파리 공략에 뛰어들 엄두를 내지 못했다. 프랑스의 왕이 강력한 군대를 이끌고 전장에 나와 있고, 파리로 통하는 길에는 방비가 잘된 요새들이 가득했기 때문이었다. 그러나 어떻게 파리 시민들이 이런 사실을 알았겠는가? 대신 그들은 매일 백여 개의 설교단에서 기즈 공작의 전황 발표를 들었다. 기즈 공은 침략자들과 파리 사이에서 이렇고 저런 위치를 차지하고 있다. 기즈 공이 파리로 들어오는 접근로를 계속 방어할 것이다. 독일 놈들이 파리 외곽에 접근하려 한다면 기즈 공은 손에 칼을 든 채 죽을 것이다. 파리의 설교자들은 마땅히 수도를 지켜야 할 프랑스의 왕이 루아르 강 뒤쪽 어딘가에 숨은 채, 분명 이교도들을 묵인해주고 있을 거라는 말도 덧붙였다. 용감한 기즈 공작이 없었다면 그들은 모두 프로테스탄트 도적 떼에게 죽임을 당했을 거란 얘기였다.

군대가 해체되기 일보 직전에, 쿠트라의 소식이 독일 용병들에게 전해졌다. 도나는 입씨름을 벌이고 있던 용병들을 간신히 설득하여, 이들을 이끌고 루아르 강과 왕실 군대로부터 멀리 벗어나서 행군이 용이한 평원을 통과해 샤르트르[129]로 향했다. 도나가 나바르와의 합류를 예상한 것이라면, 그 진로는 분명 그리 적절한 선택은 아니었으며 어떤 뚜렷한 전략적 가치도 없었다. 그러나 병참 면에서는 가치가 있었다. 샤르트르 근처에 있는 보스(Beauce)는 부유한 지역이었다. 이곳은 수년간 불에 탄 적도, 약탈을 당한 적도 없었다. 따라서 이곳은 영국에서 돈이 오거나 나바르나 다른 어떤 공작이 기옌에서 오기 전까지, 혹은 프랑스의 왕이 더 나은 제안을 해올 때까지, 한동안 주둔하기에는 매력적인 곳이었다.

10월 26일, 느리고 대열도 흐트러진 독일 용병들의 행렬이 몽타르지(Montargis) 인근에 도착했다. 몽타르지는 프랑스 왕의 강력한 수비대가 지키고 있었고, 그들 중 누구도 요새화한 도시를 포위 공격할 만큼 힘든 일은 전혀 하고 싶지 않았기 때문에, 독일 용병부대는 5~9킬로미터씩 떨어진 여러 마을에 각기 흩어져 자리를 잡았는데, 각각의 마을은 몽타르지에서 약 8마일쯤 떨어져 있었다. 도나는 비모리(Vimory)라고 부르는 작은 마을에 본부를 두었는데, 군대 전체로 보면 오른편 맨 끝이었다. 기즈는 그들이 도착하자마자 그 소식을 들었고, 새벽이 오기 전에 도나를 공격하기로 결심했다.

이후에 무슨 일이 벌어졌는지는 확실히 알 수 없다. 알 수 있는 만큼만 기술하자면, 소규모에 불과한 기즈의 군대는 비와 어둠을 뚫고 비모리로 행군

---

129) Chartres. 파리에서 남서쪽으로 92킬로미터 떨어진 평원에 위치한 도시

했는데, 그들도 다소 놀랐겠지만, 비모리 마을 입구에 도착할 때까지 보초병 하나 마주치지 않았다. 도착 즉시 기즈의 군대는 집마다 불을 질렀고, 잠이 덜 깬 독일 용병들이 보이는 족족 총을 쏘고 창으로 찔렀으며, 길을 막고 세워둔 마차들을 약탈하기 시작했다. 기습작전은 분명 성공이었다.

어떻게 상황이 뒤바뀌었는지는 기록이 없기에 분명히 알 수 없다. 도나는 말 위에 올라탔고, 몇몇 기병 부대를 간신히 모을 수 있었다. 그는 이들을 이끌고 마을의 반대편 끝으로 난 샛길을 통해 평지로 나갔다. 아마도 마차들이 즐비하고 집들이 절반이나 불길에 휩싸여 있는 마을의 골목으로는 기병대가 쉽게 통과할 수 없었기 때문이었을 것이다. 어둠 속에서 도나의 기병대원들은 기즈의 형제인 마옌 공이 이끄는 기즈 군 기병대 병력의 절반과 정면으로 마주쳤다. 뒤이은 전투에서는 전반적으로 도나의 기병대가 최선의 결과를 얻었던 것으로 보인다. 비록 우리가 알고 있는 사실은, 똑같이 놀라고 당황한 두 군대가 어둠 속에서 마주쳐서, 어떤 의도에서가 아니라 격렬한 폭풍처럼 느닷없이 전투를 벌였다는 게 전부지만 말이다. 프랑스 측의 주장대로 이 순간에 독일의 증원군이 나타났는지—그런데 이 증원군이 대체 어디에서 왔단 말인가?—혹은 도나의 기병대가 전부 그 마을에 발이 묶여 있다고 추측한 기즈 공작이, 자기 동생의 부대가 도나와 교전을 벌이는 들판에서 들리는 시끄러운 소리를 독일군 지원부대가 도착한 것으로 오해했는지는 그저 추측만 가능할 뿐이다. 어쩌면 겨우 6,000명의 병력으로 30,000명으로 추정되는 적을 과감하게 공격하기로 결심한 기즈가 문득 제정신을 차린 것일 수도 있다. 어쨌든 기즈는 퇴각 명령을 내렸고, 그의 군대는 새벽녘에 함성을 지르며 몽타르지의 성문으로 들어갔다.

도나는 그들보다 상대가 안 될 만큼 우월한 전력으로 기습공격을 해온 적들을 막아내었다는 점을 근거로, 기즈는 침략군의 본부를 쳐부수고 포로와 말, 노획물을 가지고 빠져나왔다는 점을 근거로 각각 자신들의 승리를 주장했다. 비모리에 주둔했던 독일 용병의 수가 기즈군 병력보다 많았다는 것은 사실인 듯하지만, 다른 독일 부대가 그 전투에 개입되었다는 증거는 전혀 없다. 작은 개에게 물린 덩치 큰 개처럼 벌벌 떨며, 도나의 군대는 기즈 공작을 피해 보스로 무거운 발걸음을 옮겼다. 반면 기즈는 도나가 자기를 뒤쫓아 온다고 생각했던지, 몽타르지를 벗어나 몽테르 포 욘(Montereau-Faut-Yonne)까지 멀찌감치 후퇴했고, 따라서 독일 군대의 행방을 알 수는 없었다. 그러나 거칠고 냉소적인 그의 용병들 말고는 아무도 도나의 주장에 공감하지 않았고, 부하들조차도 사령관이 자신의 본부를 기습당하고 개인 짐마저 잃어버림으로써 당한 치욕이 단순히 그 침략자들을 쫓아냈다는 사실만으로 지워진다고는 생각하지 않았을 것이다. 반면에 기즈는 비모리에서 파리 시민들을 흥분시키기에 충분한 승리의 열매를 손에 쥘 수 있었다. 그는 독일군의 수레 중 일부와 그보다 더 많은 독일군의 말을 노획했다. 기즈는 공포의 대상이던 독일 기병대 중 일부를 포로로 잡아 검은 갑옷을 입히고 손을 뒤로 묶어서 기뻐하는 파리 군중에게 데려갔다. 또한 도나의 야전 텐트와 그의 사령관 기도 가져갔다. 그리고 그 무엇보다 전시효과가 좋았던 것은 그가 가져간 두 마리의 낙타였는데, 도나가 프랑스까지 끌고 갔던 그 낙타들은 팔라틴의 요한 카시미르(Johan Casimir) 백작이 나바르에게 선물로 주려던 것이다. 그 징도면 가톨릭의 직은 승리라 부를 만했으며, 파리의 설교자들이 시민들을 기쁘게 해줬던, 독일 군대를 전멸시켰다는 기상천외한 이야기들을 파리 시민들이 사실로 믿도록 만들기에 결코 부족하지 않을 정도였다.

보스에서도 도나의 군대는 다시 경계를 풀고 여기저기 흩어져 숙영을 하고 있었고, 군대의 분열도 계속되었다. 환자와 부상자는 그 어느 때보다도 많았다. 그해 가을에는 예외적으로 포도주가 풍부했고, 어느 해 가을보다도 술의 도수가 높았다. 술잔을 들 기운이 남아 있는 자들은 누구나 술에 취해 있었다. 한편 부이용의 스위스군은 프랑스 왕과 협상을 재개해, 자신들이 소란을 피우지 않는 대가로 한 푼이라도 더 받아내려고 흥정을 했지만, 이미 고향으로 돌아가기로 마음을 굳힌 상태였다. 영국의 엘리자베스에게서도 더 이상 돈을 받지 못했고, 나바르에게서도 모호한 약속만을 받았을 뿐이었기에 도나 역시 언제든 귀향할 준비가 되어 있었다. 도나는 위그노들에게 자신의 독일 군대를 이끌고 루아르 강 상류 쪽으로 동진하겠다고 알렸다. 그곳은 그와 나바르가 2주 전에 합류하려다 실패했던 곳이었다. 도나는 자신의 장교들에게, 나바르가 돈과 병력을 가지고 나타나지 않는다면 부르고뉴로 계속 동진하여 프랑슈콩테를 거쳐 고향으로 돌아가게 될 것이라고 말했다. 나바르가 그곳에 있으리라고는 누구도 기대하지 않았다. 그 군사작전은 사실상 끝난 것이나 마찬가지였다.

바로 이때 기즈가 다시 공격에 나섰다. 다른 공격 참가자들과 마찬가지로 그 또한 사실상 전투가 끝났음을 깨닫고 있었다. 조용히 유야무야 협상으로 매듭짓는 것으로 끝을 보는 것만큼 그에게 이득이 덜 되는 상황도 없을 것이다. 그러면 프랑스의 왕은 그저 얼굴 한 번 비친 것으로 폭풍을 진정시킨 공과를 얻게 될 것이고, 침략자들은 자비롭게 목숨을 구해주고 귀향길이 편하도록 왕실의 행하(行下)까지 하사해준 은덕을 칭송하고 왕에게 경의를 표하며 조용히 물러나게 될 것이다. 기즈는 도나가 샤르트르에서 동쪽으로 약 10마일가량 떨어진 성벽으로 둘러싸인 작은 마을 오뉴(Auneau) 외곽에 군대의 일부와 함께 진을 치고 있다는 사실을 알아냈다. 그 성은 프랑스 수비대가 지키고 있었는데, 항복하라는 도나의 권고에 대해 그 수비대의 가스코뉴 출신 대장은 욕설과 머스킷 총탄 세례로 화답했다. 이 시점에서 독일인들의 관심은 그저 잠을 잘 수 있는 마른 곳을 확보하는 것이었기 때문에, 그들은 그 성으로 이어지는 진입로들을 봉쇄하고 머스킷 사정거리 밖에 진을 치는 것만으로 만족했다. 독일 용병들이 대응을 하지 않자 화가 난 수비대 대장은 기즈에게 전갈을 보내 성을 통과해 마을로 진입하는 것은 식은 죽 먹기일 거라고 알렸고, 이번에도 가톨릭동맹군은 야음을 틈타 병력을 이동시켰다.

다시 한 번, 기습공격은 완벽했고, 이번에는 누가 승자인지 의심의 여지가 없었다. 도나는 약간의 기병만을 이끌고 도망가버렸고, 성벽과 적군 사이에 갇힌 나머지 병력은 전투라기보다는 학살에 가까운 상황에서 괴멸되었다. 또다시 파리 시민에게 전시하기 위해 포획한 전리품을 가득 실은 수레의 행렬이 이어졌는데, 실제로 이번에 학살된 독일 용병의 수는 파리의 설교단에서 난리법석을 떨며 선전한 것과 거의 비슷했다.

도나는 나머지 병력을 이끌고 지난번처럼 기즈 가의 병력이 전투 준비가 덜 되어 있을 가능성이 크다고 판단되는 오뉴로 돌아가려고 했다. 그러나 독일 용병들은 더 이상 싸울 의지가 없었다. 스위스군은 이미 프랑스 왕의 조건을 수용하고서 조용히 철수해버렸다. 닷새 후, 에페르농의 군대가 따라 붙고 기즈가 기회를 노리며 측면에서 쫓아오자, 독일 용병들도 스위스군과 같은 선택을 할 수밖에 없었다. 앙리가 내건 조건은 가혹하지 않았다. 그들이 깃발을 내리고 항복하고 다시는 프랑스 왕에 대항하는 전투에 가담하지 않겠다고 약속을 하는 대가로 앙리는 그들에게 안전을 보장하며 에페르농이 프랑슈 콩테의 국경 지역까지 그들을 따라간다는 조건이었는데, 이는 그들이 다시 적대행위를 할 것을 우려했기 때문이 아니라 그들을 기즈로부터 보호하기 위해서였다.

오뉴에서 기즈가 거둔 유명한 승리 때문에 "독일 기병대의 군사작전"의 결과가 조금이라도 달라졌는지, 또는 전쟁 기간이 하루 이틀이라도 단축되었는지에 대해서는 의심의 여지가 있다. 스위스군과의 협상은 이미 완결된 상태였고, 스위스군이 없다면 도나의 독일 용병들과 콩티 공작이 이끄는 위그노 분대가 왕실 군대를 물리칠 가망은 거의 없었고, 그들을 피해 도망갈 수 있는 가능성은 더욱 희박했다. 이러한 상황에서 용병 군대들은 앙리가 제시하는 조건은 무엇이든 받아들일 수밖에 없었고, 특히 급료가 몇 달째 지불되지 않은 상황이라 더더욱 그러했다. 도나에 대한 기즈의 공격은 앙리 3세의 훌륭한 작전이 성공하는 데 도움이 된 것이 아니라 주제넘은 간섭일 뿐이었다. 그 뒤에 취한 기즈의 행동들도 프랑스를 위해서는 어떤 군사적인 가치도 없는 것들이었다. 독일군 패잔병들이 중립 지역인 프랑슈콩테에 도착해서 안도의 한숨을 내쉬고 있을 때, 기즈는 이들을 쫓아가 학살했으며, 또한 가톨릭동맹군은 무방비 상태의 농촌 지역인 몽펠가르드(Mompelgard)를 침략하여 그들이 독일 용병들만큼이나 잔혹하고 탐욕스럽다는 사실을 증명했다.

그러나 승리는 군사적인 판단 외에 다른 용도로도 쓰일 수 있는 법이다. 앙리 3세는 물적, 인적 손실을 최소화하면서 막강한 외국 군대를 격퇴한 전투에서 자신이 행한 바를 사실 그대로 파리 시민들에게 알렸지만, 아무 보람이 없었다. 또한 그의 승리를 기리는 송가를 만들어 부르도록 명령했지만 이마저도 허사였다. 파리 시민들은 모든 것을 기즈 공작의 공으로 여겼다.

기즈의 초상화가 상점 유리창마다 내걸렸고, 파리의 교회에는 기즈를 찬양하는 소리가 끊이지 않았다. 기즈 혼자서 이교도로부터 프랑스를 구했던 것이다. 승리에 들뜬 시민들은 "사울 왕130)은 수천 명의 적을 죽였지만, 다윗은 수만 명을 죽였다"고 노래했다. 게다가 그들은 이미 '사울'보다 더 모욕적인 명칭을 찾아내 자신들의 왕을 부르고 있었다. 어떤 인기 있는 설교자가 'Henry de Valois'의 이름에 중요한 의미가 숨겨져 있다는 생각에 철자를 바꿔 "Vilain Herodes(사악한 헤롯왕)"이란 재치 있고 불경스러운 호칭을 붙였는데, 사람들은 이 호칭을 팸플릿과 예배당에서 점점 더 공공연하게, 그리고 점점 더 심한 증오와 경멸을 담아 부르고 있었다. 앙리가 크리스마스를 보내기 위해 루브르 궁에 들어갈 준비를 하고 있을 때, 그를 위협하거나 모욕해도 처벌을 받지 않을 것이라고 확신한 소르본 신학교의 박사들과 석사들이 비밀리에 모여서, 그들의 말을 빌리자면, "원칙적으로" 자신의 임무를 다하지 못한 왕을 퇴위시키는 것은 부정을 저지른 것으로 의심되는 수탁자를 제거하는 것만큼이나 합법적인 것이라고 선언했다. 당시 파리는 혁명의 분위기로 가득 차 있었던 것이다.

그 무렵 멘도사는 그 전투의 결과들을 다음과 같이 요약해서 펠리페에게 전했다. "전반적으로, 나바르의 승리와 (……) 에페르농 공작의 현재 명성에도 불구하고, (……) 이곳에서 일어나고 있는 사건들은 폐하의 일들에 더할 나위 없이 유리한 방향으로 진행되고 있습니다. 파리 시민들은 언제나 신뢰할 만합니다. 그들은 어느 때보다도 신심으로 기스 공을 따르고 있습니다."

---

130) 구약성서에 나오는 이스라엘의 초대 왕

기즈가 적절한 때가 되면 그의 후원자이자 재정 지원자인 에스파냐 왕에게 자신의 충성을 증명하게 될 거란 말을 멘도사가 할 필요는 없었다.

15장_불길한 해

서유럽, 1587년~1588년, 한겨울

1587년이 저물어갈 무렵, 공포에 가까운 불안감이 서유럽 전체를 휩쓸고 있었다. 일부분 불안감이 조성될 만한 이유는 있었다. 겨울로 접어들어 리스본에 집결한 에스파냐 함대가 연말 전에 항해를 시작하는 것이 점점 더 불가능한 일이 되어감에 따라, 이듬해 봄에 영국을 치기 위한 항해가 시작될 거란 사실이 점차 분명해졌다. 실제로 펠리페는 여전히 자신의 대사들에게 에스파냐 함대의 목적지는 계속 극비에 부쳐야 한다고 당부의 서신을 보내고 있었고, 파리의 멘도사도 생각해낼 수 있는 모든 보안 수단을 동원하고 방첩 활농을 벌이며 불가사의한 침묵을 유지하고 있었으며, 파르마는 영국으로 항해하는 듯 준비하는 것이 실제로는 왈헤렌[131]을 급습하기 위한 연막일 뿐이라는 헛소문을 퍼뜨리고 있었지만, 펠리페의 계획은 점점 분명하게 윤곽을 드러내고 있었다. 리스본은 항상 외국인들로 북새통을 이루고

274

있었고, 아무리 경험이 일천한 사람일지라도 이렇게 대규모로 리스본에 모인 함선들, 선원들, 병력들, 대포들이 단지 서인도제도 무역을 보호하거나 아일랜드에서 분쟁을 일으키기 위한 것이 아니라는 것쯤은 알 수 있었을 것이다. 그리고 플랑드르는 여전히 무역선들의 경유지였고, 그곳 주민 중에는 네덜란드 반란 세력에 공감하는 사람들이 많았다. 파르마는 그들이 주의 깊게 주시하고 있는 가운데 자신의 계획을 수행해야만 했고, 육해군이 합동으로 왈헤렌을 침략하기 위해서는 슬루이스와 뉴포르를 연결하는 연장 5리그 정도의 새로운 운하가 필요하다는 점을 플랑드르 인들에게 설득하는 것도 쉬운 일이 아니었다. 새로운 운하들이 완성된다면, 바지선이 먼바다로 나가는 모험을 할 필요 없이 안트베르펜 위쪽에 있는 스헬데에서 됭케르크 항구까지 통과할 수 있을 것이고, 파르마의 계산대로라면, 날씨가 좋을 경우 됭케르크에 집결한 소함대가 4월의 어느 날 저녁과 새벽 사이에 영국의 노스포어랜드(North Foreland)와 인근 마게이트(Margate) 해안을 향해 출발할 수 있을 것이다.

11월 말이 되자 네덜란드의 보이스(Buys)와 올덴바르너벨트(Olden-barneveldt), 영국의 버흘리와 월싱엄은 파르마의 군대가 에스파냐에서 파견된 함대의 호위와 지원을 받으며 해협 횡단을 감행하려 한다는 것을 확신하게 되었고, 그에 따라 네덜란드와 영국 해군이 배치되고 있었다. 그 점에 대해서라면, 아우크스부르크[132]의 은행가들과 베네치아의 무역상들, 그리

---

131) Walcheren. 스헬데 강어귀에 있는 네덜란드의 섬

132) Augsburg. 현 독일 바이에른 주에 있는 도시로 당시 상업, 금융업이 활발했다.

고 파리 주점에서 빈둥거리며 입씨름을 벌이는 사내들까지도 어떤 형태로 침공이 이루어질지 알고 있었다. 기독교계 전체가 유럽 주위의 좁은 바다들을 주름잡고 있는 전통의 맹주 영국과 대양 제국을 꿈꾸는 거대한 제국 에스파냐 간의 경쟁을 숨죽이며 지켜보고 있었다.

대다수의 지식인들은 결과를 예측하기 어렵다고 보았던 것 같다. 영국 함대는 과거에도 거의 항상 그러했듯이 여전히 대서양에서 가장 막강한 전력을 지니고 있었다. 또한 16세기에 치러진 전쟁을 통해 알 수 있듯이, 결사적으로 방어하고 있는 육지를 정복하기란 대단히 어려운 일이었다. 반면에 파르마가 이끄는 육군은 혁혁한 전과를 자랑하고 있었다. 파르마의 부대는 풍부한 전투 경험을 지닌 병사들로 구성된 적군을 상대해 연승을 거두어왔다. 에스파냐 육군의 사령관인 파르마가 당대 최고의 장군이란 점은 누구나 인정하고 있었다. 반대로 영국군은 전투 경험이 적은 풋내기들이었고, 사령관이 될 것으로 예상되는 레스터 백작은 내세울 만한 군사적 재능을 갖고 있지 않았다. 또한 영국의 어느 도시도 현대적인 요새를 갖고 있지 못했으며, 영국인들은 결사적인 저항을 하기에는 너무 분열되어 있다는 게 당시의 중론이었다. 에스파냐에 있던 영국 망명자들은 파르마가 일단 해안에 상륙할 수만 있다면 홀란트나 제일란트를 정복한 것보다 더 쉽게 영국을 정복할 거라고 주장했다. 파르마를 영국 해안에 상륙시키기 위해 펠리페가 각고의 노력을 기울이고 있음을 모든 이들이 알고 있었다. 그는 지중해에서 동원 가능한 해싱 자원을 모두 끌어 모았다. 또한 대서양의 힘대 중 두 번째로 전력이 강한 포르투갈 해군을 자신의 해군에 더했다. 펠리페의 함장 중 일부는 원양 항해에 능한 뱃사람들이었다. 무엇보다 가장 중요한 점은, 펠리페 치하에서 에스파냐가 연전연승을 기록하고 있었다는 사실이었다. 이를 두고

16세기의 사람들은 "운명", 또는 저항할 수 없는 하느님의 뜻인 "신의 섭리"라고 이야기했다. 수 세기 후, 사람들은 "미래의 물결"이나 객관적인 역사적 힘의 승리에 대해 말을 하게 되지만, 어느 시대든 그런 표현들이 의미하는 바는 한쪽의 성공이나 실패가 다른 쪽의 앞날에 영향을 준다는 것이다. 왜냐하면 상황이 같은 방식으로 계속될 거라 상상하는 것이 변화를 상상하는 것보다 언제나 더 쉽기 때문이다. 투르크인들이나 이교도들이 승리하는 것만큼이나 에스파냐가 또다시 승리할 거란 생각을 끔찍이 싫어했을 신중한 베네치아인들조차도 펠리페 왕의 침공이 성공한다는 쪽에 조심스럽게 내기를 걸고자 했을 것이다.

사람들이 에스파냐의 승리 가능성에 대해 어떻게 예상하든 상관없이, 에스파냐가 또 한 번 승리할 경우 유럽이 처할 운명에 대해서는 아무도 의심하지 않았을 것이다. 펠리페가 일단 영국을 손에 넣기만 하면, 네덜란드를 손에 넣는 것도 시간문제일 터였다. 영국이 정복된다면 인접 해안 또한 장악되는 게 당연한 수순이며, 연안해의 지배력을 상실한 네덜란드는 오래 저항할 수는 없을 것이고, 대부분의 사람들이 저항하는 것 자체가 어리석은 짓이라고 생각했다. 분열되어 있는 프랑스의 경우, 영국이 패한다면 이미 절망적인 상황에 처해 있는 위그노 세력은 파멸을 맞게 될 것이며, 발루아 왕조의 마지막 왕 앙리는 시소게임 같은 내전에서 균형을 잃게 되어 에스파냐의 꼭두각시로 살아남든지, 아니면 모욕을 당하며 제거되든지 괴로운 선택을 할 수밖에 없을 것이다. 펠리페가 프랑스에서 자신의 모계와 부계 가문이 빼앗겼던 영토를 되찾고 신중한 전략적 검토 후 설정한 지역과 거점을 모두 손에 넣은 다음, 나머지 프랑스를 기즈의 앙리가 왕이 되어 통치하게 될 것이다. 에스파냐의 그림자, 끝없이 이어질 정복 깃발의 그림자, 교회의 군사력을 대표하는 단일 국가의 그림자가 유럽 전역에 길게 드리워질 것이다. 포, 암스테르담, 하이델베르크, 제네바, 베네치아의 일부 낙관론자들, 그리고 심지어 로마의 낙관론자들까지도 펠리페의 함대가 패배해야 유럽이 그 그림자에서 벗어날 수 있을 거라 생각했다. 그리고 그 겨울 몇 달 동안 영국의 플리머스, 플러싱, 또는 런던 강 근교에서는 거친 전사들이 에스파냐 함선들의 돛대가 보이기만을 초조하게 기다리고 있었다. 그러나 그들조차도 쉬운 승리를 예상하지는 않았다.

전쟁의 먹구름보다 더 불가사의하고 두려운 또 다른 먹구름이 다가올 새해에 드리워져 있었다. 그 구름은 1세기 전, 어쩌면 수 세기 전부터 그 윤곽을 드러내기 시작했는데, 1588년이 다가오자 재앙이 임박했음을 알리는 끔찍한 소문들이 서유럽 전체에 퍼져 나갔다. 기본적으로 그 운명의 예언은 성경 〈요한계시록〉의 수비학(數秘學)에 기초한 것이며, 〈다니엘서〉 12장의 암시들로 의미가 명료해졌고(적절한 표현인지는 모르겠지만), 〈이사야서〉에 있는 소름 끼치는 구절로 뒷받침되었다. 이 문제를 충분히 연구한 사람들은 예수 탄생 이후부터 모든 역사가 10과 7의 복잡한 순열들로 이루어진 일련의 주기들로 나뉘며, 각 주기는 거대한 사건들로 끝맺음 되고, 이 모든 주기가 1588년에 무시무시한 종말로 끝날 것임을 전혀 의심하지 않았던 것 같다. 필립 멜랑크톤[133]은 끝에서 두 번째 주기가 1518년 교황에 대한 마르틴 루터의 도전으로 끝났으며, 이 사건으로부터 바빌론 유수 기간인 7년의 10 ㅁㅣㄴ인 ㅁㅏ지막 ㅈㅜ기만이 ㄴㅁ있는데, 그 뒤 일곱 번째 봉인이 열려 ㅈㅓㄱ그리스도

---

133) Philip Melancthon. 1497~1560. 독일의 프로테스탄트 개혁가. 마르틴 루터의 친구

가 제거되고, 최후의 심판이 이루어진다고 주장했다. 열광적인 프로테스탄트들은 고난 속에서도 오랜 세월 멜랑크톤의 예언에서 한 가닥 희미한 위안을 얻었으며, 독일, 네덜란드, 프랑스, 영국에서는 그 예언의 내용을 담은 노래들이 오랫동안 유행하고 있었다.

그러나 이러한 예언은 필립 멜랑크톤 훨씬 이전부터 존재하고 있었다. 15세기 중반에 콜럼버스와 당대의 모든 항해자에게 천문도를 제공한, 레기오몬타누스(Regiomontanus)로 알려진 독일 쾨니히스베르크의 위대한 수학자, 요한 뮐러[134]는 이러한 예언에 호기심이 발동하여 그 운명적인 해의 천체도를 그리게 되었다. 레기오몬타누스는 1588년 2월에 일식이 일어나고, 3월과 8월에는 각각 한 번씩 개기월식이 일어나며, 첫 번째 월식이 일어난 후부터 얼마 동안 토성과 목성, 화성이 달의 궁(宮) 안에서 만나는 불길한 상황이 발생한다는 것을 알게 되었다. 그는 전문가다운 신중한 태도를 견지하면서 울림이 있는 라틴어 시구로 이 천문 현상들이 의미하는 바를 해석해두었다.

Post mille exactos a partu virginis annos

Et post quingentos rursus ab orbe datos

Octavagesimus octavus mirabilis annus

Ingruet et secum tristitia satis trahet,

---

134) Johan Müller. 1436~76. 독일의 천문학자, 수학자로 1472년 핼리혜성을 관측한 것으로 유명하다.

Sin non hoc anno totus malus occidet orbis,

Si non in totum terra fretumque ruant,

Cuncta tamen mundi sursu ibunt atque decrescent

Imperia et luctus undique grandis erit.

이 시를 산문체로 번역하면 이렇다.

처녀가 아기를 잉태한 후 천 년이 지나고

지구에 오백 년이 더 허락된 후,

놀라운 88번째 해가 시작되고

이와 함께 재앙이 시작될 것이다. 만일 이해에,

총체적인 재앙이 일어나지 않고, 육지와

바다가 완전히 붕괴되지 않는다 하더라도,

여하튼 전 세계는 대격변을 겪게 될 것이고, 제국들은

쇠약해지고 곳곳에서 엄청난 통곡 소리가 들릴 것이다.

레기오몬타누스가 미래의 천체를 통해 예언할 수 있었던 것은 모두 암울한 상황뿐이었고, 섬세하고 논쟁적인 요한 스토플러(Johan Stoffler)나 학식이 높은 레오비티우스(Leovitius), 박학다식했던 기욤 포스텔(Guillaume Postel) 등이 차례로 레기오몬타누스의 연구를 면밀히 검토했지만, 단지 그의 예측을 확증했을 뿐이었다. 가장 현대적인 과학과 가장 심오한 비학(秘學)이 성서를 근거로 한 수비학과 정확히 일치하는 결론을 내렸는데, 어느 누가 1588년이 정말로 무서운 조짐이 있는 해라는 데 동의하지 않을 수 있겠는가? 그 예언은 심지어 1572년의 새 별이(별 하나가 베들레헴 하늘 위에 나타난 이래, 영원하고 순수한 하늘에 새 별이 나타난 것은 처음이었다.) 음력으로 17개월 동안 사람들의 시야에서 빛을 발하다가 1588년에 예언된 첫 번째 월식이 있기 7년 전과, 두 번째 월식이 일어나기 전 태음월 170개월과 111일째에도 사라졌다는 점도 지적했다. 깊이 숙고해보지 않아도, 이러한 계시적인 숫자들의 의미를 파악할 수 있었고, 과학적 지식이나 신앙심이 없이도 그 신비로운 별이 재난의 전조와 경고의 의미로 나타났다는 것을 감지할 수 있었다.

유럽 대륙 전역에 걸쳐 퍼진 1588년에 대한 예언들은 나라마다 사뭇 다르게 받아들여지고, 다르게 해석되었다. 에스파냐에서는 펠리페 왕이 미래를 예언하려는 모든 시도를 나태하고 불경한 것으로 간주했으며, 종교재판소에서도 천년왕국설[135]과 점성술을 곱지 않은 시선으로 바라보았다. 궁정은 공식적으로 모든 형태의 예언을 무시했고, 인쇄업자들의 생각이 달랐다 하더라도, 그들이 만든 책력은 그와 같이 하찮은 문건들의 운명이 종종 그러하듯이 폐기될 수밖에 없었다. 아마도 왕의 관리들이 취한 조치 덕분에 그 책력들이 절멸을 면할 수 있었을 것이다.

에스파냐의 당국자들은 그 예언들을 완전히 무시할 수는 없었을 것이다. 에스파냐는 그 예언들로 인해 소란스러웠다. 12월로 접어들면서 리스본에서는 함대에서 이탈하는 병사들과 선원들의 수가 우려할 만한 수준으로 증가했으며, "사기를 떨어뜨리는 거짓 예언을 한 죄"로 한 점쟁이가 체포되었

---

135) 예수가 재림하여 천 년 동안 세상을 다스린다는 설

다. 바스크의 항구들에서는 "소문으로 떠도는 기괴하고 두려운 조짐들 때문에" 병력 모집이 지연되고 있었으며, 마드리드에서는 기형아와 기형 동물의 탄생과 기이한 환영(幻影)이 보고되기도 했다. 그런 미신에 가까운 하찮은 이야기들이 펠리페에게 영향을 미칠 수는 없었을 것이다. 또한 누군가가 1588년이 상서롭지 않은 해라고 그를 설득하려 했다는 기록도 없다. 그럼에도 아마 그는 백성들의 사기를 위해 어떤 조치를 취했을 것이다. 1587년의 성탄절 이후, 점성술과 주술은 물론 모든 불경한 예언을 비난하는 설교가 유행했다. 일부 에스파냐인들이 레기오몬타누스의 시를 읽고 불안감을 느끼는 것은 지극히 자연스러운 일이었다. 육지와 바다의 파괴적인 혼란이 수륙양면작전을 펼치고자 하는 이들에게는 결코 달가울 리 없었으며, 제국들이 쇠퇴한다고 하면, 세상에서 가장 거대한 제국보다 더 확실하게 위협을 받을 나라가 어디 있겠는가?

이탈리아에서도, 특히 베네치아와 로마에서 그 예언들은 에스파냐에서만큼이나 활발하게 논의되었는데, 위험에 처할 제국이 어디인지에 관해서는 의견이 분분했다. 윌리엄 앨런이(혹은 프랜시스 파슨스가?) 파견한 익명의 특파원이 그 예언과 관련해 나름 중요하다고 생각되는 문제들을 문서로 정리해 교황이 볼 수 있도록 몬세라토(Monserrato) 수도원을 통해 바티칸에 전달했다. 그 문서의 내용은 이렇다. 최근에 신비롭게도 땅이 갈라지면서, 폐허로 변한 글래스톤베리(Glastonbury) 수도원의 건물 밑에서 수백 년 동안 묻혀 있던 내리식 평판 하나가 발견되었다. 그 석판에는 마치 낙인을 찍은 듯 글자들이 새겨져 있었는데, 예언을 담고 있는 그 글은 "Post mille exactos a partu virginis annos(처녀가 아기를 잉태한 후 천 년이 지나고)"로 시작되고 있다. 그렇다면 분명 이 무시무시한 글은 당대의 독일인이 쓴 것은 아닐 것이다. 레기오몬타누스가 어떻게 이 시를 알게 되었는지 모르겠지만, 멀린136) 말고 누가 이런 글을 쓸 수 있었겠는가. 그의 어둠의 마법이, 그게 아니라면 헤아릴 수 없는 하느님의 섭리가, 그 오랜 세월 후에 때마침 우서 펜드라곤137)의 자손들이 이룩한 제국이 곧 멸망할 것임을 영국인들에게 경고하기 위해 이 예언을 세상에 드러낸 것이리라. 그 예언이 신빙성이 있는 이유는, 무엇보다 멀린이 아서 왕 직계 후손들의 재집권을 비롯해 대단히 중요한 문제들에 대해 정확히 예언한 것으로 유명하다는 점이다. 이 문서에 대해 몬세라토 수도원을 통해 아무런 응답도 없었다는 사실은, 앨런 추기경과 그의 친구들이 이 문서에 대해 얼마나 진지하게 받아들였는지를 말해준다. 그 이야기가 정말로 당시 영국에 퍼져 있었다는 증거는 찾을 수 없다. 당시 그 예언에 대해 이탈리아어로 쓴 평에는, 그 주장과 다르게, "어떤 제국인지, 얼마나 많은 제국들인지 적혀 있지 않다."고 기록되어 있다.

어떤 제국이, 또 얼마나 많은 제국이 위험에 처할 것인가? 이 문제는 신성로마제국의 황제인 루돌프 2세138)를 괴롭히는 문제이기도 했다. 그해 겨울 루돌프는 자주 흐라드쉰(Hradschin)에 있는 자신의 왕궁 탑에서 프라하의 눈 덮인 지붕들 너머로 세 개의 행성이 불길하게 중첩되고 있는 광경을 지켜보았다. 그는 유럽의 그 어떤 군주보다도 점성술을 굳게 믿고 있었으며, 별들을 정확하게 해석하는 것이 얼마나 어려운지에 대해서도 누구보다

---

136) Merlin. 아서 왕의 전설에 등장하는 마법사, 예언자
137) Uther Pendragon. 아서 왕의 아버지로, 펜드라곤은 '모든 왕의 왕'이란 뜻이다.
138) Rudolph Ⅱ. 1552~1612. 신성로마제국의 황제이자 보헤미아, 헝가리왕국의 왕

잘 알고 있었다. 루돌프는 별들을 통해 전문가만큼이나 많은 것을 읽어낼 수 있었고, 잠깐 얘기만 들어도 엉터리 점성술사와 참된 예언자를 구분해낼 수 있었다. 그러나 그는 그 방면에 대해서 조예가 깊었음에도 불구하고 자신이 내린 결론과 당대의 가장 권위 있는 점성술사의 결론이 일치할 때까지는 절대 만족하지 않았다. 루돌프는 보통 믿을 만하다고 생각하는 점성술사 한두 명을 궁정에 머무르게 했고, 시칠리아의 카타니아나 덴마크 해협의 흐벤 섬처럼 아주 멀리 떨어진 곳에 있는 점성술사들과는 서신을 주고받거나, 때로는 특사를 보내 자문을 구했다. 1588년 2월이 다가오면서 그는 별들을 관찰하고 해석하느라 그 어느 때보다도 바쁜 시간을 보내고 있었다. 너무 바빠서 펠리페의 대사인 기옌 데 산 클레멘테(Guillén de San Clemente)는 수 주일 동안이나 그를 알현할 수 없을 정도였고, 베네치아 사무관들은 폴란드에서 전달된 중요한 공문서들이 개봉조차 되지 않은 채로 황제의 책상 위에 놓여 있다는 말을 들었다.

전문가들과 논의한 결과 루돌프는 자신의 예감이 맞다는 확신을 갖게 되었다. 세상이 종말할 거란 징후나, 당시 많은 사람들이 맹목적으로 믿고 있던 최후의 심판이 임박했다는 징후는 하늘에 나타나지 않았다. 대부분의 과학적인 점성가들과 마찬가지로 황제는 그러한 믿음들을 믿지 않았고, 성서를 근거로 하는 수비학이나 그와 유사한 미신들에 대해서도 회의적이었다. 별자리를 통해 알 수 있었던 것은, 분명 1588년에 기후가 몹시 좋지 않을 것이며, 시익에 따라서는 재앙에 가까운 홍수와 지진이 여느 해보다 많이 발생할 수 있겠지만, 그 이상의 심각한 자연 재앙은 없을 거란 점이었다. 반면, 인간사에서는 심각한 대격변이 일어나고 제국들이 몰락할 것이며, 정말로 도처에서 통곡 소리가 들릴 것이 확실한 듯 보였다.

어떤 제국이 몰락할 것인가는 루돌프뿐 아니라 다른 점성술사들도 판단을 내리지 못하고 있는 문제였다. 그의 형제인 막시밀리안(Maximilian)이 스웨덴에서 온 경쟁자와 왕권을 놓고 불리한 상황에서 경합을 벌이고 있었던 폴란드에서 무슨 일이 벌어지든지, 누군가의 제국은 반드시 쇠퇴할 수밖에 없었다. 그러나 이런 무서운 전조들이 고작 험난한 폴란드 정치 여정에 또 하나의 혼란만 야기하는 선에 국한될 가능성은 희박한 듯 보였다. 무서운 전조가 의미하는 바는 분명 서유럽의 위기였다. 펠리페가 승리해 결국 영국에서, 또는 프랑스에서도 기존 정부가 전복되든지, 혹은 펠리페가 패해 거대했던 자신의 제국이 기우는 모습을 보게 되든지, 그 별들의 경고가 맞았음이 증명될 것이다. 물론 루돌프는 합스부르크 가문의 일원이었고, 적어도 공식적으로는 가톨릭이었지만, 에스파냐에 대해 생각할 때마다 그들의 연이은 성공과 요구 때문에 화가 치밀어 올랐다. 그럼에도 그는 서쪽에서 어떤 결과가 나와야 자신에게 유리할지 판단하기 힘들었다. 나머지 다른 가능성은 그보다 더 생각하기 싫은 것이었다. 당시에 얼마나 많은 왕이 자신들을 황제라고 부르든 간에, 루돌프야말로 신이 허락한 황제였다. 그가 즐겨 사람들에게 상기시키듯이 그의 권위는 예수 그리스도가 자신의 죽음으로 권위를 인정한 황제로부터 단 한 번의 끊임도 없이 계승되어 물려받은 것이었다. 그런 지극히 불길한 징후들이 로마인들의 영원한 제국을 위협할 가능성이야말로 걱정하지 않을 수 없을 만큼 크다고 생각되었던 것이다. 물론 신성로마제국이 사라지지는 않을 것이다. 필연(必然)으로 이룩된 제국이기에 사라질 수는 없을 것이다. 그러나 지금보다 훨씬 더 쇠퇴한다면, 거의 눈에 띄지도 않는 존재가 되고 말 것이다. 분명 루돌프는 불안정한 자신의 권위가 조금이라도 더 약화될 수도 있다는 가능성에 대해 극도의 불안감을 느낄 수밖에 없었을 것이다. 그런 상황에서 루돌프는 어떤 제국들이 위협에 빠지는지 드러날 때까지 아무 일도 하지 않고, 가능한 한 사람들을 적게 만나고, 가능한 한 흐라드쉰을 벗어나지 않으며, 회피할 수 있는 결정은 가급적 하지 않는 것이 가장 안전한 길이라 판단했다. 그것은 별자리의 지극히 불확실한 예언으로부터 벗어나는 방법이었다. 이후 오랫동안 루돌프는 점점 더 점성술에 의존하게 된다.

군중을 선동하고 있던 파리의 설교자들은 성서의 계시와 이를 증명해주는 별들의 예언에 대해 확신을 갖고 있었다. 그 계시와 예언은 마침내 하느님의 심판의 날이 다가왔음을 의미하는 것이었다. 영국의 이세벨[139]은 마땅히 벌을 받게 될 것이다. 네덜란드의 반란자들도 결국 진압될 것이다. 또한 응당 프랑스의 이교도들도 성 바르톨로메오의 대학살 때 간신히 피할 수 있었던 운명을 마침내 맞게 될 것이다. 그러나 이 모든 일에 앞서 가장 악독한 폭군인 사악한 헤롯이 타도되어야 한다. 그가 저지른 개인적 악행들보다 왕으로서의 의무를 태만히 한 죄가 훨씬 더 컸다. 인간 본성에 역행한 범죄[140]에 더해, 그는 하느님의 율법이기에 프랑스의 근본 원칙이 되는 법들을 거스르는 반역까지 저질렀다. 그는 하느님의 법과 프랑스의 법이 요구하는 이단 근절을 거부했을 뿐만 아니라, 실제로 위그노들과 공모하여 그들의 지도자를 자신의 왕위 계승자로 삼으려 하고 있었다. 이제 하느님은 그의 죄악을 묵과하지 않을 것이다. 앙리는 왕위에서 쫓겨나 비천한 신

---

139) 이스라엘 왕 아합의 부인. 여기서는 엘리자베스를 지칭
140) 동성애자인 것에 대한 비난

분이 될 것이며, 그의 이름을 빌려 권세를 누리던 얼굴에 화장한 총신들과 간교한 정치꾼들은 참수당하고 개들이 그들의 피를 핥게 될 것이다. 성서가 예고하고 별들이 예언하는 것, 그리고 여러 지역에서 유행병처럼 나타나는 기형아와 기형 동물의 탄생, 무시무시한 환영, 그리고 전례 없이 심한 안개와 서리, 우박을 동반한 폭풍, 전반적으로 험악한 날씨 등이 의미하는 것은 분명 앙리 정권의 전복과 프랑스 왕국의 재건이었다.

로마에서는 식스토 5세가 교황으로 선출된 지 얼마 지나지 않아 몇몇 지각없는 수사(修士)들이 대담하게도 그의 정책들을 비난했다가 곧바로 갤리선에서 노를 젓는 노예 신세가 된 적이 있었다. 엘리자베스가 통치하던 시절 영국에서 왕에 대해 불경한 말을 했다가는 머리나 귀가 잘렸을 것이다. 에스파냐에서는 성경 구절을 내세워 소란을 부추길 경우 그 즉시 이단 심문소의 주목을 받았을 것이다. 프랑스의 앙리 3세도 이런 종류의 공격들에 대해 자기만의 방식으로 분노를 표현하지 못했던 것은 아니다. 그해가 끝나갈 무렵, 앙리는 루브르 궁의 옥좌에 앉아 최고 법원의 판사들이 주위를 둘러싼 가운데, 그의 앞에 소환되어 온 소르본의 신학자들과 파리의 주요 설교자들을 자신의 인격과 왕권에 대한 명예훼손과 비방의 죄목을 달아 공식적으로 기소했다. 앙리는 특유의 능란한 수사법과 군주의 위엄을 십분 활용해 이들을 호되게 질타했다. 그의 말 한마디 한마디는 반박조차 할 수 없을 정도로 논리 정연했고, 촌철살인과 같은 표현들과 진실한 비애감으로 치장되어 있었다. 피고석에 모여 앉은 겁에 질린 성직자들을 무섭게 노려보면서 왕좌의 아래쪽에 앉아 있던 엄격한 법률가 중 그 누구도 아마 앙리보다 기소 연설을 더 잘할 수는 없었을 것이다. 그리고 아마도 그들 중 누구도 앙리가 그다음에 했던 행동만큼 나약하고 바보스러운 행동을 하지는 않았을 것이다. 반역의 의도를 갖고서 고의적으로 거짓말을 한 죄목으로 그 선동적인 설교자들에게 유죄가 선고된 후, 앙리는 그들이 참회해야 사면될 것이며 다시 한 번 이와 같은 사태가 발생할 경우 응분의 법적 처벌을 받게 될 것이라는 경고만 하고서 느닷없이 그들을 방면해버렸다. 대기실로 빠져나오자마자 그들의 용기는 되살아났다. 그들은 코웃음을 치고 으스대며 루브르 궁을 빠져나갔다. 지금 당장 처벌할 배짱이 없다면, 왕은 영원히 자신들을 처벌하지 못하리라 생각했던 것이다. 그로부터 채 2주일도 지나지 않아 종교계는 그 어느 때보다도 극심하게 왕을 비방하기 시작했다.

아이러니하게도 위그노의 설교자들과 논설가들과 그들의 적인 가톨릭동맹은 한 가지 점에서만큼은 생각이 같았다. 그들의 군주인 앙리 3세의 운명에 대해서 동일한 희망을 품고 있었던 것이다.

그 예언들을 통해 어떤 격려를 찾을 수 있기를 소망하는 면에서는, 네덜란드인들이 위그노들이나 가톨릭동맹자들보다 훨씬 더 절박했다고 말할 수 있을 것이다. 그들에게 그해 겨울은 모질었다. 서툰 대응으로 인해 슬루이스를 빼앗기고, 네덜란드 독립정부의 눈에는 자신들 편이라기보다는 마치 고의적으로 네덜란드의 단결을 방해하고 자신들의 영토를 분할하려는 듯한 시도를 한 후, 레스터 백작은 훌쩍 영국으로 돌아가 버렸다. 그를 따라간 네덜란드 특사들이 엘리자베스에게 불평을 늘어놓자 그녀는 한바탕 그들을 준엄히 꾸짖고는 자신이 에스파냐와 평화협정을 맺을 경우 네덜란드 문제를 포함하겠노라는 모욕적인 약속을 한 뒤 입을 디밀어버렸다. 네덜란드 특사들은 만일 엘리자베스가 자신들의 자유를 담보로 에스파냐와 평화협정을 맺는다면 자신들의 힘만으로 계속 싸우겠노라 응답했다. 연말이 다가옴에 따라 그들이 독자적으로, 그것도 레이던 포위 이래 가장 분열되어 있고 전쟁 자원도 부족한 상황에서 싸워야만 될 가능성이 커 보였다. 그럼에도 불구하고 홀란트와 제일란트의 해군 사령관들은 파르마가 동원할 수 있는 어떤 해군력에도 맞설 수 있을 만큼 강력한 함대와 더불어 스헬데 서부와 플랑드르 해안을 순찰할 수 있는 전력을 나소의 저스틴에게 제공했다. 그 덕분에 그들은 왈헤렌에 대한 기습공격을 대비할 수 있었고, 영국까지도 보호할 수 있었다. 그사이에, 전쟁에 가담한 네덜란드 저항군 중 누군가가 그 예언들을 활용해 아군의 사기를 진작하고 적군을 겁에 질리게 해야 한다고 생각했을지도 모르지만, 이런 의견에 귀를 기울이거나 기록으로 남겨둔 사람은 아무도 없다.

그러나 암스테르담의 모험적인 인쇄업자들은 자신들이 만들 책력이 독립을 유지하고 있는 주(州)들뿐만 아니라 정복된 플랑드르나 브라반트 지역에서도 팔릴 수 있고, 또 양쪽 모두의 가톨릭들과 신교도들에게 팔릴 수도 있다는 점을 생각해내고는, 기발하게도, 임박해 있는 파국에 대해 지극히 공평한 태도를 취했다. 그들은 전쟁의 공포와 권력의 붕괴 같은 이야기를 길게 논할 필요는 없다고 생각했다. 그들의 독자들은 이미 그런 것들은 충분히 알고 있었을 것이기 때문이다. 어쨌든 그들은 머리털이 쭈뼛 설 만큼 두려우면서도 독자들이 호주머니에서 돈을 꺼내기 충분할 정도로만 무서운 예언을 책력에 담았다. 암스테르담의 인쇄업자들은 레기오몬타누스부터 데벤테르에서 활동하는 명예를 중시하는 공평한 천문학자 루돌프 그라프 (Rudolph Graff), 하느님을 경외하며 놀라운 환영을 보는 능력이 있는 마이에스트리히의 빌헬름 드 프리스(Wilhelm de Vries)에 이르기까지 일련의 권위자들의 말을 인용하면서, 모두에게 닥칠 자연 재해에 대해 상세히 설명했다. 그들은 심한 폭풍우와 끔찍한 홍수가 있을 것이며, 한여름에 우박과 눈이 내리고, 한낮이 어둠처럼 캄캄하게 변하고, 핏빛 비가 내리고, 기형적인 아기와 동물이 태어나며, 기묘한 지각 변동이 있겠지만, 8월이 지나면 모든 것이 잦아들고 늦가을에는 비교적 좋은 일들도 있을 거라고 약속했다. 오늘날까지 존재하는 책력 중 1588년 판의 수가 유난히 많은 것으로 보아, 암스테르담의 인쇄업자들은 대중의 기호를 정확히 맞추었다고 볼 수 있다.

만일 기회만 있었다면, 영국의 인쇄업자들도 그들처럼 할 수 있었겠지만, 그들에게는 기회가 없었던 것 같다. 1588년에 발행된 영국의 책력들은 거의 남아 있지 않으며, 남아 있는 것들은 이상하게도 어정쩡한 입장을 취하고 있다. 아마도 월터 그레이(Walter Gray)의 책력이 그런 유의 전형일 것이다. 겨울에 대한 전반적인 예측을 밝히며 그는 이런 말을 했다. "사람들이 알아낸 바에 의하면, 지금 그리고 이후 몇 계절 동안 이상한 일들이 많이 발생할 것이라고 하는데, 그 부분은 신중히 고려한 끝에 생략하기로 했습니다. 앞으로 올 일을 알고 계신 단 한 분, 전능하신 하느님께서 모든 악을 물리쳐주실 것입니다. 아멘." 그리고 뒤에, 두 차례 발생할 개기월식에 대해서는 "(올해 안에 발생한다는) 이것들이 미칠 영향에 대해서는 (……) 일부러 싣지 않았는데, 이보다 중요한 것은 역병과 전염병이 돌 위험이 있으며 지진이 일어날 가능성이 있다는 점이다."라고 기술하고 있다. 책력이 그렇게 독자들의 감정을 고려하지 않는 것은 일반적이지 않다. 또한 책력 판매업자들이 지진과 역병, 전염병보다 더 무시무시한 일들이 일어날 거라고 독자들에게 일리지 않게 하려면 분명 임청난 입력이 필요했을 것이며, 그 정도의 입력은 오직 추밀원만이 행사할 수 있었을 것이다.

엘리자베스가 지시했던 것일까? 그녀가 어떤 믿음을 갖고 있었는지 거의 모르듯이, 점성술을 얼마나 믿었는지도 알 수 없다. 디 박사[41])가 그녀의 별자리 점을 봐준 것은 분명하며, 그가 그 별자리 예언보다 더 기괴한 이야기들을 듣기 시작하기 며칠 전에도 엘리자베스는 지리 관련 문제뿐만 아니라 점성술에 관한 문제들에 관해 그에게 자문을 구했다. 당연히 그녀의 고위직 참모들도 디 박사에게 그 문제들에 대해 물어보았을 것이다. 분명 디 박사는 그녀에게 영국인들 모두가 직감적으로 어렴풋이나마 알고 있는 것, 즉 다른 왕들보다 훨씬 더 그녀의 운이 달의 변화에 좌우된다는 점을 말해주었고, 다른 점성가의 말을 듣지 않았더라도 엘리자베스는 그 두 번의 개기월식 중 더 끔찍한 두 번째의 월식이 그녀의 별자리인 처녀궁이 시작되는, 그녀의 생일 바로 12일 전에 일어난다는 것을 알았을 것이다. 그녀의 왕국에서 점성술에 관심이 있는 사람이라면 누구나 그 두려운 별자리의 조화(造化)가 의미하는 바를 뻔히 알았을 것이고, 책력을 만드는 사람들 대부분이 굳이 추밀원의 경고를 서적출판판매조합으로부터 전해 듣지 않았더라도 군주의 죽음을, 간접적으로라도 예언하는 것은 대역죄임을 모르지 않았을 것이다.

엘리자베스 자신이 이러한 문제들을 얼마나 진지하게 받아들였는지는 알 수 없지만, 그녀가 국가의 중대사에 대해서 백성들이 수군거리는 것을 용납하지 않았다는 것은 널리 알려진 사실이며, 따라서 이와 같은 불길한 예언들의 논의를 최소화하고 싶어 했을 것이라 짐작할 수 있다. 어찌 되었든 그해 겨울 그녀의 백성들은 불안에 휩싸여 있었다. 12월에는 에스파냐

---

141) John Dee. 1527~1608. 영국의 수학자, 천문학자이자 점성술사. 엘리자베스에게 많은 자문을 했다.

함대가 영국해협에 들어왔다는 헛소문이 돌아 해안가에 거주하는 소심한 주민들 일부가 내륙으로 피신하는 바람에 그 지역 주지사들과 그들의 부관들이 곤욕을 치렀고 그 사실을 안 엘리자베스 여왕은 격노했다. 로마에도 미신을 잘 믿는 영국인들이 갖가지 불길한 전조들과 징후들 때문에 대단히 불안해 있다는 소식이 전해졌고, 영국에 파견된 멘도사의 한 정보원은 서신을 보내 동부 지역에서는 투구에 눈을 뒤집어쓴 병사들이 영국을 정복하기 위해 온다는 오래된 예언이 곧 실현될 거란 소문이 퍼져 있다고 보고했다. 이와 같은 상황에서는 레기오몬타누스의 시에 대해 가급적 언급을 피하는 편이 나았다.

물론 그 예언을 비밀에 부칠 수는 없었을 것이다. 그 예언은 이미 1576년에 인기를 끌었던 한 팸플릿에서 상세하게 기술된 적이 있었다. 홀린셰드(Holinshed)가 쓴 〈연대기(Chronicles)〉 개정판(1587년)은 아마도 추밀원이 서적출판판매조합에 압력을 행사하기 전에 이미 인쇄를 한 듯한데, 그 책의 편집자는 "이제는 너무도 널리 인구에 회자되는", 1588년으로 추정되는 그 놀라운 해에 세상의 종말이나 끔찍한 대격변이 일어날 것으로 예상된다는 그 오래된 예언에 대해 진지하게 언급하고 있다. 그 예언과 예언을 암시하는 글들이 당시의 사적인 편지들에 등장하고 있으므로, 레기오몬타누스의 예언 시의 요점을 담은 투박한 영어 노래가 당시 모든 선술집에서 널리 불렸으리라 추측해도 무리는 아닐 것이다. 있는 고양이를 없는 것처럼 가방 속에 숨겨두러 했던 추밀원은 어찔 수 없이 그 고양이를 다시 꺼낼 수밖에 없었다. 책력 제작자들의 경우에는 예언에 대해 암시하는 것조차 금지된 상태였으나, 예언에 반대하는 논의를 편 두 팸플릿은 인쇄가 허락되었다. 아니, 아마도 적극적으로 후원을 받았을 것이다. 하나는 토머스 팀(Thomas

Tymme)이 쓴 〈1588년에 닥칠 것으로 예언된 위험들에 대한 준비(A preparation against the prognosticated dangers of 1588)〉로, 대부분의 내용이 신앙을 바탕으로 한 훈계로 채워져 있지만, 다른 하나는 학문적인 논쟁으로 가득 차 있었다. 속표지에 적힌 글을 다소 축약하자면 다음과 같다. "예언과 관련된 이성적 문제, 그것들을 얼마나 중요시하고 신뢰할 것인가 (……) 우리 시대의 가장 놀랍고 운명적인 해로 여겨지는 이 유명한 1588년에 세상의 왕국들과 왕권들을 공공연하게 비난하는 무시무시한 위협과 협박을 제거하기 위하여 고안된 (……) 박사 씀." 이 팸플릿의 저자는 존 하비[142] 박사였다. 하비 박사는 에드먼드 스펜서(Edmund Spenser)의 스승인 가브리엘(Gabriel)의 동생으로, 광범위한 지식과 그만큼의 호기심을 지닌 인물이었으며, 그 자신이 몇 개의 책력을 쓰기도 했다. 또한 천궁도 제작에 직접 나서지는 않았지만, 영국에서는 점성학의 대가 중 한 명으로 인정받고 있었다.

하비 박사는 팸플릿의 첫머리에 예언을 노래한 라틴어 시들을 인용하고, 이를 그의 형 가브리엘이 영국 시의 특징으로 찬미한 고전적인 운율로 우아하게 번역해 실었다. 하비 박사는 그 시를 쓴 원작자들의 신뢰성에 대해 의문을 제기하고 그 지지자들을 경멸했으며, 그들이 주장하는 천문학적인 사실들과 결론들에서 맹점을 찾아내고, 행성들이 중첩되어 이번과 같이, 또는 거의 비슷하게 불길한 전조가 되었을 과거의 사례들을 지적하며, 그런 천체의 변화가 공포를 야기하지 않았으며, 실제로도 특이한 재앙을 일으키지 않았다고 주장했다. 학식과 재능이 있어야 가능한 대단히 성공적인 논박이었

---

142) John Harvey. 1564~1592. 영국의 천문학자이자 의사

음은 의심의 여지가 없다. 그러나 지금 시점에서 살펴보았을 때 주목할 수밖에 없는 것은 그의 논의 방식이 상당히 조심스러웠다는 점인데, 결정적인 부분은 교묘히 회피하고 있어서 마치 하비 박사가 이런 재앙들이 실제로 일어날 경우를 대비해서 도망갈 구멍을 파놓은 것이 아닌지 생각될 정도이다. 하비와 같은 학자가 그 문제에 대해 더한 호기심을 느꼈다 하더라도 공식적인 권유를 받지 않고서 이러한 논쟁을 떠맡았을 거라고는 생각하기 어렵다. 그 일을 실제로, 혹은 간접적으로 권유한 것이 엘리자베스였을까? 이 문제와 관련해서도, 유쾌하지 않은 주장을 즉각 억누르고 논박하게 하는 것이 그녀답지 않은 행동은 아니었을 것이다.

16장_이 장려(壯麗)한 배들과 함께

그리너치와 영국의 근해, 1588년 1월~3월

불쾌한 주장을 억누르는 동시에 논박하게 하고, 우호의 표시로 한 손을 내밀면서도 다른 손에는 칼을 쥐고 있는 것, 외관상 양립할 수 없는 두 개의 정책을 동시에 추진하는 것, 모순되는 두 개의 역할을 마치 배우처럼 멋지게 연기함으로써 오랜 친구들마저도 결코 어느 쪽이 그녀의 진심인지 모르게 하는 것. 선택할 수밖에 없는 상황이든 자신이 필요하다고 느껴서든, 이것이 엘리자베스 1세가 고도의 정치적 문제들을 해결하는 방식이었다. 심지어 집권 30년째 되던 해에도, 그쯤 되면 여왕의 모호한 태도를 어느 정도는 예상할 수 있었을 텐데도, 적들은 물론 그녀의 왕실 하인들과 대신들까지 계속 헷갈려 했다. 에스파냐의 대규모 함대가 영국을 공격할 거라 예상되던 그 불안했던 겨울에 그녀가 취한 행동에 대해 그 당시의 사람들도 당혹했으며, 그 후로도 많은 사람들이 이해하지 못했다.

리스본에서 진행 중인 소란스러운 전쟁 준비와 파르마 군대의 전력 증강은 명백히 펠리페가 전쟁을 계획하고 있음을 말해주었다. 그러나 엘리자베스는 안달하는 드레이크를 계속 플리머스 항에 묶어두었고, 에스파냐 해안을 봉쇄하려는 호킨스의 계획도 제가하지 않았다. 오히려 그녀는 자신이 에스파냐의 왕과 전쟁을 벌이고 있지 않으며 앞으로도 결코 전쟁을 벌이길 원치 않는다고 항변했고, 자신은 네덜란드에 있는 펠리페의 신민들이 다시 그에게 진심으로 복종하게 되길 바랄 뿐이라고 주장했다. 여왕은 그해 가을 내내 자신의 전함들을 부두에 묶어두었는데, 그나마 삭구들을 떼어내고 보급품도 채워두지 않았으며, 함포들은 런던 탑에 쌓아두었고, 배에는 파수병 몇 명만 남겨 두었다. 산타 크루스가 10월에 영국해협으로 왔다면 파르마는 사실상 별다른 저항에 부딪히지 않고 해협을 건너 런던까지 곧장 진군할 수 있었을 것이다. 후에 파르마도 그런 말을 했다. 그런 위험을 깨닫고 있던 영국의 해군들과 정치인들은 나라를 그토록 위험에 무방비로 방치해두는 여왕의 순진무구함에 대해 한탄했다.

그러다가 12월에, 분명 잘못된 정보이긴 했지만, 아마 실제로 펠리페 왕이 그의 함대사령관에게 내린 명령들을 통해 위험이 닥칠 것을 예상한 월싱엄은, 산타 크루스가 성탄절 전에 리스본에서 출격할 수도 있다고 여왕에게 경고했다. 채 2주일도 안 되어 영국 함대는 완벽하게 전시 체제를 갖추었다. 여왕의 모든 전함과 무역상들의 함선들 대부분에는 병력과 무기가 배치되었고 근시각견에 필요한 만큼의 보급품들이 갖추어졌다. 만약 산타 크루스가 왕의 명령을 그대로 따랐다면 아마도 '열렬한 환영'을 받았을 것이다. 영국은 결코 적에게 그렇게 무방비로 노출되어 있지는 않았던 것이다.

그러나 '환영' 위원회가 준비를 마칠 무렵, 그 '방문'이 연기될 거란 사실이 그리니치 궁에 알려졌고, 함장들에게는 유감스러운 일이지만, 그들도 전투 병력을 보유하고서 활용하지 않는다면 아무 쓸모가 없다는 점을 인정했기에 엘리자베스 여왕은 곧바로 전력을 감축했다. 400톤급 앤틸로프 (Antelope)호와 그보다 작은 네 척의 갤리언선, 그리고 네 척의 종범선은 플랑드르 해안을 순찰하는 네덜란드 해군을 돕도록 파견되었지만, 나머지 함선들은 전시 인원과 보급품의 절반만 남긴 채 메드웨이 강이나 플리머스 항구에 머물라는 명령을 받았다. 버흘리가 수기(手記)한 이 함대의 재배치 목록과 그와 관련된 문서를 통해, 우리는 엘리자베스 여왕이 그 조치로 매달 임금과 식대 2,433파운드 18실링 4펜스를 아낄 수 있었음을 알 수 있다. 엘리자베스는 주판알을 굴리며 그 정도면 충분히 아낄 만한 가치가 있다고 생각했지만, 그녀의 함장들과 대신들은 그런 무사태평함에 몸서리를 치면서도, 이번만큼은 전력 감축의 탓을 그녀의 인색함에 돌리지는 않았다. 그들은 여왕이 파르마 공작의 거짓말에 속아서 평화에 대한 헛된 기대를 갖고 경계심을 풀어버린 것이라 확신했다.

엘리자베스가 평화를 기대했다는 것, 심지어 1588년 봄까지도 그 기대를 버리지 않았다는 것은 거의 사실이다. 프로테스탄트들 사이에서는 전쟁열 (戰爭熱)이 점차 고조되고 있었지만, 엘리자베스의 백성 중 상당수는 그녀와 같은 기대를 하고 있었는데, 이는 주로 직물 무역의 상황 때문이었다. 과거 랭커스터 왕조[143] 시절, 의회에서는 "왕국 전역에서 이루어지는 직물 생산은 이 땅의 가난한 평민들의 가장 중요한 생계 수단이며 가장 많은 사람이

---

143) 1399~1461년까지 헨리 4, 5, 6세 재위기

종사하는 일이다."라고 선언한 바 있으며, 그로부터 한 세기 넘게 세월이 흐르면서 직물 제조와 무역은 영국인들에게 점점 더 중요해졌다. 대개 모직물은 영국 수출의 5분의 4를 차지했는데, 수출이 감소하면 모직물 상인들은 재빠르게 방적공과 직공을 해고했으며 영국 지주들이 생산한 양털은 거의 팔리지 않았다. 모직물 시장 상황의 악화는 그 어떤 재난보다도 영국인들에게 많은 재정적인 손해를 안겨주는 것이었으며, 실제로 최근에는 모직물 시장이 매우 좋지 않았다. 먼저 안트베르펜 시장이 봉쇄되었고, 뒤이어 세비야로의 수출 길이 막혔다. 영국의 직물이 독일 남부의 도시들로 운송되는 통로였던 라인 강은 파르마의 전함들과 마르틴 쉔크[144] 때문에 안전하지 않았으며, 에스파냐의 외교와 한자동맹의 방해로 인해 함부르크 항으로 들어오는 영국 물건들은 극히 적었다. 1587년만큼이나 상황이 안 좋은 해가 또 한 번 이어진다면, 금과 은을 가득 실은 에스파냐 상단 하나를 약탈한다 하더라도 그 손실을 만회할 수는 없을 것이었다. 비록 양모 무역에 종사하던 사람 중에는 당시의 불황을 에스파냐의 탓으로 돌리고 그 누구보다 큰 소리로 전쟁을 부르짖는 이들도 있었지만, 런던의 모직물 상인들에서부터 코츠월즈[145]의 아낙네들에 이르기까지 많은 영국인들은, 어떤 조건에서든 웬만하면 네덜란드에서 분쟁이 수습되어 양모 무역이 이전의 상태로 되돌아갈 수 있기를 바랐을 것이다.

엘리자베스는 당시의 다른 어떤 왕들보다도 백성들의 경제적 곤경에 대

---

144) Martin Schenck. 1543?~1589. 처음에는 네덜란드 반란군 편에, 다음에는 가톨릭 편에 섰던 네덜란드 군인

145) Cotswolds. 영국 서남부의 대규모 양 방목지

해 걱정했으며, 또한 전체적인 경제적 번영과 왕실의 수입 사이의 연관성을 그 어떤 왕들보다 더 잘 알고 있었다. 또한 그녀에게는 다른 왕들보다 돈 걱정을 더 할 수밖에 없는 절박한 이유가 있었다. 비록 네덜란드인들이 엘리자베스의 인색함에 대해 불평하고, 그녀의 군 지휘관들은 그보다 더 큰 목소리로 그녀의 인색함을 한탄하고 있었지만, 그녀는 이미 수만 파운드의 돈을 네덜란드 전쟁에 쏟아부었으며, 그 돈은 밑 빠진 독에 물 붓듯 별 보람도 없이 사라져버렸다. 당장은 아일랜드가 조용하지만, 아일랜드가 오래 조용히 있을 리는 없고, 에스파냐와의 전쟁이 일어나기만 하면 새로운 문제들을 일으킬 것임에 틀림없었다. 최근에 의회가 소집되었을 때 의원들은 에스파냐에 대해 강경한 조치를 취해야 한다고 떠들어댔지만, 엘리자베스는 자기 백성들에 대해 아주 잘 알고 있었다. 비록 그들이 교황과 에스파냐를 적대시하고 있지만, 네덜란드에서 전쟁을 벌이고 있는 상황에서 아일랜드에서도 전쟁을 벌이고 대서양과 에스파냐 해안에서도 전쟁을 치른다면 그 모든 비용은 그들이 지불하고자 하는 선을 넘어서게 될 것이다.

자신이 그 비용을 충분히 감당할 수 있다고 생각했더라도 그녀는 전쟁을 피하려 했을 것이다. 존 패럿 경(Sir John Perrot)의 주장처럼 그녀가 두려워서 전쟁을 피하려 했던 것은 아니었다. 엘리자베스는 가끔 자신이 아버지만큼 용기가 있다고 자랑하듯 말하곤 했다. 사실 그녀는 아버지보다 더 용감했다. 엘리자베스는 개인사에서나 국가 정책에서, 헨리 8세였다면 회피했을 법한 모험을 여러 번 감행했다. 그러나 엘리자베스는 치밀하게 계산된 모험을 선호했고, 전쟁은 고개를 저을 만큼 결과를 예측하기 힘들었다. 전쟁에 뛰어든다는 것은 불가항력적인 물살에 몸을 던져서 어둠 속으로 휩쓸려 들어가는 것이나 마찬가지였다. 만일 그녀가 어떤 식으로든 원하는 평화를 되찾을 수만 있다면, 언제나 그러했듯이 다시 자신과 영국의 운명을 지배하는 주인이 될 수 있을 것이다.

엘리자베스의 상식으로는, 평화를 회복하는 방법이 간단한 것처럼 보였다. 펠리페가 오스트리아 왕 돈 후안이 11년 전에 수용했던 것과 같은 조건들을 받아들이기만 하면 그만이었다. 그 조건이란 네덜란드의 17주가 과거에 누렸던 자유를 존중하고 네덜란드에서 에스파냐 병력을 철수하는 것이었다. 그 대가로 네덜란드 독립정부는 다시 원래대로 자신들의 세습적인 군주에 대해 충성하고 가톨릭 신앙을 옹호하기로 약속하게 될 것이다. 사실 펠리페는 두 가지 중요한 양보를 해야만 할 것이다. 먼저 독단적으로 세금을 부과할 권한을 가진 중앙집권화된 정부를 네덜란드에 세우겠다는 생각을 버려야 할 것이었다. 이 문제에 대해서라면 이미 펠리페가 양보할 용의가 있다고 말한 바 있다. 또한 펠리페는, 이교도 종파들을 묵인한다고 명시하지는 않더라도 적어도 암묵적으로는 몇몇 지방에서만큼은 그들을 용인해줘야 할 것이다. 왜냐하면 일단 네덜란드인들의 자유가 복원되고 에스파냐 군대가 철수한 상황에서 지방정부들이 거부한다면, 종교 박해 정책을 집행할 방법이 없을 것이기 때문이다. 그런다 해도 에스파냐의 체면은 손상되지 않을 것이다. 영국에 공식적으로 하나의 믿음만이 존재하는 것처럼 네덜란드에도 공식적으로는 단 하나의 믿음, 즉 로마가톨릭만이 있을 것이기 때문이다. "군주의 종교가 곧 그 나라의 종교이다." 엘리자베스는 그렇게 되는게 당연하다고 생각했다. 양심의 자유와 관련된 조항을 평화조약에 넣으면, 지금껏 평화협상에 참여할 의향을 전혀 내비치지 않는 완고한 네덜란드인들을 회유하는 데 도움이 될 수도 있겠지만, 꼭 필요한 조건은 아닐 것이다. 네덜란드인들도 조금만 생각해보면, 제시된 조건에서도 양심의 자유를 상당히 누릴 수 있으며 지방정부들이 허용하는 만큼 종교의 자유도 누릴 수 있음을 알 수 있을 것이다.

이교도들로 가득 찬 땅보다는 황량한 땅을 통치하는 쪽을 택하겠다고 말하면서 펠리페는 자신이 다른 선택은 고려한 적이 없다고 밝힌 바 있다. 플랑드르와 브라반트는 이즈음 황무지보다 더 나을 것이 없었고, 그가 무력으로 정복한다면 홀란트와 제일란트 역시도 그보다 더 나쁜 상태가 될 것이다. 엘리자베스는 펠리페가 그처럼 실익 없는 승리를 고집할 가능성은 거의 없다고 생각했다. 과거의 사례들로 볼 때, 펠리페는 사리를 분별할 줄 아는 사람이었고 타협할 줄 알았으며 강압적으로 문제를 처리하는 것을 꺼렸다. 지금 이 시점에서 약간의 유연함을 보이기만 한다면, 펠리페는 끝도 보이지 않고 재앙과도 같은 네덜란드 전쟁에서 벗어날 수 있고, 그 옛날처럼 앵글로-부르고뉴 동맹을 다시 맺을 수도 있으며, 아주 적은 비용으로도 프랑스의 네덜란드 침공 가능성을 차단할 수 있을 터였다. 또한 그의 왕국들과 엘리자베스의 왕국들이 서로 으르렁대는 대신 다시 서로에게 최고의 고객이 될 것이다. 만일 네덜란드인들이 협상에 반대해 끝까지 버틴다면 영국도 한 발 옆으로 비껴서겠지만, 엘리자베스 여왕과 버흘리를 비롯한 많은 이들이 믿고 있듯이, 협상 조건을 받아들이지 않을 경우 자신들이 홀로 싸움을 계속해야만 한다는 사실을 깨닫는다면 홀란트와 제일란트도 그렇게 호의적인 제안을 거절하지는 않을 것이다.

이미 협상에 관한 지시를 받고서 오스텐트로 향하고 있던 영국의 평화 협상단은 협상 테이블에 내놓을 또 다른 요구 사항들과 유보해야 할 문제들을 정해두고 있었다. 그들은 영국 선박들이 신대륙에 있는 항구들에 입항할 수 있게 허가해줄 것과, 이단 심문소의 간섭을 막아 그 항구들과 에스파냐에서 영국 선원들의 자유를 보장해줄 것을 에스파냐 측에 요구할 예정이었다. 그러나 상호 보장하에 포르투갈의 지배권을 공유하자는 요구는 협상 분위기를 봐서 적절한 시점에서 내놓을 생각이었다. 그러나 이런 것들은 주로 상대가 추가적인 요구를 해올 때 대응책으로 쓸 요구들에 불과했다. 한편 엘리자베스가 반드시 관철시키고자 했던 아주 작은 요구 하나가 있었다. 영국은 반란을 일으킨 지방들에서 그들에게 제공한 돈에 대한 담보로 몇 개의 도시들을 제공받은 상태였다. 영국군이 이 도시들에서 철수하기 전에 누군가가 그 돈을 돌려주어야만 할 텐데, 홀란트와 제일란트의 자산으로 상환이 안 된다면, 그 돈은 에스파냐 왕이 갚아줘야 한다는 요구였다.

엘리자베스가 파르마에게 어느 정도나 속아서 1588년에도 여전히 평화의 가능성이 있다고 착각했는지는 알 수 없다. 파르마는 자신이 평화를 원하고 있다고 엘리자베스가 믿도록 만들기 위해 오랫동안 공을 들여오고 있었다. 적어도 1587년 봄까지는 파르마도 진정으로 평화를 원하고 있었다. 파르마는 네덜란드 선박과 네덜란드의 수심 깊은 항구가 없다면 성공적으로 영국을 침략할 가능성은 희박하다는 점을 알고 있었고, 또한 파르마는 한 번에 하나의 적만을 상대하는 것을 선호했다. 그러나 1587년 가을에 파르마는, 영국 침공은 반드시 차질 없이 진행해야 하며 어떤 조건에서도 평화는 있을 수 없다는 펠리페의 명령을 받았다. 이와 함께 펠리페는 엘리자베스를 꾀어 평화협상도 계속 추진하고 동시에 이 협상을 지루하게 질질 끌어 영국인들을 혼란에 빠뜨리고 계속 방심하게 만들라고 지시했다.

파르마는 명령대로 실행에 옮겼다. 영국 협상단 다섯 명이 마침내 도버 해협을 건너 오스텐트에 도착했을 때, 회담 개최 장소를 놓고 수 주일 예비 교섭을 벌이며 시간을 끌 수 있었고, 회담 장소가 부르부르(Bourbourg)로

잠정 결정된 뒤엔, 회담에서 어떤 주제를 논의할 것인지, 어느 선까지 회담 대표들이 협상 조건들을 논의하고 결정할 권한을 갖는지를 두고 실랑이를 벌이며 또 수 주일을 끌 수 있었다. 파르마 휘하의 베테랑 외교관들은 엘리자베스의 늙은 신하 제임스 크로프트 경을 속이고, 경험 많은 데일 박사를 당혹스럽게 했으며, 심지어는 의심 많은 더비 백작에게조차 헛된 희망을 불어넣으면서 침착하고 효과적으로 지연작전을 수행했다. 일단 회담은 시작되었고, 계속 에스파냐의 대표단이 드디어 양보하기 직전에 있다는 암시를 던지면, 네덜란드와 영국의 주전파들의 실망이 나날이 커져갈 것이고, 영국 해협에서 함대의 함포 소리가 들릴 때까지 회담은 계속될 것이었다. 결과적으로 엘리자베스는 회담 당시는 물론 그 이후에도 자신은 결코 평화의 문을 닫은 적이 없으며 최후까지 인내하며 진실하게 평화를 추구했노라고 선언할 수 있었다. 또한 비록 월싱엄 같은 정치인들과 호킨스 같은 주전파들은 영국이 여왕의 순진함과 무지로 인해 파멸할 수도 있으며, 적절한 방책은 선제공격으로 전쟁을 벌여 속전속결로 끝내는 것이라고 목소리를 높였지만, 부르부르에서 벌인 긴 협상으로 영국이 손해를 보았는지, 혹은 에스파냐가 이득을 보았는지는 분명하지 않다.

사실, 영국만 일방적으로 손해를 본 것은 아니었을 것이다. 1587년 9월에 이탈리아에서 보낸 강력한 증원 부대가 도착함으로써 파르마 군은 절정의 전력을 보유하게 되었다. 처음으로 파르마의 무기고와 금고가 가득 찼다. 그는 지금껏 그처럼 막강하고 위협적인 군대를 지휘해본 적이 없으며, 그 후로도 그런 기회는 다시 찾아오지 않았다. 영국 함대가 대담하게 선제공격을 감행했다면 이익을 볼 수 있었을지는 모르겠지만, 파르마가 먼저 공격했다면 분명 그에게 유리했을 것이다. 그는 지금보다 약한 전력으로도 안트베르펜을 함락시켰기 때문에, 오스텐트 정도는 쉽게 점령할 수 있었을 것이다. 플랑드르 전역에서 적대적인 항구들은 사라지게 될 것이고, 왈헤렌 조차도 그의 손아귀를 벗어나지 못했을 것이다. 그러나 파르마는 에스파냐 함대를 기다리는 동안에는 협상을 통해 영국인들을 달래고, 그들을 불안하게 할 만한 행동은 피하라는 명령을 받은 상태였다. 따라서 파르마의 우수한 부대는 겨울 내내 춥고 축축한 막사에서 빈둥대야 했고, 식량은 점점 부족해졌으며, 질병이 돌기 시작했다. 결국 9월에 30,000명에 달하던 그의 전투 병력은 이듬해 7월이 되자 고작 17,000명만이 남게 되었다. 많은 비용을 들여 막강한 전력을 갖춘 군대는 거의 1년 동안 아무것도 이루지 못한 채 전투 능력만 소모하게 되었던 것이다. 파르마가 영국 침공 계획 자체를 점점 더 삐딱한 시선으로 보게 된 것도 당연한 일이다.

영국이 가드를 내리지도 않았다. 영국 내에 봉화 체계가 이미 갖추어져 있어서, 해안과 내륙에서 에스파냐 함대가 눈에 띄는 즉시 불을 피워 모든 지역에 알릴 수 있었다. 추밀원의 간곡한 권고가 무시되지 않는다면, 물론 어차피 이 시점에서는 그들의 권고가 받아들여져야 하겠지만, 영국의 봉화 체계는 확장되고 향상되고 즉각 가동될 수 있도록 유지될 것이다. 불꽃과 연기가 보이고 뒤이어 종이 울리면, 그 즉시 훈련받은 민병대가 서둘러 평소에 모이던 장소로 달려가 중대별로 집합한 후, 지휘관들의 명령에 따라 각기 지정된 장소로 이동할 것이며, 그곳에서 주지사나 지역 대표자들의 지시에 따라 적과 맞서게 될 것이다.

아마도 이 훈련받은 민병대가 파르마의 베테랑 전사들과 결전을 벌일 필요가 없었던 것은 다행이었을 것이다. 그러나 이들 중에도 전의에 불타는 귀족들과 강인한 농민들이 있었던 듯하며, 지금도 가끔 언급되는 것과는 달리, 이들은 그렇게 무장이 허술하지도 않았고 훈련이 부족해 무기를 다루지 못했던 것도 아니며, 이들 모두가 전투 경험이 없었던 것도 아니었다. 대단한 전력을 갖추지는 못했지만, 어쨌든 그들은 영국이 육지에서 적의 침공을 막아내기 위해 활용해야 할 병력의 전부였다. 그리고 불안한 기다림이 계속되던 그해 겨울 동안, 추밀원이 명령을 내릴 수 있을 정도로, 또는 지역 관리들과 본토 방어를 위해 네덜란드의 전장에서 돌아온 군 지휘관들이 그 목적을 실행할 수 있을 정도로, 다달이 그들의 무장 상태는 좋아졌고 더 나은 군인이 되어가고 있었다. 그러는 동안 남부 해안가와 동부 지역의 도시들에서는 방어용 해자(垓字)를 정비하고 더 깊이 팠으며, 보스워스 전투146) 이후로 아무도 신경을 쓰지 않아 이끼가 끼고 부서진 성벽들은 서둘러 보수했고, 돌을 쌓아 만든 외벽 이곳저곳을 흙으로 보강해 포 공격에 견딜 수 있게 했다. 또한 항구도시들은 서로 경쟁이라도 하듯 해안 방어 포대에 조달 가능한 모든 화기를 집중시켰다. 영국은 적어도 육상에서만큼은 1587년 가을보다 1588년 4월에 침략 위험에 대한 방어 태세를 더 잘 갖춘 상태였다.

그러나 그런 사실을 거의 다 알고 있던 영국인들조차도 전투가 육지에서 벌어질 거라고는 단 한 번도 생각하지 않았다. 오랜 세월에 걸쳐 영국인들은 바다가 자신들을 방어해주고 있으며 자신들이 바다를 지켜야 한다는 점을 서서히 인식하게 되었다. 백년전쟁을 치르면서, 그리고 그 결과로 인해 그러한 인식은 더욱 고양되었다. 헨리 8세는 이미 확립된 전통을 기반으로 유럽의 그 어떤 왕들보다도 더 많은 돈을 전투용 선박에 썼다. 칼레를 프랑

---

146) 튜더 가와 요크 가의 왕위 쟁탈전인 장미전쟁의 승패를 결정지은 1485년의 전투

스에 빼앗긴 것과 점차 심해지는 에스파냐에 대한 적대감으로 인해 바다에 의존하는 의식은 훨씬 더 강해졌다. 1588년 무렵, 엘리자베스는 유럽 역사상 가장 강력한 해군력을 보유한 군주로 부상했다. 영국 해군의 핵심 전력은 강력한 갤리언선 18척이었다. 이 배들 중 가장 작은 것조차도 300톤이나 나갔고, 모두 새로운 방식으로 건조되고 무장되어서 해상의 그 어떤 적들도 제압할 수 있는 능력을 갖고 있었다. 또한 100톤급 이상 되는 작은 갤리언선 7척이 있었고, 가볍고 빠르며 다루기 쉬워서 정찰과 전령 임무, 연안 작전 수행에 유용하며 원양 항해를 겸할 수 있는 종범선들도 충분히 보유하고 있었다.

전투에 이용할 갤리언선은 애초부터 무역이 아니라 전투를 위해 건조되었기 때문에, 무역상들이 보유한 선박들과 비교하면 선폭은 더 짧고 용골은 더 길었다. 어디에서 처음 개발되었든지(아마도 포르투갈), 이 형태의 전함은 1570년 무렵에는 이미 대서양 전함들의 전형으로 자리 잡고 있었다. 그러나 엘리자베스 여왕의 갤리언선 전함들은 달랐다. 지난 10년 동안 엘리자베스의 열성적인 신하인 존 호킨스는 여왕의 선박을 건조하고 개조하는 임무를 담당해왔는데, 호킨스는 해전에 관한 혁신적인 아이디어들을 갖고 있던 인물이었다. 호킨스는 갤리언선의 길이를 더 늘여서 대포를 더 많이 탑재할 수 있고 옆바람도 더 많이 받으며 항해할 수 있기를 바랐다. 또한 그는 배의 중앙 상갑판을 깊게 만들고 싶었다. 그 부분에 배치된 수병들은 자신들이 공격에 그대로 노출되어 있다고 느꼈을 것이다. 기존의 함신에서는 머리 위까지 올라와 있는 목재 방벽 뒤로 몸을 숨길 수 있었지만, 호킨스가 고안한 배는 방벽이 허리까지밖에 오지 않았기 때문이다. 그러나 여유 공간을 활용해 측면 함포를 더 많이 탑재할 수 있는 장점이 있었다. 또한 호킨스는 적선에 올라타서 공격하기보다는 큰 대포를 활용해 싸우는 것이 더 효과적이라고 믿었기 때문에 이물과 고물에 높이 솟은 선루(船樓)들의 크기를 대폭 축소시켰다. 때문에 높게 지은 선루를 "자신들의 위엄과 공포"의 상징으로 중요시하던 고루한 선장들은 호킨스가 그런 점을 완전히 무시했다고 불평했다. 그런 불평에 대해 군이 응대를 했다면, 아마 호킨스는 선루의 상갑판에는 보조용 경포(輕砲)들과 포 받침대, 투석기, 그리고 기타 살상용 화기밖에 실을 수 없으며, 선루가 너무 크고 높으면 항해 속도와 회전에도 방해가 되고 배의 흔들림도 심해진다고 대답했을 것이다. 호킨스가 그런 불평들에 대응했는지는 모르겠으나, 어쨌든 그는 자신의 뜻대로 밀어붙였다. 그가 책임지고 있는 동안 엘리자베스의 새로운 배들은 모두 그의 기호에 따라 새롭고 정교한 설계를 바탕으로 건조되었고, 구형 함선들도 거의 대부분 그러한 형태로 개조되었다. 그 결과 영국 함대는 그 전까지 대양에서 볼 수 있었던 그 어떤 배들보다도 빠르고 바람을 자유자재로 이용할 수 있는 전함들을 보유하게 되었다.

같은 시기에 호킨스의 경쟁자이자 정적인 동시에 협력자였던 윌리엄 윈터(William Wynter) 경은 호킨스의 선박 설계만큼이나 혁명적인 방식으로 선박을 무장하는 작업을 하고 있었다. 윈터는 살상용 총포의 수는 줄이고 선박 파괴용 함포 수를 늘렸다. 철제 대포는 청동 대포로 대체되었고, 컬버린과 반(半)컬버린 포처럼 상대적으로 발사 속도가 빠르고 유효사거리가 1000야드에 달하는, 18파운드나 9파운드짜리 포탄을 발사하는 긴 대포들이 제작되어, 사정거리가 짧고 불확실한 30파운드 무게의 반(半)대포 같은, 포신이 뚱뚱한 대포들을 대신하게 되었다. 1587년까지 엘리자베스 여왕의 함선 중 얼마나 많은 수가 윈터의 계획대로 무장되었는지에 대해서는 확실히 알 수 없다. 그러나 윈터와 호킨스의 노력을 통해 어떤 기상 조건에서 어떤 적을 상대하든 항해 능력과 작전 수행 능력 면에서 월등하며, 선호하는 사거리(장거리 9파운드급 반컬버린 포의 직접탄도거리) 안에서는 적의 화력을 일방적으로 압도할 수 있는 함대를 보유하게 된 것만은 사실이다.

드레이크와 호킨스 등이 불평을 했던 것, 그리고 이후로도 여러 역사가들이 불만을 품었던 것은, 엘리자베스가 대담하게 그런 훌륭한 함대를 에스파냐 해안에 파견해 서인도제도와의 무역을 차단하고 펠리페의 전함들을 항구에서 꼼짝 못하도록 봉쇄하지 않았다는 점이다. 그녀는 거의 모든 배에 최소한의 인원만을 배치한 채 대기 상태로 계속 항구에 정박시켜두었고, 그럼으로써 영국 해군의 기본 전략 원칙 중 하나가 된 것[선제공격]을 깼던 것이다. 엘리자베스가 드레이크와 호킨스의 말을 들었어야 했을지도 모른다. 비록 그들이 함대를 동원해 선제공격을 하면 속승(速勝)할 거라 예견했으나, 나중에 그 계획이 실행되었을 때 그런 결과는 전혀 일어나지 않았음을 우리가 기억하지만 말이다. 엘리자베스는 어떤 이유로든 그런 계획에 대해 뚜렷한 소신을 갖고 있지 않았던 것 같다. 그러나 그녀는 뱃사람들을 오랫동안 다스리면서 터득한 지혜로, 광활한 대서양에서 긴 겨울을 보내는 게 배와 선원에게 결코 좋지 않다는 것을 알고 있었다. 설령 폭풍우나 적의 공격으로 선박들을 잃지 않는다 하더라도, 헌 것을 대체할 돛대와 활대, 이음쇠, 삭구와 돛이 필요할 것이고, 완전한 경선(傾船)과 검색을 하고 나서야 다시 제 기능을 할 수 있을 것이나. 또한 선원들은 비위생적이고 불결한 환경에서 함께 몸을 웅크리고서 추위를 피하며, 부득이하게 대부분 소금에 절인 고기와 마른 생선, 바구미가 꾄 비스킷과 상한 맥주로 주린 배를 채워야 할 것이므로 결국 못 먹어 몸이 약해지고 병에 걸려 전투력을 상실하게 될 것이다. 운이 나빠, 당시에 긴 항해 중에는 흔히 발생했던, "감옥 열" 또는 "배 열"이라 불린 끔찍한 발진티푸스라도 창궐한다면, 선원의 절반은 죽게 될 것이 뻔했다. 엘리자베스가 의식적으로 이런 모든 위험을 감안해 결정을 한 것이든, 혹은 자신의 돈을 아까워하듯 본능적으로 자신의 소중한 배들을 애지중지했든지 간에, 심지어 부르부르 평화 협상이 없었더라도, 아마 그녀는 그 겨울 동안 에스파냐 해안에서 자신의 함대가 모험을 하도록 허락하지는 않았을 것이다.

엘리자베스가 그런 결정을 함으로써 선원들은 육지에서 신선한 음식을 먹고 건강을 유지할 수 있었을 뿐만 아니라, 최소한 그 비용의 절반 이상은 자신들이 부담함으로써 춘계 군사작전을 위해 포장하고 비축해둔 식량뿐만 아니라 여왕의 돈도 아낄 수 있었던 것이다. 또한 그녀의 함장들이 에스파냐의 무역선들을 약탈하고 에스파냐 요새들의 대포 공격을 받으며 에스파냐 왕에 도전하는 데 쓰고 싶어 했던 힘을, 대신 영국 함대가 완벽하게 전쟁 준비를 끝마칠 수 있도록 하는 데 쓸 수 있었다. 플리머스에서 서부 함대를 맡은 드레이크가 출정하고 싶어 안달하며 런던에서 급사가 올 때마다 자신이 원하던 명령서를 갖고 왔을 거라 기대하고 있을 때, 그곳에서 존 호킨스의 형인 윌리엄 호킨스가 선박들의 상태를 유지하는 일을 책임지고 있었다. 플리머스의 시장이었던 그는 그해에 나이가 일흔이었다. 1월과 2월의 한사리 때 윌리엄은 물가에 거대한 갤리언선들을 기울여놓고 낮과 밤에 각각 한 쪽 면씩 솔로 문질러 닦고 수지(獸脂)를 바르게 했다. 그런 방법을 써서 배들이 24시간 이상 물 밖에 있지 않도록 했다. 야간작업을 하려면 횃불과 장대에 단 등롱(燈籠)을 사용해야 했는데, 강풍이 불 때엔 대단히 부담스럽고 비용도 많이 드는 일이었다. 그러나 늙은 윌리엄은 "마치 각각의 배들이 통짜

나무로 만든 것처럼" 너무도 튼튼하고 견고하게 정박되어 있는 모습을 보며 희열을 느꼈기 때문에 그토록 가치 있고 중요한 일에 돈을 아끼고 싶은 마음은 전혀 없었다.

존 호킨스는 해군 제독을 보좌하며 메드웨이 강에 배치된 동부 함대를 관리하고 있었다. 동부 함대의 전함들은 질링엄 리치(Gillingham Reach) 연안을 따라 채텀(Chatham)의 조선소 너머까지 일렬로 줄지어 정박해 있었는데, 로체스터 다리에서도 종범선들을 볼 수 있었고, 거함들은 멀리 퀸버러(Queenborough)에서도 볼 수 있었다. 그해 봄 한사리 때 이 함선들도 경선한 뒤 청소하고 수지를 바르는 과정을 겪었는데, 이 작업은 존 호킨스가 가장 신경을 쓰지 못한 일 중 하나였다. 존 호킨스는 드디어 여왕의 해군 선박들을 건조하고 개조하는 계약이 만료되어 자유로워졌으며, 전시 해상 지휘권을 약속 받아놓고 있던 상태였다. 그러나 그는 여전히 해군 참모본부의 작전참모 겸 회계 책임자였기 때문에, 막바지 전쟁 준비와 각종 회계, 여러 문서 작성과 검토로 너무 바쁜 나머지 파르마와 협상을 벌이는 여왕의 어리석음은 물론, 여왕의 배를 썩은 목재로 만들어 선박 대부분이 항해에 적합하지 않다고 비난하고 있던 정적들의 모함까지도 제대로 걱정할 시간이 거의 없었다.

한편, 해군 총사령관인 에핑엄의 찰스 하워드(Charles Howard) 경도 프랜시스 드레이크만큼이나 바다로 나가고 싶어 안달하고 있다. 찰스 하워드는 쉰을 훌쩍 넘긴 나이였고, 해군 총사령관직을 수행한 지 3년이 채 안 되었다. 그가 총사령관으로 임명된 것은, 해전 지휘관으로서 적합한 능력을 보였기 때문이라기보다는 그의 가문에서 3명이나 해군 총사령관이 배출되어 튜더 왕조를 위해 공헌한 바 있는 명문가 출신이었기 때문이며, 또한 그 자신 확고한 충성심을 가진 열성적인 프로테스탄트였기 때문이기도 했다. 그러나 찰스 하워드가 항해 경험이 적었던 것은 아니었으며, 자신의 일을 적극적으로 배우고 신망을 얻고자 하는 결의에 차 있었다. 그는 파르마가 됭케르크에서 곧 출항하려고 한다거나 또는 에스파냐 함대 하나가 도버를 지나쳐 스코틀랜드를 향해 항해 중이라는 소문들을 사실로 믿으며, 강력한 해군력을 극성스럽게 요구했다. 그리고 결국 그는 합동참모회의에서 8척의 함선을 추가로 배치할 수 있는 허가를 받았으며, 직접 됭케르크에서 플러싱까지 항해하는 기쁨을 맛보았다. 그는 집요한 정력가이기도 했다. 그는 메드웨이에 정박한 모든 배에 일일이 승선해서 기어 들어가야 할 구석까지도 샅샅이 검사했는데, 물이 새는 곳이나 썩은 목재, 혹은 존 호킨스와 그의 선공(船工)들이 일을 날림으로 했다는 증거가 전혀 보이지 않자 무척 기뻐했다.

찰스 하워드는 처음부터 자신이 지휘할 함선들이 무척 마음에 들었다. 그는 월싱엄에게 보낸 편지에서 "하느님께 맹세코, 여왕 폐하와 함께하지 않는다면 저는 다른 어떤 곳보다 이 장려한 배들과 함께 살고 싶습니다." 라고 썼다. 또한 함선들을 모두 검사하고 난 뒤에는 "이 배들을 이끌고 플라타 강147)까지 갈 수 있는 사람이 있다면, 그건 바로 저입니다."라고 썼다. 나중에 엘리자베스 보나벤처호가 플러싱 항 입구에서 갯벌에 좌초되어 하루 동안 발이 묶였던 적이 있었는데, 그때 찰스 하워드와 윌리엄 윈터가 승

---

147) Rio de la Plata. 우루과이 강과 파라나 강이 만나 이루는 삼각강으로, 아르헨티나와 우루과이의 국경을 이루며 대서양으로 흘러든다.

선해서 배를 둘러본 적이 있었다. 찰스 하워드는 당시의 경험을 이렇게 술회했다. "이렇게 항해를 했음에도 이 배에는 한 스푼의 물도 스며들지 않았다 (……) 강철로 만든 배가 아니라면 이럴 수는 없을 것이다. 이 세상에 이보다 더 견고한 배는 없을 거라고 감히 장담할 수 있을 것이다." 그가 기함으로 선택한 배에 대해 언급하며 버흘리에게 "부디 여왕 폐하께 전해주시길. 아크[148]호는 여왕께서 돈을 투자한 값어치를 충분히 하고도 남을 것입니다. 모든 면에서 그 배는 세상에서 가장 특별한 배이며, 큰 배든 작은 배든 돛대가 보이지 않을 만큼 아주 멀리 떨어져 있더라도 우리는 그들을 따라잡아 얘기를 나눌 수 있을 것입니다."라고 썼다.

아크호에 대한 그의 애정은 특별했지만, 다른 함선들에 대해서도 대단히 만족했으며, 그의 부하들 역시도 그에 못지않게 함선들에 대해 감격하고 있었다. 보나벤처호의 함장인 그의 사촌 헨리 시모어(Henry Seymour) 경은 자신의 배가 에스파냐 전함들과 12시간 동안 격전을 벌이더라도 해안에 12시간 정박해 있는 것과 똑같이 튼튼할 거라고 큰소리를 치곤 했으며, 심지어 존 호킨스가 여왕의 배들에 대해 체결한 계약을 자신이 빼앗을 수 있을 거라 생각하는 동안에는 그가 여왕 폐하를 속이고 조국을 배신하며 항해에 부적합한 배를 만들고 있다고 몰아붙이던 윌리엄 윈터까지도 그즈음에는 비난 대신 칭찬을 하고 있었다. 그는 "우리의 배들은 더할 나위 없이 훌륭하며, 보고만 있어도 마음 든든하다고 자신 있게 말할 수 있다."라고 기록하고

---

148) 정식 명칭은 아크 롤리(Ark Raleigh). 4개의 돛대를 달고 270명의 선원을 실을 수 있는 8000톤급의 초대형 전투선이었다.

있다. "세계 최고의 배들"이라고 말한 함장들이 한둘이 아니었으며, 그들 모두 에스파냐 적들이 하루빨리 항해에 나서 한판 붙어보고 싶다는 마음을 품고 있었다. 해안에서 대기하는 동안 엘리자베스의 뱃사람들이 얼마나 불안해하고 전전긍긍하며 출정을 하고 싶어 안달했는지는 모르겠지만, 일단 이 훌륭한 함대에서 항해를 시작하고 전투가 임박하자 점점 침착해졌고 자신감도 커졌다. 다른 사람은 모르지만 그들만큼은 승리를 의심하지 않았다.

엘리자베스가 에스파냐 해안에 그들의 힘을 쏟아붓도록 허락했더라도 그들이 그해 봄까지도 그처럼 자신감에 차 있었을지는 결코 알 수 없다. 엘리자베스가 함대를 해산한 덕분에, 봄에 군사작전이 시작되었을 때 승무원들은 건강하고 힘이 넘쳤으며, 물론 해산하지 않았더라도 화약과 탄환, 식량과 식수를 전부 다 소비하지는 않았겠지만 그것들을 필요한 양 이상 비축할 수 있었으며, 작전에 필요한 새 돛대와 활대, 삭구, 돛, 수선용 목재, 도르래와 보트 등(윌리엄 윈터도 "이 모든 것은 특별히 1년 중 이 시기에만 이 바다가 맺을 수 있는 열매들"이라고 솔직한 심정을 글로 남겼다.)도 해군 공창에서 수월하게 공급할 수 있었다. 마침내 영국해협에서 에스파냐 함대와 마주쳤을 때 영국 함대가 여전히 최고의 전력을 갖추고 있을 수 있었던 것은, 분명 이제껏 사람들이 주장한 것 이상으로, 엘리자베스 여왕의 인색함과 신중함 덕분이었다.

17장_"기적을 빌면서"

리스본, 1588년 2월 9일~4월 25일

영국 침공 계획이 수립되기 시작할 때부터 작전을 위한 해군 책임자로 임명되었던, 레판토 해전의 영웅이자 테르세이라(Terceira) 전투를 비롯해 수십 차례의 유명한 해전에서 승리를 거둔 에스파냐의 해군 총사령관 산타 크루스 후작, 돈 알바로 데 바산은 1588년 2월 9일 리스본에서 숨을 거뒀다. 나중에 사람들은 에스파냐 해군의 영광과 에스파냐 승리의 가장 큰 희망도 그와 함께 종말을 맞았다고 생각하게 되었다. 또한 사람들은 그가 살아서 영국해협에서 에스파냐 함대를 지휘했더라면 모든 것이 달라졌을 거라고 말했다. 그러나 그는 예순눌의 나이에 정복 함대의 준비로 인한 과로와 부담감으로 건강을 잃고 왕의 모진 비난에 상심한 나머지 죽음을 맞았던 것이고, 당시의 에스파냐 연대기 편자들, 그리고 이후 수없이 나온 이야기들과 연구들에서도 같은 주장을 하고 있다.

1588년에 호레이쇼 넬슨 제독이 있었어도 에스파냐 아르마다가 승리했을 거란 주장은 믿기 힘들며, 함대가 아직 항해를 할 수 없는 이유를 왕에게 설명하고 곧 출정할 거라 약속하며 그가 보낸 20여 통의 편지들만으로는 산타 크루스가 리스본에서 죽음에 이를 정도로 자신을 혹사시키고 있었다고 섣불리 판단할 수도 없다. 뿐만 아니라 그에게 보낸 펠리페 왕의 편지들에도 그렇게 모진 표현이 담겨 있지는 않았다. 그러나 그들이 주고받은 편지들에서 그들이 얼마나 조급했는지 알 수 있고, 그 편지들로 인해 지금까지도 많은 이야기가 생겨나고 있는 듯하다. 실제로 그해 겨울에 주고받은 평소와 다른 편지들을 보면, 신중한 펠리페 왕과 대담한 산타 크루스의 성격이 서로 뒤바뀐 것처럼 보인다. 한때 "영국 정복과 같은 큰 작전을 거행할 때는 진중하게 움직여야 한다."고 썼던 펠리페가 이제는 "성공은 주로 속도에 좌우된다. 서둘러라!"라고 쓰고 있으며, 한때는 주적을 대담하게 공격해야 한다고 주장하며, 방어적 전쟁을 계속하면서 계획을 지연하는 것은 어리석다며 반대하던 산타 크루스가 이제는 자신이 하던 주장을 그대로 펠리페의 입을 통해서 듣게 된 것이다. 산타 크루스는 에스파냐 해안을 무방비 상태로 남겨두는 것이 얼마나 신중하지 못한 행동이며, 철저한 준비 없이 작전을 실행하는 것이 얼마나 현명하지 못한 일인지 완곡하게 주장했다.

그런 이유들을 설명했음에도 펠리페는 마음을 돌리지 않았다. 산타 크루스가 1587년 9월에 아조레스에서 귀환하기도 전에, 펠리페는 나폴리에서 오는 갤리아스선과 안달루시아에서 오는 식량 운반선이 합류하면 곧바로 최대한 전력을 보강해서 영국의 마게이트 곶과 템스 강 입구를 향해 항해를 시작하라는 명령서를 보냈다. 펠리페는 속도와 비밀 유지가 부족한 전력의 자리를 대신해줄 것이며, 항해에는 위험한 계절이기는 하지만 하느님의 뜻이 곧 자신들의 뜻이므로 항해에 유리한 바람을 허락하실 거란 기대를 품고 있었다. 아조레스 항해에서 입은 갤리언선들의 상세한 피해 보고를 받은 다음에야 펠리페 왕은 마음을 바꿔 몇 주 동안의 연기를 허락했다. 그 후 산타 크루스는 항구에 머물 수 있는 허락을 받았고, 소심하게 한 번에 약 일주일 정도 연기하면서 자신의 함대를 재정비할 시간을 벌고자 했다. 12월 들어 펠리페는 35척밖에 안 되는 함대라도, 또 산타 크루스가 지휘를 하든 말든 상관없이 즉시 출항해서 파르마의 군대가 영국해협을 신속하게 건널 수 있도록 지원해야 한다고 고집을 피우고 있었고, 그에 대해 산타 크루스는 그런 함대를 꾸려 출항을 하겠다고 마지못해 약속을 하고 있었다. 12월에 영국이 허겁지겁 전쟁 준비를 했던 것은 아마 이 소식 때문이었을 것이다. 그리고 어쩌면 35척의 배로는 충분하지 않을 수도 있으며 더 전력을 증강할 수 있을 때까지 산타 크루스에게 시간을 줘야 한다는 주장에 펠리페가 동의하게 된 것은, 영국이 막강한 해군력으로 영국해협을 지키고 있다는 소문 때문이었음이 분명하다. 그러나 펠리페 왕은 늦어도 2월 15일에는 군사작전을 실행해야 한다고 못 박았으며, 그 날짜가 다가오자 푸엔테스(Fuentes) 백작을 리스본에 보내 산타 크루스를 독려했다.

분명 펠리페는 변해 있었다. "시간과 나는 한 쌍이다."라는 말을 즐겨 했고, 가장 좋아하는 경구가 "시간이 주는 혜택을 누려라."와 "때가 무르익을 때까지 기다려라."일 정도로 항상 느리고 참을성 많고 신중하던 그가 마치 실날이 얼마 남지 않은 사람처럼 근 1년 동안에는 지독한 조급증에 사로잡혀 있었다. 파르마가 준비가 되었는지 확인하지도 않고서 산타 크루스에게 출항 명령을 내렸고, 파르마에게는 산타 크루스를 기다리지 말고 당장 영국으로 건너가라고 명령했다. 또한 차질이 발생할 때마다, 마치 자신이 유일하게 상관으로 인정하는 존재로부터 공격 지연에 대한 책임을 추궁당하는 듯 안달하며 노여워했다. 펠리페는 항상 신앙심이 깊은 사람이었지만, 이전까지는 한 번도 힘든 역경과 심각한 위험이 닥쳐도 그것을 하느님의 뜻으로 돌리면서 하느님의 뜻에 따르면 인간으로서 자신이 해야 할 주의를 면제받는 듯 행동한 적이 없었다. 펠리페는 결코 지독한 이기주의자도 아니었고 무한 권력을 탐하려고 하지도 않았다. 그리고 자신이 특별한 임무를 부여받았다는 말은 했지만, 결코 특별한 운명을 타고났다고 주장한 적은 없었다. 그런데 그러던 그가 이제는 스스로 역사에 길이 남을 성인(聖人)이나 세계 정복자처럼 아주 자신감 넘치고 확고하며 맹목적으로 자신에게 주어진 것이라 생각하는 길로 걸음을 내딛고 있었던 것이다.

산타 크루스는 몇 주 뒤에는 함대를 출발시키겠노라고 거듭 약속을 하고 있었지만, 펠리페에게 보낸 편지에는 비관과 낙심의 분위기가 짙게 드리워져 있기 때문에 그가 고의적으로 출정을 지연하고 있지는 않은지 펠리페가 의심할 만했다. 하느님의 뜻에 따라 전쟁을 치르는 거라고 그에게 믿음을 다짐받을 필요는 없었지만, 그는 투르크를 상대로 치른 많은 전투에서 경험했듯이 그런 믿음으로 인한 과도한 자신감이 어떤 결과를 낳는지 잘 알고 있었다. 산타 크루스는 영국을 상대로 확실히 승리하려면 갤리언선이 적어도 50척은 필요하다고 믿었다. 그러나 그에게는 13척밖에 없었고, 그나마 한 척은 너무 낡고 약해서 바다에 나갈 수 있을지도 의심스러운 지경이었다. 산타 크루스는 갤리언선 외에도 중무장한 대형 함선 100척과 식량과 보급품을 나를 헐크선 40척, 갤리아스선 6척, 갤리선 40척, 소형 선박 140척에서 160척 정도를 원했다. 그러나 1월 말까지 산타 크루스가 확보한 것은 갤리언선 13척 외에 갤리아스선 4척과 발트 해에서 아드리아 해에 이르기까지 여기저기서 임대하거나 징발해 긁어모은 잡다한 배 60여 척뿐이었다. 그 배 중 일부는 물이 새거나 뒤집히기 쉬운 것들이었고, 대부분 속도가 느렸으며, 선원들도 서툴렀다. 그중 제일 나은 오켄도 함장의 기푸스코아[149] 선박들과 레칼데의 비스케이 함선들도 승무원이 부족했고 총포도 터무니없이 부족했다. 더구나 그 정도 규모의 전함들을 보조할 소형 보조함은 필요한 수의 절반에도 미치지 못했다. 그럼에도 불구하고 산타 크루스는 이번만큼은 출항을 해야만 한다고 생각했는지 마땅치 않아 하면서도 허겁지겁 서둘러서 비품과 총포를 배 위에 실어두었으며, 부족한 선원들을 보충하려고 감옥과 병원, 항구의 상선, 리스본 인근의 농촌 마을까지 뒤지며 전쟁에 뛰어들 만큼 형편이 궁한 사람들을 찾아 다녔다. 그러다가 출항 일을 채 일주일도 안 남겨두고 산타 크루스는 몸져누워 숨을 거두고 말았다.

펠리페 왕은 이미 산타 크루스의 후계자를 골라두었다. 산타 크루스가 죽었다는 소식이 마드리드에 도착한 날, 그는 사흘 전에 준비해둔 지시 사항과 함께 안달루시아 총사령관인 메디나 시도니아 공인 돈 알론소 데 구스만(Don Alonso de Guzmán)을 해군 총사령관으로 임명한다는 사령장(辭令狀)을 발송했다.

메디나 시도니아는 한 해 전 지역 민병대를 이끌고 신속하게 카디스에 도착함으로써 해적 드레이크에게 약탈당할지도 모를 공포로부터 카디스를 구해낸 공로를 인정받고 있었다. 아마도 그것이 그때까지 펠리페를 위해 이룬

---

149) Guipúzcoa. 비스케이 만의 가장 안쪽에 위치한 도시로, 에스파냐와 프랑스 접경 지역에 위치한 항구

가장 두드러진 그의 공적이었을 테지만, 메디나 시도니아는 위엄을 유지하며 적절한 정책을 펌으로써 안달루시아의 평화를 지켜왔고, 영국, 프랑스, 바버리 지방의 해적선들에 대해 경계를 게을리하지 않았으며, 리스본으로 보충병들을 실어 나르고 물자를 선적하는 일도 신속하게 잘 처리했다. 그리고 전반적으로 그의 지위와 직책에 걸맞게 사법, 행정과 관련된 일들도 양심적이고 능률적으로 수행해왔다. 아마도 이런 점들이 펠리페의 선택에 어느 정도는 영향을 미쳤을 것이다. 그러나 그보다는 메디나 시도니아가 온화하고 사교성 있는 사람으로 알려져 있었다는 사실이 더 큰 요인으로 작용했을 것이다. 까다롭거나 야심이 큰 사람이 아니니 파르마와 부딪칠 일도 적을 것이고, 자존심이 세거나 완고하거나 오만하지 않으니 그의 직속 부하가 될 다소 성마른 인물들과도 잘 지낼 수 있으리라 판단했을 것이다. 그런 점들보다도 펠리페에게 더 중요했던 점은 아마도 메디나 시도니아가 그 지위치고는 사실상 흠잡을 데 없는 삶을 살아왔으며, 독실한 가톨릭 신자였다는 사실이었을 것이다. 그러나 분명 가장 중요하게 고려된 점은 그가 카스티야에서 가장 유서 깊고 이름난 가문인 구스만 엘 부에노(Guzmán el Bueno) 집안의 수장이라는 사실이었을 것이다. 그토록 고귀한 가문 출신의 대공(大公)이라면 함대의 어떤 장교도 그의 승진 때문에 모욕감을 느끼지 않을 것이고, 그에게 복종하면 자신의 체면이 손상된다고 여기지도 않을 것이기 때문이었다.

초상화나 편지를 통해 메디나 시도니아의 개인적인 면모를 살펴보면, 키는 중간 정도에 골격이 가늘고 균형 잡힌 몸매에, 사려 깊어 보이는 입술과 이마, 날카롭다기보다 사색에 잠긴 듯한 눈매를 지닌 사람처럼 보인다. 얼굴에서는 예민한 성격이 드러나며, 영웅적인 풍모는 느껴지지 않지만, 분명

둔해 보이거나 매력이 없는 얼굴은 아니며, 심지어 그가 죽음을 맞기 3년 전에 그린 초상화에서도 엿볼 수 있지만, 왠지 우수에 젖어 있는 듯한 얼굴이다. 그리고 그다지 운이 좋은 사람으로 보이지는 않는다.

메디나 시도니아가 사령장을 받고서 펠리페의 비서인 이디아케스(Idiáquez)에게 쓴 편지에서 그의 특징적인 성격을 들여다볼 수 있다. 그는 왕이 자신에게 그런 중책을 맡기려고 한다는 사실을 믿을 수 없다고 말하며, 그 의무에서 벗어나게 해줄 것을 간청한다.

제 건강으로는 그런 항해를 감당할 수 없습니다. 바다에서 저는 항상 뱃멀미와 감기에 시달리기 때문에, 그 일천한 경험으로 그런 사실을 알 수 있습니다. 게다가 저희 가족은 90만 더컷의 빚을 지고 있어서 폐하의 군대를 위해 1레이알도 쓸 수 없는 처지입니다. 항해나 전쟁 경험이 미천하기에, 제가 그토록 중대한 작전을 지휘하기에 적합하다고 생각되지 않습니다. 저는 산타 크루스 후작이 그동안 무엇을 해왔는지, 영국과 관련해 어떤 정보를 가지고 있는지도 모릅니다. 때문에, 맹목적으로 지휘를 하게 되거나, 옳고 그름을 판단하지 못하고 다른 사람의 충고에 의존할 수밖에 없거나, 어떤 조언자가 저를 속이거나 몰아내려는 사람인지도 모른 채 스스로 비난을 자초하게 되리라 생각됩니다. 카스티야의 사령관이 저보다 이 직책에 훨씬 더 적합한 인물입니다. 그는 육군과 해군에서 풍부한 경험을 쌓았고, 독실한 신자이기도 합니다.

이 편지의 내용은 멕시코와 페루를 정복하고 에스파냐 보병을 유럽인들의 감탄과 공포의 대상으로 만든 에스파냐인들의 기백과는 거리가 멀다. 그러나 지금까지 평가받은 것처럼 그렇게 쉽게 경멸의 대상이 되어 마땅한지는 의문이다. 이 편지에는 정직하고 이지적인 자기 평가와 그것을 드러낼 수 있는 그의 용기가 담겨 있다. 메디나 시도니아가 마음에도 없는 말을 예의상 써 보냈다고 믿을 만한 근거 또한 없다. 그 당시 에스파냐 귀족들이 자신에게 고위직, 특히 군대 고위직을 맡을 자질이 부족하다고 말하는 것은 관례가 아니었다. 또한 펠리페가 다시 그 일을 맡겼을 때 순순히 받아들인 것도 왕에 대한 충성심과, 의무로 지워진 어떤 짐도 감내하겠다는 용기를 보여주는 것 이상도 이하도 아니었다. 하느님께서 자신의 약점을 보완해주고 결점들을 고쳐주리라는 펠리페의 믿음이 맞기를 기원하며, 메디나 시도니아는 산루카르(Sanlúcar)에서 식솔들에게 작별 인사를 고하고 리스본을 향해 부지런히 길을 떠났다.

리스본에서 메디나 시도니아를 맞이한 것은 충격적인 혼돈이었다. 산타 크루스가 죽기 전 정신없이 지나간 약 일주일 동안 총포와 보급품이 배 위에 아무렇게나 던져져 실렸으며, 승무원들은 즉시 출항할 테니 절대로 뭍에는 오르지 말고 대기하라는 명령을 받고서 배 위에 모여 있었다. 대부분의 수병과 선원은 돈이나 무기도 없었고 옷도 제대로 챙겨 입지 못한 상태였다. 운이 없거나 능력 없는 지휘관을 만나 음식도 제대로 먹지 못한 승무원들도 있었다. 어떤 배들은 안전을 고려하지 않고 짐을 너무 많이 실었고, 또 어떤 배들은 거의 텅 빈 채 바다 위에 떠 있었다. 출항이 임박해지면서 함장들은 너 나 할 것 없이 손에 잡히는 화포와 보급품을 무엇이든 확보하려고 미친 듯이 쟁탈전을 벌였다. 어떤 배는 공간에 비해 대포를 너무 많이 실었고, 어떤 배에는 대포가 거의 없었다. 한 갤리언선에는 크고 작은 나무통들이 여기저기 흩어져 있는 갑판 사이에 새 청동 대포 서너 문이 방치되어 있었으며, 크기가 종범선만 한 비스케이 함선 한 척에는 거대한 대포가 중앙

상갑판 대부분을 차지하고 있었다. 대포는 있어도 포탄이 없는 배도 있었고, 반대로 포탄은 있지만 발사할 대포가 없는 배도 있었다. 해군 총사령관의 사망 이후 함대는 거의 가사(假死) 상태에 빠져 있었다. 무엇이 잘못되어 있는지 알고 있는 고참 장교들은 많았지만, 권한을 가진 사람 중에는 일을 바로잡고자 하는 이가 없었다.

메디나 시도니아가 가장 먼저 한 일이 바로 그 일이었다. 그는 전임 사령관이 남긴 모든 문서와 전쟁 계획서, 정보 보고서, 함대의 행정 서류를 후임 사령관인 자신이 보기도 전에 산타 크루스의 개인 비서가 가져가지 못하게 해달라고 왕에게 필사적으로 간청했다. 그 비서가 어떤 불손한 의도를 갖고 있어서 그 서류들을 가져가려 했던 것은 아니었다. 관례상 그 서류들은 개인 편지와 마찬가지로 모두 산타 크루스의 개인 재산이었고, 따라서 메디나 시도니아도 그것들을 양도해야 한다고 요구하지 않았으며, 왕도 그렇게 하라고 명령할 생각은 하지 않았을 것이다. 그러나 최소한 신임 사령관은 전임자가 매달려 있던 일들을 찬찬히 살펴볼 수 있었다.

또한 메디나 시도니아는 직접 비공식 참모진을 꾸렸다. 나중에 그가 너무 많이 의지하게 되는, 영민하고 야망 있는 장교인 돈 디에고 플로레스 데 발데스(Don Diego Flores de Valdés)는 아직 카디스에 있는 인도양 수비대의 갤리언선 함대에 있었지만, 돈 디에고 데 말도나도(Don Diego de Maldonado. 이하 말도나도)와 마롤린 데 후안(Marolin de Juan. 이하 마롤린) 함징을 힘대에 힙류시겼다. 둘 다 항해 경험이 많고, 많은 추천을 빈은 인물들이었다. 중화기 포대를 지휘하는 돈 알론소 데 세스페데스(Don Alonso de Cespedes. 이하 세스페데스)한테서는 이탈리아 출신의 함포 포술 전문가를 빌려왔다. 그리고 그의 소함대 지휘관 중 가장 유능한 세 사람, 페드로 데 발데스(Pedro de Valdés. 이하 페드로), 미겔 데 오켄도(Miguel de Oquendo. 이하 오켄도), 그리고 후안 마르티네스 데 레칼데는 그에게 많은 도움을 주는 전략회의의 핵심 멤버가 되었다. 이 세 사람이 이후에 그들의 총사령관에 대해 어떤 생각을 갖게 되었든, 처음에는 그를 좋아하고 존경했다. 메디나 시도니아도 그들의 조언에 귀를 기울이고 그들의 판단을 존중했으며 그들에게 예의를 갖추어 말을 했다. 호통을 치고 신랄하게 꾸짖던 사나운 산타 크루스와는 전혀 다른 모습이었다. 어쨌든 한동안 함대의 참모진은 산타 크루스 때보다 더 잘 화합하며 일을 해나갔다.

그렇게 측근인 소함대 지휘관 몇 명을 거느리고서 메디나 시도니아는 잡동사니 같은 함대를 검열하기 시작했다. 확실히 그는 함대의 상황에 큰 충격을 받았지만, 펠리페에게 보내는 편지에서는, 물론 필요한 경우에는 있는 그대로 솔직하게 표현했지만, 대체로 조심스럽게 절제해서 상황을 보고하고 있다. 특히 자신에게 골칫거리를 물려준 전임자를 비난하는 말은 한 구절도 언급되어 있지 않다. 아마도 메디나 시도니아는 산타 크루스가 병과 근심으로 인해 쓰러지기 전까지는 거의 불가능에 가까운 상황을 헤쳐 나가기 위해 최선을 다했을 거라 생각했던 것 같다. 사실 리스본 항구의 혼란에 대해 가장 비난받아야 할 사람은 펠리페 2세였다. 시간이 제약된 상황에서, 겨울 내내 가능한 한 많은 분대를 즉시 출항 상태로 대기시켜놓고서 또 다른 분대들을 천천히 보충하게 되면, 미리 대기한 분대들의 선박과 선원 모두 전력이 저하되는 것은 불을 보듯 뻔한 일이었다. 준전시 동원 상태로 함대를 운영한 영국의 전략이 더 나았던 것이다. 그러나 이 문제에 대해 산타 크루스와 마찬가지로 메디나 시도니아 역시 조급한 그의 군주를 전혀 설득할 수 없었다. 그나마 부하 중 일부만이라도 육지에 상륙할 수 있게 허락을 받은 것은 다행이었다.

　메디나 시도니아는 가장 먼저 대포와 보급품을 재배치하는 일에 착수했다. 필연적으로 대포와 보급품 재배치가 동시에 이루어질 수밖에 없었는데, 가끔 두 가지 일 모두 경악을 금치 못하는 상황에 맞닥뜨리기는 했지만, 산타 크루스와 그의 함장들이 앞으로 벌어질 일에 대해 진지하게 생각하기 시작한 이후로 모든 이들이 가장 중요하게 생각했던 것은 대포였다. 에스파냐 사람들이 대포는 우습게 여기며 칼과 창 같은 날붙이만 있으면 해전에서 승리할 수 있다고 생각했다는 이야기가 전해 내려오고 있다. 마드리드 주변에는 애초에 이 비열한 초석을 죄 없는 땅속에서 파내지 않았어야 했다고 개탄하며, 그 혐오스러운 대포들만 없었다면 자신들도 전쟁에 나갔을 거라고 흰소리를 늘어놓는 사람들이 있었을지도 모르지만, 당시의 해전 전문가들은 그렇게 말하지 않았다. 사실 단 한 차례의 전투로 승부를 가리는 방식—대서양에서 벌어진 전투의 대부분이 이런 방식으로 치러졌는데—에서는, 지중해에서 갤리선들끼리 맞붙어 싸울 때와 마찬가지로, 다른 배를 갈고리로 걸어 고정한 뒤 옮겨 타는 것으로 전투가 끝날 경우가 많았다. 지중해에서든 대서양에서든 마지막엔 육박전으로 승패가 결정되었거나, 혹은 그렇게 보였을 것이다. 하지만 바다에서 전투선을 지휘해본 사람 중 그 누구도 대형 대포를 무시하지 않았다. 산타 크루스의 부관들이 가장 먼저 불평했던 것도 대포가 충분하지 않다는 것과 현재 갖고 있는 대포들이 작다는 것이었다. 그래서 산타 크루스는 그들의 불만을 수렴해 마드리드에 전달했는데, 자신도 부관들의 생각에 전적으로 동의한다는 말과 함께 갤리언선들에 우선적으로 대형 대포들을 배치해야 한다는 말도 덧붙였다. 마드리드의 전략 회의에서도 이 점에 대해 충분히 공감하여 왕에게 기금을 마련해야 한다고 탄원을 했으며, 펠리페 역시 상황을 이해했고 어찌어찌해서 자금도 확보되었다.

　한껏 고무된 마드리드의 군수공장에서는 대포와 반대포, 컬버린포와 반컬버린포 등 황동 포 36문을 12월 15일까지 주조해주기로 약속했으며, 리스본의 공장들에서도 30문을 약속했다. 에스파냐 항구들에 정박하고 있는 외국 배에서 대포 60에서 70문가량도 사들였다. 짐작컨대 대부분은 무쇠로 만들어졌고 2파운드, 4파운드, 6파운드 급의 대포들이었을 것이다. 그보다 더 큰 황동 대포는 이탈리아에서, 그리고 한자동맹의 항구들을 경유해 독일에서도 들여올 예정이었다. 그러나 대포를 주조하는 것은 어려운 기술이었다. 물론 큰 황동 대포를 만드는 일이 첼리니의 페르세우스 조각상을 주조하는 것만큼 까다롭지는 않았지만, 대포 주조 기술자의 수가 무척 적었고 그나마도 대부분이 영국에 살고 있었다. 게다가 성능이 좋은 대포는 대단히 비쌌고, 포탄의 무게에 비례해 엄청난 양의 금속을 사용해 주조하는 컬버린 계열의 장거리 대포는 특히 더 비쌌다. 그러다 보니 돈이 있어도 구할 수 있는 컬버린포와 반컬버린포는 별로 없었으며, 더 많이 주조하려고 해도 생산 시설에 한계가 있었다. 산타 크루스가 사망할 무렵 리스본에서 화기 조달 문제가 얼마나 심각했는지는 알 수 없으나, 상황이 좋지 않았으며 이후로도 계속 실망스러운 수준이었음은 알 수 있다. 산타 크루스가 임시변통으로 보충해 적절히 재분배한 대포들을 모두 다 살펴보기도 전에, 메디나 시도니아는 인명 살상용 소형 대포를 선박 파괴용 대형 대포로 얼마나 많이 대체할 수 있을지를 고민하기 시작했다. 그의 함장들도 함대의 포대에서 소형 대포가 너무 많은 비중을 차지하고 있다고 지적했다. 분명 그는 대형 대포를 더 많이 확보했고, 함대가 5월에 출항하게 되었을 때는 확실히 2월에 비해 훨씬 더 잘 무장한 상태였을 것이다. 그러나 전체적인 무장 수준은 메디나 시도니아와 그의 함장들이 바랐던 것에 훨씬 못 미쳤다는 것도 의심할 바 없는 사실이다. 가장 우수한 함선들은 다른 함선들을 희생시켜 전력을 보강했지만, 제1전열에 배치된 함선들조차도 우려스러울 정도로 장거리포가 부족했다.

이 무렵 함선의 수, 특히 전투선의 수는 상당히 늘어 있었다. 메디나 시도니아가 지휘권을 잡았을 때, 펠리페는 마침내 "인도양 수비대 소속 갤리언 선들"을 정규 임무에서 분리해 영국 침공에 보내는 데 동의했다. 플로레스가 3월 말에 갤리언선 8척을 이끌고 카디스에서 리스본으로 입항했다. 그 중 일곱 척은 400톤(영국 톤 단위) 정도로 영국의 리벤지(Revenge)호보다는 작지만 드레드노트호 정도의 크기는 되었으며, 나머지 한 척은 크기가 다른 배들의 절반 정도였지만 그래도 제1열에 끼워줄 만은 했다.

포르투갈의 갤리언선들은 카스티야의 것들보다 크기나 모양 면에서 더 다양했다. 포르투갈의 해군은 한때 영국 다음으로 막강했고, 어쩌면 최고였던 시절도 있었겠지만, 1580년에 왕조가 멸망하기 오래전부터 아비스 왕조의 포르투갈 왕들은 함대에 들이는 돈을 점점 줄여나갔다. 에스파냐에게 패한 테르세이라 해전 이후 수리와 개조가 어느 정도는 이루어졌고, 산타 크루스가 드레이크를 잡기 위해 아조레스로 항해했다가 놓쳤을 때 산타 크루스가 포르투갈 갤리언선 12척을 동원한 적도 있었는데, 그 12척이 유럽의 비디에 떠 있는 포르투갈 갤리언선의 전부였다. 그러나 이 배들 중 몇 척은 상태가 좋지 않았다. 한 척은 귀환 도중에 침몰했고, 다른 한 척은 11월에 분 폭풍우에 형체가 뒤틀리고 물이 많이 새서 해변으로 끌고 와 해체해버렸다. 후에 메디나 시도니아가 남은 갤리언선 열 척을 조사해보니 서너 척은 대대적인 수리가 필요하다는 사실이 드러났고, 또 한 척은 너무 작고 오래되어 전투가 불가능할 뿐만 아니라 너무 낡아 항해를 감당하지 못할 것 같았다. 시도니아는 그 배에 실린 중화기들을 다른 배들에 분배한 뒤 항구에 남겨두기로 했다.

다행히도 산타 크루스는 선견지명이 있었던지, 포르투갈 소함대의 전력을 보강할 만한 함선 한 척을 마련해두었다. 에스파냐의 전투대형에 따라 플로렌시아(Florencia)라고 새로 명명한 가장 최신의, 그리고 아마도 아르마다 함선 중 가장 강력했을 갤리언선을 항해에 합류시켰던 것이다. 그 배는 펠리페와 마지못해 동맹을 맺은 토스카나[150] 대공에게서 강제로 빌린 것이었기 때문에, 산타 크루스는 그 배를 레반트, 즉 이탈리아 소함대의 기함으로 삼을 생각이었다. 그런데 이 배는 토스카나 해군이 보유한 유일한 갤리언선이었으며 대공이 지극히 소중히 여기는 재산이었다. 토스카나 대공이 세상에서 가장 싫어하는 일이 바로 그 배를 북쪽 바다로 보내 에스파냐 왕의 원정에서 전투를 치르게 하는 것이었다.

그 배가 산타 크루스의 수중에 들어온 과정은 참 기묘했다. 안트베르펜의 포위와 함락, 그리고 스헬데 강의 봉쇄로 빚어진 여러 결과 중에는 유럽의 향료 시장 붕괴가 있었다. 네덜란드인들의 봉기(蜂起) 중에도 안트베르펜은 향료 유통의 중심지였으며, 1585년까지만 해도 후추와 정향, 육두구, 말린 육두구의 껍질, 계피 등이 리스본의 창고에 가득 쌓여 있었다. 토스카나 대공은 기발한 생각을 해냈다. 피렌체를 새로운 향료 무역의 중심지로 만들

---

150) Tuscany. 피렌체가 있는 이탈리아 중부 지역

고, 자신이 그 과정에서 큰돈을 벌어보겠다는 생각이었다. 대공은 외교 경로를 통해 다른 나라들의 의중을 떠보았는데, 인도회사와 포르투갈 의회는 조심스럽긴 했지만 호의적인 반응을 보였다. 펠리페도 이 계획을 장려하고 있었다. 가격과 지불 조건이 합의되어 거래가 성사될 단계에 이르자 대공은 향료를 싣고 돌아올 새로 만든 훌륭한 갤리언선을 보내게 된 것이었다. 화물의 가치가 어마어마하기 때문에, 만일의 경우 바버리 해적들의 약탈선들을 피해 도망갈 수 있는, 최소한 산 프란체스코(San Francesco)호 같은 배가 필요했다.

바르톨리(Bartoli) 선장은 산 프란체스코호를 리스본에 정박시켰을 때, 규모가 큰 무역 거래에서는 흔한 일이지만, 약간의 장애가 생겼음을 알게 되었다. 펠리페의 위탁판매인들이 아직 향료를 인도할 준비가 안 되어 있었던 것이다. 사업가들이 실랑이를 벌이는 동안 바르톨리는 리스본을 관할하는 유명한 에스파냐 제독에게 배를 보여주며 즐거움을 맛보았다. 특히 위대한 산타 크루스가 산 프란체스코호에 대해 매우 열광적인 반응을 보여서 바르톨리의 기쁨은 더했다. 산타 크루스는 산뜻하게 잘빠진 선체와 배의 견고함에 대해 찬사를 보냈으며, 특히 자신의 그 어떤 함선들보다 더 파괴력이 큰 52문이나 되는 황동 대포들에 대해 감탄했다. 한마디로, 그는 이제껏 이보다 더 훌륭한 배를 본 적이 없었다. 그는 누구든 이 배를 지휘하는 사람은 행복한 사람일 거라고 생각했다. 그 뒤로 몇 주에 걸쳐 다른 에스파냐 함장들도 보트를 타고 와 산 프란체스코호를 감상했다.

몇 주가 지나고 다시 몇 달이 흘렀으나 여전히 향료는 없었다. 에스파냐 사람들의 주목을 받으며 기뻐했던 바르톨리 선장은 서서히 그들을 의심하기 시작했다. 토스카나 대공은 이러한 사정에 대해 그가 보낸 편지를 읽고서 경악했고, 향료로 이득을 보겠다는 생각을 접기로 결심했다. 대공은 바르톨리에게 긴급하게 배가 필요한 리보르노[151]로 산 프란체스코호를 몰고 돌아오라는 명령을 내렸다. 통상적인 출항 허가를 얻기 위해 시도하다가 실패하자 바르톨리 선장은 자기 군주의 명령을 이행하기 위해 닻을 올리고서 비공식적으로 항구를 떠날 준비를 시작했다. 그러나 리스본 함대의 바지선이 다가와 그가 해협으로 나가면 배를 침몰시키라는 명령을 요새들에 내려두었다는 말을 퉁명스럽게 전해주었다. 그것이 1586년 11월의 일로, 그 후 8개월 동안 마드리드에 있는 토스카나 대사의 주요 업무는 산 프란체스코호를 리스본에서 빼내는 것이었다.

그 후, 드레이크를 추격하기 위해 준비하면서 산타 크루스는 가스파르 다 소사(Gaspar da Sousa) 함장과 전투력이 우수한 포르투갈 보병 중대를 파견해 산 프란체스코호에 승선하게 했다. 바르톨리 선장에게는 포르투갈 갤리언선들과 함께 항해해야 하며 적과 교전 시 소사 함장의 명령에 따라야 한다는 전갈을 보냈다. 바르톨리가 침통함과 긍지를 섞어 토스카나 대공에게 보낸 편지에 썼듯이, 아조레스 항해에서 산 프란체스코호는 갑자기 물이 새지도, 돛대나 활대가 부러지지도 않은 유일한 배였으므로 이전보다 더욱 에스파냐 사람들이 그 배를 놔줄 가능성이 희박해졌다. 그럼에도 토스카나 대공은 죽는 날까지 배를 돌려받기 위해 갖은 애를 썼으며, 그의 계승자인 페르디난도 1세(Ferdinand I) 또한 산 프란체스코호가 영국을 향해 출항할 때까지도 배를 돌려받으려 노력하고 있었다.

---

151) 영어로는 레그혼(Leghorn). 이탈리아 북서부의 항구도시

에스파냐 해군이 플로렌시아호로 이름을 바꾼 산 프란체스코호에다 인도양 수비대 소속 갤리언선들을 합쳐, 메디나 시도니아는 총 20척의 갤리언선 전함을 보유하게 되었다. 화력 면에서는 그렇지 않더라도, 용적 톤수로 따지면 엘리자베스가 보유한 가장 훌륭한 배 20척과 거의 맞먹었다. 이 20척의 갤리언선들과 나폴리에서 온 갤리아스선 4척과 무장한 대형 상선 4척, 카스티야 함대의 갤리언선들이 에스파냐 함대의 제1전열을 이루었다. 제2열은 무장한 상선 40척이 차지했는데, 비록 영국 함대의 제2열을 이루는 가장 우수한 상선들만큼 가공할 정도의 무장은 갖추지 못했지만, 그중 상당수가 크기 면에서는, 영국 함대에서 가장 큰 트라이엄프(Triumph)호와 화이트 베어(White Bear)호를 제외하면, 양측 함대를 통틀어 그 어떤 배들보다 월등했다. 2월 이후에 메디나 시도니아는 인도양 함대 함선들의 절반 이상을 보유하게 되었고, 거기에 베네치아의 대형 무장상선 한 척, 제노바 것으로 추측되는 대형 이탈리아 무장상선 한 척, 비스케이 항구들에서 온 무장상선 예닐곱 척까지 확보하게 되었다. 또한 대형 수송함 몇 척을 더 들여오고 경량급 배들을 충분히 확보해서 2월보다 선박 수가 갑절이 늘었다. 그래서 4월 말까지 크고 작은 배 130척으로 그럭저럭 출항할 준비를 거의 마친 상태였다.

메디나 시도니아는 에스파냐 함대의 함선 수를 늘리는 일 외에 다른 여러 가지 방식으로도 전력을 보강해왔다. 가능한 한 많은 배들을 옆으로 기울여 청소하고 수지를 칠했으며, 리스본의 목재 저치장에서 마지막까지 건조시킨 나무와 해안 지역에서 그러모은 나무를 모두 사용해 썩은 목재 대부분을 새것으로 교체했고, 금이 간 돛대와 활대는 온전한 것으로 바꿨다. 또한 갤리언선 일부와 상당수의 상선들의 선수(船首)를 높게 개조했고, 고물 쪽에는 선루(船樓)를 지었다. 전통적으로 이런 선루를 설치하면 상선이 전함으로 바뀌었는데, 에스파냐와 포르투갈의 갤리언선들 중 최소한 일부는 보통 전체가 하나의 층으로 된 "쾌속형 갑판"(에스파냐 말로 'rasa')으로, 앞 갑판이 높지 않았고 뒤쪽과 선미 갑판도 상대적으로 낮았다. 쾌속형 갑판을 한 선박들은 속도가 더 빠르고 바람을 잘 거슬러 항해할 수 있다는 장점이 있었지만, 에스파냐 함장들 대부분은 몸을 보호하고 숨어서 공격할 수 있는 높은 선루가 있는 배를 선호했다. 영국 함장 중에도 높은 선루를 좋아하는 이들이 있었는데, 특히 마틴 프로비셔[152]가 그랬다. 그러나 메디나 시도니아의 주변에는 존 호킨스같이 혁신적인 인물이 없었다. 그가 부임한 뒤부터 리스본 항구의 목수들은 에스파냐 함대의 배들 중 그때까지 높은 선루를 올리지 않은 배에 선루를 설치하는 작업을 해왔다.

메디나 시도니아가 그 작업을 위해 출항을 미루고, 에스파냐 행정기관의 모든 부서에 영향력을 행사한 덕분에 에스파냐 함대는 많은 이득을 보았다. 3월 초에는 현저히 부족했던 투구, 흉갑, 장창, 단창, 머스킷총, 화승총도 4월 말이 되자 계획한 만큼 거의 확보되었다. 화약 할당량도 거의 두 배로 늘었는데, 거의 전량을 입자가 가는 "머스킷 화약"으로 준비했다. 아마도 이탈리아 화기 전문가의 조언에 따랐던 것 같다. 무엇보다 가장 중요한 것은 거포(巨砲)용 포탄 지급이 늘어 포 한 문당 50발을 쏠 수 있게 되었다는 점이다. 나중에 이 수량도 턱없이 부족하다는 것이 드러났으나, 전에 산타 크루

---

152) Martin Frobisher. 1535/1539~1594. 북서 항로를 개척해 세 차례 북아메리카로 항해했으며, 에스파냐 아르마다 격퇴에도 공을 세웠다.

스가 만족스럽게 생각한 포 한 문당 30발보다는 훨씬 많은 것이었다.

그러나 아무리 메디나 시도니아가 영향력을 행사하고 최선의 노력을 해도, 개선은 고사하고 더 악화되는 것조차 막을 수 없는 함대의 상황들이 있었다. 많은 배를 관리하다 보니 인간의 힘으로 바로잡을 수 있는 것보다 그렇지 못하는 일이 더 많았다. 승무원 전원이 승선한 상태로 항구에 일주일을 머문다는 것은 그 일주일 분량의 식량이 소비된다는 의미였고, 결과적으로 끊임없이 식량 재고분이 보충되어야 했던 것이다. 뿐만 아니라 출항을 10월로 예정하고 통에 담아두었던 고기와 생선, 비스킷은 5월이 되자 아무리 참고 먹으려고 해도 먹을 수 없는 상태로 상해버렸다. 가장 심각한 문제는 인력이 자꾸 줄어들고 있다는 사실이었다. 함대에 전염병이 돈 것도 아닌데 매주 사망신고서는 계속 증가했고, 제대로 먹지도 못하고 잘 입지도 못하며 급료도 제대로 받지 못하다 보니 탈영하는 군인과 선원도 늘어만 갔다. 메디나 시도니아가 돈을 더 구해 온 덕에, 12월에 가장 높았던 탈영률이 3월과 4월에는 다소 낮아졌다. 농사를 짓다가 합류한 농부들로 어찌 되었든 겉보기에는 군대를 구성하고는 있었지만, 이미 전해 11월에 산타 크루스도 제대로 훈련받은 수병들을 충분히 구할 수 없다며 한탄한 바 있었다. 4월이 되자 인원 부족 문제는 훨씬 더 심각해졌다. 제대로 훈련받은 포병들이 부족하다는 것도 앞으로 많은 문제를 야기하게 될 테지만, 거포, 특히 컬버린 포가 부족하다는 문제에 가려져 중요하게 취급되지는 않았다.

그럼에도 불구하고 비록 불안감을 떨쳐버릴 수는 없겠지만, 메디나 시도니아는 조급해하는 펠리페를 더 이상 무시할 수는 없다는 것과, 시간이 조금 더 있다고 해도 남아 있는 약점들을 보완하기 위해 자신이 할 수 있는 일은 거의 없다는 것을 알고 있었다. 4월 25일, 그는 성찬대(聖餐臺)에 있는 축복받은 원정 기(旗)를 가지러 리스본 대성당에 갔다. 그것은 이제 항해를 시작한다고 선포하고 원정이 신성한 것임을 만방에 알리는 의미를 갖고 있었다. 원정 기를 받으며, 항해를 떠나는 모든 이가 고해를 하고 성찬을 받았다. 그들 모두는 하느님의 이름을 부르며 욕을 하는 행위를 비롯해 군인들과 선원들이 흔히 저지르는 여러 죄에 대해 엄한 경고를 받았다. 또한 여자들을 몰래 승선시키지 않았는지 확인하기 위해 모든 배를 검색하는 과정을 거쳤다. 이제 에스파냐 함대 총사령관은 엄숙한 마음가짐을 하고서 리스본 대성당에 갔다. 교황의 대리인 대주교가 그와 함께했다. 리스본의 대주교가 직접 미사를 집전하면서 장대한 항해를 위해 축도를 올렸다. 깃발은 성찬대에서 거두어져 마요르 광장을 가로질러 도미니크 수도원에 도착했고, 그곳에서 메디나 시도니아가 개인적 헌신의 징표로 그 깃발을 직접 성찬대 위에 바쳤다. 그러고 나서 깃발은 줄지어 무릎 꿇고 있는 병사들과 선원들 사이로 옮겨졌고, 수도사들은 이 지극히 신성한 성전(聖戰)에 참가하는 모든 이에게 교황이 승인한 면죄와 용서의 선언문을 읽어주었다. 축복받은 깃발 중앙에는 에스파냐 문장이 그려져 있었고, 그것을 중심으로 한쪽에는 십자가에 못 박힌 그리스도가, 다른 한쪽에는 성모 마리아의 모습이 그려져 있었다. 아래에는 다음과 같은 성경의 〈시편〉 구절이 새겨져 있었다. "Exurge, domine, et vindica causam tuam."("일어나소서, 오, 여호와여, 당신의 뜻을 지키소서.")

  이 감동적인 의식에 대해 가장 꾸밈없이 기술한 사람은 에스파냐 해군의 준비 상황을 시시각각 교황에게 보고하던 리스본 주재 교황청 사절이었다. 유럽에서 교황 식스토 5세보다 더 에스파냐의 영국 원정에 대해 촉각을 곤두세우며 관심을 기울이는 사람은 없었다. 그는 임기 첫해부터 계속 펠리페를 부추겨왔고, 펠리페도 그에 못지않게 오랫동안 그 반대급부로 그에게서 돈을 빌려보려고 무던히 애를 써왔다. 그러나 교황은 펠리페가 정말로 영국을 침략하리라는 확신이 거의 없었다. 그는 확실하지도 않은 미래의 일을 위해 돈이든 뭐든 빌려줄 생각이 없었다. 대신 그는 에스파냐 군대가 영국 땅에 발을 딛는 바로 그날에 에스파냐 왕에게 금화 백만 더컷을, 그것도 빌려주는 게 아니라 그냥 주겠다고 로마 주재 에스파냐 대사인 올리바레스에게 단단히 약속해두었다. 물론 에스파냐의 성직자들로부터 성전을 위해 특별 세금을 거둘 수 있게 허락도 받았을 것이고(물론 허락이 없었어도 어차피 그렇게 했겠지만), 필요하다고 생각되는 축복이나 면죄부도 충분히 받았을 테지만, 그날이 오기 전까지 펠리페는 교황의 금고에서 땡전 한 푼 얻어내지 못할 것이었다. 그러니 이제 펠리페가 원정을 실행할 의도가 확실하다는 사실이 드러나자 자연히 식스토는 성공 가능성에 특별한 관심을 가질 수밖에 없었던 것이다.

그 호기심을 충족하기 위해 교황은 마드리드 주재 교황청 대사에게 주의를 환기시켰을 뿐만 아니라 명목상으로는 교회의 일이라고 밝히고 리스본에 특별 대사까지 파견했다. 출정식이 열리기 바로 며칠 전에 이 특사는 몬탈토 추기경(Cardinal Montalto)에게 현실을 여실히 보여주는 대화를 보고한 바 있었다.

그 특사는 경험이 가장 많은 고위직 에스파냐 함대 장교와 사적인 이야기를 나누었는데(혹시 후인 미르데네스 데 레칼데기 이니었을까?), 그때 그는 용기를 내어 그 장교에게 단도직입적으로 물어보았다고 한다. "영국해협에서 영국 함대를 만난다면 승리할 거라고 생각하시나요?"

그러자 그 장교가 대답했다. "물론이지요."

"어떻게 그렇게 자신하시죠?"

"이유는 아주 간단합니다. 우리가 하느님의 대의를 위해서 싸운다는 사실은 누구나 알고 있습니다. 따라서 영국 함대를 만났을 때 하느님께서는 분명 우리가 그 배들을 갈고리로 걸어서 건너 탈 수 있게 상황을 만들어주실 것입니다. 이상하게도 변덕스러운 날씨를 허락하시거나, 아니면 영국인들의 정신을 혼미하게 만드실 가능성이 더 크겠지요. 만일 우리가 가까이 다가가 싸울 수 있다면 우리에게 있는 용맹과 칼과 창으로(그리고 배에 탄 압도적인 수의 병력으로) 확실히 승리를 거둘 것입니다. 그러나 하느님께서 기적을 행하셔서 우리를 돕지 않으신다면, 우리 것보다 더 빠르고 다루기 쉬운 배를 가지고 있고 장거리포도 훨씬 더 많이 가지고 있으며, 우리만큼이나 자신들의 장점을 잘 알고 있는 영국인들은 절대 우리에게 가까이 붙지 않으려 할 것입니다. 아마 멀리 떨어져서 컬버린포로 우리가 산산조각이 날 때까지 두들겨댈 것이고, 우리는 그들에게 어떤 심각한 타격도 주지 못할 겁니다. 따라서 우리는 기적이 일어날 거란 확신과 희망을 품고 영국을 치러 항해에 나서는 것입니다." 마지막 말을 하면서 아마도 그 장교는 입가에 씁쓸한 미소를 지었을 것이다.

18장_바리케이드의 날, I

파리, 1588년 5월 12일과 그 전 며칠 동안

5월 12일 목요일 아침 5시, 멘도사는 풀리에 거리(Rue des Poullies) 모퉁이에 있는 자기 집 침실에서 생토노레 가(Rue Saint-Honoré)를 따라 진군하는 많은 무장한 사내들의 요란한 발소리를 들었다. 멘도사는 눈이 침침했지만, 패드를 댄 더블릿[153]과 풍성한 판탈롱을 입어서 실제 체구보다 더 커 보이는 이 억센 사내들이 누구인지 몰라볼 리가 없었다. 그들은 라니[154]에서 온 프랑스 왕의 스위스 연대였다. 그들은 생토노레 가를 가득 메우면서 마치 함락시킨 도시로 입성하는 것처럼 군기를 펄럭이며, 장창과 미늘창을

---

153) 14~17세기 유럽 남성들이 입었던 짧고 허리가 잘록한 상의

154) Lagny. 파리 외곽 동쪽에 위치한 마을

언제라도 찌를 듯한 자세로 들고, 화승총과 머스킷총의 도화선에 불을 붙인 채 행군하고 있었다. 그들 뒤로는 프랑스 수비 연대가 생토노레 문을 통과해 들어오고 있었고, 아침 햇살에 투구와 창끝, 금몰, 총신이 반짝이기 시작했다. 멘도사는 루브르 궁으로 통하는 좁은 길을 지나 순교자 공동묘지 왼쪽 모퉁이를 돌아 행진하는 그 긴 행렬을 계속 지켜보았다. 그들이 행진하는 동안 20개의 큰북이 내는 천둥 같은 소리와, 역시 20개의 횡적(橫笛)이 내는 새된 소리가 계속 울려 퍼졌다. 생토노레 문 쪽에서 진입하고 있는 프랑스 수비대 역시 공격적인 리듬으로 음악을 연주하고 있었다.

프랑스의 왕은 자신의 수도 안에서 주인이 되고자 마지막 시도를 하려는 듯 보였다. 그러나 멘도사는 전혀 놀라지 않았다. 어제 이미 온갖 소문들이 떠돌았으며, 저녁이 되자 여러 특별 조치가 취해졌다. 바스티유 감옥과 샤틀레(Châtelet) 구역에 경비 병력을 증강했으며, 파리 시청은 드나드는 사람들로 분주했고, 가장 믿을 만한 구역에서 민병대를 소집해 대기시켰고, 충직한 파리의 관리들에게 순찰대의 지휘를 맡겨 밤새 주요 광장과 성문, 다리를 지키게 했다. 이 모든 일은 뭔가 범상치 않은 일이 벌어질 것임을 예감하게 했다

멘도사는 그다지 놀라지는 않았더라도, 분명 약간 불안하기는 했을 것이다. 이제 곧 일어날 쿠데타는 3년 이상 준비해온 것이었다. 그것은 완벽하게 시간에 맞춰 폭발하도록 준비한 지뢰였다. 파르마가 요구한 대로 에스파냐의 영국 침공 전날에 때맞춰 터진다면, 아무리 위력이 약하더라도, 프랑스 군주국은 마비 상태에 빠질 것이며, 제대로 세게 터진다면 이미 폐허가 된 프랑스 영토가 에스파냐 왕의 수중에 들어갈 수도 있을 것이었다. 지난 2주 동안 파리에 있는 가톨릭동맹의 비밀혁명 조직인 16인위원회는 그 어느

때보다 더 자신들의 의중을 공공연히 드러내고 있었다. 그것은 불가피한 선택이었다. 또한 가톨릭동맹의 수장인 기즈의 앙리, 그리고 수십 명의 하부 조직 수령들과 지휘관들도 이제는 아무리 위험하다고 해도 반드시 파리에 들어와 있어야 했다. 파리에 있는 가톨릭동맹 가담자들은 전투를 치르지 않고도 권력을 잡을 수 있을 거라고는 기대하지 않았고, 앙리를 자극해서 그가 성급하게 폭력을 휘두르게 만들어야만 민중 봉기가 촉발될 것이라고 예상했다. 그러나 생토노레 거리를 일사분란하게 행진하는 스위스 군인들에게서, 폭력 사태가 일어날 것임을 분명히 짐작할 수 있었지만, 성급함이 느껴지지는 않았다. 전혀 예상치 못한 용기와 결단으로 왕은 자신을 끌어내릴 쿠데타를 역(逆)쿠데타로 먼저 제압하고자 작정한 듯 보였다. 만일 멘도사의 가톨릭동맹 친구들이 스스로를 방어하는 법을 알지 못한다면, 이름 있는 지도자들의 머리와 평민 가담자들의 축 늘어진 몸뚱이가 땅거미가 지기도 전에 루브르 궁의 성가퀴를 장식하게 될지도 모를 상황이었다.

지난 사흘 동안 상황이 너무 묘하게 돌아가서 멘도사가 걱정을 할 만도 했다. 기즈의 앙리가 5월 9일 월요일 정오쯤에 파리에 들어오고, 미리 짜놓은 계획대로 생마르탱 거리에서 파리 시민들에게 "우연히" 눈에 띌 때까지만 해도, 모든 게 계획한 대로 순조롭게 진행되었다. 멘도사가 확보한 정보가 맞는다면, 기즈 공이 말을 타고 생마르탱 문을 통과할 때쯤이면 에스파냐 함대는 카스카에스 해안을 지나고 있어야 했다. 그리고 실제로 바람만 제대로 불었다면 멘도사의 예상과 하루나 이틀 정도밖에 차이가 나지 않았을 것이다. 멘도사 덕분에 기즈의 파리 입성은 기적과도 같이 시간적으로 완벽했으며, 멘도사는 이와 똑같이 오랜 시간 복잡한 준비들을 모두 원숙한 솜씨로 거의 완벽하게 비밀을 유지하며 해냈다.

1588년 5월에도 멘도사가 얼마나 밀접하게 기즈가 이끄는 가톨릭동맹 귀족들과 관계를 맺고 있는지 어렴풋이나마 짐작하는 사람들은 극소수에 불과했겠지만, 비밀조직 16인위원회가 주도하는 파리의 가톨릭동맹과 멘도사가 관련을 맺고 있다고 의심하는 사람들은 그보다 훨씬 더 적었을 것이다. 카트린 드 메디시스 태후(太后)의 주치의라는 유리한 위치를 활용해 토스카나 대공에게 정치적 정보를 제공해주던 영민한 카브리아나(Dr. Cavriana)는, 그 음악을 지휘하는 사람, 그리고 첫 마디가 연주되기 전까지 확신을 갖고 준비한 사람이 분명 그 비용도 부담하고 있을 거라고 추측했으며, 또한 파리가 한창 혼란에 빠져 있을 때에도 멘도사를 지칭해 그가 바로 "이 춤판을 준비하고 지휘하는" 사람이라고 무심히 말하곤 했다. 그러나 멘도사의 가장 친한 친구이긴 했지만 카브리아나도 단지 짐작만 할 뿐이었다. 16인위원회에 왕의 세작으로 잠입한 니콜라 풀랭(Nicholas Poulain)는 아마도 그 자신과 앙리 3세가 공표해도 괜찮다고 생각한 정도 이상으로 멘도사의 개입에 대해 많이 알았을 것이다. 앙리 3세가 반란자들에게 물적, 심적 원조를 제공했으므로 퇴출해야 마땅하다고 멘도사를 공식적으로 비난했을 때, 풀랭은 그 비난이 정당함을 증명할 수 있을 만큼 많은 것을 알고 있었다. 그러나 그런 풀랭도 기즈의 성과 우호적인 수도원들, 신실한 가톨릭 주택들 등, 파리 시내 여기저기에 몰래 숨겨놓은 무기들 중 그 에스파냐 대사가 자금을 대서 준비한 것이 얼마나 되는지에 대해서는 짐작조차 하지 못했던 것 같다. 심지어 오늘날까지도 멘도사가 어떤 방법으로 16인위원회와 교신했는지는 분명하지 않다. 멘도사는 대단히 노련한 음모자였기 때문에 어떤 음모든 자기가 반드시 기록해야 할 것이 아니라면, 자신의 왕에게 보고하는 글에서도 밝히지 않았다.

지금까지 알려진 바로는, 그 혁명가들은 1585년 1월에 조직되기 시작했는데, 멘도사가 파리에 대사로 파견된 지 약 3개월이 지나고 펠리페 왕과 로렌 가문의 공작들이 주앵빌 밀약을 곧 체결할 거란 소식을 들었을 무렵이었다. 에스파냐가 자금을 대주고 프랑스 귀족들로 구성된 신성동맹을 부활시킨다고 약속한 그 조약은 멘도사가 프랑스에 파견된 이유이기도 했다. 최후의 순간에 그는 협상 마무리를 다른 사람들의 손에 맡겨두고서 파리에 머물러 있었는데, 그 이유는 그가 파리 음모단의 사교 분위기를 좋아해서가 아니었다. 비밀 조직 16인위원회에는 공작이나 귀족도 없었으며 명문가 사람도 없었고 상류층 부르주아도 없었다. 서너 명의 하층 관리, 변호사 두 명, 신앙 감독관 한 명, 집달리 한 명, 경매인 한 명, 양철공 한 명, 푸주한 한 명 등 모두 그렇고 그런 사람들로 구성되어 있었다. 그러나 그들은 열정적이며 영리한 사람들이었고, 극단적인 당파적 열정, 모든 종류의 새로움에 대한 증오, 자신들과 생각이 다른 사람들에 대한 증오, 개인적 야망 등이 합쳐져 이후 우리가 "과격 보수주의자들"의 전형으로 인식하게 되는 성격을 갖고 있었다. 멘도사는 금세 그들을 프랑스에서 가장 소중한 에스파냐의 협력자들로 여기게 되었고, 그들도 결국 멘도사를 자신들의 당연한 우두머리로 여기게 되었다.

　심지어 1585년에도 그들이 상당히 쓸모 있을 거란 확신이 있었다. 자신들이 믿는 바와 상관없이, 그들은 모든 선한 가톨릭교도들이 위그노에게 학살당하지 않으려면 무장을 해야 하며, 에페르농 같은 비열한 총신들이 위그노를 이끌고 있으며 왕도 은밀하게 그들과 손을 잡고 있다고 주변의 어리석은 이웃들에게 훈계했다. 그들은 서로에게, 그리고 교신하는 다른 지역의 위원회 위원들에게, 자신들은 이교도 왕의 속박에서 벗어나기 위해서 무슨 일을 해도 정당하다고 말했다. 그들은 나바르보다는 기즈를 선호했으며, 그들 대부분은 발루아 왕조의 마지막 왕이 자연사해서 기즈가 권좌에 오를 때까지도 기다리고 싶어 하지 않았다. 준(準)군사 조직을 만들어 파리를 점령해야 한다는 점을 그들 모두 인식하고 있었다. 멘도사는 이런 모든 점이 흡족했던 것이다. 물론 이즈음에 멘도사는 기즈 공의 파리 연락책인 매네빌(Maineville)을 통해 16인위원회와 연락을 취하고 있었을 것이고, 때때로 매네빌도 멘도사를 통해 파리 위원회에 대한 정보를 얻었던 것 같다. 혹은 기즈의 누이인 몽팡시에(Montpensier) 공주를 통해 그 혁명가들의 소식을 들을 수도 있었을 것이다. 멘도사는 파리에 도착하자마자 그녀를 방문했으며, 곧 그녀의 집에서 자주 볼 수 있는 친숙한 인물이 되었다. 그 활동적인 여성 정치인은 파리에서 가장 입심 사나운 교회 연설자들을 전부 후원하고 있었으며, "오빠 앙리의 삭발식155)을 위해" 거들에 황금 가위를 지니고 있었고, 자신이 거느린 신앙 감독관과 사제, 수사가 그 어떤 군대보다 더 가톨릭동맹에게 유용하다고 자랑하곤 했다. 그녀는 자신의 역량이 허락하는 만큼 깊이 16인위원회와 관련을 맺고 있었던 게 분명하다. 또한 멘도사는 예수회 수사들을 통해서도 16인위원회와 교신을 했을 것이다. 그의 신앙 고백자도 예수회 수사였고, 직접 한 차례 이상 예수회 프랑스 대교구의 클로드 마티외(Claude Matthieu) 수도원장과 거사를 의논한 적이 있었으며, 프랑스의 예수회 수사들은 거의 모두 가톨릭동맹의 열렬한 지지자들이었고 가톨릭동맹 역시 그들을 자신들 편으로 받아들였다. 또 하나 알려진 사실은, 처음부터

---

155) 성직자가 되기 위해 머리 한가운데를 깎는 가톨릭 의식

16인위원회가 가장 자주 모임을 가졌던 장소 중 하나가 산체스(Sánchez)란 이름의 에스파냐 사람이 운영하는 술집이었다는 것인데, 산체스는 네덜란드에서 알바[156] 장군 휘하에서 복무했다고 알려져 있으며, 멘도사를 위해 전갈을 받고 심부름을 했던 인물이었다. 그러나 비록 증거는 없지만, 멘도사가 16인과 함께 거사를 공모했거나, 최소한 16인위원회 내부의 핵심 인물 5인과는 어떤 매개 없이 직접적이고도 밀접하게 소통했을 가능성이 농후하다. 확실한 것은 이후 멘도사가 공개적으로 그들과 합류했을 때, 그들은 그를 오랜 친구이자 믿음직한 협력자로서 환영했다는 사실이다. 또한 멘도사는 프랑스 대사로 부임한 지 채 6개월도 되기 전에 펠리페에게 대단히 자신 있게, 그리고 가톨릭동맹에 관한 한 상당히 정확하게, "파리"가 어떤 생각을 하고 있는지, 그리고 "파리"가 정치적 위기가 닥칠 때마다 어떤 행동을 하게 될지 이야기하고 있었다.

멘도사가 16인위원회에게 처음부터 가장 중요한 활동이었던 정교한 군사 계획에 관해 얼마나 많은 조언을 해주었는지는 알 수 없다. 그들 각자는 파리를 16개 지구로 나누어 각 지구의 지휘관을 맡았고, 핵심 인물 5명은 다섯 구역의 "연대장"을 맡았다. 각 지구는 개별 지휘소와 무기 은닉 장소를 가지고 있었으며, 무장봉기가 시작되었을 때 스스로를 방어하고 서로 연락을 취할 계획을 짜놓았다. 16인위원회가 파리 전역에서 같은 비율로 반란군을 모집할 수는 없었다. 지지자가 전혀 없는 구역도 있었으며 몇몇 지

---

156) Fernando Alvarez de Toledo. 1508~1582. 네덜란드의 신교도 반란을 진압한 에스파냐 장군

구에는 소수에 불과했다. 그러다 보니 전투 병력의 핵심은 싸움꾼과 광신자, 언제든 폭동을 일으키고 약탈을 할 준비가 되어 있는 푸주한과 뱃사공, 말 장수, 그리고 소르본 대학의 학생으로 채울 수밖에 없었다. 그럼에도 불구하고 조직의 힘과 체계적인 테러, 교회 사제들의 요란한 선동 덕분에 그들은 도시 전체를 뒤흔들 수 있으리라 자신했다.

시가전 전술에 대해서는 특별히 연구했다. 그들은 네덜란드 전쟁의 노장이(멘도사가 아니었을까?) 14세기 이래로 파리의 거리를 폐쇄할 때 사용하던 쇠사슬을 바리케이드로 보완하자는 제안을 하자 대단히 기뻐했다. 그들이 듣기에는, 짐마차와 손수레, 집 안의 가구들로 즉석에서 만들면 된다는 제안도 상당히 만족스러웠지만, 경험으로 입증되었듯이 최상의 방책은 크고 작은 나무통에 흙과 돌을 채워 넣어서 만든 것이었다. 이 통들을 원하는 곳까지 재빨리 굴려서 똑바로 세워놓으면 가슴 높이까지 머스킷 총알을 막을 수 있어 방어에 용이했다. 물론 이 일에는 상당한 준비가 필요했다. 빈 통들은 필요할 때까지 몇몇 호의적인 포도주 저장고에 쌓아놓을 수 있었고, 그러면 흙과 자갈 더미 옆에 통들을 둬서 의심을 사지 않아도 되었다. 남는 자갈은 지붕이나 위층 창문에서 던지는 데 쓰면 유용했다. 1587년 봄, 16인위원회는 바리케이드를 이용해서 왕당파의 거점인 최고재판소, 시청, 바스티유 감옥, 병기창과 왕이 있는 루브르 궁까지 고립시켜 제압할 수 있다며 무척 자신감에 차 있었다. 또한 하부 조직원들은 음모를 꾸미고 비밀리에 훈련을 하고 무거운 자갈 더미를 옮기는 것보다 더 자극적인 뭔가를 하고 싶어 했기 때문에, 멘도사와 기즈는 4월에 봉기가 일어나는 것을 막기 위해 전력을 쏟아야만 했다. 가까스로 봉기를 막긴 했지만, 멘도사는 대단히 불안했다. 1587년 4월은 너무 일렀던 것이다.

멘도사는 새로운 형태의 바리케이드로 경비 병력 이삼백 명과 왕의 편에 설 것으로 예상하는 충성심이 의심되는 도시 민병대는 쉽게 저지할 수 있을 거라 생각했지만, 수천 명의 전투 보병까지도 막을 수 있으리라 확신하지는 못했다. 그러나 자신이 정한 타이밍에 대해서는 자축할 만했다. 멘도사가 파르마에게 보낸 편지에 썼듯이, 파리는 1587년의 마르탱 축일[157) 이후로 분위기가 무르익어 있었다. 그러나 몇 주 더 상황을 지켜볼 필요가 있었다. 그러다 산타 크루스가 2월 15일까지는 반드시 출항할 것이라는 소식을 에스파냐로부터 들었고, 멘도사는 그 날짜에 맞춰 모든 것을 준비했다. 2월 초, 기즈는 느닷없이 도발적인 성명서를 발표했다. 기즈는 그 성명서에서 왕 주변에서 이단자로 의심되는 자들을 제거할 것(앙리의 총애를 받는 에페르농 공을 겨냥했을 것이다.), 가톨릭동맹에 대한 명료한 지지를 표할 것, 모든 교구에 종교재판소를 설치할 것, 위그노의 재산을 전부 몰수하고 개종(改宗)을 거부하는 위그노 전쟁포로를 모두 사형에 처할 것 등을 요구했다. 이 밖에도 앞으로 몇 년 동안 프랑스 전역이 전쟁에 휩싸일 거란 확신을 갖게 할 만한 요구들이 더 있었다. 성명을 발표한 후 기즈는 강력한 추종 부대를 이끌고 수아송[158)으로 이동했고, 가톨릭동맹의 전투 지휘관들은 파리에 집결하기 시작했으며, 그의 호전적인 사촌인 오말(Aumâle) 공작은 피카르디[159)에 주둔한 왕의 군대에 대한 공격을 재개했다. 한편 파리의 설교자들은 그들의 여호수아, 그들의 다윗에 대해 시끄럽게 떠들어대기 시작했다.

---

157) 11월 11일

158) Soissons. 파리 북동쪽 98킬로미터 엔 강 좌측에 위치한 도시

159) Picardy. 프랑스 북부의 옛 주

이런 도발에 자극을 받고 에페르농까지 옆에서 부추기자, 발루아의 앙리는 자신이 직접 군대를 이끌고 피카르디에서 가톨릭동맹 세력을 소탕하고야 말겠다고 맹세했다. 바로 그 시점에 멘도사는 산타 크루스가 사망했으며, 따라서 불가피하게 에스파냐 함대의 출정이 미뤄질 거란 소식을 마드리드로부터 전해 들었다. 다음 날 아침(우연의 일치였을까?), 태후인 카트린은 전쟁이라는 가혹한 매질 대신 점잖은 협상의 기교를 이용해 기즈를 복종시켜보라고 아들 앙리를 설득했고, 수아송에 있던 기즈 또한 뜻밖에도 설득에 귀를 기울이려는 태도를 보였다. 최소한 이것만은 우연의 일치가 아니었다. 멘도사가 계획에 차질이 생겼음을 이미 기즈에게 알렸던 것이다. 이에 기즈는 시기를 늦춰야 한다면 돈이 더 필요하다고 그다운 대꾸를 했다.

4월에, 펠리페 왕의 국고에서 지출이 많았음에도 불구하고, 기즈는 그 돈을 받아냈다. 그 어느 때보다도 가톨릭동맹과 기즈가 영국 침략 계획을 위해 중요해졌기 때문이었다. 주아외즈의 사망 이후, 에페르농은 왕에게 절대적인 영향력을 행사하는 인물이 되었다. 그는 가톨릭이었지만, 에스파냐와 전쟁을 해서 프랑스를 다시 통일하자던 콜리니의 계획에 전적으로 동의하고 있었다. 에페르농은 노르망디를 향해 떠날 준비를 하고 있었다. 앙리는 이미 그를 그곳 총리로 임명했으며, 라망슈[영국] 해협에 있는 모든 항구에서 그의 권위를 확고히 세울 만큼 강력한 군대를 허락했다. 그곳에 도착하면 피카르디로 가서 가톨릭동맹군을 내쫓고 칼레와 불로뉴 지방을 확실히 장악할 계획이었다. 그런 다음 로셸레(Rochellais)호를 포함해 모을 수 있는 모든 배를 동원해 해협에서 영국군과 합류하거나, 혹은 만일 에스파냐 함대가 승리해 파르마가 영국으로 건너간다면, 플랑드르와 아르투아로 쳐들어가 파르마가 돌아오기 전에 그곳을 다시 프랑스 땅으로 만들 심산이었다.

펠리페는 적어도 파르마와 올리바레스, 멘도사, 영국의 망명자들에게서 그런 이야기를 들었고, 자신의 비밀 정보원으로부터도 그런 정보를 보고 받았다. 그리고 4월 15일에 펠리페는 적어도 4주 안에 메디나 시도니아가 항해를 시작할 것이라고 멘도사에게 확답을 줄 수 있었다.

그다음에 무슨 일이 일어나야 하는지는 오래전부터 암묵적으로 합의되어 있었다. 4월의 마지막 주에 센 강 좌안(左岸)에 있는 모든 설교단, 파리에 있는 거의 모든 설교단에서는 호소와 비탄의 소리로 시끄러웠다. 왕과 그의 사악한 총신들이 이교도들과 함께 파리의 선한 가톨릭들을 학살하려는 음모를 꾸미고 있다. 기즈 공이 친구로서 파리에 입성하길 원한다면, 지금 와서 하느님의 진실과 하느님의 백성을 지켜주길! 혼비백산한 앙리 3세는 고문인 베리에브르(Bellièvre)를 기즈에게 보내, 시민들이 진정할 때까지 파리에는 얼씬도 하지 말아야 하고, 그래야 유혈 사태를 막을 수 있다고 권고하도록 했다. 기즈가 똑바로 대답을 하지 않을 경우 그에게 파리로 오지 말라는 왕의 명령을 전달하라는 지시를 내렸다.

베리에브르는 5월 8일, 일요일 오전에 그 왕명을 기즈에게 전달했다. 베리에브르는 기즈가 명령에 따를 거라 생각하고 말을 돌려 파리로 돌아왔다. 그런데 그날 저녁, 기즈도 소수의 수행원만 대동하고서 파리로 출발했다. 그는 밤새 말을 달려 생드니(St. Denis) 근처에서 아침을 먹었고, 곧장 스위스 군대의 진영을 지나 생마르탱 문을 통해 파리로 들어갔다. 기즈는 이마 밑까지 모자를 푹 눌러쓰고 망토로 얼굴을 가린 채 말을 달리고 있었다. 생마르탱 가에 이르자 수행원 중 하나가 마치 장난치듯 그의 모자를 벗기고 망토를 뒤로 젖혔다. 파리 시민들 중에 그 당당하고 박력 있고 잘생긴 얼굴을, 그리고 훈장과도 같은 얼굴의 흉터를 못 알아볼 이들은 거의 없었다.

"기즈 공작이다!" 외침 소리가 퍼져 나갔다. "드디어 기즈 공작이 왔다! 우리는 살았어! 기즈 공작, 만세! 교회의 기둥이여, 만세!" 상점과 교회는 텅텅 비었고, 기즈는 왕의 행차 때보다 더 열광적인 시민들의 호위를 받았다.

이때까지는 모든 것이 계획한 대로 진행되어갔다. 인근의 가톨릭동맹군은 모두 경계 태세를 갖추었다. 상당수가 전투 경험이 있고, 모두 충분히 무장한 약 800에서 900명 정도의 가톨릭동맹 반란군은 이미 파리에 잠입해 전략적 요충지인 도미니크 수도원, 주교 관저, 몽팡시에 공작 저택, 기즈의 저택 등에 머물고 있었다. 그들은 며칠 전에 앙리가 불러들인 증원 병력에 견줄 수 있을 만큼 상당히 잘 훈련된 전투원들이었다. 이때 앙리가 신뢰하는 단 한 사람, 과감한 결단을 내릴 용기가 있고 그 결단을 왕이 받아들이도록 할 만큼 영향력이 있는 에페르농은 왕실의 가장 강력한 군대 일부와 함께 노르망디 깊숙한 곳에 있었다. 에페르농은 때맞춰 파리로 돌아올 수 없었기 때문에 파리의 운명에 영향을 미칠 수 없었다. 그렇다고 해서 큰 전과를 올릴 만큼 노르망디에 오래 머문 것도 아니었다. 앙리가 죽거나, 가톨릭동맹의 손에 포로가 되거나, 아니면 그저 그들에 순종하는 꼭두각시로 전락하게 된다면—멘도사는 어떤 상황이 되든 상관없었다.—노르망디 지역도 기즈 편에 서게 될 것이다. 어떤 일이 벌어져도 프랑스는 에스파냐를 위협할 만한 처지가 못 될 것이다.

그런데 계획에 없던 일이 발생하고 말았다. 기즈는 생마르탱 가에서 왼쪽으로 꺾어 생앙투안 가 쪽으로 올라가 지휘관들과 유격대가 기다리는 자신의 저택으로 향했어야 했다. 그런 다음 그곳에서 상황을 봐가면서 바리케이드를 치거나 아니면 앙리에게 항복 조건을 적어 보내야 했다. 그런데 기즈는 그러지 않고, 오른쪽으로 돌아 넓은 생드니 가를 가로질러 미로같이 복잡하고 좁은 거리들을 돌진해 생외스타슈(St.-Eustache)로 향했다. 그곳에는 태후인 카트린 드 메디시스와 그녀의 유명한 무희들 중 남은 일부가 거처하고 있었는데, 어떤 이들은 그곳을 당연히 '회개한 여성들을 위한 집'[160]으로 생각했다.

창문 쪽에서 그녀의 어린 시종이 기즈 공작이 다가오고 있다고 외치자 카트린은 말했다. "그런 말을 하는 것을 보니 네가 미친 게로구나." 하지만 열광하는 추종자들 한가운데에서 말에 올라타 있는 그 붙임성 좋은 사내를 자신의 눈으로 직접 확인하자, 돌연 그녀는 입술이 퍼렇게 질리고 목이 메어 말소리마저 떨렸다. 그녀가 그렇게 감정을 드러낸 것이 기즈가 파리에 오리라는 것을 몰랐기 때문이었는지, 또는 이 중대한 형국에 자신에게 와서는 안 된다는 점을 알고 있었기 때문이었는지 그 이유는 지금 알 수 없다. 카트린이 기즈를 맞이하자 그는 그녀에게 경의를 표했고, 큰 소리로 그녀의 도움과 조언을 신뢰하기에 자신에 대한 온갖 비방을 해명하고 왕에 대한 의무를 수행하고자 달려왔다고 밝혔다. 그러자 카트린은 유리창 벽 쪽으로 그를 데리고 갔다. 그리고 몇 분 동안 그들의 목소리는 들리지 않았는데, 한 관찰자의 말에 따르면 기즈는 당혹스러워하는 듯 보였고, 카트린은 두려움에 휩싸인 듯 보였다고 한다. 한 심부름꾼이 전갈을 들고서 루브르에 갔다 머지않아 돌아왔고, 카트린은 가마를 대령하라고 명했다.

멘도사가 일이 예상 밖으로 돌아가고 있음을 처음으로 알게 된 것은 소란한 환호와 길채 소리에 이끌려 칭문을 내다봤을 때었다. 기트린의 기미기

---

160) 회개한 전직 윤락 여성들을 수용하는 시설이란 의미

'회개한 여성들을 위한 집'에서 나와 군중 사이를 헤치고 흔들거리며 루브르 궁 방향으로 가는 것을 보게 되었는데, 그 옆에서 모자를 손에 든 채 좌우로 군중에게 인사하며 연방 꽃을 맞으면서 걷는 이는 다름 아닌 기즈 공작이었던 것이다. 기즈가 파리로 들어갔다는 소식을 들은 교황 식스토 5세는 "바보 같으니! 죽으러 갔군!" 하고 소리쳤다. 멘도사는 그 위대한 교황이 로마를 다스리듯이 앙리 3세가 파리를 철권으로 통치하지는 못하지만 그래도 자신의 궁에서만큼은 완전한 주인이란 점을 알고 있었다. 그렇기에 그는 자신이 세운 모든 계획의 성패가 달린 사람이 그 소름 끼치는 입구로 사라지는 것을 보면서 분명 순간 경악을 금치 못했을 것이다.

실제로 루브르 궁에서는 바로 그때 기즈의 죽음에 대해 논의하고 있었다. 앙리와 함께 밀담을 나누고 있던 사람은 코르시카 태생의 충직한 장군인 알퐁스 도르나노(Alphonse d'Ornano)였다. 앙리는 어머니에게서 전갈을 받자 도르나노에게 이렇게 말했다. "기즈가 방금 파리에 도착했다는군. 내 명령을 어기고 말이야. 자네가 나라면 어떻게 하겠나?"

그러자 도르나노가 물었다. "폐하, 기즈 공을 친구로 생각하십니까, 아니면 적으로 생각하십니까?" 그리고는 앙리의 표정에서 답을 찾으려고 하면서 "폐하, 명령만 내리소서. 그러면 제가 그자의 머리를 폐하의 발밑에 바치겠나이다."라고 말을 이었다.

이때 소심한 기회주의자들인 라 기슈(La Guiche)와 빌키에(Villequier), 베리에브르가 끼어들며 겁에 질려 반대를 했다. 그러나 델벤 신부(Abbe d'Elbène)는 도르나노의 간단한 해결책에 전적으로 동의하면서 예언자 스가랴[161)]의 말을 인용해 분명한 권고를 표했다. "percutiam pastorem et dispergentur oves(양치기를 없애면 양들은 흩어지는 법이다)." 델벤 신부가 인용한 성경의 금언에 대해 많은 말이 오고 갔으며, 문제의 양치기가 환호하는 자신의 양들을 데리고 루브르에 도착할 때까지도 앙리 3세는 그 토론을 계속하고 있었다.

루브르 궁 안의 분위기는 바깥과 사뭇 달랐다. 무표정한 스위스 연대 병사들이 2열로 궁정 안뜰을 빙 둘러서 있었다. 기즈가 올라가고 있는 웅장한 계단에는 귀족들로 구성된 왕실 친위대 45인이 양쪽에 줄지어 서 있었는데, 용감하고 우직하고 성실한 크리용(Crillon)이 그들의 대장이었다. 기즈는 모자를 벗고 깊이 고개를 숙여 그에게 인사를 했다. 그러나 크리용은 오히려 모자를 더 깊숙이 눌러쓰며 막대처럼 뻣뻣하게 서서는, 마치 사형집행인 같은 눈으로 기즈를 계속 노려보았다. 기즈 공작이 좌우로 인사를 하면서 계단을 오르는 동안 그 45인의 무사 중 단 한 사람도 그 인사를 받아주지 않았다.

기다란 방 한쪽 끝에 왕이 한 무리의 귀족들 사이에 서 있었다. 아마도 그들 가운데서 기즈는 목줄이 풀리면 언제라도 달려들 듯한 테리어 사냥개 같은 표정을 하고서 앙리와 자신을 번갈아 바라보는 도르나노를 보았을 것이다. 기즈가 정중히 인사를 하자 앙리는 천둥소리처럼 격하고 적개심에 불타는 목소리로 소리쳤다. "네가 이곳에 왜 와 있느냐?" 기즈는 자신의 충성심과 자신에 대한 비방에 대해 말하기 시작했지만 앙리는 말을 끊었다. "나는 네게 오지 말라고 했다." 그 말과 함께 앙리는 베리에브르를 돌아보며 다그쳤다. "내가 자네더러 그에게 오지 말라고 전하라 하지 않았던가?"

---

161) Zechariah. 구약성서 속 헤브라이의 예언가

그 말과 함께 앙리는 기즈에게 등을 돌리고 창문 쪽으로 몇 발짝 걸어갔다. 앙리는 고개를 숙인 채 주먹을 쥐었다 폈다 했다. 기즈에게 적대적인 한 목격자가 고개를 푹 숙인 채 벽에 기대는 그의 모습을 본 것은 아마도 그때였을 것이다. 그의 말에 따르면 기즈의 그런 태도는 "왕에 대한 존경심이 없음을 드러낸 것이 아니라, 단지 다리에 힘이 풀려서 제대로 서 있지 못했기 때문이었다."

나이와 체구 때문에 계단을 느릿느릿 올라올 수밖에 없는 카트린 드 메디시스가 그 방의 문가에 모습을 드러낸 것은 분명 그때였을 것이다. 기즈는 목소리를 높이며 항변했다. "저는 폐하의 어머니이신 태후님의 부름을 받고 파리에 온 것입니다."

"그 말이 맞다." 카트린은 아들에게 다가가며 말했다. "내가 기즈 공에게 파리로 오라고 청했다." 아무도 카트린을 왕실의 일원이라고 생각할 수 없었고, 심지어 매력적인 인물로 여기지도 않았지만, 그래도 그녀는 남편이 사망한 이후 험난했던 지난 수십 년 동안 많은 사건에서 중요한 역할을 해왔다. 이 장면에서도 결정적인 역할은 그녀의 몫이 될 것이다. 움직이기 불편할 정도로 크고 긴 검은색 드레스를 입었지만[162] 그녀의 풍모에서는 묘한 위엄이 느껴졌고, 밀가루를 바른 듯 하얀 얼굴과 진보랏빛 눈동자에서는 냉정함이 느껴졌다. 그녀는 그곳에 있는 흥분하기 쉬운 남자들보다 훨씬 현명하고 안정되어 보였으며, 또한 마치 지금껏 언제나 왕의 어머니였으며 최고 권위의 원천이었던 것처럼 헤아릴 수 없을 만큼 나이가 많아 보였는데,

---

162) 남편 앙리 2세를 몹시 사랑했기에 그의 사망 후 죽을 때까지 검은 상복을 입었다고 한다.

실제로도 그녀는 거의 항상 그런 위치에 있었다.

그녀가 자기 아들을 향해 걸어갈 때, 공모를 확신하는 눈빛을 기즈와 주고받았을지 모른다. 두 사람이 기억할지 모르지만, 16년 전 바로 이곳 루브르 궁에서, 어린 소년에 불과했던 기즈와 또 다른 왕[샤를 9세]의 분노 사이에서 그녀가 지금과 같은 모습으로 앞으로 나선 적이 있었다. 그 당시에도 파리 민중은 무기를 들 준비가 되어 있었다. 그 당시에도 기즈는 왕실과 민중 사이에서, 야망이 빚은 정치적 음모와 종교적 광기 사이에서 교활하게 줄타기를 하고 있었다. 만일 카트린과 기즈가 그때를 기억한다면, 그들의 정치적 계획과 종교적인 열정을 지지하며 그들을 도와 힘을 잃고 허약하며 반쯤 미쳐 있던 젊은 왕이 남은 짧은 인생 내내 괴로워할 행동을 하도록 만든 제3의 공모자가 있었음도 기억할 것이다. 이제 운명의 바퀴는 한 바퀴를 돌아 원점으로 돌아왔다. 그 성 바르톨로메오 축일 전야에 그들의 협력자였던 앙리는 이제 그들과 떨어져 홀로 그들의 공격을 맞을 준비를 하고 있었다. 한때 앙주 공이었고 이제는 프랑스의 왕이 되어 자신의 형인 샤를보다 더 약하든 강하든, 더 미쳤든 더 제정신이든 상관없이, 인식과 죄책감이란 무거운 짐 때문에 영원히 운명으로 정해진 역할을 할 수밖에 없었다. 과거 그와 한 배를 탔던 어머니와 사촌 기즈가 그들 자신의 운명적 역할에 묶여 버렸듯이.

궁전 밖 거리를 가득 메운 군중을 가리키면서 아들의 두려움을 이용했는지, 아니면 기즈는 그가 능히 다룰 수 있는 인물이라며 허영심을 부추겼는지, 혹은 기즈는 죄가 없다며(그녀가 더 잘 알고 있을 텐데도), 기묘하지만, 앙리의 복잡한 성격의 일부인 강한 정의감에 호소했는지, 카트린이 어떤 주장을 펴서 앙리가 도르나노를 향해 고개를 끄덕이지 못하게 했는지 우리는 알지 못한다. 살인에 대해 결벽을 갖고 있지도 않았던 카트린이 왜, 자신의 아들이 자기 수도 안에서 주인이 될 수 있을 마지막 기회를 빼앗아버렸는지도 알 수가 없다. 단지 개인적이고 이기적인 이유 때문이었으리라고 짐작할 뿐이다.

카트린은 신앙을 위해 불편을 감수할 사람이 아니었다. 교황의 질녀인 그녀는 오래전부터 교회의 일은 교회가 알아서 해야 한다고 믿고 있었다. 그녀가 때때로 강조하던 종교의 정통성은 물론이고, 자주 입에 올리던 정의나 관용의 원칙에 대해서도 그녀는 별 관심이 없었다. 사실 그녀는 추상적인 것에는 전혀 관심이 없었다. 아들이 사심 없이 헌신하고 있는 프랑스 군주제에 대해서도, 프랑스에 대해서도, 기독교계에 대해서도, 심지어 왕조에 대해서도. 그녀의 관심은 자신과 직계 가족의 안락과 안전, 부와 영향력에 있었다. 아니, 어쩌면 이제 마지막 남은 가장 사랑하는 아들인 앙리와 거칠고 영리한 딸 마르그리트(Marguerite) 모두 그녀에게 등을 돌렸기 때문에, 그리고 이제 프랑스의 왕관을 물려받을 수 있는 손자를 보지 못할 것이 분명했기 때문에, 그녀가 주로 신경 쓰는 것은 자기 자신뿐이었을 것이다. 카트린은 분명 기즈에게 유리하게 상황을 조정해야 자신이 더 안전할 거라 생각했을 것이다. 어쩌면 그래야 아들에 대한 영향력을 다시 확고히 할 수 있으리라 생각했을 수도 있다.

어떤 주장을 했든, 동기가 무엇이었든 결국 카트린은 승리했다. 그녀의 냉소적이고 이기적인 조언은, 이전에 그토록 자주 받아들여졌듯이, 마지막으로 받아들여졌으며, 지금껏 너무도 자주 그랬듯이 마치 최고의 원칙으로부터 정제된 듯 더할 나위 없이 파괴적임을 입증하며, 결국 공포와 혼란만을 조성하게 된다. 어머니의 설득에 앙리가 마지못해 먹잇감을 놓아주자,

카트린은 아들과 기즈를 데리고 며느리인 왕비가 있는 침실을 방문했고, 그곳에 있는 비밀 계단을 통해 기즈는 다시 안전한 거리로 돌아갈 수 있었다. 루브르에서 있었던 일에 대해 들은 뒤, 멘도사는 기즈가 생각했던 것보다 멍청하며, 앙리는 그보다 훨씬 더 심약한 겁쟁이라는 결론을 내렸다. 이런 판단 때문이었던지, 멘도사는 생토노레 가로 물밀듯 밀려드는 스위스 군대를 보면서도 이에 대한 대비를 소홀히 했다.

19장_바리케이드의 날, II

파리, 1588년 5월 12일과 그 후 며칠 동안

기즈가 파리로 들어오고 나서 긴장이 고조되던 이틀 동안, 왕은 가톨릭동맹과 어떠한 합리적인 타협에도 이를 수 없으며 자신의 수도에 대한 통제력을 상실했음이 입증되었다. 루브르 궁을 다시 방문했을 때, 기즈는 상의 안에 갑옷을 입고 소매 안에는 권총을 지닌 400명의 귀족 출신 부하들을 대동했다. 그날 그가 한 제안은 어떤 설명이라기보다는 최후통첩에 가까웠다. 11일 아침에 정부 당국에서는 파리에서 "외지인들"을 몰아내려고 시도했지만 웃음거리만 되고 말았다. 11일까지 파리에 잠입한 가톨릭동맹 병사들의 수는 1,500 내지 2,000명 정도로 증가했다고 여겨진다. 곳곳의 관문을 통해 하나둘 들어온 가톨릭동맹군은 거리와 광장에서 떼 지어 활보하고 있었고, 심지어 루브르 궁의 창문 밑에서도 어슬렁거리고 있었다. 그러나 도시의 파수꾼들은 파리 안에서 "외지인들"은 전혀 찾아볼 수 없다고 상부에 보고하는 것이 신중한 처사라고 생각했다. 또한 왕의 명령에 따라 도시 당국이 특별 경계 팀을 구성해 11일 저녁에 경계를 서게 하자, 비록 일부 중대는 교대할 때까지 충실하게 맡은 구역을 지키기도 했지만, 그 밖의 인원은 자정이 되기도 전에 슬며시 어디론가 사라져버렸고, 심지어 몇몇 파수꾼은 명령을 듣자마자 자신들은 파리의 낯선 구역에서 경계를 서느니 차라리 집에 가서 문단속을 하고 자신들의 재산과 가족을 지키겠다는 뜻을 노골적으로 밝혔다. 온갖 유언비어가 떠돌았고, 파국이 임박했다는 분위기가 느껴졌다. 자정이 되기 전, 앙리 3세는 교외에서 숙영하고 있는 스위스군과 프랑스 수비대에게 동이 트기 전에 파리로 진입하라는 명령을 내렸다.

막 동이 틀 무렵 그들은 생토노레 가를 따라 순교자 공동묘지 쪽으로 행군해 들어왔다. 부대의 선두에는 말을 탄 비롱(Biron) 장군이 있었고, 크리용은 말을 타지 않고 칼을 빼든 채 프랑스 수비대를 이끌고 있었으며, 오몽(Aumont) 장군이 이끄는 기병 부대는 행군의 후미를 맡고 있었다. 비롱은 순교자 공동묘지에서 부대들에 각기 임무를 맡겨 여러 곳으로 파견했다. 파리 치안판사장과 상인연합회 대표, 시의회 의원들이 그들을 기다리고 있던 시청 앞 그레브 광장에 여러 중대를 파견했고, 시테(Ile de la Cité) 섬과 센강 좌안을 연결해주는 두 다리인 파리 감옥 근처의 프티 퐁(Petit Pont)과 생미셸(Pont Saint-Michel) 다리에도, 그리고 두 다리 사이에 있는, 노트르담에서 별로 멀지 않은 마르셰 네프(Marché Neuf)에도 몇 개 중대를 배치했고, 마지막으로 소르본 대학 학생들과 수사들이 주로 모이는 장소인 모베르 광장(Place Maubert)에도 분견대를 보냈다. 주력부대는 묘지에 남겨두었다. 아침 7시경, 비롱은 명령한 대로 모든 군대를 배치했다고 왕에게 보고할 수 있었다.

골목 끝, 자기 집 창문 밑에서 들려오는 소란한 발소리, 날카로운 횡적 소리와 우레 같은 북소리에 잠을 깬 파리 시민들은 파리가 왕의 병사들의 수중에 들어갔음을 깨닫게 되었다. 나중에 가톨릭동맹의 시민군은 이런 모습으로 당시를 기억하고 싶어 했다. '그 즉시 파리 시민들이 무기를 들고 분연히 일어섰으며, 도시 전체가 벌집을 쑤신 듯 분노로 들끓었고, 구두장이들은 구둣방에서, 상인들은 회계 사무실에서, 판사들은 응접실에서, 검, 권총, 미늘창, 화승총, 곤봉, 식칼 등 각자 가장 잘 다루는 무기들을 거머쥐고 거리로 뛰쳐나왔으며, 모든 구역에서 쇠사슬이 설치되었고, 남녀노소 모두 분개하며 자발적으로 단결한 결과 바리케이드들이 마치 마법처럼 세워지기 시작했다.'

실제 상황은 그렇지 않았다. 거의 모든 지역에서 서너 시간이 흐른 뒤에야 처음 바리케이드가 세워졌다. 파리 시민 중에는 바로 이런 순간을 위해 몇 년 동안 준비해온 이들이 있었지만, 그들의 첫 반응은 일종의 가슴 먹먹한 공포와 충격이었고 그다음에는 얼어붙은 듯한 경직이었다. 누구든 이렇게 많은 수의 군대가 오리라고는 예상치 못했던 것이다. 왕은 무력으로 파리를 빼앗았다. 이제 최소한 즉결 처형이 잇따를 것이고, 더 나쁘면 선별적인 학살이나 전면적인 약탈이 일어날 수도 있었다. 닫힌 창문에 대고 "어이, 부르주아! 침대 시트를 깨끗한 걸로 바꿔놔! 오늘 밤 우리가 너희 마누라들과 동침할 테니까."라고 상스러운 소리를 질러대는 프랑스 수비대. 무표정한 얼굴로 목석처럼 서 있는 거구의 스위스 병사들. 둘 중 어느 쪽이 더 두려운 존재인지 가늠하기 힘들었다. 파리는 떨고 있었다.

처음 몇 시간 동안 순식간에 쳐진 것은 바리케이드가 아니라, 열려 있던 상점들과 주택들의 덧문과 빗장이었다. 오전도 중반에 이르러 해가 밝게 빛나고 있을 때쯤 파리의 거리들은 지나는 사람 하나 없이 텅 비었고, 창가에 사람 얼굴 하나 보이지 않았다. 마르셰 네프 주변의 푸주한들이나 순교자 공동묘지 주변의 온순한 시민들이나, 그 많은 스위스 군인들과 맞붙어볼 엄두를 못 내기는 마찬가지였다. 심지어 포위에 대비하는 성처럼 병사들과 군수품으로 가득 차 있었음에도, 기즈의 저택에 있는 수비대조차도 처음에는 오몽의 기마 순찰대가 한가롭게 오가며 울려대는 말발굽 소리에 눌려 감히 생앙투안 가로 나오지 못했다.

처음부터 스스로 방어할 준비가 되어 있었던 구역은 단 하나, 라틴구[163] 뿐이었다. 왕의 수비 병력이 파리에 들어온다는 소식을 듣자 기즈는 라틴구의 경계를 강화하기 위해 가톨릭동맹의 지휘관 중 가장 거칠고 호전적인 브리삭(Brissac) 백작을 피카르디 유격대와 함께 그곳에 보냈다. 브리삭과 그의 병력은 왕의 군대보다 훨씬 앞서서 좌안 쪽으로 건너갔다. 그곳에서는 16인위원회 회원 중 한 명이자 구역 연대장인 크루세(Cruce)가 생자크 가에 모여 있는 학생, 신학생, 사제, 짐꾼, 사공 들에게 벌써 무기를 나누어 주고 있었다. 그들 대부분은 지휘관인 크루세가 당시 중요한 역할을 했던 성 바르톨로메오 학살을 기리는 뜻에서 흰 십자가가 그려진 모자를 쓰고 있었다.

프랑스 수비대와 스위스군이 섞인 크리용 휘하의 분견대가 프티 퐁 다리를 지나 모베르 광장을 향해 가고 있을 때, 브리삭이 직접 지휘하는 무장 시민군의 보호 아래 시민들이 가장 가까이 있는 생자크 가에 벌써 그들의 행군을 방해할 바리케이드를 거의 다 세워놓고 있었다. 크리용이라면 기꺼이

---

163) 파리의 학생가. 옛날에 라틴어로 교육을 했기 때문에 생긴 말

아직 덜 완성된 바리케이드로 돌진해 생자크 가를 끝에서 끝까지 휩쓸어버리고 계속 진격해 "소르본의 검은 새들을 그들의 사악한 둥지에서 불태워버렸을 것이다." 그에게는 겨우 창수 100명과 화승총 사수 30명밖에 없었던 게 사실이지만, 그들은 모두 직업군인이었고 그는 천하의 크리용이었다. 그러나 그는 하고 싶은 대로 실력을 발휘할 수가 없었다. 따라야 할 명령이 있었기에 그는 브리삭이 조롱을 해도 성나서 노려볼 뿐, 곧 부하들을 이끌고 왼쪽으로 돌아 모베르 광장으로 가버렸다.

크리용의 군대는 모베르 광장을 조용히 점령했지만, 얼마 되지 않아서 문이 굳게 닫혀 있는 카르멜 수도원 양 끝과 광장으로 통하는 모든 거리의 입구에 바리케이드가 세워지고 있는 것을 보게 되었다. 용감한 크리용이었지만, 앙리의 특별 명령에 묶여 있었기에, 성질을 부리며 험하기로 유명한 입심으로 걸쭉한 욕설만 퍼부을 뿐, 모베르 광장으로 통하는 모든 출구가 바리케이드로 막히기 시작하는 모습을 그저 바라볼 수밖에 없었다. 무슨 일이 어떻게 돌아가는지 전혀 모르는 덩치 크고 마음씨 좋은 스위스 군인 몇몇은 동료들에게 창을 맡기고는 땀 흘리는 시민들을 도와 자기들이 자갈을 나르고 무거운 통을 세워주기까지 했다. 그들의 지휘관이 변명하기를, 왕의 명령을 직접 받은 비롱 장군에게서, 자신들의 임무는 무장한 외국인들에 맞서 파리 시민들을 지켜주는 것이라는 당부를 받았다고 했다. 그때까지 자신들은 외국인들을 보지 못했지만, 스스로를 방어하기 위해 발 벗고 나선 파리 시민들을 보고 기쁘지 않을 수 없었다는 해명이었다.

이후에도 왕의 군대가 주둔한 곳이면 어디에서나 똑같은 장면이 연출되었다. 시내 대부분의 지역에서 처음에는 바리케이드가 왕의 군대에서 적당히 멀리 떨어진 지점에 세워졌다. 그러나 16인위원회가 아침의 충격에서 벗어나 다시 조직을 추스르게 되고, 왕의 군대가 더 이상의 적대적인 행동을 취하지 않고 심지어 기병 순찰병마저도 사람들이 바리케이드를 치고 있는 것을 보면 점잖게 말고삐를 당기며 뒤로 물러서자, 파리 시민들은 용기를 되찾았다. 곧, 태평하게 어슬렁거리는 왕의 군인들 바로 몇 미터 앞에 장애물을 쌓아 올릴 정도로 파리 시민들은 대담해졌다.

　아침에 왕은 파리를 손에 쥐었다. 오후 서너 시경 파리는 이미 그의 손에서 빠져나가 있었다. 앙리는 밀정인 풀랭(Poulain)을 통해서 파리의 가톨릭동맹의 주요 인물 목록을 입수했고, 그들이 어디에 사는지, 어디에서 만나는지, 어디에 무기를 비축해놓았는지 알고 있었다. 그가 전략적으로 배치해놓은 군대는 파리의 주요 통신망을 모두 통제할 수 있었을 것이다. 우군의 통신만 허용하고 가톨릭동맹의 교신은 차단할 수 있었을 것이고, 위험한 집회도 막을 수 있었을 것이다. 센 강 좌안 지역만 예외였겠지만, 그곳도 크리용이 자신의 병력으로 상황을 통제하지 못할 경우 증원군을 받기는 쉬웠을 것이다. 창병 이삼십 명 정도면 가장 위험한 교회 선동가들과 16인위원회 회원들, 그들의 핵심 군 지휘관들 대부분을 잡아들이기에 충분했을 것이다. 가톨릭동맹 세력의 주요 집결지인 대학가, 기즈의 저택, 몽팡시에 공주의 저택은 왕당파들의 주거지에 둘러싸여 서로 고립되어 있었기 때문에, 한 번에 한 군데씩 진압하거나 그냥 한꺼번에 포위해 공격할 수도 있었을 것이다. 파리 고등법원의 충성스러운 판사들은 그 반역 음모자들이 끌려 들어오면 기뻐하며 그들을 치리했을 것이다. 그러나 앙리는 각 군대에 주둔지를 정해준 이후에도 말 위에 앉아서 그들이 생토노레 문을 통과해 지나가는 모습을 지켜보며 각각의 부대에 단 한 가지 명령만을 거듭 강조할 뿐이었다. 파리를 보호하기 위해 왔다는 점을 명심할 것. 어떤 이유에서든 절대 파리 시민의 안전이나 그들의 재산에 해를 끼치지 말 것. 만일 그런 행동을 할 경우 목숨으로 그 대가를 치르게 될 것임. 앙리는 단순히 군사적 시위를 벌이는 것만으로도 도시를 위압하기에 충분할 거라 생각했다. 그는 무력을 사용하지 않고 과시만 하는 것이 얼마나 위험한 일인지 잊고 있었다. 무장한 적의 코앞에 권총을 흔들어대기만 하고 그것이 발사되지 않을 거란 사실을 적이 알게 해서는 안 되는 법이다.

서서히 파리 시민들은 왕의 군대가 싸우려고 하지 않는다는, 기분 짜릿해지는 사실을 깨닫게 되었다. 오후 1시쯤까지도 대부분의 거리에서, 서른 발짝 간격으로 하나씩 바리케이드가 쳐지면서 그 숫자가 늘어난 것을 제외하고는 어떠한 적대적인 움직임도 없었다. 왕의 군대가 처음 알아차린 것은 자신들의 보급품을 실은 수레가 오지 않는다는 사실이었다. 물론 그 수레들은 바리케이드 때문에 멀리 떨어진 파리 초입에서 발이 묶여 있었지만 그들이 그런 사실을 알 리가 없었다.

그동안 왕의 병사들은 음식도, 포도주도, 심지어 물조차 입에 대지 못했다. 이로 인해 결국 그날 처음으로 왕의 군인들이 규율을 어기게 된다. 마르셰 네프에서 스위스군과 프랑스 수비대가 상점 진열대에 있는 소시지와 다른 음식들을 먹어치우기 시작했던 것이다.

한편 앙리는 서서히 걱정이 되기 시작했다. 오전 내내 자신의 대담함과 영리함에 무척 만족해하며 기분 좋은 흥분으로 들떠 있었다. 그러다가 바리케이드에 대한 이야기를 듣게 되었고, 지휘관들한테서 연이어 안 좋은 소식을 보고받으면서 걱정이 점점 커졌다. 거리들은 사방이 막혀 있었고, 아마도 장애물들을 치울 수는 있겠지만, 그러려면 이제 치열한 전투가 불가피할 것이다. 식량과 보급품은 오지 않았고, 각 분견대는 고립되어 있었다. 마침내 앙리가 명령을 하달했다. 가장 멀리 전진한 부대부터 질서정연하게 루브르 궁으로 철수하되, 무엇보다도 파리 시민들에게 어떠한 폭력도 행사해서는 안 된다는 명령이었다. 사방에 바리케이드가 쳐져 있기는 했지만, 아직까지는 전령들이 루브르 궁을 오가고 있었기 때문에 모든 지휘관은 그 명령을 전달받았다.

아마도 첫 번째 총성은 크리용이 자신의 부대를 이끌고 마르세 네프로 돌아가려고 할 때 모베르 광장 쪽에서 울렸던 것 같다. 가톨릭동맹군은 스위스군이 쐈다고 했고, 왕당파는 시민이 쐈다고 주장했다. 처음 총을 쏜 사람이 누구든, 자신이 겨냥한 목표물을 맞히지는 못했던 것 같다. 그 총알에 자신의 가게 문간에서 밖을 구경하던 전투와 무관한 민간인(양복장이? 실내장식업자?)이 사망했다. 곧 총격이 시작되었다. 크리용의 부하들은 첫 번째 바리케이드를 아주 손쉽게 치워버렸지만, 모베르 광장과 센 강 사이에 있는 미로처럼 복잡한 폭이 좁은 거리들을 지나며 심각한 위기에 빠졌다. 돌과 기왓장이 그들을 향해 마구 날아왔고, 위층 창문과 바리케이드 너머에서는 연방 소형 화기가 발사되었다. 그들은 공격을 피해 생자크 가로 들어갔으나, 프티 퐁 다리에도 학생들과 가톨릭동맹군이 바리케이드를 지키고 있었고, 파리 감옥 쪽에서도 총알이 계속 날아왔다. 경종(警鐘)이 울린 것은 분명 이때쯤이었을 것이다. 아마도 생쥘리앵르포브르 교회(St. Julien-le-Pauvre)에서 처음 울린 듯하며, 이어서 생세브랭 교회(St. Séverin)와 생앙드레 교회(St. André)에서 종이 울렸고, 좌안 지역의 모든 교회에서, 그다음에는 강 너머의 모든 교회에서 종이 울렸다.

한편 생세브랭 광장에서는 브리삭이 이끄는 시민군이 또 다른 바리케이드를 파리 감옥 쪽으로 바싹 붙여 세우고 있었다. 그들은 모베르 광장에서 첫 총성이 울리자 파리 감옥의 정문 초소로 달려가 그곳 수비대를 몰아낸 뒤, 성곽의 포대에 올라가 그곳에 설치된 대포와 중화기로 다리 위에 있는 수비대를 위협했다. 지휘관이라고는 당황한 하급 장교 한 명뿐인 이 군대는 마르세 네프 쪽으로 후퇴했다.

브리삭의 이동으로 최소한 잠시 동안은 생세브랭 광장에 가톨릭동맹군이 없었는데, 그 틈을 타서 크리용은 부대를 이끌고 생자크 가를 가로질러 생미셸 다리 쪽으로 이동했다. 돌팔매질은 여전히 계속되었고 위층 창문들에서는 계속 총알이 날아왔다. 또한 방어가 다소 허술하기는 했겠지만, 그래도 한두 개의 바리케이드를 더 통과해야 했을 것이다. 완강한 저항은 없었어도 돌은 여전히 쏟아지고 있었다. 위쪽 창문에서도 계속 총알이 날아왔으며, 넘어야 할 바리케이드도 한둘이 아니었다. 잠시 후 모베르 광장에 있다가 강둑으로 이동한 부대는 생미셸 다리에 아군은 없지만 아직 적들이 장악하지 않았음을 알게 되었고, 그 다리를 건너다가 때마침 패주하고 있는 아군의 주력부대를 보게 된다.

마르세 네프에서는 텡트빌(M. de Tinteville)과 시 직원 한두 명을 비롯해 국왕의 지지자 여러 명이 몇 시간째 주위의 시민들을 설득시키기 위해 열변을 토하거나, 또는 논쟁을 벌이고 있었는데, 그들은 왕의 군대가 도시에 해를 끼치는 일은 절대 없을 것임을 보증하며 시민들이 바리케이드를 허물고 해산하도록 종용하고자 했다. 그들의 노력은 어느 정도 성공해서, 오몽 장군이 군 전체에 철수하라는 명령을 내리려고 왔을 때(분명 그는 완전히 믿지는 않았더라도, 크리용의 부대가 프티 퐁에서 퇴각한 수비대와 결합했으리라고 추정했을 것이다.), 스위스군은 처음 몇백 미터를 철수하는 동안에는 아무런 해를 입지 않았다.

그러나 검은 가운을 입은 가톨릭동맹의 사제들은 "저 아말렉[164]의 후손들을 죽여라! 한 명도 빠져나가지 못하게 하라!"라고 소리를 질러대고 있었다. 스위스 군대가 마들렌을 지날 때 창문에서 던진 돌에 맞아 스위스 군인 하나가 길바닥에 쓰러졌고, 이 성공에 고무된 시민들은 더 맹렬히 돌을 던지기 시작했다. 그러자 창문과 지붕에서 화승총이 불을 뿜었다. 요란한 경종 소리가 사방에서 울려 퍼지기 시작했다. 스위스 군대는 계속 갈팡질팡하다가 결국 노트르담 다리로 진입했지만, 절망스럽게도 그 길도 중간이 바리케이드로 막혀 있었다. 그때의 상황을 한 스위스군 지휘관은 이렇게 기록하고 있다. 다리 양 옆과 길 위에 늘어선 고층 주택들에서 "그들은 위에서 우리를 향해 큰 돌덩이와 통나무 블록과 온갖 종류의 가구를 던져댔다. 우리가 바리케이드 사이에 꼼짝없이 갇혀 있는 사이, 귀족들이 이끄는 군인들과 화승총으로 무장한 수많은 사람들이 마치 우리가 프랑스 왕의 적이라도 되는 양 우리에게 총을 쏘아댔다. 이런 일이 벌어지는 동안 온갖 교파의 수도사들이 계속해서 소리를 지르며, 우리가 위그노나 신성을 모독한 죄인이라도 되는 것처럼 우리를 증오하도록 사람들을 부추겼다."

한동안 스위스 군대는 자신들이 보호하기 위해 온 사람들이 가하는 당혹스러운 공격을, 마치 그것이 천둥 같은 천재지변이라는 듯, 마치 현실이 아니라는 듯 참아내고 있었다. 그러다 그 공격이 아무래도 자신들이 모두 죽을 때까지 계속될 것 같다는 것을 느끼고는, 무기를 내던지고 자비를 구하

---

164) Amalekite. 고대 가나안 남쪽에 살던 유목민으로 이스라엘 민족을 오랫동안 괴롭힌 것으로 성서에 기록되어 있다.

기 시작했다. 그들은 성호를 그으며 자신들이 가톨릭임을 입증하기 위해 십자가와 묵주, 성의(聖衣)를 꺼내 들고서 "Bon chrêtien! Bon France! Bon Guise!(좋은 기독교인! 좋은 프랑스! 좋은 기즈!)"라고 외치거나, 생각해낼 수 있는 우호적인 프랑스 말은 뭐든 다 외쳐댔다. 곧바로 브리삭이 와서 그들을 학살에서 구해주고, 무장을 해제하여 포로로 삼아 마르셰 네프로 끌고 갔다. 브리삭은 그곳에서 크리용의 항복도 받아냈다.

그레브 광장과 순교자 공동묘지에서는 왕의 군대가 완강히 버티며 적들의 사격에 응사를 했기 때문에 아직까지 사상자는 거의 없었다. 그러나 그들을 에워싸는 시민들의 수가 점점 늘어만 가고 시민들의 분노도 점점 커지자, 왕의 군인들이 포위망을 뚫고 루브르 궁으로 돌아갈 수 있을지 점점 의심스러워졌으며, 서 있는 곳에서 살육을 당할 가능성이 점점 농후해졌다. 이 시점에서 자신들이 드디어 상황을 장악하고 있다고 생각한 16인위원회 지도자들은 앙리에게 조롱 섞인 전갈을 보내 그의 군대가 처해 있는 어려운 상황을 알렸고, 그러자 앙리는 기즈에게 비롱을 보내어 부하들의 목숨만은 살려달라고 간청했다.

기즈는 하루 종일 자신의 집에 있었다. 그는 벌써 사절을 두 번이나 맞이했다. 아침에는 베리에브르가 와서 사람들을 진정시키고 반란군을 이끌고서 파리를 떠나라는 앙리의 명령을 전달했다. 그 바로 뒤에 카트린이 방문했는데, 어쩌면 아들의 부탁 때문일 수도 있겠지만, 자진해서 왔을 가능성이 더 크다. 그녀는 월요일에 자신이 그를 구해준 것에 대해 기즈가 감사하리라 기대하며 기꺼이 어떤 식으로든 평화 협상을 중재하기 위해 나섰을 것이다. 기즈는 두 사절 모두 진지하게 대하지 않았다. 기즈는 파리 시민들이 왕에 대항해 자신들을 지켜야 한다는 생각을 하는 것이 유감스럽기는 하지만, 거리에서 벌어지고 있는 일은 명백히 자신과 무관하다고 말했다. 누가 보아도 기즈는 무장을 하고 있지 않았고 반란을 이끌고 있지도 않았다. 그는 자신의 집에서 조용히 쉬고 있을 뿐이었다. 그러나 무조건 항복을 의미하는, 학살을 끝내달라는 앙리의 절망적인 호소에는 즉각 응답했다. 기즈는 입고 있던 그대로 흰색 공단 더블릿과 짧은 바지를 입고, 승마 채찍만으로 무장한 채 평화 사절 임무를 수행하러 나섰다.

그가 거리에 나서자마자 사람들은 그를 정복자처럼 맞았다. "기즈 만세! 기즈 만세!" 그리고 이런 외침도 간간이 들려왔다. "이제 우리 왕을 모시고 랭스[165]에서 대관식을 열자! 가자, 랭스로!"

그러자 기즈는 웃으며 "어이, 친구들, 나를 망치고 싶은가? 그냥 '국왕 만세!'라고 외치게나."라고 응대했다. 그리고 점점 불어나는 환호하는 군중을 데리고 처음에는 순교자 공동묘지로 갔다가 다음에는 그레브 광장으로 향했고 마지막으로 마르세 네프로 이동했다. 기즈는 지나가면서 바리케이드를 치우라고 명령했고, 돌아오는 길에 왕의 연대를 이끌고 도심을 통과해 파리 외곽까지 전송했다. 왕의 군대는 빼앗긴 무기들을 돌려받았으나, 깃발은 상자에 담고, 총은 도화선에 불을 끈 채로 총구가 아래로 향하게 거꾸로 들었고, 음악도 없이 조용하게, 정복했던 도시를 떠나는 항복한 군대처럼 기즈의 뒤를 따랐다. 기즈가 아닌 다른 사람이 피 냄새를 맡은 자신들의 코 앞에서 먹이를 낚아채려고 했다면, 파리 시민들은 격분했을 것이다. 그러나 기즈라면 잘못된 일을 할 리가 없었다. 그 권위한 조치로 그의 인기는 높이

---

165) Rheims. 파리 북동쪽에 있는 도시로, 이곳에서 대관식을 치러야 왕으로 인정받았다.

만 갔고, 마르셰 네프에서 루브르 궁까지 가는 내내 폭풍과도 같은 환호와 갈채를 받았다. 그날부터 기즈는 확실한 '파리의 왕'이었다.

　그날 밤 파리는 잠을 거의 이루지 못했다. 거리 곳곳에 화톳불이 불타고 있었고, 무장한 시민들이 그 주위에 모여 가톨릭동맹가(歌)를 부르며 자신들의 무용담을 돌아가며 이야기하거나, 내일은 어떤 위대한 공적을 세울지에 대해 서로에게 들려주고 있었다. 루브르 궁은 더 잠을 이루지 못했다. 안뜰과 동굴처럼 어두운 회랑과 1층의 부엌에는 지친 병사들이 무기를 곁에 내려놓고 졸고 있었으며, 위층의 여러 방에는 촛불과 초롱불이 켜져 있었고, 창문과 계단에서는 신하들이 칼을 빼든 채 경계를 서고 있었다. 앙리는 그 누구보다도 잠을 이루지 못했다. 그의 어머니가 그날 두 번째로 협상 중재를 위해 기즈에게 갔다가 이른 저녁 무렵에 돌아왔다. 앙리는 어머니에게 의지할 수밖에 없었다. 그녀 외에는 믿을 만한 사람이 없었고, 심지어 자신조차도 믿을 수가 없었기 때문이다. 그러나 지금껏 번번이 패배의 직전에서도 인내와 기교로 절반의 승리라도 거두고 돌아왔던 그녀였지만, 이번에는 암울한 소식만을 갖고 돌아왔다. 앙리가 친위 부대를 해산하고 조신들을 면직하며, 그 자리에 가톨릭 측이 희망하는 인물들을 앉히고, 모든 실질적 권력을 기즈 공과 가톨릭동맹의 주요 귀족에게 넘겨준다면, 기즈는 앙리가 스스로를 계속 프랑스의 왕으로 부르는 걸 허용할 것이다. 이 협상 조건을 어머니에게서 전해 들은 뒤 앙리는 몇 시간 동안 아무 말도 하지 않고서, "마치 망자(亡者)의 동상처럼" 커다란 알현실 안에 앉아 있었다. 눈물이 천천히 뺨을 타고 흘러내렸고, 가끔씩 한숨 섞인 탄식이 입에서 새어 나왔다. "배신. 배신. 수없이 많은 반역들." 사실 지금껏 너무도 많은 반역이 있었기 때문에, 반역이 언제 시작되었는지, 그중 자신이 저지른 것이 얼마나 되는지,

앙리도 기억하지 못했을 것이다. 이제 와서 그 수를 세어보는 것은, 후회하는 것은 더더욱 부질없는 일이었다.

　조금 떨어진 거리에서 왕의 비참한 모습을 지켜본 카트린의 주치의 카브리아나는 5월 12일은 프랑스 역사에서 가장 슬픈 날로 기억될 것이라고 썼다. 또한 화톳불 주위에 점점 더 많은 사람이 모여드는 광경을 지켜보던 에스티엔 파스키에[166]는 그날 일어난 일로 평생 점술가에 대해 품었던 불신을 버리게 되었는데, 그것은 레기오몬타누스가 이 전대미문의 대격변을 너무도 정확히 예언했기 때문이라고 썼다. 이 사건을 어떤 시각에서 바라보든, 그 5월 12일은 역사적인 날이었다. 승리에 들떠 우쭐해진 기즈는 세부 상황은 대체로 생략하며 그의 지휘관 중 한 명에게 다음과 같이 썼다. "나는 스위스군과 왕실 수비대 일부를 물리쳤다. 그리고 루브르 궁을 단단히 포위하고 있기 때문에, 나는 그 안에서도 모두 잘해낼 거라 생각한다. 이 승리는 너무도 위대하기에 앞으로 영원히 기억될 것이다."

　그러나 기즈의 동료 중에는 완전한 승리가 아니라고 생각하는 이들이 있었다. 목이 쇠로 된 가톨릭동맹의 까마귀들은 주위로 모여든 청중들에게 사악한 헤롯을 끝장낼 때가 왔다고 밤새도록 외쳐대고 있었다. 브리삭과 크루세, 그리고 16인위원회의 다른 회원들도 같은 생각을 하고 있었다. 동이 트고 얼마 지나지 않아, 밤에 마신 술보다는 승리에 더 취해 있던 파리 시민들은 모든 구역에서 쏟아져 나와 궁전으로 향했다. 앙리는 군중이 점점 늘어

---

166) Estienne Pasquier. 1529~1615. 프랑스의 변호사이자 문학가. 1585년 앙리 3세에 의해 파리 회계감사원 수석법률고문으로 발탁되었다.

나는 것을 지켜보며 그들이 내지르는 소리를 통해 그들의 분노를 짐작할 수 있었다. 그는 어머니에게 다시 한 번 기즈를 찾아가 폭동을 진정시키도록 간청을 해보라고 애원했다.

기즈는 자신이 무엇을 할 수 있을지 확신이 없었다. 그는 성난 황소 떼를 우리에 가두기는 힘들다고 말했다. 기즈와 카트린이 대화를 나누는 동안 루브르 궁 둘레에 이미 바리케이드가 세워지고 있었고, 브리삭의 지휘를 받는 학생 800명과 무장한 사제 400명이 선두에 서서 공격할 준비를 하고 있었다. 군중의 함성이 커지기 시작했다. "자, 이 왕이란 작자를 어서 루브르 궁에서 끌어냅시다."

그러나 그들은 한발 늦었다. 앙리는 카트린이 모르는 사실 한 가지를 알고 있었다. 밖에 있는 소란스러운 폭도는 꿈에도 생각하지 못했고, 아마 기즈도 알아차리지 못했을 것이다. 포르트 뇌브[167] 성문은 아무도 지키고 있지 않았던 것이다. 앙리는 어머니가 기즈를 만나러 성을 떠나고 나서 얼마 지나지 않아 충실한 대신 몇과 장군들을 거느리고 정원 끝에 있는 '새로 만든 문'으로 조심스럽게 빠져나가 신속하게 튀일리 궁의 정원을 가로질러 마구간으로 간 다음, 말을 타고 생제르맹(Saint-Germain)을 향해 내달렸다. 도중에 몽마르트 언덕을 거치게 되었는데, 그곳에서 앙리는 말을 멈추고서 자신이 사랑했던 도시를 마지막으로 바라보며 자신의 재능 중 하나인 애처로운 넋두리를 늘어놓았다. 그의 수행원 중 한 명은 그가 이런 말을 하는 것을 들었다. "파리여, 안녕. 내 너를 내 왕국의 어느 곳보다 존중했고, 내 선왕

---

167) Porte Neuve. '새로 만든 문'이란 뜻

(先王)들 열 명보다도 더 너의 부와 영광을 위해 많은 일을 했고, 너를 친구나 아내보다도 더 사랑했거늘. 이제 너는 내 사랑을 배신과 모욕과 반역으로 보답하는구나. 허나 내 너에게 복수를 하게 될 것이야." 그리고 그는 엄숙하게 맹세를 했다. "내 다음에 네게 돌아오면, 너의 성벽을 부수고 들어가리라." 어둠이 내리기 전, 앙리 일행은 센 강을 건넜다. 그날 밤 그들은 생제르맹 인근에서 자고서 다음 날 환대를 받으며 샤르트르에 도착했다.

기즈는 카트린과 이야기를 나누고 있다가 왕이 루브르 궁에서 도망쳤다는 보고를 들었다. "마마, 절 속이셨군요! 마마께서 제게 계속 말을 시키는 사이 왕은 파리를 버리고 내게 더 큰 곤경을 안길 곳으로 가버렸단 말입니다! 난 이제 망했소이다!" 어쩌면 기즈는 정말로 화가 났을 수도 있다. 그러나 기즈는 앙리를 죄수나 시체로 수중에 두는 것은 너무 난처한 일이며, 앙리를 그 둘 중 하나로 만들고자 결심한 파리의 동료들로부터 그를 보호해야 하는 것도 그에 못지않게 난처한 일이라 생각했을지도 모른다. 세 명의 앙리 중 기즈가 가장 신념이 부족했고 가장 유연한 정치가였으며, 자신의 목표를 이루는 데 우회로를 선택할 가능성이 가장 컸다. 또한 그는 경험이 많은 지휘관이기도 했다. 따라서 자신의 입으로 어떤 장소를 철저히 포위했다고 말했을 때에는 알려진 입구와 출구를 소홀히 했을 가능성은 거의 없다. 그러나 누군가 그의 지시에도 불구하고 포르트 뇌브 성문에 보초를 세우라는 명령을 안 했을 수도 있고, 혹은 누군가 그곳을 지키지 말고 내버려두라고 멍텅했을 수도 있다. 어찌 됐든 기즈는 앙리의 권력은 무너졌다고 확신했다. 이제부터는 그가 프랑스의 주인이었다.

그러나 모두가 그처럼 확신을 한 것은 아니었다. 파르마는 파리에서 벌어진 반란 소식을 처음 접했을 때 축하의 뜻으로 화톳불을 밝히라고 명령했지만, 기즈가 시민들로부터 스위스 연대와 프랑스 수비대를 구해준 데다가 루브르 습격까지 실패했으며, 설상가상 앙리가 탈출하게 내버려뒀다는 말을 듣자 고개를 저었다. 파르마는 이렇게 말했다. "기즈 공은 우리 이탈리아 속담을 들어보지 못한 모양이군. '칼을 뽑아 군주에게 겨눈 자는 칼집을 멀리 던져버려야 하는 법'인데."

멘도사도 앙리가 파리를 빠져나간 것에 대해 걱정은 했겠지만 감정을 드러내지는 않았다. 그 바리케이드의 날에 대해 철저하게 사실만을 기록한 멘도사의 글에서, 우리는 어렵고 복잡한 하나의 작품을 제시간에 성공적으로 완성한 장인의 긍지를 읽을 수 있다. 앙리 3세가 기즈에게 항복을 하든 저항하려고 하든 그것은 별로 중요하지 않았다. 이제 에페르농은 노르망디를 장악할 수 없을 것이고, 파르마가 없는 사이에 프랑스군이 저지대를 농락할 위험도 전혀 없을 것이다. 파르마의 측면은 안전해졌고, 메디나 시도니아 역시 마찬가지였다. 멘도사가 그렇게 될 거라 약속했던 대로, 프랑스의 위협에 관한 한 에스파냐 함대는 아무 걱정 없이 안전하게 항해를 하게 된 것이다.

20장_무적함대 출항하다

사실 멘도사가 편지를 쓰고 있던 순간에도 에스파냐 함대는 여전히 출항을 하지 못하고 있었다. 메디나 시도니아가 축복받은 깃발을 인수하고는 금방이라도 출발할 듯이 부산을 떨었지만, 기즈가 파리에 입성한 5월 9일이 되어서야 마지막 보급품 통을 실었고 마지막 신병(新兵)이 배에 올랐다. 그날 아침 함대는 벨렘168)을 지나가고 있었으나 항구 어귀에서 다시 닻을 내리고 기다려야만 했다. 지나야 할 길목 앞바다에 바람이 심하게 불었기 때문이다. 한번 강풍이 휘몰아치고 나면 다시 폭풍이 몰려왔다. 항구의 수로 안내인들은 메디나 시도니아에게 5월의 바람이 아니라 마치 12월의 바람

---

168) Belem. 리스본 근처

같다고 말했다.

　점성가들이 예언한 대로 1588년 대서양 주변의 모든 해안은 극심한 기상 변동으로 여느 해와는 다른 5월을 보내고 있었다. 에페르농이 통치하려다 철수한 노르망디에서는 유례없이 우박을 동반한 폭풍이 들판과 과수원을 휩쓸고 지나갔고, 방목한 소들까지도 죽었다는 말이 나돌았다. 기즈의 사촌 오말 공작이 별 성과도 없이 왕실 군대가 지키는 불로뉴 성문을 공격하고 있던 피카르디 지역에서는 비가 억수로 쏟아져 길은 늪처럼 질퍽거렸고, 개울물이 급류로 변해 건널 수 없게 되었다. 플랑드르 해안에서 하워드와 시모어는 사납게 흔들리는 배에서 고생을 하고 있었고, 심지어 그런 거친 바다와 임무에 적합하게 만들어진 네덜란드의 전투선들조차 견디지 못하고 서둘러 플러싱으로 철수해야만 했다. 파르마 역시 폭풍우에 발이 묶여 있었다. 에스파냐 함대도 폭풍우 때문에 벨렘에서 거의 3주 동안이나 닻을 내리고 기다려야만 했다.

　그 시간을 이용해 펠리페는 그의 해군 총사령관에게 추가로 새로운 소식과 지시 사항을 전달했다. 영국 함대는 아주 약하다고 한다. (호킨스에게 쏟아지던 영국 내 비난에 대한 과장된 보고서를 그대로 믿어버린 멘도사가 한 말이었다.) 아마도 드레이크는 플리머스에서 전쟁을 준비하고 있을 것이고(거의 모든 유럽인이 그랬듯이 펠리페도 종종 영국 함대와 드레이크를 같은 개념으로 말했다.), 싸움을 피하거나, 에스파냐 함대가 지나간 후에 출격해 됭케르크 부근에서 에스파냐 함대가 다른 영국 함대와 교전 중일 때 후미를 칠지도 모른다. (펠리페는 영국군의 작전 계획에 대해 많은 정보를 갖고 있었다.) 어쩌면 드레이크는 에스파냐군이 영국에 상륙할 때까지 기다렸다가 공격할지 모른다. 총사령관은 드레이크를 제압하기 전까지는 함대의 전력이 너무 약해지지 않도록 주의를 기울여야 한다. 파르마와 합류한 이후에는 해상이나 영국의 항구 어디에서든 마음대로 영국 함대를 공격해도 좋다. 그러나 그 전까지는 애써 전투를 피할 것까지는 없지만, 그렇다고 일부러 찾아다니며 싸워서도 안 된다. 가장 중요한 것은, 설령 드레이크가 에스파냐 해안을 위협하더라도 총사령관은 약속된 집결지 외에 다른 곳으로 주의를 돌려서는 안 된다는 점이다.

펠리페는 부하들이 부닥칠 만한 만일의 사태를 모두 예상하면서, 각각의 상황에 대처하는 정확하고도 구체적인 방안을 제시했다. 예를 들면, 그는 수차례 메디나 시도니아에게 영국 배들은 에스파냐 배보다 빠르고 장거리 포도 더 많이 가지고 있기 때문에, 영국 함대는 자신들에게 유리한 만큼 거리를 유지하려 할 거라고 알려주었다. (마치 메디나 시도니아가 이 말을 어디에서도 들어보지 못했을 거란 듯!) 이어 펠리페는 단호하게, 그러므로 적을 바람이 불어오는 쪽으로 몰고 그들에게 접근해서 그들이 아주 가까이에서 싸울 수밖에 없도록 만들어야 할 거라고 말했다. 그러나 이 흥미로운 전술을 제대로 구사할 방법에 관한 조언은 그의 지시에서 빠져 있었다. 펠리페의 지시가 항상 도움이 되는 것은 아니었지만 그 요지만은 명확했다. 총사령관은 항해를 계속해 파르마를 영국 "마게이트 곶 연안"에서 만나 그가 상륙하는 것을 엄호하고 후방 보급선을 보호해야 하며, 빠르면 빠를수록 좋다는 것이 펠리페의 요지였다.

이제 메디나 시도니아도 항해에 나서고 싶은 마음이 굴뚝같았다. 아르마다는 그 이느 때보다도 준비가 잘 되어 있었다. 유럽에서 내로라하는 경험 많은 군인들이 제안한 모든 것을, 가능한 범위 내에서만큼은 모두 갖추었다. 함대는 먼저 숙련도, 즉 전투력과 항해 능력에 따라 편성했으며, 다음으로는 지역과 언어에 따라 배치했다. 제1열에는 갤리언선들로 구성된 두 개의 강력한 소함대가 배치되었다. 하나는 10척(플로렌시아호까지 포함해서)의 포르투갈 갤리언선으로 구성된 함대였고, 또 하나는 그보다는 작고 무장도 덜되었지만 서인도제도 무역에 쓰이던 거함 네 척으로 전력을 보강한, 카스티야 갤리언선 10척으로 구성된 함대였다. 이 두 소함대는 함께 움직이도록되어 있었고, 영국해협에 도착하기 전까지는 카스티야 갤리언선의 사령관인 디에고 플로레스 데 발데스가 메디나 시도니아의 기함인 산 마르틴(San Martín)호에 올라타 참모장을 하기로 되어 있었다. 제1열에는 우고 데 몽카다(Hugo de Moncada. 이하 몽카다)가 이끄는 나폴리 갤리아스선 4척도 포함되어 있었다. 갤리아스선은 반은 갤리언선이고 반은 갤리선이기도 한 전함으로, 빠르고 중무장하고 있었으며, 노를 저어 기동할 수 있어서 이 함선들에 거는 기대가 무척 컸다. 제2열은 각각 10척으로 꾸려진 네 개의 소함대로 구성되었는데, 최소한 일부는 함포로 중무장한 비스케이의 대형 상선들을 레칼데가 지휘하고 있었고, 기푸스코아의 배들은 미겔 데 오켄도가, 안달루시아 배들은 페드로 데 발데스가, 레반트(베네치아, 시실리, 제노바, 라구사, 바르셀로나) 지역의 배들은 마르틴 데 베르텐도나(Martin de Bertendona)가 지휘하고 있었다. 사브라, 프라가타, 파타체 선박 등 정찰과 전령 용도로 쓸빠르고 가벼운 소함선도 34척이 있었다. 이 선박 중 일부는 전투함대에 배속되어 있었지만, 작은 갤리언선을 기함으로 삼아 함께 기동하며 호위함대의 역할을 수행하는 것들도 있었다. 마지막으로, "헐크선"인 우르카 23척으로 구성된 덩치 큰 함대가 있었다. 이것들은 화물선과 공급선으로, 어떤 전투에서도 스스로를 지켜낼 거라 예상하기 힘든 배들이 대부분이었다. 거기에 마지막 순간에 포르투갈 갤리선 네 척이 추가되었는데, 지금까지도 그이유는 모호하다. 에스파냐 함대의 배들은 큰 것, 작은 것 합쳐서 총 130척이었다.

그 당시 리스본 항에서 출항을 기다릴 때의 에스파냐 함대에 대해서는 많은 것이 알려져 있다. 메디나 시도니아는 함대의 전투대형, 각 함대에 속한 배들의 이름, 각각의 용적 톤수, 화기와 선원과 군인 수까지 기록한 상세한 보고서를 갖고 있었다. 거기에 더해, 각 배에 승선한 귀족 모험가들의 이름과 그들이 데려온 전투원의 수, 포병, 의무대, 수사들과 정식 사제들(180명)의 수를 기록했고, 더불어 보병대 조직에 대해서도 장교의 명단과 각 중대의 전력, 공성 포열, 야포, 각종 소화기(小火器), 화약의 양(그는 전량 잘 뭉쳐진 화승총 화약이라고 자랑스럽게 적고 있다.), 무게별 포탄의 수(123,790개), 총알 제조용 납, 화승(火繩)의 수까지도 기록했다. 또한 그 보고서에는 수십만, 수백만 파운드나 되는, 혹은 수많은 크고 작은 통에 들어 있는 식량, 비스킷, 베이컨, 어류, 치즈, 쌀, 콩, 포도주, 기름, 식초, 물 등의 목록도 적혀 있다. 비록 기록된 수치가 모두 정확한 것은 아닐지라도(분명 정확하지는 않다.), 지금까지 16세기의 어느 함대에 대해서 알려진 것보다 훨씬 많은 상세한 정보가 그 안에 담겨 있다. 전체로는 산타 크루스가 영국 침공 작전에 필요하다고 한 함대와 군대의 절반에도 못 미쳤지만, 그래도 문서의 기록만으로 보면, 정말 대단히 막강한 군대처럼 보인다. 이 모든 수치를 담은 공식 출판물에서 이 에스파냐 함대를 "La felicissima armada(라 펠리시시마 아르마다)"—세상에서 운이 좋은 군대—라고 이름 붙였는데, 그 가공할 만한 전력에 대한 찬사의 뜻으로 곧 사람들은 "무적의"라는 말로 바꿔 불렀다. 그리고 비꼬기 좋아하는 에스파냐 사람들의 취향 덕분에, 그때부터 줄곧 이 함대는 "La Invincible[169]"로 알려져 왔다.

메디나 시도니아의 상세한 보고서가 출판되었다는 것이 이상할 수도 있다. 오늘날에 그런 문서는 마지막 항목까지 적에게 다 알려지고 나서도 오랫동안 "극비"로 분류될 것이다. 그리고 그 당시에도 월싱엄의 밀정들은 정보가 될 만한 문서들을 수집하느라 혈안이 되어 있었다. 그런데 그 문서가 작성된 지 겨우 10일 만에, 그것도 침공 함대가 아직 타구스 강어귀에 있는데도, 수정된 부분이 거의 없이 전력에 관한 모든 과장을 고스란히 담아 리스본에서 출판이 되었던 것이다. 그로부터 2주 후, 마드리드에서 공식 "수정"을 거친 새로운 판이 출간되었다. 그것이 로마, 파리, 델프트, 쾰른으로 대단히 급속히 퍼져서, 메디나 시도니아가 타고 있는 산 마르틴호가 리자드[170] 해안에 도착하기도 전에 암스테르담에서 팔리고 있었다. 프로테스탄트 인쇄업자들은 독자들의 요구에 부응한답시고 미늘창과 갑옷, 어류와 비스킷, 석쇠, 집게, 도르래, 닻줄, 그물걸이, 나사 등 정확하지도 않은 목록까지 첨가했다. 상술이 뛰어난 출판업자들은 에스파냐 함대에 대한 새로운 소문이 돌면 또 다른 전단을 만들 때 다시 그대로 쓸 수 있도록 활자 전체를 보관해두었다. 당연히 나중에 나온 판 중에는 상상력을 동원한 윤색과 더불어 숫자의 오식(誤植)과 사실 왜곡 등이 있었다. 그러나 기본적으로, 가장 부정확한 인쇄물일지라도 펠리페와 전쟁위원회에게 제출되어 마드리드에서 공식 승인을 받아 인쇄된 정보와 거의 비슷한 내용을 담고 있었다. 하워드와 그의 함장들이 조금만 수고했더라면 적이 제공한 정보로, 적의 전투대형을 상당히 정확하게 알고서 작전에 돌입할 수 있었을 것이

---

169) '무적'이라는 뜻
170) Lizard. 영국 최남단의 곶

다. 사실 버흘리는 이 인쇄물을 가지고 있었다. 마드리드의 전쟁위원회가 그들의 전력을 공개해서 자신들이 잃게 되는 것에 비해 의도적으로 전력을 과시함으로써 얻게 되는 이득이 더 클 것으로 믿었다고 결론지을 수밖에 없다. 마침내 그들도 군주인 펠리페의 극단적인 자신감에 어느 정도 물이 들었던 것 같다.

메디나 시도니아도 한동안은 누구 못지않게 자신감에 차 있었다. 그는 자신과 참모들이 이루어낸 완벽한 조직화에 뿌듯해했다. 그리고 함대들끼리 교신할 수 있도록 여러 신호와 수단을 고안해냈고, 집결지를 결정했고, 항해 명령 체계와 전투 지침 하나도 만들어냈다. 경험 많은 항해사들을 모든 소함대에 골고루 분배해, 각 함대사령관이 영국해협과 북해를 훤히 아는 에스파냐, 브르타뉴, 네덜란드, 혹은 변절한 영국 출신 등 서너 명씩을 거느리게 했다. 그들은 항해 지침을 모아서 종합한 다음 모든 배에 나누어 주었다. 그것에는 템스 강 후미 북쪽 동부 해안에 대한 언급도 없었고 심지어 아일랜드에 대해서는 틀린 정보가 담겨 있었지만, 영국 남서쪽 해안 실리 군도(Scilly Isles)에서 도버에 이르는 지역만큼은 항해의 길잡이가 되는 육표, 항구의 입구, 수심, 조수, 그리고 최소한 주요 암초와 위험 요소에 대해 대체로 정확히 기술되어 있었다. 그들은 드레이크가 펼 것으로 예상되는 전술에 대해 펠리페에게서 경고를 듣기 전에 이미 그러한 상황에 대비할 특별한 대형을 고안해놓았다. 메디나 시도니아는 자랑스럽게 그 대형의 그림을 펠리페에게 보냈다. 신잉심 돈독힌 수시기 히느님이 에스피냐에 승리를 히락히실 거라고 확신을 주는 것, 아니면 이러한 전문적 능력과 효율성, 그 둘 중 어느 쪽이 그에게 더 큰 자신감을 안겨주었는지 그건 아무도 모른다. 아마도 가장 중요한 것은, 새로 짓고 색을 칠해 빛이 나는 전투 보루들, 돛대머리에서 휘날리고 있는 깃발들, 갑판에 도열해 있는, 쾌활하고 용감해서 대적할 적이 없을 만큼 강해 보이는 멋진 무사들, 그가 지휘하는 이 함대가 마침내 적과 맞붙을 준비가 되어 있다는 사실이었을 것이다.

항해가 가능할 만큼 날씨가 누그러지자마자 에스파냐의 함대는 리스본 강을 빠져나가기 시작했다. 5월 28일, 기함 산 마르틴호가 이끄는 포르투갈 왕실 갤리언선들이 성에서 보내는 예포에 답례하며 산 훌리안 성 앞을 통과했다. 5월 30일쯤에는 변덕스러운 역풍에 맞서며 함대 전체가 앞바다로 나아가고 있었다. 그런데 북북서 방향으로 바뀐 바람 때문에 헐크선들이 항로에서 너무 많이 벗어나 버렸다. 만약 함선들이 한데 모여 있었다면 새로운 침로(針路)가 가능한 공간을 확보하기도 전에 전부 이스피셸 곶 남쪽까지 밀려갔을 것이다. 함대의 대열이 흐트러지지는 않았지만, 메디나 시도니아는 전 함대가 같이 간다는 것은 "가장 느린 배가 전체 항해 속도를 좌우하게 된다"는 의미임을 곧 깨닫게 되었다. 상당수의 헐크선들이 심하게 흔들리고 속도가 느렸기 때문에, 바다로 나온 지 48시간이 지난 6월 1일에도 기함은 출발지에서 겨우 15해리 정도 떨어진 리스본 록(Rock of Lisbon) 남남서 해역에 머물러 있었다. 그 뒤로도 에스파냐 해안을 따라 바람을 거슬러 지루할 정도로 천천히 항해할 수밖에 없었다. 날씨는 전혀 도움이 되지 못했다. 하루에도 몇 번씩 동서남북으로 바람의 방향이 바뀌었다. 동쪽에서 불어오던 바람이 남쪽, 서쪽, 북쪽에서 불다가, 다시 동쪽에서 불어왔다. 전혀 바람이 불지 않을 때도 있어서, 그 거대한 함대가 타효속력[171]을 확보하지 못

---

171) 舵效速力. 키 조종에 필요한 최저 항속

한 채 돛만 펄럭이며 넘실거리는 대서양의 파도 위에 대책 없이 떠 있기도 했다. 때론 느닷없이 돌풍이 사납게 몰아치기도 했지만, 그나마도 항해가 조금이라도 가능한 방향에서 불어오지는 않았다. 이런 날씨 탓에, 그리고 크고 작은, 빠르고 느린 배들이 뒤섞인 함대였기에, 리스본 록에서 피니스테레 곶[172]까지 160해리 남짓 가는 데 13일이나 걸렸다.

자벌레가 기어가듯 분통이 터질 정도로 더딘 항해였지만, 그 덕분에 도움이 되는 일이 딱 한 가지 있었다. 메디나 시도니아가 당시 가장 걱정하는 식량 보급 문제를 해결할 기회일 수도 있었던 것이다. 16세기 에스파냐의 역량을 감안하더라도 실로 어마어마한 양이라고 할 만한 식량이 리스본에 집결되어 있었지만, 기나긴 겨울 동안 출정이 늦어지면서 이미 많은 양이 소비되었다. 또한 가장 최근에 도착한 음식을 먼저 먹는 것이 자연스러운 사람의 심리였다. 지휘권을 잡은 뒤, 메디나 시도니아는 배에 실린 지 가장 오래되었거나 부두의 창고에 가장 오랫동안 보관되었던 통과 자루부터 먼저 개봉해야 한다는 규칙을 강제하고자 노력했다. 그 명령이 잘 지켜졌는지는, 그 역시 추측만 할 수 있었을 것이다. 그런데 5월 들어 날이 점점 더워지고 함대는 여전히 강에서 대기하고 있던 상태에서, 식량 부패를 보고하는 배들이 점점 늘어났다. 앞으로의 상황이 더 걱정이었다. 메디나 시도니아는 마지막 순간까지 식량 확보를 위해 포르투갈의 농촌 지역을 휩쓸고 다녔고, 마드리드에도 추가로 식량을 보내달라고 호소했다. 닻을 올리면서도 앞으로 보급품이 더 들어오면 곧바로 함대로 보내라는 명령을 남겨두었다. 또

---

172) Finisterre. 에스파냐의 북서쪽 극점

북부 항구들에 식량이 모이면 모두 피니스테레 해역에서 함대와 만날 수 있는 식량 운송선들에 선적해달라고 이미 부탁을 해놓았다. 그래야 항해 중 바다에서도 식량을 보충 받을 수 있기 때문이었다.

나흘 동안 아르마다는 늦어지고 있는 식량 운송선을 찾아 피니스테레 곶 근해를 배회했는데, 이때 또 다른 우려할 만한 상황이 벌어졌다. 사실상 모든 함대에서 몇몇 선박에 물이 부족하다고 보고했던 것이다. 물통들이 선적된 지 한 달이 넘긴 했지만, 그래도 아직 서너 달은 더 쓸 수 있을 만큼 물이 남아 있어야 했다. 그러나 많은 통들에 뭔가 문제가 있어서 그런지 남아 있는 물이 벌써 푸르스름했고 고약한 냄새가 나는 경우도 많았다. 지금부터는 통을 새로 딸 때마다 그 안에 담긴 물을 마실 수 있는 가능성이 희박해지리라는 것을 누구나 짐작할 수 있었다. 정기 전략회의에서 소함대 지휘관들인 "장군들"은 전 함대가 코루냐[173]에 들러 가능한 한 식량을 많이 모아야 하고, 무엇보다 우선 물을 구해야 한다고 만장일치로 결정했다.

그것이 아르마다가 리스본을 떠난 지 20일이 지난 6월 19일, 일요일의 일이었다. 메디나 시도니아의 기함이 정박지를 찾았을 때는 해가 이미 뉘엿뉘엿 지고 있었다. 그래서 함대의 사령관들은 어둠 속에서 작전을 완수하려고 하는 것보다는 정박지에서 가장 멀리 떨어져 있는 함대의 일부는 다시 앞바다로 나가 날이 밝을 때까지 해안을 오르내리는 편이 낫다는 결론을 내렸다. 크고 작은 50여 척의 배가 어둠이 내리기 전 항구에 정박했다. 반면 속도가 느린 거의 모든 헐크선과 대부분의 레반트 무장상선, 그리고 그들을

---

173) Corunna. 에스파냐 북부 항구도시

호위하는 레칼데 함대, 그 외에 예닐곱 척의 갤리언선과 네 척의 갈레아스, 경선 여러 척이 뱃머리를 돌려 갑(岬) 너머로 나아갔다. 후텁지근하고 변덕스러운 바람이 부는 저녁이었다.

자정이 지나고 얼마 뒤, 그 끔찍한 계절이 낳은 최악의 폭풍이 남서쪽에서 몰아닥쳤다. 코루냐 항에 안전하게 정박해 있던 배 한 척이 줄이 끊어져 떠내려갔고, 종범선 한 척은 닻을 내린 채 파도에 쓸려가 갤리언선 한 척에 부딪혔다. 다행히 바다에 나가 있던 배들은 바람이 부는 반대 방향으로 수백 해리 떨어져 있어서 폭풍을 피해 도망칠 수 있었다. 도망치는 것 말고는 다른 길이 없었고, 자연히 뿔뿔이 흩어질 수밖에 없었다.

6월 21일 오후에 날씨가 진정되어, 메디나 시도니아는 흩어진 배들을 찾으러 종범선 몇 척을 보낼 수 있었다. 그 전에 보낸 안내선들이 해안선을 따라 수색한 결과, 돈 알론소 데 레이바(Don Alonso de leiva)가 헐크선과 레반트선, 종범선 등 열 척의 배를 추슬러 근처 비베로[174) 항에 들어갔고, 갤리아스선 두 척이 히혼[175) 항에 피해 있다는 사실을 알아냈다. 다음 날, 레칼데가 갤리언선 2척과 다른 배 8척을 이끌고 돌아왔으나, 상황은 여전히 암울했다. 24일에도 갤리아스선 2척과 주력 함선 28척은 여전히 행방불명 상태에 있었는데, 그중에는 피렌체 갤리언선, 카스티야 갤리언선 1척, 레칼데 함대에서 가장 좋은 배 2척도 포함돼 있었다. 그 배들에는 유효 병력 22,000명 중 6,000명의 군인과 선원이 타고 있었다. 남아 있는 16,000명 중

---

174) Vivero. 에스파냐 북서부 루고 지방에 위치한 항구

175) Gijon. 에스파냐 북서부 비스케이 만에 위치한 항구

에도 병에 걸린 이들이 많았는데, 일부는 티푸스를 앓았으며, 괴혈병에 걸리거나 상한 음식 때문에 발병한 이질 환자의 수는 그보다 더 많았다. 폭풍을 이겨낸 배들도 대부분 심하게 파손되어 물이 새거나 돛대와 활대가 부러지거나 닻이 유실되는 등 많은 피해를 입었다.

리스본을 떠난 이후로 점점 메디나 시도니아는 자신이 지휘하는 함대에 대한 환상에서 깨어나게 되었다. 해안을 천천히 올라가는 동안에도 날마다 새로운 결함들이 드러났다. 가장 치명적인 것은 음식이었다. 매일 음식이 상했다는 보고가 올라왔다. 너무도 많은 통이, 음식과 물을 담고 있는 것 모두, 눈속임으로 건조가 안 된 생나무로 만든 것이 분명했다. 메디나 시도니아는 너무도 화가 나서, 그가 총사령관 자리를 맡게 된 이후 정신없고 혼잡스럽던 겨울을 보낸 다른 모든 사람과 마찬가지로 하청업자들 또한 최선의 노력을 했으리란 생각은 하지 못했다. 아마 그들도 생나무 통 널밖에 구할 수 없었을 것이다. 에스파냐 함대가 정박한 코루냐 항구의 하늘 위에 1년 전 세인트빈센트 곶에서 드레이크가 피운 연기가 구름이 되어 걸려 있었다. 아르마다의 음식과 물을 지켜주었어야 할 잘 마른 통 널들은 벌써 열두 달 전에 차가운 재로 변해버렸던 것이다.

메디나 시도니아는 자리에 앉아 상황을 돌아보며 어렵게 펠리페에게 편지를 썼다. 리스본에서 처음으로 지휘권을 갖게 되었을 때 자신이 우려했던, 심지어 그 이전부터 품고 있던 걱정들까지도 가톨릭의 최고 황제에게 다시 알리려고 했다. 이런 걱정들은, 낙천주의자조차도 리스본에 결집한 군대가 그 임무를 수행하기에 적합할 만큼 강하지는 않다고 평가했을 거란 사실에서 일부분 비롯되었고, 힘이 비등한 적과의 승부에 왕국의 운명을 걸어서는 안 된다는 것은 자명한 이치라고 썼다. 또한 이제 폭풍으로 함대가 흩어져 버려서 모을 수 있는 힘은 더욱 적어졌으며, 실종된 배들 중 최소한 일부는 폭풍우에 희생되었거나, 프랑스와 영국 해적선의 제물이 되었을 가능성이 크다고 썼다. 이런 불행한 일이 연중 가장 항해하기 좋다는 6월에, 그것도 하느님의 뜻에 따라 항해하는 함대에 일어났다는 사실을 믿을 수가 없다는 말도 완곡한 어조로 덧붙였다. (지난 6주 동안 일어난 재난과 좌절로 기적에 의지하고자 했던 메디나 시도니아의 마음이 약해졌던 것 같다.) 또한 행방불명된 배들의 숫자와 다시 모인 배들이 입은 피해 상황과 더불어(두 부분에 대해 항목별로 적어서 동봉함) 병력도 병으로 인해 많이 약화되었고 음식이나 물도 생각한 것보다 훨씬 안 좋은 상태라는 사실도 적었다. 이런 모든 상황과, 유효전력이 지난해 10월에 비하면 절반 정도에 불과하다는 파르마의 보고서를 고려해볼 때, 영국과 평화협정을 맺거나 최소한 1년 정도 출정을 미루는 게 낫지 않을지 숙고해달라고 펠리페에게 간청했다.

펠리페의 답은 신속하고도 단호했다. 총사령관은 최선을 다해 자신이 언급한 결점들을 개선해야 하며, 어떤 부분은 개선이 불가능해서 기대에 못 미치는 군사력으로 항해를 할 수도 있겠지만, 어떠한 경우라도 항해는 계속되어야 한다는 것이었다. 펠리페의 명령에는 변함이 없었다.

편지에 담긴 메디나 시도니아의 용기와 지성, 맹목적인 자신감에 차 있는 펠리페의 답장, 둘 중 어느 쪽에 더 경탄해야 할지 모르겠다. 아무리 절박한 상황이라 할지라도 전성기를 구가하는 에스파냐의 귀족이 자신에게 주어진 공격 임무를 포기하고 싶다고 간청한다는 것은, 당시로서는 그런 임무를 수행하는 것보다 오히려 훨씬 더 대단한 용기가 필요한 일이었다. 또한 자신이 뛰어들고 있는 상황에 대해 펠리페에게 그처럼 솔직하고 분별 있게 평한 사람은 이전에도 없었고 그 후로도 없었다. 그러나 '신중한 왕'이 신중한 조언에 귀 기울이지 않게 된 지도 1년이 넘었다. 지금 그의 귀에는 "전진하라, 하느님의 이름으로!"를 제외한 어떤 말도 들리지 않는 듯했고, 그의 함대사령관에게 보낸 편지도 그저 똑같은 명령의 되풀이일 뿐이었다.

하지만 최소한 그는 몇몇 후대의 역사가들이 저지르는 실수를 범하지는 않았다. 그 편지를 근거로 메디나 시도니아가 바보거나 겁쟁이거나, 혹은 어떤 면에서든 지휘를 맡길 만한 인물이 못 된다고 평하지는 않았던 것이다. 코루냐에서 항해를 잠시 중단한 것이, 그에 대한 그런 평가가 정당하다고 주장할 근거라 할 수는 없으며, 그의 부하 중 누가 그런 평가를 했다고 인정할 만한 증거도 없다. 메디나 시도니아는 레이바가 합류하자마자 소집한 지휘관회의에서 그가 갖고 있는 걱정들을 털어놓지는 않았다. 이들 노장(老將)들과 상황을 되짚어볼 필요는 없었던 것이다. 단지 함대가 실종된 배들을 찾으러 나서야 할 것인지, 아니면 영국으로 곧장 항해를 해야 하는지, 그것도 아니라면 코루냐에 남아 낙오한 배들이 합류하기를 기다릴 것인지에 대해서만 의견을 물었을 뿐이었다. 장교들은 관례에 따라 육군과 해군 모두 직급이 낮은 순서대로 자기 의견을 밝혔다. 그들은 거의 만장일치로 마지막 안에 찬성을 했다. 코루냐에 머물면서 다시 함대를 재정비하고, 가능한 한 많은 음식과 물을 구하며, 실종된 배들이 대부분 돌아오기를 기다리는 편이 낫다는 것이었다. 함대 지휘관 한 명만이 반대했다. 안달루시아 소함대의 "장군"인 페드로 데 발데스는 상한 음식을 대체할 가능성도 희박하고 오래 기다릴수록 상황은 더 나빠질 뿐이라며 당장 출항하기를 원했다. 그의 주장은 다른 지휘관들의 주장과 동등한 분량으로 기록되어 있으며, 그와 별개로 페드로가 펠리페에게 개인적으로 보낸 편지도 남아 있다. (이 당시 해군의 통신은 "채널을 통해" 이루어지지는 않았음) 그 편지에서 자신의 주장을 반복하며, 그는 자기가 그렇게 고집을 부려서 총사령관의 마음을 상하게 하지는 않았는지 두렵다는 말을 했다. 그러나 그 편지에서도 그는 메디나 시도니아가 무능하다거나 겁을 먹고 있다는 등의 말을 내비치지는 않았다.

그 폭풍이 있고서 한 달이 지난 뒤에야 함대가 다시 출항 준비를 마쳤지만, 전반적인 상황을 고려할 때 출항이 지연된 것이 오히려 득이 되었던 것 같다. 실질적으로 필요한 함선들의 수리를 모두 마쳤고, 가능한 한 많은 배를 청소하고, 수지를 칠하고, 물이 새지 않도록 선체에 뱃밥을 채웠다. 비스케이 항에서 비스킷과 소금에 절인 생선 같은 식량을 더 구했고, 기대한 것보다는 적었을지는 몰라도, 항구에서 병사들이 신선한 고기와 채소, 빵으로 식사를 한 덕분에 남아 있는 보급품을 아낄 수 있었고, 그들의 건강도 놀랄 만큼 좋아졌다. 메디나 시도니아가 처음으로 강구한 일 중 하나는 티푸스 환자들을 위해 뭍에다가 병원을 마련하는 것이었다. 위협적이던 전염병은 수그러들었고, 대개 병력 명부가 조작된다는 점을 감안하더라도, 병사들과 선원들 수가 거의 원래의 병력 수준으로 회복했다.

가장 좋은 일은 실종된 배들 중 마지막 무리가 마침내 돌아온 것이었다. 두 무리가 영국해협 쪽까지 밀려가 있었는데, 한 무리는 영국의 서남쪽 해안에 있는 실리 군도와 리자드 사이에서 항해하다가 두 차례 다른 선박들을 약탈하기도 했고 마운츠 만(Mounts Bay)을 염탐하기도 했는데, 이상하게도 영국 전함은 한 척도 보지 못했다. 다른 낙오 함선들은 그 전에 북풍을 타고 코루냐로 돌아왔는데, 항해를 하다가 드레이크의 주력함대로 추정되는 배들을 어렴풋이나마 보았다고 했다. 대체적으로 7월 21일에는 모든 것이 두 달 전 상황으로 회복되었다. 비록 물이 새는 통 때문에 여전히 걱정이 되고, 나중에 이 걱정이 기우가 아니었음이 입증되지만, 메디나 시도니아는 여러

면에서 리스본에 있을 때보다도 더 준비가 잘 되었다고 생각했던 것 같다. 상쾌한 남풍에 돛이 부풀어 올라 마침내 아르마다가 영국을 향해 출항했을 때, 메디나 시도니아는 조심스럽지만 낙관적인 기분을 되찾고 있었다.

21장_"시간과 공간의 이점"

플리머스, 슬리브, 비스케이에서 북위 45도 사이, 1588년 4월 18일~7월 30일

계절에 어울리지 않는 날씨와 부족한 보급품 때문에 걱정하기는 에스파
냐 함장들이나 영국 함장들이나 다를 바 없었다. 4월 중 모두 취역(就役)을
마친 영국 함대는 보급 체계가 취약해서, 그날 받아 그날 먹는 식으로 한 번
에 한 달분 식량을 공급받았고, 마지막 배급 분량이 거의 바닥날 때까지 새
로 조달되는 법이 없었다. 마게이트에서 해군 총사령관 하워드는 절망에 차
서 이렇게 썼다. "우리는 이제 4월 20일에서 5월 18일까지 지낼 식량을 공
급받게 될 것입니다. (……) [보고에 따르면] 에스파냐 군대는 5월 중반인 15
일에는 출발할 가능성이 크다고 합니다. 그럼 우리에겐 사흘 치 식량만 남
게 되겠지요. 이런 방식이 타당하다 해도 제 머리로는 도저히 이해가 되지
않는군요." 그리고 계속해서 그는 "여왕 폐하의 아버지인 헨리 8세" 시절에
는 얼마나 모든 것이 잘 운영되었는지에 대해 서술했다.

역사에 대한 하워드의 이해는 틀렸지만 병참과 관련된 생각은 지극히 옳았다. 또한 그의 편지를 받은 버흘리 경도 지금까지는 상황이 많이 달라지지 않았더라도 이제는 달라져야 한다는 점을 알고 있었을 것이다. 이런 어려움은 버흘리나 엘리자베스 여왕의 호의가 부족해서 생긴 것이 아니었다. 그렇다고 이따금 드레이크가 막연히 의심하듯, 반역이나, 잘 속는 군주와 잘 속이는 대신들 때문에 생긴 문제도 아니었다. 돈이 부족하거나 돈을 쓰기를 꺼려서 생긴 문제는 더더욱 아니었다. 단지 몇 달씩 배에 보관할 만큼 많은 양의 식량과 식수를 제공할 만한 시설과 조직이 없었기 때문이었다. 1588년에 있은 영국 해군의 준비는 에스파냐와 마찬가지로 전례가 없었던 일이었다. 게다가 영국은 대규모 원정 함대를 위해 식량을 조달하는 일에는 에스파냐보다 경험이 훨씬 적었다. 음식을 보내면 금방 먹어치우는 선원들이 버티고 있는 상황에서, 거대한 규모의 함대에 두세 달 앞서 배급량을 공급하려면 임기응변이 아니라 조직이 필요한 법이다.

봄이 오자 드레이크는 다시 출항을 하고 싶어 몸이 달았다. 리스본 항에 집결한 에스파냐 왕의 배가 400에서 500척 정도 되고, 승선 선원과 병사가 80,000명은 된다는 소문이 들려왔고, 또 실제로 그럴 거라고 드레이크는 믿었다. 그런데도 드레이크는, 여왕이 가진 중간 크기의 갤리언선 4척에 런던 무역상들의 무장상선 몇 척까지 합해서 50척 남짓한 규모의 함대로 에스파냐군을 그들의 바다에서 봉쇄할 마음의 준비가 되어 있었다. 나중에 그가 이탈리아의 언론인이자 역사가에게 말했듯이, 리스본에서도 카디스 항을 농락했던 방식을 다시 쓸 수 있다고 생각했기 때문이 아니었다. 그는 포르투갈 해안을 봉쇄해서 에스파냐 함대가 쉽사리 바다로 빠져나오지 못하게 하고, 혹시 그들이 빠져나온다면 그들을 공격하고 계속 괴롭혀 절대 영국에는 도달하지 못하게 할 생각이었다. 그가 페트루치오 우발디니(Petruccio Ubaldini)에게 한 말을 계속 옮기자면, 그는 어떻게든 에스파냐 함대를 봉쇄함과 동시에 "에스파냐 해안을 따라 여러 지역을 공격"할 계획이었다. 자국 가까이에서 싸우는 것보다는 멀리 떨어진 곳에서 싸우는 것이 더 안전하며, 그렇게 함으로써 영국군의 용기를 북돋울 수 있으리라 생각했던 것이다. 또한 드레이크는 어쨌든 에스파냐 함대가 영국해협 쪽으로 들어와서 파르마와 합류하는 것만큼은 무슨 일이 있어도 막아야 한다고 말했다. 우발디니가 그의 말을 제대로 인용했다면, 배 50척을 가지고 이 모든 것을 할 수 있다고 한 그의 자신감은 "그가 에스파냐 해안 전역에서 자신의 이름이 불러일으키는 공포가 얼마나 큰지 알고 있기 (전혀 자화자찬하는 기색 없이 얘기함)" 때문이었다.

드레이크가 주로 의지한 것은 아마도 자신의 이름이 불러일으키는 공포였을 것이다. 그는 엘 드라케[176]가 그들의 해안에 있는 한, 에스파냐인들은 감히 영국으로 항해할 생각을 하지 못할 것이며, 근해와 해안에서 여름 내내 마음껏 약탈하면서 짭짤한 수입도 올리고 그와 동시에 에스파냐 함대와는 자신이 완벽하게 실행할 수 있는 숨바꼭질 게임을 할 수 있을 거라 굳게 믿었고, 또 그렇게 믿을 만한 근거도 있었다. 잘하면 그런 게임을 통해 에스파냐 함대를 각개 격파할 기회를 잡게 될지도 모를 일이었고, 못해도 그들을 완전히 지치게 하고 정신없이 바쁘게 만들어서 영국을 공격할 생각조차 하지 못하게 할 수 있을 것이다.

---

176) El Draque, 드레이크의 에스파냐 식 이름

그게 아니라면 최소한 우리는 그의 계획을 추측할 수밖에 없을 것이다. 드레이크는 그 부분에 대해 우발디니에게 분명히 밝히지 않았으며, 또 지금까지 전해오는 그의 편지를 보면 엘리자베스 여왕에게 밝힌 것은 그보다도 훨씬 덜 명확하다. 이번에야말로 항해를 허락받게 될 거라고 생각했을 때도, 그는 어떻게 해서 리스본에 있는 에스파냐 함대를 괴롭힐 것인지 묻는 여왕의 물음에 말할 수 없다고 대답했다. 그러면서 그는 아직까지는 두 가지를 확신할 수 없기 때문이라고 변명했는데, 하나는 적의 전력이고 다른 하나는 "우리 사람들의 결의로, 그것은 바다에 데리고 나가봐야 더 잘 알게 될 것인데, (……) 왜냐하면 버러가 [카디스에서] 했던 대로 지금 누군가 도망을 친다면, 지금 적의 전력은 가공할 정도로 증강되어 있기 때문에, 함대 전체가 위험에 처할 수 있을 것"이기 때문이라고 말했다. 그러나 드레이크가 자신의 계획의 세부적인 부분에 대해 명확히 밝히지는 않았더라도, (아마 세부 계획은 있지도 않았을 것이고, 항상 그를 실망시키지 않았던 운과 영감을 믿었을 것이다.) 확신을 갖는 다른 이유에 대해서는 밝혔다. "폐하의 군대가 이 막강한 에스파냐 함대에 맞서기 위해서 얼마나 강해야 하는지에 대해 저의 소견을 밝히자면, 하느님께서 날마다 가장 우수한 폐하의 군대를 해상과 육상 모두에서 증강시켜주시기에, 확신하건대 지금 폐하와 우리의 진정한 신앙에 대항할 준비가 되어 있거나 준비하고 있는 군대만큼 강한 군대는 일찍이 없었지만, (……) 전능하신 하느님은 그들보다 훨씬 강하며 당신 말씀의 진실성을 지키실 것이고 ……." 어떤 면에서 보면 드레이크와 펠리페는 상당히 닮았다.

드레이크가 자신이 무엇을 해야 할지는 잘 몰랐다 하더라도, 그 일을 할 사람은 자신이며, 언제 어디서 해야만 하는지는 분명히 알고 있었다.

폐하께서는 확신하셔도 좋습니다. [그는 같은 편지에서 이처럼 쓰고 있다.] 만일 그 함대가 리스본에서 나온다면, 우리에게 해안에서 버틸 식량만 있다면 하느님께서 도우사, 우리는 그들과 싸울 것이며 (……) 모든 군사작전에서는 시간과 공간의 이점을 가진 쪽이 절반은 승리한 것이며 그 두 가지를 잃어버리면 회생이 불가능합니다. (……) 그런 연유로, 폐하께서 이미 이곳에서 출정 준비를 마친 함대를 이끌고 출정하도록 제게 명령만 내려주신다면, 그리고 가능한 모든 원정대가 제 뒤를 따라오도록 명령하신다면, 제 소견으로는 그게 가장 확실한 최선의 방책이라 사료되옵니다…….

여기까지는 해전의 천재이자 열렬한 신자로서의 드레이크의 면모가 엿보인다. 그다음, 그가 하나의 문장으로 생각하고 쓴 나머지 부분에서는 현실감이 뛰어난 지휘관의 특성을 엿볼 수 있다.

그리고 그들은[뒤따라 출정할 나머지 함대] 자신들과 우리가 먹을 식량을 충분히 가지고 와야 합니다. 군대를 식량 부족으로 전부 잃지 않으려면 말입니다. (……) 고국을 멀리 떠나 있는 영국인들이 식량이 부족한 상황이 앞으로도 계속될 것임을 알게 되고 아무런 이득 없이 바람 부는 것만 쳐다보아야 한다는 걸 깨닫게 된다면, 아무도 머물러 있으려고 하지 않을 것입니다.

이 편지는 메디나 시도니아가 리스본 대성당에서 축기(祝旗)를 받기 이틀 전에 쓴 것이다. 그렇지만 그 뒤 한 달이 넘도록 식량도 증원군도 도착하지 않았다. 에스파냐 함대를 타구스 강어귀에 묶어두었던 바로 그런 종류의 때 아닌 강풍으로 인해 식량도 증원 함선들도 보낼 수 없었던 것이다. 드레이크가 설사 출항해서 힘들게 플리머스 해협을 빠져나올 수 있었다 하더라도, 그런 날씨에 멀리 리스본까지 갈 수 있었을 가능성은 거의 없으며, 아마도 랜즈 엔드[177]와 우에상[178]까지도 가지 못했을 것이다. 그러나 언제나 자신의 앞길을 막고 있다고 생각되는 인간들의 교활한 음모에 대해 염려했던 만큼이나 날씨의 방해로 항해를 못하는 것 역시 끔찍이 싫어했기 때문에 드레이크는 즉시 에스파냐 해안으로 내려가게 해달라고 계속 간청했다. 그는 엘리자베스가 마음을 바꾸었다가 다시 바꾸는 동안 긴급한 편지를 써서 보내기도 했고, 최소한 한 번은 직접 궁을 찾아가기도 했다.

이 기간 동안 드레이크가 얼마나 열심히 자신과 생각이 다른 사람들을 설득했는지는 알 수 없다. 호킨스는 언제나 드레이크의 편이었고, 해군 참모회의의 사람들 대부분과 승선한 고참 지휘관들도 그의 편이 되어 있었다. 하워드는 처음에는 방어적 전략을 선호했지만, 4월이나 5월쯤에는 다수의 의견을 받아들이게 되었고, 그 이후로는 드레이크만큼이나 열성적으로 그 주장을 역설했다. 결국 엘리자베스도 마지못해서이긴 했지만, 어찌 되었든 일선 군인들의 생각이 옳을 거라 생각하기 시작했고, 승리의 절반이나 다름없는 시간과 공간의 이점은 에스파냐 해안에서 찾게 될 거라 믿게 되었다.

우리가 지금 알고 있는 사실에 비추어보면 회의가 들기도 한다. 우선 드레이크의 생각은 한 가지 점에서 확실히 틀렸다. 메디나 시도니아는 영국군이 공격하더라도, 드레이크가 무엇을 하든 방향을 바꾸지 말고 영국해협으

---

177) Land's End, 영국 남서부 콘월 반도 끝에 있는 곳

178) Ushant, 프랑스 북서부 해역에 있는 작은 섬

로 항해해서 파르마와 합류하라는 특명을 받았다. 만약 드레이크가 자신이 에스파냐 해안에 나타남으로써 야기될 공포에 의지해 에스파냐 함대를 자국 영해에 묶어두고자 했다면, 에스파냐 함대를 완전히 놓쳐버렸을 것이다. 뿐만 아니라 드레이크는 양국 해군의 다른 베테랑들과 마찬가지로 앞으로 일어날 전례 없는 그 전투의 성격에 대해 제대로 이해하지 못하고 있었던 듯하다. 산타 크루스처럼 그 역시 포당(砲當) 30발의 포탄을 싣고 적과 맞서고자 했다. 실제 전투에서 영국 함대는 에스파냐 함대에 이렇다 할 타격을 한 번 가하기도 전에 이 이상의 포탄을 소비했다. 웨이머스 항에서 이 잘못된 계산을 바로잡을 수는 있었지만, 만일 그들이 그러지 않고 리스본까지 항해했다면 심각한 곤경에 빠졌을 것이다. 영국의 함선들과 영국의 수병들이 지금 있는 상태로 출항했더라도, 지독한 불운이 따르지 않는 한 심각한 타격을 입었을 가능성은 낮다. 반면, 예기치 못한 행운이 따르지 않는 한 50여 척 또는 그 이상의 함선들로도 드레이크가 전세에 영향을 줄 만큼 에스파냐 함대의 전진을 지연시켰을 가능성 역시 낮다. 만일 항해 중에 에스파냐 함대와 맞닥뜨렸다면, 나중에 일어난 일을 바탕으로 판단하건대, 아마 드레이크는 아르마다의 대형을 흐트러뜨리지도 못한 채 포탄만 죄다 소모한 다음 어쩔 수 없이 꽁무니를 빼고 영국의 항구로 도망쳐야 했을 것이다. 당시의 상황에서 그런 일이 벌어졌다면, 그것은 영국의 패배로 평가되었을 것이고, 최소한 군의 사기에 부정적인 영향을 미쳤을 것이며, 어쩌면 영국 해협에서 다소 우세하던 힘의 균형에도 변화가 있었을 것이다.

일을 치른 다음에 깨닫기는 쉬운 법이지만, 1588년 봄에는 양측 해군 전문가 중 누구도 앞으로 어떤 상황이 벌어질지 거의 예측하지 못했다. 그들의 군사력 규모나 화기의 종류는 전례가 없을 정도였다. 이전의 역사에서도, 그 이후 항공모함이 출현하기 전까지도, 그렇게 새롭고도 예측 불가능한 요소가 많았던 해전은 없었다. 그래서 당시 최고의 영국 해군 전문가들이 드레이크의 의견에 동의했던 것이며, 드레이크가 포르투갈의 해안에서 위험을 감수하며 전투를 벌이지 않고 대신 영국해협에 머물러 있었던 것은, 어느 누구의 신중함 때문이라기보다는 악천후와 늦어진 식량 보급 때문이었다.

드레이크가 공격을 해야 한다고 주장해서 대단히 효과를 본 것이 한 가지 있었다. 그는 여왕의 갤리언선 8척을 합쳐서 모두 50척을 요청했었다. 그것이 그가 기대할 수 있는 독자적 지휘권의 최대치였다. 그런데 엘리자베스는 가장 큰 갤리언선 14척과 무장상선 대부분, 거기에 자원 함선들까지, 자신이 소유한 해군 전력 대부분을 맡기기로 결심했다. 그렇게 되면 자동적으로 그 함대의 지휘관이 총사령관이 되어야 했다. 아마도 엘리자베스는 드레이크를 높이 평가하기는 했지만, 하워드에게 작전을 맡겨야 원정 항해가 해적질로 변질될 가능성이 적을 거라 생각했던 것 같다. 또는 어쩌면 모든 것을 한 번의 공격에 걸어야 한다면, 최대한 강한 함대가 필요하다는 현명한 생각을 했을지도 모른다. 어쨌든 드레이크는 해군 총사령관 하워드가 수여하는 부제독의 직책을 정중하게 수락했고, 다음 몇 달 동안 둘 사이에 마찰이 있었다는 기록은 전혀 찾아볼 수 없다. 그러나 드레이크가 나중에 우발디니에게 한 말을 보면, 분명히 실망한 기색이 엿보인다.

구력으로 5월 23일, 신력으로 6월 2일이 되어서야 하워드가 플리머스에 도착해 드레이크가 연합 함대의 부제독으로서 깃발을 게양하는 의식을 치렀다. 그날 메디나 시도니아는 리스본 록에서 북쪽으로 약 30해리 떨어진 곳을 지나며 지금까지 항해한 날 중 가장 빠른 속력으로 전진하고 있었지만, 영국에 있는 그 누구도 당연히 그가 벌써 항해에 나섰다는 사실을 알지 못했다. 하워드는 지금까지 열악한 날씨 탓에 출항을 못 하고 있었다. 그리고 이후로도 더 메디나 시도니아와 마찬가지로 꾸물대는 식량 보급선 때문에, 그다음에는 명령의 번복 때문에, 다음에는 다시 나쁜 날씨 때문에, 흩어진 에스파냐 함대의 배들이 슬리브(Sleeve) 진입 항로에 출현한 충격 때문에, 그다음에는 에스파냐 함대가 아일랜드 서쪽과 됭케르크 사이 어딘가를 공격하면 함대를 어디에 파견해야 할지 위치를 정하지 못해서, 또 그다음에는 엘리자베스가 에스파냐 함대가 이미 문 앞에 당도했을지도 모른다는, 누구도 그 이상은 알 수 없는 기우 때문에, 자국 함대를 에스파냐로 가게 허락해야 할지 다시 주저하는 바람에 출항은 계속 지연될 수밖에 없었다.

드레이크와 합류하고 나서 3주 뒤에도, 에스파냐 함대를 흐트러뜨린 바로 그 강풍 때문에 플리머스 만에 발이 묶여 있던 하워드는 여전히 재량권과 더 많은 식량을 달라고 간청하고 있었다. 하워드는 배급된 식량이 모두 소진되고 승무원들을 먹이지 못해 함대가 기동을 못 하게 될 때까지 출정을 지연시키고 계속 불확실한 상황에 빠져 있게 만드는 것이 에스파냐의 음흉한 계획일 거라고 믿었다. 메디나 시도니아도 그와 비슷한 걱정거리를 안고 있었고 같은 날 펠리페에게 영국 침공 계획의 포기를 간언하는 애절한 편지를 쓰고 있었다는 사실을 알았다면, 아마 하워드는 다소나마 위안을 얻었을 것이다. 그러나 모순되는 소문들만 무성할 뿐, 영국에 있는 그 누구도 에스파냐군의 시정을 잘 알지 못했다. 그 덕분에 하워드는 안달하며 또 3주를 흘려보내야 했다. 그 3주 동안 하워드는 영국, 스코틀랜드, 아일랜드로 접근하는 모든 항로를 방어할 수 있는, 허를 찔릴 수 있는 곳(하워드는 화가 나서 그런 곳은 있지도 않다고 볼멘소리를 냈다.)을 경계하라는 엘리자베스 여왕의 지시에 따라 해안을 "오르내리고" 있었고, 우에상이나 실리 군도 해역에 나타났다는 보고에 의지해 가상의 에스파냐 함대를 추격했으며, 약속된 시간에 나타나지 않는 식량 운송선 때문에 노발대발했고, 승무원들의 건강과 사기에 대해 점점 더 걱정하게 되었다.

그러다가 갑자기 모든 것이 확실해졌다. 에스파냐의 배 대부분이 폭풍으로 인해 심한 피해를 입고 흩어졌다가 다시 코루냐에 집결했다는 확실한 정보가 입수된 것이다. 런던에서 출항 허가증과 식량이 도착했고, 엘리자베스도 함대가 완전히 준비를 마쳤다면 에스파냐 항구로 출격해 그들의 함대를 대적해도 좋다는 명령을 내렸다. 항해하기에 적당한 바람이 북동쪽에서 불어오고 있었다. 하워드와 드레이크, 호킨스는 보급품 선적도 채 마치지 못했다. 그들은 배에 돛을 올리고 서둘러 에스파냐 해안을 향해 출발했다. 크고 작은 배 90여 척으로 구성된 당당하고 용맹스러운 거대 함대였다.

닷새 후 그들은 다시 플리머스 만에 돌아와 있었다. 우에상과 코루냐 사이 3분의 2 지점인 비스케이 만 한가운데에서 바람의 방향이 심술궂게도 바뀌어, 영국 쪽으로 배를 몰고 오기에는 알맞았지만 에스파냐 쪽으로 가기에는 최악이었던 것이다. 만약 아르마다가 영국 함대를 앞질러 가려고만 했다면, 영국 함대가 피니스테레를 지나기도 전에 랜즈 엔드 앞바다에 도달했을 것이다. 영국 함대는 뱃머리를 돌려 다시 돌아올 수밖에 없었다. 그들이 플리머스 항에 닻을 내렸을 때, 메디나 시도니아는 코루냐에서 닻을 올리고 있었다. 그날이 7월 22일이었다.

그다음 주 플리머스에서는 드레이크와 하워드가 에스파냐 함대가 겪어온 것과 같은 문제로 골머리를 앓고 있었다. 여왕의 배들은, 하워드가 기뻐하고 호킨스도 내색은 안 했지만 분명 만족할 만큼 튼튼하다는 것이 입증되었음에도 무장상선 중 일부는 지난 7주 동안 험한 날씨에 무리하게 항해를 한 탓에 물이 샜고, 어떤 것들은 돛대와 삭구를 교체해야 했다. 식사량을 줄여서 네 명분의 음식을 여섯 명에게 배급했지만, 일부 배에서는 음식이 부족했고 상당수의 배는 물이 부족했다. 뿐만 아니라 너무 오래 바다에 나가 있었다고 항변하듯이, 몇몇 배에는 아픈 사람이 많았다. 가장 먼저 해야 할 일 중 하나는 티푸스에 걸린 병사들을 뭍으로 보내고, 데번셔와 인근 지역의 치안판사들에게 신병을 보내달라고 요청하는 일이었다. 제대로 배를 청소하고 검사할 시간조차 없었지만, 할 수 있는 일은 모두 했으며 새로운 보급품과 포탄, 식량도 가급적 빨리 배에 실었다. 그런데 에스파냐가 올해는 침공을 포기했고, 그래서 제일 크고 비용이 많이 드는 여왕의 배 네 척부터 시작해 곧 함대가 부분적으로 해산하게 될 거라는 말이 돌았다. 그러나 이런 소문 때문에 플리머스에서 출항 준비를 늦추었다는 기록은 전혀 없다.

그러다가 7월 29일 금요일, 오찬 후에, 영국해협 입구를 순찰하던 전위함대 중 하나인 골든 하인드호의 함장인 토머스 플레밍이 와서, 많은 수의 에스파냐 함대가 실리 군도 근처에 모여 있는데 돛을 내린 걸 보니 분명 함대의 잔여 함선들이 합류하기를 기다리는 것 같다고 보고했다. 전해오는 이야기에 따르면, 플레밍이 그 소식을 전했을 때 드레이크는 플리머스 호[179]에서 볼링 경기를 하고 있었다고 한다. 아마 하워드도 그곳에 있었을 것이다. 플레밍이 아무리 드레이크의 서부 소함대에 속해 있었다 하더라도 총사령관이 아닌 드레이크에게 보고할 리가 없기 때문이다. 하지만 이 이크미디의

---

179) Plymouth Hoe. 플리머스에 있는 언덕

전설에서 드레이크 외에 다른 사람이 차지할 자리는 없다. 어쨌든 전하는 말로는, 이 소식을 접한 드레이크가 (느긋하게 볼링 자세를 취하고서 나무 공을 집어 올리고 핀을 응시하는 모습이 떠오르는 듯하고, 서쪽 지방 특유의 느린 말투가 들리는 듯하다.) "게임을 마칠 시간도, 에스파냐 함대를 무찌를 시간도 충분하네."라고 말했다고 한다.

물론 이 이야기가 사실이 아닐 수도 있다. 이 이야기를 사실로 입증할 만한 당시 기록은 없으며, 가장 오래된 기록도 이 일이 있고 나서 40년 이상이 흐른 뒤의 것이다. 그러나 40년이면 구전(口傳)을 어느 정도 신뢰할 수 있을 만한 시간이다. 이것이 사실일 수도 있다. 드레이크의 입에서 나온 말 같기는 하다. 순간의 긴장을 풀기 위해 던진 그 세련되지 않은 농담에는 그다운 허풍기와 재기가 묻어 있다. 또한 총사령관이 바로 옆에 있는데도 자기가 먼저 말을 했다는 것 역시 드레이크답다. 마지막으로, 드레이크라면 마침내 때가 왔다는 사실에 다른 누구보다 먼저 감상에 젖고 즐거워했을 것이다.

플레밍이 아무리 빨라도 오후 3시 이전에 보고를 할 수는 없었을 것이다. 그가 에스파냐 함대를 본 것이 그날 아침이고, 그때부터 서둘렀어도 기껏해야 90해리 정도 올 수 있었을 것이다. 그러나 오후 3시부터는 파도가 플리머스 해협 쪽으로 밀려오기 시작해서 조수간만의 차가 가장 적을 때조차도 1노트[180] 이상의 빠른 조류가 흐르고 있었을 것이다. 그렇게 파도가 세고 남서풍이 부는 상황에서 플리머스를 빠져나가려고 할 사람은 없었을 것이고, 실제로도 그랬다. 여왕의 갤리언선들을 선두로, 영국 함대는 밤 10시가

---

180) 한 시간에 1해리를 달리는 속도

되어 썰물이 다시 온 뒤에야 해협을 빠져나오기 시작했다. 따라서 볼링 게임을 마칠 시간은 충분했던 것이다.

에스파냐의 기습작전은 어느 정도 성공했다고도 볼 수 있다. 승리의 절반이 보장된다는 시간과 공간의 이점이 우선은 에스파냐 함대에게 있었다고 말할 수 있을 것이다. 그들은 바람이 불어오는 쪽으로 오고 있었고, 그들의 적은 그 바람 때문에 항구에서 나오지 못하고 있었다. 그러나 그 기습의 완전함에 대해 과대평가하기 쉽다. 전위함대의 위치, 함장의 항해 기술, 선박의 속력과 바람을 이용하는 능력 등에 힘입어 플레밍이 제때에 보고할 수 있었기 때문에 기습이 완전했다고 말할 수 없는 것이다. 영국 함대는 여전히 일부 상대적으로 크기가 작은 무장상선들에 보급품을 싣는 중이었지만, 그래도 전체적으로 출정할 대비가 되어 있었다. "우리를 에스파냐 해안에서 돌아오게 한 남쪽의 바람이 그들도 데리고 나왔군. 우리가 돌아오게 된 것은 하느님의 축복이었어." 하워드가 이렇게 말한 것을 보면 그다지 놀라지는 않았던 것 같다. 또한 그와 전쟁위원회가 이런 상황의 전개를 예견하지 못했다면, 해전에서 누구나 예상할 수 있는 일을 확신하지 않았다면, 그건 정말로 이상한 일일 것이다. 얼마나 빠르고 얼마나 대담했든, 에스파냐 함대는 충분히 빠르고 대담하지는 못했다. 마지막 볼이 핀을 향해 휘어져 굴러가는 것처럼 지금 흐르고 있는 이 조류는 적이 플리머스 항에 있는 여왕의 함대를 붙잡을 수 있는 마지막 기회가 될 것이다.

땅거미가 지자 역풍이 불었고 썰물이 되었다. 여왕의 갤리언선들과 상상육중하고 무장이 잘 된 상선들이 플리머스 항을 빠져나가기 시작했다. 그리고 레임 헤드[181]의 후미진 곳에 닻을 내렸다. 다음 날 바람이 남서쪽에서 불어오기 시작했고 아침 늦게 썰물을 타고 바다로 나온 다른 배들이 모두 합류했지만, 하워드는 바람이 불어오는 해안에서 적에게 잡히는 상황을 피하기 위해 바다 쪽으로 향하기 시작했고, 이어 배 45척을 이끌고 에디스톤[182]의 바람이 불어가는 방향으로 이동했다. 이런 모든 움직임이 상당한 항해 기술을 요하는 것이었지만, 하워드는 한마디로 그런 평가를 일축했고, 다른 사람들도 특별히 언급할 만한 게 아니라고 생각했다. 어찌 되었든 영국 함대는 지난 2개월 동안 온갖 상황에서 플리머스 항을 들락날락해 왔던 것이다. 아마도 그들은 에스파냐 함대를 눈으로 보기 전까지는 다시 플리머스로 돌아가지 않아도 될 가능성이 크다고 생각했을 것이다.

---

181) Rame Head. 영국 남동쪽 해안 지명
182) Eddystone. 레임 헤드에서 남서쪽으로 14킬로미터 떨어진 바위섬

22장_경기장에 입장하다

리자드에서 에디스톤까지, 1588년 7월 30일~31일

7월 30일 토요일, 동틀 무렵, 다음 썰물이 있기 전 플리머스를 빠져나온 영국 함대가 이미 레임 헤드 뒤편에 닻을 내렸을 때, 에스파냐 주력함대는 아직 조류를 따라 리자드 쪽으로 떠가고 있었다. 코루냐를 떠난 이후로 항해는 결코 순탄치 않았다. 처음 나흘 동안은 바람도 알맞았고 날씨도 좋았다. 단 하나 골칫거리가 있다면, 상태가 별로 안 좋은 헐크선들과 보조를 맞추느라 계속 느린 속도를 유지해야 했다는 점뿐이었다. 다른 소함대들, 심지어 레반트 무장상선의 함장들까지도, 헐크선들만 아니었다면 지금쯤 이미 영국해협에 도착했을 거라고 생각했다.

그럼에도 닷새째인 7월 26일 화요일 아침에는 우에상까지 올라가 있었다. 그날 아침, 하늘은 점점 먹구름으로 덮였고, 바람은 잠잠했고, 함대는 거의 움직이지 못하고 파도에 몸을 맡기고 있었다. 오전 내내 이런 상태가

지속되다가 정오 무렵부터 북쪽에서 강한 바람이 불면서 앞이 안 보일 정도로 세차게 비가 내리기 시작했다. 폭풍은 거셌지만 곧 지나갔다. 함대는 선박 간의 간격이 더 벌어졌지만 흩어지지는 않은 채 안전한 공간을 확보하기 위해 서쪽으로 방향을 틀었다. 비스케이의 파도를 견디기에는 선체가 너무 길고 낮은 데다가 선폭이 좁기까지 한 갤리선들은 벌써부터 어려움을 겪고 있었다. 이내 갤리아스선인 디아나(Diana)호가 배의 결합 부위가 부서져 물이 심하게 새고 있으니 함대에서 이탈해 우호적인 항구로 돌아갈 수 있도록 허락해달라는 말을 보내왔다. 메디나 시도니아는 그 요청을 허락하면서, 자체적으로 판단해 격랑에 견디기 힘들 것 같은 다른 갤리선 함장들도 똑같이 하라고 허락을 내렸으나, 그들은 밀려오는 어둠을 뚫고 고집스럽게 항해를 계속했다.

밤이 되자 바람의 방향이 서북서 쪽으로 바뀌더니 점점 더 거세졌다. 그러더니 아침 무렵엔 완전히 폭풍으로 변해 있었고, 산처럼 거대한 파도가 치고 비도 앞이 보이지 않을 정도로 세차게 퍼붓고 있었다. 여전히 아르마다는 폭풍용 돛을 편 채 기함 산 마르틴호의 안내를 받아 최대한 북상하려고 안간힘을 쓰고 있었다. 폭풍은 온종일 몰아쳤고, 한밤중에도 전혀 수그러들지 않았다. 그러더니 동이 트자 폭풍의 기세가 점점 약해지기 시작해, 바람만 세게 불 뿐, 날이 개고 파도도 잦아들었다. 메디나 시도니아가 함대를 조사해보니 갤리선뿐 아니라 범선 40척, 안달루시아 함대 전체, 상당수의 헐크선과 몇몇 소함대에 속한 잡다한 배가 함대에서 이탈해 있었다.

항해사들이 물속에 측연[183]을 던져보더니 수심이 75길[184] 정도이며, 바다 밑바닥에 있는 모래와 조개류에서 반향 되는 소리로 미루어 위치는 실리 군도 남쪽 75리그 정도라고 보고했다. 메디나 시도니아는 여전히 돛을 낮게 단 채 다시 북진을 시작했다. 그러면서 얼마나 많은 배들이 집결지에 이미 도착했는지 알아보기 위해 종범선 한 척을 보냈고, 또 다른 한 척은 처진 배들에게 빨리 따라오라는 말을 전하러 보냈으며, 세 번째는 일반적인 정찰 임무를 주어 파견했다. 곧 첫 번째 종범선이 돌아와 행방불명된 배들이 페드로의 지휘를 받으며 실리 군도 앞바다에 먼저 가서 기다리고 있다는 소식을 전했고, 다음 날인 7월 29일 금요일 오후 늦게, 코루냐를 출발했던 함대가 다시 모였다.

다섯 척을 빼고는 다 모였다. 네 척은 갤리선이었다. 이중 세 척은 결국 각기 다른 항구에 정박했는데, 손상을 입기는 했지만 항해를 할 수는 있었다. 가장 먼저 함대에서 떨어진 네 번째 배, 디아나호는 항해 능력을 거의 상실한 채 바욘[185] 항으로 들어가려고 애쓰고 있었다. 그 배의 승무원과 심지어 노 젓는 노예도 구출되었고, 그리고 총포들도 온전히 수거했지만, 선체는 해체해야만 했다. 노예 중에 상상력이 풍부한 데이비드 그윈(David Gwynn)이라는 웨일스 출신 사람이, 자신이 어떻게 디아나호에 있던 동료 노예들을 풀려나게 했고 에스파냐 승무원들을 전멸시킨 다음 다른 갤리선 세 척을 연속해서 나포했는지 이야기를 꾸며서 떠벌렸는데, 그의 거짓말은 지금껏 거의 논박되지 않은 채 여전히 명성을 누리고 있다.

메디나 시도니아가 이 갤리선들을 잃어버린 것에 대해 통탄했을지는 잘

---

183) 測鉛, 바다의 깊이를 재는 도구

184) 1길=1m 83cm

185) Bayonne. 남서 프랑스 비스케이 만에 인접해 있다.

모르겠지만, 다섯 번째의 손실은 그보다 더 심각했다. 그 배는 레칼데의 비스케이 소함대 기함인 산타 아나(Santa Ana)호였는데, 아르마다의 다른 세 척의 "산타 아나"와 구분하기 위해 보통 "산타 아나 데 후안 마르티네스"[186] 라고 불렀다. 에스파냐 단위로 768톤이 나갔고 군인과 선원 300여 명을 수송했으며, 포 30문으로 무장되어 있었는데, 그중에는 대형 놋쇠 대포들도 포함되어 있었다. 그 배는 레칼데 소유였을 수도 있고, 그의 주문에 따라 특별히 건조했을 수도 있지만, 잘못 만들어졌거나, 신통치 않은 지휘관을 만났거나, 아니면 운이 아주 나빴던 것 같다. 코루냐 앞바다에서 폭풍을 겪은 후 비스케이 함대의 배들 중 가장 늦게 합류했으며, 가장 많이 수리를 해야 했다. 그러더니 이번에는 아예 복귀조차 못했다. 무슨 이유에서인지 산타 아나호는 폭풍이 불기 전 서둘러 영국해협 쪽으로 동진하여 라오그[187] 만으로 피신했고, 나머지 원정 기간 내내 그곳에 남아 있었다. 만약 레칼데가 메디나 시도니아의 부제독으로서 포르투갈 왕실 갤리언선인 산 후안호에 타지 않고 이 배에 타고 있었더라면, 손실은 훨씬 더 컸을 것이다. 그러나 반대로 생각하면, 만약 레칼데가 산타 아나호에 타고 있었더라면 그 배가 함대를 버리는 일도 없었을 것이다. 에스파냐 함대는 30일 토요일 아침까지도 리자드 해역에서 이 배를 헛되이 기다리고 있었다. 최소한 그 덕분에 갤리아스선들을 이끄는 몽카다 함대의 기함인 산 로렌소(San Lorenzo)호의 키를 수리할 시간은 벌었다. 메디나 시도니아는 갤리아스선들이 이렇게 거친 바

---

186) Santa Ana de Juan Martinez, '레칼데의 산타 아나'라는 뜻

187) La Hogue. 프랑스 서북 해안에 있는 항구

다를 항해하기에는 너무 약하다며 푸념했다. 아마 그랬을 것이다. 항해 상황이 또 안 좋아지자 산 로렌소호의 키는 다시 부러지고 말았다.

7월 30일 토요일 아침, 아르마다가 영국해협 쪽으로 진격하기 전, 리자드가 보이는 지점에 있던 산 마르틴호 선상에서 전략회의가 열렸는데, 그에 관해 쓴 글은 많지만 적절하게 기술된 것은 드물다. 메디나 시도니아는 그날 전략회의에서 내린 확실한 결정 한 가지를 펠리페에게 보고했다. 해협 너머에는 수심이 깊은 항구가 없을 수도 있어서 자칫 한차례 폭풍이 몰아치자마자 함대가 모래톱에 자초될지도 모르기 때문에, 파르마와 랑데부할 시간과 장소가 확실히 정해지기 전까지는 와이트 섬[188] 너머까지 전진하지는 않을 것이라는 내용이었다. 나중에 산 마르틴호에 승선했던 대체로 믿을 만한 목격자인 알론소 바네가스(Alonso Vanegas) 함장이 보고한 바에 따르면, 소함대 지휘관들이 마지막 전술적 배치를 논의하려고 만났을 때 레이바는 플리머스를 공격할 것을 촉구했다고 한다. 마드리드에서 전한 정보에 의하면 드레이크가 영국 함대의 서부 진영과 함께 그곳에 있으며, 종범선에 나포된 영국 어선에 승선한 어부의 증언도 이 사실을 뒷받침한다는 주장이었다. 참석했던 일부 다른 장교들도 이 제안에 찬성했다. 바네가스에 따르면, 이에 대해 메디나 시도니아는 플리머스 해협으로 진입하지 말아야 할 두 가지 이유가 있다고 대답했다고 한다. 첫째는 그것이 왕의 명령에 반하는 것이며, 둘째는 플리머스로 진입하는 항로가 좁고 까다로우며 강력한 해안포대가 칠지히 지기고 있기 때문이라는 이유였다. 좀 더 토론을 거친 이후에

---

188) Isle of Wight. 영국 남단 포츠머스 인근 섬

그들은 총사령관의 의견에 만장일치로 동의했다. 이것이 직접적인 목격담과 기록을 통해 우리가 알고 있는 전부이다. 한 가지 예외가 있다면, 영국군에게 포로가 된 뒤, 아르마다가 플리머스로 들어올 의도가 있었는지 질문을 받자, 페드로 데 발데스는 기회만 있었다면 그랬을 것이며, 그러나 자신은 개인적으로 어떠한 상황에서든 그 계획에 반대했다고 대답했다는 점이다.

그러나 나중에, 만신창이가 된 배들이 뿔뿔이 흩어져 간신히 에스파냐에 돌아온 뒤, 그 전략회의에 참석했던 대부분의 지휘관이 전사하거나 포로가 된 뒤, 그리고 대중의 감정이 속죄양을 찾고 있을 때, 모든 소함대 지휘관이 플리머스 공격을 촉구했지만 메디나 시도니아가 왕의 명령으로 인해 다른 선택의 여지가 없노라 거짓 주장을 하며 그들의 제안을 억눌렀다는 소문이 돌았다. 결과적으로, 메디나 시도니아의 기만과 오만, 비겁함으로 인해 아르마다가 승리할 최선의 기회를 놓쳤다는 것이었다. 이 이야기를 처음 퍼뜨린 사람 중 하나는 도미니크 수도회의 후안 데 빅토리아(Juan de Victoria) 수사였다. 그는 그 해전의 역사를 필사본으로 남겼는데, 오류투성이 서술로 명성을 날렸으며, 에스파냐의 모든 재앙을 메디나 시도니아의 오만과 어리석음, 비겁함 탓으로 돌려 개인적인 원한이 있는 양 그의 명예를 심각하게 훼손하는 내용을 담고 있었다. 빅토리아만큼 심한 경우는 찾아볼 수 없지만, 그보다 더 유명한 에스파냐 역사가 중에도 그의 비방 내용을 수위를 조금 낮춰 흉내 낸 이들이 있다. 이런 이들의 역사물들과, 빅토리아의 기록을 상당히 많이 발췌해 인용했다는 사실만 아니라면 나름대로 믿을 만한 아르마다 기록집으로 평가받았을 페르난데스 두로(Fernández Duro)의 저술 덕분에 그 전략회의의 빅토리아 본(本)은 응당 받아야 할 것에 비해 더 많은 신뢰를 얻게 되었다.

사실 그 전략회의에서 만장일치의 합의가 있었다는 점을 의심할 근거는 전혀 없다. 메디나 시도니아가 경험 많은 부관들을 윽박질러 그들이 찬성하지 않는 결정을 하도록 만들었을 거라는, 또는 그럴 수 있었을 거라는 생각은 터무니없다. 전략회의에서 의견이 갈릴 경우, 심지어 단 한 사람이 반대할 경우라도 모든 참가자가 투표를 해야 하고, 각자의 의견을 기록으로 남기며, 그렇게 기록한 문서는 코루냐에서 열린 전략회의 이후 그랬듯이, 모두 왕에게 전달하는 것이 에스파냐 군대의 관례였다. 메디나 시도니아는 군대의 관례와 예절을 철저히 지키는 사람으로, 윌리엄 버러가 함께 복무하길 원했을 만한 지휘관이었다. 그런 그가 그토록 중요한 절차를 생략했을 리가 없다. 또한 그가 선임 장교들의 일치된 의견을 무시했을 리도 없다. 함대를 맡은 지 이제 여섯 달이 흘러 배의 흔들림에 익숙해지고 더 자신감도 생기기 시작했지만, 그는 끝까지 대단히 겸손하게 해군과 군대 문제에 대해 자신은 잘 모른다고 말하며 항상 전문가들의 조언을 따랐다.

위원회의 결정이 만장일치였음을 의심할 만한 근거가 없는 것과 마찬가지로, 그 결정이 온당하지 못하다고 비난할 만한 확실한 근거 또한 없다. 플리머스 항으로 진입하는 해협의 상태, 해안포대의 화력, 영국 함대의 행방 등 알려지지 않은 변수가 너무도 많았다. 그럼에도 약점이 노출된 영국 함대 일부를 습격할 기회를 잡기 위해 자기 함대의 수송선들을 스스로 지키라고 방치한 채, 모든 것, 맡은 임무의 전체적인 성공까지 걸고 위험한 항해를 감행하는 것은 경솔한 사령관이나 할 짓이었다. 그 당시 얻을 수 있는 가장 확실한 정보는 드레이크가 플리머스에 있거나, 혹은 있었고, 하워드는 동쪽 어딘가에 있다는 것이었다. 만약 플리머스 만에서 무방비 상태로 있는, 또는 플리머스 해협에서 나오고 있는 드레이크를 습격한다면 승리할 수도 있을 것이다. 그러나 선두의 배들이 플리머스 항구로 들어가는 입구에 갇혀 드레이크와 해안포대의 격렬한 저항을 맞고, 후위에서 하워드가 급습한다면, 그것은 파국을 의미하게 될 것이다. 이런저런 가능성들을 고려해보면, 위원회가 내렸다고 확신되는 결정보다 더 나은 결정을 생각해내기는 힘들다. 그 결정은 바로 해안을 따라 조심스럽게 전진하면서 적이 어디에 있는지 알아내고, 그에 따라 대처하고 행동하자는 것이었다.

비록 플리머스가 그들이 가장 빼앗고 싶어 하는 항구였다 할지라도 그곳을 기습하거나 빼앗을 가능성은 전혀 없었다. 그들이 그 예상되는 공격 목표에서 50마일 떨어진 리자드 앞바다에서 논쟁을 벌이는 동안, 드레이크와 하워드는 이미 가장 강력한 영국 함선들을 이끌고 레임 헤드 뒤편에서 그들이 다가오기를 기다리고 있었다. 에스파냐 함대의 전략회의가 분명 고려했을, 일어날 수 있는 많은 상황 중 가장 바람직하지 않은 상황이 그들 앞에서 모습을 드러내고 있었던 것이다.

전략회의가 끝난 뒤, 아르마다는 조심스럽게 영국해협 위쪽으로 전진하기 시작했다. 베르텐도나가 이끄는 레반트 소함대와 갤리아스선들이 선봉에 섰고, 갤리언선들이 주축이 된 본진은 메디나 시도니아가 직접 지휘했으며, 그 뒤로 기푸스코아 함대와 안달루시아 함대가 양쪽 날개에 배치되었는데, 그 중앙에는 헐크선들이 교묘하게 다른 배들에 가려 있었고, 레칼데의 비스케이 함대와 나머지 갤리언선들이 후위를 맡고 있었다. 에스파냐 함대를 보자마자 영국 육지에서는 첫 번째 봉화가 활활 타올랐고, 이내 곳에서 곳으로 하늘을 찌를 듯이 솟은 연기가 플리머스를 지나 보이지 않는 멀리까지 해안을 돌아 경고를 전했다. 남부의 모든 해안이 곧 이 사실을 알게 되었고, 봉화는 도버 해협 위로 붉게 타올라 프랑스 됭케르크 앞바다에 있는 배들도 볼 수 있었으며, 노스 포어랜드에서부터 에식스 해안에 있는 파수꾼들한테까지 신호가 전달되었다. 그와 동시에, 소식을 전하는 그 어떤 급사(急使)보다 빠르게, 다른 통신망의 봉화들이 내륙을 가로질러 이 소식을 전한 결과, 다음 날 아침이 되자 런던과 노팅엄(Nottingham)뿐만 아니라 요크(York)와 멀리 있는 더럼(Durham)까지, 마침내 에스파냐 함대가 왔다는 소식이 퍼지게 되었다.

한동안 아르마다가 목격한 적이라고는 리자드를 통과할 무렵에 본 영국 종범선 한 척뿐이었다. 그 배는 느닷없이 에스파냐 함대의 선두에 있는 배들 사이를 미끄러지듯 잽싸게 지나갔는데, 거의 우뚝 솟은 무장상선들의 그늘에 가려진 채, 라 라타(La Rata)호가 쏘아대는 벼락같은 포탄에 장난감 같은 대포로 뻔뻔스럽게 응수하고는 흔들거리며 도망가버렸다. 그날 오후 늦게 아르마다는 일렬로 길게 늘어서 닻을 내리고 있었는데, 아마도 도드먼 포인트[189]의 바람이 불어가는 방향(바람은 서-남서풍이었다.)에 위치했을 것이다. 그때 망대 초병들의 눈에 에디스톤 너머 멀리 햇빛에 반짝이는 중간돛대들이 들어왔다. 틀림없이 적의 배들이었지만, 그들의 수가 얼마나 되는지, 무엇을 하고 있는지는 너무 멀어서 확인할 수 없었다. 메디나 시도니아는 종범선 몇 척을 보내서 할 수 있는 데까지 알아 오게 했다.

눈을 가늘게 뜨고 반짝이는 형상을 보고 있던 하워드의 망대 파수꾼들도 길게 늘어선 에스파냐 함대를 식별할 수 있었다. 아르마다는 무수히 많은 성채가 얽혀 있는, 풀 위를 떠다니는 벽처럼 시기롭고 위협적인 모습이었

---

189) Dodman Point. 영국 남쪽 해안의 해발 120미터의 갑

다. 그들도 에스파냐 배들이 몇 척이나 되는지 수를 헤아릴 수도, 각각의 배를 구별할 수도 없었지만, 구경을 하기 위해 돛 줄 위에 매달린 영국 젠틀맨들은 세상이 시작된 이래 그 누구도 직접 자신의 눈으로 그렇게 거대한 규모의 적국 전함들을 본 적이 없다고 생각했을 것이다. 내일 그들은 그 거대 함대의 전력을 알게 될 것이다. 그러다 구름이 해를 가리더니 한차례 소나기가 몰아쳤고, 점점 날이 저물면서 양측 함대는 서로의 시야에서 사라졌다.

그날 밤, 자정이 지난 시각, 영어를 말할 수 있는 한 장교의 지휘를 받는 에스파냐 종범선들이 팰머스(Falmouth)에서 출항한 고기잡이용 돛단배 한 척과 그 배의 선원 네 명을 나포해 귀환했다. 메디나 시도니아는 그들에게서 하워드와 드레이크가 함대를 합쳐 그날 오후에 바다로 나가는 것을 보았다는 진술을 들었다. 얼마 뒤, 동트기 전에, 첫 주에 벌어진 싸움에서 가장 결정적인 변화가 일어났다. 30일 저녁에는 바람이 서남서풍이어서 에스파냐 함대는 바람을 등지고서 영국 함대를 마주하고 있었고, 그래서 중요한 바람의 이점을 안고 있었다. 아침이 되자 바람은 육지에서 불어오는 서북서풍으로 바뀌어 있었다. 만일 에스파냐군이 거기에 계속 머물러 있었거나 비스듬히 북동쪽 포위(Fowey) 방향으로 나아갔다면 바람을 받는 위치는 더 나아졌을 것이다. 날이 밝았을 때 그들은 여전히 바람을 등지며 한 영국 소함대 앞쪽에 있었는데, 영국 배들이 자신들을 앞서 서쪽으로 방향을 바꾸려고 해안을 따라 바람을 비스듬히 거슬러 이동하는 모습을 보았다. 곧 영국 소함대와 에스파냐의 전위함대들이 서로에게 대포를 쏘아대고 있었다. 그러다 영국 소함대 뒤, 바람이 불어오는 쪽에 영국 함대의 본대가 있는 것이 에스파냐의 눈에 들어왔다. 에스파냐는 바람의 유리함을 잃게 되었고, 다음 9

일 동안 바람은 주로 서쪽에서 불어왔기 때문에 에스파냐 측은 짧은 몇 번의 시간을 빼고는 다시는 바람의 덕을 보지 못했다.

우리는 상황이 어쩌다가 그렇게 되었는지 알지 못한다. 하워드는 분명 먼 바다로 나갔다가 돛을 전부 펼치고 다시 뱃머리를 돌려 아르마다의 바다 쪽 전위함대를 에워쌌을 것이고, 아르마다는 동쪽으로 수 마일 항해를 하거나 조류에 떠가다가 영국 함대와 마주치게 되었을 것이다. 하워드가 말한 것이라고는 이것이 전부이다. "다음 날인 일요일 아침에 플리머스를 나온 영국 함대 전체는 에디스톤 서쪽으로 2리그쯤에서 에스파냐 함대를 바람 부는 반대쪽으로 몰았다." "플리머스를 나온 영국 함대 전체"는 에스파냐인들에게 첫 번째 충격만큼이나 아찔한 또 한 번의 충격이었을 것이다. 그들이 지켜보고 있는데도, 육지 쪽에 있던 영국 배 11척이 바람을 거슬러 에스파냐의 전위함대를 지나 새로운 침로로 우회했다가 하워드의 본대와 합류했던 것이다. 이 모습을 본 대부분의 에스파냐군은 그들이 타고 다닌 그 어떤 배보다도 바람을 더 잘 거슬러 갈 수 있는 배들과 맞서고 있다는 현실을 실감하게 되었다. 바람의 이점에 더해 이런 배들을 갖고 있다면, 레칼데와 같은 현명한 뱃사람들이 오래전부터 우려했던 대로, 전투의 범위와 성격은 적의 선택에 따라 좌우될 것이다. 영국 함대의 공격을 예상한 메디나 시도니아는 신호포를 쏘았고, 그러자 아르마다는 전투대형으로 정렬하기 시작했다. 각 분대가 일사분란하고 절도 있게 돛을 팽팽히 펴거나 느슨하게 조절하면서 양 옆의 배들을 살피며 속도의 방향을 비꾸고 있었다. 그리고 마침내 에스파냐 함대 전체가 그 유명한 초승달 대형을 이루었다. 난생처음으로 이 대형을 본 영국해협의 영국인들은 당혹감과 두려움을 갖게 되었다. 물론 그것은 완전한 초승달 모양은 아니었지만, 적을 향해 뻗어 나간 양 날개와 중앙의 밀집대형은 거의 초승달 모양을 이루었고, 경험 많은 뱃사람이라면 누구나 어떻게 그렇게 크기와 성능이 제각각인 많은 배들이 그렇게 복잡한 대형을 그토록 유연하게 만들어내고 그토록 견고하게 유지할 수 있는지 의아할 수밖에 없었다.

영국 함대라면 그렇게 할 수 없었을 것이다. 그들은 그런 종류의 훈련을 해본 적도 없었다. 영국 뱃사람들은 이베리아인들의 항해술을 얕잡아보지 않았다. 다른 유럽인들을 가장 멀리 떨어진 대양으로 인도한 포르투갈 사람들과 세상에서 가장 거칠고 위험한 바다에서 자신들의 생계를 잇는 바스크 사람들을 그저 "좋은 날씨에만 항해하는 사람들"로 여기는 이는 아무도 없었다. 또한 서인도제도까지 항해해본 사람이라면 그 항해에 필요한 항해술을 얕볼 이들은 없었다. 그런데 하워드가 보고 있는 에스파냐 함대의 기동은 그와 같은 구경꾼들에게도 아주 새로운 기술을 보여주고 있었다. 풍향 때문에 불리하던 영국인들이 쉽게 그것을 극복하는 것을 보고 에스파냐 사람들이 놀랐듯이, 이 기술 또한 영국인들을 놀라게 했던 것이다. 또한 일면 당혹스럽고 실망스럽기도 했다. 왜냐하면 이것은 대단히 방어력이 강한 대형이었기 때문이다. 초승달 대형에 기가 질리게 되는 것은 바람을 탈 수 있는 위치를 차지하려고 열중하다 보면 당연히 가장 강한 배들이 포진한 불쑥 튀어나온 양 날개 쪽을 공격할 수밖에 없다는 점, 그리고 어떤 배든 심하게 타격을 입더라도 "함대의 중앙으로 들어가 쉽게 회복"할 수 있다는 점 때문이었다. 또한 영국 배들이 무모하게 뒤쪽으로 튀어나온 양 날개 끝 사이로 파고들려고 한다면 화를 면치 못할 것이다. 십중팔구 양 날개에 있는 강력한 갤리언선들에 둘러싸여 고립될 것이며, 그들이 반원 대형 안으로 들어가자마자 그 갤리언선들은 바람이 유리한 위치에 있게 될 것이고, 그러면 영국 배들은 장점인 속력과 민첩성을 발휘할 수 없을 만큼 비좁은 공간에서 에스파냐 배들의 공격을 받게 될 것이 뻔했다. 그렇게 되면 그들은 근거리에서 싸울 수밖에 없을 것이고, 결국은 갈고리에 걸릴 테고, 그러면 그들의 전우들은 적과 뒤엉켜 전면적인 백병전을 벌여야만 그들을 구할 수 있을 것이다. 이것이야말로 에스파냐 측이 열망하는, 그리고 영국 측은 가장 피하고 싶은 전투 형태였던 것이다.

아르마다는 낯선 초승달 모양으로, 영국 함대는 한 줄로, 혹은 앞쪽은 두 줄로, 각기 선택한 대형으로 늘어선 다음 서로 지켜보고만 있었다. 어느 쪽도 눈앞에 있는 상대를 만만하게 생각하지 않았다. 영국군이 밑에서 떠받치고 있는 바다가 신음소리를 낼 만큼 육중한 배들로 이루어진 아르마다의 규모와 소름 끼치는 초승달 대형에 경악했다면, 자신들의 배 중 얼마나 많은 수가 전투에서 쓸모없을지를 아는 에스파냐군은 영국 함대의 속력과 민첩함뿐 아니라 전함들의 수와, 제1열에 포진한 함대의 규모와 겉으로 얼핏 보기에도 막강한 전력에 놀라움을 금치 못했다. 그날 아침, 두 함대가 대치하고 있을 때, 양쪽의 총사령관들은 멍한 상태로 다음에는 무엇을 해야 할지 고민하고 있었을 것이다.

그들이 갈팡질팡한 데에는 그럴 만한 이유가 있었다. 지금껏 세상에 이런 함대들은 없었던 것이다. 아무도 이런 함대 둘이 전투를 벌이는 모습을 본 적이 없었다. 새로운 무기들이 어떤 성능을 발휘할지, 어떤 전술을 구사해야 그 무기들을 가장 효과적으로 활용할지 아무도 몰랐다. 헤전시에 새로운 시대가 열린 것이다. 대형을 이루고, 나무로 선체를 만들고, 돛으로 움직이며, 활강포[190]로 무장하는 것이 해전의 여왕으로 군림하는, 앞으로도 오래 지속될 날이 시작된 것이다. 선체에 철갑을 두르고 시조포[191]로 무장한 채

증기 동력으로 움직이는 전함은 단지 이 새로운 날의 저녁을 장식하게 될 것이다. 그래서 골동품 수집가들이 지금까지도 우리가 "근대적"이라고 부르고 있는 그 시기에 걸맞은 이름을 지으려 할 때, 그들은 아마도 우리가 목격하고 있는 이 해전의 양측 함대를 하나로 묶어서 생각하게 될 것이다. 그러나 처음에는 이 전함들을 부르는 명칭이 없었을 뿐만 아니라 그것을 어떻게 활용할지도 몰랐다. 그날 아침 에디스톤 앞바다에 있던 양쪽 함대의 그 누구도 "근대적" 전투를 어떻게 치러야 하는지 알지 못했다. 세계에서 그 방법을 아는 사람은 아무도 없었다.

---

190) 滑腔砲. 포신 안에 강선이 없는 포

191) 施條砲. 탄환이 회전하도록 포신 내부에 나선의 홈을 판 포로 사정거리가 길다.

23장_첫 번째 유혈

역사상 최초의 근대식 해전은 그에 걸맞게 중세 시대로부터 이어져 온, 낭만적 기사 시대의 의례적 행위로 시작되었다. 에스파냐의 총사령관 메디나 시도니아는 카스티야 사령관들이 무어인[192]들의 갤리선을 처음 본 이후 항상 해온 것처럼, 전투 개시의 신호로 주범(主帆) 망대에 성스러운 깃발을 게양했다. 그리고 영국의 총사령관 하워드는 아서 왕이 가웨인 경을 보내 루시우스 황제에게 도전장을 전했던 것처럼, 자신의 종범선 디스데인 (Disdain)호를 에스파냐 총사령관에게 보내 싸울 뜻을 전했다. 도전 의사가 선날된 뒤, 아침 9시경 하워드는 에스파냐인들이 "엔 알라(en ala)"라고 부

---

192) 8세기에 에스파냐를 점령한 이슬람교도들

른, 배 한 척 뒤에 다른 배가 따르는 일렬종대 대형으로 영국 함대를 이끌고서 에스파냐 함대의 초승달 대형의 해안 쪽 끝 부분인 북쪽으로 전진했다.

공격을 받은 날개 부분은 레이바의 함대로, 주로 레반트 소함대로 구성되어 있었는데, 이 배들은 바람을 거스르고 있는 영국 분견대를 고립시키려고 해안을 향해 북진하는 동안 아르마다의 전위함대 역할을 했었다. 아르마다 전투에 대한 대부분의 기록에서는 레이바의 함대를 계속 "전위함대"라 지칭했지만, 아르마다가 새로운 대형을 취하며 전체 함대의 배들이 동쪽으로 90도 정도씩 방향을 틀게 되자 정면과 측면이 바뀌어 그의 함대는 왼쪽 날개에 위치하게 되었고, 따라서 그의 소함대는 뒤편으로 튀어나온 초승달의 한쪽 끝을 이루었다.

레이바가 탄 라타 코로나다(Rata Coronada)호가 있는 아르마다 맨 뒤쪽은 명예롭기도 하지만 위험도 따르는 자리였다. 하워드의 아크 로열(Ark Royal)호가 라타 코로나다호의 고물 쪽을 비스듬히 지나가기 시작하자 레이바는 키를 내리고 배를 돌려 측면을 마주 보고 나란히 나아가게 했으며, 초승달 대형이 만드는 호(弧)의 현(弦) 부분을 가로질러 아크 로열호와 평행하게 계속 전진하면서 거리를 좁히기 위해 속도를 높였다. 그 뒤를 엘리자베스 여왕의 트라이엄프호와 거의 맞먹는, 아르마다에서 가장 큰 배인 베르텐도나의 무장상선 레가소나(Regazona)호와 나머지 레반트 소함대가 뒤따랐다. 라타 코로나다호를 "총사령관"의 배, 즉 아르마다의 기함이라고 생각한 하워드는 "그 배에 메디나 시도니아가 탔으리라"고 짐작하고는 "여러 종류의 에스파냐군 함선들이 그 배를 구출하러 올 때까지" 한동안 그 배와 측면 포격을 주고받았다. 그렇지만 이 내용은 하워드의 주장일 뿐이다. 사실 레반트 무장상선들은 아르마다의 배들 중 바람을 가장 잘 거스를 수 있는 배가 아니었기 때문에 전혀 거리를 좁힐 수 없었을 뿐만 아니라, 하워드도 거리를 좁혀줄 생각이 전혀 없었다. 따라서 그 두 소함대는 상당히 떨어져 있었다. 우리가 아는 한, 어떤 배도 그 교전에서 손상을 입지 않았으며 구조를 받을 필요도 전혀 없었다.

그동안 리벤지호의 드레이크가 이끄는 일단의 영국 함선들과 호킨스의 빅토리(Victory)호, 프로비셔의 트라이엄프(Triumph)호는 아르마다의 다른 쪽 측면을 공격했는데, 그곳은 부사령관 레칼데가 지휘하는 "후위"였다. 그들은 다소 다른 방식으로 맞붙었다. 아르마다에서 가장 크고 강력한 갤리언 선인 산 후안 데 포르투갈(San Juan de Portugal)호에 탄 레칼데는 배의 방향을 돌려서 영국 함대의 공격에 맞섰는데, 나머지 갤리언선들은 그냥 가던 방향으로 계속 나아갔다. 나중에 이 상황을 보게 된 메디나 시도니아는 레칼데가 우연히 자신의 소함대와 떨어졌거나, 아니면 다른 배들에 의해 고의적으로 따돌려졌을 거라고 생각했던 것 같다. 그는 펠리페에게 보낸 보고서에서 이 두 가지 가능성을 모두 적고 있다. 그러나 둘 다 전혀 그럴 법하지 않은 얘기다. 포르투갈의 갤리언선들은 경험 많은 장교들이 지휘하고, 역시 경험 많은 전사들이 탑승했기 때문에, 그들이 단지 포 소리만 듣고 겁을 집어먹지는 않았을 것이다. 그 후에 벌어진 모든 전투에서도 양측 함대를 통틀어 그들만큼 용감하게 싸운 소함대는 없었다. 그러므로 레칼데의 비스케이 함대가 그를 버렸으리라고는 상상도 하기 힘들다. 또한 레칼데는 소함대 지휘권 가운데 우발적으로 문제를 일으킬 가능성이 제일 적은 사람이었다. 그는 배를 잘 다루는 것으로 유명했으며, 부하들을 다루는 능력도 그에 못지않게 뛰어났다. 메디나 시도니아가 두 가지 현실성 없는 추측 중 하나를 선택할 수밖에 없었던 것은, 레칼데가 사령관의 명령을 거역하고 자기 함대의 다른 배들에는 자기를 따라오지 말라고 명령하면서 함대에서 떨어져 나와 의도적으로 적진 한가운데로 뛰어들었다는 가장 현실성 있는 단 하나의 추측을 사실이라고 인정하지 않았기 때문일 것이다.

레칼데는 아르마다가 이제 바람의 이점을 상실했기 때문에 승리를 위해선 전면적인 백병전을 벌일 수밖에 없음을 그 누구보다 잘 알고 있었다. 그는 이미 전투를 충분히 지켜봤기 때문에 자신이 영국 제독의 의도, 즉 하워드가 영국 배들은 피해를 입지 않을 만한 거리에 멀찌감치 떨어져 컬버린포로 에스파냐 배들을 박살 내려 한다는 것을 정확히 간파하고 있다고 믿고 있었다. 그러나 과거 해전 역사에서 적선 한 척을 여러 척의 배들이 에워싼 상황에서 그 배에 올라타지 않고 항복을 받아냈다는 말은 들어본 적이 없다. 적선에 올라타는 것만이 우세한 군대가 확실하게 귀중한 노획물을 고스란히 차지할 수 있는 유일한 방법이었고, 레칼데는 자신에게 달려드는 적선 중에 분명 자기 배보다 크고, 이물과 고물의 함루도 최소한 자기 배의 것만큼 높은 배 한 척을 보았던 것이다. 당연히 그 영국 배의 함장도 가까이 접근하고 싶은 유혹을 느꼈을 것이다. 레칼데는 영국 갤리언선 한 척에, 물론 두 척이면 더 좋겠지만, 갈고리를 걸 수만 있다면 아군의 배들이 도우러 올 때까지 버틸 수 있으리라 생각했다. 그러다가 만약 영국 측도 구조를 시도한다면, 어쩌면 모든 것을 건 전면적인 백병전이 시작될 수도 있을 것이다. 만일 그의 배에 장착된 대형 단거리 선박 분쇄포와 대포, 반대포, 투석기 등을 전부 다 사용할 수 있을 정도로 영국 배를 가까이 유인할 수만 있다면 뭔가를 해낼 수도 있을 것이다. 그 정도 성과라면 배 한 척을 걸 만했고, 공식 명령까지 어길 만도 했다.

레칼데가 하워드의 의중을 읽었듯이, 드레이크도 분명 레칼데의 의도를 짐작하고 있었을 것이다. 리벤지호, 빅토리호, 트라이엄프호는 거리를 좁히기는 했지만 조심스럽게 300야드 정도 떨어져 있으면서 그들의 주무기인 장거리포로 레칼데의 배를 계속 두들겨댔다. 레칼데는 그들에게 가까이 다가가지 못했으며, 트라이엄프호에 타고 있던 프로비셔는 레칼데가 바라던 대로 몹시 충동을 느꼈겠지만, 영국 함대도 가까이 접근하려고 들지 않았다. 결국 거함 그랑그린(Grangrin)호가 등장하고 뒤이어 비스케이 소함대가 다가와 영국 소함대를 쫓아버릴 때까지, 한 시간 이상 산 후안호는 홀로 영국 소함대의 포화를 견뎌냈다. 산 후안호는 다른 배들의 호위를 받으며 아르마다의 가운데 위치로 돌아가 부서진 선체를 수리할 수 있었다.

레칼데 구출은, 그와 마찬가지로 본대에서 떨어져 있던 산 마르틴호의 이동으로 시작되었던 것 같다. 레칼데는 좀 더 덫에 놓인 미끼 역할을 하고 싶어 했을지도 모른다. 그러나 그가 자신의 소함대 지휘관들에게 무슨 말을 했는지는 모르겠지만, 총사령관에게는 당연히 아무 말도 할 수 없었을 것이다. 메디나 시도니아는 자신의 부사령관이 위험에 처한 것을 보자마자 돛을 늦추고 키를 완전히 한쪽으로 돌렸다. 즉시 본대에 있던 안달루시아 함대, 기푸스코아 함대, 나머지 갤리언선 등 모든 전함이 메디나 시도니아가 한 대로 따라 했고, 돛을 나부끼며 후진의 전함들이 가운데로 나란히 들어올 때까지 기다렸다. 만약 영국 함대가 상황을 전혀 파악하지 못하거나, 심지어 그들을 지나치게 된다면, 바람의 이점을 다시 얻게 될 수도 있을 것이었다. 그러나 영국 힘대는 그 결정적인 순긴에 방향을 바꾸이 따라잡지 못할 만큼 멀리 이동했다. 그로써 첫날 전투가 끝이 났다.

오후 1시경 영국 함대가 작전을 중단했을 때, 메디나 시도니아는 즉시 공격하기로 작정하고 바람이 불어오는 쪽으로 이동하려고 했다. 초승달 대형은 순풍일 때만 유지할 수 있는 순전히 방어를 위한 대형이었기 때문에, 메디나 시도니아는 공격을 위해 소함대 전함들을 종렬로 대형을 바꾸게 했다. 그러나 느린 헐크선들은 바람이 부는 방향으로 계속 가도록 했다. 에스파냐의 갤리언선들이 순풍을 받으며 배를 기울여 방향을 바꾸는 모습은 분명 장관이었을 것이다. 그러나 영국 함대는 쉽게 거리를 원하는 만큼 유지하며 가끔씩 조롱하듯이 일제히 포를 발사할 뿐이었다. 에스파냐 함대는 마치 황소가 몸놀림이 재빠른 투우사를 향해 용감하고 무모하게 돌진하듯, 처음에는 좌현으로, 그다음에는 우현으로 기습적으로 돌진했지만 아무 소득도 얻지 못했다. 메디나 시도니아는 3시간 동안이나 쓸데없이 힘만 소모하다가, 이윽고 키를 잡고 방향을 돌려서 흔들거리는 헐크선들을 향해 돌아갔다. 공식 항해일지에는 다음과 같이 기록되어 있다. "적들은 거리를 벌렸다. 총사령관은 함대를 모았으나 더 이상 할 수 있는 일이 없음을 알았다. 적의 함선들은 여전히 바람의 이점을 안고 있었고, 너무나 빠르고 민첩해서 하고 싶은 것은 무엇이든 할 수 있다."

이 첫날의 전투는 양쪽 모두에게 다소 맥이 빠지는 경험이었다. 에스파냐 측은 큰 피해를 입지는 않았지만 약이 바짝 올라 있었다. 에스파냐 함대에서 레칼데의 배만큼 타격을 입은 배는 없었고, 레칼데 배의 피해도 앞돛대에 포탄 두 발을 맞고 돛줄 몇 개가 끊어지고 삭구가 날아가고 서너 명의 사상자가 발생한 정도에 그쳤다. 그러나 지금까지 영국 함대의 장거리 포격이 권투로 치면 성가신 잽 정도였지만, 분명 영국 측이 마음만 먹으면 언제든 그 잽으로 타격을 줄 수 있을 것이며, 에스파냐 함대가 효과적으로 보복할 수 있을 가능성은 희박했다.

영국 함대도 타격을 받지는 않았지만 걱정이 되기는 마찬가지였다. 그들이 예상한 것보다 훨씬 더 규모가 크고 강한 적이었던 것이다. 그날 내내 에스파냐 함대가 보여준 조종술과 군기는 나무랄 데 없었으며, 마지막 순간까지도 시작할 때와 같은 투지를 보여주었다. 또한 에스파냐 함대는 예상했던 것보다 훨씬 더 많은 포를 보유하고 있었다. 영국의 장거리포에 대응할 수 있는 장거리포도 있었고, 가장 좋은 함선들에는 여왕의 갤리언선들보다 단거리 선박 분쇄포와 대포, 투석기가 더 많이 갖추어져 있었다. 만약 거리만 충분히 좁힐 수 있다면, 에스파냐 함대는 승선하지 않고도 영국 함대에 치명적 손상을 줄 수 있을 것이다. 또한 그날 에스파냐의 포가 영국에 아무런 타격을 주지 못했듯이, 누구나 알 수 있듯 영국도 소득이 없기는 마찬가지였다. 아르마다는 멀리 있을 때보다 가까이에서 훨씬 더 위협적으로 보였다. 마지막에 석양 속으로 멀어져 가는 아르마다의 모습은 난공불락의 목책 성벽처럼, 성채들로 가득한 무서운 요새처럼 보였다.

영국 함대는 자신들의 작전 수행이 만족스럽지 않았다. 그들은 플리머스에서부터 아르마다를 추적했으며, 아르마다가 그곳을 들여다볼 의도가 있었다면 (실제로는 그런 의도를 드러내지 않았지만) 최소한 그 시도는 막은 셈이었다. 그러나 지금 아르마다는 위엄 있고 신중하게 대열을 흐트러뜨리지 않은 채 파르마와 합류할 곳을 향해 영국해협에서 전진하고 있었다. 영국 함대가 그 랑데부를 막으려면 더 잘해야만 할 것이다. 처음에는 65척만으로 에스파냐 함대 전체를 대적할 자신이 있었던 하워드는 이제 플리머스에 있는 나머지 배들이 합류할 때까지 다시 교전하는 것을 망설이면서, 서방으로 인력과 선박 증원을 요청하는 편지를 보냈다. 전략회의에서도 그의 생각에 찬성했다. 하워드는 월싱엄에게 다음과 같이 썼다. "우리는 9시부터 1시까지 그들을 공격했고 우리의 공격을 받아 구멍이 난 그들의 배 몇 척은 물이 들어오는 것을 막을 시간이 필요할 겁니다. (이 부분은 그가 알고 있던 사실이라기보다 희망 사항이었다.) 하지만 감히 그들 사이로 파고들 생각조차 못할 만큼 그들의 함대는 무척 강합니다." 드레이크는 시모어에게 적의 접근을 경고하며 훨씬 더 간결하게 편지를 썼다. "21일에 우리는 그들을 뒤쫓았고, 그렇게 해서 가까이 접근하게 되자 우리 함대 몇과 그들 함대 몇이 포격을 주고받았는데, 우리 느낌에 그들은 우리에게 타격을 줄 수만 있으면 자기들 목숨도 내놓을 각오가 되어 있는 것 같았습니다."

에스파냐가 입은 첫 번째 심각한 손실은 전투가 끝나고 나서 발생했다. 적의 공격과는 무관한 사고가 두 건이 있었는데, 이로 인해 아르마다는 주력함 두 척을 잃게 된다. 첫 번째 사고는 심각하지 않은 듯 보였다. 오후 4시가 지나서 아르마다는 다시 방어적인 초승달 대형을 만들고 있었고 안달루시아 소함대는 메디나 시도니아의 오른쪽에서 간격을 좁히고 있었는데, 그 와중에 페드로 데 발데스의 기함 누에스트라 세뇨라 델 로사리오(Nuestra Señora del Rosario)호가 다른 안달루시아 배와 충돌해 제1사장[193]을 잃었다. 그러다가 이삼 분도 지나지 않아 메디나 시도니아의 왼편에서 엄청난 폭발이 일어났다. 오켄도의 사령함인 산 살바도르(San Salvador)호가 불길에 휩싸였고 선미루 갑판과 선수 함루의 두 층 갑판은 이미 날아가고 없었다. 고물에 보관해놓은 화약이 폭발한 것이 틀림없었다.

이 사건에 대해 더 파고들수록 더 구체적이고 극적인 이야기가 펼쳐진다. 8월 21일에 쓴 개인 일기나 펠리페 왕에게 보낸 유창한 문체의 항해일지에,

---

193) bow sprit. 이물에서 앞으로 돌출된 둥근 기둥

메디나 시도니아는 단지 산 살바도르호에서 몇 배럴의 화약이 폭발했다고만 기록했다. 짐작컨대, 그는 어떤 식으로든 조사를 했을 것이며, 산 살바도르호의 생존자 중 몇 명을 산 마르틴호에 승선시켰을 것이다. 그러나 그가 보고한 것 이상의 정보를 얻지 못했더라도, 그리 놀라운 일은 아닐 것이다. 폭발이 일어난 지점 가까이에 있던 사람들은 전부 사망했던 듯하다. 그러니 함대에 금세 갖가지 억측이 나돈 것도 당연했다. 항해 끝까지 산 마르틴호에 승선해 있던 프라이 베르나르도 데 공고라(Fray Bernardo de Gongora)는 그 폭발이 어떤 포사수의 부주의 때문에 일어났다는 말을 들었는데, 그럴듯한 추측이다. 또 다른 배에서는 한 포사수가 화약 저장통에 불을 질렀다는 말이 돌았는데, 그 이유는 아무도 몰랐다. 그는 어쩌면 영국인이었을 수도 있다. 산 살바도르호가 아닌 다른 배에서 탈영한 에스파냐 병사 몇 명이 그라블린을 지난 지점에서 구조되었는데, 그들은 훨씬 더 구체적인 이야기를 전했다. 한 네덜란드 출신 특등 사수가 상관으로부터 조심성 없다는 질책을 듣자 탄약고에 도화선을 연결해 불을 붙인 다음 자신은 바다로 뛰어내렸다는 것인데, 그 뒤에 그의 행방에 대해서는 언급되지 않았다. 암스테르담의 한 상상력 풍부한 수다쟁이는 그보다 더 나은 아이디어를 갖고 있었다. 그 특등 사수(당연히 네덜란드인으로, 강요에 의해 그 항해에 합류한)는 선미 갑판에서 담배를 피웠다는 이유로 오켄도로부터 꾸지람을 듣자, 가만히 피우다 만 파이프 담배 찌꺼기를 화약통에 털었고, 그래서 배가 폭발했다는 것이었다. 물론 당시 오켄도는 산 살바도르호에 타고 있지 않았지만, 에스파냐 함대에서는 산 살바도르 같은 사령함이 아니라 제독함이 기함의 역할을 한다는 사실을 몰랐던 사람이 그 네덜란드인만은 아니었다. 생뚱맞게 왜 선미 갑판에 화약통이 있었는지도 의문이다. 몇 주일 후, 함부르크에서는 그 특등 사수가 에스파냐 장교에게 몽둥이로 얻어맞은 독일인으로 변신한다.

페트루치오 우발디니가 그 이야기를 접했을 때, 완전히 다른 이야기로 각색될 준비가 되어 있었다. 이번엔 플레밍 사람으로 바뀐 그 특등 사수는 전문가로서의 명예뿐만 아니라 개인적인 명예도 상처를 입었는데, 그를 질책한 그 에스파냐 장교는 이미 그의 아내와 바람을 피웠고, 이제는 그의 딸의 행복과 안전마저 위협하고 있었다는 이야기였다. 시적(詩的) 자유를 십분 활용해, 산 살바도르호에 그의 아내와 딸이 함께 승선해 있었다고 글을 꾸며낸 것이다. 그 플레밍 사람은 화약통에 불을 붙여 그들을 모두 없애고 자신은 바다로 뛰어내렸다는 것인데, 우발디니는 격정적인 어투로 인간의 가슴에 불타는 복수심을 불러일으키며 감동적으로 이야기를 마무리하고 있다. 우발디니가 만든 이야기의 과다한 수식과 기괴한 변형을 생각하면, 그 이전에 나온 이야기들이 전부 일소되어야 했겠지만, 이미 경쟁자들이 너무 많았으며, 북쪽 사람들은 아마도 일부 이탈리아의 바로크양식 교회들을 보고 느끼는 것처럼, 그 이야기가 다소 지나치게 감정적이라고 생각했을 것이다. 그러나 어떤 형태로든, 자유를 갈망했거나 애국자였거나 복수심에 불탔던, 네덜란드인이거나 독일인이거나, 또는 영국인이거나 플레밍인이거나, 그 사건과 관련된 이야기는 데이비드 그윈의 이야기만큼이나 아르마다 전설에 확고하게 뿌리내리게 되었다.

사건의 진상을 설명하기 위해 그런 이야기들이 나온 것이겠지만, 그 재난의 결과는 지극히 현실적이었다. 메디나 시도니아는 신속하게 대처했다. 먼저 포를 쏴서 함대의 이목을 집중시켰고, 산 살바도르호가 있는 뒤쪽으로 배를 돌리면서 종범선들과 구명보트들을 보내 명령을 하달했다. 소형 선박들이 불타고 있는 산 살바도르호로 몰려가 그 배 고물에 밧줄을 감고 바람이 부는 곳에서 끌어내 불길이 앞으로 번지는 것을 막았으며, 필사적으로 배 한가운데서 불과 싸우고 있는 (앞 갑판 아래에도 큰 화약 저장고가 있었다.) 지친 선원들을 도왔고, 심한 부상과 화상을 입은 사람들을 끌어내 헐크선 사이에 있는 병원선 두 척 중 한 척으로 옮겼다. 산 마르틴호는 소리쳐 부르면 들릴 만한 거리에서 대기하고 있었다. 메디나 시도니아는 선미 갑판에 서서 작업을 감독하고 독려했다. 불길이 잡히자 갤리아스선 두 척이 와서 산 살바도르호를 견인해 헐크선들 사이로 이동시켰다.

이때쯤 저녁에 폭풍이 몰려올 조짐이 보이기 시작했다. 하늘에는 구름이 잔뜩 끼었고 바람은 점점 강해졌으며, 파도는 크고 거칠어졌다. 함대가 대형을 벌려 그 두 척의 갤리아스선들과 그들에게 무기력하게 끌려온 산 살바도르호에게 자리를 내주려고 할 때, 페드로 데 발데스의 배에서 뜻밖의 사고가 일어났다. 로사리오호는 균형을 잡아주는 이물의 삼각돛을 잃어 조타에 어려움이 있었는데, 이번엔 앞돛대마저 부러져버린 것이다. 아마도 충돌과 제1사장의 파괴로 약해져 있었던 것 같다. 이번에도 메디나 시도니아는 신속하게 행동했다. 다시 포를 쏘아 함대를 멈추게 한 다음, 뒤쪽에서 흔들리고 있는 로사리오호의 측면을 향하도록 뱃머리를 돌렸다. 이번엔 산 마르틴호가 가장 먼저 나섰다. 에스파냐 함대에서 기함의 항해장인 마롤린 데 후안보다 더 유능한 뱃사람은 거의 없었다. 바다는 거칠고 로사리오호는 미친 듯 요동쳤지만, 마롤린은 그 배에 밧줄을 던져 두 배를 연결하는 데 성공했다. 산 마르틴호가 직접 항해 능력을 상실한 로사리오호를 끌고 가려고 했다. 그러나 로사리오호가 야생마처럼 날뛰는 바람에 밧줄이 그 힘을 버티지 못했고, 로사리오호는 떨어져 나갔다. 바람은 점점 거세지고 바다는 더욱 사나워졌다. 다시 밧줄을 전달하려 했지만 마음처럼 되지 않았다. 산 마

426

르틴호의 선미 갑판에서는 메디나 시도니아가 고통스럽게 그 작업을 지켜보며 서 있었다.

어둠이 내리기 시작했고, 종범선 두 척이 옆에서 대기하고 있었다. 디에고 플로레스 데 발데스가 선미 갑판으로 달려가 이의를 제기했다. 경험 많은 장교이자 카스티야 갤리언선들의 지휘관이기도 한 플로레스는, 왕의 제안으로 총사령관의 참모장이자 항해와 군사 문제에 관한 수석 보좌관으로 임명되어 기함에서 복무하고 있었다. 그는 반드시 메디나 시도니아가 다시 총사령관의 위치로 돌아가야 하고 함대는 다시 동진해야 한다고 주장했다. 파도는 점점 높아만 가는데 이대로 있다가는 배들끼리 서로 충돌을 일으킬 수도 있고, 밤새 모두 흩어져버려 아침에는 함대의 절반도 남지 않을 게 분명하다는 말도 했다. 적의 면전에서 이렇게 무질서한 상태로 계속 있을 수는 없었고, 배 한 척을 구하려고 함대 전체의 성공과 안전을 계속 위태롭게 할 수도 없다는 주장이었다.

고성이 오가고 격렬한 논쟁이 벌어졌던 것 같다. 분명 다른 장교도 디에고 플로레스의 주장에 동조했는데, 그 장교는 아마 육군 대령 보바디야(Bobadilla)였을 것이다. 마침내 메디나 시도니아는 자신의 뜻을 굽혔지만, 오데하(Odeja)가 전위함대의 기함인 작은 갤리언선에 타고 교대를 위해 네 척의 종범선들을 이끌고 오고 있으니 그를 볼 때까지는 계속 그 자리에 있겠다고 고집했다. 오데하는 갤리언선들 중 한 척과 안달루시아 함대의 부사령관에게 구조 작업을 도우라는 명령을 전했다고 보고했다. 그러자 마침내 메디나 시도니아는 배를 돌려 본대의 자기 자리로 돌아갔고, 함대는 밀집대형을 갖추고 다시 항해를 시작했다. 얼마 후, 로사리오호가 표류하고 있던 뒤쪽에서 어둠의 정적을 깨고 대형 대포들의 가슴 아픈 포성이 들렸다.

메디나 시도니아는 하루 종일 갑판에 서 있었고 아침식사 이후로 아무것도 먹지 못했다. 아직까지도 그는 갑판 아래로 내려가지 않고 있었다. 그는 사환에게 빵과 치즈를 갑판으로 가지고 오라고 시키고는, 오랫동안 고물 난간에 기대서서 배가 지나가면서 생기는 자취와 어둠을 바라보고 있었다. 로사리오호를 버린 것은 실질적인 그의 첫 실패였으며, 그는 누가 조언을 했든, 그것이 얼마나 현명한 조언이었든 그 배를 버린 책임은 자신에게 있다는 사실을 알고 있었다. 아마 메디나 시도니아는 그때서야 디에고 플로레스 데 발데스와 페드로 데 발데스가 사촌 간일 뿐만 아니라 원한 깊은 숙적 사이라는 사실도 기억해냈을 것이다.

24장_"가공할 만한 거포의 위력"

스타트 포인트에서 포틀랜드 빌까지, 1588년 7월 31일~8월 2일

그날 저녁 영국 함대의 총사령관 역시 걱정을 하고 있었다. 그의 전략회의 장교들은 아르마다가 남부 해안에서 항구 하나를 점령할 의도를 갖고 있다고 확신하고 있었다. 항로상에 가능성 있는 항구와 정박지 서너 곳이 있었는데, 문제는 하워드가 적들을 쫓아가서 그들의 상륙을 막을 수 있는가 하는 것이었다. 하워드는 바람의 이점을 얻는 대신 적을 통과시키는 무리수를 두고 말았다. 보수적 성향의 일부 장교들은 에스파냐 함대와 정면으로 맞붙어서 육군이 산악 요충지를 지키듯 영국해협을 사수해야 한다는 의견을 냈다. 만약 에스파냐군이 하워드가 그답지 않게 행동하는 틈을 이용해 정박지를 점령하고 육지에 상륙한다면, 영국에 어떤 결과가 초래되든 하워드의 명성은 땅에 떨어질 것이고 명예도 잃을 것이며 앞으로는 큰 전쟁에도 나가지 못할 것이다. 메디나 시도니아처럼 하워드도 자신보다 훨씬 경험 많

은 부관들한테서 조언을 받았지만, 그 적수와 마찬가지로 최종 책임은 다른 사람과 나눌 수 없었다.

만일 하워드가 에스파냐 함대의 전진을 막지 않고 뒤를 쫓아간다면, 최소한 바짝 붙어서 추격을 해야 하며 유기적인 전술을 펴야만 할 것이다. 그래서 메디나 시도니아가 바람 부는 쪽으로 움직이려는 노력을 포기할 즈음 하워드는 깃발을 내걸어 작전회의를 소집했다. 그리고 에스파냐 함대가 산 살바도르호와 로사리오호에 일어난 사고로 고생을 하고 있는 동안 영국 함장들은 추적의 순서를 놓고 토론을 벌이고 있었다. 그 순서에 대해 우리가 알고 있는 것은, 단지 일렬종대로 대형을 이룰 수는 없었을 거란 점, 그리고 모든 참석자가 작전을 이해하자 총사령관이 "함장들을 각자의 배로 돌려보내며 드레이크 경을 그날 밤 당직 사령으로 정했다"는 점뿐이다. 리벤지호의 드레이크가 영국 함대를 이끌고, 나머지는 뒤를 따르며 리벤지호의 고물에 장착된 커다란 함미등의 안내를 받아 이동한다는 의미였다. 하워드는 사령관인 자신의 지휘관으로서의 명예와 책임을, 유명하고 경험 많은 부사령관에게 양보하는 것이 품위 있고도 분별 있는 행동이라고 생각한 것이 분명하다.

시간은 저녁으로 접어들었고, 선선하게 부는 바람을 타고 영국 함대는 서둘러 아르마다의 뒤를 쫓기 시작했다. 그때 에스파냐 함대는 스타트 포인트 인근 해역을 지나고 있었다. 바다 쪽에 어느 위치에서 런던의 무장상선 마기릿 앤드 존(Margaret and John)호가 항해를 하고 있었는데, 그 배는 200톤급 사략선으로, 아마도 14문의 대포를 장착하고 있었을 것이다. 마거릿 앤드 존호는 회전 속력이 상당히 빨랐던 것 같은데, 그래서 그 배가 곤경에 처한 거대한 에스파냐 선박을 목격했을 때도(마거릿 앤드 존호의 선원들은 자신들이 가장 먼저 보았다고 주장한다.) 영국 함대의 선두에서 항해하고 있었다. 제1 사장과 앞돛대를 잃은 그 에스파냐 선박은 다른 "거대한 갤리언선 한 척"과 갈레아스선 한 척, 종범선 한 척의 구조를 받고 있었다. 그 배의 영국 장교들이 주장한 바에 의하면, 마거릿 앤드 존호는 "우리 함대의 그 어떤 함선도, 심지어 종범선이나 보트도 동반하지 않고, 단독으로" 그 에스파냐 함선들을 향해 돌진했는데, 그러자 에스파냐 배들은 항해 불능의 우군 선박을 버리고서 도망을 쳤다고 한다.

마거릿 앤드 존호의 이야기를 모두 믿을 필요는 없을 것이다. 그 배의 장교들은 로사리오호의 전리품 중 일부에 대한 자신들의 권리를 주장하고자 했기 때문에 자연히 자신들의 역할을 과소평가하지는 않았다. 우리는 오데하의 갤리언선(그런데 상당히 크기가 작았고, 컸다고 해도 마거릿 앤드 존호보다 그다지 크지는 않았을 것이다.)과 갈레아스선들 중 한 척이 저녁 9시경에 돈 페드로 데 발데스를 버렸다는 사실을 알고 있다. 그리고 아무리 대담하게 돌진했더라도 단 한 척의 배가 두려워서라기보다는 영국 함대가 다가오고 있었기 때문에 그들이 그렇게 행동했을 가능성이 더 크다고 볼 수 있다. 마침내 마거릿 앤드 존호는 아주 조심스럽게 접근해 계속 바람이 부는 방향에 위치하며 한동안 상황을 살폈다. 돛도 펼치지 않고 빛도 전혀 새어 나오지 않았으며 방향이 바뀌지도 않는 것을 보면 분명 로사리오호는 버려진 배인 것 같았다. 그런 자신들의 결론이 맞는지 확인하기 위해 마거릿 앤드 존호는 천천히 다가가 평행으로 위치한 다음 머스킷총을 일제히 발사했다. 이내 로사리오호에서 거포 두 문으로 대응 사격을 해왔다. 마거릿 앤드 존호는 측면 함포로 한 차례 대응 사격을 한 다음 조심스럽게 배를 뒤로 물렸지만, 자정 무렵이 될 때까지 근처에서 기다리다가, 그 배의 영국인들의 진술에 따르면,

사령관의 기함이 적을 뒤쫓고 있는 것을 보고 그의 노여움을 사는 게 두려워 다시 함대에 합류했다고 한다. 그러나 그보다는, 하워드가 포격 소리를 듣고서 종범선을 보내 대오에서 이탈해 있던 그 사략선에게 귀환 명령을 내렸을 가능성이 더 크다. 하워드는 로사리오호가 어려움에 처해 있다는 것을 알고 있었지만, 그 배는 그냥 무시하고 함대가 계속 대오를 유지해야 한다고 명령을 내렸던 것이다. 만약 에스파냐 함대가 그다음 날 토베이(Tor Bay)에 닻을 내리려고 한다면, 하워드에게는 갖고 있는 모든 전력이 필요했을 것이다.

그날 밤의 시계(視界)에 대해 더 안다면 상황을 이해하는 데 도움이 될 것이다. 아마 하늘에는 상현달이 떠 있었을 테지만, 당시 기록에는 달빛에 대한 언급은 전혀 없다. 저녁 대여섯 시경 거센 바람을 동반한 폭우가 지나간 후 바람은 잠잠해지는 듯했다. 거기서 스타트 포인트까지 항해하는 동안에는 바람이 계속 산들바람 정도로 얌전했다. 달빛과 상관없이 시계는 그다지 좋지 않았을 것이다. 아마 하늘이 잔뜩 흐렸거나, 어쩌면 지금도 가끔 영국 해협에서 볼 수 있는 음산한 안개가 간헐적으로 몰려들었을 것이다. 이런저런 이유로 하워드의 아크 로열호는 바로 드레이크 뒤를 따르고 있었는데, 아크호의 파수꾼의 시야에서 리벤지호의 불빛이 사라져버렸다.

하워드가 배 안에 들어가 있었다면, 아마 이때 불려서 갑판으로 올라갔을 것이고, 긴장 속에서 모든 시선이 전방을 주시했을 것이다. 그들은 이내 다시 불붙을 찾았지만, 그들이 예상했던 것보다 더 멀리에 있었다. 아크 로열호는 돛을 더욱 활짝 펴고 따라잡으려고 서둘렀다. 아무리 리벤지호라고 해도 아크 로열호를 따돌릴 수는 없는 것이었다. 하워드는 아크 로열호의 항해 능력에 대해 세계에서 대적할 상대가 없는 특별한 배라고 호언장담하지 않았던가? 점차 안내 등불에 가까워졌고, 마침내 아크 로열호는 적절한 간격이라고 생각되는 거리까지 좁혔다. 새벽빛이 어스름한 바다 위를 물들여갈 무렵에는 앞서서 이끌던 배나 그 뒤에 따르던 배 모두 베리(Berry) 앞바다에 있었다. 만약 에스파냐 함대가 토베이 항으로 들어가려고 한다면 이번 전쟁의 모든 운명이 그곳에서 결정될 것이다. 바로 그때 하워드는 자신이 적의 기함의 고물 등불을 따라가고 있었고 에스파냐 함대의 무시무시한 초승달 대형 안에 거의 들어와 있음을 깨달았다. 곁에는 그날 밤 가장 가까이에서 그를 따라왔던 베어(Bear)호와 메리 로즈(Mary Rose)호밖에는 없었다. 함대의 나머지 배 중 가장 가까이 있는 것들도 수평선 위로 중간돛대만 보일 뿐이었다. 드레이크의 리벤지호는 눈을 씻고 봐도 찾을 수 없었다.

아르마다 작전에 관한 당시의 기록에 짜증이 나는 것은, 일어난 일들을 마치 소용돌이치는 안개 속을 들여다보는 듯 확실하지 않게 보여준다는 점이다. 전체적인 윤곽은 식별할 수 있지만 구체적인 부분은 모호할 때도 있고, 완전히 명확하게 언급된 장면들도 여기저기에서 볼 수 있지만, 전혀 아무것도 볼 수 없을 때도 있다. 이 순간에 대해 영국의 공식 문서는 단지 이렇게만 언급하고 있다.

드레이크 경이 어떤 헐크선들을 쫓느라고 경계 임무를 저버린 탓에, 불빛을 놓친 우리 함대는 (……) 누구를 따라가는지도 모른 채 어정쩡하게 뒤를 따르고 있었다. 밤새 베어호와 메리 로즈호만을 대동한 사령관의 기함만이 (……) 컬버린포의 사정거리를 유지한 채 적의 뒤를 쫓아갔다. 총사령관의 함대는 한참 뒤에 처져 있어서, 다음 날 아침 가장 가까이 있는 배들도 돛대가 절반밖에 안 보였고 다른 많은 배들은 아예 보이지도 않았다. 돛을 활짝 편 그 배들이 총사령관과 합류한 것은 매우 늦은 아침이었다.

하워드가 자신이 홀로 에스파냐 함대를 추적한 행동이 단순히 실수라기보다는 판단 착오적 무모함이었다는 식으로 말한 것은 용서할 만하다. 드레이크에게 책임을 묻지 않고, 시끄럽지 않게 그의 무죄를 선언하고자 최선을 다한 점도 마찬가지다. 그러나 그다음에 일어난 일을 언급하지 않은 점은 용서하기 힘들다.

그 세 척의 영국 함선들은 방향을 바꿔 필사적으로 도망을 치려 했고, 에스파냐 함대도 그들을 쫓으려 하지 않았다고 추측할 수밖에 없다. 에스파냐의 당시 기록 그 어디에도 새벽에 영국의 갤리언선 세 척이 그들의 뒤쪽에 있었다는 언급은 없다. 그러나 하워드가 아르마다를 보고 놀랐듯이, 분명 에스파냐군도 그들의 갑작스러운 출현에 무척 놀랐을 것이다. 네덜란드의 메테런(Meteren)에서 이 사건과 관련이 있을 수도 있는 문장 하나를 찾을 수 있는데, 해클루트[194]는 그 문장을 이렇게 번역했다.

같은 시각에 [하워드가 에스파냐 함대로 거의 들어갈 뻔하며 하루를 열었던 그날] 갤리아스선 네 척을 지휘하는 몽카다는 메디나 시도니아 공작에게 영국 총사령관과 교전하게 허락해달라고 조심스럽게 청원했지만, 공작은 그에게 그런 재량권을 주는 것은 바람직하지 않다고 생각했다.

---

194) Richard Hakluyt. 1552~1616. 영국의 지리학자로, 항해와 식민지 관련 자료를 연구하고 여러 권의 책을 저술했다.

이 내용은 몽카다의 동료 중 한 명이 후에 에스파냐에 돌아와서 늘어놓은 불평과 대체로 비슷하다. 사실일 수도 있고 아닐 수도 있으나, 동이 튼 후라 전혀 믿기 힘든 이야기라고 볼 수는 없다. 아크 로열호를 비롯한 영국 함선들은 틀림없이 눈에 띄었고, 아마도 아크 로열호라는 것도 판별되었을 것이다. 에스파냐 함대에서 이 영국 함선들을 잡을 수 있는 가능성이 있는 것은 갤리아스선뿐이었다. 이들은 직접 노를 저어 바람을 거슬러 기동할 수도 있었고 이삼 킬로미터 정도는 상당히 빠른 속도로 질주할 수 있었기 때문이다. 만약 갤리아스선들이 그 세 척의 영국 함선의 퇴로를 차단할 수 있다면, 갤리언선들이 다가와 그들을 에워싸고 제압할 시간은 있을 것이다.

몽카다가 그런 청을 했다면 메디나 시도니아는 분명 그 청을 받아들이지 않았을 것인데, 그렇다면 그 이유를 묻지 않을 수 없다. 영국해협을 따라 계속 올라가라고 왕에게서 받은 명령이 너무도 절대적이어서 적의 주력함 세 척을 박살 내기 위해 시간을 지체해서는 안 된다고, 메디나 시도니아는 정말로 그렇게 생각했던 것일까? 다음 날 그가 한 행동을 보면 그런 것 같지도 않다. 새벽이 되면서 바람이 다시 강해지고 방향이 바뀌어서 갤리아스선이 성공할 가능성이 없어 보였을까? 그것도 전혀 가능성이 없지는 않다. 아니면 적의 총사령관과 교전할 수 있는 것은 총사령관의 의무이자 특권이라는 해전의 오랜 관례가 떠올라, 자신이 활용할 수 없는 기회를 몽카다에게 허락하는 것이 달갑지 않았던 것일까? 혹은 더 나아가 20대 1로 열세인 적을 공격하는 것은 에스파냐의 귀족이 할 짓이 아니므로, 고대했던 하워드와의 교전은 나중으로 미루는 편이 낫다고 생각했던 것일까? 메디나 시도니아가 순간적 판단을 내릴 때는 대개 군사적 상식보다는 낭만적인 기사도가 기준이 되었기 때문에, 그것 또한 불가능한 일은 아니다. 실제로 나머지 영국 함대가 오기 전에 아크 로열호와 그를 따르는 영국 함선들을 싸우도록 유도할 수 있는 가능성이 조금이라도 있었다면, 12시간도 채 안 되어 또다시 메디나 시도니아는 실수를 저지른 셈이 된다.

어쨌든 하워드는 급히 움직여 위험에서 빠져나왔고, 아르마다가 계속해서 천천히 해협을 항해하는 모습을 지켜보았다. 메디나 시도니아는 토베이 항에 전혀 관심을 보이지 않았다.

오후에 흩어졌던 영국 배들이 다시 모였고, 그들 가운데는 리벤지호도 있었다. 드레이크는 하워드에게 무덤덤하게 자신의 배가 이탈했던 이유를 설명했다. "저녁 늦게" 그는 바다 쪽에서 이동하는 배들의 어슴푸레한 모습을 보았다. 적이 어둠을 틈타 몰래 방향을 선회해 바람이 유리한 위치로 이동할지 모른다는 걱정에, 드레이크는 배를 우현으로 돌려 그들에게 접근했는데, 그때 우군 함대가 항로를 이탈해 자신을 따라오지 않도록 함미의 등불을 껐다. 드레이크는 위든 함장(Captain Whiddon)이 지휘하는 큰 플리머스 민간 무장선 로벅(Roebuck)호와 종범선 두 척을 데리고 추격에 나섰는데, 아마도 종범선들이 선두에 섰을 것이다. 이 작은 함대를 이끌고 그 수상한 배들을 따라잡고 보니, 적과 아무 관련이 없는 독일의 상선들이었다. 그래서 총사령관의 기함과 합류하려고 돌아가려는데, 해가 떠올라서 보니, 하 그것참, 바로 앞에, 그것도 밧줄 하나 길이[195] 정도 떨어진 곳에 페드로 데 발데스의 망가진 기함이 있는 게 아닌가! 처음에 페드로는 흥정을 하려는 듯 보였지만, 상대가 드레이크라는 말을 듣고는 적절한 대우를 보장받고서

---

195) 영국 단위로, 약 185미터

항복해도 수치는 아니라고 생각하게 되었다. 드레이크는 로벅호의 위든 함장을 보내 그 전리품을 토베이 항으로 끌고 가게 했으며, 그 유명한 포로는 리벤지호에 데려와 손님처럼 대접했는데, 지금 그를 하워드 앞에 데려왔던 것이다.

당시에는 이 터무니없는 사건에서 드레이크가 한 행동을 비난하는 사람은 없었던 듯하다. 우리가 아는 한, 마틴 프로비셔를 제외하면 그 누구도 이 사건에 대해 조금이라도 나쁘게 얘기한 사람은 없었다. 또한 프로비셔도 드레이크가 로사리오호를 획득한 방식에 대해서 문제를 제기한 게 아니라, 그 배의 노획물을 분배하는 문제에 대해 불만을 표했을 뿐이었다. 그러나 드레이크의 이야기는 정말로 이상야릇한 이야기가 아닐 수 없다. 왜 다른 사람들은 아무도 그 수상한 독일 상선들을 보지 못했을까? 드레이크가 그 독일 배들을 조사하러 맡은 자리를 뜬 것은 그렇다 쳐도, 함대 전체를 안내하도록 되어 있던 등불을 꺼버린 것과 총사령관에게 자신이 무엇을 하겠다는 보고도 한마디 없이 이탈한 것은 어떻게 변명할 수 있단 말인가? 만일 드레이크가 하워드에게 아크 로열호에 직접 함미 등불을 켜는 게 좋겠다는 말을 했다면, 함대 전체가 계속 질서정연하게 항해할 수 있었을 것이다. 그러나 드레이크는 어떤 해명도 하지 않았고, 굳이 해명이 필요하다고 생각하는 사람도 없었던 것 같다.

하워드는 독일 상선에 관한 이야기는 엄한 표정을 지으며 들었겠지만, 드레이크가 부서진 그 에스파냐의 기함을 우연히 마주쳤다고 말했을 때는 틀림없이 은근한 미소를 지었을 것이다. 드레이크는 7대양 어디에서나 그 광활한 바다의 어느 지점에 그가 특별히 탐낼 만한 노획물이 있는지 정확히 알아내는 재주와 육감으로 유명했는데, 바로 그런 먹잇감인 로사리오호는 나중에 그 해전에서 노획한 배들을 통틀어 단연 최고의 가치가 있는 것으로 밝혀졌다. 이것이 바로 변명을 필요 없게 만든 이유이다. 모든 이가 내놓고 부러워하는 공훈을 누가 비난할 수 있었겠는가. 현대 정규 해군에서라면 군법회의에 회부되어 불명예를 안겨다 주었을 행동이 오히려 드레이크에게 명성과 두둑한 상금을 안겨준 것이다. 동시대 사람들도 전혀 그를 비난하지 않았는데 우리가 그럴 필요가 있겠는가?

마찬가지로, 어쩌면 우리는 페드로도 비난해서는 안 될 것이다. 이제껏 누구도 그러지 않았다. 이 소식을 전해 들었을 때 에스파냐 사람들은 메디나 시도니아와 그의 고문인 디에고 플로레스가 로사리오호를 포기한 것에 대해서는 통렬히 비난을 퍼부었지만 페드로에게는 동정을 보였으며, 이후의 역사가들 또한 대부분 같은 이야기를 했다. 하지만 이 이야기에서 페드로가 훌륭하다고 느끼기는 어렵다. 아르마다의 선장들과 선원들은 냉정한 뱃사람들이었다는 것이 로사리오호를 그렇게 처리하게 된 주된 변명이 되겠지만, 그 배를 지키지 못한 것은 에스파냐 해군으로서 용기가 부족했기 때문이 아닌지 깊이 반성할 점이다. 그리고 두 가지 모두 페드로에게 책임이 있다. 로사리오호가 충돌로 인해 제1사장과 뒤이어 앞돛대를 잃은 것은 어쩔 수 없는 일이었을 것이다. 하지만 아무리 제1사장과 앞돛대가 없어졌다고 해도, 그런 상태로 열 시간 이상을 무기력하게 있을 이유는 없는 것이다. 로사리오호에는 선원 118명과 군인 약 300명이 타고 있었던 것으로 생각된다. 에스파냐 해군에서도 군인들은 위기 상황에서 밧줄을 당기고 도끼를 사용해야 한다는 것이 상식이었다. 그렇게 많은 사람이 있었고, 바람은 잠잠하고 파도도 잔잔한 상태라면, 응급조치를 해서 키의 균형을 잡을 수 있었을 것이고, 돛을 적절하게 조절했다면 비록 느리기는 했어도 통제가 불가능하지는 않았을 것이다. 그러나 앞돛대가 부러지고 나서 약 네 시간 뒤에 영국의 마거릿 앤드 존호가 나타났을 때도, 갑판 위에서 뭔가 조치를 취하는 사람 하나 없이 로사리오호는 무기력하게 물 위에 떠 있었고, 그래서 마치 버려진 배처럼 보였던 것이다. 드레이크에게 발견되었을 때에도 로사리오호는 여전히 그렇게 자포자기 상태로 있었다.

페드로는 배를 수리하지도 못한 것은 물론 그 배를 지휘해 싸우지도 못했다. 리벤지호와 로벅호의 탑승 인원을 합친 것만큼의 인원이 있었고, 그때까지 별로 전투를 치르지도 않았다. 로사리오호는 에스파냐 함대에서 가장 크고 튼튼하며 함포도 가장 많이 장착된 배 중 하나였다. 아마도 항해 성능은 좀 떨어졌겠지만, 레칼데나 메디나 시도니아의 갤리언선에 비해서 결코 뒤지지 않았다. 또한 로사리오호의 함루는 영국 배보다 훨씬 높이 솟아 있어서 위험을 무릅쓰지 않으면 그 배에 오르기 힘들었을 것이므로, 필사적으로 방어했다면 몇 시간은 족히 버틸 수 있었을 것이다. 그랬다면 영국 함선 두 척을 적어도 하루는 다른 활동을 못 하도록 붙잡아둘 수 있었을 것이고, 어쩌면 그중 한 척에 심각한 타격을 입힐 수도 있었을 것이다. 그런데도 로사리오호의 페드로는 품위 있게 허리를 굽히며 드레이크의 명성에 굴복함으로써 46문의 대포가 장착된 강력한 전함과 엄청난 양의 무기와 탄약, 선장실에 있던 금화 55,000더컷까지 적에게 헌납했던 것이다. 그 이후의 시대였다면 그런 행동으로 응당 각오했어야 할 처벌(교수형)을 페드로가 받아 마땅했는지는 명확히 말할 수 없지만, 그가 영국과 에스파냐 양국에서 제법 인기 있는 작은 영웅이 되었다는 것, 그렇게 되었어야 했다는 것은 16세기의 기준으로 보더라도 이상하다.

페드로가 항복한 바로 그날, 8월 1일 월요일에 영국 함대는 두 번째 노획물을 건졌다. 정오쯤에 산 살바도르호의 함장은 배가 천천히 가라앉고 있다는 말을 전했다. 폭발로 인해 후갑판이 부서져 배에 구멍이 너무 많이 생겼고, 그 틈으로 퍼내는 것보다 훨씬 더 빠르게 물이 배에 차오르고 있었다. 선원들은 배에서 내렸고, 일부 보급품은 건졌지만, 참 이상하게도 배 앞부분에 있던 화약과 큰 포탄은 그대로 실은 채 그 배는 뒤에 남겨졌다. 그 배는 바닥에 구멍을 뚫어 침몰시켰어야 했지만, 누군가 그 명령을 듣지 못했거나, 아니면 영국 함대가 너무 일찍 나타났던 것 같다. 하워드는 직접 그배에 올랐지만, 아주 잠깐 둘러보았을 뿐이다. 불에 탄 시체 냄새가 너무 지독했기 때문이다. 처음 아르마다의 출현 소식을 전했던 종범선의 지휘관인 플레밍 함장이 나중에 그 침수된 거함을 힘들게 웨이머스 항으로 끌고 갔다. 그 두 건의 노획물 소식으로 해안에 있던 영국인들의 사기는 충천했다. 에디스톤 앞바다에서 벌어진 첫날의 전투는 육지에 몰려 있던 많은 구경꾼의 눈에도 잘 보이기는 했지만, 전황이 좋은지 나쁜지 파악하기는 어려웠던 것이다.

이후 월요일 오후에 바람이 수그러들자 메디나 시도니아는 각 배에 신호를 보내 전략회의를 소집했는데, 주된 목적은 새로운 전술 대형을 짜는 것이었다. 모든 전함은 둘로 나뉘었는데, 레칼데가 산 후안호 수리를 끝낼 때까지 레이바가 지휘하는 강력한 후방 방어선과, 메디나 시도니아가 직접 지휘하는, 후방보다는 규모가 작은 전위함대에 각각 배치되었다. 메디나 시도니아가 진위를 맡은 깃은, 호긴스가 이끌고 있다고 그는 생각했지만 실제로는 시모어가 이끈, 영국 함대의 우익 소함대를 앞쪽에서 보게 될 거라 예상했기 때문이었다. 못 보던 새로운 배들이 계속 출현하는 것을 보면, 하워드가 증원을 요청하고 있음을 쉽게 알 수 있었다.

그러나 전투 기회는 반대 방향에서 찾아왔다. 화요일 아침, 지난밤의 적막한 고요가 동쪽에서 강하게 불어오는 새벽바람으로 깨지게 되었다. 아르마다가 바람의 이점을 갖게 된 것이다.

하워드는 즉시 그 상황을 이해했다. 에스파냐군은 처음에 하워드가 밝아오는 새벽빛을 받으며 돛을 활짝 펴고서 육지가 있는 북북동 방향으로 영국 함대를 이끌고 가는 모습을 보았다. 하워드는 아르마다의 좌익을 지나 바람이 유리한 위치를 점하려고 했던 것이다. 동틀 무렵 아르마다는 포틀랜드 빌(Portland Bill)을 거의 마주 보는 위치에 있었기 때문에, 하워드는 그 전날 토베이를 걱정했듯이, 웨이머스 항을 걱정했던 것 같다. 이번에는 에스파냐 함대가 해안에 너무 가까이 있었고, 측면을 포위하기에는 속도가 너무 빨랐다. 영국 함대의 움직임을 보자마자 메디나 시도니아는 전위함대의 갤리언 선들을 이끌고 그들의 진로를 막으려 했다. 하워드는 에스파냐 전위함대와 맞닥뜨리기 전에 포틀랜드 빌 쪽의 바람 부는 방향에 닿지 못할 거라 판단하고는 반대 방향으로 진로를 바꾸었고, 영국 함대는 아르마다의 바다 쪽 날개 부분의 바람 불어오는 쪽으로 가기 위해 남남서 방향으로 이동하기 시작했다. 베르텐도나가 이끄는 에스파냐의 후진은 즉시 그들을 막기 위해 항로를 잡았고, 곧 두 함대의 전위 함선들 사이의 거리는 컬버린포의 사정거리로, 머스킷총 사정거리로, 반머스킷총 사정거리로 점점 좁혀졌다. 영국 함대의 항로가 다시 차단되었다는 사실이 분명해지자, 양쪽 함대에서 화염과 연기가 터져 나왔다.

그렇게 해서 아침 내내 지속된 이상한 전투가 시작되었는데, 영국 역사학자 윌리엄 캠던은 여러 증언과 증거를 검토한 뒤, 그 전투가 "참으로 혼란스럽게" 치러졌다고 말했다. 구체적인 상황은 분명히 알 수 없지만, 아마 그랬던 것 같다. 그러나 두 사령관의 목적에 대해서는 의심의 여지가 없으며, 캠던이 기술한 내용과 그 밖의 기록을 살펴보면 전체적인 전투의 모습은 상당히 정확히 알 수 있다. 영국 함대는 계속해서 아르마다의 바다로 뻗은 날개 쪽으로 부는 바람을 이용하려고 애를 썼고, 에스파냐 함대는 계속해서 재빠른 적의 배에 승선하려고 애를 쓰거나, 그렇게 할 수 있게 유인하려고 했다. 양쪽 다 실패했지만, 전투를 벌이는 내내 서로 포격 사정거리 안에 있었고, 때로는 아주 가까이 접근하기도 했다. 양측 총사령관들은 전투의 격렬함에 감동했던지, 둘 다 전함 몇 척을 꼽아 특별히 칭찬하기까지 했다. 당시 기록에 따르면, 끊임없이 소총을 쏘아대는 것처럼 포성이 요란했으며 연기가 자욱해 앞이 보이지 않았다고 한다. 가장 나이 많은 군인들도 그렇게 격렬하게 오래 지속된 포격은 본 적이 없었다. 남동풍이 부는 동안 바다 쪽에서 벌어지던 전투는 서서히 라임 만(Lyme Bay)이 있는 서쪽으로 옮겨 갔다.

그사이 그보다 규모가 작은 전투가 포틀랜드 빌의 후미진 곳에서 벌어지고 있었다. 그곳에는 양쪽 함대를 통틀어 가장 큰 프로비셔의 트라이엄프호가 규모가 중간 정도 되는 런던 무장상선 다섯 척의 엄호를 받으며 정박해 있었는데, 에스파냐 갤리아스선 네 척의 공격을 받고 있었다. 아마 프로비셔와 그의 동료들은 포틀랜드 빌에서 불어오는 바람을 거슬러 가는 데 실패하고 진로를 바꾼 하워드도 제때에 따라가지 못했기에, 전투가 서쪽으로 옮겨 가서 바람이 유리해지고 배를 움직일 공간을 확보할 수 있을 때까지 닻을 내리고 기다리는 수밖에 없었을 것이다. 혹은 프로비셔에게 더 교활한 속셈이 있었을지도 모르겠다. 포틀랜드 빌에서 동쪽으로 2마일 떨어진 곳에 조개무지 퇴적층이 길게 이어져 수심이 얕은 샘블즈라는 곳이 있는데, 바다 표면 위로 불규칙하게 솟아 있고 포틀랜드 빌에서 그쪽으로 조석파(潮

汐波)가 흐르는데, 어떨 땐 4노트 정도로 빠르게 흐르기도 한다. 뱃길에 익숙한 배들은 그 죽음의 덫을 멀찍이 피해 간다. 가장 가까운 경로로 트라이엄프호를 공격하려면 그 급류를 가로질러야 했을 것이다. 더 조심스럽게 다가간다고 하더라도, 돛을 단 배라면 바람의 도움도 받지 못한 채 까다로운 급류와 싸워야 했을 것이다. 망루를 높이 올린 트라이엄프호는 영국 함대의 다른 대부분의 배들에 비해 다소 느리기는 했지만 승선을 노리는 적들을 방어하기에는 더 수월했다. 어쩌면 프로비셔는 멀리 떨어져 포만 쏘아대는 것에 싫증이 났을 수도 있다. 만일 그렇다면 그가 선택하기에 그보다 더 유리한 곳도 없었을 것이다.

하워드가 항로를 바꿀 때, 메디나 시도니아는 프로비셔의 소함대가 곤경에 빠져 있음을 보고, 혹은 그렇다고 판단하고서, 몽카다에게 갤리아스선 네 척을 이끌고 가서 그들을 끝장내라고 명령했다. 한 시간 정도 후에 여유가 생겨 메디나 시도니아가 다시 상황을 지켜보니, 갤리아스선들은 트라이엄프호의 장거리 컬버린포의 사정거리 안에서 조심스럽게 움직이고 있었다. 마치 경험 많은 개들이 늙고 빠르고 교활한 곰을 우리 안에서 대적하고 있는 듯했다. 이제 조류는 썰물로 바뀌고 있었고, 급류가 일었고, 그로 인해 갤리아스선들이 옆으로 밀려나고 있었지만, 메디나 시도니아의 눈에 그 상황이 보이지는 않았을 것이다. 그는 종범선 한 척을 보내 몽카다에게 공격하라고 다그쳤다.

잠시 뒤 바람이 방향을 바꾸어 남쪽으로 불기 시작하자, 전투에 참가하지 않은 채 간간이 트라이엄프호를 주시하고 있던 하워드는 여왕의 갤리언선 1열과 그보다 더 많은 지원 함선들을 이끌고 프로비셔를 "구하기" 위해 진격했다. 프로비셔가 과연 구조되기를 원했을지는 알 수 없다. 드레이크의 리벤지호가 그 구조대에 끼어 있었는지를 안다면, 아마 그 점도 알게 될 것이다. 왜냐하면 약 3주 후에 하리치에서 그 성마른 요크셔 사내[프로비셔]는 "드레이크가 로사리오의 전리품 중 우리 몫을 속여서 빼앗을 궁리를 하지만, 우리는 반드시 우리 몫을 차지할 것"이라거나, "내 반드시 그 자식의 배때기에서 가장 비싼 피를 뽑아내고야 말 거야."라고 말하는 것을 보면, 자신을 구해준 은혜를 어찌 갚아야 할지 고민하고 있지는 않았던 것 같기 때문이다.

메디나 시도니아는 하워드의 구조 움직임을 보자마자 전위함대 16척을 이끌고 영국 함선들을 막으러 갔다. 그러나 적과 맞붙기 전에 뒤를 돌아본 메디나 시도니아는 레칼데가 그 싸움에 가담하려고 수리를 마친 산 후안호를 이끌고 나오다가 영국 배 12척에 차단되어 에워싸인 것을 보았다. 바람의 방향이 바뀌어 메디나 시도니아의 소함대를 제외한 나머지 배들은 레칼데가 있는 쪽에서 불어오는 맞바람을 안고 있었다. 그는 즉시 자신이 이끄는 배들에게 방향을 바꿔 부사령관을 구하러 가야 한다는 말을 전했다. 산 마르틴호는 홀로 영국 함대와 맞서려고 나아갔고, 하워드의 아크 로열호가 지나갈 때 옆으로 선체를 틀고 중간 돛을 내려 갈고리로 걸어 서로의 배에 오를 수 있도록 유도했다. 총사령관과 총사령관이 맞서고 모래투성이의 선미갑판 위에서 검과 검이 오가는 이런 것이 메디나 시도니아가 책에서 읽은 해군의 전투였다. 어제 놓쳐버린 기회가 다시 온 순간이었다.

그리니 하워드는 갈고리를 걸고 배에 오르는 대신 근거리에서 일제히 측면 함포들을 쏘아대고는 그냥 지나가 버렸다. 다음에 접근한 영국 갤리언선도, 그다음도, 하워드의 나머지 함선들도 모두 마찬가지였다. 그러고는 배를 돌려 다시 다가와 두 번째로 일제 포격을 가했고, 세 번째도 마찬가지였다. 그러는 사이 레칼데를 괴롭히던 배들까지 에스파냐 총사령관의 배를 둘러쌌다. 레칼데의 산 후안호 갑판에서 보니 산 마르틴호가 혼자서 적어도 50척은 되는 영국 배들과 싸우고 있는 듯 보였다. 산 마르틴호는 모든 포문을 열어 포를 쏘아댔는데, 그 배에 탔던 사람들의 증언에 따르면, 그렇게 효과적으로 영국의 포격에 대응한 결과, 전투가 끝날 때쯤에는 영국 쪽에서도 전투를 시작했을 때보다는 더 멀리 떨어져서 포를 쏘았다고 한다. 다른 에스파냐 배들은 바람이 불어가는 쪽에 멀리 떨어져 있었기 때문에, 산 마르틴호는 꼬박 한 시간을 혼자서 싸워야 했다. 그러다가 오켄도가 이끄는 갤리언선들이 다가왔는데, 만신창이가 된 그들의 기함 주위로 에스파냐 함선들이, 하워드의 표현을 빌리자면 "떼 지어 모여들었다."

바로 이때 영국군이 물러났다. 갤리아스선들도 이미 트라이엄프호를 괴롭히는 것을 그만둔 상태였다. 바람이 다시 서쪽에서 불어와 영국 함대가 맞바람을 받게 되자 아르마다는 다시 초승달 방어 대형을 만들어 천천히 앞으로 나아가기 시작했다. 그날 오후에 원거리에서 몇 차례 포격을 주고받기는 했지만, 메디나 시도니아가 구출된 것으로 그날의 전투는 끝이 난 셈이었다.

에스파냐군은 바람이 그들에게 유리하더라도 영국 배에 갈고리를 걸어 올라탈 수 없다는 뼈아픈 교훈을 얻었다. 영국 배들은 자신들이 원하는 만큼 거리를 유지할 수 있을 정도로 빠르고, 바람을 거슬러 기동하는 능력도 뛰어났다. 에스파냐군 모두 적이 포에 의존할 만하다고 생각했는데, 영국 함대에는 더 크고 사정거리가 더 긴 포들이 많았으며 더 빨리 쏠 수 있는 능숙한 포수들을 갖고 있었던 것이다. 물론 계속 셈을 해보지는 않았겠지만, 양쪽 함대 소속 누구나 영국 쪽이 세 배는 더 빨리 포를 쏜다고 말했다.

영국군은 체계적으로 움직이는 아르마다 앞에서는 어떤 작전을 써도 먹히지 않는다는 쓰디쓴 교훈을 얻었다. 그들이 첫 번째 혹은 두 번째 교전에서도 에스파냐 함선을 많이 침몰시킬 거라 기대하지는 않았지만, 에스파냐 갤리언선을 하나씩 망가뜨리다 보면 대형이 흐트러져 그들을 제압할 수 있으리라 생각했다. 그러나 그때까지 그들이 잡은 에스파냐 함선은 로사리오호와 가라앉고 있던 거함 산 살바도르호, 두 척뿐이었다. 물론 영국군은 자기들이 포를 잘 쏜 덕이라고 생각했을지도 모르지만, 사실 둘 다 사고로 손상된 것이었다. 한편 이틀 동안의 교전, 특히 포틀랜드 빌 앞바다의 격전을 치르며 영국 함대는 하워드가 표현한 "가공할 만한 거포의 위력"을 다 써버렸기 때문에, 대부분의 배에 화약과 포탄이 전혀 남아 있지 않았다. 하워드는 화약과 포탄이 없어서 더는 싸울 수가 없다는 아주 절실한 편지를 뭍으로 써 보냈다. 한편 하워드의 말과는 달리 영국 함대가 아르마다에 손상을 입혔다고 볼 수는 없었다. 아르마다는 영국 함대보다 대형을 훨씬 잘 유지했고, 전투 중에는 단 한 척의 배도 포기하지 않았다. 또 에스파냐군이 웨이머스 항을 점령하지는 않았지만, 거기에 들어갈 의향이 있었던 것 같지도 않았다. 그리고 이제 아르마다는 밀집대형을 만들어 전과 마찬가지로 위풍당당하게 앞으로 나아가고 있었다.

25장_공포를 불러일으키는 초승달 대형

포틀랜드 빌에서 칼레 영내까지, 1588년 8월 2일~6일

포틀랜드 빌에서 칼레 영내까지는 170마일이 채 안 된다. 아르마다는 영국 함대의 "추격을 받으며" 100여 시간 만에 그 거리를 주파했다. 격렬하면서도 어정쩡했던 두 번의 교전 시간을 빼더라도 평균 속도가 2노트 이하였던 셈이다. 모든 게 바람 탓이었다. 화요일 아침 포틀랜드 빌 앞바다에서 전투가 있고 나서 바람은 죽은 듯 잠잠해지기도 하고 가볍게 불기도 하면서 계속 변덕을 부렸는데, 그렇지 않을 때는 서쪽 방향에서 아주 부드러운 미풍이 불어왔다. 이것은 아르마다에게 더할 나위 없이 좋은 날씨였다. 이런 날씨 덕분에 아르마다는 위험과 문제를 최소화하면서 밀집대형을 유지할 수 있었고, 영국 함대는 우월한 기동성이라는 이점을 살리지 못했다. 메디나 시도니아는 파르마에게 잇달아 전갈을 보낼 만한 여유가 생겨서, 연락을 받는 즉시 군대를 승선시킬 준비를 하라거나 보급품을 추가로 보내달라거

나 아르마다와 연합해 영국 함대를 공격하자고 청할 수 있었다.

한편 영국해협의 여러 항구에서 밀려드는 지원병으로 전력 보강을 계속하며 조심스럽게 아르마다의 뒤를 쫓던 영국 함대는 원하면 언제든지 싸움을 걸 수는 있어도 상대편의 대형만큼은 도저히 깨뜨릴 수 없었다. 이런 사실은 영국 함대가 유리한 기회를 잡은 것으로 보였던 두 번의 전투에서 입증되었다.

8월 3일 수요일, 새벽이 밝아올 무렵 에스파냐 초승달 대형의 바다 쪽 끝 부분에서 커다란 배 한 척이 뒤처져 있는 것이 보이자 영국 배들은 그 배를 함대에서 떼어내려고 앞다투어 돛을 올렸다. 영국 측에는 이 사건에 대한 기록이 없지만 에스파냐 사람들이 보기에 그 소동의 선두에 나설 만한 기함은 드레이크의 리벤지호밖에 없었을 것이다. 드레이크는 평상시 바다 쪽 날개 부분에 있었던 것으로 보이는데, 만일 하워드가 그 싸움에 몸소 뛰어들었다면 그 사실을 언급하지 않았을 리 없다. 아르마다의 오른편에는 레칼데의 산 후안호가 자기 자리로 돌아와 있었다. 레칼데는 재빨리 제1열의 배들을 이끌고 뒤처진 아군 선박을 도우러 갔다.

뒤처진 배는 후안 고메스 데 메디나(Juan Gómez de Medina)가 지휘하는 우르카 소함대의 기함 그란 그리폰(Gran Grifon)호였다. 레칼데가 이 배에게 자기 함대의 바다 쪽 날개 부분의 전력을 보강해달라고 요청한 것은 평소의 그답지 않은 판단력을 보인 것이었다. 그란 그리폰호는 견고하게 만든 대형 선박으로, 무게도 650톤(에스파냐 식)이니 나기고 대포도 38문이나 있었지만 움직임이 둔하고 어설퍼서 자기가 맡은 수송선들을 쫓아가는 데나 알맞았다. 그란 그리폰호는 곤경에 처한 것을 알아차리자마자 안전한 초승달 대형 안으로 되돌아가려고 서두르기 시작했지만, 어느새 영국 기함이 미끄러지

듯 옆으로 다가와 일제사격을 퍼부었고, 방향을 바꾸었다가 또 일제사격을 퍼부었으며, 선미 쪽을 가로질러 이동하며 반머스킷총을 쏘아댔다. 영국 배들이 더 나타났고 그란 그리폰호는 이내 사방에서 포위를 당했다. 하지만 누구도 그란 그리폰호에 오르려고 하지 않았고, 그란 그리폰호는 연기에 휩싸인 채 포를 쏘아 저항하면서 간신히 레칼데의 대열에 합류할 수 있었다.

아르마다의 오른쪽 후방은 이제 격렬한 전쟁터가 되어 레칼데, 오켄도, 레이바, 베르텐도나, 그리고 피렌체의 대형 갤리언선이 전투의 전면에 나섰고, 그란 그리폰호는 드레이크에게 지속적으로 공격을 받아 통제 불능의 심각한 곤경에 빠졌으나 그때까지 돛대나 삭구, 방향키에 어느 정도 피해를 입었는지는 알려진 바가 없다. 메디나 시도니아는 그란 그리폰호를 위험에서 구하려고 갈레아스선들을 보냈고, 그중 한 척이 그란 그리폰호를 가까스로 견인해 함대 중앙으로 끌고 오는 동안 나머지 배들은 리벤지호와 포를 주고받아 리벤지호의 큰 돛대 밑 활죽을 망가뜨렸다. 혹은 그랬다고 믿었다. 그러나 오른쪽 날개 부분의 싸움이 점점 더 격렬해지자 메디나 시도니아와 선봉대는 전면전을 알리는 신호로 중간돛대에서 돛을 내렸다. 이에 영국 배들이 컬버린포의 사정거리까지 물러나 가끔씩 포를 쏘며 위협했으나 메디나 시도니아는 영국 함대가 전투를 하려는 게 아니라 자신을 묶어두려는 수작이라고 판단해 원래 위치로 돌아왔고 아르마다도 다시 항해를 계속했다.

그 수요일 아침 전투는 양쪽 함대 모두 절반에 훨씬 못 미치는 배들이 참여하고 모든 상황이 대략 두 시간 만에 끝나긴 했지만, 에스파냐 쪽 사상자가 공식 보고에 따르면 사망 60명, 부상 70명으로 전날 포틀랜드 빌 앞바다에서 벌어진 전투보다 사망자 수가 10명 더 많아 아르마다가 영국해협에서 입은 가장 큰 손실로 기록되었다. 사상자 대부분은 그란 그리폰호가 끔찍한 공격을 당하면서 발생했지만 영국 함대가 자주 거리를 좁혀온 까닭에 양쪽 모두 더 심한 타격을 입었던 것으로 보인다.

수요일 오후에 바람이 완전히 잦아들어 두 함대는 니들즈(Needles) 남서쪽으로 수 마일 떨어진 곳에서 서로 1마일도 안 되는 거리를 유지하며 마주 보고 있었다. 이따금 불어온 부드러운 바람은 한쪽 혹은 양쪽 함대의 돛을 부풀렸고, 한편으로는 하워드에게 합류하러 오는 지원선들을 빠르게 밀어 주었다. 그 배들의 대부분은 무시해도 좋을 전함과 종범선, 연안선, 항만선이었지만 사기충천한 젊은 지원병들이 가득 타고 있었을 뿐 아니라 그보다 훨씬 더 반가운 포탄과 탄약이 실려 있었다.

하워드는 그 기회를 이용해 전략회의를 또 열었다. 그와 소함대 지휘관들은 그때까지의 상황에 대해 적들만큼이나 만족스럽지 않았을 것이다. 포틀랜드 빌 연안 전투에서 영국 함대는 전선이 세 군데로 나뉘어 협조가 되지 않는 상태에서 오직 바다 쪽에 있던 민첩한 배들과 프로비셔의 굳건한 방어 덕택에 더 심한 피해를 입지 않을 수 있었다. 반면에 아르마다는 어떤 경우에도 대형을 유지했으며 속도가 느린 비전투선들을 거느리고 있다는 약점에도 불구하고 일사불란하고 정확하게 움직임으로써 심각한 손실을 수차례 피해 갔다.

하워드와 장교들은 소함대들의 조직 체계가 문제라고 결론을 내렸다. 그들은 아르마다의 체제를 실전에서 나흘 동인이나 지켜보았고, 또 드레이그와 하워드는 수다스러운 손님 돈 페드로에게서 더 많은 것을 배웠을 것이다. 그에 따라 그들은 약 100척 정도인 전력을 규모가 엇비슷한 소함대 넷으로 나누었다. 당연히 하워드와 드레이크가 소함대 하나씩을 지휘하고, 나머지 둘 중 하나는 노련한 뱃사람이자 엘리자베스 여왕의 새로운 해군을 만들어낸 존 호킨스가, 그리고 약간 놀랄 만한 일이지만 마지막 하나는 포틀랜드 빌 전투에서 영웅으로 떠오른 마틴 프로비셔가 맡기로 했다.

육군이나 해군이 존경스러운 적수를 흉내 내어 자기들의 전술이나 조직을 바꾸는 일은 종종 있지만, 적의 코앞에서, 그것도 중요한 싸움을 눈앞에 둔 위기 상황에서 그렇게 한다는 것은 보기 드문 일이다. 그러나 어쨌든 그 새로운 조직은 분명 이전보다 더 효율적이었던 것으로 보인다. 적군의 조직 체계를 받아들였다는 것은 영국군 전쟁위원회가 현명하다는 사실을 보여주는 것이며, 또한 적이 유능하다는 증거이기도 했다.

새로운 조직 체계는 다음 날 아침 전투에서 첫 번째 시험을 치르게 되었다. 자정부터 죽은 듯이 고요한 시간이 이어지더니 날이 밝자 이번에는 두 척의 에스파냐 배가 낙오한 것이 포착되었다. 하나는 왕실의 갤리언선 산 루이스 데 포르투갈호이고 또 하나는 안달루시아 소함대 소속 서인도 상선 산타 아나호로, 대형의 원래 위치에서 멀리 떨어져 있지는 않았지만 표적으로 삼기에는 충분히 구미가 당겼다. 하지만 이번에는 바람이 전혀 불지 않았다. 가장 가까이에 있던 존 호킨스는 보트로 전함들을 끌고 가도록 명령했고, 빅토리호를 선두로 호킨스 함대의 전함들이 적을 향해 접근했으며, 얼마 후 머스킷총이 불을 뿜는 소리가 보트의 노 젓는 이들의 귓가에 울려 퍼지기 시작했다.

이때의 날씨는 갤레아스선의 기동에 적합했기 때문에, 메디나 시도니아는 갤레아스선들을 보내 낙오한 두 척의 배를 구해 오도록 했다. 갤레아스선 세 척이, 화력을 지원해줄 레이바의 커다란 갤리언선 라 라타 코로나다호와 함께 재빨리 출동하자, 가까스로 사거리 안에 들어간 호킨스의 소함대 일부는 한동안 화력이 뒤처지는 것처럼 보였다. 그러나 보트의 선원들이 전력을 다해 노를 젓고 있는 하워드 제독의 아크호가 호킨스의 왼편으로 다가오고 있었고, 반대 방향에서는 하워드의 친척인 토마스 경이 이끄는 골든 라이온호가 다가오고 있었다.

잠시 동안 양쪽이 서로에게 총포를 퍼부었고 함대의 다른 배들은 그 광경을 지켜보았다. 돛을 펼칠 만한 바람이 한 점도 불지 않아 갈레아스선들을 제외하고는 기동이 어려웠다. 하워드 제독은 "양쪽 군대가 보는 앞에서 아크호와 라이온호가 갈레아스선들을 여러 차례 명중시켰다."고 자랑스럽게 언급했다. 결국 갈레아스선들은 파손을 당해 "한 척은 기울어진 채 어쩔 수 없이 끌려가야 했고, 또 한 척은 아크호의 포격으로 고물에 있는 랜턴을, 세 번째 배는 뱃머리 장식을 잃었다." 하워드는 그 배들이 다시는 전투에 나오지 못했다며 흐뭇하게 말하고 있다.

에스파냐 측은 갈레아스선 두 척이 산 루이스호와 산타 아나호를 예인했고 그 결과 적 함대의 한가운데에서 여섯 척의 배가 철수해 나왔다고만 설명하고 있다. 하워드는 이때부터 다른 지휘관들과 마찬가지로 자신이 적에게 입힌 타격을 약간 과장했던 것으로 보인다. 선루의 랜턴이나 뱃머리 장식을 잃었다고 해서 그 두 척의 배를 못 쓰게 될 가능성은 거의 없다. 또 반 시간쯤 뒤에 모든 갈레아스선이 다시 움직이기 시작해 칼레를 지날 때까지 줄곧 평소의 위치를 그대로 지켰던 것을 보면, 선체에 구멍이 뚫려 기울어졌다는 배도 물이 새는 곳을 금방 막았음이 분명하다.

칼레를 지났을 때 갑자기 미풍이 불어오면서 포틀랜드 빌에서처럼 얼핏 무관해 보이는 두 가지 일이 동시에 일어났다. 아르마다의 후위가 영국의 세 소함대에게 공격을 받는 동안 메디나 시도니아는 자신의 선봉대를 이끌고 영국의 네 번째 소함대에 공세를 퍼부었던 것이다. 이 상황을 이해하려면 해안선의 모양을 살펴보아야 한다. 양쪽 함대는 밤사이 동쪽으로 멀리 흘러와서 날이 밝자 해안까지 1리그가 채 안 되는 와이트 섬 남단에 닿아 있었다. 따라서 그들은 솔렌트(Solent) 해협의 동쪽 입구와 가까워지고 있었다. 솔렌트는 메디나 시도니아가 파르마를 기다려야 할 경우 비상 기항지로 삼으라고 펠리페가 추천해준 곳이었는데, 리자드 해역에 있을 때 에스파냐 함대의 전략회의는 파르마에게서 출격 준비가 끝났다는 확실한 언질이 없으면 솔렌트 너머로는 진격하지 않기로 결정했었다. 에스파냐 측은 거기서 안전을 도모하려면 '와이트 섬을 점령하는 것'으로 충분하다고 믿었고, 입수한 정보에 따르면 그것은 그리 어려운 일이 아니었기에 성가신 영국 함대만 없었더라면 아마도 그렇게 했을 것이다. 메디나 시도니아는 여전히 파르마에게서 확답을 듣지 못하고 있었다. 우리는 메디나 시도니아가 와이트 섬에 상륙 거점을 만들고 스핏헤드[196]에 닻을 내릴 의도였는지, 아니면 더 그럴듯한 계획이 있었는지는 알지 못하지만 하워드는 그가 그렇게 할까 봐 두려워했던 것으로 보이며, 그래서 영국 함대는 해안 가까이에 있으려 했다.

어쨌든 영국 함대에서 육지 쪽에 가까이 있었던 프로비셔의 소함대는 새벽녘이 되자 에스파냐의 어떤 배보다도 더 내륙에 다가가 있었고 아르마다의 왼쪽 날개 부분과 완전히 겹치고 있었다. 이날 이 시간에는 조류가 동쪽으로 강하게 흘렀기 때문에 바람이 한 점도 없을 때 전투가 벌어졌다면 양쪽 함대 모두 한 시간 만에 1해리 이상 동쪽으로 떠내려갔을 것이다. 게다

---

196) Spithead. 영국 남단과 와이트 섬 사이에 있는 정박지

가 해안에 가까울수록 조류도 더 강해서 바람이 불어왔을 때는 맨 왼쪽의 선두에 있던 프로비셔의 배가 아르마다 선봉대의 북쪽이나 동쪽에 있었다 해도 놀랍지 않다. 만약 목요일 아침 처음 분 바람이 화요일과 똑같은 방향에서 불어왔다면 프로비셔는 유리한 입장에 섰을 것이다. 하지만 바람은 남서쪽에서 불어왔고, 프로비셔와 그가 거느린 소함대의 선두 함선들은 던노즈(Dunnose) 앞바다 어디쯤에서 아르마다의 선봉대가 있는 바람이 불지 않는 곳으로 밀려갔다.

바람이 일었을 때 트라이엄프호를 포함한 프로비셔의 소함대 전함 여섯 척이 이미 산 마르틴호와 교전을 시작하고 있었으며, 처음 반시간 동안은 산 마르틴호가 조금 밀리고 있었다. 하지만 바람이 거세지면서 열두 척 이상의 에스파냐 배들이 총사령관을 지원하러 달려가자 영국 배들은 위험을 알아차리고 돌아섰다. 그런데 프로비셔의 소함대 대부분은 아르마다의 왼쪽 날개 부분을 돌아 가까스로 되돌아갔지만 선두에서 가장 동쪽에 있던 트라이엄프호는 퇴로를 차단당했다. 메디나 시도니아가 재빨리 지원 함선들을 이끌고 퇴각로를 끊어 들어가자 트라이엄프호는 바람이 불지 않는 곳에서 고립된 것처럼 보였다. 프로비셔는 위기를 탈출하기 위해 보트들을 내려 트라이엄프호를 끌고 가도록 했다. 그가 무엇을 하려는지 알아차린 다른 영국 배들은 이내 자신들의 보트를 보냈고, 이내 11척의 보트들이 트라이엄프호를 끌게 되었다. 그사이 하워드가 거느린 가장 큰 갤리언선 가운데 베어호와 엘리자베스 조너스(Elizabeth Jonas)호 두 척은 에스파냐의 공격을 늦추기 위해 측면을 맴돌았다. 그러나 메디나 시도니아가 '승리를 얻을 수 있는 유일한 길'이라며 마침내 그 거대한 영국 배에 오르기를 여전히 희망하면서 퇴각로를 계속 차단하고 있을 때 바람의 방향이 바뀌었고, 이에 트라이엄프호는 소함대에 다시 합류하기 위해 돛을 펼치고 작은 배들을 내버려둔 채로 물러났다.

바로 이때 메디나 시도니아의 시선이 함대의 바다 쪽 날개 부분으로 쏠렸다. 드레이크는 거기서 초승달 대형의 맨 오른쪽 끝 부분을 집중 공격하고 있었다. 평소 같으면 그곳은 산 후안호의 레칼데가 지키는 자리였겠지만, 그때 그는 선봉대에 합류해 베어호와 싸우고 있었다. 그 뾰족한 끝 부분을 지키고 있는 포르투갈 왕실의 갤리언선 산 마테오(San Mateo)호는 용감한 함장이 이끄는 튼튼한 배였지만 산 후안호보다는 300톤 정도 작았고 싣고 있는 대포도 50문이 아닌 34문뿐이었다. 결국 산 마테오호는 전력이 훨씬 강한 플로렌시아호와 자리를 맞바꾸기 위해 초승달 대형 안쪽으로 후퇴했는데 이 때문에 대형이 깨지지는 않았지만 다소 밀리게 되었다. 드레이크가 초승달 대형의 바깥쪽 끝 부분에 대한 공격을 강화하고 바람이 다시 불기 시작하자 남쪽의 날개 부분 전체가 동쪽과 북쪽으로 조금씩 이동하는 것처럼 보였다.

보통 때라면 그런 일은 메디나 시도니아가 크게 걱정할 만한 것이 아니었다. 그러나 기선의 선미루 갑판에서 메디나 시도니아 옆에 서 있던 수로안내인의 눈에 걱정할 만한 것이 발견되었다. 모양과 색깔로 볼 때 수심이 극히 얕아 보이는 물이 아주 가까운 곳에서부터 남동쪽으로 눈길 닿는 곳까지 펼쳐져 있었고, 수면 위로 검은 톱날 같은 암초가 여기저기에 솟아 있었다. 만약 오워스(Owers) 해안을 속속들이 알고 있었을 드레이크와 호킨스가 아르마다를 북쪽으로 계속 밀어붙였다면 20분 안에 그 함대 전체를 암초에 부딪치게 만들었을 것이다. 하지만 메디나 시도니아는 포를 쏘아 함대의 주의를 모은 다음, 새 돛을 펼쳐 남남서쪽으로 물러났다. 그러자 전 함대가 그를 따르면서 죽음의 암초와 간격을 점점 벌렸고 와이트 섬과 영국 함대도 점차 멀어졌다. 그것은 그야말로 구사일생으로, 간발의 차이로 승리를 빼앗긴(트라이엄프호의 탈출) 메디나 시도니아가 전 함대를 재앙에서 간신히 건져 냈다는 기록은 어느 이름 모를 목격자의 허풍만은 아니었다.

영국 함대는 아르마다와 다시 싸워볼 기회를 찾지 않고 뒤를 따라가기만 했다. 한 가지 이유는 화약과 탄알이 거의 다 떨어졌다는 데 있었다. 하워드가 해안 지방을 샅샅이 훑어가며 필사적으로 호소하자 지방 당국도 정중히 응대하긴 했지만 포탄은 평범한 치안판사가 주변에 충분히 비축해둘 만한 품목이 아니었고, 쟁기에 감는 쇠사슬이나 쇳조각을 가득 채운 가죽 자루 따위는 포탄의 적절한 대용품이 될 수 없었다. 또 한 가지 이유는 하워드가 도버 앞바다에서 강력한 지원군인 시모어 함장의 동부 함대와 만나기로 약속이 되어 있었고, 결판이 날 수도 있는 다음번 싸움을 위해서는 동원 가능한 전력은 모두 다 동원할 필요가 있다고 느꼈다는 데 있다.

마침내 에스파냐 함대가 남쪽 해안에 상륙하지 않을 것임을 확신한 하워드는 마치 목요일 전투에서 영국군이 승리라도 거둔 양 축하를 했다. 평온한 금요일 아침에 그는 승리한 싸움터에서 하듯이 아크호 갑판 위에서 호킨스와 프로비셔, 그리고 자신의 친척 몇 명에게 기사 작위를 수여했다. 하지만 하워드의 나중 언행으로 보건대 마음이 편치는 않았던 것 같다. 그때까지 그는 자신의 배들이나 부하들이 심한 고통을 겪지 않았고, 오히려 적의 함선과 병력에 큰 타격을 가했다고 확신했다. 그러나 드레이크를 제외한 어느 영국 함장도 적이 그만큼 강하고 거칠고 호전적일 거라고는 예상하지 못했다. 전투를 네 번이나 치른 뒤에도, 참여한 배와 소모된 포탄의 규모로 볼 때 네 번 모두 그때까지 있었던 해전 가운데 가장 규모가 큰 것이었음을 쉽게 알 수 있지만, 에스파냐 함대는 군기가 조금도 느슨해지지 않았고, '무시무시한' 대형에 빈틈이 생기지도 않았으며, 첫날 아침 에디스톤에서 그랬던 것처럼 거리를 좁혀 싸우게 되기를 열망하고 있었다.

메디나 시도니아는 더더욱 축하할 기분이 아니었다. 그는 목적지를 향해 성공적으로 달려왔고, 또 영국군을 박살 내지는 못했어도 그들 때문에 그의 행진이 좌절되지도 않았다. 하지만 목적지에 다다르자 그곳이 그 어느 때보다 마음에 들지 않았다. 곧 해협으로 들어갈 것이고, 그곳을 넘어서면 닻을 내릴 만한 마음 편한 항구 하나 없는, 사납고 위험한 바다가 버티고 있을 터였다. 여전히 파르마는 언제 출정 준비가 끝날지, 어디서 어떻게 만날 것인지 아무런 확언을 주지 않았다. 영국 함대에 대처할 방법도 찾지 못했다. 적들 옆에 바짝 붙을 수 없었고, 비록 포격으로 심각한 타격을 입혀 배 몇 척을 못 쓰게 만들고 어쩌면 두어 척 정도 침몰시켰으며 많은 적군을 죽였다고 메디나 시도니아는 확신했지만, 그들은 해안을 따라가며 병력을 계속 지원받아 그 수가 날마다 늘어났고 장거리 대포로 그의 전력을 소진시키고 있었다.

게다가 그는 이제부터 포격으로 그들에게 손상을 입히지 못한다는 것을 알고 있었다. 리스본에서 가져왔던 수많은 포탄은 이제 거의 다 떨어진 상태였다. 화약은 아직 넉넉했다. 해안에서 많은 작전을 펼칠 것을 고려해 화약을 충분히 가져왔던 것이다. 하지만 일부 함선에는 쓸 만한 크기의 포탄이 전혀 남아 있지 않았고, 함대 전체에도 남은 포탄이 너무 적었다. 하워드 역시 마찬가지 처지라 해도 그는 영국 항구에서 새로운 보급품을 기대할 수 있었지만, 메디나 시도니아에게는 지원을 요청할 만한 곳이 한 군데밖에 없었다. 메디나 시도니아는 파르마에게 긴급 전문을 보내 즉시, 가능하면 많이, 어떤 크기든 상관없이, 그리고 특히 10파운드와 8파운드, 그리고 6파운드짜리 포탄을 구해달라고 호소했다. 평온한 금요일에 하워드가 자기 친척들에게 기사 작위를 수여하고 있을 때 메디나 시도니아는 재고 조사 결과를 읽으면서 이미 바닥난 갤리언선들의 무기고를 다시 채우기 위해 우르카 소함대와 상대적으로 전력이 약한 배들이 보유 중이거나 지급받을 포탄을 모두 꺼내고 있었다.

　양국 사령관 모두 적에게 퍼부은 포격의 성과를 과대평가한 것으로 보이는데, 그렇게 오판한 것도 당연했다. 에스파냐의 바네가스 함장은 영국해협에서 그때까지 치른 네 번의 전투로 에스파냐군의 총 사상자가 사망 167명, 부상 241명에 달한다고 추산했다. 물론 이것은 산 살바도르호의 폭발로 인한 사상자 150명과 로사리오호에서 포로가 된 400여 명은 포함시키지 않은 숫자이다. 이들을 포함시킨다 해도 동원 가능 병력이 2만 명이나 되는 군대에게 그것은 그다지 심각한 손실은 아니었다. 바네가스는 함대에서 사상자 수를 공식 기록하는 책임을 맡고 있었고 그 임무를 성실하게 수행한 것으로 보이지만, 그의 추정치는 두 가지 이유에서 지나치게 적었음이 확실하다. 첫째, 부상자들은 불구가 되었을 때만 보고되었다. 둘째, 16세기의 다른 나라 함장들과 마찬가지로 에스파냐 함장들도 사망자 보고에 소극적이었다. 명단에 병사들의 이름이 남아 있는 한 그들의 보수를 챙길 수 있었기 때문이다. 그 전쟁에 참가한 영국군에 대해 버흘리는 '사람은 죽어도 보수는 죽시 않는다'며 씨릉 쉬인 글을 님겠다.

　군기와 경험을 두루 갖춘 것으로 유명한 에스파냐 함장 바네가스가 정확한 사상자 명단을 얻을 수 없었다면, 이 기간에 영국 함대가 추정한 사망자의 수도 전혀 신뢰할 수 없다. 영국 측 계산대로 에스파냐군의 포격에 큰 피해를 입지 않았다 해도, 하워드가 아르마다와의 거리를 좁히는 데 실패한 것에는 변명의 여지가 없다. 그러나 처음 네 번의 전투에서 영국군 사상자는 에스파냐군 사상자의 절반이 조금 넘는 정도여서 확실히 훨씬 적어 보이기는 했다. 또 두 함대의 배들은 돛의 활대나 소소한 장비를 잃기는 했어도 포격전을 치르는 동안 돛대를 잃거나 하루 이상 전선에서 이탈할 만큼 심하게 부서지지는 않았다.

그렇게 격렬한 연속 포격에도 그런 시시한 결과가 나온 것에 대해서는 두 가지로 설명할 수 있다. 첫째, 해전에서 커다란 포를 사용한 경험이 거의 없었다는 것이다. 아무도 무엇을 해야 할지 몰랐다. 장거리포, 컬버린포, 반컬버린포에서 뚜렷한 우위에 있으면 멀찍이 떨어져 위험을 무릅쓰지 않고도 적의 함대를 산산조각 낼 수 있다는 것이 영국군의 믿음이었고, 그것은 에스파냐군도 마찬가지였다. 하지만 실상은 그렇지 않았다. 16세기형 컬버린포나 반컬버린포는 300~600미터 떨어진 곳에서 쏘아서는 갤리언선처럼 큰 배의 두꺼운 선체를 전혀 뚫지 못했을 것이고, 운 좋게 맞힌다 해도 민첩한 선원이 금방 메울 수 있는 작은 구멍을 만드는 데 불과했을 것이다. 그런 식으로는 단 한 척의 배를 침몰시키는 일도 힘들고 지루했을 것이다. 전략가들은 나중에야 가능한 한 가까운 거리에서 커다란 선박 분쇄용 대포로 가하는 집중적인 일제사격이 해전의 승패를 결정짓는다는 사실을 깨달았다.

게다가 양측의 포는 끔찍이도 형편없는 것이었다. 16세기형 배의 대포는 조준도 어렵고 제대로 발사도 되지 않았을뿐더러, 50미터 거리에서는 별 차이 없는 실수가 500미터 거리에서는 목표물을 완전히 빗나가게 만들었다. 하지만 연습만 상당히 했더라도 양국 포병들은 그보다 훨씬 더 잘할 수 있었을 것이다. 아르마다의 훈련받은 포병들은 대부분 갑판에서 포를 발사해본 경험이 없었고, 영국군은 숙련된 뛰어난 해군 포병들이 있긴 했지만 그 숫자가 충분하지 않았다. 에스파냐군은 영국군이 대포를 쏘는 속도에는 감탄했지만 정확도에 대해서는 별말이 없었다. 영국군 중에 하워드 같은 문외한은 포병들의 솜씨를 보고 박수를 쳤겠지만, 윌리엄 토머스 같은 전문가는 그저 질겁할 뿐이었다. 그는 전투가 끝나고 나서 버흘리에게 이런 편지를 썼다. "우리의 죄가 원인이 아니라면 뭐가 원인이란 말인가? 그렇게 많은 화약과 포탄을 쓰고 그렇게 오랜 시간을 싸웠는데도 그렇게 미미한 타격만 주었을 뿐이라니." 그래도 영국군의 포격이 에스파냐군보다는 나았다. 두 함대가 영국해협에서 일주일을 보내면서 더 큰 피해를 입은 쪽은 에스파냐 함대였다.

메디나 시도니아가 걱정하는 것은 자신의 함대가 심한 타격을 입었다는 사실이 아니라 파르마와 약속하지 않은 채 북해로 접어들고 있다는 것이었다. 할 수 있는 일은 단 한 가지뿐인 듯했다. 토요일 오후 늦게 칼레 해역에 다다른 아르마다는 번개같이 돛과 닻을 내렸다. 이것은 치밀하게 실행한 작전이어서, 깜짝 놀란 영국 함대는 바람과 조류 때문에 정박할 곳을 지나쳐 유리한 위치를 잃을 수도 있었다. 그러나 어쩌면 영국 함대는 메디나 시도니아의 신호를 기다렸는지도 몰랐다. 아르마다의 닻줄이 다 풀리기도 전에 영국 함대도 닻을 내렸고, 이제 두 함대는 칼레 해안 절벽 옆에 정박한 채 컬버린포의 사정거리만큼만 떨어져서 상대를 뚫어지게 바라보고 있었다.

26장_불벼락 화공선

하워드가 칼레 해안의 휘트샌드 만에 닻을 내리고 있을 때, 봉쇄 임무를 수행 중이던 시모어의 함대가 부름을 받고 북서쪽에서 달려왔다. 몇 시간 뒤 시모어의 함대가 하워드의 옆에서 닻을 내리자 영국 함대는 배가 35척이나 늘어나 전력이 훨씬 더 강해졌다. 시모어의 함대 중 다섯 척은 여왕의 갤리언선이었고, 그중 레인보호와 뱅가드(Vanguard)호는 최신형의 훌륭한 배들이었다. 하워드가 아르마다를 쫓아 영국해협을 부지런히 거슬러 오르는 동안 시모어의 함대는 파르마가 출격할 가능성에 대비해 됭케르크와 도버 해협 사이를 돌아다녔었다.

전력 낭비임에도 불구하고 시모어나 엘리자베스의 대신들이 네덜란드군을 온전히 신뢰하지 않았던 것은 두 가지 이유 때문이었다. 첫째는 부르부르의 오랜 협상에 대한 네덜란드 측의 뚱한 태도 때문이었고, 두 번째 이유는, 나소의 저스틴이 파르마를 맡을 수 있다고 항변했지만 시모어가 지켜본 몇 달 동안 네덜란드군이 한 일이라고는 흘수[197]가 얕은 범선들을 끌고서 영국이 원하는 것보다 해안에 더 가까이 붙은 채 두 번 순찰을 돈 게 고작이었기 때문이다. 하지만 브뤼헤에서 플러싱까지 전선을 넘어오는 소식은 신속했기 때문에 나소의 저스틴은 파르마가 출격을 시도하기로 결정하면 그 소식을 제시간에 듣게 될 거라고 확신하고 있었다. 그는 파르마의 출격을 진심으로 바라고 있었다. 그로서는 저 가공할 보병을 거느린 무적의 사령관이 너벅선을 타고 푸른 바다 위에 떠 있는 것을 본다면 더 바랄 것이 없었다. 그가 파르마의 군대를 해안에서 멀리 떨어진 바다에서 덮칠수록 그들은 더 멀리 헤엄쳐야만 할 것이었다.

그래서 저스틴은 자신의 함대를 플러싱에 숨겨놓거나 스헬데 서쪽을 떠돌게 하여 네덜란드 함대가 전혀 준비가 되어 있지 않다는 보고를 파르마가 믿어주기 바랐다. 그러나 저스틴으로서는 아주 원통한 일이지만 그 보고를 믿은 것은 오히려 시모어였고, 시모어의 함대는 파르마의 소형 선대 같은 것은 수십 번 침몰시킬 수 있을 만한 해군력으로 플랑드르 해안을 오르내렸다. 네덜란드의 정책 책임자들은 엘리자베스 여왕이 네덜란드라는 쥐덫 안에 런던이라는 전리품이 미끼로 들어 있다고 의심하게 만드는 것은 미련한 짓이라 생각했기에, 시모어는 저스틴이 하려는 일을 전혀 눈치 채지 못했고, 저스틴도 행동을 조심하면서 시모어가 바람 때문에 주둔 해역에서 벗어나기나 지쳐서 가버리기만을 비라고 있었다. 평화시절단이 부르부르에서

---

197) 吃水. 배에서 물에 잠겨 있는 부분의 깊이

언쟁을 벌이고 아르마다에 관한 소식이 전혀 들리지 않았던 지루한 몇 달 동안, 오해 속에 갇힌 네덜란드군과 영국군은 동맹군들이 흔히 그러하듯이 짜증과 의심만 늘어서 서로에게 투덜거렸다.

그 투덜거림을 잠재운 것은 다가오는 진정한 위험이었다. 저스틴은 아르마다가 리자드를 떠났고 몇 달 동안 게으르게 늘어져 있던 파르마의 캠프가 활기로 들떠 있다는 소식을 들었다. 얼마 후에는 아르마다가 교전을 거듭하면서 영국해협을 거슬러 올라오고 있다는 소식도 들었다. 하지만 파르마를 해안에서 떨어진 바다에서 붙잡아 단 한 척의 바지선도 빠져나가지 못하게 하는 것이 아무리 가슴 설레는 일이라 해도, 건재한 에스파냐 함대가 바로 그 해안에 언제 나타날지 모르는 동안에는 그 일을 엄두도 낼 수 없었다. 아르마다를 쫓아낼 때까지는 어떤 모험도 즉시 중단해야 했다. 네덜란드의 함선들은 바로 이런 종류의 임무에 적합하도록 만들어졌고, 따라서 저스틴은 최대한 눈에 띄지 않게 그 일에 필요한 모든 배를 이끌고 됭케르크를 지나쳐 내려갔다. 시모어가 하워드와 합류하려고 돛을 올리기도 전에 네덜란드 함대는 이미 그 자리에 대신 들어와 있었지만 그 사실을 하워드에게 얘기한 사람은 아무도 없었다.

그 일요일 아침 하워드는 더 긴급한 일을 논의하기 위해 전략회의 개최를 알리는 깃발을 내걸었다. 칼레는 됭케르크에서 30마일이 채 안 되었다. 파르마와 메디나 시도니아는 이미 접선을 했거나, 곧 그렇게 할 것이었다. 분명 아르마다는 파르마가 준비를 끝내고 바람과 날씨가 도와줄 때까지 닻을 내리고 있을 셈이었다. 영국 함장들은 바다에서 파르마의 힘이 어느 정도인지 전혀 몰랐다. 파르마가 자기 함대를 끌고 바다로 나올 수 있을지, 만약 그렇게 된다면 자신들의 임무 수행이 얼마나 복잡해질지 알 수 없었지만,

분명 그것은 감수하고 싶은 위험이 아니었다. 에스파냐군의 현재 정박지가 안전하지 않다면 자신들의 정박지도 마찬가지이며, 자신들이 들어갈 해안은 험난한 곳임이 분명했다. 그때까지 칼레의 수령인 구르당(M. Gourdan)은 영국 함대의 총사령관이 온다는 공식 통지를 받지 못했다. 그런데 그의 성과 산 마르틴호 사이에 보트들이 오가는 것이 포착되었다. 구르당은 가톨릭 동맹에 동조하고 있다고 여겨졌는데, 어찌 되었든 프랑스 왕이 기즈에게 굴복한 상황이었으므로 위그노를 제외한 모든 프랑스인은 에스파냐 봉신들보다 조금도 나을 것이 없는 잠정적 적으로 간주되어야 했다. 결국 보트들이 아르마다와 칼레 해안을 오가는 것은 영국군에게 좋지 못한 일이 진행 중이라는 뜻이므로, 메디나 시도니아가 구르당이나 파르마와 함께 자신의 계획을 펼치기 전에 아르마다를 다른 곳으로 보내야 했다. 그러기 위해서는 단한 가지 방법밖에 없었다. 바로 화공선(火攻船)이었다.

윈터는 전날 밤 닻을 내렸을 때 그 사실을 알아차렸다. 아마 영국 함대의 경험 많은 장교라면 누구나 알았을 것이다. 새로 합류한 시모어나 윌리엄 윈터 경, 헨리 파머 경은 칼레 절벽 아래 닻을 내린 아르마다의 위협적인 전력을 보고는 직접 부딪혀본 함장들만큼이나 깊은 인상을 받았다. 아무도 아르마다에 가까이 가고 싶어 하지 않았고 포격도 별 소용이 없다고 생각되었기에 전략회의에서는 대체로 화공선을 얻기 위한 방법만이 논의되었을 것이 분명하다. 전략회의의 첫 번째 결정은 헨리 팔머를 종범선으로 도버에 보내 선박들과 너불어 불에 태울 만한 깃들을 요청하자는 깃이 있는데, 헨리 경이 임무를 수행하러 떠나고 나서야 더 대담하고 분별 있는 의견들이 쏟아졌다. 도버에서 선박들이 오기를 기다린다면 아무리 빨라도 월요일까지는 공격을 할 수 없을 것이고, 결국 그것은 대조(大潮)의 정점에 가까워진 조류와 남남동쪽에서 세차게 불어오는 바람이 만들어주는 유리한 기회를 놓치게 된다는 뜻이었다. 절호의 시기는 바로 그날 밤, 즉 일요일 밤이었다. 드레이크가 자신이 소유한 200톤급 배인 플리머스의 토머스호를 내놓기로 하고 호킨스도 자기 소유의 배 한 척을 내놓기로 하면서 열의가 태산처럼 높아진 가운데 여섯 척의 배가 더 모아졌는데, 가장 작은 배가 90톤이었고 나머지는 모두 150톤에서 200톤 사이였다. 이것은 거대한 아르마다에 대적할 만한 화공선 함대가 될 것이었다. 함장들은 배를 준비하고 거기에다 불이 붙을 만한 온갖 것들을 채우기 위해 각자 흩어졌다. 나중에 배 임자 중 한 명이 상당히 많은 양의 버터와 쇠고기, 비스킷이 배에 남아 있다가 불탔다고 재무성에다 계산서를 올렸지만, 선원들은 자기 짐뿐 아니라 물통과 보급품 대부분을 배에서 내렸을 것이다. 하지만 그 배들은 돛을 활짝 펴고서 기착지를 향해 급히 돌진할 것이므로 가로횡대와 돛, 삭구를 남겨두었을 뿐 아니라, 불길이 솟아오르면 가열되어 터지도록 모든 포에다 화약과 포탄을 두 배로 장착해 적 함대를 파괴하지는 못하더라도 공포를 배가시키도록 했다. 이 화공선들은 급조된 무기였다. 이상하게도 해안에서는 미리 준비된 무기가 없었다. 준비 작업을 어느 때보다 빠르게 진행해야 했지만, 창의성을 발휘하거나 함대의 자원에서 제공받을 만한 것은 아무것도 없었던 것으로 보인다.

만일 하워드가 작은 배들이 무슨 일로 산 마르틴호 주위를 오가는지 알 수 있었다면 기운이 났을 것이다. 구르당의 배는 메디나 시도니아가 보낸 배에 대한 응답차 간 것뿐으로, 아르마다가 노출되고 위험한 곳에 정박했다는 것(메디나 시도니아의 항해사들이 이미 얘기했던 내용이다.)과 거기서 오래 머물지 않는 게 좋겠다는 차가운 경고만을 전달했다. 환영의 뜻으로 메디나 시도니아에게 전달된 과일과 여러 음식물이 담긴 자그마한 선물에도 불구하고 그 냉랭함은 가시지 않았다. 칼레는 샤르트르에서 멀리 떨어져 있기에, 그해 여름 프랑스의 지체 높은 다른 지역 수령들과 마찬가지로 구르당 역시 앙리와 기즈 공 사이에 화해가 얼마나 이루어졌는지를 궁금해하면서 판세가 어떻게 변할지 관망하고 있었을 것이다. 어쨌든 그는 적절한 중립적 태도를 취하기로 결심했던 것 같다. 구르당은 아르마다의 급사들이 육지에 올라와 신선한 음식을 얼마든지 살 수 있도록 허락해주었고, 그것이 작은 배들의 움직임을 대부분 설명해주었다. 하지만 하워드가 그런 요청을 했더라도 그와 비슷한 특별 대우를 거절했으리라고 생각할 만한 이유는 없다. 하워드와 그의 참모들은 프랑스인들이 적대적이라고 생각했지만 구르당이 영국인들을 적으로 생각했다는 확실한 증거는 없다.

하워드가 만일 파르마에게 보내는 메디나 시도니아의 전갈 내용을 알 수 있었다면 역시나 기운이 났을 것이다. 메디나 시도니아는 닻을 내리자마자 파르마에게 전갈을 보내 자신이 그에게 매일같이 소식을 전하고 있는데도 몇 주 동안 아무런 답신을 받지 못했음을 일깨웠다. 메디나 시도니아는 이렇게 말을 이었다. "나는 칼레에서 2리그 정도 떨어진 이곳에 닻을 내리고 있고 옆에는 적의 함대가 다가와 있습니다. 그들은 원한다면 언제든지 나를 포격할 수 있지만 나는 그에 대응해 그들에게 별 타격을 가할 수 없는 상황입니다. 장군의 함대에서 쾌속너벅선 사오십 척을 보내준다면 장군께서 나설 준비가 될 때까지 그 배들의 도움을 받아 버티서 스스로 방어할 수 있을 것입니다."

쾌속너벅선은 빠르고 흘수가 얕은 작은 전함으로, 네덜란드 반란 초기에 "시 베거스"198)가 영국해협을 공포에 떨게 하고 그 뒤로는 네덜란드 연해를 지키는 데 사용했던 배다. 하지만 이 배야말로 파르마에게 부족한 것이었다. 사오십 척을 보내 아르마다를 보강하기는커녕, 가로막는 사람이 없다 하더라도 열두 척이나 겨우 보낼 수 있을까 말까 했다. 파르마가 됭케르크와 뉴포르에서 모은 "함대"는 거의가 돛대나 돛, 포가 없는 길쭉한 운하용 보트뿐이었다. 그 배들은 대부분 바닥이 평평하고 앞뒤 구분이 없이 갑판이 개방된 바지선으로, 가축 운반에 사용하는 것이었는데 파르마가 가진 숫자로는 가장 좋은 날씨에 가축처럼 빽빽하게 채워 넣어야 그나마 마게이트까지 보병들을 실어 나를 수 있을 정도였다. 쾌속너벅선이라면, 파르마가 예상하는 곳에 있었다. 저스틴의 그 거칠고 작은 배들은 마치 자기 놀이터에 놀러 온 어린아이들처럼 플랑드르의 위험한 모래톱과 여울은 아랑곳하지 않고 됭케르크와 오스텐트 사이 해안 여기저기에서 떠다니고 있었다.

8월 6일 토요일 저녁이 될 때까지도 파르마가 자신을 돕기에는 너무나 무력하다는 것을 메디나 시도니아가 몰랐다는 사실이 참으로 이상하게 보이는 까닭에, 그 일에 관해 글을 쓴 대부분의 사람들은 "작전을 망친 치명적 오판"의 주된 요인이 당혹스러움과 아둔함에 사로잡혀 명백한 사실을 인식하지 않고 거부한 메디나 시도니아에게 있다고 생각한다. 하지만 이렇게 믿기 힘든 이야기도 없을 것이다. 메디나 시도니아는 작전 수행 중에 실수를 저질렀을 수도 있겠지만 미련한 사람이 아니었고, 그가 결정을 내리는 데 무엇이 영향을 미쳤든지 간에 우리가 아는 한 당황했던 흔적은 전혀 없다. 파르마가 자신의 처지에 대해 충분히 설명을 하긴 했지만, 메디나 시도니아

198) Sea Beggars. 바다 거지들. 에스파냐에 항거했던 네덜란드 혁명당파

에게는 하지 않았다. 파르마는 1587년에 펠리페에게 자주 편지를 써 보냈고, 1588년 1월에도 에스파냐 함대가 적군의 전함으로부터 그의 바지선들을 보호해주지 못하는데 무작정 바다로 나갈 수는 없다고 여러 번 강조했다. 4월에는 마드리드에 밀사 둘을 보내 아르마다의 이번 작전은 계획대로 실행하기가 어려우므로 연기해야 하며, 휴전을 하면 그에게 왈헤렌과 물이 깊은 항구인 플러싱을 장악할 기회가 올 거라고 주장했다. 펠리페가 계획 변경을 거부하자, 파르마의 밀사 중 한 명이자 훗날 역사가가 된 루이스 카브레라 데 코르도바(Luis Cabrera de Córdoba)는 자신이 생각하는 그 계획의 가장 큰 어려움을 밝혔다. 그는 왕에게 이렇게 말한 것으로 기억했다. "폐하, 파르마 공의 배들은 아르마다와 접선하는 것이 불가능합니다. 에스파냐의 갤리언선들은 흘수가 25내지 30피트인데 됭케르크 주위에서는 몇 리그에 걸쳐 그렇게 깊은 물을 찾을 수 없습니다. 적들의 배는 흘수가 훨씬 작아서 안전하게 자리를 잡고 됭케르크에서 아무것도 나오지 못하도록 막을 수 있습니다. 플랑드르에서 나오는 파르마 장군의 바지선과 아르마다가 접선하는 것이 이번 계획의 핵심인데 그것이 불가능하니 지금이라도 포기하고 시간과 돈을 절약하시는 게 어떻겠습니까?"

물론 코르도바는 일이 벌어지고 나서야 이 글을 쓴 것이며, 아마도 그렇게 노골적으로 선견지명을 갖고 말하지는 않았을 것이다. 그러나 사실상 그와 같은 내용을 펠리페에게 얘기한 사람이 없다면 그것은 이상한 일일 것이나. 그리고 그보나 훨씬 너 이상한 일이 있다. 두 사람이 공식직으로 주고받은 서신이 그리 많지 않았기 때문에 당연히 파르마가 자신의 어려움을 있는 그대로 메디나 시도니아에게 밝히지 못했을 것이고, 자신의 해군력을 아주 모호하게 언급함으로써 메디나 시도니아와 참모들이 잘못된 결론에 이르게 했던 것은 파르마에게 책임이 있다. 하지만 펠리페는 파르마가 바다에서 약하다는 점을 꽤 정확하게 알고 있었음이 틀림없다. 그렇다면 펠리페는 메디나 시도니아가 리스본에서 처음 함대 지휘권을 맡았을 때부터, 더 이상 받지 못할 정도로 그 길고 세세한 지시와 충고를 하는 동안 그렇게 중요하고 결정적인 문제점을 왜 단 한 번도 언급하지 않은 것일까? 그는 메디나 시도니아에게 됭케르크 주변의 위험한 모래톱을 조심해서 피해 가라고 분명히 주의를 주었다. 그러면서도 바다에서, 혹은 "마게이트 곶 앞바다에서" 파르마와 만나라고 여러 번 얘기를 했다. 이것은 파르마가 당해낼 수 없는 것은 영국 갤리언선뿐이며 네덜란드의 쾌속너벅선들은 아무 도움 없이도 제압할 수 있다는 명백한 암시였다. 그러니 메디나 시도니아가 잇달아 보낸 전령들이 뉴포르나 됭케르크에 도착했을 때 눈앞에 펼쳐진 광경에 충격을 받고 겁을 집어먹었다 해도 놀랍지 않은 것이다.

메디나 시도니아는 일요일 아침에 파국을 암시하는 첫 번째 조짐을 느꼈다. 날이 밝은 지 얼마 안 돼서 돈 로드리고 테요의 종범선이 함대 쪽으로 다가왔는데 그 배는 아르마다가 우에상까지 왔음을 알리기 위해 2주 전에 파르마에게 보낸 것이었다. 브뤼헤에서 파르마를 찾아낸 테요는 메디나 시도니아의 모든 전갈을 받았다는 파르마의 확인 편지를 들고 왔다. 파르마는 아르마다가 무사히 도착해 기쁘다고 하면서, 다음 주까지 모든 준비를 마치고 좋은 기회가 오면 곧바로 출정하겠다고 약속했다. 하지만 테요가 됭케르크를 떠나던 그 전날 밤에도 파르마가 거기에 도착할 기미는 전혀 보이지 않았고, 뉴포르와 됭케르크에서 테요가 본 배들은 돛대나 가로횡대, 대포 따위는 하나도 없고 짐도 실려 있지 않은, 빈 바닥만 있는 형편없는 것뿐이었다. 테요는 그 배들이 어떻게 2주도 안 남은 시간 안에 준비를 마칠 수 있을지 도무지 알 수가 없었다.

이 사건 전반에 걸쳐 파르마의 행동에는 석연치 않은 구석이 있다. 그는 바지선을 준비하는 일이 괴로운 작업이며 됭케르크에서 쾌속너벅선을 만드는 일은 그보다 훨씬 더 괴로운 작업임을 깨달았을 것이다. 목수와 조선공은 화가 날 만큼 느리게 일을 했고 임금이 밀릴 때마다 연장을 내려놓은 채 일하기를 거부했다. 썩은 목재와 덜 마른 널빤지가 멀쩡한 것과 늘 섞여 있다 보니 많은 바지선을 도로 뜯어서 다시 만들어야 했고, 쾌속너벅선 몇 척은 무용지물이란 사실이 드러났으며, 출항 훈련 도중에 바지선 한 척이 수로 바닥까지 가라앉는 바람에 군인들이 목까지 물에 잠겼던 적도 있었다. 수중에 돈이 있을 때조차도 쾌속너벅선에 실을 대포를 구하기가 어려웠고, 노련한 뱃사람을 충분히 구하기란 불가능했다. 하지만 파르마는 예전에도 이런 어려움을 겪어보았고 때로는 위협과 보상과 감언이설로, 때로는 독창성과 지치지 않는 근면함과 몸소 보이는 모범으로 문제들을 극복했었다. 그러던 그가 이번에는 게으름 피우는 모습을 그냥 내버려두었다. 갈수록 기강이 해이해지고 검사는 느슨해져서, 그렇지 않아도 달팽이처럼 느린 선박 건조 작업이 더더욱 늦어졌다. 아르마다가 영국해협에 와 있다는 소식에 자극받아 한동안 부산했던 움직임은 대부분 목적이 없는 듯 보였다. 파르마는 필요한 명령을 내리긴 했으나 8월 8일 월요일 오후까지 브뤼헤에서 꼼짝도 하지 않다가, 월요일 저녁과 화요일에야 쓸데없이 속도를 과시하며 출항을 서둘렀다.

폭풍이 몰아치는 화요일 저녁에 됭케르크에서 펼쳐진 장면은 비현실적으로 보인다. 쾌속너벅선 한 척은 대포도 없고 돛대도 세워져 있지 않은 데다 또 한 척은 쓸 만한 삭구도 없었으며 또 다른 한 척은 물에 빠져 뒤집힌 채 수로의 진흙 속에 한쪽 끝이 처박혀 있었다. 일부 바지선은 구멍을 메우지 않아서 벌써부터 물이 새기 시작했고, 또 다른 바지선들은 물건을 싣는 순간 이음매가 벌어졌으며, 그나마 상태가 괜찮은 바지선에 밀 부대처럼 실리던 병사들은 자신들을 담아 바다에 빠뜨릴 것 같은 텅 빈 관처럼 생긴 그 배들을 보고 머리를 흔들며 웃음을 터뜨렸다. 어둠이 내리고 횃불에 의지해서 승선이 계속되는 가운데, 파르마는 하얗고 무표정한 얼굴로 옆에서 그것을 지켜보고 있었고 점점 더 많은 병사들이 바지선을 채워갔다. 하지만 됭케르크의 모래톱은 거품이 일면서 파도가 거칠어졌고, 지친 아르마다는 바람을 앞서 오면서 (파르마가 이를 몰랐다면 이상한 일일 것이다.) 이미 바람이 부는 쪽으로 몇 리그나 나가 있었다.

이 장면을 보면 이 위대한 장군 파르마가 속 보이는 행동을 하고 있었다거나 전적으로 기록을 위한 눈속임만을 하고 있었다고 느끼게 된다. 코르도바는 그 전 주에 "그는 아르마다가 온다는 소식이 사실이 아니라는 듯이 행동했다."고 말한다. 어쩌면 파르마는 코르도바가 몇 달 전에 펠리페에게 했던 얘기를 믿었는지도 모른다. 설령 아르마다가 영국 함대를 격파한다 해도 모래톱 뒤에 있는 네덜란드인들을 물리칠 수는 없었다. 그리고 파르마에게 초라한 배 십여 척이 아니라 단단히 무장한 쾌속너벅선 백 척이 있었다 해도 그 배들은 한 번에 한 척씩만 바다로 나올 수 있었고, 나소의 저스틴이 이끄는 네덜란드 함대는 그 배들이 나오는 족족 침몰시켜 난파된 잔해로 항로를 막을 수 있었을 것이다. 만약 파르마가 이 계획의 실패를 바위처럼 담담하게 받아들일 수 있었다면, 그것은 그 일이 실패할 수밖에 없음을 오래전부터 알았기 때문일 것이다.

됭케르크에서 그 별난 광경이 펼쳐진 것은 화요일 밤이었다. 메디나 시도니아는 지난 일요일 아침에 테요가 전한 소식을 들은 뒤에도 이 계획에 가망이 없다는 것을 믿으려고 하지 않았다. 그는 가능한 한 모든 배에 물통을 채우라고 재촉했고, 구르당에게서 포탄을 얻으려는 헛된 시도를 했으며, 파르마에게 주장과 청원, 그리고 간곡한 부탁을 전할 전령을 줄줄이 보냈다. 아무리 바람을 등져도 영국 함대에 가까이 갈 수 없다는 사실을 포틀랜드빌 앞바다에서 알게 된 뒤, 메디나 시도니아는 승리를 위해서는 무거운 배들을 보완해줄 가볍고 빠른 배들이 있어야 한다고 확신했고 파르마가 그런 배들을 가지고 있다고 믿었다. 파르마가 그 사실을 납득하기만 한다면 반드시 출격할 것이고, 그렇게 되면 그들은 힘을 합쳐 영국 함대를 바다에서 쓸어버릴 것이었다.

한편 메디나 시도니아에게는 또 다른 걱정거리가 있었다. 영국 함대가 포격을 시작하면 갤리언선들의 대포에 쓸 포탄이 거의 남아 있지 않아 대응사격을 제대로 못 할 것이고, 그러면 영국군은 곧 그가 무기력하다는 것을 알아차리고는 배를 침몰시킬 수 있는 사정거리까지 접근해 올 것이었다. 하지만 이것이 그가 생각하는 가장 큰 위험은 아니었다. 영국 함대가 있는 쪽에서 바람이 불어오고 강한 조류가 도버 해협 쪽으로 흐르고 있어서 함선들이 빼곡하게 정박하고 있는 현재의 위치는 화공선 공격을 당하기에 더없이 적합했다. 나무 범선으로 이루어진 함대에게는 무엇보다도 불이 가장 위험했다. 돛, 타르를 칠한 밧줄, 햇볕에 마른 갑판과 가로횡대는 순식간에 불이 붙을 수 있었고 그 주변에 타기 않을 것이라곤 거의 없었다. 하지만 메디나 시도니아에게는 평범한 화공선보다 더 끔찍한 것을 두려워해야 할 이유가 있었다. 펠리페가 그에게 주의를 환기시킬 때마다 영국군이 생소한 화공 무기와 무시무시한 무기들을 발명해 준비하고 있다고 수십 번 경고했던 것이다. 부분적으로 이 경고는 에드워드 스태퍼드 경이 파리에서 멘도사와 접촉했을 때 벌인 신경전의 결과였다. 하지만 그 경고를 뒷받침하는 명백한 사실이 적어도 한 가지는 있었다. 메디나 시도니아는 그것을 자기 혼자만 알고 있다고 생각했으나 사실은 함대 전체에 소문이 퍼져 있었다. 소문의 내용은 안트베르펜에서 사용되었던 '헬버너'를 만든 사람에 관한 것이었는데, 그 무기는 그때까지 전쟁에서 사용된 것 중 가장 무시무시한 무기로서 사실상 거대한 폭탄이라고 부를 수 있는 화공선인데, 큰 전투에서보다도 더 많은 사람들을 일격에 죽일 수 있었고 화염에 휩싸인 배의 잔해는 지름이 1마일이 넘는 원을 전부 뒤덮을 정도였다. 사람들은 이 지옥같이 끔찍한 무기를 만든 이탈리아 기술자 지암벨리(Giambelli)가 지금 영국에 머물면서 엘리자베스 여왕을 위해 일하고 있다고 했고, 실제로도 그랬다. 그러나 그때 그는 그레이브젠드에서 템스 강을 막기 위해 다소 비실용적인 방재(防材) 개발에 몰두하고 있었다. 지암벨리가 아르마다의 원정을 막으라고 영국군에게 빌려준 효과적인 무기는 오로지 그의 이름이 주는 공포뿐이었다. 그리고 그것으로 충분했다.

정체를 알 수 없는 화약에 대해 걱정하던 메디나 시도니아는 일요일 오후에 많은 배가 하워드의 함대에 합류하는 것을 보고 불안해졌다. 실제로는 해로울 것 없는 보급선들이었지만 그는 지암벨리의 무시무시한 기계가 마침내 도착한 것이라고 추측했다. 메디나 시도니아가 할 수 있는 일은 많지 않았다. 그는 종범선과 갈고리 닻을 가진 보트로 방어막을 치고 화공선을 잡아 해안으로 끌고 오라고 명했다. 그리고 화공선의 공격이 예상되지만 방어막으로 대응하겠다고 전 함대에 알렸다. 방어막이 제 역할을 한다면 함선들은 자리를 옮기지 않아도 되었다. 하지만 만약 화공선이 하나라도 뚫고 들어온다면 함선들은 부표를 물에 띄운 후 바다로 나가서 화공선이 해류를 타고 해안을 따라 흘러가게 놔둘 것이었다. 그러고는 동틀 녘에 원래 정박지에서 그 부표를 찾아 가능한 한 빨리 다시 닻을 내릴 셈이었다. 불안한 밤이 시작되고 있었다.

거의 자정이 될 때까지 아무 일도 벌어지지 않았고, 강해진 남풍과 달을 스쳐 가는 비구름이 아침이 되면 파도가 거세지리라 약속할 뿐이었다. 그때 영국 함대 가장자리에서 불빛이 나타났다. 그런데 그것은 불빛이 아니라 불이었다. 둘, 여섯, 여덟 개의 불이 빠르게 앞쪽으로 나왔다. 불길이 점점 더 거세지면서 에스파냐군 정박지의 감시병들은 돛을 모두 펼친 채 삭구에 불이 타오르는 여덟 척의 커다란 배들이 바람과 조류를 타고 자신들을 향해 다가오는 것을 똑똑히 볼 수 있었다. 화공선들은 완벽하게 줄을 맞춘 상태로 아주 가까이 붙어 있었기에 그 활활 타오르는 갑판 위에서 사람이 목숨을 부지할 수 있었다면, 바로 옆 배에 탄 두 창병이 바다 위로 몸을 내밀고 창끝이라도 맞부딪칠 수 있을 것처럼 보였다. 또한 감시병들은 그 불빛에 대비되는 어둠 속에서 방어막을 형성한 종범선들이 모이는 광경도 볼 수 있었다.

운명이 결정되는 순간이었다. 영국과 에스파냐의 두 함대가 아주 가까이 정박하고 있었기 때문에 그 종범선들은 적의 사정거리 안에서 움직여야 했고, 일직선으로 늘어선 화공선들의 간격이 너무 촘촘해서 화공선을 붙잡으려면 한 번에 두 척씩 양 끝에서 떼어내는 수밖에 없었다. 덤불과 짚으로 채워진 이 불타는 괴물들은 노로 막을 수 있는 단순한 고기잡이배들이 아니었다. 일렬로 늘어선 화공선들은 강한 바람과 거친 물결, 해협의 조류를 타고 단 몇 분 만에 목표 지점에 도달할 것이었기 때문에 갈고리 닻으로 그 배들을 잡고 빙글 돌려서 해변까지 끌고 가는 일은 담력과 완력을 갖추고 1초의 오차도 용납하지 않는 빼어난 조종술이 필요했다. 맨 처음 나선 종범선 두 척은 작전을 영리하게 수행했고, 그 결과 다음 날 아침이 되었을 때 까맣게 용골만 남은 화공선 두 척이 에스파냐 함대의 정박지 근처에서 연기를 피우고 있는 것을 볼 수 있었다. 하지만 잠시 후 다음 종범선 두 척이 나서서 뱃머리에 서 있던 사람들이 갈고리 닻을 던지려는 순간 불에 달궈질 대로 달궈진 이중 장탄된 대포들이 터지기 시작하면서 바다 위 여기저기에 마구잡이로 포탄이 떨어졌고 그 반동으로 불꽃들이 분수처럼 솟았다가 배 안으로 떨어졌다. 깜짝 놀란 두 종범선이 혼란에 빠져 자리를 피하고 있을 때 나머지 화공선 여섯 척이 한꺼번에 정박해 있는 아르마다를 향해 돌진했다. 이글이글 타오르는 불꽃 위로 대포 터지는 소리가 울려 퍼졌고 불꽃이 분수처럼 하늘로 치솟았다. 의심의 여지가 없었다. 그 끔찍한 안트베르펜의 헬버너가 또다시 나타난 것이었다.

27장_대형이 무너지다

칼레 영내에서 그라블린까지, 1588년 8월 8일

방어막이 화공선들을 놓치는 광경을 본 메디나 시도니아는 포를 발사하며 닻줄을 풀고 돛을 활짝 편 채 바다를 향해 나아갔다. 그러나 이번에는 함대가 그를 따르지 못했다. 오히려 돌연한 공포가 혼잡한 정박지를 휘감았다. 아마도 너무도 많은 플랑드르 전쟁의 노장들이 헬버너에 관한 무시무시한 이야기들을 너무도 많이 퍼뜨린 탓이었던 것 같다. 어쩌면 가능성이 낮긴 하지만 메디나 시도니아의 명령이 구두로 전달되는 과정에서 왜곡되었을 수도 있다. 이유가 무엇이든 함장들 대부분은 줄을 끊고 바람을 타면서 미쳐 화공선을 두려워하는 만큼 서로를 두려워하는 듯 여기저기로 뿔뿔이 흩어졌다. 물살과 돌풍이 워낙 강하다 보니 어지럽게 모여 있던 배들은 해협을 지나 플레미시(Flemish) 해변의 모래톱까지 휩쓸려 올라갔다. 그 가공할 초승달 대형이 마침내 무너졌던 것이다.

메디나 시도니아의 산 마르틴호는 바다로 조금 나가다가 다시 돌아와서는 처음 정박한 곳에서 북쪽으로 약 1마일 정도 떨어진 곳에서 비상용 닻을 내렸다. 그 바로 너머에는 그날 밤 가장 가까이 있던 배 네 척이 역시 닻을 내렸다. 두 척은 레칼데의 산 후안호, 산 마르코스호였고, 나머지 두 척은 아마도 산 펠리페호와 산 마테오호였을 것이다. 포르투갈 왕실 선박인 이들은 언제나처럼 위험하고도 명예로운 총사령관의 옆자리를 지켰던 것이다. 바람이 사납게 몰아치는 새벽이 밝았을 때, 위대한 아르마다 중 시야에 잡힌 것은 이 다섯 척뿐이었다. 이들 외에는 모두 시야에서 사라졌는데, 단 한 척만 예외였다. 갈레아스선단의 기함인 몽카다의 산 로렌소호는 키를 잃고 큰 돛대마저 망가진 채 상처 입은 투구벌레처럼 해안을 따라 기어가고 있었다. 공포에 떨던 그날 밤 그 배는 불운하게도 옆에 있던 배의 닻줄에 키가 얽혀("이 거친 바다를 견디기에는 허약한 배들이다!") 여러 차례 크고 작은 충돌을 겪었다. 칼레 부두 가까이에는 용골만 남은 화공선 여섯 척이 연기를 피우고 있었다. 장탄된 마지막 포가 터진 이후로 더 이상 폭발은 없었다. 결국 그 화공선들은 헬버너가 아니었던 것이다.

남쪽의 영국 함대는 지난밤의 정박지에 그대로 머물고 있었다. 그러다가 하워드의 아크호가 포를 쏘아 올리고 나팔 소리가 바다 위로 울려 퍼지자, 모든 배가 닻을 감아 올리고 돛을 활짝 펼치며 깃발을 높이 올렸다. 150척에 이르는 영국의 전 해군력, 그러니까 여왕의 갈리언선 전부, 그 수에 버금가며 더 큰 중무장상선과 개인 소유의 전함, 그리고 약 100여 척의 작은 배에 이르기까지 이름만이 아닌 사실상의 '거대 함대(Grand Fleet)'가 공격을 위해 이동하고 있었다.

메디나 시도니아는 이에 어떻게 대응해야 할지 곧바로 결정을 내려야 했지만 다행히도 그 결정은 어렵지 않았다. 그는 사령관이었다. 필요하다면 홀로 적에 맞서더라도 흩어진 병력을 다시 모으는 것이 그의 임무였다. 그는 닻을 올리고 해협 안으로 자못 당당하게 들어섰다. 뒤에는 레칼데의 산후안호와 포르투갈 왕실 갤리언선 세 척이 가벼운 돛을 활짝 펼친 채 따라오고 있었다. 그들은 해협 끝 넓은 바다에 도착하자 흩어진 배들을 다시 모으고 제독을 지원하라는 명령을 내리기 위해 종범선들을 내보냈고, 그 종범선들은 바람을 타고 빠르게 달려갔다.

동이 틀 때까지도 하워드는 화공선의 성공을 확신하지 못하고 있었다. 두 척이 해안으로 끌려간 것은 확실했고, 사그라져가는 불빛 외에는 큰불이 일었다는 징후가 전혀 없는 것을 보면 나머지 화공선도 전부 다른 방향으로 흘러갔을지 모른다고 생각했다. 에스파냐 함대는 나오다가 되돌아가서 다시 정박했거나 전혀 자리를 뜨지 않았을 수도 있었다. 어느 쪽이든 이제 그들을 몰아내는 방법은 포격밖에 없었고, 하워드는 자신이 직접 첫 공격을 이끌기로 했다. 이번에는 조심스러운 장거리 포격이 아니었다. 이 월요일 전투에서 사정거리를 줄인 것에 대해 영국 측의 모든 기록이 강조하고 있는 것을 보면, 자신들이 그동안 너무 멀리 떨어져 있었다는 것을 모두 깨달았던 것 같다.

그러나 하워드는 새벽에 현장을 보고 계획을 바꿨다. 아르마다가 흩어져 있었던 것이다. 하워드는 소함대 넷을 보내 앞에 보이는 에스파냐 갤리언선들만 공격하도록 명령하면서 첫 공격의 영광을 드레이그에게 상보인 채, 자신의 소함대로는 거대한 산 로렌소호를 나포하거나 파괴하려고 했다. 키도 없이 뒤뚱거리던 그 갈레아스선은 하워드의 소함대가 엄습해오는 것을 보고는 필사적으로 피난처인 칼레 항으로 도망쳤다. 그러나 물이 빠르게 빠지고 파도도 거센 데다 키도 없고 해안선에 대해 아는 바도 없다 보니 도망치기가 여의치 않았고, 마지막 순간에는 노예들이 안간힘을 다해 커다란 노를 저었지만 배는 오히려 훨씬 더 단단히 좌초하고 말았다. 그 자리에서 산 로렌소호는 밑에서 흐르는 썰물로 인해 금방 전복되어, 갑판은 해안 쪽으로 기울고 포열은 우스꽝스럽게 하늘을 찌른 가운데 칼레 성의 성벽 아래 옴짝달싹 못하게 되었다.

이 사건에서 영국 측은 한 가지 분통 터질 만한 제약을 안고 있었다. 영국의 갤리언선들은 대체로 에스파냐 배들에 비해 물이 더 깊어야 움직일 수 있었고, 갈레아스선은 갤리언선에 비해 수심이 훨씬 얕아도 기동이 가능했다. 산 로렌소호는 해안과 너무 가까운 곳에 좌초되어 포격으로 부술 수가 없었다. 그래서 하워드는 함선 보트로 이루어진 소형 함대를 보내 좌초된 배에 올라가 그것을 끌고 오라고 명했고, 한동안 고된 작업이 이루어졌다. 산 로렌소호는 너무 많이 기울어져 전혀 포를 겨눌 수 없는 상태였지만 바로 그 덕분에 선원들은 보호를 받았고 배의 옆면을 기어오르기는 더욱 힘이 들었다. 한동안 영국 보트들은 잠시 그 갈레아스선을 바다 쪽으로 지나쳐 전진하다가—보다 취약한 육지 쪽 뱃전으로 돌아가기에는 물이 너무 얕았다.—소형 화기들을 맹렬히 발포했고, 산 로렌소의 함선에서도 격렬히 응사했다. 그렇게 우유부단한 승선 시도를 하는 동안 보트들은 오히려 공격을 받아 부상자와 사망자가 생기기 시작했다. 그러던 중 몽카다가 머스킷 총탄에 머리를 맞았고, 그러자 그가 배치한 수비병들은 이런 싸움에는 희망이 없다고 여겼는지 내륙 쪽의 낮은 뱃전을 박차고 뛰어내려서 해변을 향해 철벅거리며 달아났다. 이미 영국 수병들은 바다 쪽 난간을 기어오르고 있었고 그 밑의 포문으로도 들어가고 있었다.

칼레의 통치자 구르당도 인정했듯이, 정복에 의해, 그리고 전쟁의 법도에 따라 산 로렌소호의 전리품은 영국군의 것이었으므로 이내 그들은 들고 갈 수 있는 값나가는 물건은 모조리 털었다. 하지만 구르당은 그 배와 포, 그리고 삭구는 자신의 것임을 상기시켰고, 그들이 자신의 경고를 무시하는 데서 그치지 않고 해변에 모여 싸움을 구경하던 칼레 주민들까지도 약탈할 것처럼 보이자 성에서 그들의 보트를 향해 포를 쏘았다. 보트에 탄 선원들이 멀리서 벌어진 전투에 끼고 싶어 안달하는 하워드의 함선들 쪽으로 되돌아가게 만들려면 그렇게 대응할 필요가 있었다.

주요 전투에서 강력한 소함대를 몇 시간이나 제외시킨 이유가 좌초된 배한 척을 약탈하는 데 있었다는 것은 이상해 보인다. 하지만 산 로렌소호는 영국해협에서 많은 문제를 일으킨 가공할 수준의 가장 강력한 배로 기억될 것이고, 자기 임무를 신중하고 합리적으로 바라보는 하워드의 입장에서는 시간이 다소 지체된다 하더라도 그 배가 영구적으로 전투력을 상실했는지를 확인할 만한 가치가 있었다. 하워드는 돌아오는 보트들을 보면서 산 로렌소호가 전투력을 상실해 다시는 물에 뜰 수 없을 것임을 확신할 수 있었다. 결국 산 로렌소호는 칼레 성 밑에서 부서지는 운명을 맞게 된다. 그동안 하워드는 포성이 들리는 곳을 향해 나아갔다.

그라블린(Gravelines) 해역에서 치른 아르마다의 마지막 싸움에 대해서는, 영국해협에서 벌어진 전투들과 마찬가지로 일부만 알 수 있을 뿐이다. 어느 쪽도 배 한 척의 움직임에 대해서조차 믿을힐 믿힌 기록을 남긴 사림이 없다. 그것은 항시 바다에 감도는 전운과 소음, 연기, 위험, 혼란, 그리고 너무 짧은 시간에 너무 많은 일을 해야만 했고 다른 사람이 무엇을 하고 있는지 알아보기 힘들었다는 사실 등, 여러 가지 복합적인 이유 때문이기도 했다. 또한 그 전까지도 그랬듯이 이 전쟁에서 그 누구도 새로운 무기들을 활용하는 법과 필요한 전술들을 이해하지 못했다는 사실, 그리고 월요일의 전투가 사나운 날씨와 강한 바람, 거친 바다, 그리고 한정된 시야라는 조건에서 치른 첫 번째 싸움이라는 사실 때문에 더욱 상황을 제대로 알기 힘들었을 것이다.

몇 가지는 확실해 보인다. 바람의 방향은 남남서가 틀림없었고 아침에는 강한 바람이, 어쩌면 적당한 강풍이 불었을 것이다. 산 마르틴호와 동행한 함선들은 돛이 작긴 했지만 그 바람을 타고 해협을 지나 북해로 들어갔을 것인데, 가장 뒤쪽에 위치한 산 마르틴호와 산 후안호, 나머지 배 한두 척이 바람이 불어가는 쪽으로 잘 항해하고 있었을 것이다. 이런 상황에서도 메디나 시도니아는 낙오한 함대를 됭케르크의 위험한 모래톱에서 끌어내 깊은 바다로 데려가려고 애썼다. 아마도 흩어진 배 중에서 바람을 타고 있는 배들은 레칼데의 산 후안호 곁에, 좀 더 가까이에 있는 배들은 산 마르틴호 곁에 집결시키려는 의도였을 것이다. 하지만 아무도 그에 대한 기록을 남기지는 않았다. 어쨌거나 그가 북쪽으로 이동하자 영국 함대는 그를 급히 뒤쫓아야 했기에 공격개시시간을 늦춰야 했다.

리벤지호의 드레이크는 하워드가 지목한 대로 첫 번째 공세를 펼쳤다. 영국 함대가 다가오자 에스파냐 기함은 멀찌감치 돌아서 뱃전을 적에게 돌린 후 멈추었고, 리벤지호와 산 마르틴호 사이의 거리가 좁혀지는 얼마 동안은 양쪽 다 포격을 자제하고 있었다. 이번에 영국군은 모든 탄약을 다 쓰기로 결정했고, 에스파냐군도 남은 탄약이 거의 없었으므로 그렇게 해야만 했다. 리벤지호는 대략 "반머스킷총 사정거리(90미터?)"에 이르자 뱃머리에 있는 포를 시작으로 측면의 포까지 동원해 일제 공격에 들어갔고, 산 마르틴호도 벼락 치듯 강력한 반격을 개시했다. 이탈리아 역사가 우발디니가 말한 것처럼 리벤지호가 "온갖 크기의 포탄에 맞아 구멍이 뚫리게" 된 것은 이 교전에서였을 것이다. 드레이크의 친구인 페너 함장이 난퍼레일(Nonpareil)호를 타고 드레이크의 뒤를 바짝 따랐고, 드레이크의 소함대에 속한 나머지 배들이 그 뒤를 따랐는데, 각 배들은 산 마르틴호의 반격을 감수하고 앞으로 나서면서 공격을 퍼부었다. 그러다 드레이크의 공격에서 벗어나기 위해 메디나 시도니아의 소함대 전체가 총사령관을 따라 북동쪽으로 나아갔고, 생존한 증언자 중 그 누구도 그들을 한동안은 보지 못했다.

그렇다고 해서 그들이 어딘가에서 일을 잘하지 못하고 있었을 거란 의미는 아니다. 코베트(Corbett)는 전술적으로 적절한 목표물이 바람이 불어가는 더 먼 곳, 그러니까 더 강력한 에스파냐의 갤리언선들이 수심이 얕은 연안에서 방향을 틀어 깊은 바다에 재집결하고 있는 곳에 있음을 드레이크가 알고 있었다고 추측했는데, 그의 추측은 아주 그럴듯하다. 그것은 분명 결정적인 시점이었던 듯 보이며, 그 결집을 막아낸다면 엄청난 전과가 될 것이고, 산 마르틴호를 포획하거나 침몰시키는 일보다 훨씬 더 결정적인 전환점이 될 것이었다. 뒤에 나타난 프로비셔가 그것을 인식하지 못한 것은 드레이크의 전술적 통찰을 심사숙고하지 않았기 때문이다. 나중에 하리치[199])에서 프로비셔는 셰필드 경과 다른 사람들 앞에서 그 작전에 대해 이렇게 말했다. "그[드레이크]는 정말 처음부터 잔뜩 허풍을 떨면서 그들에게 뱃머리와 측면을 들이대고시는, 그린 디음 비람이 부는 쪽으로 항히먼시 기러낌

---

199) Harwich. 영국 에식스에 있는 항구도시

없이 겁 많은 악당이나 배신자처럼 다시 사라져버렸답니다. 나는 의심을 받고 있지만, 그것 하나만큼은 맹세할 수 있습니다." 프로비셔는 다른 문제 때문에 드레이크에게 화가 나 있었고, 생각에 비해 말이 더 많은 성미 급한 사람이었다. 분명 그는 드레이크의 작전 목적을 헤아리거나 지지하려 하지 않았다. 만약 그랬더라면 그 작전은 성공할 수도 있었을 것이다.

대신에 프로비셔는 이동하지 않고 그 자리에서 산 마르틴호와 싸웠다. 트라이엄프호는 망루가 더 높고 덩치도 더 컸는데, 프로비셔는 산 마르틴호에 오르지 않고 가까이서 대포를 쏘아댔고 그동안 그의 소함대 나머지 함선들은 떼를 지어 산 마르틴호의 고물과 이물, 뱃전으로 몰려가 함루와 갑판을 벌집으로 만들었다. 호킨스의 빅토리호가 다가와 자리를 잡았을 때 메디나 시도니아는 홀로 영국 함대 전체와 맞서고 있는 것처럼 보였다. 혹은 거의 혼자나 마찬가지였다. 페냐피엘(Peñafiel) 후작과 유명 가문의 신분 높은 모험가들이 타고 있던 산 마르코 데 포르투갈호는 총사령관에게서 멀리 떨어진 적이 없었다. 산 마르코호는 드레이크의 소함대에 속한 몇몇 선박에 가까이 갈 수 있어서 나름 싸움을 벌이며 산 마르틴호처럼 적의 공격에 대응했는데, 인색하게 아껴두었던 대포뿐 아니라, 적과 너무도 가까운 거리에 있었기 때문에 머스킷총과 화승총까지도 모두 동원했다.

호킨스의 소함대가 전부 도착했을 때는 다른 에스파냐 배들도 싸움에 끼어들기 시작했다. 영국해협으로 올라오는 내내 공격 선봉에 섰던 낯익은 이름의 그 전함들은, 포르투갈과 카스티야의 갤리언선들, 레이바와 베르텐도나의 무장상선들, 피렌체에서 온 갤리언선, 오켄도의 기함, 그리고 그랑그린호같이 가장 크고 잘 무장된 비스케이선 두세 척이었다. 처음에는 일고여덟 척이었지만 나중에는 열다섯 척, 스물다섯 척으로 늘면서, 비록 그 익숙한 초승달 대형은 아니어도 강력한 테두리를 만듦으로써 그 뒤로 느리고 약한 배들이 모일 수 있는 방패막이가 되었다. 시모어와 윈터는 그 전투에 합류했을 때 에스파냐 함대가 정상 대형으로 회복 중임을 알게 되었다. 윈터는 이렇게 말했다. "그들은 반달 모양의 대형을 만들면서 제독과 부제독을 가운데에 두고 그 주위로 가장 많은 배를 배치했으며, 양쪽 끝 날개 부분에는 갈레아스선, 포르투갈 전함, 그리고 다른 좋은 배를 각각 열여섯 척까지 두었는데, 이것이 그들의 기본적인 선박 배치인 것 같았다." 월요일 아침, 파도가 휘몰아치는 이른 시간에 그 무시무시하면서도 교묘한 대형을 다시 회복한 것은 에스파냐군의 규율과 선박 조종술이 이루어낸 놀라운 위업 가운데 하나였다. 물론 그것은 메디나 시도니아의 지도력과 후방 부대가 행동으로 보여준 불굴의 용기 때문에 가능했다.

양쪽 모두가 대단한 용기와 과감한 지도력을 갖고 있으면 승리는 최고의 배와 최고의 대포를 가진 쪽에 돌아간다. 영국 배의 우월성은 이미 실전에서 여러 번 증명된 바 있었다. 영국 함선들은 적의 측면을 포위해 마음대로 괴롭힐 수 있었고, 바람을 이용해 유리한 자리를 차지할 수 있었으며, 사정거리를 선택하고 원하는 때 언제든지 전투를 그만둘 수 있었다. 영국 총포의 우월성은 에스파냐군도 인정할 정도였지만, 그라블린 앞바다에서 영국군의 가장 큰 이점은 그때까지도 탄약이 남아 있었다는 사실이었다. 그들이 사정거리를 좁히기로 한 것은 일요일 아침에 결정되었음이 분명한데, 그때는 에스파냐군의 배에 탄약이 얼마나 부족한지 알 수 없었을 것이다. 그러나 영국의 5개 소함대 전체가 에스파냐의 초승달 대형을 몰아붙이고 괴롭혀 격파하기 위해 애쓰던 월요일 전투의 두 번째 국면에는, 부르면 쉽게 알아들을 거리까지 접근해도 그리 격렬한 저항을 받지 않는다는 것을 알아차렸다.

영국군은 그때까지도 가장 효과적인 사정거리를 지나치게 멀리 잡고 있었다. 나중에 리처드 호킨스 경은 "가까울수록 더 낫다."고 말했다. 그는 아버지의 소함대에 속한 스왈로(Swallow)호를 이끌면서 그 전쟁을 통해 경험을 쌓았다. 그러나 월요일 전투의 사정거리에서도 영국 함대의 포들은 실질적인 타격을 줄 수 있었다. 에스파냐 갤리언선들의 선체 아래쪽을 보호하는 단단한 오크 층은 부서지지는 않았어도 계속해서 구멍이 뚫렸다. 전투가 끝나기도 전에 아르마다의 제1열에 있던 배들은 물이 새기 시작했으며, 그중 몇 척은 치명적인 손상을 입었다. 건현(乾舷) 쪽은 기껏해야 머스킷 총탄을 막을 수 있는 정도였기 때문에, 저녁이 되었을 때는 파편과 피로 어지러울 정도로 심한 타격을 입었다. 상갑판에는 분명 학살에 가까울 만큼 시체들이 즐비했을 것이다.

이런 상황에서도 에스파냐군은 용감하게 싸웠다. 에스파냐 갤리언선들은 계속해서 상대편 배에 오르려고 전력을 다했다. 결국 그것만이 대등하게 싸울 수 있는 유일한 방법이었던 것이다. 산 마르틴호는 전투 초기에 난도질을 당하듯 심하게 망가졌음에도 나중에 아수라장 한가운데로 뛰어들어 어려움에 처한 아군 함선을 최소한 두 번이나 구해냈다. 우르카 함선 중 하나의 선원들은 베르텐도나의 거대한 무장상선이 지나가는 것을 목격했는데, 그 배의 갑판은 유혈이 낭자했으며, 대포들은 조용했고, 바람에 배가 기울면 갑판 배수구로 핏물이 흘러나왔지만, 그 배가 고집스럽게 다시 전열의 제 위치로 돌아오는 동안에도 함루와 선미 갑판에서는 머스킷 소총수들이 전투태세를 갖추고 있었다. 두 번이나 적에게 포위당한 채 싸워야 했던 산 마테오호는 상황이 훨씬 더 나빴다. 군인과 선원을 막론하고 그 배에 탄 사람들은 절반 이상이 죽거나 중상을 입었고, 대포마저 쓸모가 없어졌으며, 배는 체처럼 물이 새면서 계속 가라앉고 있었다. 그러나 메디나 시도니아가 산 마르틴호로 뒤를 엄호하면서 장교와 선원들을 옮겨 태우겠다고 하자 돈 디에고 데 피멘텔(Don Diego de Pimentel) 함장은 배를 버리지 않겠다며 명예롭게 거부했다. 그 후 그렇게 영웅적이면서도 헛된 희생에 감명을 받은, 시모어의 레인보호로 추정되는 영국 갤리언선 한 척이 소리를 지르면 들릴 정도로 가까이 다가가 한 장교를 통해 관대한 대우를 약속하며 항복할 것을 제안했다. 하지만 그에 대한 대답으로 머스킷 소총수가 그 영국군 장교의 몸에 총알을 박아 넣었고, 산 마테오호는 작은 무기들만으로 부질없는 대응을 하면서 레인보호 뱃전에 있는 대포 전체가 퍼붓는 포격을 계속 맞아야 했다.

이 무렵 메디나 시도니아는 힘들게 회복시킨 대형이 눈앞에서 무너지는 것을, 배들이 고립되고 선단끼리도 떨어져 나가 점점 더 속수무책으로 플랑드르 모래톱을 향해 떠밀려가는 것을 볼 수 있었다. 하워드는 진작부터 와 있었고, 드레이크를 따라 했는지는 모르겠으나 어쨌든 영국의 공격은 주로 아르마다가 바람을 타는 날개 부분에 집중되었다. 그때가 오후 네시였다. 전투는 동이 트고 한두 시간 뒤부터 계속 이어졌고 해가 지기 전까지는 아르마다를 전멸시킬 시간이 충분해 보였다.

대략 한 시간이면 에스파냐 함대가 격퇴되어 대부분 모래톱으로 밀려갈 것처럼 보였을 때, 눈을 뜨기 힘들 정도로 비가 쏟아지며 돌풍이 불었다. 약 15분 동안 영국 함대는 서로 부딪치지 않기 위해 거리를 유지하느라 적에게 많은 주의를 기울일 수가 없었다. 비로소 돌아볼 만한 여유가 생겼을 때는 에스파냐 함대가 이미 사정거리를 벗어난 북쪽 먼 곳에서 전처럼 강한 반달 대형을 다시 구축하고 있었다. 곧 메디나 시도니아의 산 마르틴호가 도전 의지를 보이며 돛을 말아 올렸고, 대열을 재정비한 함대가 뒤를 따랐다. 난타당한 아르마다가 전투를 재개하려 하고 있었던 것이다.

28장_때늦은 기적

제일란트의 모래톱과 북해, 1588년 8월 9일~12일

영국 함대는 공격을 재개하지 않았다. 아르마다가 다시 대형을 갖추어서 당황했기 때문이 아니었음은 누구나 짐작할 수 있다. 그들은 아르마다의 대형을 이미 한 번 깨뜨렸고 또다시 깨뜨릴 수도 있음을 알고 있었다. 전투가 중단되면서 여유가 생긴 지휘관들이 대부분의 배에 탄약과 화약, 그리고 포탄이 모두 혹은 거의 모두 소진되었음을 알게 되었기 때문이라는 분석이 더 그럴듯하다. 지난 네 시간처럼 싸운다면, 한 시간도 안 되어 다 바닥날 것이었다. 그러므로 당장은 임무를 마칠 수 있는 수단을 강구하면서 아르마다를 감시하는 것만으로도 충분해 보였다. 사실 이제부터는 두 힘데 모두 데고고 싸울 수가 없었고, 어느 쪽도 상대에게 탄약과 화약이 얼마나 남아 있는지도 몰랐다.

그날 밤 하워드는 월싱엄에게 이렇게 편지를 썼다. "필요한 화약과 포탄

의 규모를 제가 적어서 보내주기 바란다는 귀하의 편지를 받았습니다."(이런 완고한 관료들!), "하지만 이 전쟁의 불확실성으로 인해 그것은 누구도 할 수 없는 일입니다. 그러니 가능한 한 많이, 어서 서둘러서 보내주시기를 간청합니다." 그는 또 식량도 필요할 것이라고 했는데, 그날 있었던 일에 대해 다음과 같이 간단한 보고를 한 뒤였다. "그[아침] 이후로 우리는 오늘 저녁 늦게까지 그들을 뒤쫓으며 싸웠고 그들을 상당히 지치게 만들었습니다. 그러나 그들 함대는 강한 배들과 대단한 전력을 갖추고 있습니다." 그리고 그는 추신에서 이렇게 덧붙였다. "그들의 전력은 놀라울 정도로 대단하고 강합니다. 그러나 우리가 그들의 깃털을 조금씩 뽑고 있습니다." 이것은 그때까지의 전황에 대해 내린 평가로서는 적절했지만, 전쟁이 곧 끝나리라는 기대는 전혀 찾아볼 수 없는 말이었다.

드레이크는 그 전투의 결과에 더 큰 만족을 나타냈다. "파르마와 메디나 시도니아 공이 요 며칠 동안 서로 만나지 못하게 해달라고 빌던 대로, 신께서는 우리에게 좋은 날씨를 주셔서 적들은 바람이 불어가는 곳으로 쫓겨 나갔습니다. 만약 그들이 언젠가 만나게 된다면 오늘의 참패에 대해 즐거워할 수는 없을 것입니다." 하지만 추신은 하워드보다 훨씬 더 어조가 강하다. "적이 어디로 가든지 우리가 탄약과 식량을 받을 수 있도록 많은 신경을 써주셔야 합니다." 하워드와 마찬가지로 드레이크도 아르마다와 다시 싸우지 않게 될 것임을 예상하지 못했다.

아르마다는 상황이 아주 나빴다. 메디나 시도니아가 알아낼 수 있는 한, 남은 것은 약간의 화약뿐이었고 포탄은 전혀 혹은 거의 없었다. 아르마다가 처음으로 커다란 타격을 입은 것이다. 일급 선박들은 대부분 물이 샜다. 대부분의 배가 가로횡대와 삭구를 잃었고 갑판에는 파편들이 잔뜩 흩어져 있었다. 모든 배에는 사상자가 넘쳐났다. 어떤 배들은 훨씬 더 심하게 상해 있었다. 한바탕 폭풍우가 몰아치는 동안, 그날 일찍부터 고립되어 심하게 곤욕을 치른 비스케이선 마리아 후안호는 타고 있던 사람들 대부분이 빠져나오기 전에 바닷속으로 가라앉고 말았다. 심하게 물이 새서 몇 시간도 더 버티기 힘들 지경이 된 산 마테오호와 산 펠리페호는 그날 밤 일찍 뉴포르와 오스텐트 사이의 모래톱으로 비틀대며 가다가 그곳에서 좌초해버렸다. 아침에 그 두 척 모두 나소의 저스틴의 쾌속너벅선들에게 나포되고 말았다. 그다음 날 아침에는 플로레스의 소함대에 속한 무장상선 한 척이 대책 없이 뒤처져 있다가 양국 함대가 보는 앞에서 가라앉았다.

밤새 바람이 더 심하게 부는 동안 아르마다는 무작정 해안을 따라 동북동 방향으로 나아갔고 그들 뒤에는 영국 함대가 계속 쫓아오고 있었다. 가장 심각한 위험은 8월 9일 화요일 이른 아침에 찾아왔다. 메디나 시도니아가 후방을 지키는 가운데 레칼데의 산 후안호, 레이바의 무장상선, 충직한 산 마르코스호, 카스티야 갤리언선 한 척, 그리고 남아 있는 갈레아스선 세 척이 그를 지원하고 있었다. 아르마다의 나머지 배들은 전부 바람이 불어가는 쪽으로 상당히 멀리 떨어져 있었고, 그 후방에서 바람이 불어오는 쪽으로 컬버린포를 쏠 만한 거리에 영국 함대가 쫓아오고 있었다. 바람은 어느 정도 잠잠해졌지만 방향을 북서쪽으로 바꾸었고, 아르마다는 최대한 함선 간의 간격을 좁혀 항해했기에 배를 조정하기에 넉넉한 해면을 더 이상 확보하지 못했다. 정말 소름 끼치는 것은 바닷물의 흐름과 해저의 경사였는데, 배 앞쪽에서 좌현 뱃머리의 바다 쪽으로 멀리까지 물의 색깔이 달랐다. 현재의 진로대로라면 반시간도 못 되어서 아르마다 전체가 제일란트의 모래톱에 처박힐 상황이었다.

싸움 한번 못 해보고 익사하기보다는 전쟁터에서 죽는 편이 나았다. 메디나 시도니아가 배를 멈추자 몇 안 되는 후위함대도 뒤따라 멈추었다. 메디나 시도니아는 종범선들을 보내 앞에 있는 배들에게 배를 멈추고 적을 기다리든지, 혹은 할 수 있으면 자기 쪽으로 오라고 명령했다. 몇 척이 그 명령에 따르기 위해 애를 썼다. 그사이 장교들과 병사들은 신앙고백을 하고 서로 이야기를 나누며 얼마 남지 않은 소총 탄약과 검을 점검함으로써 죽을 각오로 적을 맞이할 준비를 했다. 그러나 영국 배들은 방향을 조금씩 바꾸며 여전히 멀리 떨어져 있었다. 항해사가 메디나 시도니아에게 그 이유를 말해줄 필요도 없었다. 후위 함선들은 정지해 있음에도 불구하고 바람과 해류 때문에 바람 부는 쪽으로 밀려가고 있었다. 이 푸석푸석하고 파도에 움직이는 모래 속에 닻을 내린다고 해서 배가 제자리에 멈춰 있을 거라고는 기대할 수 없었다. 앞에 있는 함대에게는 현재의 진행 방향 말고는 다른 항로가 없었고, 그것은 몇 분 안에 대참사가 벌어진다는 의미였다. 영국군은 적들이 신의 손에 괴멸당하는 것을 지켜보기 위해 대기하고 있었던 것이다.

항해사들은 종전의 진로를 유지하면서 바다 쪽으로 비스듬히 나아가는 것 외에는 다른 방법이 없다고 메디나 시도니아를 설득했다. 산 마르틴호의 측연수(測鉛手)는 측쇄를 보고 일곱 길이라고 외치더니 곧 여섯 길이라고 외쳤다. 그 배의 흘수는 다섯 길이었다. 당장이라도 앞에 있는 배들이 좌초를 시작할 것이었다. 몇 척은 진작 그렇게 되지 않은 것이 신기할 정도였다. 이제부터는 파도가 영국군의 일제사격보다 더 철저하게 배들을 산산조각 낼 것이었다. 장님이 아닌 이상 그 순간 에스파냐인들은 분명 다가오는 죽음의 그림자를 느꼈을 것이다. 그들이 어떤 기도를 하고 어떤 맹세를 했는지는 알 길이 없다. 그런데 그들이 배가 좌초할 때 받을 충격에 대비하고 있을 때

마침 바람의 방향이 반대로 바뀌었다. 흥분에 겨운 한 목격자는 바람이 완전히 반대로 방향을 바꿔 남동쪽으로 불었다고 증언했다. 바람의 방향은 메디나 시도니아가 보고한 것처럼 서남서였을 가능성이 더 높긴 하지만, 가장 앞에 가던 함선들까지도 그 죽음의 모래톱을 피해 가고 아르마다 전체가 먼 곳으로 나와 깊은 바다로 들어갈 수 있을 정도로 강하고 갑작스럽게 바람이 불었던 것 같다. 메디나 시도니아와 그의 사제 모두 아르마다가 신의 기적 덕분에 살아났다고 확신했다.

물론 이것은 펠리페와 메디나 시도니아가 믿었던 기적은 아니었다. 아르마다가 안전해졌다 해도, 영국 함대를 물리칠 수 있을 가능성은 그 어느 때보다 멀어졌다. 레칼데는 불길한 아이러니를 느끼면서, 신의 개입이―폭풍 끝에 바람의 방향이 바뀐 것을 이렇게 부를 수 있다면―원정의 후반부에 일어났다는 사실을 곰곰이 생각해보았을 것이다. 하지만 레칼데는 노련한 뱃사람이어서 아르마다가 영국해협에 들어온 이래로 날씨에서만은 누구의 예상도 뛰어넘을 정도로 운이 좋았다는 것을 알고 있었다.

영국군도 틀림없이 그렇게 생각했을 것이다. 그들은 아르마다의 불가해한 탈출에 크게 실망한 나머지 그 일에 대해서는 언급조차 하지 않았다. 드레이크는 신이 자신의 편이라는 믿음과 에스파냐 함대와 기꺼이 한판 더 싸워보겠다는 의지가 흔들리지는 않았지만, 그와 호킨스, 하워드, 그리고 다른 모든 이가 그 어느 때보다 화약과 포탄의 추가 공급 문제에 대해 걱정하세 되있다. 그래도 영국 힘대는 부족한 깃이 없디는 듯 "히풍스리오 데도로" 적의 뒤를 계속 쫓았다.

그날 저녁 두 함대 모두 기선에서 전략회의를 열었다. 아크 로열호에서 열린 회의는 근심스러운 분위기였지만 금방 끝이 났다. 배는 모두 멀쩡했고 사상자도 그리 많지 않은 데다 탄약이 모자라고 식량이 곧 떨어진다는 것 말고는 모든 게 괜찮았다. 머지않아 보급품이 도착할 것이라는 기대 속에서, 아르마다가 잉글랜드나 스코틀랜드에 상륙을 시도할 위험이 있는 한 주력함대는 그들을 계속 뒤쫓기로 결정을 내렸다. 그러나 시모어에게는 그의 소함대를 이끌고 다운스[200]에서 파르마를 감시하라는 명령이 떨어졌다. 이에 시모어는 분통을 터뜨리며 격하게 항의했다. 그는 그라블린에서 세운 공으로 아르마다 최후의 순간에 참여할 권리를 얻었다고 생각했으며, 비록 창검을 든 백병전이 되더라도 에스파냐군과 다시 맞붙기를 원했다. 그는 영광을 독점하려는 하워드의 뻔한 의도를 대놓고 비난했다. 그러나 하워드는 단호했다. 파르마가 건너오려고 시도할 경우 누군가가 거기에서 막아야만 했고, 그 일을 네덜란드인들에게 맡기겠다는 생각은 결코 하지 않았다. 저스틴이 갖고 있는 쾌속너벅선들이 적군의 갤리언선 두 척을 사로잡고 됭케르크나 뉴포르에서 한 척의 종범선도 나오지 못하도록 막은 바로 그날, 하워드는 "홀란트인이나 제일란트인은 바다에 한 명도 없다."고 적고 있다. 그는 적군이 하는 일보다 동맹군이 하는 일에 대해 더 모르고 있었다. 하지만 그가 영국의 안전 이외에 자신의 명예나 다른 무엇을 생각하고 있었다는 흔적은 없다. 그는 참을성 있고 집요하게 적군과 영국 해안 사이에 자신의 함선들을 배치해두려는 의도를 가지고 있었다.

산 마르틴호에서 열린 회의는 더 길고 괴로웠다. 보고에 따르면 일급 전함들은 거의 모두 심각한 피해를 입었다. 전부 사상자가 엄청났는데, 어떤

---

200) Downs. 영국 남해안 도버 해협과 면한 구릉지대

배들은 사상자가 너무 많아 항해를 하거나 싸우지도 못할 정도였다. 탄약은 거의 다 떨어졌다. 다음 전투에서 아르마다가 승리할 가능성은 거의 없어 보였다. 사정이 이런데도 이유는 언급하지 않은 채, 다음 며칠간 바람의 방향이 바뀌면 공격을 재개하여 영국의 항구 하나를 점령하거나 좁은 물길을 따라 싸워가며 퇴로를 모색한다는 결정이 만장일치로 내려졌다. 언급되지 않은 이유 가운데 하나는 분명 음식과 물이 떨어져가기 때문에 항해를 계속하면 위험하다는 것이었다. 하지만 가장 큰 이유는 아마도 하워드가 끈덕지게 항해를 계속하는 동기와 같았을 것이다. 즉, 가능성이 조금이라도 있다면 임무를 완수하기 위해 뭐든지 해야 했다. 뭐가 됐든 패배를 인정하고 에스파냐로 돌아가는 것보다는 그게 나았다. 그럼에도 그들은 바람이 나흘 정도 더 같은 방향에서 불어와 함대가 노르웨이 바다로 들어갈 지경이 된다면, 영국을 돌아 서쪽으로 귀향해야 한다는 것에 마지못해 동의했다. 그것이 안전을 보장하는 최소한의 선택이었으며, 메디나 시도니아는 만일 아무것도 할 수 없다면 왕의 배를 가능한 한 많이 지켜내는 것이 자신의 임무라는 결론을 내렸다.

바람은 계속 불었다. 두 함대는 헐[201]과 버윅(Berwick)을 지나 북쪽으로 나아갔다. 나흘째인 8월 12일(구력 2일) 금요일 오후, 북위 56도쯤에서 영국 함대는 포스 만[202]으로 기수를 돌렸다. 하워드는 아르마다가 상륙할 의사가 없다는 것에 만족했고 배에 음식과 물도 떨어져가고 있었기 때문이다.

---

201) Hull. 영국 잉글랜드의 북동부 도시
202) Firth of Forth. 스코틀랜드 포스 강 하구에 위치한 만

산 마르틴호의 선미 갑판에서 메디나 시도니아는 영국 함대가 항로를 바꿔 뒤로 점점 더 멀어져가는 것을 보았다. 거의 2주 전에 플리머스 앞바다에서 치렀던 그 악몽 같은 첫 전투 이래로, 그는 갑판 위의 자기 자리를 떠난 적이 거의 없었다. 신병도, 소총수도, 갑판장도, 그리고 에스파냐 최고의 귀족까지도 죄다 그의 곁에서 죽어갔지만, 그는 지난 월요일 아침 허벅지에 상처를 입어 다리가 뻣뻣해진 것을 제외하면 별 탈이 없었다. 이따금 선실로 내려가 음식을 조금 먹거나 한두 시간 눈을 붙이긴 했지만, 대체로 갑판에서 식사를 했고 그렇지 않을 때는 먹는 것도 잊은 채 짧은 밤 시간 내내 고물 난간에 기대 있었다. 그는 그날도 난간에 기대고 그 진절머리 나는 영국 함대의 돛들이 서쪽으로 사라져가는 것을 지켜보았다. 그가 걸친 옷이라고는 더블릿과 몸에 딱 붙는 바지, 그리고 짧은 망토뿐이었다. 커다란 항해용 망토는 로사리오호에서 아무것도 들고 오지 않은 프라이 베르나르도 데 공고라에게 주었고, 또 다른 망토는 다쳐서 선실에 누워 있는 어린 병사에게 덮어주었다. 날씨가 추웠다. 그러나 메디나 시도니아는 영국 함대의 마지막 돛이 시야에서 사라진 뒤에도 한참이나 고물 난간에 기댄 채 꼼짝하지 않았다. 만일 그가 영국해협을 타고 올라오면서 아르마다가 승리를 향해 나아가고 있는 것인지 적에게서 달아나고 있는 것인지 헷갈린 적이 있었다 해도, 지금은 의심의 여지가 없었다. 영국 함대가 더는 쫓아오지 않았으나 이것은 분명 도주였다. 또 패배였다. 그는 최선을 다했지만 그 최선은 충분하지 못했다. 만약 자기보다 더 유능하고 노련한 사람이었다면 어땠을까? 드레이크는 메디나 시도니아가 그의 오렌지나무가 있는 성 마리아 항구로 돌아가고 싶어 하도록 만들겠다고 말해왔었다. 그날 밤 메디나 시도니아가 어디로 가고 싶어 했는지는 알 수 없다.

29장_"내 그대들의 장군이 되어"

틸버리, 1588년 8월 18일~19일

8월 18일(구력 8일) 목요일 아침, 영국 함대는 북동풍의 끝자락을 타고 하리치와 마게이트 영내, 그리고 템스 강 하구 주위의 정박지들을 향해 달려갔다. 영국군은 엿새 전 포스 만 근처에서 추격을 그만두고 아르마다가 북북동풍을 타고 노르웨이 바다로 접어드는 것을 바라보았다. 영국 함대는 일요일에 칼레에서 보급품을 받은 이래로 여태껏 보급선을 만난 적이 없어 탄약과 음식이 거의 남아 있지 않았다. 무엇보다 최악은 맥주가 다 떨어졌다는 사실이었다.

그날 아침 엘리사베스 여왕은 커다란 음악 소리를 내는 은빛 트럼펫들을 앞세운 채 세인트제임스[203)]에서 왕실 바지선을 타고 런던을 통과했다. 다

---

203) St. James. 런던 버킹엄 궁 옆에 있는 숲으로 수로가 있다.

른 바지선들에는 연금 생활자인 왕실 남자들이 타고 있었는데 그들은 모두 이번 해전에 나가지 않은 사람들이었으나 깃털 꽂은 투구를 쓰고 반쯤 무장한 상태로 나타났고 거기에 왕실 근위병까지 총동원되어 그 바지선 행렬은 상당히 군대 같은 면모를 갖추었다. 강가에 줄지어 있거나 런던 다리 위쪽 창문에서 내려다보던 시민들은 물결을 헤치며 당당하게 나아가는 바지선들에 환호를 보내며 큰 위안을 얻었다. 엘리자베스는 틸버리[204]에 있는 군대를 시찰하러 가는 길이었다.

　엘리자베스의 부관이자 육군 총사령관인 레스터는 그녀가 곧 방문한다는 소식을 듣고 기뻐하며 어서 서둘러줄 것을 그녀에게 간청했다. 2주 전이었다면 그가 이렇게까지 열성적이지는 않았을 것이다. 2주 전 목요일 오후에 햄프셔의 훈련받은 부대들이, 와이트 섬 앞바다에서 격렬한 전투를 벌인 두 함대가 영국해협을 거슬러 올라가 사라지는 것을 확인하고 철수한 뒤, 틸버리에는 여전히 군대 막사도 없고 레스터의 수행원들을 제외하고는 군대처럼 보이는 것도 없었다. 지난 월요일에는 모두 출두하라는 명령이 있었는데도 에식스 사람들조차 나타나지 않았다. 마침내 그들이 왔을 때 레스터는 크게 화를 내며 소리쳤다. "바로 이 고장 사람들을 불러 모으는 데도 닷새씩이나 걸린다면, 40마일, 50마일, 60마일씩 떨어진 곳에 있는 사람들을 찾아야 할 때는 어떻게 되겠는가?" 함대가 방어에 실패할 경우, 이 병력이 파르마의 상륙을 막아야 했기 때문에 그보다 멀리 떨어진 곳에서 파견군대를 지원받을 필요가 있었을 것이다. 레스터는 군에 식료품을 납품하는 업자

---

204) Tilbury. 런던 인근 템스 강변에 위치한 항구

들에게도 시장 광장마다 포고 관원들을 보내 호소해보았지만, 그들 역시 당장 눈에 보이지도 않는 군대에게서 이윤을 챙길 수는 없다는 것을 잘 알고 있었기 때문에 얼굴을 보이지 않았다. 술을 빚기 위한 준비 과정은 지극히 혼란스러웠고, 레스터는 어떻게 해야 맥주를 구할 수 있을지 몰라 쩔쩔맸다. 결정적인 것은, 임명장도 오지 않아(사실은 서명이 되지 않았다.) 그것을 받을 때까지는 지명만 받았을 뿐 아직 취임도 못 한 육군 총사령관이었으므로, 그에게 무능한 부관을 자르거나 부대를 재정비할 만한 힘이 있을 수 없었다.

나흘 뒤 아르마다가 됭케르크 앞바다에 있고 파르마가 출정에 적합한 대조(大潮)를 맞았을 때에도 사정은 크게 나아지지 않았다. 드디어 에식스 보병 4천 명과 몇백 명쯤 되는 그 지역 기병들이 도착했고 런던에서도 완전 무장한 보병 1천 명이 왔지만, 블랙 잭 노리스는 여전히 추밀원의 심부름을 하고 있었고 로저 윌리엄스는 도버에서 막 돌아온 참이었다. 경험 많은 장교도 충분하지 않았기 때문에 병영은 화가 치밀어 오를 만큼 느릿느릿 구성되어갔고 레스터는 자기가 전 부대를 위해 "요리사, 짐꾼, 사냥꾼"이 되어야 했다고 불평했다. 파르마가 틸버리에 상륙할 경우(실제로 파르마는 그렇게 할 생각이었다.) 레스터의 군대가 남쪽 모래톱까지 건너가 방어할 수 있도록 배로 다리를 만들어 틸버리 요새와 그레이브젠드를 잇는 작업이 필요했지만, 그 다리를 사용할 수 있기까지는 해야 할 일이 아주 많이 남아 있었고, 템스 강을 막으려던 기안벨리의 방개(防材)는 첫 번째 밀물 때 게 무게를 견디지 못하고 무너졌다. 그렇지만 때때로 일이 엉뚱한 방향으로 흘러가긴 해도 레스터가 특유의 맹렬한 에너지를 뿜으며 일하고 있는 틸버리는 여전히 영국에서 가장 훌륭한 방어의 중심지였다. 켄트에 있는 제2캠프는 해군의 임시 보충기지 이상은 아니었고, 침략을 당할 경우 엘리자베스의 호위부대로 계획해놓은 웨스트민스터 근처의 대규모 예비군도 거의 서류상으로만 존재할 뿐이었다.

틸버리를 제외하면 런던만이 파르마가 상륙할지도 모르는 날을 대비하고 있는 것 같았다. 레스터에게 병사 1천 명을 할당하고도 훈련받은 군인 1만 명을 다시 징집했고, 비록 해자(垓子)는 더럽고 성벽은 곳곳이 무너져 있었지만 런던 시민들은 미리 짜놓은 내부 방어선 뒤에서 와이엇의 반란 때 마지막으로 사용했던 낡은 쇠사슬을 다시 준비해두고 거리마다 자신들의 도시를 지킬 준비를 하고 있었다. 런던 시민들은 안트베르펜에 관한 소식을 들은 적이 있었다. 그래서 파르마의 군대가 런던만큼은 쉽사리 정복하지 못하게 하겠다며 각오를 다지고 있었다. 그러는 동안 무장한 순찰대가 밤낮으로 돌아다녔고, 온갖 신앙을 가진 외국인들에 대한 시 당국의 엄격한 감시가 "낯선 사람을 태생적으로 싫어하는" 훈련병들의 자발적 활동으로 인해 강화되었다. 열정적인 프로테스탄트이자 흔들림 없는 에스파냐의 적인 페트루치오 우발디니는 특히 괴롭힘을 많이 당했다. 그는 체념한 듯한 분노로 이렇게 썼다. "흰 까마귀 떼를 찾는 것이 외국인을 반기는(그리고 원하는 종교를 믿게 내버려두는) 영국인을 찾는 것보다 더 쉽다."

엘리자베스 주변의 인물들은 외국인 혐오에 뿌리박은 영국인의 애국심이 그 어느 종교적 유대보다 강하기를 바랐다. 하지만 아무도 실제로 그러하다고 확신할 수는 없었다. 망명자들은 입장이 달랐다. 에스파냐 함대에는 영국인 수로안내인들이 있었고 파르마의 군대에는 영국 귀족들이 지휘하는 영국인 중대들이 있었다. 이제는 추기경이 된 유명한 망명자 윌리엄 앨런 박사는 몇 년 동안 펴내고 싶어 몸이 근질거렸던 책 〈지금의 전쟁과 관련해 영국의 귀족과 평민에게 보내는 경고(An Admonition to the Nobility and People of England concerning the present wars)〉를 안트베르펜에서 출간했다. 그 책의 목적은 당시의 교황이 "엘리자베스의 위법과 왕위 찬탈, 수권 불능에 대해 교황 비오 5세가 선언적으로 내린 선고를 확정하고 그녀의 이단성과 신성모독, 혐오스러운 생활을 이유로 파문과 박탈을 결정했음"을 동포들에게 알리는 데 있었다. 앨런은 또 교황이 누구도 엘리자베스를 따르거나 옹호하지 말아야 하고 "가톨릭 국왕의 군대가 당도하면 모두 거기에 합류해 가톨릭 신앙을 회복시키고 찬탈자를 폐위시키도록 도울" 채비를 해야 한다고 지시했으며, "그 성전의 지휘관을 임명하기로 했다"고 썼다. 그 책자가 나머지 부분에서 입증하려 한 점은 엘리자베스가 폭군이고 이단자이므로 자연법과 신법에 비추어 그녀의 폐위가 정당하다는 것, 조국에서 엘리자베스의 부당한 통치를 종식시키는 일이 모든 영국인의 의무라는 것, 그리고 그렇게 함으로써 영국인은 자신과 자식들의 영혼을 구하게 되고 그렇지 않으면 반드시 저주를 받게 된다는 것이었다. 이 주장에 동반되는 일련의 지독한 악담과 폭언은 지금의 독자가 보면 스스로의 영향력을 약화시키는 부정적인 것으로 보이겠지만, 윌리엄 앨런의 동시대 사람들은 분명 그의 펜을 두려워했다. 엘리자베스 정부는 이 책자를 압수하고 없애기 위해 최선을 다했지만, 암암리에 얼마나 많은 책자가 손에서 손으로 전달되었는지는 아무도 몰랐다. 이는 변장을 하고 시골집 이곳저곳을 돌아다니면서 가톨릭을 믿는 가족과 젠틀맨에게 신성한 처형이 날이 왔을 때 그들이 임무를 맡아야 한다고 가르쳤던 앨런의 신학교 신부들이 얼마나 많았는지를 아무도 몰랐던 것과 마찬가지였다.

플랑드르의 술집에서 사람들이 수군거리기를, 혹자는 영국인의 절반 또는 3분의 2라고 했지만 대략 영국인의 3분의 1이 가톨릭 신자이며 파르마의 상륙이 광범위한 봉기의 신호탄이 될 것이라고 했다. 사정이 이렇다 보니 추밀원에서는 영국인의 애국심(그리고 외국인에 대한 혐오)이 종교적 유대보다 더 강하리라고 기대하지 못하고 있었다. 주요 저항자들은 보호감호를 받고 있었다. 또 일부는 무기와 말을 빼앗기고 교구 밖이나 심지어 집 밖으로도 나갈 수 없는 처지였다. 하지만 영국에서 공개적으로 인정한 가톨릭 신자들, 즉 알려진 저항자들은 소수에 불과했다. 숨은 가톨릭 신자들과 강한 가톨릭 성향 때문에 그들에 동조하는 성공회교도는 분명 더 많았다. 그들이 얼마나 많고 얼마나 큰 반감을 품고 있는지는 아무도 몰랐지만, 누구든 조금이라도 의심이 가면 강력한 조치를 취해달라고 촉구하는 추밀원 고문관과 자치구 통치자가 적지 않았다. 그중 한 사람은 이렇게 썼다. "어느 때든 등 뒤에서 자기 집이 불탈 수 있다고 생각하면 누구라도 적에게 용감히 맞서기가 힘들 것이다." 짐작할 수 없는 힘을 가진 가톨릭의 거대한 비밀 음모에 대한 두려움은 수많은 사람들의 마음속을 떠돌고 있었다. 그것은 불안했던 1588년 여름 사람들을 긴장하게 만든 주요 원인 중 하나였다. 이런 상황에서 정부가 불안을 과장하는 이들의 압력에 굴복하지 않은 것이나, 비상시국에서 알려진 국교 기피자를 제외한 그 누구에게도 적대적 조치를 취하지 않은 것은 칭찬받아 마땅하다.

아마도 칭찬의 대부분은 엘리자베스에게 돌아가야 할 것이다. 월싱엄은 늘 위험을 실제보다 더 크게 생각했고 현명한 버흘리조차도 불안감을 갖고 있었다. 하지만 엘리자베스로서는 성가시지만 위험하지는 않은 몇몇 광신도를 제외하면 종교가 사람들을 압도하는 동기라는 것을 믿기가 어려웠다. 엘리자베스는 정부가 예수회와 신학교 신부들, 그리고 그들의 공범과 교사자에 대해 외부 첩자에 준하는 조치를 취하도록 마지못해 동의를 해주었지만, 그 이상의 조치는 취하지 않을 작정이었다. 버흘리가 "생각과 마음의 은밀한 반역"에 대해 경고하면서 그에 맞서기 위한 새로운 수단이 필요하다고 말했지만, 엘리자베스는 청교도들의 재촉에 넘어가 필요 이상으로 백성들의 믿음을 캐묻거나 과거에 대한 정서적인 애착을 가톨릭 신앙 또는 배신으로 의심할 생각이 없었다.

엘리자베스는 화나게 만들기는 쉬워도 겁먹게 만들기는 어려운 사람이었다. 그녀는 환영받지 못할 조치를 취할 때면 그 전에 열 번도 넘게 중단하고, 바꾸고, 도로 물리기까지 했을 것이다. 또 추악한 사실을 못 본 체해 대신들을 거의 미치기 일보 직전까지 몰아가기도 했을 것이다. 하지만 진정한 위험에서 비롯되는 부담감은 그녀를 옥죄었다. 양쪽 함대가 서로 씨름을 하던 당시에 로버트 세실(Robert Cecil)은 "여왕께서 그토록 담대하신 모습을 지켜보면 마음에 위로가 된다. 여왕께서는 전혀 당황하지 않으신다."고 썼다. 당황하지 않은 엘리자베스는 바지선의 군대 행렬을 이끄는 내내, 주도권이 외교관에서 군인으로 넘어간 이래로 잊고 있었던, 자신이 중요한 사건들에 참여하는 느낌을 되찾아갔다. 그녀가 다음 결정을 내린 것은 강 위였거나 틸버리 요새에 상륙해서 야영지를 보고 난 뒤였을 것이다.

틸버리는 엘리자베스에게 보일 준비가 되어 있었다. 레스터가 얼마나 많은 병력을 끌어 모았는지는 알 수 없다. 계획했던 만큼이나 캠던이 자신 있게 얘기하는 2만 3천 명보다는 적었던 것이 분명하지만, 의심 많은 사람들도 인정하는 "5천 명에서 6천 명 사이"보다는 많았음이 확실하다. 이 부대가 파르마를 막지는 못한다 할지라도 곤경에 빠뜨릴 수는 있을 것이었고, 지금은 모두(혹은 거의 모두) 똑같은 외투를 걸친 보병연대와 나풀거리는 깃털을 꽂은 갑옷기병대가 도열해 장관을 연출하고 있었다. 막사도 밝고 깨끗한 데다 고랑을 파고 방어용 울타리까지 쳐놓았으며, 귀족과 젠틀맨이 이용하는 알록달록한 대형 천막은 빛이 바래지 않은 밝은 색이었고, 일반 사병이 잠을 자는 푸른 막사도 아직 후줄근해지거나 더러워지지 않은 채였다. 그때 틸버리에는 군대의 화려한 볼거리와 시골 시장의 순수한 명랑함이 뒤섞여 있었다.

엘리자베스는 레스터가 자신을 영접하고 사열식을 위한 명령을 받으러 나왔을 때 자신이 느끼는 기쁨에 대해 말해주었다. 그녀는 그 군대를 보러 (그리고 그들이 자신을 보게 하려고) 온 것이었다. 근위병들의 넓은 어깨 너머로, 혹은 귀족들이 꽂은 깃털 사이로 그들이 서로를 바라보게 할 생각은 없었다. 자신에게 봉사하려고 무장한 동포들 속에 호위병은 필요치 않았다. 그래서 반대하는 사람이 있었는지는 몰라도 어쨌든 사열단이 꾸려졌다. 맨 앞에 오몬드(Ormonde) 백작이 보검[205]을 장중하게 받들고 걷는 가운데, 그 뒤로 하얀 벨벳 옷을 입은 시동 둘이 따르면서 하나는 하얀 벨벳 쿠션 위에 정교하게 만든 엘리자베스의 은투구를 받들고 다른 하나는 그녀의 말을 끌었다. 또 그 뒤로는 말을 탄 세 사람, 즉 엘리자베스가 양쪽에 레스터와 사마관[206]을 데리고 나타났고 그들 뒤에는 블랙 존 노리스가 따라 걷고 있었다. 남자 넷과 시동 둘, 그것이 수행원의 전부였다. 근위병과 귀족이 틸버리 요새 앞에 줄을 지어 남아 있는 가운데 그 조촐한 사열단이 시민군 군대 속

---

205) 寶劍. 즉위식 때 왕 앞에서 받는 검

206) 司馬官. 영국 왕실 제3위의 고관

으로 들어가자 커다란 환호성이 터져 나왔다.

엘리자베스는 느린 걸음으로 병영 구석구석을 둘러보았다. 그녀의 오른쪽에는 다부진 체격에 흰머리와 수염을 후광처럼 두르고 있는 붉은 얼굴의 로빈 더들리(Robin Dudley)가 투구도 쓰지 않은 채 걷고 있었다. 그에게서 30년 전 여름에 엘리자베스와 연애하던 시절의 분방하고 집시 같은 매력과 오만한 우아함은 더 이상 찾아볼 수 없었지만, 그래도 엘리자베스라면 여전히 그 매력을 찾아낼 수 있었을 것이다. 엘리자베스의 왼쪽에는 그녀뿐 아니라 많은 사람의 눈에 띄는, 지나치다 싶을 만큼 아름다운 젊은 남자가 있었다. 큰 키에 건장한 체격, 우아한 모습, 넓고 깨끗한 이마와 꿈꾸는 듯한 검은 눈동자, 섬세하고 부드러운 입매를 가진 그는 스물세 살에 이미 사마관에 오른 유명한 군인이자 에식스 백작인 로버트 데버루(Robert Devereux)였는데, 레스터의 의붓아들이자 엘리자베스의 사촌이기도 해서 장래가 더욱 유망했다.

그러나 그날 그 두 사람에게 주목한 사람이 엘리자베스 외에 또 있을지는 의문이다. 사람들의 눈길은 모두 그녀에게 쏠려 있었다. 그녀는 대문짝같이 등이 넓은 흰색 거세마를 타고 있었고, 초상화가 믿을 만하다고 치면 인자하면서도 조금 억지웃음을 웃는 듯한 표정을 짓고 있었다. 그리고 신화의 내용을 양각으로 새긴 은제 흉갑과 하얀 벨벳 옷을 입고, 오른손에는 금으로 무늬를 넣은 은제 직장(職杖)을 들었다. 또 양옆에 있는 기사들과 마찬가지로 투구를 쓰지 않은 채 말을 타고 있었으며, 머리카락 사이사이에서 깃털로 만든 술과 광택 나는 진주, 반짝이는 다이아몬드를 볼 수 있었다.

객관적인 관찰자라면 그녀에게서 50대 중반의 초라하고 비쩍 마른 노처녀의 모습 이상은 볼 수 없었을 것이다. 엘리자베스는 검은 치아에, 붉은 가

504

발은 비스듬히 기울었으며, 장난감 같은 칼을 대롱대롱 매달고서, 극단 소품 상자에서 막 꺼낸 듯한 이상한 퍼레이드용 갑옷을 입은 채 뚱뚱한 흰 말 위에 앉아 있었다. 그러나 백성들은 은제 흉갑에 반사되는 햇빛이나 눈가에 맺히는 눈물 때문에 앞이 잘 보이지 않았어도 엘리자베스의 그런 모습을 본 것은 아니었다. 그들은 유디트[207]이자 에스더[208]이고 글로리아나이며 처녀 사냥꾼 다이애나 여신이자 지혜로운 수호자 미네르바 여신이기도 한, 그리고 무엇보다도 자신들이 사랑하는 여왕이자 여주인이 이 위기의 시기에 자신들에게 믿음을 심어주려고 그렇게 간소한 행차를 한 것으로 보았던 것이다. 엘리자베스가 전한 진실한 감동 때문에 백성들의 열광이 극에 달하면서 그녀를 향한 축복과 애정과 충정의 표현이 와자지껄하게 쏟아져 나오지 않을 수 없었다. 엘리자베스가 그렇게 즐거운 시간을 보내기는 실로 오랜만이었다.

그날의 행진이 아주 성공적이었던 터라 엘리자베스는 한 번 더 그럴 수 있으리라고 판단했다. 그녀는 그날 밤을 4마일쯤 떨어진 장원 영주의 집에서 묵고, 다음 날 돌아왔다. 이번에는 사열식 후 즉흥적인 마상 시합 같은 기병대 의식이 있었고, 그 뒤에 엘리자베스는 위엄 있는 모습으로 장군들의 대형 천막에서 식사를 했는데 군대의 모든 지휘관이 그녀의 손등에 입을 맞추려고 나왔다. 하지만 그 전에, 아마 사열식이 끝날 즈음에 그녀는 백성들이 가슴에 간직할 만한 연설을 했다.

---

207) 앗시리아의 장군 홀로페르네스를 죽이고 옛 유대를 구한 과부
208) 자기 민족을 학살의 위기에서 구한 유대 여자

"사랑하는 나의 백성들이여, 짐(朕)의 안위를 염려하는 몇몇 사람이 무장한 군중에게 짐의 몸을 맡기는 일은 조심해야 한다고 간언했었소. 그들은 반역이 두려웠던 것이오. 그러나 확언하건대, 나는 내 충성스럽고 사랑하는 백성들을 불신하면서 살고 싶지는 않소. 그런 두려움은 폭군들이나 갖는 것이오. 하느님의 이름 아래 나는 언제나 내 백성들의 충성스러운 마음과 호의를 가장 큰 힘이자 호위병으로 삼아왔고, 따라서 그대들이 보는 대로 지금 그대들 가운데에 와 있는 것이오. 그것은 내 여흥이나 기분 전환을 위해서가 아니라, 전쟁터의 한복판에서 그대들 모두와 더불어 살거나 죽고, 하느님을 위해, 내 왕국을 위해, 내 백성과 명예와 혈통을 위해 흙 속에라도 내 생명을 던지겠다고 결심했기 때문이오. 내가 연약한 여성이라는 것을 알고 있소. 그러나 나는 왕의, 영국 왕의 용기와 배짱을 지녔고, 파르마나 에스파냐, 아니 유럽의 어느 제후가 됐든 내 영토의 국경을 침범한다는 사실에는 지독한 경멸을 느끼오. 내 곁에서 불명예가 자라나도록 하느니, 나 자신이 직접 무기를 들고 나 자신이 그대들의 장군이 되고 재판관이 되고 이 전장에서 이룬 모든 업적을 모든 사람에게 보상하는 사람이 되겠소. 그리고 그대들은 그럴 마음이 있으므로 모든 보상과 면류관을 받을 자격이 있다는 것을 나는 이미 알고 있소. 짐이, 왕의 말로 그대들에게 맹세하겠소. 그것들은 그대들에게 정당한 보상이 될 것이오." 함성과 박수 소리가 요란했다.

한편 이 이틀 동안 하워드의 함대가 어떻게 되었는지, 무슨 일을 해냈는지를 알리는 소식이 계속 들려왔다. 대체로 추정은 냉정했다. 여왕이 배 중에서 단 한 척도 잃어버리거나 심각하게 망가진 것은 없었고 에스파냐 전함은 적어도 예닐곱 척이 다시는 전쟁터에 나올 수 없게 된 것이 꽤 확실했다. 하지만 아르마다를 끝장낼 수도 있었던 마지막 전투에서 화약과 포탄이 부족해서 이 거대하고 무시무시한 함대를 그냥 내버려둘 수밖에 없었다고 했다. 위압감에 짓눌린 하워드는 "온 세상 사람들이 이렇게 엄청난 병력은 본 적이 없을 겁니다."라고 적었다. 그리고 월싱엄에게는 필요 이상으로 과장되게, "왕국이 큰 위기에 처했다"고 알렸다. 에스파냐 함대가 입은 타격을 누구보다도 크게 추정했던 드레이크조차도 에스파냐군이 되돌아오지 않으리라는 확신은 하지 못했고, 또 전반적인 의견은 훨씬 더 비관적이었다. 함장들은 자신들이 얻은 큰 승리에 관해서가 아니라 잃어버린 큰 기회에 대해 이야기했다. 헨리 화이트(Henry Whyte)는 월싱엄에게 보낸 편지에서 이렇게 결론지었다. "…… 귀하께서도 본국의 인색함 때문에 우리 해군이 바다에서 거둘 수 있었던 가장 큰 승리를 놓쳤음을 아실 겁니다." 월싱엄은 화요일에 틸버리에서 보고서를 한 꾸러미나 받았고, 그날 밤 해턴에게 우울한 기분으로 편지를 썼다. "우리는 하다 만 일 때문에 불명예를 얻었고 그 문제는 해결하지 못한 채 남아 있습니다." 설령 영국 함대가 패배했다 해도 그렇게까지 풀이 죽지는 않았을 것이다.

그다음 날 엘리자베스가 레스터의 텐트에서 지휘관들과 함께 저녁을 들고 있을 때, 파르마가 대조(大潮)를 틈타 며칠 안에 출정할 준비를 마쳤다는 소식이 전해졌다. 엘리자베스는 놀라기보다는 크게 흥분했다. 그녀는 적이 가까이 와도 군대를 떠나지 않고 에스파냐군을 직접 보겠다고 단호하게 선언했고, 지휘관과 참모는 그런 그녀의 마음을 돌려놓느라 야단법석을 떨었다. 그들이 결국 엘리자베스를 설득할 수 있었던 것은 파르마가 에스파냐 함대로부터 좋은 소식을 듣기 전까지는 출정하지 않을 것이라는, 완벽한 진실이었지만 그들 중에는 아무도 믿지 않았던 말 덕분이었다. 그래서 엘리자베스는 금요일 저녁에 약간 실망한 채 호위를 받으며 세인트제임스 궁전으로 돌아가기로 했다.

그러나 육지에서나 바다에서나 군의 동원 해제는 있을 수 없었다. 틸버리의 병영은 계속 유지되어야 했고 드디어 완성된 런던 주변의 병영도 마찬가지였다. 그 두 곳은 아무리 비용이 많이 들더라도 그렇게 해야만 했다. 비록 식량 조달에, 특히 맥주 조달에 어려움이 컸고 엘리자베스 조나스호 등 몇 몇 배에 병든 군인이 많긴 했지만 여왕의 배들은 모두 임무에 임하고 있어야 했다. 그 무시무시한 파르마가 어떻게 할지, 북녘 안개 속에서 어떤 배가 나타날지 알게 될 때까지 영국은 감히 경계를 늦추지 못했다.

30장_드레이크 사로잡히다!

서유럽, 1588년 8월과 9월

8월 하순까지도 영국인과 네덜란드인이 아르마다의 패배를 확신하기에는 아는 바가 너무 없었다. 하지만 해안에 사는 다른 나라 사람들은 그보다 훨씬 더 아는 게 없었다. 플리머스에서 와이트 섬에 이르기까지 아르마다는 영국 해안에 계속 출몰하면서 동쪽으로 가는 배의 일반적인 항로를 따랐었다. 수천 개의 눈이 그들에게 쏠려 있었고 군중은 청명한 여름 하늘 아래 곶과 언덕에 모여들어 아르마다의 전진을 저지하려는 네 차례의 큰 해전을 지켜보았다. 영국 함대에서 나온 배들이 매일같이 전갈과 요청서를 가지고 이 항구 저 항구로 들어왔는데, 보급품과 지원 병력을 싣고 하워드의 함대로 돌아가는 배 중 일부는 지원 선박이라기보다는 오히려 구경 온 유람선 같았다. 결국 싸움에 참가했던 여왕의 배들과 보조선들이 항구에 돌아와 이야기를 풀어놓았다.

그에 반해 네덜란드인을 제외한 대륙 사람들이 이 해전을 지켜볼 수 있던 곳은 칼레뿐이었지만, 칼레에서조차 산 로렌소호의 운명 외에는 무슨 일이 일어났는지 제대로 알 수가 없었다. 물론 파르마는 아르마다가 리자드에 도착한 이래로 일별 보고를 받았다. 그는 8월 7일 일요일까지 겉으로 드러낸 것 이상으로 아르마다에 대해 더 많이 알고 있었음이 틀림없지만, 부득이 어떤 가장된 행동을 하는 것이 아니었다면 8월 10일 이후나 그 훨씬 뒤까지도 아르마다가 언제라도 돌아와 기적처럼 저스틴의 네덜란드 함대를 쫓아내줄 거라고 분명 믿고 있었다. 그러는 동안 파르마도 메디나 시도니아도, 그들 다음으로 이번 원정에 관심을 갖고 있는 멘도사에게 굳이 소식을 전하려고 하지 않았다.

　멘도사는 메디나 시도니아가 리자드에 도착했다는 소식을 꽤 빨리 들었고, 하루나 이틀 뒤에는 확인되지 않은 커다란 에스파냐 선박(레칼데 소함대의 산타 아나호로 밝혀졌다.)이 라오그 만에 닻을 내렸다는 소식도 들었다. 그러나 이것이 무엇을 암시하는지는 전혀 알 수 없었고, 그 후 불안한 엿새 동안 영국해협에서 들리는 포 소리에 대한 막연한 소문 말고는 에스파냐군이 상륙했다거나, 아르마다가 패배하고 드레이크에게 쫓겨 해협 위쪽으로 달아나고 있다거나, 아르마다가 대승리를 거두고 파르마와 접선하기 위해 위풍당당하게 진격하고 있다는 모순된 보고들만이 들어왔다. 멘도사는 펠리페와 로마에 있는 올리바레스에게 전할 소식들에 각각의 항목을 덧붙이면서 정보의 출처가 믿을 만하지 않고 이야기가 확인되기 않았다는 주석을 달았다. 그렇게 판단을 유보하는 것이 현명한 처사였을 것이다.

　그러던 중 8월 7일 일요일, 루앙[209]에서 멘도사의 첩자가 자세한 보고를 해왔다. 르아브르[210]에서 막 소식이 왔는데, 거기에서 뉴펀들랜드의 어선 몇 척이 두 함대를 지나쳐 왔다는 것이었다. 뉴펀들랜드 어부들은 아르마다가 화요일에 와이트 섬 앞바다에서 드레이크와 마주쳤다고 말했다. 영국 함대는 육지 쪽을 향했고, 아르마다는 바람을 탈 수 있는 유리한 위치를 차지해서 영국 배들을 궁지에 몰아넣었다. 전투는 24시간 동안이나 격렬히 계속되었고, 에스파냐 쪽이 우세했다. 아르마다는 영국 갤리언선을 열다섯 척이나 격침시키고 몇 척은 포획한 후 포를 제거하고 갑판에 구멍을 뚫어 가라앉혔다. 게다가 에스파냐군은 구명보트로 옮겨 타거나 물속에서 허우적대는 수많은 영국 병사들을 잡아 가두었다. 전투 내내 특히 갈레아스선들이 혁혁한 공을 세웠다. 멘도사의 첩자는 뉴펀들랜드 어선단이 막 도착한 디에프[211]에서 온 편지로 이 보고가 사실임을 확인했다고 서둘러 덧붙였다. 브르타뉴[212]의 한 선장은 전투가 벌어지는 동안 드레이크의 기함을 아주 가까이서 보았다고 했다. 드레이크의 배는 어느 갈레아스선에게 공격을 당했는데, 첫 포격에 돛대가 모두 꺾이고, 두 번째 포격에 침몰했다는 것이다. 그 브르타뉴 사람(아마도 데이비드 그윈의 먼 친척)은 드레이크가 전투가 끝나기도 전에 작은 보트를 타고 달아나는 것을 보았다고 했다. 루앙은 에스파냐군의 승리 소식에 떠들썩했고, 그 승리를 축하하기 위해 브로드사이드 인쇄에 들어갔다.

이 모든 이야기는 뉴펀들랜드 어부들이 화요일과 수요일에 포틀랜드 빌

---

209) Rouen. 프랑스 서북쪽 노르망디에 있는 도시

210) Le Havre. 프랑스 서북쪽 항구

211) Dieppe. 프랑스 북쪽에 있는 해양 도시

212) Bretagne. 프랑스 서북 지역

앞바다에서 벌어진 전투에 대해 알게 된 것을 한데 모아놓은 것처럼 들린다. 그러나 정보가 아주 많기는 해도 믿을 만한 것은 하나도 없었다. 갈레아스선들의 포격이 드레이크의 리벤지호를 어떻게 만드는지 보거나 침몰한 영국 선박의 숫자를 세려고 낚싯배가 역사상 최대의 해전 현장을 돌아다녔을 가능성은 없었다. 또 한편으로 뱃사람들은 정말 밋밋하고 별로 그럴듯해 보이지 않는 이야기에 박진감을 더하기 위해 꾸며서 말하기를 주저하지 않는 것으로 유명했다. 뉴펀들랜드 어부들은 먼 곳에서 구름처럼 두꺼운 연기 사이로 루앙의 첩자가 설명한 것과 비슷한 무언가를 보았다고 생각했을 것이다. 하지만 멘도사는 루앙의 첩자가 판단한 것을 믿었음이 틀림없다. 이번에는 몸에 밴 경각심을 어디에 갖다 버렸는지, 그냥 기쁨을 표하며 그 소식을 전달했던 것이다.

멘도사는 거기서 그치지 않았다. 그는 내놓고 승리를 말했고, 자기 관저의 대문 반대편 안뜰에 거대한 화톳불용 장작을 쌓았다. 루앙에서 온 보고가 사실로 밝혀지자마자 축하의 불을 지필 준비를 해둔 것이다. 이틀 후 그는 더 많은 보고서를 손에 들고는 샤르트르의 임시 왕궁을 향해 떠났다. 대성당 측에 가톨릭의 승리를 축하하는 테데움[213] 연주를 요구하고, 앙리가 가톨릭동맹에 굴복하도록 으름장을 놓기 위해서였다.

아르마다가 영국에 가까이 다가갈수록 앙리는 점점 더 고분고분해졌다. 그가 총애하던 에페르농은 노르망디 통치권과 해군 총사령관의 지위를 박탈당한 채 궁정에서 냉대받고 있었으며 자기 교장인 교슈에서도 밀려나 있

---

213) Te Deum. 찬미의 노래

었다. 마침내 앙리는 협박에 못 이겨 알랑송 칙령(Edict of AlenÇn)에 서명했다. 그 칙령에서 이단자나 이단을 부추기는 자는 절대 프랑스 왕이 될 수 없다는 조항을 제정하는 등 가톨릭동맹의 극단적인 요구에 굴복했다. 그 조항으로 앙리는 자신이 가장 공들인 왕위계승 원칙을 무력하게 포기하고 말았다.

그러나 아직까지 앙리의 양보 조치는 대부분 서류상에만 머물러 있었다. 에페르농의 경우 적어도 아직 앙굴렘[214]에서만큼은 계속 주인으로 군림하고 있었다. 불로뉴를 비롯해서 피카르디의 도시들은 여전히 가톨릭동맹에 대항했다. 나바르도 루아르 강 남쪽에서 활발한 군사 활동을 펴고 있었지만, 왕실은 미동도 하지 않았다. 9월에 블루아[215]에서 소집되는 삼부회가 가톨릭 극단주의자들에게 휘둘릴 것이 확실해지자 그들이 모두 모이기도 전에 정회될 거라는 소문도 돌았다. 앙리는 여전히 어떤 사건, 가령 영국군의 해전 승리와 같은 일이 일어나 당파 간의 균형을 회복할 수 있기를 바라고 있었다. 지금 프랑스는 이런 균형에 의지해야만 했다. 앙리는 온갖 핑계를 동원해 마지막 조약 합의 각서의 서명을 회피하고 있었다. 반면 멘도사는 아주 비참할 정도로 항복을 강요함으로써 앙리가 결코 자유를 되찾지 못하게 할 작정이었다. 그는 아르마다가 안전하게 항해하기 위해 바리케이드의 날이 필요했던 것처럼, 프랑스 왕을 가톨릭동맹과 기즈의 손아귀에 넣고

---

214) Angoulême. 프랑스 서부의 도시
215) Blois. 파리에서 남서쪽 172킬로미터 루아르 강 우안에 자리한 도시로, 앙리 3세가 기즈 공을 살해한 것으로 유명하다.

결과적으로 프랑스를 에스파냐의 속국으로 만들려면 영국을 이겨야 한다는 것을 알고 있었다. 멘도사는 이런 과정에서 다음 단계의 조치를 요구하려고 샤르트르에 갔다.

가는 길에 멘도사는 전갈을 하나 더 받았다. 아르마다가 칼레에 도착했고 파르마와도 접선했다는 것이었다. 그는 소식이 도착한 지금쯤이면 이미 에스파냐군이 영국에 상륙했을 거라고 확신했다. 대단히 만족을 느낀 멘도사는 이 소식이 자신이 아는 다른 정보들과 완벽하게 아귀가 맞는다는 의견과 함께 그 문건을 로마로 보내는 편지 꾸러미에 함께 넣었다. 멘도사는 백만 더컷의 상금이 약속되어 있음을 잘 알고 있었다. 마침내 교황은 그 돈을 지불해야 할 것이었다.

8월 12일 금요일 아침 멘도사는 앙리를 알현했다. 정중하게 이야기를 올릴 기회가 생기자마자 그는 자기가 가져온 소식의 요점을 나열했다. 그는 앙리가 위대한 가톨릭의 승리를 축하하기 위해 전 영토에 특별 감사 미사를 올리도록 명령하리라고 확신했다. 이제 앙리는 말뿐만이 아니라 행동으로도 가톨릭에 대한 충심을 기꺼이 보여야 한다고 넌지시 제안했으며, 우선 충절의 도시 파리로 돌아가는 것이 최상의 대책이라고 말했다. 앙리는 멘도사의 말을 냉정하게 의례적으로 듣고 나서 대답했다. "그 소식이 사실이라면 더없이 환영할 만한 일이겠지만, 짐도 역시 칼레에서 소식을 들었소. 아마 그대도 보기 원할 것이오." 왕이 손짓을 하자 충실한 신하 베리에브르가 칼레의 통치자 고르당이 보내온 0일 0일자 편지를 멘도사에게 건네주었다.

멘도사는 비서가 편지를 꼼꼼히 읽고 그 내용을 귓속말로 들려주는 동안 창가 쪽으로 물러나 있었다. 편지의 내용은 이랬다. 에스파냐 함대가 칼레 영내에 들어왔고, 영국군이 그들을 추적했다. 삭구와 상갑판의 상태를 보면 치열한 교전이 있었음을 알 수 있다. 메디나 시도니아 총사령관은 음식을 살 수 있도록 허락을 구했다. 그러나 음식 외에 화약과 구형 포탄은 구입을 허락받지 못했다. 일요일 밤, 성의 포 공격으로 좌초된 갈레아스선 한 척을 제외하고, 에스파냐 함대 전체는 화공선의 공격에 밀려 북해로 달아났다. 다음 날 아침에 영국 함대는 질서정연하게 그 뒤를 쫓기 시작했다.

멘도사는 앙리에게 감사의 인사를 올리고 편지를 돌려주면서 "확실히 우리 보고서는 다르군요."라고만 말했다. 그는 파리로 돌아왔고, 그다음 날에는 자신이 앞에 보낸 편지가 너무 낙관적이었다고 자신의 군주인 펠리페에게 보낼 편지를 쓰고 있었다. 그가 관저 앞에 쌓아둔 화톳불 장작은 결국 불을 밝히지 못했다. 그러나 그럼에도 그는 앙리의 손과 발을 묶어 기즈에게 넘기고, 또 기즈의 손과 발을 묶어 에스파냐에게 넘기겠다는 희망을 버리지 않았다. 뿐만 아니라 자신이 말하던 대로 네덜란드 전쟁의 옛 전우들을 대동하고 정복자로서 런던에 말을 타고 돌아가겠다는 꿈도 포기하지 않았다.

막연하고 모순되는 소문들만 무성한 채 또 한 주가 지나갔다. 그 소문 중 가장 이상하고 아리송한 것은, 어느 독일 상선 선장이 노새와 말이 허우적대는 바다를 지나왔다고 보고한 것이었다. 그 주에 멘도사가 확실하게 알게 된 것은 라오그에 있는 배의 정체(산타 아나호)와 칼레에서 프랑스인들이 산 로렌소호의 무기들을 에스파냐에 기꺼이 넘겨주기로 했다는 것, 그리고 최소한 일급 전함 네 척이 적의 수중에 떨어져 두 척은 영국 함대에게, 두 척은 네덜란드 함대에게 잡혔다는 것이었다.

그 뒤에 갑자기 보고가 쏟아졌다. 한 덴마크인은 군인들이 배를 버리고 보트로 옮겨 타는 것을 보았다고 했다. 그는 에스파냐군에게는 작은 보트를 댈 수 있는 아군 해변이 없으니 그 침몰한 배는 분명 영국 배였을 거라고 결론지었다. 아르마다를 찾으려고 파르마가 보낸 종범선들 가운데 한 척도 한 무리의 영국 배들이 마구 흩어져서 영국 쪽으로 달아나는 것을 보았다고 전했다. 안트베르펜에서는 드레이크가 총에 맞아 한쪽 다리를 잃었으며 하워드가 영국 함대 기함인 아크 로열호를 빼앗겼다는 소식이 들려왔다. 디에프에서는 스코틀랜드 앞바다에서 큰 전투가 있었으며, 20여 척을 제외하고는 영국 함대 전체가 침몰하거나 잡혔다는 소식을 듣게 되었다. 그러나 가장 결정적인 소식은 영국에서 날아왔다. 영국 함대에서 남은 배는 25척뿐이며, 그 배들은 템스 강 하구로 모두 피신했다고 했다. 8월 13일 스코틀랜드 앞바다에서 전투가 벌어졌다. 드레이크는 아르마다의 기함 산 마르틴호에 오르려고 시도하다가 사로잡히고 말았다. 최소한 영국 갤리언선 15척이 침몰했으며, 다른 갤리언선들은 나포되었다. 남은 배 중 여러 척은 심하게 손상되어 곧 이은 폭풍에 가라앉아 버린 것 같았다. 폭풍 때문에 아르마다는 추격을 그만두었고, 그로 인해 살아남은 영국 함선들은 괴멸을 면했다. 메디나 시도니아는 스코틀랜드의 항구로 들어갔고, 바람이 알맞은 방향으로 불어 해협으로 나갈 수 있을 때까지 기다리면서 배를 수리하고 마실 물과 나머지 물품을 챙겼다. 그동안 영국은 공포에 질려 있었다. 함대의 운명에 대해 말하거나 쓰는 것이 금지되었다. 영국 가톨릭교도들의 봉기에 대한 공포가 잔뜩 퍼져 있었고, 여왕은 안전을 위해 군대로 피신했다.

어떻게 이런 이야기들이 생겨났는지 알아내기는 어렵지 않다. 영국 함대는 수석을 그만둔 뒤 화요일에 북동풍을 만나 서로 흩어지게 되었다. 그리고는 8월 17일과 18일에 템스 강 하구 유역과 안쪽에 있는 여러 항구로 피신했다. 사병들은 배 위에 있어야 했고, 장교들이나 급사들만이 해안에 내리는 것이 허락되었다. 가톨릭 동조자들이나 멘도사의 살아남은 스파이들은 자기들이 단 하나의 항구에서 보고 있는 것이 패배한 영국 해군 중에 살아남은 사람들 전부라고 성급하게 결론지었을 것이다. 엄격해진 검열과 엘리자베스의 틸버리 방문도 공포심의 표시라고 쉽게 믿었다. 그러는 사이에 디에프와 아브르 드 그레이스에서 나왔던 보고들이 일종의 반향—전투에서 열다섯 척의 배가 침몰했다는 소식이 반복적으로 나온 것은 순전한 우연일 수 없다.—을 만들어냈는데, 그것은 8월 16일과 19일 사이에 일어난 일에 관한 영국의 소문들—브뤼헤와 디에프와 르아브르로 빠르게 전해졌다.—이 파리에서 퍼져 나가고 멘도사가 이미 직접 들었던 내용을 따로 확증해주는 것처럼 보였던 일과 흡사했다.

그다음 2주 동안은 온갖 이야기들이 떠돌았고 브로드사이드나 최종 단평을 다루는 계산 빠른 인쇄업자들이 그 이야기들을 퍼 담아 그동안 영국해협에서 벌어진 전투에 대한 짧은 설명과 함께 아르마다에 관한 새로운 소식을 계속 찍어댔다. 영국해협의 전투에 대해서는 인쇄업자들이 독자들의 입맛에 어울린다고 판단해서 넣은 경건하거나 호전적인 감탄사와 적에게 입힌 손실에 대한 과대평가를 빼면, 가톨릭과 프로테스탄트 소식지 사이에 거의 차이가 없었다. 그러나 북해에서 벌인 마지막 전투(거의 상상력에 의존한)에 대한 설명은 인쇄물마다 내용이 상당히 다르고, 일부 프로테스탄트들이 드레이크가—항상 드레이크다.—에스파냐 함대에 입힌 큰 타격에 관해서 하는 이야기들은 멘도사가 믿었던 내용만큼이나 현실성이 없다.

가톨릭 측에서도 다양한 이야기들이 흘러나왔다. 드레이크가 죽었다고도 했고, 부상당했다고도 했으며, 작은 배를 타고 달아나서 다시는 모습을 볼 수 없었다고도 했다. 하지만 가톨릭교도들이 가장 좋아한 것은 드레이크가 산 마르틴호에 오르려 하다가 사로잡혔다는 이야기로, 그 이야기는 멘도사가 펠리페에게 전했고, 파리에서 공표되었으며, 마침내 축하를 위해 큰 화톳불을 피우게 만들었다. 그는 지금 메디나 시도니아의 손에 포로가 되어 있었다. 이것이야말로 그 무시무시한 해적에게 가장 어울리는 최후처럼 보였다.

드레이크가 사로잡혔다! 이 소식은 쾰른(Cologne)에서 마인츠(Mainz)까지, 그리고 뮌헨(Munich)과 린츠(Linz)와 빈(Vienna)까지 삽시간에 퍼져 나갔다. 드레이크가 사로잡혔다! 파리에서 리옹(Lyons)으로, 리옹에서 토리노(Turin)로, 토리노에서 이탈리아 전역으로 이 소식이 전해졌다. 베네치아에서는 외교관의 보고서 행낭 속에 다른 소식들과 더불어 이미 이 이야기가 들어 있었다. 멘도사는 펠리페에게 이렇게 썼다. "드레이크가 붙잡혔습니다. 아직 메디나 시도니아 공에게 확인하지는 못했습니다만, 많은 사람이 이 말을 믿고 있고 사실일 가능성도 커 보입니다." 그러고는 보고서 한 묶음을 동봉했다. 이를 바탕으로 마드리드에서는 왕의 비서인 이디아케스의 인가를 받은 브로드사이드를 펴냈고, 세비야에서도 장님 시인 코르도바(Córdoba)의 기운찬 발라드가 여기에 가세했다. 잠시, 오랜 기다림으로 인한 긴장이 느슨해졌다. 에스파냐에서는 아들이나 형제나 아버지가 아르마다의 원정에 참여하지 않은 귀족 집안이 거의 없었는데도, 많은 이가 5월 말 이래로 아무 소식도 듣지 못하고 있었다. 그런 침묵은 불길한 징조 같았다. 그러나 지금 비록 공식 축하행사는 없으나 아르마다의 성공을 기원하는 기도는 끊이지 않았고, 아르마다는 결국 승리할 것만 같았다.

프라하에 있는 에스파냐 대사 기옌 데 산 클레멘테는 승리를 확신하고 있었다. 멘도사의 첫 번째 보고에 대해 실제로는 같은 이야기의 반복일 뿐이나 라인 지역에서도 확인을 받았기 때문에, 푸거(Fugger) 집안의 첩자가 다른 이야기를 가져왔음에도 산 클레멘테는 자신의 권한으로 대성당에서 테데움 미사를 올리도록 명령했다. 그는 신성로마제국 황제의 수도에서 마치 총독이라도 된 것처럼 의기양양하게 행동하기 시작했다. 어쨌거나 그는 합스부르크 가문 중에서 더 오래되고 힘 있고 정통에 가까운 일족을 대표하고 있었다. 루돌프 황제는 미사를 명령한 것이나 에스파냐의 승리에 대한 소식을 들었다는 것을 부인했지만, 대사들은 루돌프가 하는 말을 에누리해서 듣는 데 익숙해져 있었다.

에스파냐가 승리했다는 말을 멘도사에게서 처음 듣자마자 올리바레스는 곧장 바티칸으로 가서 특별 알현을 청하고 곧 허락을 받았다. 본인의 말에 따르면 그는 식스토에게 아주 명확한 어조로 교황의 의무에 대해 이야기했다. 식스토가 성 베드로 대성당에서 특별 테데움 미사를 거행하고, 온 로마 교회에 미사를 올리도록 명령해야 하며, 축제를 위해 불을 밝혀야 한다는 주장이었다. 또한 영국 추기경(앨런)은 당장 교황 특사의 교서를 받아 더 이상 지체하지 말고 네덜란드로 떠나야 한다고 주장했다. 그리고 식스토가 약속한 금화 백만 더컷의 일부도 당장 지불되어야 할 것이라고 했다. 이때쯤이면 파르마는 이미 영국에 상륙했을 거란 말도 했다.

식스토는 멘도사의 보고가 옳다면 모두 그렇게 하겠다고 동의했다. 그러나 모든 것을 확인할 때까지 며칠 더 기다리는 것이 좋겠다고 말했다. 지금까지 그 같은 소식을 다른 곳에서는 듣지 못했으니 기뻐하기에는 너무 이르다는 것이었다.

추기경 앨런에게는 너무 이른 것이 아니었다. 무언가를 오래도록 기다려왔을 경우 그것을 믿기란 아주 쉬운 일이다. 올리바레스가 바티칸으로 출발하기 전에 몬세라토에 전한 말도 너무나 오랫동안 기대해온 것이기에, 기쁨의 전율보다는 즉각 다음 조치를 취해야 할 필요성만을 상기시켜주었을 뿐이었다. 앨런은 안트베르펜에 가서 자신의 글 "훈계(Admonition)"가 인쇄되어 나온 것을 보고 싶었으나 그 일은 크레스웰(Cresswell) 신부에게 넘겨야 했다. 교황의 교서가 아직 준비되지 않은 데다 교황의 영국 전권대사로 온전히 인정을 받아 네덜란드로 가는 일이 중요했기 때문이다. 앨런은 5월 초부터 떠나고 싶은 열병에 시달려왔고, 알현실에 있던 올리바레스와 뒷계단에 있던 파슨스는 마치 그와 똑같은 절박감을 느끼는 것처럼 그의 명분을 따라 일하고 있었다. 첫 번째 상륙 이후 적절한 권한을 가진 영국인이 최대한 빨리 현장에 가는 것이 얼마나 중요한지를 이탈리아인들에게 이해시키기란 쉽지 않았다. 앨런은 그해 여름에 건강이 별로 좋지 않았다. 그럼에도 불구하고 교황의 교서를 손에 넣자마자 말을 타고 떠날 수 있도록 마구를 항상 준비해두고 있었다. 8월 28일 저녁 그는 에스파냐 대사관에서 올리바레스가 알현을 마치고 돌아오기를 기다리고 있었다. 올리바레스는 그에게 며칠 더 기다려야겠다고 일러주었다. 그는 국외로 추방된 사람으로서 기다림에는 익숙해져 있었지만, 단 며칠이라 해도 더 기다려야 한다는 말을 듣는 것은 힘든 일이었다.

그 뒤 승리를 알리는 멘도사의 두 번째 전갈이 당도했다. 앨런은 또다시 떠나고 싶어 안달이 났지만, 이번에는 올리바레스가 더욱 신중해졌다. 올리바레스는 약간 망설이는 기미를 보이며 이 소식을 바티칸에 보냈고, 식스토도 내놓고 최의쩍인 태도를 보였다. 이것은 브레시아[216]이 주교한테 들은

---

216) Brescia. 이탈리아 북부의 도시

소식도 아니었고, 플랑드르에서 들은 것도 아니었으며, 파르마가 베네치아로 보낸 소식도 아니었다. 토리노에서는 드레이크가 사로잡혔다는 소문이 있고, 다른 곳에서는 그가 죽거나 다치거나 실종되었다는 이야기가 돌고 있는 것은 사실이었다. 그러나 드레이크가 큰 승리를 거두고 에스파냐 함대가 달아나 버렸다는 이야기들도 있었다. 이런 일에 대해 진실을 감출 수는 없으므로, 모든 게 확실해질 때까지 기다리는 편이 더 나았다. 그러는 동안 영국에서 소식이 날아들기 시작했다.

가장 먼저 도착한 것은 파리에서 8월 17일자로 보내는 모로시니 (Morosini)의 급보에 동봉된 필사본으로, 제목은 "1588년 7월 28일부터 8월 11일까지 에스파냐 함대와 영국 함대 사이에 있었던 온갖 일을 여러 곳의 소식을 통해 정리한 기록"이었다. 날짜는 그레고리력을 따르고 언어는 프랑스어로 되어 있었지만, 소식 제공자는 영국 함대에서 보내온 급송 우편물을 받아보는 영국 추밀원이었다. 사건을 시간 순서대로 배열하여 선별해볼 때, 하워드가 추밀원에 보낸 "두 함대 사이에 일어난 사건에 대한 요약"과 상당히 비슷했다. 그것은 또한 발행일이나 장소도 명기하지 않은 채 출간된, 아르마다의 원정에 대한 초기 인쇄물 〈진실(Discours veritable)〉과도 흡사하다. 정보가 영국에서 나온 것이라 의심스럽다는 모로시니의 경고로 비춰볼 때, 스태퍼드가 대사관에서 곧바로 그에게 그 문서를 보냈다고 추측할 수 있고, 또한 스태퍼드가 그와 동시에 파리에서 〈진실〉의 출간을 준비 중이었다고 추측해도 무방하다. 〈진실〉에서 사실과 다른 유일한 내용은, 추밀원도 알고 있었던 것처럼, 영국의 육군 병력에 대한 지나친 과대평가와 그들에 맞서 영국의 주요 가톨릭 세력들이 무장한 채 집결했다는 주장뿐이었다. 그해 여름, 이름이 알려진 영국 가톨릭교도 중에 손에 무기를 든 사람은 아무도 없었다.

프로테스탄트의 영웅인 엘리자베스에 대한 영국 가톨릭교도들의 충성심은 〈멘도사에게 보내는 편지의 사본(Copy of a letter ... to Don Bernardino de Mendoza)〉이라는 그다음에 출간된 선전 팸플릿의 요점이기도 했다. 그 팸플릿은 엘리자베스의 틸버리 방문에 대해 설명하고 영국군이 바다에서 얻은 승리를 사실로 인정하며 짤막하게 언급하고 있다. 해전에 관한 언급은 간략할 수밖에 없었다. 8월 말쯤에 그 편지를 쓰고 있었던 사람(버흘리 자신은 아니었을까?)은 하워드가 추격을 그만둔 후 아르마다가 어떤 일을 겪었는지 전혀 몰랐음이 분명하기 때문이다.

하지만 프랑스어로 된 최초의 문건이 거의 출간되지 않고 영어판은 아직 인쇄소에 있을 때, 아일랜드에서 보고서들이 날아들기 시작했다. 그 보고서들은 〈특별 공지(Certain Advertisements)〉라는 영어 팸플릿에서 발췌 형식으로 볼 수 있으며, 공문서 보관소 등에서는 더욱 상세한 내용을 볼 수 있다. 지금에 와서 에스파냐 군인들이 겪은 난파, 굶주림, 대학살에 대한 기록을 보자면 몹시 끔찍하다는 생각이 들지만, 그것은 당시 유럽의 프로테스탄트에게는 1588년의 온갖 소식 중에서 가장 반가운 것이었다. 그해 모든 유럽 사람들은 무시무시한 대재앙이나 레기오몬타누스의 불길한 예언의 시가 어떤 식으로든 이루어지리라 예상하고 있었다. 이제는 대재앙을 누가 당했는지 알 수 있었다. 영국의 대승리에 대해 의심할 여지가 없었다.

〈아일랜드에서 오는 소식들〉이 여전히 인쇄되어 나오는 동안, 영국 추밀원은 장님 시인 코르도바의 발라드로 끝을 맺은 멘도사의 잘못된 두 번째 보고서의 세빌 판을 입수하고 곧 대응 문건을 만들었다. 그 팸플릿은 2단으로 인쇄되어, 한쪽에는 문단별로 에스파냐 측 주장을 싣고, 그보다 몇 배나 더 긴 자세하고 경멸적인 반박문을 싣고 있었다. 책자의 제목은 〈에스파냐의 거짓말 모음(A Pack of Spanish Lies)〉으로, 유럽의 주요 언어들로 모두 번역되었다. 고지독일어[217], 저지독일어[218], 프랑스어, 이탈리아어 판본이 있었고, 에스파냐어로 된 매우 특별한 판본도 있었다. 특히 에스파냐어 판본은 에스파냐 프로테스탄트 망명자의 작품으로 추정되는데, 코르도바의 발라드에 대한 풍자적인 답시가 들어 있었다.

　그 마지막 선전 팸플릿은 사실상 필요가 없었다. 영국인들은 자신들이 포획한 에스파냐 배의 깃발을 성 바울 성당에 내걸었고, 네덜란드인들은 피멘테르 함장과 좌초한 에스파냐 갤리언선에서 붙잡아 온 다른 죄수들에 대한 심문 결과를 공개했으며, 파르마는 됭케르크에 있는 진지를 철수시켰고, 아일랜드에서 온 무시무시한 보고도 사실이었다. 오직 멘도사만이 불굴의 아르마다가 북쪽 바다에서 다시 나타나 영국 해안으로 내려올 것이라는 희망을 포기하지 못하고 있었다. 9월 29일이 될 때까지도 멘도사는 여전히 낙관적인 급보들을 쓰고 있었다. 그는 그날의 한 급보에서, 믿을 만한 보고들에 따르면 아르마다가 스코틀랜드의 셰틀랜드 제도[219]와 오크니 제도[220]에서 수리를 마치고 새로운 보급품 선적을 끝낸 후, 남으로 키를 돌려 플랑드르 해안으로 다시 향하고 있으며 영국 군함 12척을 비롯해 네덜란드와 영국에서 많은 전리품을 얻어 오는 중이라고 펠리페에게 장담했다. 하지만 펠리페

---

217) 高地獨逸語. 표준 독일어

218) 低地獨逸語. 북부 독일의 방언

219) Shetlands. 스코틀랜드의 군도로 약 100개의 섬으로 이루어졌다.

220) Orkneys. 약 70개의 섬으로 이루어진 스코틀랜드 군도

는 몇 주 동안 메디나 시도니아의 암울한 〈항해일지(Diario)〉를 읽고 있었다. 그것을 가져온 돈 발타사르 데 수니가(Don Baltazar de Zúñiga)가 패배한 아르마다의 상태를 암담하게 보고하기도 했었다. 수니가가 엘 에스코리알에 도착하기도 훨씬 전에 펠리페는 메디나 시도니아가 빈약하고 초라해진 소함대와 함께 산탄데르[221])에 뿔뿔이 흩어져 들어왔다는 소식을 들었다. 결국 펠리페는 넌더리가 난다는 듯 멘도사가 보낸 편지의 여백에 이렇게 갈겨썼다. "이건 전혀 사실이 아니다. 그에게도 그렇게 말하는 편이 나을 것이다."

---

221) Santander. 비스케이 만 중앙에 위치한 북에스파냐 항구

31장_멀고 먼 귀향길

아일랜드 주변 북위 56도 근방의 북해에서 에스파냐 항구까지, 1588년 8월 13일~10월 15일

8월 13일 토요일 아침, 부서진 고물 너머로 메디나 시도니아의 눈에서 사라지지 않던 끈질긴 영국 함대가 2주 만에 처음으로 그 모습을 보이지 않았다. 아르마다는 남서풍을 받으며 나아가고 있었다. 영국해협으로 돌아갈 수 있는 시간은 이미 지나버렸다. 메디나 시도니아로서는 패배한 채 고향으로 돌아가느니 차라리 자신의 기함과 함께 물속으로 가라앉아 버리는 게 훨씬 더 나았지만, 여전히 자신의 군주에게 봉사할 수 있는 유일한 길은 가능한 한 많은 배를 이끌고 고국으로 돌아가는 것이라고 생각했다.

전투를 치를 때 내렸던 결정은 다시 되돌릴 수 없었다. 영국해협에 들어선 이래로 갈레아스선 한 척을 비롯해 적어도 일곱 척의 가장 중요한 배들을 잃었다. 게다가 나머지 일급 선박들도 대포에 맞아 거의 쓸 수 없을 정도로 심하게 망가졌다. 병사 중 5분의 1이 죽거나 불구가 되었고 군수품은 거

의 바닥이 났다. 영국해협에 들어올 때만 해도 드높았던 사기는 이제 사그라질 기미를 보였다. 8월 9일 아침에는 함대의 절반 이상이 배를 멈추고 적을 기다리라는 총사령관의 신호를 무시했다. 이 때문에 메디나 시도니아는 산 마르틴호에서 약식 군사재판을 열었다. 그는 명령을 하달받았으면서도 고의로 불복종한 함장 20명에게 교수형을 언도했다. 그 죄인 중 귀족이면서 산루카르에서 그의 이웃이기도 했던 한 사람은 종범선의 돛 활대 끝에서 교수되었으며, 그 소름 끼치는 짐을 실은 종범선이 함대 전체를 행진하듯 맴돌았다. 나머지 19명은 지휘권을 박탈당하고 법무감 마르틴 데 아란다(Martín de Aranda)의 책임 아래 감금되었다. 그러나 함대가 에디스톤 앞바다에서 보인 그런 전의를 되살리기 위해서는 재판관과 교수형 집행인만으로는 역부족이었다.

이제 아르마다를 승리로 이끌 수 있는 기회가 없다면 함대를 고국으로 데려가는 것도 그에 못지않게 가능성이 없어 보였다. 산 마르틴호는 영국 배들의 컬버린포와 반컬버린포를 여기저기 두들겨 맞았고, 흘수선 바로 위에는 50파운드짜리 포탄 때문에 커다란 구멍이 났다. 능숙한 땜질에도 불구하고 배는 마치 체처럼 물이 샜다. 레칼데의 산 후안호도 갑판 아래를 보면 더 나을 것이 없었다. 게다가 주돛대가 너무 약해져서 돛도 올리지 못할 지경이었다. 그라블린에서 산 마르틴호의 옆자리를 지켰던 산 마르코스호 역시 여기저기가 부서져 함장은 배가 허물어지지 않도록 용골 밑으로 밧줄을 넣어 배를 짐짝처럼 동여맨 상태였다. 그래도 이 세 포르투갈 갤리언선들은 매일 조금씩 물에 잠겨가는 커다란 레반트선 세 척보다는 덜 심각해 보였다. 사실 모든 전함이 심하게 망가졌으며, 커다란 수송선 몇 척도 상태가 좋지 않았다. 그중 "함부르크의 범선"이라고만 알려진 배 한 척은 나중에 너무 갑작스레 가라앉는 바람에, 선원들은 모두 구조되었지만 선적한 짐은 모두 잃고 말았다.

비축했던 보급품이 가장 심각한 문제였다. 물론 신선한 음식은 더 이상 없었다. 비스킷은 대부분 곰팡이가 슬거나 썩어가고 있었으며, 소금에 절인 생선과 고기는 먹을 수 없을 지경이었다. 가장 심각한 것이 물 부족이었기 때문에 소금에 절인 음식들은 그다지 인기가 있지도 않았다. 코루냐에서 쓸 만한 통에는 죄다 물을 가득 채워 왔으므로 석 달은 버틸 만큼 충분해야 했다. 그러나 통들도 물이 샜고, 그중 일부는 열어보니 악취 나는 푸른색 진액만 몇 인치씩 들어 있었다. 성 빈센트 곶에서 드레이크에게 받은 타격이 얼마나 치명적이었는지 이제 알 수 있었다. 길고도 힘겨운 항해가 아직 남아 있는데, 물은 아끼고 아껴도 한 달 남짓 버틸 정도밖에 남지 않았다는 보고가 소함대에서 잇달았다.

레이바는 노르웨이 쪽으로, 플로레스는 아일랜드 쪽으로 항해하자고 제안했다. 하지만 이번에는 메디나 시도니아가 침상에서 서서히 죽어가고 있는 레칼데를 뺀 나머지 '함장들'의 지지를 받아 반대 의견을 내놓았고, 또 만장일치로 동의를 얻었다. 이제 함대는 스코틀랜드와 아일랜드를 돌아 북쪽으로 간 다음, 함대가 이동하기 충분한 공간이 생기면 오른쪽으로 길게 돌아 코루냐로 향하기로 했다. 그날 모든 배에 발효한 항해 명령에서 메디나 시도니아는 "아일랜드 해안에서 당할지도 모르는 해로운 일을 피하기 위해" 아일랜드에서 멀찍이 떨어져 정박해야 한다고 강조했다. 그는 할 수 있는 경계 조치는 모두 다 취했다. 물을 아끼기 위해 말과 노새를 모두 배 밖으로 던져버리게 했으며, 함대의 모든 사람에게 똑같이 하루에 비스킷 8온스, 물 1핀트, 포도주 1/2 핀트를 할당했다. 그 이상은 아무것도 주지 않기로 했다. 산 마르틴호에서는 메디나 시도니아 자신이 모범을 보였고, 명령은 엄격하게 지켜졌다. 그에게는 그것이 큰 희생은 아니었다. 타구스를 떠난 이래로 바다가 잠잠할 때만 음식 생각이 났던 것이다. 그는 펠리페에게 이렇게 호소했었다. "바다에서 저는 항상 멀미와 감기에 시달립니다." 이번 항해에 대한 그의 우울한 예견은 실제로 들어맞고 있었다.

아르마다는 적당히 돛을 편 채 바람을 등지고 북북동풍을 받아 순조롭게 전진했으며, 항해사들이 북위 61도 30분에 도착해서 서남서로 가도 이제 셰틀랜드 제도는 피해 갈 정도로 충분히 멀리 왔다고 생각할 때까지 계속해서 "노르웨이 해협으로" 들어갔다. 이미 몇몇 배들은 함대에서 떨어져 나갔다. 8월 14일 아침, 물속에 깊이 잠긴 채 비틀거리며 항해하던 대형 레반트 무장상선들이 마치 자포자기해서 해안으로 향하는 것처럼 동쪽으로 가버리는 모습이 목격되었다. 그들은 너무 오래 참았던 것이다. 그 이후 그들의 소식은 두 번 다시 들을 수 없었다. 17일 밤 폭풍우가 지난 후에는 대형 수송선들의 기함인 그란 그리폰호와 그 소함대에 속한 배 몇 척이 실종됐다. 그날 아르마다는 방향을 바꾸었는데, 이제 강한 바람을 우현에 받고 있었기 때문에 많이 망가진 배들은 북쪽으로 사라지기 쉬웠다. 안개 낀 날씨에 소나기까지 자주 내리면서, 헐벗은 사람들, 특히 안달루시아 사람들과 흑인 노예들이 추위에 심한 고생을 했다.

8월 21일, 항해사들은 함대가 북위 58도에 도달했다고 생각했다. 이곳은 골웨이(Galway) 해안의 애칠 헤드[222])에서 북서쪽으로 약 90리그 떨어진 시

---

222) Achill Head. 아일랜드 서북 해안에 위치

점으로서, 아마 클레어 섬(Calre Island)과 가깝다는 등의 몇 가지 이유 때문에 에스파냐인들이 그곳을 케이프 클리어[223])와 완전히 혼동했던 모양이다. 케이프 클리어는 진로를 바꿀 곳이었으므로, 메디나 시도니아는 마지막 점호를 위해 함대 전체를 불러 모았다. 그는 다친 사람을 빼고도 함대에 환자가 3천 명이나 된다는 사실에 크게 놀랐다. 지난 여드레 동안 환자가 엄청나게 늘어났던 것이다. 물 부족도 생각보다 심각했다. 멀쩡해 보이는 물통도 열어보면 이미 물이 새버렸으며, 몇몇 함장은 배급을 제대로 실시하지 않고 있었다. 메디나 시도니아는 항해 명령을 다시금 확인하고 새로운 진로를 잡았다. 그러면서 펠리페에게 자신의 처지를 알리고 이번 원정에 관한 서글픈 이야기를 전하도록 전령 수니가를 빠른 종범선에 태워 보냈다.

그다음에 문제가 생겼다. 두 주 동안 폭풍이 몰아쳤는데 최악의 방향인 남서쪽에서 불어오는 걷잡을 수 없는 맞바람이었다. 9월 3일 토요일, 메디나 시도니아는 항해사들의 말을 듣고 자신이 아직 북위 58도 부근에 있으며, 아마 두 주 전보다 동쪽으로 더 멀리 와 있을 거라고 생각했다. 그러는 사이에 17척의 배가 또 함대를 이탈했다. 거기에는 레칼데를 태운 산 후안 호와 레이바의 거대한 코로나다호, 레반트 선박 4척, 또 다른 큰 배 4척, 안달루시아 배 1척, 카스티야 배 1척, 오켄도의 기푸스코아 소함대 소속 배 2척, 수송선 몇 척, 남아 있는 갈레아스선 중 2척이 포함되어 있었다. 마침 그때 바람이 북동풍으로 방향을 바꿨다. 메디나 시도니아는 펠리페에게 종범선 한 척을 더 보냈고, 나머지 함대를 이끌고서 고국으로 돌아가는 긴 항

---

223) Cape Clear. 아일랜드 남서쪽 끝에 위치한 곳

해 길에 올랐다.

19일 후, 산 마르틴호는 에스파냐 북부의 항구도시 산탄데르에 닻을 내리겠다는 신호를 보냈다. 며칠 뒤, 7월에 영국으로 떠났던 배들 가운데 66척이 에스파냐 항구에 도착했다는 보고가 들어왔다. 그해에 추가로 돌아온 배는 단 한 척뿐이었다.

아일랜드에서 최악의 손실이 있었다는 사실은 나중에 영국 언론을 통해 처음 알려졌고, 그 뒤에는 생존자들을 통해 확인되었다. 에스파냐 귀족 정신이 꽃피던 레이바의 코로나다호가 이끄는 레반트 선박 5척과, 우리가 이름을 아는 커다란 비스케이, 기푸스코아, 포르투갈 갤리언선 각각 1척, 그리고 대형 수송선 3척은 음식과 물을 얻고 대포에 맞아 만신창이가 된 선체와 삭구를 수선할 기회가 생기기를 바라며 아일랜드의 서쪽 해안으로 향했다. 단 두 척만이 그들을 따르지 않았다. 그중 포르투갈 갤리언선인 레칼데의 산 후안호는 딩글 만[224] 하구에 있는 그레이트 블래스켓 섬(Great Blasket Island)에 가까스로 닻을 내리고 물을 얻은 후 바다로 다시 나올 수 있었다. 산 후안호는 결국 10월 7일에야 코루냐로 들어갔고 마지막까지 생존한 배 중 하나로 보고되었다. 수송선의 하나인 병원선 한 척도 산 후안호와 함께 딩글 만을 떠났지만, 아직 살아 있는 환자들이 에스파냐로 돌아가는 동안 죽을 거란 절망감에, 프랑스나 영국의 항구에라도 닿기를 바라며 영국해협을 거슬러 올라갔다. 그러나 그 배는 데번 해안의 볼트 테일[225]에서 좌초되

---

224) Dingle Bay. 아일랜드 서쪽 대서양에 면한 만

225) Bolt Tail. 영국 데번에 있는 곶

었다. 배에 실려 있던 짐과 몇몇 사람은 목숨을 건졌다. 아일랜드로 향하던 나머지 배들은 (아일랜드 총독은 17척이라고 보고했는데, 이 중에는 정체가 확인되지 않은 수송선과 종범선이 상당수 있었을 것이다.) 전멸했다. 그 배들은 해도나 항해 사도 없이, 때로는 닻도 없이 항해를 했다. 항해에 적합하지 않을 정도로 뒤뚱거리는 배 안에서 선원들은 굶주림과 질병으로 너무나 쇠약해져 거의 일을 하지 못했고, 결국 배들은 바위에 부딪혀 부서지거나 모래톱에 걸려 꼼짝달싹 못하거나 갑작스러운 비바람에 불안한 정박지에서 밀려나와 절벽에 부딪혔다. 마지막까지 살아남은 갈레아스선 히로나(Girona)호는, 레이바와 그의 소함대 선원들을 포함해 난파당한 이들을 힘닿는 데까지 구해서 함께 그 황량하고 거친 섬을 도망쳐 나왔지만 자이언츠 코즈웨이[226]에서 조난을 당해 선원을 모두 잃고 말았다.

분명 아일랜드 해안에서 에스파냐군 수천 명이 익사했을 것이다. 해안에 닿은 사람들의 운명도 비참하기는 마찬가지였다. 많은 에스파냐 군인이 육지로 올라와 지쳐서 뻗어 있을 때 기다리고 있던 영국 군인들에게 망치로 머리를 두들겨 맞았다. 어떤 이들은 아일랜드 서부의 황량한 지역을 한동안 헤매다가 영국 군인들에게 붙잡혀 짐승처럼 살육당하거나, 아일랜드인들에 의해 영국 사형집행인들에게 넘겨졌다. 몸값을 받을 만한 가치가 있어 보이는 귀족들 상당수는 목숨을 살려준다는 약속을 받고 항복했지만, 그들을 붙잡은 자의 반대 때문에 결국 죽임을 당했다. 그것은 명백히 아일랜드 총독

---

226) Giant's Causeway. 북아일랜드 북쪽 해안에 약 3마일에 걸쳐서 기둥 모양의 현무암이 늘어선 곳

의 명령에 따른 것이었다. 총독 윌리엄 피츠윌리엄(William Fitzwilliam) 경은 훈련도 형편없이 받고 무장도 제대로 하지 못해서 아일랜드를 억누르기에도 역부족인, 2천 명도 채 안 되는 영국 군인들을 데리고 있었다. 아일랜드인들은 그 당시에는 잠잠했지만 오랫동안 조용하게 있었던 적은 드물었다. 그는 비록 포로라 해도 아일랜드 땅에 그렇게 많은 에스파냐 군인이 살아 있도록 위험을 감수할 수는 없었다. 그의 간단명료한 정책은 에스파냐군을 발견하는 즉시 모두 죽인다는 것이었다. 그리고 대체로 그렇게 되었다.

여기서 두 가지 신화를 다루어야 할 것 같다. 아르마다의 원정이 있던 해부터 영국인들이 퍼뜨린 것으로서, 상륙한 에스파냐 군인들이 옷과 무기와 보석 때문에 아일랜드인들에게 즉시 살해당했다는 이야기와, 아직도 아일랜드 서부 지역에 남아 있는 전설, 즉 그 지역 사람들의 검은 눈동자와 머리카락, 매부리코를 한 옆모습과 거무스레한 뺨을 보면 상륙한 후 그곳에 머무른 에스파냐 병사들의 피가 섞였음을 알 수 있다는 것이 그것이다. 사나운 아일랜드인들이 허락받지 않은 손님들에게서 귀중품을 빼앗는 일은 드물지 않았고, 아마 때로는 목을 베기도 했을 것이다. 그러나 영국에서 돈을 대지 않은 경우 아일랜드인이 에스파냐 조난자를 죽인 사건은 단 한 차례밖에 없었으며, 그것조차도 사람들 사이에서 비난이 일었다고 한다. 아일랜드인들은 대개 에스파냐 병사들을 피신시켜주었고, 필요한 물건을 제공해주었으며, 할 수 있는 한 그들이 아일랜드를 빠져나가도록 도와주었다. 에스파냐고 수백 명이 그렇게 탈출해서 대부분 스코틀랜드로 갔다. 조난자들은 아일랜드에 남은 동료들이 거의 없다고 생각했다. 아마도 몇몇 조난자들은 친절한 마을에 들어가서 살 곳과 아내를 얻었을 것이다. 그러나 확실히 아일랜드 민족의 용모에 영향을 끼칠 만큼 많은 수는 아니었다. 아일랜드의 코노트(Connaught)와 갈리시아(Galicia)에서 에스파냐 사람을 닮은 신체 유형을 찾아낼 수 있다면 그것은 아마 다른 이유 때문일 것이다.

적의 공격으로 인한 것을 빼고 아르마다가 잃어버린 모든 전함은 아일랜드와 스코틀랜드 주변에서 발생한 난파로써 설명할 수 있다. 7월 30일 리자드에서는 전함이 모두 68척이었다. 9월 3일에 메디나 시도니아는 44척까지 셀 수 있었다. 이 전함들은 모두 그의 명령에 복종했고, 그가 결정한 항로를 따랐다. 인도양 수비대의 갤리언선 10척 전부와 포르투갈 갤리언선 10척 중 7척, 안달루시아 배 8척, 오켄도 소함대의 배 7척, 레칼데 소함대의 배 6척을 포함해서 그 배들은 전부 고향에 돌아올 수 있었다. 오직 레반트 선박들만 크게 줄어서 10척 가운데 겨우 2척만 귀환했다. 고향으로 돌아온 함대는 패배하고 부서진 함대였지만 경험 많은 해군 총사령관 중에는 이보다 훨씬 덜 끔찍한 전투에서도 더 적은 수의 배를 귀환시킨 이도 많았고, 누가 충고를 해주었든 (아주 중요한 순간에는 플로레스도 레칼데도 아니었다.) 이 배들을 구해낸 것은 총사령관 메디나 시도니아의 지도력과 의지였다. 하지만 그때는 아무도 그 위업을 기억하지 않았고 그 이후로도 거의 주목받지 못했다. 메디나 시도니아 자신도 거기에 대해서는 언급하지 않았다. 그라블린 이후 패배의 쓰라림을 온전히 맛보았을 때, 그는 가능한 한 많은 것을 구하는 것이 자신의 임무라고 생각했다. 배가 되었든 포가 되었든 전투력의 거의 3분의 2를 구했다는 것이 그에게는 조국이 겪은 재난 속에서 그나마 작은 위안이었다. 그러나 자신의 불명예에 대해서는 전혀 그렇지 못했다. 메디나 시도니아는 일어난 모든 일에 대해 스스로를 탓했다. 영국 함대에는 더 좋은 배와 더 좋은 포, 더욱 동질적이고 잘 훈련받은 군인들이 있었으며, 게다가 영국군은 자기 영역 가까이에서 싸운다는 결정적인 이점을 안고 있었다. 아르마다는 불가능한 임무를 수행하면서도 너무나 형편없고 빈약한 보급품만을 받았다. 그러나 동시대 사람들이 그 잘못을 총사령관의 무능함 탓으로 돌리고, 산타 크루스나 레칼데, 오켄도나 그 이상한 영웅 페드로가 사령탑을 맡았으면 모든 게 달라졌을 거라고 말할 때, 메디나 시도니아는 동감을 표시했다. 아마도 그 때문에 그 후로도 그가 무능했다는 평가에 대해 별 의문이 제기되지 않았을 것이다.

실제로 어떤 항해사가 항해의 마지막에 다 파괴된 아르마다를 이끌고 왔는지는 알 수 없다. 마롤린 함장이 그 일을 해야 했지만, 노련한 뱃사람이자 능숙한 항해자인 그는 본의 아니게 됭케르크에 남겨졌다. 산 마르틴호에는 항해사가 네 명 있었고, 그중 한 명은 영국인이었다. 셋은 바다에서 죽었다. 코루냐를 지나 사나운 서풍 앞에 흔들리는 기함을 이끌고 항로를 지휘하여 산탄데르 앞바다에서 처음으로 육지를 볼 수 있게 해준 것은 아마 우리가 이름을 알지 못하는 네 번째 항해사였을 것이다.

메디나 시도니아에 대해 말하자면, 그는 9월 3일 마지막 결정을 내리고 배가 마침내 에스파냐를 향해 나아가게 되자, 자기 침상으로 가서 거기서 계속 지냈다. 며칠 동안은 타는 듯한 고열에 시달렸고, 메스꺼운 빈속에 이질 때문에 오는 격렬한 통증으로 괴로워했다. 그 악몽 같은 항해 기간 동안 그는 역풍이나 갑작스러운 폭풍우, 그냥 지나쳐버린 육지만을 희미하게 느끼며 간간이 의식을 잃고 뒤척였다. 딱한 사정을 밝히고 도움을 얻으려면 당장 앙이나 그 지방 통치자 또는 산티아고의 주교에게 호소해야 했지만, 산탄데르에서 수로 안내선으로 내려졌을 때는 똑바로 앉기도 어려울 만큼 쇠약해져서 서명도 제대로 못 할 지경이었다.

도움이 필요했다. 산 마르틴호만 해도 전투 중에 죽거나 부상으로 사망한 이들 외에 항구에 도착한 9월 23일까지 180명이 기아와 갈증 때문에 괴혈병이나 티푸스, 독감이 악화되어 죽어갔다. 전혀 준비가 없던 그 지방 주민들이 군인들을 살리려고 음식과 옷, 침상이나 깔개 따위를 모으느라 애쓰는 동안, 산 마르틴호와 다른 배들에서 매일같이 더 많은 사람이 죽어갔다. 귀환한 고위 장교 중 한 사람도 자기 임무를 수행할 수 없을 정도가 되었고, 가장 유명한 두 사람, 레칼데와 오켄도는 둘 다 10월 중순에 세상을 떠났다. 많은 배가 산 마르틴호보다 상황이 훨씬 더 나빴다. 몇몇 배에는 먹을 것이 전혀 없었다. 그들은 에스파냐 항구에 닻을 내리고서도 지독한 굶주림으로 죽어갔다. 어떤 배는 바다에서 지낸 마지막 12일 동안, 비에 흠뻑 젖은 선원들이 넝마 같은 셔츠에서 짜낼 수 있는 것을 제외하고는 물을 단 한 방울도 구경하지 못했다. 또 어떤 배는 라레도(Laredo) 항에서 좌초되었는데, 돛을 거두고 닻을 내리기에 충분한 인원이 남아 있지 않았기 때문이었다. 음식과 돈을 긁어모으고 응급 병원을 세우는 몇 주 동안 장교와 사병은 계속 죽어나갔다.

배도 거의 사람만큼이나 상태가 좋지 않았다. 한 척은 닻을 내리자마자 가라앉았고 산 마르코스호같이 그중에서도 가장 멀쩡한 배 몇 척은 목재나 포(砲)를 건지기 위해 해체할 수밖에 없었다. 토스카나 대공의 플로렌시아호도 그중 하나였다. 바르톨리 선장은 배가 입항한 다음 날 죽었다. 바르톨리의 일등항해사는 그라블린에서 죽었다. 플로렌시아호의 상급 군인인 가스파르 다 소사 함장은 아르마다에서 그 배보다 더 임무를 잘 수행하고 전투에 자주 참여한 배는 없다고 말했고, 메디나 시도니아도 나중에 마드리드 주재 피렌체 대사에게 쓴 공식 편지에서 그 사실을 확인해주었다. 그러나 토스카나 대공이 산 프란체스코호를 코루냐로 끌고 와 수리하려고 해봤자 소용이 없으며 그의 해군이 보유한 유일한 갤리언선이 두 번 다시 기(旗)를 달 수 없으리라는 소식을 들었을 때, 이런 칭찬은 위로가 되지 못했다. 우리가 알기로 귀환한 배들의 절반가량은 더 이상 임무를 수행할 수 없는 것으로 판명되었다. 이 산산이 부서진 배들이 그렇게 오랫동안 물 위에 떠 있었던 것은 기적이 아닐 수 없었다.

병상에 누워 있던 메디나 시도니아는 대부분 해안 지방에서 모집한 임시 참모들에게 둘러싸인 채 함대가 처한 어려움을 해결하려고 계속 애를 썼다. 또 할 수 있다고 느낄 때면 이디아케스와 펠리페에게 보낼 편지와 메모를 구술했는데, 대부분은 불평이었고 일부는 일관성이 거의 없었다. 그는 배들의 상태에 대해 초조해했다. 비참한 상황에 처한 선원들에 대해서는 더더욱 애달파하고 있었다. 그들은 돈도 받지 못했고 헐벗었으며 잘 먹지도 못한 데다가 해안에 수용할 만한 장소가 없어서 여전히 악취 나고 더러운 수송선 안에서 죽어가고 있었다. 메디나 시도니아는 이 모든 일을 해결할 만한 경험과 능력이 있는 누군가가 와야 한다고 계속해서 주장했다. 그는 더 적극적인 조치를 취하지 못하는 것에 대해 자신에게 책임을 돌렸다. 열 때문에 정신을 잃는 날이 많았고, 의식이 있다 해도 서명조차 못할 만큼 약해져 있으면서도 자신의 지독한 병을 원망하지는 않았다. 그리고 아무도 손댈 수 없는 상황에 대해서도 책망하지 않았다. 다만 자신의 경험 부족과 무능함을 원망할 뿐이었다. 왕의 비서 이디아케스에게 보내는 어떤 글에서는 왕이 자신을 아르마다의 총사령관 자리에 앉힌 것이 큰 잘못이있다고 항변하기까지 했다. 그는 아무것도 모른다고 하면서 임명을 받을 때 보인 첫 반응을 그대로 보였고, 지난여름과 바다와 전쟁에서 얻은 우울한 교훈을 잊고 있었다. 그는 왕에게 이런 일들 속에서 자기만의 판단이 없고 누구를 믿어야 할

지조차 모르는 장군은 왕을 잘 보필할 수 없다고 경고했었다. 그리고 이제 상황이 어떻게 되었는지 보라! 그는 다시는 바다에서 사령관이 되지 않을 것이었다. 설령 목을 내놓는 한이 있어도!

메디나 시도니아가 원한 것은 산루카르의 오렌지나무와 태양을 보러 고향으로 돌아가는 것뿐이었다. 패배한 총사령관에 대해 다른 사람들이나 후대 역사학자들보다 더 공정하고 자비로웠던 펠리페는 돈 프란시스코 데 보바디야의 보고를 듣고 또 부르고스 주교와 주치의의 편지를 읽고서 메디나 시도니아에게서 총사령관 임무를 면해주었고 궁정에 나와 그의 손등에 입맞추지 않고도 집으로 돌아가도록 허락해주었다.

10월, 커튼을 친 마차가 메디나 시도니아의 몇 안 되는 시종들의 호위를 받으며 남쪽으로 출발해 산맥을 넘었다. 귀족들의 집에는 들르지 않았다. 에스파냐에서 상(喪)을 당하지 않은 귀족의 집은 거의 없었기 때문이다. 욕설이 튀어나오거나 돌이 날아올 염려가 있는 도시들도 피해 갔다. 메디나 시도니아는 마르틴마스[227]가 지나고 나서야 산루카르에 도착했으며, 봄이 가고 나서야 자기 영지를 걷거나 말을 타고 돌아다니며 제 모습을 되찾은 것처럼 보였다. 정말 예전과 똑같아질 수 있었다면 말이다. 메디나 시도니아는 10년을 더 펠리페의 신하로 봉직했으며, 영예로운 고위 직책을 수행하며 펠리페의 아들까지 12년간 더 섬겼다. 그러나 에스파냐 사람들은 그를 잊거나 용서하지 않았다. 15년 후 메디나 시도니아를 만난 한 프랑스 외교관은 우울한 그의 표정에서 치유되지 못한 옛 패배의 상처가 엿보였다고

---

227) Martinmas. 성 마르틴을 기리는 11월 11일의 교회 축제

술회했다.

생각과는 달리 영국 함대의 상황도 별반 다르지 않았다. 영국 함대는 고국으로 돌아가기 위해 길고 위험한 항해를 하지 않았다. 그러나 파르마가 대조의 시기를 놓치고 아르마다에 대한 소식이 하나도 없자, 엘리자베스는 배들을 쉬게 했다. 그녀는 군인들을 해산하고 싶어 안달이었다. 하워드와 참모들은 그녀의 무모함에 질려버렸다. 그들은 여왕에게 기다리자고 설득했다. 아일랜드에서 소식을 보내올 때까지는 배에 사람이 있어야 하며 방심하지 말아야 한다고 주장했다. 하지만 엘리자베스의 지원이 끊긴 결과, 하리치와 마게이트, 도버와 다운스 등에서 에스파냐군이 바다에서 죽어간 것과 마찬가지로 병사들이 빠른 속도로 죽어갔다. 죽음을 부르는 치명적인 열병 티푸스도 똑같이 창궐했다. 그러나 튜더 시대 병사들의 전통에 따라, 장교와 사병은 모든 것을 형편없는 맥주 탓으로 돌렸다. 좋은 맥주가 충분히 있는 한 영국 군인과 선원은 결코 건강을 잃지 않는다는 것이 진리처럼 되어 있었다. 엘리자베스의 주장대로 부대를 해산하자 돈과 옷, 음식, 그리고 집으로 돌아가기에는 몸이 너무 약해진 병사들을 위한 거처를 마련해야 하는 문제가 생겼다. 초라하고 쇠약하며 반쯤 헐벗은 뱃사람들이, 에스파냐의 라레도와 산탄데르에서 그러했듯이 도버와 로체스터의 길거리에서도 죽어갔다. 함장들의 신경도 날카로워졌다. 드레이크가 약탈품을 공평하게 나누지 않았다는 이유로 프로비셔는 드레이크에게 결투를 신청하기도 했다. 영국의 승리에 공헌한 사람 중 누구보다도 공이 큰 존 호킨스는 "내가 너무 오래 살아서 경에게서 그렇게 날선 편지를 받아 유감입니다."라고 버흘리에게 편지를 썼고, 나중에는 월싱엄에게 불평하는 편지를 썼다. "나는 하느님께 돈 문제에서 나를 건져달라고 간구할 것입니다. (……) 이 일을 하면서 내

고통과 비참함은 끝이 없습니다. (……) 머지않아 하느님께서 나를 이 일에서 구해주실 겁니다. 이런 지옥은 없을 것이기 때문입니다." 호킨스는 마치 에스파냐의 급여 담당관처럼 말을 했다. 그리고 자기 함대에서 늘어만 가는 사망자 명부를 보며 무기력한 분노를 표현하는 하워드의 모습은 메디나 시도니아의 모습과 닮아 있다.

영국에서도 사람들은 총사령관이 일을 서투르게 했다고 투덜거렸다. 어째서 에스파냐군이 완전히 괴멸되지 않았는가? 어째서 하워드는 적에게 가까이 접근하지 않았는가? (어리석은 일이지만 에스파냐에서도 메디나 시도니아에 대해 똑같은 질문을 제기했다.) 사람들은 드레이크가 지휘권을 잡았더라면 아무것도 결정 나지 않은 이런 무승부는 아니었을 거라고 확신에 차서 목소리를 높였다. 또한 모든 승리는 마치 드레이크가 얻어낸 것처럼 이야기되고 있었다. 그래도 하워드는 메디나 시도니아만큼 고통을 겪지는 않았다. 어쨌든 그는 승리자였다. 하워드의 말년은, 에스파냐 무적함대의 패배가 그 황금빛 안개 속으로 희미해진 때였고, 제임스 1세 시대의 사람들은 그 안개 너머로 선정을 베푼 엘리자베스 여왕의 통치를 바라보던 시기였으므로, 엘리자베스 통치 기간에 일어난 대부분의 사건과 마찬가지로, 아르마다 해전의 승리는 기억이 희미해질수록 더 대단하고 더 훌륭하게 보였으며, 따라서 하워드에게도 충분한 영예가 돌아갔다. 그러나 대부분의 사람들의 생각에 그것은 드레이크의 승리였다.

지난 20여 년 동안 역사가들은 하워드에게 좀 더 공정한 평가를 내렸다. 가장 최근의 역사서에서도 "그것이 하워드의 싸움이었으며 그가 전쟁을 승리로 이끌었다."고 단정적으로 밝히고 있다. 또 하워드는 많은 위험을 감수하지 않고 할 수 있는 유일한 방식으로 싸웠고, 어느 해군 제독도 그보다 더 잘할 수는 없었을 것이라는 평가를 받기도 한다. 최근에는 메디나 시도니아에 대해 용기와 행정 능력을 인정하고 좀 더 호의적으로 평가해주는 경향이 있지만, 아직도 그가 그 이상 잘할 수는 없었다고 말하는 사람은 없다. 그러나 최소한, 아무나 그렇게 할 수는 없었을 거란 주장은 해볼 만하다. 메디나 시도니아가 그 월요일 아침 토베이 앞바다에서 하워드의 아크 로열호와 다른 배 두 척을 떼어내지 못한 실수 말고, 그 원정 결과에 영향을 끼친 다른 실수를 지적하기란 힘든 일이다. 칼레에 닻을 내린 것, 귀환 항로를 선택한 것 등 다른 판단들은, 그의 개인적 행동이 용감했던 것만큼 모두 훌륭했다고 주장할 수 있다. 그러나 이런 평가도 메디나 시도니아에게는 큰 위안이 되지 못했을 것이다. 그가 무엇을 했든 그것으로는 충분하지 않았기 때문이다. 그리고 후세에 어떤 정당한 평가를 받게 되느냐는 이미 죽은 사람에게는 중요한 문제가 아니다. 그러나 살아 있는 사람들에게는 공정한 평가가 아무리 늦었더라도 중요한 문제일 것이다.

32장_거인의 최후

블루아, 1588년 12월 23일

　1588년 늦가을 무렵 가톨릭 프랑스에서는 여러 문제가 교착상태에 빠져 있었다. 아르마다가 파르마와 접선하려고 진격함에 따라 앙리는 기즈에게 점점 더 굴복했지만, 본질적인 부분에서는 결코 그렇지 않았다. 아르마다의 승리에 대한 소문이 한창이던 8월에 앙리는 기즈를 자신의 부관으로 삼았으나 그와 함께 파리로 돌아가려고 하지는 않았다. 그리고 에스파냐가 승리할 기미가 점점 희미해지자 앙리의 저항도 조금씩 그리고 은밀하게 완강해 졌다. 그는 자신이 잃었던 것을 되찾기 위해 서서히 조심스럽게 간접적인 행동을 시작했다.

　9월 초 〈진실〉이 인쇄 중이고 파르마가 됭케르크의 진지에서 철수할 때, 앙리는 대신을 모두 해임했다. 수상 슈베르니(Cheverny), 재정감독관 베리에브르, 국무장관 브륄라르(Brûlart), 그리고 빌르루아(Villeroy), 피나르

(Pinart) 등은 모두 행정에 충실했고 앙리가 등극한 이래 왕의 이름으로 프랑스를 통치해왔다. 게다가 앙리가 앙주 공이었을 때 폴란드에도 함께 가 있었으며, 그가 어린아이였을 때부터 그에게 봉사하는 일에 익숙한 이들이었다. 그런데 그들은 별다른 책망도 받지 않고 아무런 이유도 듣지 못한 채, 단지 "자신들의 영지로 은퇴해서 쉬도록 허가를 받아" 축출을 당하고 정치 생명이 끊어졌다. 블루아에서는 곧 삼부회가 소집될 예정이었고, 왕국은 혼란스러웠다. 그래서 궁정에서 취한 이런 혁명적 조치는 너무나 지각없고 파괴적인 것처럼 보였으며, 따라서 사람들 대부분은 그것이 자신의 이익을 위해 가장 크게 떠들어대는 파당, 즉 가톨릭동맹의 급진주의자들이 강요한 일이라고 생각했다.

수상 슈베르니와 그의 동료들은 그 이유를 잘 알고 있었다. 문제는 이 대신들이 앙리를 섬기기 훨씬 전부터 그의 어머니인 카트린을 섬겨왔다는 것이었다. 그들은 습관적으로 최근의 급송 공문서들을 카트린에게 보여주고, 자신들이 초안한 서류를 수정하게 하고, 그녀의 견해를 자신들의 문서에 포함시켰다. 수아송에서 기즈를 대할 때에도 베리에브르는 매일 카트린에게 보고하고 그녀의 충고를 따랐다. 바리케이드의 날이 있은 뒤 빌르루아는 앙리 왕도 모르게 그녀의 지도를 받으며 에페르농을 죽이라는 편지를 앙굴렘으로 보냈다. 슈베르니는 카트린이 원한다는 이유로 앙리의 파리 귀환을 주장했다. 카트린은 대신들이 해임된 이유를 알았으며 아들이 자신을 내치는 것이라고 생각해 분개했다.

물론 그랬다. 아들은 어머니가 이미 자신을 거부했으며, 당연히 그리고 본능적으로 패배자에게서 승리자에게로, 즉 자신에게서 기즈에게로 돌아섰다는 것을 알았다. 그것을 증명해주는 것은, 지금껏 1년 이상이나 카트린이 기즈가 원하는 것은 무엇이든지 자기 아들을 위해 가장 안전한 최선의 길이라고 항상 확신할 수 있었다는 사실이었다. 그것이 또한 카트린이 루브르에서 기즈의 목숨을 구한 그날 이후부터 앙리가 결코 어머니를 믿지 않는 이유이기도 했다. 앙리는 그녀의 종복들[해임한 대신들]이 자신을 감시하는 상황에서 자기 앞에 놓인 기만적인 길을 따라갈 수는 없었다.

블루아에서 앙리는 지극히 고독했다. 새로운 대신들은 정직하고 부지런했지만 변변치 못했다. 자기들이 맡은 일은 해냈지만 이야기 상대가 되지는 못했다. 그가 총애하던 대신은 주아외즈와 에페르농이 마지막이었다. 그들은 중요한 인물들이었고, 단순한 노리개가 아닌 진정한 친구들이었다. 이제 주아외즈는 죽었고, 에페르농은 앙굴렘에서 토라져 있었다. 에페르농은 친구이자 군주인 앙리가 자신을 살해하려 했다고 믿고 있었다. 어머니 카트린이 너무 날카롭고 딱딱했던 반면, 아내인 왕비는 그와 정반대로 너무 우둔하고 여려서 생각을 나눌 수 없었다. 주변에는 오직 도구들만이, 펜과 검만이 널려 있었다. 앙리는 해야 할 일을 혼자서 해나가야 했다.

때때로 상황이 너무 버거우면 앙리는 몇 시간이고 몇 날이고 자기 방에 틀어박혀 아무에게도 말을 걸지 않고 침잠해 있곤 했다. 그러나 대개는 평소의 우아한 모습으로 제 역할을 해냈다. 삼부회 의원들이 도착했을 때는 상냥하고 멋있게 그들을 맞이했다. 그리고 마침내 그들이 삼부회를 소집하자, 적대적이고 의심에 가득 찬 사람들마저 연단을 향해 환호를 보낼 만큼 웅장하고 열정적인 연설을 했다. 앙리는 친척이자 부관이며, 그의 왕국의 총사령관이자 궁정의 수장인 기즈와 많은 시간을 보내는 동안 역설적인 농담과 양날의 재담 속에 그를 쉽게 끼워 넣을 수 있었다. 겨울이 다가오자 카트린은 평소보다 추위를 더 타서 많은 시간을 침대에서 보내게 되었다. 앙리는 매일 어머니의 침상 곁에서 프랑스와 유럽에 대한 최근의 소식을 전하고 그녀의 충고에 참을성 있게 귀를 기울였다. 그리고 언제나 홀로 적에게 둘러싸인 사람이 해야 할 만큼은 조심하고 있었다.

그것은 느리고 힘겨운 일이었다. 만약 옛 대신들이 하나가 되어 그에게 조언을 해주고 있었다면 앙리의 의회 전술은 더없이 기민했겠지만, 그는 삼부회와 함께 앞으로 나아갈 수는 없었을 것이다. 그는 삼부회를 이용해 만성적 빈곤에서 벗어나고 기즈에게서 가톨릭동맹의 지도자 자리를 빼앗고 싶었지만, 삼부회에는 중도파가 거의 없었고 조그마한 권력에 취한 급진주의자들은 여러 가지 모순되는 것들을 요구하고 있었다. 그들은 더욱 능률적인 중앙정부를 원했으며 자신들이 끊임없이 감시하기를 원했다. 또한 평화와 번영, 검약과 개혁, 더 적고 공정한 세금, 이단의 근절을 위한 즉각적이고 전면적인 숙청을 원했다. 삼부회는 이 모든 일에 너무나 집중한 나머지 사부아(Savoy) 공작의 위그노 군대가 알프스 산 너머 마지막 프랑스의 전진기지를 침략했을 때에도 별로 신경을 쓰지 않았다. 그들은 세금을 신설하는 안에 대해서는 결코 찬성표를 던지지 않았다. 그들은 세출보다 개혁이 우선이라고 목소리를 높였고, 앙리의 양보는 매번 새로운 요구의 토대가 될 뿐이었다. 좌절감을 느낄 만큼 답답한 상황인데도 새로운 개혁의 바람이 불고 있었던 탓에 앙리는 삼부회를 다루기 힘들다는 사실을 깨닫지 못했다. 그 대신 모든 것을 기즈의 음모 탓으로 돌렸다. 그는 기즈만 처치하면 삼부회를 마음껏 조종할 수 있다고 확신했다.

기즈도 앙리 못지않게 실망하고 있었다. 삼부회는 비록 열렬한 가톨릭동맹 지지자들이 가득하긴 했지만 완전히 통제를 벗어나 있었다. 기즈는 대규모 병력을 요구하려고 했다. 그런데 그들이 새로운 세금에 찬성하지 않는다면 어떻게 군대를 얻을 수 있단 말인가? 앙리나 기즈 둘 다 삼부회가 열리고 있는 한 블루아에 머물러야 했다. 기즈는 파리에서 멀리 떨어져 있는 것에 대해 심기가 매우 불편했다. 그는 파리의 왕이었지만 아직 프랑스의 왕은 아니었고, 당분간은 에스파냐의 지원을 거의 기대할 수 없을 거란 멘도사의 경고도 불필요한 것이었다. 아르마다의 수치스러운 패배를 예상했다면 기즈는 블루아에서 멀리 떨어져 있었을 것이다. 이곳 왕의 궁정에서 그는 항상 위험했다. 기즈는 삼부회가 끝나는 대로 억지로라도 앙리를 파리로 돌아가게 할 참이었다.

그동안 기즈는 경계 조치를 취해두었다. 블루아는 무장한 가톨릭동맹 지지자로 가득 차 있었고, 성에 묵고 있는 그의 추종자들은 왕의 근위대보다 훨씬 많았다. 기즈는 성의 우두머리로서 모든 열쇠를 갖고 있었으며, 밤이든 낮이든 성안의 어느 곳이라도 갈 수 있었다. 심지어 무장한 병사를 뒤에 달고서 누구의 질문도 받지 않은 채 왕의 침실 문 앞까지도 갈 수 있었다. 그러나 그가 더없이 안전하다고 느꼈던 것은 앙리가 응수라고는 할 줄 모르는 초라하고 용기 없는 존재라는 확신 때문이었다. 리옹 대주교가 앙리에게 좀 더 존경심을 내보이고 너무 몰아세우지 않으면서 이용하라고 간청했을 때 기즈는 웃기만 했다. 그는 이렇게 말했다. "당신보다 내가 더 그에 대해 잘 알고 있소. 그를 굴복시키려면 무시해야 하오. 그는 겁을 줄 필요가 있는 왕이오."

12월 19일 아침, 성안에 있는 기즈의 스파이 중 하나가 보고하기를, 앙리가 자신을 괴롭히는 사람을 제거하는 방법에 관해 여러 사람과 상의했으며, 지난 5월에 "기즈를 즉시 죽여버리자"고 했던 도르나노가 다시 그 의견을 강력히 주장하고 있다고 했다. 기즈는 이 보고를 시시하다며 그냥 무시해버렸다. 이런 무의미한 경고는 얼마든지 있었다. 기즈는 12월 22일 저녁식사 때 또 다른 긴급한 경고가 적힌, 냅킨 안에 접혀 있는 이름 없는 쪽지를 발견했다. 그는 함께 있던 사람들에게 그것을 큰 소리로 읽어준 뒤 가까이 있는 테이블에서 펜을 가져와 그 종이에 갈겨썼다. "그는 감히 그렇게 할 수 없다." 그러고는 그 종이를 바닥에 내버렸다. 기즈는 몇 번이고 앙리에게 대담하게 대응했기 때문에 자신은 언제나 그렇게 할 수 있다고 확신했다.

기즈가 들은 것처럼, 앙리는 실제로 자신의 문제를 비공식 자문단에게 맡기고 있었다. 앙리는 자신의 왕관과 목숨을 노리는 반역의 증거가 있다고 그들에게 말했다. 기즈의 동생인 로렌 추기경이 기즈가 차기 프랑스 왕으로 추대되는 것을 기원하는 축배를 들었다는 것이다. 기즈의 비서에게 안전통행증을 신청하러 온 한 남자는 다음과 같은 얘기를 들었다고 했다. "괜찮다면 조금 기다리게. 우리의 칭호와 영지가 곧 바뀔 테니." 앙리는 자신이 머지않아 파리로 납치될 것이고, 그나마도 더 나쁜 경우가 생기지 않을 때나 그럴 것이라는 경고를 여러 차례 받았다고 덧붙였다. 기즈의 또 다른 동생인 마옌도 경고를 보내왔다고 했다. 앙리는 이렇게 말을 맺었다. "내 목숨이 아니면 그의 목숨이 달아나겠지. 뭐라고 조언해주시겠소?"

아마도 신임 수상인 몽톨롱(Montholon)이 가장 먼저 대답했을 것이다. 기즈에게 반역죄가 있다는 것은 의심의 여지가 없으며 증거도 많이 있으니 즉시 고발하고 재판을 해서 처형하자고. 그러나 앙리는 서글프게 웃었다. 프랑스의 귀족이가 가톨릭동맹의 우두머리를 재판하고 유죄를 입증할 재판정을 어디서 찾는단 말인가? 파리에서?

육군 원수 마샬 오몽이 좀 더 솔직한 방편을 내놓자 도르나노가 불쑥 동의했다. "그를 죽이시지요." 도르나노는 마음의 준비가 되어 있었으나, 기즈의 측근들이 그를 가장 두려워하고 의심했기 때문에 그가 무기를 손에 들고서는 기즈 앞에 결코 30미터 이상 접근할 수 없으리라는 것을 앙리는 알고 있었다. 앙리는 이제 크리용에게 고개를 돌렸다. 프랑스 근위대 대장인 크리용은 얼굴을 붉히며 말을 더듬거렸다. 크리용은 경고도 없이 사람을 찔러야 하는 일은 생각해본 적도 없었고, 자신이 그 일을 해낼 수 있을 거라고도 생각하지 못했다. 그렇다면 결투는? 그는 기꺼이 기즈에게 결투 신청을 할 수 있으며 자신이 그를 죽일 수 있다고 확신했다. 하지만 앙리는 고개를 내저었다. 크리용에게는 기즈가 그런 도전에 어떻게 대응할 것인지를 설명해봐야 아무 소용이 없었다. 앙리는 모두에게 감사 인사를 했다. 그리고 자신이 좋은 방도를 생각해보기로 했다.

나흘이 지나기 전에 앙리는 방도를 생각해냈다. 기즈의 측근들이 자신의 거처를 갑작스럽게 들이닥치는 것이 허용되지 않는 때가 있었다. 왕의 자문회의는 그의 침실로도 통하는 커다란 원형 계단에서 곧바로 들어갈 수 있는 대기실에서 열렸다. 이 회의를 진행하는 동안에는 허락받지 않은 사람은 아무도 들어오지 못하게 했고, 모든 자문위원은 수행원 없이 입장해야 했으며, 자문회의 의전관들이 문을 지켰다. 그리고 충성심에 관해서는 앙리가 절대로 신임하는 일단의 병사들이 있었다. 에페르농이 4년 전에 뽑아놓은 왕실 친위대 45인단(團)이었다. 그들은 모두 가스코뉴의 소귀족으로서 재산이라고는 말 한 필, 검 하나, 넝마 같은 망토와 굶어 죽기 딱 좋은 바위투성이 땅 몇 에이커 정도가 전부인 사람들이었다. 그들은 궁정에 친구도 연줄도 없었으며 앙리를 빼고는 의지할 사람도 없었다. 그들 중 15명은 밤이건 낮이건 앙리의 부름에 대기하고 있어야 했다. 그 대가로 그들로서는 아주 후한 임금을 받았다. 기즈는 그들을 게으르고 쓸모없으며 돈이 많이 드는 깡패 집단이라고 평했으며, 삼부회에 있는 기즈의 친구들이 제안한 개혁안 중 하나도 그들을 모두 해산해야 한다는 것이었다. 45인단도 이를 알고 있었다.

준비해야 할 복잡한 일이 몇 가지 더 있었다. 앙리가 잠을 자는 프랑수아 1세관(館)은 꾸불꾸불한 작은 계단들과 예기치 못한 통로들이 얽혀 있어 마치 토끼 굴 같았다. 평상시에 열려 있는 출입구 두 곳은 막아야 했고, 언제나 잠겨 있는 문 하나는 열어두어야 했다. 필요한 배우 중 몇 명이 눈에 띄지 않게 들어올 수 있도록 하기 위해서였다. 앙리는 모든 일을 주의해서 손수 처리했다.

12월 22일 오후, 앙리는 기즈와 오랫동안 얘기를 나눴는데, 이에 대해 남아 있는 단 하나의 기록은 사실이라고 하기에는 너무나 꾸민 듯한 냄새가 난다. 어쨌든 그 대화에서 앙리는 분명히 자신과 왕비가 다음 날 성을 떠나 공원에 있는 큰 천막에서 크리스마스를 지낼 것이며, 떠나기 전에 회의가 있을 것이라고 했다. 나중에는 내일 떠날 채비를 하려면 몇 가지 할 일이 있으므로 성의 열쇠가 필요하다는 전갈을 보냈다. 기즈는 열쇠를 심부름꾼에게 던져주었다. 이름이 없는 그 마지막 경고장을 받기 전의 일이다.

다음 날 아침 7시에 기즈는 정부(情婦)의 침실에서 눈을 떴다. 유별나게 이른 시각인 8시에 회의가 있다는 말을 들었기 때문이다. (앙리는 4시부터 일어나서는 마지막으로 만반의 준비를 하고 있었다. 아무 말도 새어 나가지 않도록 마지막 순간이 되어서야 그가 꾸민 각본 안에서 무엇을 해야 하는지가 배우들에게 알려주었다.) 우울한 아침이었다. 밖에는 가는 진눈깨비 같은 비가 내리고 있었고, 오래된 성 안은 냉기가 뼛속까지 파고들 정도로 추웠다. 그러나 기즈는 지난밤에 입었던 새틴 더블릿과 짧은 케이프, 짧은 바지를 그대로 입고 서둘러 회의에 나가야 했다.

큰 계단 위에서 기즈는 근위대의 궁수가 떼 지어 있는 것을 보고 깜짝 놀랐다. 그들은 탄원을 하고 있었는데, 그들의 대장은 기즈에게 최소한 밀린 임금의 일부만이라도 달라고 공손하게 말했다. 궁수 중 몇 명은 기즈를 따라 계단 위로 올라와서는 자신들이 임금을 받아본 것이 얼마나 오래되었는지, 그들이 얼마나 궁핍해져 있는지를 호소하며 자기들을 대신해 목소리를 내달라고 애걸했다. 회의실 문이 그의 뒤에서 닫히자 그들은 이리저리 움직이더니 어깨와 어깨를 맞대고 견고한 대형으로 양옆에서 큰 계단을 막았다.

기즈는 그곳에 마지막으로 도착한 인물이었다. 그의 파당 중에서 거기 참석한 유일한 두 사람, 즉 그의 동생인 로렌 추기경과 리옹 대주교는 간발의 차이로 먼저 도착해 있었다. 다른 사람들은 상당히 일찍 온 것 같았다. 기즈는 심기가 불편했다. 그는 추위에 대해 불평하면서 불을 붙이라고 명령했고, 단맛이 나는 과일을 가져오라고 사람을 보냈다(큰 계단이 막혀 있었으므로 과일은 왕의 찬장에서 나왔다). 추위로 인해 오래된 흉터 위에 있는 그의 눈에 눈물이 고이기 시작했지만 손수건이 없었다. 급사 한 사람이 왕의 손수건 중 하나를 가져다주었다. 불을 피운 덕분에 몸이 따뜻해지자 기즈는 케이프를 벗었다. 회의에서는 돈에 관한 몇 가지 판에 박힌 문제들을 단조롭게 논의하고 있었다. 그때 누군가가 왕이 자기의 조그마한 사실(私室)에서 기즈를 보고 싶어 한다는 전갈을 갖고 왔다. 기즈는 양해를 구하고 나서 문을 밀치고 지나 앙리의 방 쪽으로 갔다. 케이프가 왼팔에 무심히 걸려 있었다.

복도에는 45인단 단원 여덟 명이 어슬렁대고 있었다. 기즈가 지나칠 때마다 그들은 호위병처럼 그의 뒤에 정렬했다. 왕의 사실에 거의 다 왔을 무렵, 기즈는 갑자기 몸을 돌려 그들을 마주 보았다. 그러자 맨 앞에 있던 자가 그를 단검으로 찔렀다. 기즈는 칼을 뽑으려 했으나 칼자루가 케이프에 엉켰다. 칼자루에서 케이프를 풀기도 전에, 그의 뒤쪽에 있는 문에서 갑자기 45인단 단원 몇 명이 더 나타나 그의 팔을 붙잡았다. 기즈는 힘이 장사였으므로 비록 몇 사람이 붙잡고 있어도 적들을 복도 이리저리로 끌고 다닐 수 있었다. 그들이 단검으로 그를 찌를 때 기즈는 팔을 빼려고 애쓰면서 소리를 질렀다. "아, 내 친구들이여! 아, 내 시종들이여! 아, 반역이다!" 기즈는 잠시 그 무리를 흔들어 떼어내고는 이리저리 비틀대며 혼자 서 있다가 한 발자국 앞으로 나선 후 곤두박질쳐 쓰러졌다. 나중에 그의 몸을 뒤졌을 때, 아직 끝맺지 못한 편지의 초안이 나왔다. 그 편지는 이렇게 시작하고 있었다. "프랑스에서 내전을 계속하려면 매달 70만 리브르[228]가 듭니다." 이것은 기즈의 일생을 요약하는 말로서, 그의 묘비명으로도 어울릴 만한 것이었다.

아래층 침실에서는 카트린이 머리 위로 발을 질질 끌고 구르는 이상한 소리를 들으며 몸을 떨었다. 회의장에서는 로렌 추기경이 고통에 찬 형의 목소리를 듣고 울부짖으며 벌떡 일어섰다. "반역이다!" 그러나 오몽이 칼을 뽑고서 그의 어깨를 잡아 눌렀다. 잠시 후 근위대 궁수들이 들어와 로렌 추기경과 리옹 대주교를 끌고 나갔다. 이제 그들은 죄수였다. 아침이 다 가기 전에 과도기의 꼭두각시 왕이 될 늙은 부르봉 추기경을 포함해 몇 안 되는 기즈 편 귀족 음모자들이 감금되었다. 그리고 왕의 근위병들은 회의 중인 삼부회에 침입해 가톨릭동맹의 시노사늘을 제포했다. 바리케이드 날의 누

---

228) 옛 프랑스의 화폐 단위 및 은화

영웅인 브리삭 백작과 당시 파리 혁명정부의 우두머리이며 제3계급 의장인 라 셰펠 마르튀(La Chapelle-Marteau)가 거기에 포함되어 있었다.

항의는 있었지만 저항은 없었다. 그때 블루아에 있던 가톨릭동맹의 무리는 겁을 집어먹고 흩어졌다. 앙리는 피에 굶주린 사람이 아니었으므로 단두 사람의 목숨만을 희생시켜 전체를 대신했다. 로렌 추기경은 근위병의 창에 죽었지만, 체포된 다른 사람들은 잠시 투옥의 고통만 겪었을 뿐이다. 기술적으로 말하자면, 이것은 앙리가 수행한 정치적 계략 중에서 가장 성공적인 것이었다. 카브리아나 박사는 지난 몇 달간에 비해 앙리의 눈이 더욱 반짝였고 안색은 더욱 환해졌으며 걸음은 훨씬 경쾌해졌다고 흥미로운 의학적 사실을 적었다.

자신의 적이 발치에 죽어 있는 것을 보려고 방문을 열고 나왔을 때, 앙리가 무슨 말을 했는지에 대해서는 믿을 만한 기록이 없다. 그러나 플루타르크 영웅전을 읽고, 플루타르크가 중요한 순간에 그의 영웅들이 한 말을 얼마나 자주 언급했는지에 주목한 전기 집필자들과 연대기 학자들은 앙리도 무언가 말을 했을 거라며 뭔가 적고 싶은 유혹을 떨쳐내지 못했다. 대부분은 그가 "마침내 나는 왕이다! 더 이상 죄수나 노예가 아니다!"라고 했다는 식이다. 실제로 앙리가 이런 말을 했을 수도 있다. 그는 언제나 준비되어 있고 적절한 말을 하는 웅변가였으며, 사람들이 자신의 말을 주의해서 듣고 그것을 받아 적으리라는 것을 잘 알고 있었다. 카브리아나 박사에 따르면 앙리는 다음 날 자기 어머니를 겁에 질리게 만든 의기양양한 설명과 매우 비슷한 말을 했다고 한다. 그러나 더 미덥지 못하기는 하지만, 흔히 진실의 도장이라고 할 모순이 담긴 또 다른 이야기가 있다. 그 이야기에 따르면 앙리는 자기 방의 문지방에 올라서서 대자로 퍼져 누운 시신을 잠깐 내려다보고는 이렇게 말했다고 한다. "정말 키가 크군! 이렇게 클 거라고는 생각해본 적이 없는데. 살아 있을 때보다 죽어 있을 때가 더 커 보여."

이 명백히 어울리지 않는 장면을 사실로 받아들이는 데 따르는 유일한 문제점은, 그것이 그 뒤에 일어난 일들과는 아주 잘 어울리고 또 충분한 시간이 지나서 기록되었기 때문에 기록자가 요점을 분명히 파악했을 거라는 점이다. 앙리는 파리의 왕을 죽인 뒤에도 기껏해야 그 전 수준의 프랑스 왕일 뿐이었지만 그의 어머니가 분노에 차서 날카로운 목소리로 말한 것처럼 그는 이제 전보다 더 왕답지 못한 처지가 될 것이었다. 기즈가 죽었다는 소식에 파리에서는 반란이 일어났으며, 프랑스 도시들이 하나둘 충성의 맹세를 저버리고 떨어져 나갔다. 봄에 가톨릭 반란군에 맞서 출정하기 전, 앙리는 기즈의 간섭을 대신해 은연중에 엘리자베스와도 연루되어 있는 위그노의 지도자 나바르와 동맹하는 것을 수락했다.

사람들은 대부분 블루아의 살인극을 그의 여러 잘못 가운데 하나라고 생각했지만, 앙리는 그렇지 않았다. 자신이 다시 프랑스의 유일한 왕이라고 어머니에게 말했을 때 그는 겉으로 보이는 장식뿐인 왕권, 어머니가 소중히 여기는 안전과 권위, 권력에 관해서가 아니라 그것의 신비로운 본질에 대해, 기본법에 따라 세대에서 세대로 이어져 합법적으로 계승해온 왕관의 개념에 대해, 신의 자비를 담는 그릇이자 신의 의지를 실행하는 신비로운 대리자로서의 왕에 대해 이야기한 것이었다. 앙리가 자기 왕관에 집착하는 것에는 천박하고 이기적인 면이 없었다. 만일 그가 암살 위협을 피했다 하더라도 채 몇 년을 못 살았을 것이다. 그리고 그나마 그 몇 년간도 그다지 유쾌하지 않았을 것이다. 또 어차피 자신의 뒤를 이을 아들도 결코 얻지 못했을 것이다. 만일 그가 원한 것이 오직 안락과 외형적인 존경과 왕권의 껍데

기였다면, 기즈의 통치에 굴복하고 왕관을 기즈의 로렌 가문에 넘겨주기로 약속한 다음 그 대가로 그것들을 얻을 수 있었을 것이다. 그것은 늙은 부르봉 추기경이 기꺼이 성사시키려고 한 거래였다. 그러나 앙리는 그렇게 많은 친구와 원칙을 배신했어도 왕권이라는 이념은 배신할 수가 없었다. 그는 다른 어떤 방법으로도 기즈의 근본적인 왕위 찬탈을 막을 수 없음을 알았을 때, 자신이 할 수 있는 공개 처형과 같은 방법으로 그를 쳐서 쓰러뜨렸다.

그래서 앙리는 일곱 달 뒤 성 클라우드(St. Cloud)에서 자크 클레망(Jacques Clément)이라는 자의 단검에 생을 마감했을 때 나바르에게 자신의 유산을 고스란히 물려줄 수 있었다. 앙리 옆에 있던 프랑스 추기경은 그가 임종하면서 나바르에게 이렇게 말했다고 전한다. "내 형제여, 이제 내가 그대를 위해 애써 지켜온, 하느님이 주신 이 권리는 그대의 것이 될 것이다. 그대가 보다시피 나를 오늘날 이 자리에 있도록 해준 것은 그 수고였다. 나는 그것에 대해 후회하지 않는다. 내가 항상 수호해온 정의가 그대에게 내 뒤를 이어 이 왕국을 계승하도록 요구하기 때문이다." 앙리가 이렇게 말을 했든 안 했든, 그 말은 그의 업적과 그가 살았던 삶의 마지막 의미를 잘 표현해준다. 불행한 상황에 묶여 있었고 여러 가지 나약함을 지녔던 앙리 같은 사람에게 그것은 대단한 일이었다.

앙리의 박해자이자 피해자이기도 했던 기즈에 대해 말하자면, 그렇게 천박한 이기주의자가 어떻게 그만큼이나 많은 사람을 끌어 모았는지를 빼고는 아무런 수수께끼도 없다. 그는 뻔뻔한 얼굴과 딱딱하게 굳은 양심에 의존하는 모험가형이며, 자기 재력을 넘어서는 큰 도박을 하는 노름꾼형이었다. 그는 조만간 운이 다할 수밖에 없었다. 비록 교황 식스토와 펠리페가 그가 죽은 방식에 대해 비난하는 의례적인 언동을 보이기는 했지만, 그 둘 중 누구도 그의 죽음으로 인해 크게 마음 아파했다는 흔적은 없다. 기즈는 너무나 탐욕스럽고 세밀한 일에 부주의해서 자기 이익이 아닌 교회나 에스파냐에 봉사한다는 인상을 누구에게도 주지 못했다. 아마도 에스파냐가 로마보다 그의 죽음을 더 유감스러워했을 것이다. 그러나 용병이란 언제든지 버릴 수 있는 존재이다. 기즈는 더 큰 작전의 한 면만을 위해 고용되었고, 주공격이 실패하자 적절한 지원도 받지 못하고 버림받았다. 어떤 면에서는 그도 몽카다나 레이바처럼 아르마다의 희생자였다. 그러나 그 함장들은 의무를 다하려 죽은 반면에, 멘도사도 암시했듯이 기즈는 대체로 자신의 경솔함으로 인해 죽었던 것이다. 멘도사는 기즈의 유용성을 높이 평가했으나 둘 사이가 수월한 동반 관계는 아니었다. 멘도사는 프랑스 왕관을 청구하려는 사람들이 곧 나타날 것이며 에스파냐 금화를 벌고 싶어서 나서는 귀인들이 곧 생길 것이라고 자신의 군주에게 얘기할 필요가 없었다. 외교사절들에 따르면 펠리페는 기즈가 죽었다는 소식을 들었을 때 잠시 생각에 잠기더니 이렇게 말했다고 한다. "이것은 교황이 처리해야 할 문제야." 식스토는 기즈가 죽었다는 소식을 들었을 때 이미 예상하고 있었다는 듯 고개를 끄덕이며 말했다. "그렇다면 에스파냐 국왕이 선장을 한 명 더 잃은 게로군."

33장_신의 바람

엘 에스코리알, 1589년 새해 첫날

승리나 재난에 직면해서 침착할 수 있는 것은 펠리페의 잘 알려진 성격이자 그의 삶이 남긴 전설이었다. 그는 어렸을 때 에스파냐 왕이자 신성로마제국의 황제였던 아버지가 에스파냐가 파비아(Pavia)에서 대승을 거뒀다는 소식을 얼마나 담담하게 받아들였는지, 그리고 그것이 얼마나 사람들의 존경을 불러일으켰는지를 몇 번이고 들었던 것이다. 아마도 그는 그런 행동을 모방하기로 결심했고 자신이 기질상 잘 흥분하지 않기 때문에 그렇게 하는 것이 더 쉽다는 사실도 알게 되었을 것이다. 어쨌거나 펠리페는 재위 33년째가 될 때까지 많은 숭배자에게 모범이 되는 기독교 금욕주의자였으며, 백 개나 되는 그에 관한 유명한 이야기는 어려움 속에서도 자제력을 잃지 않는 존경할 만한 모습을 보여준다. 그 이야기 중에 어떤 것들은 고전 희극을 보는 듯하다. 새로 임명된 펠리페의 비서가 업무에 익숙하지 않아 신경을 곤두세우다가 펠리페가 금방 쓴 문서에 모래를 문지른다는 것이 그만 잉크병을 쏟고 말았다. 왕이 진노하리라는 생각에 몸을 움찔한 비서는 이런 말을 들었을 뿐이었다. "그것은 잉크일세. 이것이 모래라네." 또 어떤 것들은 애처로운 일화로서, 펠리페의 맏아들이자 왕위 계승자인 돈 카를로스가 괴벽이 점점 심해지는 것에 대해 고통스러운 인내심을 보여주는 것이었다. 펠리페 사망 후 10년 동안 이런 이야기들이 크게 유행하다 보니 그에게 동정적인 연대기 기록자들은 자연히 가장 실망스러운 순간에 그의 강철 같은 자제력이 드러난 이야기들을 찾아냈다.

파미아노 스트라다(Famiano Strada) 신부의 교훈담은 문학적으로 가장 잘 다듬어진 것이다. 그가 얘기하는 바로는 산탄데르에서 전령(마에스트레 데 캄포 보바디야?)이 패전 소식을 들고 엘 에스코리알에 도착했을 때에도 펠리페는 여전히 아르마다가 승리할 것이라는 믿음을 키우고 있었다. 그의 비서인 모우라와 이디아케스는 공포에 질렸고, 그 나쁜 소식을 전하는 일을 서로 미루느라 옥신각신했다. 마침내 이디아케스가 왕의 사실에 들어갔다. 그는 펠리페가 펜을 놓고 올려다보자 아르마다에 관한 나쁜 소식을 몇 마디 웅얼거리다가 그 전령을 앞으로 와락 밀었다. 펠리페는 안색 하나 바뀌지 않고 그 암울한 이야기를 들었으며, 이야기가 끝나자 이렇게 말했다. "원하기만 하면 언제든지 이번에 우리가 잃은 것만큼 큰 함대를 다시 바다에 내보낼 수 있으니 하느님께 감사드리네. 물줄기가 가끔씩 막히는 것은 큰 문제가 아니지. 그 원천이 풍부하다면 말일세." 그리고는 한숨이나 표정 변화 하나 없이 펜을 들어 편지를 계속 썼다.

그러나 스트라다 신부는 결국 로마에서 나고 자란 사람이었다. 에스파냐인들의 수사법은 이탈리아인들의 것보다 덜 화려하지만 보다 깊고 묵직한

556

느낌이 난다. 아마도 그 때문에 17세기 후반부터 에스파냐의 역사가들은 다음과 같은 변형된 이야기를 선호했을 것이다. 이야기의 앞부분, 즉 놀란 비서들이나 침착하게 일하는 왕, 전령의 암울한 소식 따위는 모두 같지만 펠리페는 펜을 다시 들기 전에 이렇게 말할 뿐이다. "나는 사람들과 싸우라고 내 배를 보낸 것이지 신의 바람이나 파도와 싸우라는 것은 아니었네."

물론 이 이야기 중 어느 것도 사실일 리가 없다. 예상 밖의 재난에 직면한 펠리페는 그 유명한 굳건함을 보여줄 기회가 없었다. 아르마다의 패배에 관한 전모는 조금씩 보고되었기 때문이다. 펠리페는 메디나 시도니아가 산탄데르에 입항하기 얼마 전에 그가 보낸 8월 21일자 편지와 함께 온 〈항해일지〉를 읽었고 수니가의 우울한 보고를 들었다. 펠리페는 실패한 접선에 대한 파르마의 설명을 들었으며, 나중에는 아일랜드 해안에서의 난파 소문도 들었다. 펠리페가 신의 바람과 파도에 모든 잘못을 돌렸다는 것도 역시 믿을 수 없다. 8월 21일까지는 아르마다가 날씨에 관한 한 최상의 조건에 있었음을 메디나 시도니아의 〈항해일지〉를 통해 알 수 있었기 때문이다.

비록 사람에게 기대할 수 있는 굳건함에는 한계가 있지만 펠리페가 위엄과 굳건함을 가지고 그 나쁜 소식을 받아들였다는 것에는 믿음이 간다. 펠리페는 그해 가을 심하게 병을 앓았는데 외교관들은 그 병이 근심과 실망 때문에 생겼거나 최소한 그 때문에 악화됐다고 생각했다. 교황의 신임 사절은 왕의 눈이 독서뿐 아니라 울음 때문에도 충혈됐다고 생각했지만, 펠리페가 울었다고 해도 그것을 본 사람은 없었다. 그리고 지난 열 달 동안의 사건 때문에 그가 몇 년은 더 늙었다고 말하는 사람들이 있었다. 그의 피부가 이상스러울 만큼 갑자기 창백해지고 얼굴살이 늘어지기 시작한 것은 1588년 이후이다. 수염은 흰색 가운데 남아 있던 마지막 노란 기운까지 잃고 더 길어졌다. 어떤 초상화들을 보면 수염을 지독히도 소홀히 한 것처럼 보인다. 1588년 이후 펠리페는 바깥출입이 드물어졌고, 갈수록 사람들을 만나지 않았으며, 고독한 서재에서 더욱더 오랫동안 일을 했다.

그러나 펠리페가 운명의 힘을 느끼고 자신의 그런 느낌을 드러냈다 해도, 그것 때문에 압도당하지는 않았다. 그는 아르마다의 손실 정도를 알고 나자 자신의 테이블 위에 놓인 모든 접시와 엘 에스코리알의 모든 은촛대를 녹여서라도 더 강력한 함대를 구축하겠다고 외교사절들에게 단언했다. 그렇게까지 하지는 않았지만, 신대륙 아메리카의 금괴에 더해 카스티야의 벽장을 긁어내고 제노바의 은행가들과 새로운 거래를 터서 재정을 보충해야 했다. 펠리페는 몇몇 함장과 의논을 한 후, 단순히 배를 빌린다고 끝날 문제가 아님을 더 분명히 알게 되었다. 더욱 견고한 배를 원한다면 직접 만들어야 했다. 에스파냐의 대포 제작도 확대해야 했다. 선원 모집, 대포 설치, 선박 건조, 재정 등 펠리페의 부지런한 펜은 새해가 되기 전에 그 모든 것을 차례로 적어나갔다. 에스파냐에서 항상 그렇듯이 일은 천천히 진행되었지만 보충해야 할 시간도 많고 손질해야 할 빠진 부분도 많았기에, 펠리페가 봄까지 새로운 함대를 만들 수 있을 거라고 믿는 사람은 거의 없었다. 하지만 그가 결국 함대를 갖게 되리라는 것은 아무도 의심하지 않았다.

그러는 동안 펠리페는 이미 일어난 일을 받아들이려고 애썼다. 그 첫걸음은 에스파냐 주교들에게 쓴 10월 13일자 편지였다. 그는 그들이 이미 알고 있을 소식을 간단히 이야기하고 해전의 불확실성에 대해 상기시킨 뒤 이렇게 말을 이었다. "우리는 하느님께서 하신 일을 칭송해야만 합니다. 나는 지금 하느님께서 보여주신 자비에 감사를 드립니다. 아르마다가 항해한 폭풍우 속에서 배들은 더 나쁜 운명을 겪을 수도 있었습니다. 함대의 불운이 더 커지지 않은 것에 대해서는 아르마다의 성공을 빈 기도에 모든 공이 돌아가야 할 것입니다. 그렇게 열심히 끈기 있게 드린 기도 말입니다." 그리고 그는 주교들에게 기도를 중단해도 좋다고 정중하게 밝혔다. 더는 배가 귀향할 것 같지 않았기 때문이다. 이때쯤 벌써 에스파냐에서는 아르마다의 패배를 신이 보낸 바람 탓으로 돌리기 시작했다.

영국인들과 네덜란드인들이 그것을 바람 탓으로 돌린 이유는 쉽게 이해할 수 있다. 엘리자베스가 하워드에게 수여한 훈장에는 "하느님께서 숨을 내쉬자 그들은 흩어졌다"는 말이 새겨져 있다. 네덜란드 훈장에도 비슷한 말이 적혀 있다. 처녀 여왕 엘리자베스와 프로테스탄트 신앙을 보전하는 데 성공했음을 라틴어 시(詩)로 축하한 시인들은 신께서 특별히 준비하신 폭풍우로 에스파냐군 수천 명을 익사시켜주셨음을 찬양하느라 바빠서 영국 함대의 공훈에 대해서는 언급할 시간이 거의 없었다.

물론 영국 함대는 아르마다가 날씨 문제로 고전하기에 앞서 더 좋은 배와 더 좋은 포로 전투에서 승리했다. 아일랜드 앞바다의 패배조차도 폭풍우 때문이라기보다는 드레이크가 세인트빈센트 곶에서 태운 널빤지 때문이었다. 그러나 적의 멸망을 신의 직접적인 개입으로 여길수록 신이 프로테스탄트라는 사실이 명확해질 터였고, 아르마다에게 일어났던 모든 일은 프로테스탄트 신이 의도한 바가 된다. 그래서 거친 아일랜드인들에 의한 학살, 거대한 에스파냐 배와 작은 영국 배, 갑판 아래 만들어놓은 특별 대피소에 숨은 비겁한 에스파냐 총사령관, 그리고 갤리언선을 날려버리고 바다로 뛰어든 수치스러운 포병 같은 다른 전설과 마찬가지로 아르마다를 궤멸한 엄청난 폭풍도 하나의 전설이 되었다.

이상한 것은 이 모든 전설이 영국에서와 마찬가지로 에스파냐에서도 별로 다르지 않았다는 점이다. 심지어 "안전을 위해 자기 배 바닥에 숨은" 메디나 시도니아에 관한 것도 그랬다. 그것은 〈리처드 리의 방에서 발견된 편지의 사본(A Copy of a Letter ... found in the chamber of Richard Leigh)〉을 쓴 어떤 영국 작가가 제 나라 사람들에게 재미를 주려고 처음부터 끝까지 꾸며낸 것이었다. 작은 영국 배와 거대한 에스파냐 배에 관한 이야기는 문학에 심취한 풋내기 선원이 아마도 와이트 섬에서 다른 전함들은 보지 못하고 영국 종범선 무리와 육중한 우르카 소함대를 비교했을 때부터 시작되었을 것이다.

언뜻 생각하기에 가장 이해하기 힘든 것은 어째서 에스파냐 사람들이 폭풍우에 관한 신화를 받아들였는가 하는 점이다. 당연히 영국인들은 신이 자신들과 함께한다는 구체적인 증거를 환영했다. 그러나 어째서 에스파냐 사람들은 신이 자신들을 적대하며 그들의 함대가 인간이 아닌 신의 바람과 파도에 대항해서 헛되이 싸웠다는 견해를 받아들여야만 했을까? 그런데 그것을 이해하기 힘들다는 것은 처음 생각일 뿐이다. 패배가 인간의 손이 아닌 신의 손에 의해 이루어졌다고 받아들이는 편이 언제나 더 쉬운 법이며, 유대 · 기독교 전통에는 명백히 비합리적인 행위들이 신의 영역에서 설명되는 경우가 아주 많다. 이번에 신이 자신들을 패배하도록 내버려두었다고 해서 그것이 에스파냐군은 신을 위해 싸우지 않았다거나 신이 끝까지 자신들을 버려둘 것이라는 뜻은 아니었다.

기독교 금욕주의를 추구하던 또 다른 인물인 멘도사는 아르마다가 패배했다는 비통한 사실을 온전히 받아들인 뒤 상당히 설득력 있고 교묘하게 자기 군주에게 그 점을 지적했다. 그는 폄하에 대한 용서를 구하며 말하기를, 가장 고귀한 십자군조차, 심지어 성 루이(St. Louis)조차 언제나 승리만 한

560

것은 아니라고 했다. 인간의 죄는 너무나 많고 무거워서 신이 내리는 어떤 처벌도 부당하지 않지만, 신은 진정으로 신을 사랑하는 이들을 위해 벌을 내리신다. 때로는 다음 세상에서와 마찬가지로 이 세상에서도 그렇다. 그것은 신을 위해 싸우는 이들이 겸손을 통해 승리하는 법을 배우라고 그러시는 것이다. 펠리페는 이 문장에 밑줄을 긋고 깊이 동의한다는 말을 여백에 써 넣었다.

겸손을 통해 승리하는 법을 배운다! 그해 겨울 내내 펠리페는 자기가 저지른 실수들을 엄밀히 조사했다. 함대의 이질성을 해소하기 위해 다음번에는 더 좋은 배와 어느 정도 통일된 기준이 있어야 했다. 장거리포의 부족을 해소하기 위해 다음번에는 컬버린포와 반컬버린포를 더 많이 준비해야 했다. 또 분열된 명령 체계, 비협조, 수심이 깊은 항구의 부족도 문제였고, 심지어 네덜란드 해안의 바닷물을 다루는 방법도 파르마와 그 밖의 사람들 모두가 부주의했던 중요한 문제였다. 펠리페는 기막힌 해결책에 도달하지는 못했지만 최소한 문제를 직시하고 아직도 해야 할 일이 얼마나 많이 남았는지를 깨닫기 시작했다. 패배의 충격 때문에 펠리페는 메리 스튜어트가 죽은 이후로 계속 빠져 있던 잠결 같은 혼수상태에서 깨어났다. 나머지 통치 기간 동안 그는 다시 '신중한 왕'으로 되돌아가 소심해 보일 정도로 조심하고 주저하고 지켜보고 재고하면서 어떤 일을 섭리에 맡기기 이전에 할 수 있는 한 모든 우연의 가능성에 대비했다.

믿을 만하고 그럴듯하게 들리는 일화가 하나 더 있다. 언제인지는 알 수 없지만, 1588년에서 최소한 1, 2년쯤 흐른 뒤일 것이다. 펠리페는 산 로렌소의 안뜰을 걷다가 배나무 가지를 손질하던 한 정원사가 이렇게 많은 일을 했으니 신께서 약속된 열매를 그냥 말라 죽도록 허락하시지는 않을 거라고 단언하는 말을 듣게 되었다. 그러자 펠리페는 큰 소리로 그를 불렀다. 평소에 수사들을 대할 때보다 더 엄한 목소리였다. "니콜라스 수사! 그대가 하는 말을 삼가시오! 신의 뜻을 감히 추측하는 것은 불경이며 신성모독에 가깝소. 그것은 교만함에서 나오는 것이오." 그러고는 좀 더 부드럽게 말을 이었다. "니콜라스 수사, 왕이라 해도 신의 뜻을 모른 채 그 뜻이 이루어지는 데 쓰이도록 복종해야 한다오. 이용하려는 목적으로 신의 뜻을 구해서는 절대로 안 되는 법이오."

34장_조금도 당황하지 않은

리치먼드, 1589년 새해 첫날

엘리자베스는 그해 크리스마스를 리치먼드에서 보냈다. 비와 진눈깨비
가 많이 오는 궂은 계절이었고, 새해 첫날에는 큰 폭풍이 불어와 런던 인근
의 모든 주에서 굴뚝 꼭대기의 통풍관이 무너지고 지붕이 날아가 버렸다.
그러나 리치먼드 성에서는 난롯불이 높이 타올랐고 향연과 춤, 광대놀이와
성 바울 성당 어린이들의 연극, 엘리자베스까지 참석하는 흥겨운 잔치가 벌
어졌다. 그리고 새해 첫날에는 값비싼 선물을 주는 연례행사가 있었다. 엘
리자베스가 하워드에게 준 선물은 그녀의 평소 씀씀이를 고려해보면 엄청
난 것이었다. 시모어 경과 다른 귀족들도 그들의 봉사에 대한 보답으로 멋
진 기념품을 받았다. 버흘리는 엘리자베스에게 승리를 기념하는 상징물이
찍힌 커다란 황금 접시를 바쳤다. 그녀의 충실한 대신 워릭(Warwick)은 반
짝이는 루비와 다이아몬드, 진주를 박아 넣고 금을 묵직하게 달아놓은, 공

들여 짠 사스닛[229]을 바쳤다. 하워드는 워릭의 것만큼 비싸지는 않지만 자신이 받은 은박 접시만큼 값비싼 사스닛 직물을 바쳤다.

　그러나 평범한 잔치 분위기 속에서도 궁정이 변하고 있다는 사실을 몰라볼 수는 없었다. 엘리자베스가 자기보다 나이가 그리 많지 않다고 여겼던 사촌 헌스던 경(Lord Hunsdon), 즉 체임벌린 경은 어느새 관절이 뻣뻣해지고 머리에는 새하얀 백발이 내려앉아 있었다. 감사관인 제임스 크로프트 경은 헌즈던보다 몇 살 많지 않은데도 상당히 늙어버린 것 같았다. 플랑드르에서 돌아온 그를 늙게 만든 것은 반역의 속삭임이었는지도 모른다. 파르마와의 어리석은 거래가 그의 나이 드는 세월에 주의를 돌리게 했을 것이다. 크로프트의 정적인 월싱엄은 엘리자베스보다 나이가 그리 많지 않은 젊은 사람이었는데도 역시 늙어 보였다. 메리의 운명이 위기에 처해 있을 동안 침대를 지키게 만들었던 그의 병이 한낱 꾀병은 아니었던 것이다. 버흘리는 더 이상 늦게까지 깨어 있는 날이 거의 없었다. 통풍이 심해 회의 탁자에서 아침 업무를 마칠 수 있는 날은 감사해야 할 정도였다. 노령, 질병, 죽음이 그 친밀한 대열에 빈자리를 만들어주었다. 그 공간 중 가장 눈에 띄는 것은 키가 크고 자신감이 넘치는 한 사람이 오랫동안 채우고 있던 자리였다. 그는 얼굴이 더 붉어지고 수염이 하얗게 될수록 점점 더 뚱뚱해졌으나 엘리자베스가 주연인 연극에서 상대역을 맡겠다고 주장했고, 또 풍채로 보아 거기에 적합한 사람이기도 했다. 9월 초 벅스턴(Buxton) 온천에 가는 길에 레스터는 엘리자베스에게 쾌활한 인사와 가벼운 염려가 남긴 글

---

229) 얇은 비단

을 한 줄 보냈다. 며칠 뒤 엘리자베스는 레스터가 죽었다는 말을 들었다. 그녀는 그 쪽지에다 "그의 마지막 편지"라고 적고서 그것을 잘 간수했다. 엘리자베스 튜더가 사랑한 남자가 있다면 그것은 로버트 더들리(레스터)였다. 그녀가 새해 첫날 리치먼드에서 그리워한 얼굴이 있다면 그것은 바로 그의 얼굴이었다.

엘리자베스는 오랜 친구들에게 충실했다. 변덕으로 악명 높은 그녀였지만 시종들은 거의 바꾸지 않았다. 그러나 그녀는 새로운 얼굴에게서 자극을 받았으며, 공백을 채워줄 만한 새로운 얼굴도 많았다. 예를 들어 젊고 잘생긴 사마관 에식스 백작이 있었다. 당시 그와 월터 롤리[230]는 학창 시절의 라이벌처럼 서로를 견제했는데 이는 어리석은 짓이었으나 한편으로는 그가 얼마나 젊은지를 사람들에게 일깨워주었다. 하지만 그가 적절한 지도를 받았다면 복잡한 궁정 발레에서 그의 의붓아버지 레스터처럼 그 어려운 춤을 우아하고 단호하게 추었을 것이다. 그리고 어쩌면 시간이 지나 레스터의 공백을 메웠을 것이다. 프리마 발레리나는 아무리 살짝이라도 때때로 몸을 기댈 수 있는 손이 필요한 법이다.

엘리자베스로 말하자면 다른 사람은 나이나 건강, 피로 때문에 춤에서 빠지더라도 자신은 결코 그럴 생각이 없었다. 그녀는 이미 이 새로운 춤의 첫 스텝을 추었고, 옛날의 춤처럼 이번 춤도 주도할 수 있다고 믿었다. 지난 9월 7일이 55회 생일이었지만, 자신은 예전만큼 건강하고 뭐든 할 수 있으며 젊다고 느끼고 있었다. 그녀는 최소한 젊은이들과 보조를 맞출 수 있었고,

---

230) 1552~1618. 엘리자베스의 궁신이자 항해가, 역사가, 시인

몸에 숨이 붙어 있는 한 계속 그렇게 할 작정이었다. 거의 12년쯤 뒤 67세가 되었을 때 엘리자베스가 계획하고 있는, 시간이 걸릴 일들에 대해 대신들이 투덜대자 그녀는 이렇게 말했다. "늙은이들은 뒤에 물러서 계시고 젊고 능력 있는 사람들만 나와 함께합시다."

크리스마스 무렵에 이미 순조롭게 준비 중이던 다음 해 여름의 원정 계획은 젊고 능력 있는 사람들, 대담한 공격을 좋아하는 모험적인 젊은이와 전문적인 군인을 위한 것이었다. 이번에는 드레이크가 함대를 지휘할 것이었다. 하워드는 어쩌면 지나치게 신중했는지도 몰랐다. 블랙 잭 노리스가 육군을 지휘하고, 그와 드레이크가 리스본을 주요 목표로 삼아 포르투갈을 전면 침공할 것이었다. 포르투갈 왕좌에 대해 권리를 주장하는 크라투(Crato)의 돈 안토니우(Don Antonio)도 함께 가서, 그가 일단 포르투갈 땅에 발을 들여놓기만 하면 그의 충성스러운 백성들이 하나로 일어나 에스파냐 침략자들을 국경 너머로 몰아낼 것이라는 그의 반복된 장담을 시험해볼 기회도 만들 것이었다. 운이 따르면 그 원정은 펠리페의 문간에서 전쟁을 일으켜 그로 하여금 다른 나라에 해를 끼치지 못하도록 고향에서 정신없게 만들어 줄 수도 있었다.

엘리자베스는 그렇게 되기를 바랐다. 아르마다에 대한 대비, 다가올 적에 대한 오랜 기다림, 그리고 특히 에스파냐 군대가 그라블린에서 달아난 이후 육지와 바다에서 장기화된 병력 동원은 많은 돈을 지출하게 만들었다. 새 의회를 여는 수밖에 다른 도리기 없었지만, 첫 회합은 2월까지 연기되었다. 과거 의회에서 정한 지난번 보조금을 거둘 때까지는 새 보조금을 요청하지 않는 것이 요령이라 생각되었기 때문이다. 엘리자베스가 자기 백성들을 잘 알고 있다 해도 그들은 이번 전쟁에 돈을 대는 일에 과거처럼 그리 열성을 보이지 않을 것이었다. 메디나 시도니아와 파르마와 윌리엄 앨런이 실패한 곳에서 드레이크와 노리스와 돈 안토니우가 성공하지 못하면 표결이 어떻게 나더라도 이번 회합은 그저 첫 번째 불입(拂入)에 그칠 것이었다. 하지만 펠리페는 완강한 사내였다. 전쟁이 수년을 갈 수도 있었다.

엘리자베스는 헛된 후회에 깊이 빠진 적이 한 번도 없었다. 신중하게 따져본 것처럼 정말로 전쟁이 계속 이어진다면 그녀는 그 상황을 최대한으로 이용하는 법을 배워야 할 것이었다. 과거에 그녀는 때때로 전쟁과 구분이 되지 않는 평화를 추구했었다. 미래에는 가능한 한 평화와 닮은 전쟁을 치러야 할 것이었다. 영국 땅에서 싸움이 벌어지지 않고 인간의 본질이 세금에 휘둘리지 않는 한, 진을 치고 있는 섬에서의 생활이 프랑스나 네덜란드의 삶에 비해 충분히 평화로워 보일 것이었다. 엘리자베스에게는 그런 상태가 지속되는 것이 승리를 거두는 것보다 늘 더 중요했다.

엘리자베스가 승리를 기뻐하지 않는 것은 아니었다. 그녀는 틸버리 방문 이후 백성들과 더없이 가까워진 느낌이었다. 백성들은 이제 사냥이나 이동을 위해 횃불을 밝히고 이 성에서 저 성으로 떠나는 여왕의 모습을 조금이라도 보기 위해 아이들을 어깨에 올리고 몇 마일씩 걸어오거나 몇 시간이고 끈기 있게 서 있었다. 엘리자베스가 밖으로 나갈 때면 말과 마차 주변에 항상 사람들이 몰려들어 호위대가 길을 뚫지 못할 지경이었으며, 축복과 애정이 담긴 외침 소리가 언제나 하늘 가득히 울려 퍼졌다. 즉위 30주년이 지난 일요일에 깃발과 화환으로 화려하게 꾸민 행렬이 무릎을 꿇고 환호하는 사람들로 붐비는 거리를 뚫고 위풍당당하게 성 바울 교회로 들어서는 모습은 마치 두 번째 즉위식이라도 치르는 것처럼 보였으며, 어떤 면에서는 그보다 더 만족스러웠다. 이미 성취된 약속이 지키기로 한 약속보다 더 만족스러운

까닭이었다. 엘리자베스가 전쟁 중에 영국을 통치하는 자신의 능력에 대해
의심한 적이 있다 해도, 이제 더는 그렇지 않았다.

에필로그

뉴욕, 1959년 새해 첫날

역사가들은 아르마다의 패배가 사실상 '세계사의 결정적인 전투' 중 하나라는 데 동의한다. 그러나 그것이 무엇을 결정지었는지에 대해서는 그다지 의견이 일치하지 않는다. 그 전투가 영국과 에스파냐 사이의 전쟁 문제를 결정짓지 못했다는 것은 확실하다. 어떤 함대도 드레이크에게 맞서지 않았고, 블랙 존 노리스에 대항한 것도 지역 방위군뿐이었지만 1589년 영국의 포르투갈 원정은 참담한 실패로 끝났으며, 그 후 전쟁은 엘리자베스가 살아 있는 동안 거의 14년 이상을 끌다가 끝내 무승부로 끝이 났다. 어떤 역사가들은 아르마다의 패배가 "에스파냐 식민제국의 쇠락과 영국의 번영을 가리키는 전조"라고 말한다. 그들이 왜 그렇게 생각하는지는 이해하기가 어렵다. 1603년까지 에스파냐는 영국에게 해외 식민지를 단 하나도 빼앗기지 않았으며, 그동안 영국은 북아메리카의 버지니아 주 식민 사업을 상당히 오래 끌고 있었다. 아르마다의 패배로 "제해권이 에스파냐에서 영국으로 넘어간" 것도 아니었다. 대서양에서 영국의 해군력은 통상 카스티야와 포르투갈을 합친 것보다 더 우세했지만 1588년 이후에는 거의 차이가 없었다. 아르마다의 패배는 에스파냐 해군의 끝이라기보다는 오히려 시작이었다. 영국군은 에스파냐 해안을 약탈할 수는 있어도 봉쇄할 수는 없었다. 드레이크와 호킨스는 펠리페가 신대륙에서 얻는 재정 수입을 차단함으로써 그를 무릎 꿇리겠다는 꿈을 꾸었지만, 사실 1588년부터 1603년까지 에스파냐 역사상 그 어느 15년간보다도 더 많은 아메리카의 보물이 에스파냐에 도착했다. 영국과 에스파냐의 전쟁 기간에는 어느 쪽도 바다를 제패하지 못했다.

아르마다의 패배가 엘리자베스 시대의 기질인 경쾌한 낙천주의를 낳았으며, 엘리자베스 치세의 마지막 15년을 특징짓는 문학 천재들의 폭발적 등장을 이끌어냈다는 말도 있다.

삼면에서 군대가 쳐들어온다 해도 무서울 것이 없습니다.
우리는 그들에게 충격을 안겨줄 것입니다.

〈존 왕(King John)〉에 나오는 이 구절이 대개 실례로 인용된다. 하지만 1588년 이전의 15년에 비해 이후의 15년 동안 영국에서 "경쾌한 낙천주의" 가 더 널리 퍼져 있었다고 증명하기란 어려운 일이어서, 한 국민의 전체 분위기와 기질을 단호하게 한 구절로 특징짓는 사람들조차도 이 구절의 전반부가 갖는 타당성에는 의심의 눈길을 던진다. 후반부가 아르마다의 패배와 전성기를 맞은 엘리자베스 시대 연극 사이의 인과관계를 가리킨다는 주장은 반박하기 힘들지만, 시간관계를 인과관계와 혼동하지 않고서는 그것을 증명하기가 훨씬 더 힘들다. 영국에서는 에스파냐에서처럼 아르마다의 원정과 문학작품 사이의 연관이 뚜렷하지 않다. 이것은 흔한 이야기인데, 아르마다가 리스본에서 원정을 떠나기 몇 주 전쯤, 별 볼 일 없는 시인이면서 레판토 해전에서 불구가 된 한 퇴역 군인이 회계 업무를 맡게 되었다. 그의 회계장부는 너무나 복잡해서 마치 그가 국가를 속여 돈을 벌려고 하는 것처럼 보였다. 그는 누군가 그의 회계장부를 바로잡아줄 때까지 투옥되었다. 이렇게 강요된 자유 시간에 그는 〈돈키호테(Don Quixote)〉 집필을 시작할 시간을 얻었다. 이것은 패배가 승리만큼이나 천재성을 자극하고 역사에서 상당한 기반을 제공받을 수 있는 명제임을 나타낸다. 아르마다가 원정에 나섰든 안 나섰든 세르반테스와 셰익스피어는 원래대로 많은 글을 썼을 것이다. 아르마다의 패배로 반(反)종교개혁운동231)이 유럽 전역에서 성공할 수 없었다고 말한 프루드(Froude), 모틀리(Motley), 랑케(Ranke), 미슐레(Michelet) 같은 과거의 역사가들은 훨씬 더 나은 견해를 갖고 있다. 메디나시도니아는 그 해전에서 승리하기 위해 할 수 있는 일이 아무것도 없었는지 모른다. 그러나 하워드는 분명 승리의 기회를 놓칠 수도 있었다. 만일 그랬다면 아마 파르마의 군대가 영국 국경을 넘을 방법을 찾을 수 있었을 것이다. 파르마가 상륙해서 뜻한 바와 같이 로체스터를 함락시켰다면, 그리고 템스 강에서 승전한 아르마다의 지원을 받아 런던으로 진격했다면, 영국과 유럽 대륙에서 역사의 흐름은 어떤 식으로든 바뀌었을 것이다. 파르마가 영

---

231) 16세기 종교개혁에 반대하는 로마가톨릭교회의 개혁 운동

국 정복이나 엘리자베스 폐위에 실패했다고 해도 에스파냐가 제한적이나마 승리했다면 종교개혁은 심각한 치명상을 입었을 가능성이 있다.

그러나 에스파냐군이 바다에서 승리를 낚아챘다고 해도, 평화가 찾아왔을 때 유럽의 모습은 결국 많이 달라지지 않았을 것이다. 펠리페와 군사 고문들은 이단을 쓸어내고 기독교 세계에 에스파냐 국왕의 가톨릭 평화를 가져오는 위대한 성전(聖戰)을 꿈꾸었다. 드레이크와 그의 동료 청교도들은 적 그리스도가 왕좌에서 내동댕이쳐질 때까지 전 유럽에 종교 혁명을 퍼뜨리겠다는 꿈을 가졌다. 이 두 가지 꿈은 모두 현실에서 크게 벗어나 있었다. 가톨릭 연합이나 프로테스탄트 연합은 필요한 일체성을 지니지 못했고 필요한 힘을 결집시키지 못했다. 사상 체계는 범위가 보통 자기 한정적이지만, 사람이나 민족보다 멸하기 어렵다. 그러므로 온갖 종류의 전쟁 중에서 사상 체계에 대한 전면전(全面戰)의 성격을 띠는 성전은 승리를 거두기가 가장 어렵다. 바로 이런 특성 때문에 에스파냐와 영국의 전쟁은 결정적이지 않았으며, 사람들이 바뀌지 않으니까 그 구체적인 교훈조차도 헛된 것으로 드러났다. 유럽은 나중에 30년이나 더 전쟁을 치르고 나서야 성전이 서로 다른 의견을 화해시키기에는 빈약한 방법이며, 둘 이상의 사상 체계가 서로 치명상을 주지 않고도 함께할 수 있음을 깨달았다.

그러나 아르마다의 패배는 한 가지 면에서 결정적인 사건이었다. 전투에 참여한 사람들보다는 지켜보는 사람들에게 더욱 그랬다. 아르마다가 예상 밖으로 잘 싸웠기 때문에 양쪽 전문가들에게 그리블린의 결과는 놀라운 것이었다. 그러나 영국 사람들과 에스파냐 사람들은 승리의 저울이 어느 쪽으로 기울어질 것인지 확신할 수 없었으며, 다른 나라 사람들도 마찬가지였다. 프랑스, 독일, 이탈리아는 에스파냐라는 거인이 승리에 승리를 거듭하며 진격하는 것을 보아왔다. 점점 명백해지는 신의 계획과 미래의 물결인 섭리가 에스파냐에 있는 것처럼 보였다. 비록 에스파냐가 지배할 것이라는 전망에는 전혀 기뻐하지 않았지만 프랑스, 독일, 이탈리아의 가톨릭들은 에스파냐가 신의 교회를 지키는 수호자로 확실히 선택받은 것을 가톨릭으로서 축하했다. 그동안 각지의 프로테스탄트들도 그만큼 겁을 먹고 당황스러워했다. 아르마다가 영국해협의 오랜 지배자들에게 그들의 집 앞에서 도전했을 때, 임박한 분쟁은 누가 천벌을 받을지를 가르는 결투의 양상을 띠게되었다. 그런 결투에서 기대할 수 있는 것은 신께서 옳은 자를 지켜주신다는 믿음이었다. 이 분쟁의 해에 관한 불길한 예언, 너무나 오래되고 외경스러워 가장 깨어 있고 회의적인 이들조차 무시해버릴 수 없던 예언 때문에 이 결투의 엄숙함은 더욱 커졌다. 그래서 두 함대가 지정된 전쟁터로 나아갈 때 전 유럽이 지켜보고 있었다.

양측의 목격자들이 보기에는 모든 사람이 믿고 있듯이 이상한 폭풍의 힘이 가져온 그 전투 결과가 사실상 결정적인 것이었다. 프랑스, 네덜란드, 독일, 스칸디나비아의 프로테스탄트들은 언제나 믿어온 것처럼 신이 실제로 자신들의 편임을 안도하며 확인했다. 프랑스, 이탈리아, 독일의 가톨릭들도 에스파냐가 결국 신이 선택한 수호자가 아니라는 사실을 거의 똑같은 안도감을 가지고 확인했다. 에스파냐의 우세가 한 세대 이상 더 지속되긴 했지만 그때부터 에스파냐의 전성기는 지나가 버렸다. 특히 프랑스는 블루아에서 앙리가 기즈를 암살하는 쿠데타를 일으킨 이후 오스트리아 가계(합스부르크)에 대해 균형을 유지하는 역할로 되돌아가기 시작했고, 유럽의 자치권이 합스부르크 가에게 위협받는 동안 그 자치권을 지키는 최고 보증인이 되었다. 만약 그라블린에서 영국의 승리가 없었더라면, 그리고 아일랜드에서 온 소식으로 그 사실을 입증하지 못했더라면, 앙리는 가톨릭동맹의 굴레를 벗어던질 용기를 결코 짜내지 못했을지도 모른다. 그러면 유럽의 역사는 엄청나게 달라졌을 것이다.

그래서 그 이후에 길고도 어정쩡한 에스파냐와 영국의 전쟁[232]이 있었음에도 불구하고 아르마다의 패배는 정말로 결정적이었다. 그것은 종교적 일체성을 중세 기독교 세계의 계승자들에게 강제로 다시 부과할 수 없다는 점을 확인시켜주었다. 가장 개연성 있는 결과를 입증해주는 그것이야말로 우리가 결정적이라고 부르는 전투의 전부일 것이다. 파르마가 남부 지방들[233]을 다시 정복했던 것처럼 에스파냐를 위해 홀란트와 제일란트를 다시 정복할 수 있었을지는 결코 알 수 없다. 1588년 이후 그에게는 전혀 기회가 없었으며, 빈약한 그의 병력 중 너무 많은 수가 프랑스의 새 왕인 나바르[234]에게 대항하는 가톨릭동맹을 지원하러 가야 했다. 현대 유럽의 특징인 영토에 따른 국가 형태, 궁극적으로는 "민족에 따른" 국가 형태가 나타나고 있었고, 1588년 이후에 주요 국가들은 외부에서 부과된 신앙 체계를 따르지 않고 자유를 누릴 수 있었을 뿐 아니라 자유롭게 개별적 잠재성을 개발해나갈 수 있게 되었다. 유럽의 강국들이 서로에게 회복 불가능한 위해를 가할 만큼 충분히 강하지 않았고 이후 몇 세기 동안도 그럴 것이었기 때문에, 철저한 파멸로부터 안전을 구분하기 위해 자유를 어떻게 결합할 것인가 하는 문제는, 그

---

232) 1589년에서 1603년까지

233) 벨기에

234) 앙리 4세. 재위 1589~1610. 1610년 5월 14일 한 가톨릭 광신자의 손에 암살되었다.

문제를 해결해야 하는 세기로 넘겨질 수 있었다.

한편 아르마다 사건은 과거 속으로 잊혀감에 따라 역사에 또 다른 방식으로 영향을 주었다. 안개 같은 황금시대의 아득함으로 과장되고 왜곡된 아르마다 이야기는 전제정치에 대항하여 자유를 수호하는 영웅적인 교훈담이자 강자에 대한 약자의 승리, 골리앗에 대한 다윗의 승리라는 영원한 신화가 되었다. 그것은 암울한 시기에 인간의 용기를 불러일으켰으며, 사람들은 서로에게 "우리가 한번 해낸 일이라면 다시 할 수도 있다."고 말하게 되었다. 이런 점에서 보면 에스파냐 무적함대의 패배에 관한 전설은 실제 사건만큼이나, 어쩌면 그보다 훨씬 더 중요하게 되었다.

옮긴이 후기

역사상 가장 잘 쓰인 역사책

버클리에서 역사학을 공부하는 학생이라면 누구나 학사 논문을 쓰기 위해 'History 101'이라는 세미나를 들어야 했다. 나는 운 좋게 존경하던 프란츠 셔먼 선생님이 지도하는 세미나를 듣게 되었다. 선생님은 우리에게 책 10권을 읽게 하셨다. "역사상 가장 잘 쓰인 역사책들"이라는 제목이 붙은 선생님의 리스트에는 인류의 첫 번째 역사학자 투키디데스의 〈펠로폰네소스 전쟁〉, 에드워드 기번의 〈로마제국의 쇠퇴와 멸망〉에서부터 레이 황의 〈1587-아무 일도 없었던 해〉에 이르기까지 다양한 책이 있었다. 그중 하나가 바로 이 책, 1959년 영국 옥스퍼드대 교수 개릿 매팅리가 쓴 〈아르마다〉였다.

저자에 대해 들어보지도 못했을 뿐 아니라 16세기 유럽이라는 주제가 다소 따분하게 느껴져 처음에는 읽을 엄두가 나지 않았다. 하지만 헌책방에서 구입해서 해 질 무렵 카페에서 읽기 시작한 이 책을 다음 날 아침이 되어서야 손에서 놓을 수 있었다. 400쪽이 넘는 책을 한 번도 쉬지 않고 읽기는 처음이었다. 이 책을 읽은 친구들과 후배들의 이야기를 들어보면 이 책을 단숨에 다 읽은 사람은 내가 처음이 아니었다. 물론 마지막도 아닐 것이다.

내가 〈아르마다〉에 매혹이 된 이유는 여느 역사서 같은 딱딱한 설명서가 아니라 작가의 문학적 상상력과 독특한 화법이 곁들여져 마치 소설을 읽는 듯한 긴장감과 재미를 느끼게 해주기 때문이다. 매팅리가 이 책에서 다룬 수많은 역사적 인물의 심리묘사는 너무나 생생하여, 마치 살아 있는 인물을 눈앞에서 대하는 듯한 착각마저 일어날 정도였다.

즉, 매팅리는 우리가 익히 알고 있는 역사 서술 방식의 전형을 파괴하고 새로운 형식의 서술 방식을 보여준 것이다. 물론 역사 기술에서 개인의 상상력은 충분한 고증과 사료를 근거로 해야 그 가치를 발한다는 사실을 그가 잊지 않았음은 당연하다. 무려 7개 국어에 능통한 매팅리는 이 책을 쓰기 위해 20년 동안이나 에스파냐, 영국, 네덜란드, 프랑스 등지를 돌아다니며 거대한 분량의 문서와 편지, 관련 사료를 연구했다. 그렇기 때문에 믿을 수 없을 만큼 섬세한 이 책 속의 서술은 모두 역사가가 가져야 하는 진실성에서 전혀 벗어나지 않는 것이다.

10년 후 내가 하버드 대학원에 진학했을 때도 〈아르마다〉는 여전히 역사학과 학부생의 독서 리스트에 들어 있었다. 세상에 나온 지 이제 50년이 넘었는데도 여전히 미국 일류 대학 역사과 학생들의 필독서일 뿐 아니라, 역사책인데도 불구하고 미국 대학생 권장도서 추천위원회의 교수들이 미국 대학생들에게 추천한 도서목록 중 가장 많이 언급했다는 사실은 결코 우연이 아니다. 역사에 관심이 없는 학생들도 쉽고 재미있게 읽을 수 있기 때문이다.

'아르마다'란 당시 제해권을 둘러싸고 에스파냐가 영국을 침공하려고 파견한 소위 '무적함대'를 지칭한다. 매팅리는 두 나라의 이 해전을 단순한 전투사의 차원을 넘어서 가톨릭(구교) 세력과 프로테스탄트(신교) 세력 사이에서 발생한 이데올로기적이며 국제정치적인 성격을 가진 전면전이라는 시각에서 분석하고 있다. 사실 그는 16세기 유럽에서 가톨릭과 프로테스탄트라는 사상 체제의 대립 구도가 20세기를 지배했던 두 사상 체제(사회주의와 자본주의)의 그것과 유사하다고 생각했다. 그 당시 가톨릭 진영에게 프로테스탄트 세력은—20세기의 자본주의국가들이 사회주의국가들에게 느끼는 것과 똑같이—위험하기 짝이 없는 혁명적 이념으로 비쳤다. 냉전의 긴장이 최정점이었던 1950년대에 이 책이 출판된 것은 결코 우연이 아닐 것이다.

16세기 중반부터 유럽의 정치적인 판도는 가톨릭과 프로테스탄트 세력으로 양분되었으며 따라서 국가 간의 최대 이슈는 재외공관에 부설된 예배당의 문제였고, 이 문제로 영국과 에스파냐는 16세기 중엽부터 첨예한 대립을 해왔다. 아르마다 전쟁은 이런 이데올로기 대립의 산물이었다.

또한 영국, 네덜란드 등 프로테스탄트 국가와 세계 최강국으로 군림하던 에스파냐를 중심으로 한 가톨릭 제국의 대리전이었던 이 전쟁은 이후 유럽의 역사적 판도를 결정짓는 중요한 전환점이었다. 당시 유럽은 민족주의나 국가주의가 나타나기 이전이었다. 그런데 아르마다 전쟁 이후로 민족주의가 대두하기 시작했고 유럽의 여러 나라는 서서히 또는 급격히 근대국가로 변화하기 시작했다. 전쟁 이후 주요 국가들은 교황의 권위로부터 자유로워졌을 뿐 아니라, 이전 시대의 절대적인 신앙 체계에서 벗어나 개별적인 잠재성을 개발해나갈 수 있게 되었다. 이것은 후에 산업혁명을 일으키는 중요한 원동력이 되었다. 아르마다 전쟁이라는 난타전 끝에 유럽 나라들이 중세 기독교의 종교적 일체성을 버리고 민족적 근대국가로 나아가게 되었다는 점은 유럽의 역사를 이해하는 데 이 책이 갖는 중요성이라고 할 수 있을 것이다.

수많은 미국인에게 감동을 준 이 아름다운 책을 나는 1998년에 한국 독자들에게 선보였었다. 오래전에 쓴 책이기 때문에 지금과는 다른 문법체계, 때로는 한 페이지 반을 넘기는 긴 문장들, 그리고 아름다운 문학적 표현을 제대로 살리기가 힘들었다. 한 언어를 전혀 다른 제2의 언어로 번역한다는 것은 그만큼 말 하나하나의 아름다움과 섬세함을 잃을 수밖에 없다는 것을 각오하고도, 문장 하나하나를 꼼꼼히 살피는 등 2년이나 심혈을 기울였다. 헌신적으로 노력을 했지만 나의 부족함으로 인해 초판에는 서툰 문장과 표현이 아주 많았다. 또 책의 흐름을 위해 의도적으로 번역하지 않은 부분들도 있었다.

14년 만에 〈아르마다〉가 다시 한 번 한국 독자들에게 소개된다는 것에 무척이나 기쁘다. 이번 개정판에는 초판의 문제점이 많이 개선되었다. 지소철 씨가 섬세하게 보충 번역 작업을 하여 초판에서 빼놓았던 부분들도 모두 실었다. 또한 저자의 문장의 특징과 매력을 최대한 살려냈다. 이번 개정판은 최고의 작품이라는 자부심이 있다. 많은 한국 독자가 이 책을 통해 내가 느꼈던 감동을 받을 수 있기 바란다.

이 책이 다시 나올 수 있도록 헌신하신 출판사 분들과 지소철 씨에게 고마움을 표하고 싶다. 첫 판 작업 때 나에게 도움을 준 친구들에게도 다시 한 번 감사의 인사를 건넨다. 개인적으로는 나에게 행복과 희망을 주는 주민규, 최진아에게 이 책을 바치고 싶다. Sante!

2012. 6
콜린 박

전체 자료에 관한 주

기록과 문서 모음

영국: 공공기록보관소(Public Record Office. 이하 P.R.O.)에는 브루스(Bruce), 로턴(Laughton), 코베트(Corbett)가 발표한 문서들의 원본과(아래 참고) 국내 방어에 관한 발표되지 않은 문서들이 보관되어 있다.

대영박물관(British Museum. 이하 B.M.). 옐버튼(Yelverton) 문서들과 1945년 이후 수집한 기타 문서들, 그리고 그 이전에 수집한 기록들 모두 도움이 되었다. (각 장에 관한 주석 참고)

옥스퍼드 대학교의 보들리언 도서관(Bodleian Library. 이하 Bod.)에는 메리 스튜어트의 죽음과 여타 그 시대 사건들에 관한 두 종류의 "통신문"과 발표되지 않은 제임스 라이엘(James P. R. Lyell)의 "에스파냐 무적함대의 몇 가지 특징에 관한 회고(Commentary on Certain Aspects of the Spanish Armada)"가 소장되어 있었고, 다수의 에스파냐 문서 사본들도 찾을 수 있었는데, 이 중 일부는 개인이 소장해서 일반적으로 접근이 불가능한 귀한 자료들일 뿐만 아니라 내가 확인할 수 있는 한 신뢰성이 담보된 것들이었다. 라이엘의 에세이 타자본이 하버드 대학교에도 한 부 소장되어 있다.

에스파냐: 시망카스 종합문서보관소(Archivo General de Simancas. 이하 Sim.)에는 아르마다 해전의 해사와 군사적 측면을 직접적으로 다룬 문서들이 상당히 많이 보관되어 있는데, 이 문서들은 대부분 발표된 것들이다. 그러나 상당히 많은 관련된 외교와 행정 문서들, 특히 알레산드로 파르네세(Alexander Farnese) 추기경과 베르나르디노 데 멘도사(Bernardino de Mendoza)의 서신은 내용이 완전히 공개되지 않았거나 문제가 되는 그 시대를 연구하는 데에 활용되지 않은 자료들이다. 마드리드의 주요 문서보관소에서는 아르마다 해전 연구에 중요한 자료 중 세상에 알려지지 않은 것들은 찾지 못했다.

프랑스: 파리에 소재한 주요 공문서 보관소 3곳 모두 도움이 되었다. 국립기록보존소(Archives Nationales. 이하 Arch. Nat.)에는 멘도사가 쓴 서신들이 마이크로필름에 보관되어 있을 뿐만 아니라, 가톨릭동맹과 '세 앙리의 전쟁'과 관련된 다양한 문서들이 보관되어 있다. 외무성 문서보관소(Ministère des Affaires Etrangères. 이하 Aff. Et.)에는 런던, 로마, 헤이그에서 보낸 보고서들이 소장되어 있다. 프랑스 국립도서관(Bibliothèque Nationale)의 사본들(이하 Bib. Nat. Mss)에서는 충분히 공개된 에스파냐에서 보낸 공문서들을 비롯해 영국에서 베리에브르(Bellièvre)와 샤토뇌프(Châteauneuf)가 보낸 서신들, 로마에서 피사니(Pisany)가 보낸 서신들을 찾아 Aff. Et.에서 찾은 문서들을 보충했으며, 기즈(Guise)와 '바리케이드의 날'과 관련된 상당량의 문서들을 찾아냈다. 현재 개인이 소장하고 있기 때문에 샤토뇌프의 다른 문서들은 찾아볼 수 없었다.

네덜란드: 헤이그 소재 중앙문서보관소(Rijksarchief)에는 암스테르담과 제일란트 해군 지휘관들이 보낸 공문서가 많이 보관되어 있으며, 지방의 여러 기록보관

소에도 내가 다 활용하기 벅찰 만큼 많은 기록이 있다.

이탈리아: 모든 주요 주의 문서보관소에 관련 자료가 남아 있다. 제노바, 밀라노, 나폴리, 팔레르모에서 찾은 문서 대부분에는 지중해의 방어 시스템, 신병 모집과 군수를 비롯해 이 책에서 꼭 다루어야 할 주제들이 담겨 있다. 베네치아 주립문서보관소(Archivio di Stato di Venezia. 이하 Ven.)에는 정치 관련 보고서가 많이 보관되어 있다. 토스카나(Tuscany) 대공은 본인 의사와 상관없이 강제로 아르마다에 갤리언선 한 척을 대여했기 때문에 전쟁의 진행 상황에 대해 관심이 지대했고, 그의 아들 역시 마찬가지였다. 따라서 피렌체 주립문서보관소(Archivio di Stato di Firenze. 이하 Flor.)에는 에스파냐 해군 사(事)에 관한 다양한 보고서와 관련 자료가 상당히 많은데, 활용하지 못한 것이 대부분이다.

그러나 바티칸 기록보존소(Vatican Archives. 이하 Vat.)에서는 새로운 자료를 대단히 많이 발견할 수 있었다. 식스토 5세는 아마도 동시대 그 어떤 군주보다도 유럽 각지에서 더 풍부하고 자세한 보고를 많이 받았을 것이다. 교황은 영국 침공에서 자신의 동반자였던 에스파냐의 펠리페 왕에게 특히 지대한 관심을 갖고 있었다. 이 주제와 관련된 유용한 문서들이 전부 'Lettere delle Nunziature'에 있는 것으로 밝혀졌기 때문에 나는 인용할 때 "Spagna 34"와 같이 권 번호와 장 제목만을 밝혔다.

출간된 자료들

이 연구에 필요한 외교 서신 중 완전히 인쇄되어 발표된 것으로는 ⟨Dépèches

diplomatiques de M. de Longlée, Résident de France en Espagne (1582–1590), A. Mousset 편 (1912)〉과 〈Négociations diplomatiques de la France avec la Toscane, ed. G. Canestrini and A. Desjardins, 4권 (1872)〉, 그리고 〈Relations politiques de la France et de l'Espagne avec l'Ecosse, ed. A. Teulet, 4권과 5권 (1862)〉이 유일한데, 마지막 자료는 다소 자의적으로 선별해 엮은 듯하다. 〈Calendar of State Papers, Foreign, 21권(4 파트), 22권 – 이하 C.S.P.F.〉은 영국 공공기록보관소에 보관된 모든 문서를 대부분 약간 축약해서 실은 것이긴 하지만 온전히 요약이 되어 있어 유용하다. 〈Calendar of State Papers, Venetian〉은 베네치아 기록보관소에 있는 관련 문서들을 훌륭하게 발췌 인용하고 있으며, 〈Calendar of State Papers, Spanish, Elizabeth, 4권 (1899)〉 역시 다소 신뢰성이 의심되긴 하지만, 시망카스 기록보관소의 관련 문서들을 잘 발췌해 싣고 있다.

아르마다 해전에 대한 영국 해군 문서들은 우월한 권한을 발휘해 로턴(J. K. Laughton)이 〈State Papers relating to the defeat of the Spanish Armada, 전 2권 (Navy Records Society, 1895)〉로, 코베트(J. S. Corbett)가 〈The Spanish War, 1585–1587 (Navy Records Society, 1898)〉로 출간했으며, 에스파냐에서 는 C. Fernandez Duro(이하 F.D.)의 〈La Armada Invencible, 전 2권 (Madrid 1885)〉와 에레라 오리아(E. Herrera Oria. 이하 H.O.)의 〈La Armada Invencible (Valladolid, 1929)〉가 출간되었다. 〈The Naval Miscellany (Navy Records Society, 1952)〉 4권에서 내시(G. P. B. Naish)는 그리니치 소재 국립해사박물관 (National Maritime Museum)에 소장된 에스파냐 문서들 일부와 대영박물관 문서 중 우발디니의 두 번째 이야기의 번역본을 실었는데, 위에 소개된 에스파냐와 영국의 책자들의 내용을 보충해주고 있다.

마우라(Maura) 대공(大公), 가브리엘 마우라 가마소(Gabriel Maura Gamazo)가 펴낸 〈El designio de Felipe Ⅱ (Madrid, 1957)〉에는 메디나 시도니아 가문의 문서보관소에서 그때까지 활용되지 않은 문서들을 모아 소개했는데, 이를 통해 메디나 시도니아와 펠리페 2세의 관계에 대해 새로운 사실들을 알게 되었다.

〈Calendar of State Papers, Domestic, Ⅱ (1581–1590)〉는 아르마다 해전 당시의 국내 방어와 영향 등에 관한 영국 공공기록보관소에 소장된 문서들의 안내서 역할을 해주고 있으며, 다센트(Dasent)가 쓴 〈Acts of the Privy Council and H. MSS. C. Salisbury Mss, 3권 (1899)〉 역시 많은 도움을 주고 있다.

당시의 기록들

나는 1587년에서 1590년 사이에 출간된 당대의 팸플릿과 브로드사이드 등 각종 인쇄물 중 아르마다와 직접적인 연관이 있는 것을 약 70에서 80종 정도 살펴보았다. 그 정도면 내가 아는 한 지금까지 그 어떤 자료 목록보다 많은 수이지만, 분명 더 검색을 해본다면 관련 자료를 더 찾을 수 있을 것이다. 그중엔 단순히 같은 내용을 재인쇄하거나 번역을 해놓은 것도 몇몇 있지만, 대부분은 각기 다른 나름의 시각과 내용을 담고 있다. 일부는 이전에 출간된 팸플릿 두어 개를 짜깁기한 것들이다. 또 어떤 것들은 순전히 상상해서 쓴 것들이고, 선전용 책자들도 있다. 이런 종류의 출판 수준이 전반적으로 당대인 16세기와 그 후의 시대에 별반 다르지 않기는 하지만, 나는 이 팸플릿들이 줄리안 코베트 경(Sir Julian Corbett)이 평가하는 것처럼 그렇게 하찮다고는 생각하지 않는다. 그 책자들에는 전투원들의 보고와 진술이 상세히 담겨 있는 경우도 있고, 이 보고들을 부연

설명하거나 다른 시각으로 평가하는 내용이 실려 있는 경우도 있다. 최소한 이 팸플릿들은 당대의 사람들이 일어나고 있다고 생각하는 바, 일어날 거라고 생각하는 바, 또는 누군가 일어나고 있다고 다른 사람들이 믿기를 원하는 바를 우리에게 말해주고 있다. 나는 기꺼이 그 자료들을 활용했고, 중요하다고 생각될 때마다 각각의 자료들을 인용했다.

같은 마음으로, 여타의 브로드사이드와 뉴스레터, 정치 팸플릿을 찾아낼 때마다 그것들을 활용했으며, 당대의 연대기 편자들과 과거의 역사학자들의 저술도 활용했다. 특히 많이 참고한 것에는 윌리엄 캠던(William Camden)의 〈Annales ... regnante Elizabetha, ed. Hearne, 전 3권 (1717)〉, 카브레라 데 코르도바(L. Cabrera de Córdoba)의 〈Felipe Ⅱ, Rey de España (1877)〉, 에레라(A. de Herrera)의 〈Historia general (1602)〉, 포레노(B. Porreño)의 〈Dichos y hechos del señor rey Don Felipe segundo (Cuenca, 1628)〉, 반 메테렌(E. Van Meteren)의 〈Histoire des Pays Bas (La Haye, 1618)〉, 콜로마(C. Coloma)의 〈Las guerras de los Estados Baxos (1625)〉, 스트라다(F. Strada)의 〈De bello Belgico (1647)〉, 두(J.-A.-de Thou)의 〈Histoire Universelle (Basle, 1742)〉 등이 있다.

현대의 참고 자료들

줄리안 코베트 경의 〈Drake and the Tudor Navy (1899)〉 2권에 기술된 아르마다 해전은 여전히 해전 역사의 고전으로 평가받지만, 그 내용의 상당 부분은 곧이곧대로 사실로 인정해서는 안 된다. 코베트는 우발디니가 전해 듣고 쓴 이야기에 과도하게 의존(B.M. Reg. 14, A. xi, 이탈리아어; 최근에 그 번역본을 내시가 〈The Naval Miscellany, 4권〉에 실었다.)했을 뿐만 아니라, 번역이 곤란한 부분은 모두 마치 드레이크가 호레이쇼 넬슨과 A. T. 머핸을 합쳐놓은 인물인 양 행동하고 조언했을 거라 가정해서 기술한 경향이 있다. 윌리엄슨(J. A. Williamson)이 〈The Age of Drake (New York, 1938)〉에서 다룬 아르마다에 관한 장은 코베트의 주장을 균형감 있게 수정해 기술하고 있으며, 이후 루이스(Michael Lewis)가 집필한 〈The Mariner's Mirror, 28권(1942), 29권(1943)〉의 "아르마다의 대포들"은 양측 함대의 전술들을 새롭게 조명하고 있다. 내가 본 것들 중에 영국-에스파냐 해전의 초기 국면에 대해 가장 최근에 다룬 것은, 조류의 영향에 대해 상술한 워터스(D. W. Waters)의 〈The Mariner's Mirror, 35권 (1949)〉 중 "The Elizabethan Navy and the Armada Campaign" 챕터, 그리고 로즈(A. L. Rowse)의 〈The Expansion of Elizabethan England (London, 1955)〉, 우드루페(Thomas Woodrooffe)의 〈The Enterprise of England (London, 1958)〉 등이다.

전반적으로, 훌륭한 연구 성과로 꼽히는 블랙(J. B. Black)의 〈The Reign of Queen Elizabeth〉나 로즈(A. L. Rowse)의 엘리자베스 시대의 연구서들을 여기에서 상세히 언급하지 않은 이유는, 내가 그것들을 활용할 수 없었기 때문이 아니라, 그것들이 연구자에게는 너무도 친숙한 것이라서 역사의 퍼블릭 도메인으로 인정되는 사실들까지 기록하는 것은 불필요하다고 생각했기 때문이다.

그러나 감사의 표시를 하지 않을 수 없을 만큼 오랜 세월 지대한 영향을 받은 연구들도 있다. 튜더 왕조 시대 해군의 역사를 공부하는 학생들은 모두 윌리엄슨(J. A. Williamson)의 연구 성과에 많은 빚을 지고 있다. 특히 〈Hawkins of Plymouth (New York, 1949)〉에서 절정에 이르는 존 호킨스의 경력에 관한 연구는 이 책을 쓰는 데에 큰 도움이 되었다. 그와 마찬가지로, 나는 리드(Conyers Read)의 〈Mr. Secretary Walsingham, 3권. (Cambridge, Mass., 1925)〉도 시시때때 들춰보았고 그때마다 큰 깨달음을 얻었고 이득을 보았다. 그가 쓴 세실(Cecil)의 전기 두 번째 권이 적절한 때에 출간되지 않아 이 책에 활용할 수 없었다는 점이 아쉽다.

에센(Leon van der Essen)의 〈Alexandre Farnese, 전 5권, (Brussels, 1937)〉는 네덜란드에서 벌인 파르마의 군사작전들에 대한 이전의 모든 연구를 능가하는 대단한 것인데, 내가 맹목적으로 그 책을 따른 것은 아니지만, 그 책을 손에서 놓을 때마다 불안함을 느낀 게 사실이다.

메리먼(R. B. Merriman)이 아직 〈Philip the Prudent (New York, 1934)〉를 집필하고 있을 당시에 나는 그의 지도를 받으며 펠리페 2세의 서신과 공문서를 처음으로 연구하기 시작했다. 스승의 관점과 똑같지는 않지만, 그래도 그 복잡한 성격의 군주에 대한 내 견해는 메리먼(Roger Merriman) 선생님이 발표한 논문과 도서뿐만 아니라 20여 년 이어온 그와 주고받은 서신과 대화에서도 분명 영향을 받았다.

그와 거의 같은 방식으로, 그리고 지난 25년 동안 튜더 왕조의 역사에 대해 공부한 대부분의 학생들과 마찬가지로, 엘리자베스 1세와 그녀의 성격, 통치 기법, 정책에 대한 나의 생각들은 닐 경(Sir John Neale)에게서, 그가 쓴 엘리자베스 여왕 전기에서, 여왕의 의회에 대해 쓴 3권의 훌륭한 책에서, 여왕의 재정, 외교에 대한 그의 특별한 연구에서, 그리고 그의 개인적인 조언에 지대한 영향을 받은 것이다. 여왕의 이름이 거론되는 모든 장에서 그 특별한 연구자들과 연구 성과들을 일일이 주(註)로 밝혀야 마땅하지만, 위의 감사 표시로 이를 대신하고자 한다.

Notes

1장

스코틀랜드의 메리 여왕의 처형에 대해서는 신뢰할 만하다고 주장하는 "진술" 들이 상당히 많이 있다. 그러나 슈루즈베리 백작과 그의 동료들이 서명한 공식 보고서(Bod. Ashmole 830 fol. 18)와 R. Chantelauze에서 인쇄된 Bourgoing의 〈Marie Stuart (1876)〉를 제외하면, 대부분 그 출처와 신빙성, 상호 관계, 그리고 가장 먼저 인쇄된 〈Mariae Stuartae ... supplicium et, mors (Cologne, 1587)〉 와 〈La Mort de la Royne d'Ecosse, n.p., n.d. (Paris? 1587?) 〔젭(Jebb)의 〈De Vita ... Mariae, Vol Ⅱ, London, 1925〉 참고〕와의 관련성을 고려할 때 많은 문 제를 안고 있다. 그 공식 보고서와 Bourgoing의 것 외에, 일부 다른 점이 있지만 대부분의 구체적인 진술 내용이 일치하는, 최소한 직접 본 것으로 인정할 수 있 는 목격자가 네 명은 있는 듯하다. 일부 기술은 단 하나의 출처에 의존하고 있고, 여러 출처에 혼재되어 있는 경우도 있다. 그 출처들에는 [Bod. Ashmore 830 fol. 13, Tanner 78], [B. M. Landsdowne 51 fol. 46, Yelverton 31 fol. 545], [Aff. Et. Corresp. pol. Angleterre, ⅩⅩⅡ, fol. 471 (Châteauneuf), ⅩⅩ fol. 454 (Bellievre) (모두 Teulet에서 인쇄됨. Relations, Ⅳ], [Bib, Nat. MSS Fds. Fr. 15890 fol. 27)], [Vat. Francia 21. CF. Ellis, Orig. Letters, 2nd ser. Ⅲ, 113], 그리고 스콧(M. M. Maxwell-Scott)의 〈The Tragedy of Fotheringhay, Appendices〉 등이다. 그 목격자 중 둘은 동정을 느낀 신교도들이고, 둘은 가톨 릭임을 짐작할 수 있지만, 그들의 동정심과는 상관없이 그들이 눈으로 보고 기술 한 세세한 부분의 묘사는 서로 다르다. 예를 들어, 메리의 속옷 색깔은 "선홍빛", "심홍색", "자줏빛", "몸통은 검정, 하의는 갈색" 등으로 다양하게 묘사되어 있

고, "주홍색 리본"을 기술한 것도 있고 안 한 것도 있다. 처형이 집행된 그 큰 홀의 조명 상태가 좋지 않았음은 의심의 여지가 없지만, 아마도 그 마지막 목격자는 분명 색맹이었을 것이다. 나는 그들의 진술 중 심홍색을 선택했는데, 그 이유는 다른 증언보다 더 일찍 기록되었기 때문이라기보다는, 메리에게 심홍색 속옷이 있었다면(그녀가 심홍색 속옷을 갖고 있었음은 사실이고) 그 옷을 입었을 거라고 내가 생각하기 때문이다.

2장
상기(上記)한 샤토뇌프(Châteauneuf)와 베리에브르(Bellievre). 멘도사가 펠리페 왕에게 보낸 서신, 1587년 2월 28일(Sim.)과 Fugger News Letters. 그리고 General Note 참고할 것.

3장
상기 참고. 〈Calendar of State Papers, Scotland, IX, 1586-1588 (1915)〉, 〈The Warrender Paper, I (1931)〉, 레이트(R. S. Rait)와 캐머런(A. I. Cameron)의 〈King James's Secret (1927)〉, 〈Bagot Papers (HMSSC, IV)〉, 그리고 니컬러스(N. H. Nicolas)의 〈Life of William Davison (1823)〉 중 특히 Appendices 참고.

4장
시망카스에 보관된 1584년부터 1587년까지 멘도사가 주고받은 서신, De Lamar Jensen의 발표되지 않은 논문 〈Bernardino de Mendoza and the League (Columbia University, 1957)〉, 〈Journal d'un curé liguer, ed.

Barthelemy (Paris, 1866)〉, 〈Dolfin to the Senate, 13 Mar. 1587 (Ven.)〉, 〈Cal. State Papers, Foreign, Eliz.〉에 기록된 스태퍼드의 서신; P. de l'Estoile의 〈Journal du règne de Henri Ⅲ, ed. L. R. Lefèvre (1945)〉, G. Ascoli의 〈La Grande-Bretagne devant l'opinion française (1927)〉.

5장

1587년 2월 28일에 멘도사가 파르마에게 보낸 편지(sim.), L. 에센(Van der Essen)의 〈Alexandre Farnese; Parma's correspondence, 1584-1587 (Sim.)〉, 특히 1587년 2월 14일과 3월 22일에 파르마가 펠리페 2세에게 보낸 서신, C.S.P.F. (홀란트와 플랑드르, 1586-1587).

6장

1587년 2월 28일 멘도사가 올리바레스에게 보낸 서신, 1587년 3월 30일 올리바레스가 펠리페 2세에게 보낸 서신, 3월 25일에 윌리엄 앨런이 펠리페 2세에게 보낸 서신. 모두 신력 날짜이며 시망카스에 보관. 올리바레스의 서신 자료 전체 (Sim. Estado, Rome, 950)는 서신에 기록된 날짜가 정확하지는 않지만, 영국의 망명자들과 영국 침공 작전의 정치적 양상을 이해할 수 있는 대단히 가치 있는 자료이다.

마이어(A. O. Meyer)가 쓴 〈England and the Catholic Church under Elizabeth (London, 1916)〉도 영국 가톨릭 망명자들을 이해하는 데 없어서는 안 될 중요한 기록이다. 그에 비해 만족스럽지는 않지만, Robert Lechat의 〈Les refugiés anglais dans le pays bas (Louvain, 1914)〉도 마찬가지다. 전부 다는 아니지만, 윌리엄 앨런의 편지들은 대부분 〈Letters and Memorials of William

Allen (1882)〉에 실려 있고, 그의 전기를 정리한 서문은 녹스(T. F. Knox)가 썼다. 파슨스에 대한 내용은 J. H. Pollen의 〈Cath. Rec. Soc. Misc., Ⅱ (1905), Ⅳ (1907)〉 중 "The Memoirs of Father Robert Parsons" 참고. 엘리자베스 치하의 영국 가톨릭들에 관한 전문적인 연구 자료들은 그 양이 방대하고 점점 늘고 있다. 그 자료들을 검색했을 뿐만 아니라, 운 좋게도 아직 출간되지 않은 두 편의 논문도 활용할 수 있었는데, Rev. Albert J. Loomie, S.J. (U. of London)의 "Spain and the English Catholic Exiles"와 John Edward Parish (Columbia U.) 의 "Robert Parsons, English Jesuit"이 그것이다.

워싱턴 D.C. 소재 폴거 셰익스피어 도서관에는 일련의 편지들이 제본되어 있는데, 원래 토머스 필립스 경(Sir Thomas Phillipps)이 소장했던 것으로, 한때 로마 주재 에스파냐 대사관의 서류철에 보관되어 있었던 것이 분명하며, 모두 영국 가톨릭과 관련된 것들이다. 이 문서 중 상당수는 이제 로마나 시망카스에서는 찾아볼 수 없는 것들로, 필립스 경이 개인적으로 인쇄한 〈De conquestu angliae per Hispanos (Middlehill, 1869)〉에도 읽기 쉬운 것들만 실려 있다. 영국 가톨릭의 봉기에 관한 앨런의 공상 부분은 Folger Mss. G.b.5에 있는 교황 식스토 5세에게 보낸 그의 편지 내용을 재구성한 것이다. 내가 쓴 논문 〈Aspects de la propagande religieuse (Travaux d'Humanisme et Renaissance, ⅩⅩⅧ, Geneva, 1957)의 325-339쪽을 참고할 것.

로마에 있던 영국 대학교와 인근 건물들에 대한 묘사는 뉴욕 브룩클린 소재 세인드 조셉 길리지(St. Joseph's College)의 Sister Joseph Damien에게서 조언을 얻었다.

7장

1587년 2월 28일에 멘도사가 펠리페 2세에게 보낸 편지(Sim.). 또한 시망카스 기록보관소의 에스타도(Estado) (Francia, Flandes, Roma, Estados Pequeños de Italia, Guerra Antigua, Mar y Tierra …)에 1587년 3월 31일, 4월 1일과 2일 날짜로 연이어 나온 명령들이 보관되어 있으며, 그중 일부는 흄(Hume), 페르난데스 두로(Fernández Duro), 에레라 오리아(Herrera Oria)에도 인쇄됨. 알타미라(R. Altamira)의 〈Felipe Ⅱ, Hombre de Estado (Mexico City, 1950)〉는 균형잡힌 시각으로 유용한 문헌들을 인용하고 있다. 엘 에스코리알에 관한 묘사는 시겐사(Jose de Siguenza)의 〈Fundación … de Escorial (Madrid, 1927)〉, 아스코나(Lorenzo Nino Azcona)의 〈Felipe Ⅱ y la villa de Escorial (Madrid, 1934)〉, 베르트랑(Louis Bertrand)의 〈Philippe Ⅱ á l'Escorial (Paris, 1929)〉 참고.

8장

이번 장과 다음 세 장에서 참고한 영국의 문서들은 대부분 〈The Spanish War, ed. J. S. Corbett (Navy Rec. Soc., 1897)〉에 실려 있으며, 이곳저곳 수정이 필요한 고전적 서술은 코베트(Corbett)의 〈Drake and the Tudor Navy〉를 참고했다. 드레이크 전기는 많이 있다. 최근의 것들 중 내가 좋아하는 것은 메이슨(A. E. W. Mason)이 쓴 전기이다. 드레이크의 전기를 쓸 때 가장 어려운 점은 신화에서 실제의 그를 분리하는 것이다.

9장

카디스 급습에 관한 영국의 주장에 대해서는 8장의 자료들과, 〈News out of the coast of Spain (London, 1587)〉, 해클루트(R. Hakluyt)의 〈Voyages, Ⅳ〉 중

"A briefe relation of … Drake … in the Road of Cadiz,", 그리고 렝(Robert Leng)의 〈Camden Misc., V (1863)〉를 참고했다.

에스파냐의 주장은 두로(Fernández Duro)와 마우라 공작(duke of Maura)이 인쇄한 문서들, 노바라(Novara)가 식스토 5세에게 보낸 보고서(Vat. Spagna, 34), 토스카나 공의 특사인 알라만니(Alamanni)가 공에게 보낸 일련의 문서들 (Flor. Arch. Med., 4919 foll. 313-333)을 참고함. 두로의 견해와 비슷한 진술과 에스파냐의 피해 목록 외에도 〈A copy of a letter written by the chamberlain of the bishop of Cadiz, 1 May, 1587 (Spanish), 3쪽〉와 작자 미상인 〈Relatione sopra le cose de Drac (Italian), 5쪽〉이 있는데, 다른 어떤 기술과도 상당히 다르며, 아마도 직접 목격한 피렌체의 영사가 기술한 듯 보인다.

그러나 가장 확실한 문서는 P.R.O.(S. P. 12 Eliz. 202 fol. 20)에 보관된, 윌리엄 버러가 기록한 카디스 작전 일지일 것이다. 그러나 원본 크기인 17 1/2 × 13 1/2 inches에 기록된 내용을 확인할 필요가 있다. 코베트의 〈Drake, 2권〉와 같은 자료에 인쇄된 내용은 별 쓸모가 없다. 그러나 갤리선의 수에 관해서는 분명 카디스에서 직접 보고한 것과 일치한다.

이론상으로 갤리선은 컬버린(18~24파운드)을 탑재할 수 있었으며, 18세기까지 지중해 전투에서 갤리선들이 대개 그러했다. 그러나 나는 펠리페 2세의 그 어떤 갤리선에도 반컬버린(9파운드)보다 큰 화기가 실렸다는 기록을 본 적이 없으며, 세리커포(6파운드)를 탑재하는 경우가 훨씬 더 일반적이었다. 나는 아쿠냐의 갤리선들에 탑재한 것도 이것이었을 거라 추측한다. 그게 더 사실에 가까운 추측일 듯하다.

10장

9장의 주 참고. 피렌체 문서보관소에서 찾은 또 하나의 뉴스레터를 참고함.

11장

앞의 장과 마찬가지로 대부분 코베트(Corbett)의 〈The Spanish War〉 참고.

12장

에센(Van der Essen)의 〈Farnese〉, 그리고 거기에서 인용한 참고문헌들, 특히 스트라다(Strada)와 〈C.S.P.F., XXXI〉. 시망카스에 보관된 파르마의 서신들에는 "Juan Visaguerde flamenco"란 제목으로 1591년 6월 말에 서류철이 된 작가 미상의 날짜가 기록되지 않은 보고서가 있는데, 그 날짜에 대한 내부 증거가 있었기에 그 서류철에 보관한 듯하다. 1587년 7월에 파르마가 보낸 편지들에는 구체적인 군사 정보가 적혀 있는데, 〈Yelverton MSS, XIV fol. 502ff〉에 실린 흐루네벨트(Groenevelt) 대령의 보고서 "De ce qui s'est passé durant le siège de l'Ecluse"에도 역시 구체적인 군사 정보가 담겨 있다. 윌리엄스(Roger Williams)의 편지들도 공공기록보관소의 〈C.S.P.F., XXXI〉에 거의 다 보관되어 있다.

13장

정치적 배경에 관해서는 4장의 주와 크로제(Joseph de Croze)의 〈Les Guises, les Valois et Philippe II, 2 vols. (1866)〉를 참고함. 또한 Comte Henri de L'Epinois의 〈La Ligue et les Papes (1886)〉, V. de Chalambert의 〈Histoire de la Ligue (1898)〉, 윌킨슨(M. Wilkinson)의 〈A History of the League (Glasgow, 1929)〉, 그리고 에센(Van der Essen)의 〈A Farnese, III, 236ff〉를 참고. 젠센

(Jensen)의 〈Mendoza (ut. sup.)〉는 주앵빌 조약을 새롭게 조명하고 있다.

전투에 관해서는, 라신(François Racine), Sgnr. de Villegomblain의 〈Memoires (1668)〉의 2권 중 "Voyage de M. le duc Joyeuse ... 1587"과 도비네(Agrippa d'Aubigné)의 〈Histoire Universelle, Bk. xi〉, 설리(Sully)의 〈Memoires, Bk. Ⅱ〉 참고. 라바르댕의 말에 관해서는 Villegomblain, 나바르에 관해서는 도비네, 대포에 관해서는 설리가 각각 증언했지만, 이 직접 목격자들의 말은, 의례 그렇듯이 시간이 한참 흐른 후에 증언한 것이므로 그다지 믿을 만한 것은 못 된다. 〈De Thou, Bk. lxxxvii〉, 〈Père Matthieu, Bk. viii〉, 〈du Plessis Mornay, Bk. i〉 등에 가치 있는 당시의 증언들이 실려 있다. 현대의 저술 중에는 오만(Sir Charles Oman)의 〈History of the Art of War in the Sixteenth Century (New York, 1937)〉와 Pierre de Vaissière의 〈Henry Ⅳ (1928)〉 등이 훌륭하다.

14장

위와 같음. 그에 더해, 기병대의 전투에 관해서는 외교문서들이 유용한데, 특히 C.S.P.F.의 스태퍼드(Stafford), Cavriana in Canestrini의 〈Négociations, Ⅳ, Mocenigo (Ven.)〉과 〈Morosini (Vat. Francia, 20)〉, 멘도사의 기록이 중요하다. 다빌라(Davila)의 〈Guerre Civile de Francia, Bk. viii〉는 그 전투에 관한 명확하면서도, 당대의 것이라고 해도 믿을 법한 기술을 하고 있다. Lois Maimbourg의 〈Histoire de la Ligue (Paris, 1686)〉는 더 이상 다른 곳에서는 얻을 수 없는 귀한 문서들을 활용하고 있는데, 많은 것을 암시해줄 뿐만 아니라 대부분 믿을 만한 내용을 담고 있다.

15장

호트슨(Leslie Hotson)의 〈Shakespeare's Sonnets Dated (New York, 1949)〉
는 레기오몬타누스의 예언이 영국에 미친 영향을 잘 요약하고 있다. 그 예언에
관한 가장 광범위한 당대의 논의는 하비(Harvey)의 〈Discoursive Problem〉에
담겨 있다.

에스파냐에서의 논의는 두로(Fernández Duro)의 1587년 12월 11일, 1588년
1월 8일자 문서들(Vat. Spagna, 33)과 1588년 1월 17일에 칸시아노(Canciano)
가 만토바(Mantua) 공작에게 보낸 서신(Mant. Esterni, 601)을 참고했다.

로마: Vat. Francia, 20 fol. 379. "멀린"의 예언.

프라하: 1587년 10월부터 1588년 2월까지 산 클레멘테(San Clemente)가 펠
리페 2세에게 보낸 보고서들. 독일에서 몬탈토 추기경에게 보낸 서신들(Vat.
Germania, 108, 109/Archbp. of Bari, 111).

파리: 멘도사(Mendoza), 스태퍼드(Stafford), 카브리아나(Cavriana), 모로시
니(Morosini), 그리고 L'Estoile, Pasquier, De Thou, Curé Liguer 등이 보낸 외
교 서신.

홀란트: 〈Corte Prophetie van tgene int Jaer MDLXXXVIII dragen ende
gesekieden〉. 암스테르담 Cornelis Claezoon의 날짜가 빠진 편지, 암스테르담
A. Barentz [1587]의 〈Praedictis Astrologica: Die Grote Prognostication ...
van dat wonderlyjke year ... 1588〉, 〈Een wonderlycke nieu profecije op dit
wonderlyck Schuckeljaer ... 1588 [N.p.]〉, 위의 세 자료 모두 Knüttel
Collection에 소장.

영국: 그레이(W. Gray)의 〈An almanacke and a prognostication for
Dorchester, 1588 (STC, 451)〉, 티미(Thos. Tymme)의 〈A preparation against

the prognosticated dangers of 1588 (STC, 24420)〉.

16장

로턴(J. K. Laughton)의 〈The Defeat of the Spanish Armada, 2 vols. (Navy Record Soc., 1894)〉는 1587년 12월 21일로 시작되는데, 그 해전과 관련된 주요 해군 문서들을 담고 있다. 그 외에 위의 장과 같은 자료들을 참고했는데, 특히 에센(Van der Essen)의 〈Farnese〉와 〈C.S.P.F.〉를 주로 참고함.

17장

이 시기와 관련해서, 오리아(Herrera Oria)와 마우라(duque de Maura)의 〈El Designio〉가 두로(Fernández Duro)의 부족한 부분을 보충함. 시망카스에는 아직 발표되지 않은 편지들과 관련 문서들이 다수 보관되어 있는데(Guerra Antigua, 197, 199 참고), 대부분 무기와 병참에 관한 것이다.

산 프란체스코호에 대한 이야기는 〈Flor. Arch. Med.〉, 알라만니(Alamanni)가 대공에게 보낸 편지는 4918, 대공이 알라만니와 펠리페 2세에게 보낸 서신은 5042. 또한 4918에는 리스본의 상황이 조금 묘사되어 있는데, 대부분 바르톨리 함장이 전한 이야기일 것이다. Vat.의 〈Spagna, 34, 38〉, 특히 Monsig에 당시 리스본의 상황이 보다 더 구체적으로 많이 묘사되어 있다. 〈Spagna, 36〉에 보관된, 1588년 1월에서 3월까지 리스본에서 부온조반니(Mutio Buongiovanni)가 몬탈토 추기경에게 보낸 서신.

이베로(C. Ibañez de Ibero)의 〈Santa Cruz: Primer Marino de España (Madrid, 1946)〉는 알톨라기레(A. de Altolaguirre)의 〈Don Alonso de Bazán (Madrid, 1888)〉를 토대로 부족한 내용을 보충한 것이다.

내가 살펴본 자료들은 대부분 아르마다의 상급 장교들이 1587년에서 1588년 사이의 겨울 동안 자기 함선의 무기들을 증강시키고자 시도했다는 마이클 루이스 교수의 주장을 뒷받침하지만, 월터(Walter) 제독이 창의적으로 추측한 것처럼 (⟨Mariner's Mirror, xxxv, 126ff⟩) 그들의 시도가 그렇게 성공적이었는지에 대해서는 의심을 던지게 한다. 전체적으로, 나는 ⟨La felicissima armada⟩가(아래 20장의 주를 참고) 4월 말 무렵 실제로 배치된 대포들의 수에 관해서 대략적으로 정확하게 기술하고 있다고 생각한다. 무엇보다 그 수치는 공식적인 보고서를 근거로 계산된 것이다. 그 후에 대포가 더 보급되었다는 증거는 전혀 없다. 어쩌면 코루냐의 해안포대에게서 한두 문의 대포를 빌렸을 수도 있겠지만 가능성은 희박하다. 아르마다에게 단거리 중형 포들(캐넌과 페리에 형)은 영국보다 많았지만 장거리 컬버린포는 훨씬 적었다는 루이스 교수의 설명은 거의 틀림없는 사실이지만, 에스파냐 함대가 보유한 전체 컬버린포의 수에 대한 주장(⟨Mariner's Mirror, xxix, 104쪽 옆 Table 12⟩)은 상당히 의심스럽다. 그리고 나는 최종 무장 상태가 어떤 정해진 정책의 결과가 아니라, 실제로 획득한 대포의 종류와 수에 의해 결정된다고 믿고 싶다.

18장

멘도사의 서신(Sim.). 또한 Ven. ⟨Amb. Francia, 1588⟩, Jensen의 ⟨Mendoza⟩, Cimber와 Danou의 ⟨Archives curieuses de l'histoire de France, 1st ser. XI(1836), 289-323⟩에 수록된 Nicolas Poulain의 "Histoire de La Ligue", Canestrini의 ⟨Négociations⟩, ⟨C.S.P.F.⟩와 ⟨Vat. Francia, 1584-1588, passim⟩. 위의 4, 8, 14장도 참고.

19장

18장 관련, 특히 5월 9~13일의 멘도사의 이야기(Simancas, Estado, K 1568 fol. 31), 그리고 Bib. Nat. Mss francais, 15909. 또한 "바리케이드의 날"을 다룬 기존 자료들의 기술, 특히 L'Estoile의 〈Journal and Archives Curieuses (ut sup) 11, 324-448〉. 누구나 예상하겠지만, 당시의 증언들이 항상 서로 일치하는 것은 아니며, 따라서 나는 가능한 한 그 모순점들을 스스로 해결할 수밖에 없었다. 기본적으로 나는 최적의 위치에 있었던, 특히 사실을 왜곡할 만한 동기가 전혀 없다고 판단되는 목격자들의 증언을 따르고자 했다. 예를 들어, 카트린의 집에서 일어난 일에 대해서는 카브리아나(《Canestrini, 4권》)와 다빌라(A. C. Davila)(《Guerra Civile de Francia》)의 증언을, 오전 9시경 그레브 광장과 생앙투안 거리의 상황에 대해서는, 그 시간에 기즈를 방문했던 두[(J.-A.-de Thou), 〈Memoires, and Histoire Universelle, bk. xc)]의 증언을 받아들였다. 또한 모베르 광장과 노트르담 인근에서 일어난 사건들에 대해서는 그곳에 있었던 스위스군의 지휘관들의 증언("Lettres des Capitaines des Suisses a la Reine Mere" - Bib. Nat. MSS francais, 15909, fol. 98ff)을, 앙리 3세가 파리에서 도망치는 상황에 대해서는 그와 함께 도주했던 슈베르니(Cheverny)와 베리에브르 (Bellievre)의 증언을 따랐다. 5월 13일자 기즈의 편지는 〈Memoires de la Ligue, 2권, 313〉에 실림.

20장

위의 17장의 내용은 대부분 두로(Fernández Duro)와 오리아(Herrera Oria), 마우라(duque de Maura)의 기술임. 시망카스 기록보관소에 인쇄되어 있는 오리아의 문서에 기술된 아르마다의 전력에 관한 구체적인 공식 보고서(384~435쪽)

는 로턴(Laughton)이 재인쇄한 두로의 내용에 비해 더 정확하다. 후자에는 오켄도 함대의 함선 목록에서 두 척의 소형 종범선이 빠져 있어 128척의 이름만 기록되어 있기 때문에, 비록 전체 함선의 수가 130척이라고 밝히고는 있지만, 후대역사가들의 오해를 불러일으켰다. 기타 문서들: 살라스(P. de Paz Salas)의 〈La felicissima armada〉 외 다수(리스본과 알바레스), 그리고 아류 본을 가장 많이낳은 〈Relación verdadera del Armada ... juntar en Lisbon ... salir ... 29 de mayo, Madrid (viuda de Alunzo Gómez, 1588)〉. 〈Le vray discours de l'armée, etc. (Paris, G. Chaudière, 1588)〉, 〈Warhaftige Zeytung und Beschreibung (Cölln, 1588)〉, 〈Relatione vera dell'armata, etc. (Rome, Vicenzo Accolti, 1588)〉. 초기 기록인 〈Die wonderlijcke grrote Armada ... van Spaengien (Gent, 1588)〉은 독립적인 문서이지만, 에스파냐군에 대한 요약은 위의 마드리드 본을 바탕으로 기술한 듯 보인다.

21장

대부분은 로턴(Laughton)의 기록, 더불어 일관성이 있을 경우에는 우발디니의 인용 글.

22장

이 장의 내용과 아르마다 해전의 나머지 부분에 대해서는 유용한 영국의 문서들이 로턴(Laughton)에 있음. 〈Howard's Relation, I, I-18〉은 일관성이 있고, 유일하게 당대의 증언만을 담은 기록이다. 결점이 없는 것은 아니지만, 전체적으로 신뢰할 만하다. 에스파냐의 시각과 관련해 메디나 시도니아의 〈Diario, F.D. II. No. 165〉도 신뢰할 수 있다. 바네가스(Vanegas) 함장(ibid., No. 185)의 진술과, 라이엘(J. P. Lyell)의 〈A Commentary (MSS Bod. and Harvard)〉에 실린 공고라(Fray Bernardo de Gongora)의 진술은, 두 사람 모두 기함에 있었기 때문에 받아들일 만하다. 두로(Fernández Duro)는 최소한 다른 함선들에 있던 여섯 명의 목격자들이 한 완전한 "증언"과 더불어(오리아는 일곱 번째 증언까지 수록), 특별한 에피소드들을 묘사한 편지들을 기록하고 있다. 오펜하임(M. Oppenheim)은 〈Calthorpe MSS (Navy Record Soc., XXIII)〉에서 또 다른 증언을 밝혔고, 〈Cal. Span., Ⅳ〉에는 두 개의 증언이 첨가되었는데, 하나는 칼데론(Calderon) (439~450쪽), 다른 하나는 갤리아스 수니가(Zuñiga)호에 있던 사람(459~462쪽)의 것이며, 그와 더불어 전체 내용을 담지는 않았지만, 특정 사건에 관한 멘도사의 보고들 중 일부가 소개되어 있다. 유럽의 문서보관소에서 발견되는, 에스파냐 사람들의 "진술들"과 에스파냐에서 발행된 뉴스레터들은 위의 증언들 중 하나(가장 자주 인용된 것은 메디나 시도니아의 일지)에, 또는 파리의 〈Aff. Etr. Espagne, 237 fol. 76ff〉 같은 당대의 팸플릿들(아래 참고)에 근거하고 있다. 그러나 피렌체에는 많은 관련 문서들(Flor. Arch. Med., 4919, fol. 477-521) 중에, 일반적인 파생문서들 외에도 메디나 시도니아가 보낸 편지 두 통, 그리고 대공의 산 프란체스코호에서 보낸 게 분명해 보이는, 이탈리아어로 쓴 문서가 보관되어 있다.

레칼데의 산타 아나호의 이동에 관해서는 〈F.D., Ⅰ, 170-171, Ⅱ, 229, 371〉와 〈Cal. Span., Ⅳ, 425, 431, 457, 498〉 참고. 날짜가 적혀 있지 않은 멘도사의 서신에도 여러 차례 언급되어 있지만, 발표된 문서들을 통해서도, 레칼데 함대의 기함이었던 산타 아나호가 라오그 만과 르아브르에 가장 먼저 도착했으며 그 어떤 전투에도 참가하지 않았음은 분명히 알 수 있다. 아르마다 해전 내내 레칼데는 언제나 부사령관으로서 산 후안 데 포르투갈호에 있었다. 함선 명부를 기록했던 바네가스(Vanegas) 함장은 산타 아나호 외에도 "우르카 중 한 척"(이름 없음)이 금요일에 함대에 복귀하지 못했고, 그 후로도 합류하지 못한 것 같다고 말한다. 이 배는 어쩌면 에스파냐에서 출항조차 하지 않은 "다비드(David)"호였거나, 혹은 또 다른 화물선이었을 거라 추측된다. 바네가스 함장 말고는 그 이탈 선박에 대해 언급한 사람이 없는데, 당시 아르마다의 장교들은 우르카 선박들에 대해 가급적 생각을 하지 않으려 했다.

오켄도의 함장으로서 회의에 참석한 사람에게서 자신이 들었다며 전한 후안 빅토리아 수사(修士)의 전략회의 이야기는 처음에는 〈Colección de Documentos Ineditos, LXXXI, p. 179ff〉에 인쇄되었고, 그 후에는 또 다른 〈F.D., II, No. 186〉에 실렸다. 빅토리아는 오켄도 함대의 함장 중 한 명인 피에드라(Julian Fernández de la Piedra)라는 인물에게서 그 이야기를 들었다고 말하지만, 그런 이름을 가진 함장은 없었다. 그런 사람이 어떻게 전략회의에서 일어나는 일을 알 수 있었는지는 분명히 파악할 수 없지만, 그 이야기의 전거가 무엇이든, 얼핏 보기에도 터무니없을 뿐만 아니라 이후에 일어난 플리머스에서의 전황에 관한 그의 진술이 다른 모든 이의 이야기와 다르다는 점을 보더라도, 아르마다에 그런 목격자가 승선해 있었는지조차 의심스러울 지경이다.

몇몇 이탈리아 대사들은 아르마다의 "초승달" 대형을 그린 스케치를 갖고 있었다(Flor. Arch. Med., 4919, fol. 340). 1588년 6월 4일 노바라(Novara)가 몬탈토(Montalto)에게 보낸 서신(Vat. Spagna, 38), 칸차노(Canciano)가 시도니아에게 보낸 서신(Arch. di Stato, Mantova, Esterni, 601). 이 자료 중 어느 하나를 토대로 피가페타(Filippo Pigafetta)가 〈Discorso sopra l'ordinanza dell'armata catolica (Rome, 1588)〉를 쓴 게 분명함. 〈Carbett, II, 220ff〉도 참고. 피가페타의 다소 현학적인 묘사는 스케치에 표현된 것보다 더 상세하고 비현실적이다. 그

러나 에스파냐의 기록은 물론 영국의 기록을 보더라도 아르마다가 평소에 일종의 초승달 대형으로 전진했던 것은 분명하며, 함대에서 좌우 측면 함선들이 후위보다 훨씬 앞으로 튀어나온 형태로, 아르마다의 해도에 표현된 모습과 별반 다르지 않다.

23장

밀라노 기병대의 총사령관 레이바(Don Alonso Martínez de Leiva)는 전투서열 목록에 단순히 귀족 자원자로 표기되어 있다. 그는 라타 산타 마리아 엥코르나다(Rata Santa María Encornada)에 승선했는데, 그 배는 베르텐도나가 지휘하는 레반트 함대 소속이었다. 그러나 그는 명문가 출신이며 군 경력도 뛰어났기 때문에 처음부터 아르마다의 참모회의에서 소함대 사령관에 버금가는 중요한 지위를 얻게 되었다. 메디나 시도니아는 그에게 플리머스로 항해하는 동안 전위함대의 지휘를 맡겼고, 그 이후에도 레반트 함대는 그의 지휘에 따라 움직였던 것 같고, 또 실제로 그가 그 함대를 지휘한 것처럼 진술하고 있는 기록들도 많다.

로사리오호의 상실에 대해서는 서로 상충하는 두 개의 진술이 있다. 하나는 메디나 시도니아의 항해일지 내용으로, 기함에 있던 세 명의 목격자인 바네가스(Vanegas), 미란다(Miranda), 공고라(Gongora)의 진술과 일치한다. 이 세 명은 서로 다른 시각과 위치에서 그 사건을 목격했는데, 이들의 상세한 진술 내용은 그 사건을 진술한 다른 모든 증언과도 거의 일치한다. 이와 상반되는 또 하나의 진술은 돈 페드로 데 발데스(Don Pedro de Valdés)가 직접 한 것으로(Laughton, Ⅱ, 133-136), 에스파냐에서는 사실인 양 상당히 널리 퍼졌는데, 그 이유는 아르마다가 귀환하기 전에 이미 돈 페드로의 편지가 도착했으며(cf F.D. Ⅱ, 427-428, 445, 448), 그 이후에도 아르마다에서 복무했던 몇몇이 그 진술이 사실이라고 증언했기(H.O., p. 352) 때문이다. 나는 전자의 진술을 사실로 인정했는데, 그 이유는 그것을 뒷받침하는 증언이 더 많기 때문이 아니라 돈 페드로의 이야기에 모순이 있기 때문이다.

돈 페드로는 자신이 레칼데를 구하러 가다가 비스케이 함대 선박과 충돌했다고 말한다. 그러나 돈 페드로와 레칼데 구출을 연관 지어 말하는 증언자는 단 한 명도 없었다. 이구동성, 그들은 페드로가 레칼데 구출 후 서너 시간이 지난 때에 자기 함대의 산타 카탈리나호와 충돌했다고 말한다. 심지어 전투 중에 레칼데 근처에는 안달루시아 함대의 그 어떤 함선도 없었다.

돈 페드로는 시도니아 공작이 자신이 처한 곤경에 전혀 신경을 쓰지 않았다고 말한다. 그런데 바로 다음 문장에서 그는 공작의 갤리언선이 한동안 자기 근처에 있었으며, 자신이 그 배에 두 번이나 사람을 보냈다고 진술한다.

돈 페드로는 메디나 시도니아가 산 마르틴호를 구해달라는 자신의 요구를 거부했을 뿐만 아니라 함대의 다른 배들에게 도우라는 명령조차 내리지 않았다는 주장을 하고 싶었던 게 분명하다. 그러나 얼마 후 마거릿 앤드 존호가 그에게 다가왔을 때, 그 영국 함선의 장교들은 갤리아스 한 척과 갤리언선 한 척, 그리고 최소한 한 척 이상의 종범선이 그 옆에서 견인 작업을 하고 있는 광경을 목격했는데, 이들이야말로 메디나 시도니아의 이야기가 사실임을 증명하는 공정한 목격자들이다. 돈 페드로의 이야기에는 이상한 점들이 더 있다. 예를 들면 주돛대에 관한 이야기와, 로사리오호가 "그날 밤 내내" 수많은 적의 공격을 막아냈다는 이야기가 그것인데, 가장 분명한 점은 그 배의 에스파냐군이 시도니아 공작에 대해 원한을 품었다는 점이다. 돈 페드로는 시도니아 공작의 죄를 물음으로써 자신이 사촌이자 적수인 디에고 플로레스에게 저지른 죄를 상쇄할 수 있을 거라 예상했고, 또 실제로도 그의 뜻대로 이루어졌다.

24장

로턴(Laughton)과 두로(Fernández Duro)를 주로 참고함. 또한 윌리엄슨(J. A. Williamson)의 〈The Age of Drake, p. 325〉를 참고.

25장

〈F.D., Ⅱ, 235, 249, 258, 268, 275, 334-386〉의 수요일 작전 부분 참고. 하워드가 드레이크를 질시해서 그 일에 대해 침묵했다고 추정할 필요는 없다. 하워드의 맞은편, 에스파냐 함대의 좌측에 있던 목격자들은 그 전투가 "먼 거리에서 주고받는 포격"이었다고 이구동성으로 말한다. 하워드도 그 전투를 그 이상으로 생각하지는 않았을 것이다. 하워드는 메디나 시도니아만큼 부하들에게서 보고를 잘 받지는 못했던 것 같은데, 이는 느슨한 규율의 문제이다. 와이트 섬 해역의 전투를 재구성한 코베트(Corbett)의 〈Drake and the Tudor Navy, Ⅱ, 232-242〉는 설득력이 있다고 생각한다.

26장

네덜란드 해군의 활동을 알기 위해, 로턴(Laughton)과 C.S.P.F.의 영국 보고서들과 네덜란드 기록보관소의 관련 문서들을 비교했다. Rijksarchief, The Hague, Admiraliteitsarchief: Resolutiën admiraliteit Zeeland, Port. 2447 (1584-1590)와 Admiralteitscolleges, Inkomende brieven admiraliteit Zeeland, Port. 2667 (1587). Rijksarchief, Zeeland te Middelburg: Ingekomen stukken, Port. 1201 (1587), Port. 1202 (1588)와 Register van Acten en brieven, Port. 1625 (1586-1588). 세월이 많이 흘러 훼손되고 유실된 것도 있었지만, 해군 제독들이 남긴 기록을 통해 1587년에서 1588년까지 네덜란

드 해군의 전력과 작전에 대해 상당히 완벽하게 그려낼 수 있었으며, 나소의 저스틴이 품었던 의도에 대해서도 어느 정도 파악할 수 있었다. 런던에서 오르텔이 제일란트의 행정관들에게 됭케르크 봉쇄가 오해를 불러 영국 여론에 부정적인 영향을 미쳤다고 조언했지만(Port. 1202, 22 Aug. 1588), 그땐 이미 수습할 수 없는 상태였다. 또한 이 문서들에는 파르마의 군대에 관한 정보 보고서들과 아르마다의 전진에 관한 상당히 정확한 정보가 담겨 있다. J. B. van Overeem의 〈Marineblad, LIII, 821-831 (Oct. 1938)〉에 실린 "Justinus van Nassau en de Armada (1588)"도 참고.

파르마의 활동에 관해서는 두로(Fernández Duro)와 오리아(Herrera Oria)의 메디나 시도니아의 전령들이 보낸 보고서들과 비교하며 주로 에센(Van der Essen)을 참고했지만, 신뢰할 만한 목격자들인 코르도바(Cabrera de Córdoba)와 콜로마(Coloma)의 증언과 일치하는 구체적 사실들을 Middelburg Ad., Port. 1202에서 참고함(위 참고).

화공선(火攻船)에 관해서는 위의 자료들에 더해 "Una carta sobre l'Armada enviada al Cardinal de Sevilla"(HMC, 〈Salisbury MSS III, 351〉와 관련이 없는), Flor. Arch. Med., 4919, fol. 487, 그리고 "Relazione ... de Cales," ibid. foll. 532-33 참고. 둘 다 작가 미상. 1588년 8월 10일에 구르당(Gourdan)이 베리에브르(Bellievre)에게 보낸 편지, 〈Calais, Bib. Nat. MSS francais, 15809, fol. III〉의 작자 미상 뉴스레터, 그리고 멘도사(Sim.)와 모로시니(Vat.)의 서신.

27장

위와 마찬가지로, 로턴(Laughton)과 두로(Fernández Duro)를 주로 참고함. 26장의 주에서 언급된 네덜란드의 해군 지휘관들의 기록으로 내용을 보충함.

28장

대부분 산 마르틴호에 승선했던 네 목격자들의 진술을 참고함.

29장

수군에 관해서는 대부분 로턴(Laughton)을, 육군에 관해서는 〈C.S.P., Dom., Ⅱ.〉에서 시기별로 정리한 대로 〈P.R.O. State Papers, CCXⅢ and CCXⅣ〉를 참고함. 이 자료 중 일부는 로턴이나 존 브루스(John Bruce)의 〈Report on the arrangements ... for defence (1798)〉에 전문을 실음. 뉴욕의 모건 도서관 (Morgan Library)과 폴거 셰익스피어 도서관(Folger Shakespeare Library)에 1588년 8월 관련 발표되지 않은 문서들이 소장됨. 또한 영국 국교 기피자들에 관해서는 Folger MS. G. a. l.의 "The advice of Lord Grey" 참고.

틸버리에 관해서는 "리처드 리(Richard Leigh)"의 〈The copie of a letter ...〉, 에드워드 아버(Edward Arber)의 〈An English Garland, Ⅶ〉, 토머스 딜로니 (Thomas Deloney) "The Queen ... at Tilburie"와 제임스 애스크(James Aske) 의 〈Elizabetha Triumphans (London, 1588)〉, 밀러 크리스티(Miller Christy), 〈E.H.R., XXXIV (1919), 43-61〉의 "Queen Elizabeth's visit to Tilbury." 니컬러스(Nichols)의 〈Progresses, Ⅱ, 536ff〉에는 애스크의 시가 실림. 또한 우발디니와 〈Copije van een Brief uit Engelandt vande groote Victorie die Godt almachtich de Conunckijcke Majestat ven Enghelant vorleent heeft (Delft, 1500, 36 pp.)〉. 〈The Copie of a letter〉고며는 분량이 길고 일부 다른 내용이 담겨 있으며, 피멘텔(Don Diego Pimentel)이 고찰한 Middleburg의 〈Cort verhael〉과 관련이 없음. 이 팸플릿과 모로시니와 멘도사의 진술을 통해 엘리자베스 여왕의 최소한 하나, 어쩌면 서너 개의 틸버리 방문을 기록한 뉴스레터들이

9월 15일(신력) 이전에 유럽에 유포된 것으로 믿게 되었다. 늘 그렇듯이 심사숙고해서 선택해야 하는 모순점들이 있다. 크리스티(Christy)가 믿듯이, 아마 애스크도 목격자 중 한 명일 수 있지만, 그는 시인이기도 하므로, 나는 아직 그의 말을 맹목적으로 믿을 마음의 준비가 되어 있지 않다.

틸버리에서 말을 타고 있던 여왕의 초상화는, 마부는 없이 그려졌는데, 테니슨(E. M. Tenison)의 귀중한 책인 〈Elizabethan England〉 7권에 실려 있다.

여왕의 틸버리 연설의 출처는 닐(J. E. Neale)의 〈Essays in Elizabethan History (London, 1958), pp. 104-106〉이다.

30장

외교 보고서들은 위와 같으며, 거기에 프라하에서 보낸 편지(Flor. Arch. Med., 4344)가 추가됨.

〈Copie d'une lettre envoyée de Dieppe ([Rouen?] le Goux 1588)〉. 다른 판(Paris: G. Chaudiere, 1588). 〈Les regrets de la Royne d'Angleterre sur le defaitte de son armée navale [verse] (Rouen, 1588)〉. 〈Relacion de lo que hasta hoy a los cinco de Septiembre de 1588 ... se ha sabido ... de la Felice Armada〉. Real Acad. de Hist., Madrid (cf. F.D., No. 166, 172)의 브로드사이드 복사본(n.p.[Madrid]), 〈Relacion de lo sucedido a la Armada ... treze de Agosto (Seville: Cosme de Lara, n.d.) 4 pp.〉. 민요가 첨가된 또 다른 판(F.D. 참고). 프랑스, 이탈리아, 독일에서도 많은 반향이 있었는데, 그중 하나가 〈Warhafte Relation Uberschlag und Inhalt〉(Nürnberg, 1588). F.D., 166와 유사한 내용을 8월 13일자로 부가 정보를 담아 재인쇄함. 〈Spanischer Armada oder Kriegrustung warhafte Relation (Cölln, Gottfried von Kempen [Sept?]

1588))도 참고. 위의 Etzinger 번역본의 리스본 판과 양측의 8월 22일자 보고서, 안트베르펜의 뉴스레터와 에스파냐의 승리를 예상하는 요약본에 대한 인용. 멘도사의 보고서는 제외됨.

〈Gewisse und warhaftige Zeitung von der Engelendischen und Spanischen Armada (Amsterdam, 20 Aug. 1588)〉. 영국해협과 칼레, 북해 항해에서 세운 드레이크의 전공. 일부는 사실이며 일부는 상상에서 나온 것임. 다른 팸플릿에 영향을 미침.

〈Discours veritable de ce qui s'est passé entre les deux armées … depuis 29 Juillet 1588 jusques à 11 Aoust ([Paris?] n.p., 1588)〉. Vat. Francia XXXVII에 보관된 Morosini의 8월 17일자 서신.

같은 인쇄소에서 나온 〈La copie d'une lettre … à Don Bernardin de Mendoza ([n.p.] 1588)〉. 영국 버전: 〈English version: The copie of a letter … found in the chamber of Richard Leigh (London: I. Vautrollier for R. Field, 1588)〉. 이탈이아어 번역본, 런던: J. Wolfe, Dutch, Amsterdam: Cornelis Claeszoon, Oct., 1588.

아일랜드에서 〈The copie of a letter〉와 함께 출간된 선전물들(London: R. Field, 1588)은 프랑스어와 영어 본이 있음.

〈A Pack of Spanish Lyes (London, 1588)〉. Harleian Misc., Ⅱ에도 수록.

31장

기록 출처와 인쇄된 자료는 위와 같음.

아일랜드에서 있었던 일들에 대해서는, 〈Cal. State Papers, Ireland, Ⅳ〉에 정리된 문서들과 로턴(Laughton)이 인쇄한 문서들, 훌륭한 참고 자료인 그린(William

Spotswood Green)의 〈The Geographical Journal, XXVII (1906), 429–451〉에 실린 "The Wrecks of the Spanish Armada on the Coast of Ireland"와 정리가 잘된 폴(Cyril Fall)의 〈Elizabeth's Irish Wars, pp. 160ff〉 참고.

영국 침공 작전에서 에스파냐 함대가 잃은 선박은 대개 130척 중 65척, 또는 128척 중 64척이라고 얘기된다. 실제로는 분명 그보다 더 적다. 이 문제는 전체적으로, 당대의 문서들과 〈La felicissima armada〉의 여러 판들부터 시작해, 잘못된 계산으로 인해 혼동되고 있으며, 아르마다의 배들 중 상당수가 같은 이름으로 지칭되지 않았을 뿐만 아니라—산 후안(San Juan)이란 이름이 6척, 산 후안 바우티스타스(San Juan Bautistas)가 2척, 대부분 종범선인 콘셉시온(Concepción)이란 이름이 8척임—그들 중 일부는 때에 따라 하나의 이름으로, 또 어떤 경우엔 다른 이름으로 알려졌기 때문에 계산이 더욱 꼬이게 되었다. 예를 들어 레칼데의 함대에는 모두 거함인 두 척의 콘셉시온이 있었는데, 어떤 경우에는 콘셉시온 마요르(Concepción Mayor)와 콘셉시온 메노르(Concepción Menor)로, 또 어떤 때는 콘셉시온 데 수벨수(Concepción de Zubelzu)와 콘셉시온 데 후아네스 델 카노(Concepción de Juanes del Cano)로 불렸다. F.D., No. 180에는 마요르(Mayor)와 메노르(Menor)로 기록되어 있다(Ⅱ, 329). 그다음 페이지인 No. 181에는 콘셉시온 데 수벨수(Concepcións of Zubelzu)와 콘셉시온 데 후아네스 델 카노(Concepcións of Juanes del Cano)를 잃은 것으로 보고되어 있다.

No. 181 문서는 두로(Fernández Duro)가 에스파냐 함대의 손실을 계산하며 참고했는데, 그 자체가 혼동을 일으키는 주요 근원이다. 그 문서는 잘못된 정보를 갖고 있던 사람이 계산을 했거나, 아마도 No. 180보다 더 일찍 쓴 것이 분명하다. 왜냐하면 안전하게 귀환한 7척의 선박들을 "손실" 목록에 이름을 올렸고,

분명 우리가 손실된 것으로 알고 있는 한 척은 목록에 올리지 않았으며, 끝에 "손실: 전함 41척, 종범선 20척, 갤리아스 3척, 갤리 1척, 총 65척"이라고 정리했지만, 실제 목록에 올린 이름은 63척뿐이다. 이 계산을 차용한 두로는 서문(Vol. I, 140)에서 항구에 도착하고 나서 얼마 후에 유실된 두 척의 선박(한 척은 불탔고, 한 척은 침몰함)은 계산에서 빼놓았다. 그는 총 63척의 배를 잃었는데, 그중 35척은 "행방불명"이라고 적고 있는데, 이에 대해 로턴(Laughton)도 "아마 그 계산이 적절한 것 같다."고 주장한다.

거의 모든 이들이 이 계산을 받아들이는 듯하지만, 리스본을 출발한 아르마다의 공식적인 전력에서 No. 180에서 항구로 돌아온 배들의 목록을 빼기만 해도 더 나은 추정치를 얻을 수 있을 것이다. 두로, 오리아(Herrera Oria), 흄(Hume)(Cal. Span., IV)이 인쇄한 다른 문서들에는 손실된 선박의 수가 줄어 있다.

보다 정확한 목록 중 하나는 아마 〈missing, ca. Oct. 10〉일 것이다.

세 척의 갤리아스. 한 척은 칼레에서 좌초되었지만 대포는 건짐. 또 한 척은 아일랜드 해안에서 난파되었고, 나머지 한 척은 르아브르에서 수리해 안전하게 귀환함.

갤리선 한 척은 바욘에서 난파됨.

20척(F.D.는 26이라고 주장)의 갤리언선과 거함들은 다음과 같음: 1척은 르아브르에서 좌초됨. 대포와 군수품은 건짐. 2척은 영국해협에서 영국 해군에 나포됨. 2척은 네덜란드 해군의 공격으로 좌초됨. 5척은 그라블린을 지나 북해에시 침몰했는데, 그중에는 레반트 상선 3척이 포함됨. 레반트 상선 5척을 포함해 총 10척이 아일랜드 해역에서 파손됨. 어떤 레반트 상선을 어디에서 잃었는지는 불명확한데, 여기에서도 단 3척만이 이름이 확실하지 않지만, 2척은 북해, 다른 1척은 아일랜드에서 잃은 것으로 기록됨.

헐크선 11척. 〔F.D.는 13척이라고 주장하지만, 그의 목록에 든 다비드(David) 호는 7월 13일 작전을 수행하기 힘들어 항해를 하지 않았으며, 또 한 척인 팔콘 마요르(Falcon Mayor)호는 함부르크에서 귀환하던 중 1589년 1월 영국해협에서 영국 해군에 나포되었다(Laughton, Ⅱ, 386)〕.

그러면 11척이 맞다. 이 중 1척은 포격의 여파로 북해에서 침몰했고, 2척은 스코틀랜드 해역 페어 아일과 멀에서 잃었으며, 이름이 알려진 2척은 아일랜드 연안에서, 1척은 데번 해역에서, 또 1척은 브르타뉴에서 잃었다. 진짜로 운명이 알려지지 않은 배가 4척 남는데, 그들은 모두, 또는 일부가 아일랜드 해안에서 난파되었거나 바다에 가라앉았을 것이다. 그러나 한편 팔콘(Falcon)호처럼 귀환을 했는데, 보고가 안 된 것일 수도 있다. 그중 2척은 후안 고메스 데 메디나의 기함 엘 그란 그리폰(El Gran Grifon)호가 페어 아일에서 난파될 때, 그와 함께 있었던 것으로 보인다. 그가 동쪽으로 항해하고 있었고 그 2척의 헐크선은 독일 배였으므로, 아마 그냥 고국으로 돌아갔을 것이다. 이 4척의 선박에 대해서는 아무도 진지하게 기록을 찾아보지 않았지만, 기록이 없다 해서 손실되었다고 볼 수는 없다.

리스본에서부터 아르마다와 함께 항해한 20척의 소형 선박들(사브라와 파타헤 급)은 9월 22일과 10월 10일 사이에 귀환한 선박 목록에 들어 있지 않은데, 그 때문에 F.D.는 그들 모두 "손실되었거나, 행방불명"되었다고 주장한다. 터무니없는 주장이다. 서너 척은 공문서를 전달하기 위해 에스파냐로 돌아갔고, 또 서너 척은 파르마에게 보내는 서신을 전달하기 위해 됭케르크에 파견되어 그곳에 남았다. 또한 멘도사의 증언에 따르면, 화공선을 견인한 2척을 포함해 5척은 11월까지도 칼레에 남아 있었다. 종범선들은 지속적으로 왕복하고 있었으며, 일단 한 함대에 배속되고 임무를 완수하면 그에 따른 상을 받거나 다른 임무를 맡게 되어 있었다. 아르마다 해전에서 많은 종범선이 침몰하거나 버려졌을 이유가 전혀 없는 것이다. 귀환한 2척의 포르투갈 종범선을 제외하면, 그 배들은 너무 작아서 전투를 치를 수 없었고, 거함보다 속력이 빠르고 민첩한 동시에 그에 못지않은 항해 능력도 갖고 있었다. F.D.가 주장한 "손실되었거나 행방불명된 20척"을 10척으로 삭감한다 해도, 여전히 총계는 과하다.

따라서 잃어버린 함선은, 최대치로 추정해도 항해용 전투선 31척(41척이 아니라), 종범선 최대 10척(20척이 아니라), 갤리아스 2척(3척이 아니라), 갤리선 1척이다. 총 44척에 불과한데(65척이 아니라), 아마 그보다 5~6척, 어쩌면 12척 적을지도 모른다.

이 계산에 불만이 있다면 귀환한 배들의 처참한 상태를 기억할 필요가 있을 것이다. 그들 중 상당수는 영국 함대의 포격에 너무도 큰 피해를 입어 더 이상 항해를 하지 못할 정도였다.

이 장에서 기술된 하워드와 메디나 시도니아의 판단에 관해서는 윌리엄슨(J. A. Williamson)의 〈The Age of Drake, pp. 304-334 passim〉를 참고했다. 하워드의 판단 부분은 우드루페(T. Woodrooffe)의 〈The Enterprise of England〉를 직접 인용한 것이다. 우드루페는 메디나 시도니아의 정당함에 대해서도 기술했다.

윌리엄슨(Williamson)이 사실을 바로잡기 전까지, 오랫동안 메디나 시도니아의 명예가 회복되지 못했던 것은, 아르마다 관련 문서들을 맨 처음 정리한 에스파냐 편집자인 두로의 기묘한 왜곡[착오] 때문이었다. 지극히 이상적인 편집자라고는 할 수 없겠지만, 그래도 두로는 중요한 편집을 훌륭히 해냈으니 내부분의 아르마다 문서들에 대해 대단히 가치 있는 논평도 첨가한 공이 있다. 그러나 에스파냐 함대의 사령관에 대해 논할 때마다 그는 근거 없는 비방을 되풀이했고, 심지어 어떤 부분은 기이하게도 영국 측 주장을 근거로 매도하기까지 했는데, 그런 논평은 자신이 인쇄해 발표한 원문들의 내용과 완전히 배치되는 것이다. 현대의 에스파냐 학자들도 메디나 시도니아를 더 냉정하게 평가하는 경향이 있다. 특히 메디나 시도니아의 개인 문서들을 바탕으로 기술한 마우라의 〈El designio de Felipe Ⅱ〉를 참고할 것.

32장

외교관들의 주장 중에서 주로 카네스트리니의 Dr. Cavriana, 〈Negociations, Ⅳ, 842-853 (Blois, 24 and 31 Dec.)〉와 모로시니(Morosini) (Vat. Francia, XXXVII, also "Relazione di quel ch'e successo in Bles" in Francia Ⅱ, fol. 153ff)를 참고함. 멘도사의 언급은 이들보다 더 짧고 모호하다.

회고록 작가들과 연대기 편집자들 중에서는 주로 l'Estoile, D'Aubigne, De Thou, Palma Cayet를 참고했으며, 〈Archives Curieuses, XII〉의 문서들도 참고함. 윌킨슨(Wilkinson)은 기즈의 살해에 관한 당대의 팸플릿 목록을 상당히 많이 정리했는데, 그 대부분은 Bib. Nat.에 보관되어 있지만, 내용을 신뢰할 만한 것은 거의 없다.

33장

인용된 외교관들은 위와 같음. 역사가들은 7장의 주와 같음.

34장

대부분 니컬러스(Nichols)와 다센트(Dasent), 그리고 C.S.P., Dom.에 정리된 자료들을 참고함. 리스본 공격과 그 이후의 에스파냐와의 전쟁 상황에 대해 기술한 저술 중 가장 읽을 만하다고 말할 수는 없을지 모르지만, 그래도 가장 유익한 정보를 담고 있고 균형 잡힌 시각으로 기술한 것은 체이니(Edward P. Cheyney)의 ⟨England from the defeat of the Armada to the death of Elizabeth, 2 vols. (London, 1926)⟩이다. 위의 '전체 자료에 관한 주'를 참고할 것.